中欧钢桥设计标准对比分析

张春华　陈金州　宋　林　编著

人民交通出版社股份有限公司
北　京

内 容 提 要

本书对欧洲钢桥设计标准与中国钢桥设计的有关标准从标准条款、设计要求、设计理论、设计方法等方面进行了全方位的对比分析和算例验证。主要内容包括：设计基础，材料，结构分析，承载能力极限状态，正常使用极限状态，紧固件、焊缝连接与接缝，疲劳评估，耐久性设计，试验辅助设计，工程实例等。

本书可供钢桥结构的研究人员、标准编制人员、工程设计施工人员及高等院校相关专业的教师和学生参考。

图书在版编目（CIP）数据

中欧钢桥设计标准对比分析 / 张春华，陈金州，宋林编著. — 北京 ：人民交通出版社股份有限公司，2019.12

ISBN 978-7-114-16143-8

Ⅰ. ①中… Ⅱ. ①张… ②陈… ③宋… Ⅲ. ①钢桥—桥梁设计—设计标准—对比研究—中国、欧洲 Ⅳ. ①U448.362.5-65

中国版本图书馆 CIP 数据核字（2019）第 295340 号

Zhong-Ou Gangqiao Sheji Biaozhun Duibi Fenxi

书　　名：中欧钢桥设计标准对比分析
著 作 者：张春华　陈金州　宋　林
责任编辑：李学会　卢俊丽
责任校对：刘　芹
责任印制：刘高彤
出版发行：人民交通出版社股份有限公司
地　　址：（100011）北京市朝阳区安定门外外馆斜街 3 号
网　　址：http://www.ccpress.com.cn
销售电话：（010）59757973
总 经 销：人民交通出版社股份有限公司发行部
经　　销：各地新华书店
印　　刷：三河市国新印装有限公司
开　　本：880 × 1230　1/16
印　　张：20
字　　数：649 千
版　　次：2019 年 12 月　第 1 版
印　　次：2019 年 12 月　第 1 次印刷
书　　号：ISBN 978-7-114-16143-8
定　　价：360.00 元

前 言

Foreword

2018年6月,由人民交通出版社股份有限公司主持的国家出版基金项目“土木工程欧洲规范翻译与比较研究出版工程(一期)”正式启动。该项目以欧洲结构设计标准为研究对象,包括Eurocode 0 ~ 9、英国国家附件、法国国家附件、配套设计指南和对比研究。项目旨在便于国内相关科研院所及标准制修订者更广泛的研究借鉴,助力中国工程技术标准和设计咨询业“走出去”。

本书涉及钢桥设计中的典型问题,并解释了EN 1993-2和国内钢桥设计标准的差异,可为理解和使用EN 1993-2提供帮助与指导。

本书虽然力图成为一份独立的文件,但为了让读者更为准确地理解欧洲结构设计标准的原意,很多情况下复述了其相应的条款,同时引用国内钢桥设计多个标准中的相关条款,因此读者应结合相关标准阅读本书。

全书共分11章,主要内容包括概述,设计基础,材料,结构分析,承载能力极限状态,正常使用极限状态,紧固件、焊缝、连接与接缝,疲劳评估,耐久性设计,试验辅助设计,工程实例等。为加强对欧洲结构设计标准的理解,保持内容的一致性,除第4章耐久性设计移至第9章外,本书的第1 ~ 10章分别对应于EN 1993-2第1 ~ 10章,以利于读者回溯欧洲结构设计标准并对照参考。欧洲结构设计标准附录中收录的设计原理、计算公式和参数取值等内容因篇幅限制未在本书列出,可参考原文。

本书在编写过程中,重点对中欧标准的条文规定异同点进行了分析,并给出了大量的算例,分别采用中欧标准进行了计算,并对中欧标准计算方法的差异性进行了研究分析,希望为读者使用欧洲结构设计标准提供帮助,但限于作者水平,对中欧标准的研究和理解不透彻,肯定会有一些不准确和不完善之处,敬请读者不吝指教。

本书在对比中涉及的国内标准主要包括:

主要对比标准:

(1)《钢结构设计标准》(GB 50017—2017)

(2)《公路桥涵设计通用规范》(JTG D60—2015)

(3)《公路钢结构桥梁设计规范》(JTG D64—2015)

(4)《铁路桥梁钢结构设计规范》(TB 10091—2017)

(5)《建筑结构可靠性设计统一标准》(GB 50068—2018)

(6)《工程结构可靠性设计统一标准》(GB 50153—2008)

(7)《钢结构工程施工规范》(GB 50755—2012)

(8)《钢结构现场检测技术标准》(GB/T 50621—2010)

(9)《钢结构焊接规范》(GB 50661—2011)

(10)《冷弯薄壁型钢结构技术规范》(GB 50018—2002)

(11)《钢结构工程施工质量验收规范》(GB 50205—2001)

参考标准:

(12)《铁路钢桥制造规范》(Q/CR 9211—2015)

(13)《公路工程结构可靠度设计统一标准》(GB/T 50283—1999)

(14)《公路桥涵施工技术规范》(JTG/T F50—2011)

(15)《厚度方向性能钢板》(GB/T 5313—2010)

(16)《低合金高强度结构钢》(GB/T 1591—2018)

(17)《碳素结构钢》(GB/T 700—2006)

(18)《钢结构用高强度大六角头螺栓》(GB/T 1228—2006)

(19)《六角头螺栓》(GB/T 5782—2016)

(20)《六角头螺栓 C 级》(GB/T 5780—2016)

特别说明,本书涉及的中国标准在第一次出现时使用全称(包括标准名称和标准号),后续出现时仅使用标准号。

中交第二公路勘察设计研究院有限公司

张春华　陈金州　宋　林

2019 年 10 月

目　录

Contents

第1章
概述

1.1 钢结构特点及设计计算原则

钢结构构件截面高厚比大,其稳定问题较其他结构类型更为突出。正确认识与理解工程钢结构的稳定性,才能抓住钢结构设计与施工的特点,从而有助于结构工程师理解与掌握钢结构设计标准中关于结构、构件计算的本质与核心内容。基于此认识,本章开篇对钢结构的稳定性及其设计原则做简要介绍。

1.1.1 钢结构的稳定性

1)钢结构稳定性的定义

结构(或构件)受压(或压弯)时,处于小变形稳定平衡的临界状态,在很小的干扰力作用下,其变形迅速增大,出现很大的偏心力,产生很大弯矩,最终使其丧失承载能力的现象,称为结构(或构件)的整体(或局部)失稳。稳定性与强度不同,稳定性问题主要是确定外部荷载与结构内部抵抗力间不稳定的平衡状态,及变形急剧增长的临界平衡状态,它本质上属于变形问题。强度问题是指结构或构件在稳定平衡状态下,由荷载所引起的最大应力(或内力)是否超过材料的极限强度,其本质是应力问题。实际上,结构是分层次的,稳定也是分层次的,每一层次结构都会发生失稳现象。在材料层次上,应力-应变曲线上切线模量为零的点表示金属内部晶体结构不再能够保持原状,通过滑移达到新的状态,这代表微观状态的失稳,所以,材料层次的失稳是强度问题。结构或构件层次上的失稳表示结构或构件不再能够承受附加的荷载,表示结构或构件的刚度为零。

结构的失稳也称屈曲,并非所有的结构在屈曲时立即丧失其承载能力,因此,如果着眼于研究弹性结构的极限承载能力,可按屈曲后的性能分为如下三类:

(1)平衡分岔失稳。构件会在同一荷载点出现平衡分岔现象。根据构件在屈曲后的荷载-挠度曲线变化的不同,平衡分岔失稳又可以分为稳定分岔失稳和不稳定分岔失稳。完善的轴心受压构件和薄板的失稳都是属于这类失稳。

(2)极值点失稳。发生极值点失稳的构件荷载-挠度曲线只有极值点,没有出现如完善的轴心受压构件不同变形状态的分岔点,构件弯曲变形的性质也没有改变。极值点失稳的现象十分普遍,偏心受压构件在弹塑性变形发展到一定程度后的失稳都属于极值点失稳。

(3)跃越失稳。跃越失稳既无平衡分岔点,又无极值点,与不稳定分岔失稳类似,在丧失稳定平衡之后又跳跃到另一个稳定平衡状态。

区分结构失稳类型十分重要,这样才有可能正确估量结构的稳定承载力。随着稳定性问题研究的逐步深入，上述分类仍存在不足。设计为轴心受压的构件，实际上总不免有一点初弯曲，荷载的作用点也难免有偏心。因此，要真正掌握这种构件的性能，一方面必须了解误差对它的影响，另一方面必须加深对构件屈曲后性能的研究。

在钢结构可能的破坏形式中，属于失稳破坏的形式包括：结构和构件的整体失稳、结构和构件的局部失稳。当结构在荷载作用下失稳时，如果结构的大部分区域或者几乎整个结构偏离初始平衡位置，发生大的几何变形或变位，这样的屈曲失稳现象称为结构的整体失稳；如果结构中偏离初始平衡位置的失稳变形仅限于结构的某个或某些局部区域，而其他区域几乎未发生偏离初始平衡位置的变形，也就是说结构的几何外形总体上未发生明显的变化，这样的屈曲失稳现象称为结构的局部失稳。

2）钢结构稳定性的特点

（1）钢结构的整体失稳具有突然性。整体失稳破坏具有典型的脆性破坏特征，以完善的轴心受压构件发生分支点失稳破坏为例，当轴心压力 P 满足 $P < P_{cr}$（P_{cr}为杆件失稳临界压力）时，完善的轴心受压构件是稳定的；当 $P = P_{cr}$时，该构件达到失稳破坏临界状态；当 $P > P_{cr}$时，该轴心受压构件突然发生侧向挠曲，构件丧失承载能力。这种丧失承载能力的过程是在没有任何先兆的情况下瞬间发生的，具有突然破坏的特性。

（2）钢结构失稳形式具有多样性。例如轴心受压构件常见的失稳形式是弯曲失稳，但不是唯一的失稳形式，还有扭转失稳和弯扭失稳。压弯构件存在弯矩作用平面内的弯曲失稳和弯矩作用平面外的弯扭失稳；刚架表现出无侧移的对称失稳和有侧移的反对称失稳；拱结构也表现出对称形式的失稳和反对称形式的失稳。薄板有受压失稳和剪切失稳。失稳既有局部失稳又有整体失稳等，这些都是稳定性问题的多样性表现。

（3）钢结构稳定具有整体性。对于结构来说，它是由各个构件组成的一个整体，当一个构件发生失稳变形后，必然牵动与其刚性连接的其他构件。构件的稳定性不能就某一个构件孤立分析，应当考虑其他构件对它的约束作用，这种约束作用需从结构的整体分析中确定，这就是结构稳定的整体性。稳定问题的整体性不仅表现在构件之间的相互约束，也表现在支撑结构对承重结构的约束作用。稳定问题的整体性要求稳定分析应该从整体结构着眼。

（4）钢结构稳定具有相关性。单轴对称截面的轴心受压构件在其对称平面外失稳时，总表现为弯曲和扭转的相关屈曲。这种不同失稳模式的耦合作用表明稳定具有相关性。这种相关性还表现在局部与整体屈曲中。局部屈曲一般并不立刻导致整体构件丧失承载能力，但它对整体临界力却有影响。这种相关性对于存在缺陷的构件尤其显得复杂。格构式受压构件也有局部和整体稳定的相关性。组成构件的板件之间发生局部屈曲时的相互约束，有时亦称为相关性。

3）钢结构稳定性的计算方法

（1）平衡法，即中性平衡法或静力平衡法，是根据已发生了微量变形后的钢结构的受力条件建立平衡微分方程，然后对其进行求解的方法。这是求解结构稳定极限荷载的最基本方法。在建立平衡微分方程时应满足五个基本假定：构件是等截面直杆，压力始终沿构件原来轴线产生作用，材料遵循胡克定律，构件满足平截面假定，构件的弯曲变形是微小的。平衡法只能求解屈曲荷载，不能判断结构平衡状态的稳定性。在很多情况下，采用平衡法可以获得精确解。

（2）动力法，即对已处于平衡状态的结构体系加以细微干扰令其产生振动的方法，此时结构的变形和振动加速度都与已经作用在结构上的荷载有关。当荷载小于稳定的极限荷载值时，加速度方向与变形的方向相反。相应的若撤去干扰，运动则趋于静止，此时结构处于稳定的平衡状态；而当荷载大于稳定的极限荷载值时，加速度方向和变形的方向相同，此时若去除干扰，运动依然发散，而此时结构的平衡状态则不稳定。

（3）能量法，是求解承载力稳定性的一种近似方法，即通过能量守恒原理和势能驻值原理来求解临界荷载的方法。由小变形理论分析可得,能量法一般只能获得屈曲荷载的近似解;但若事先能了解屈曲后的变形形式,用这种方法进行计算更便于得到精确解。另外,通常而言,用总势能驻值原理可以求解屈曲荷载,而用总势能最小原理能够分析出屈曲后平衡的稳定性。

4)钢结构稳定性分析的特点

(1)稳定性问题采用二阶分析。针对未变形的结构分析其平衡,不考虑变形对作用效应的影响,称为一阶分析;针对已变形的结构分析其平衡,则是二阶分析。由于稳定性问题是针对变形后的结构进行分析,所以采用二阶分析。

(2)稳定性问题不能用叠加原理。普遍应用于应力问题的叠加原理不能应用于稳定性计算。应用叠加原理有两个条件:一是材料符合胡克定律,即应力与应变成正比;二是结构处于小变形状态,可以用一阶分析计算。也就是说,运用叠加原理既不存在材料的非线性,也不存在几何非线性。弹性稳定性问题不满足第二个条件,所以稳定性计算不能用叠加原理;非弹性稳定性计算则两个条件均不满足。叠加原理不适用于稳定问题,但是,稳定性计算公式的构形往往使稳定性问题的这一特点被忽略,或不容易被理解、接受。

(3)稳定性问题不必区分静定和超静定结构。对应力问题,静定和超静定结构内力分析方法不同,静定结构的内力分析只采用静力平衡条件即可,超静定结构内力分析则需增加变形协调条件。在稳定性计算中,无论何种结构都要针对变形后的位形分析。既然总要涉及变形,区分静定与超静定就失去意义,所以稳定性问题不必区分静定和超静定结构。

1.1.2 钢结构稳定性设计原则

针对上述钢结构稳定性的特点,作者建议钢结构设计应遵循以下原则:

(1)结构整体布置必须考虑整个体系以及组成部分的稳定性要求。目前结构大多数是按照平面体系设计,为保证这些平面结构不致出现平面失稳,需要从结构整体布置方面着手,亦即设计必要的支撑构件。这就是说,平面结构构件的平面外稳定计算必须和结构布置相一致。

(2)结构计算简图和实用计算方法所依据的简图相一致。实际结构多种多样,设计中为了简化计算工作,需要设定一些典型条件。比如《钢结构设计标准》(GB 50017—2017)对单层或多层框架给出的计算长度系数采用了五个基本假定,其中包括:"框架中所有柱子同时失稳,即各柱同时达到其临界荷载"。在实际工程中,框架计算简图和实用方法所依据的简图不一致的情况还可列举出以下两种,即附有摇摆柱的框架和横梁受有较大压力的框架。这两种情况若按标准的系数计算,都会导致不安全后果。因此,所用计算方法、假设条件和具体计算对象应一致。

(3)设计结构的细部构造和构件的稳定性计算必须相互配合,使二者具有一致性。结构计算和构造设计相符合,一直是结构设计中值得注意的问题。对要求传递弯矩和不传递弯矩的节点连接,应分别赋予其足够的刚度和柔度,对桁架节点应尽量减小杆件偏心,这些都是设计人员处理细部构造时需考虑的。当涉及稳定性能时,构造上时常有不同于强度的特殊要求或考虑。

因此,读者只有正确理解钢结构稳定性的特点及其力学原理,才能正确理解与掌握钢结构设计标准的设计原理、计算方法、参数取值与细部构造要求,才能理解与正确评价中欧钢结构标准中各条款规定的异同点,从而有助于理解本书的核心内容。

1.2 欧洲结构设计标准简介

1.2.1 欧洲结构设计标准的组成

如表1-1所示,欧洲结构设计标准(以下简称"欧洲标准")编号为EN 1990 ~ EN 1999,共10

卷。其中,EN 1990 是结构设计基础;EN 1991 是结构上的作用;EN 1992 ~ EN 1996,EN 1999 分别是混凝土结构设计、钢结构设计、钢与混凝土组合结构设计、木结构设计、砌体结构设计和铝合金结构设计,这些都是和材料有关的标准;EN 1997 是岩土工程设计标准,EN 1998 是结构抗震设计标准。

欧洲标准的组成　　表 1-1

编　号	代　号	名　称	分册	中文名称
EN 1990	Eurocode	Basis of structure design	01	结构设计基础
EN 1991	Eurocode 1	Actions on structures	10	结构上的作用
EN 1992	Eurocode 2	Design of concrete structures	05	混凝土结构设计
EN 1993	Eurocode 3	Design of steel structures	20	钢结构设计
EN 1994	Eurocode 4	Design of composite steel and concrete structures	03	钢与混凝土组合结构设计
EN 1995	Eurocode 5	Design of timber structures	03	木结构设计
EN 1996	Eurocode 6	Design of masonry structures	04	砌体结构设计
EN 1997	Eurocode 7	Geotechnical design	02	岩土工程设计
EN 1998	Eurocode 8	Design of structures for earthquake resistance	06	结构抗震设计
EN 1999	Eurocode 9	Design of aluminum alloy structures	05	铝结构设计

除了 EN 1990 外,其他 9 卷按照编号的最后一个数字分别称为 Eurocode 1 ~ Eurocode 9(简称 EN 1991 ~ EN 1999)。这 10 卷涵盖了结构设计基本理论、各种材料的设计、结构抗震等各个方面。每本标准又分为若干分册,包括基本规则、房屋建筑和桥梁等不同方面,共计 59 个分册。

《结构设计基础》(EN 1990)是欧洲标准的纲领性文件,包含欧洲标准几乎所有的编制理念。在 1994 年发布的试行标准中,EN 1990 只是《结构设计基础和结构上的作用》(ENV 1991)的第一部分。1997 年将 ENV 1991 分成两个部分:EN 1990 和 EN 1991,并将 EN 1992 ~ EN 1997 和 EN 1999 中间与材料无关的条款剥离出来都放到 EN 1990 中,这使得 EN 1990 成为一部与材料无关的、涵盖极限状态验算、设计标准值等极限状态设计基础的标准。它既对欧洲标准其他各卷中的荷载、荷载组合、分项系数的制定有指导意义,也对其他各部分的制定有指导作用。

图 1-1 显示了欧洲标准的组成及其相互联系。

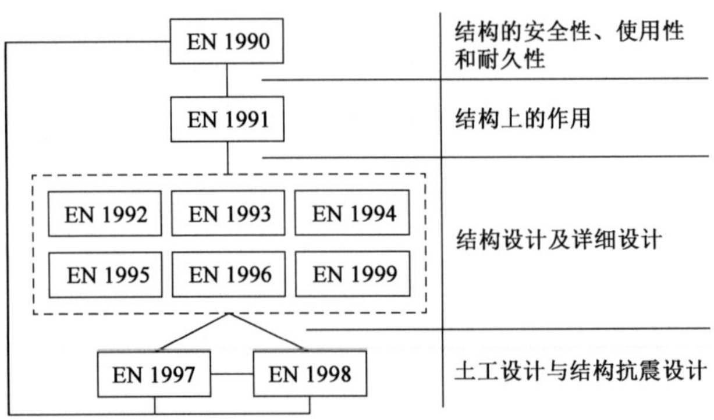

图 1-1　欧洲标准的组成及其相互联系

1.2.2　欧洲标准的编排体系

由表 1-1 可见,欧洲标准涵盖了混凝土结构(EN 1992)、钢结构(EN 1993)、钢与混凝土组合结构(EN 1994)、木结构(EN 1995)、砌体结构(EN 1996)和铝合金结构(EN 1999)六大结构体系,且遵循统一的结构设计原理(EN 1990)、结构上的作用(EN 1991)、岩土工程技术(EN 1997)和结构抗震标准(EN 1998)。欧洲标准的编排体系合理紧凑,全面完善,基本涵盖了建筑与土木工程的所有材料、荷载和结构体系,还包含了结构防火设计。以上相应结构设计标准中不仅包含了普通的房屋建筑和桥梁,还在部分标准中涉及塔、烟囱、管道、筒仓等特殊结构。

欧洲标准的一个重要特点是采用了统一体系,避免了重复定义和内容冗余,即所有的基本设计参数和原则均在 EN 1990 中给出,所有的结构作用均在 EN 1991 中给出,其余参数和定义在其余各部标准中补充。如设计钢与混凝土组合结构时,由 EN 1990 确定设计使用年限、分项系数等;由 EN 1991 确定结构上的作用,包括结构自重、雪荷载、风荷载、温度荷载、结构防火等;由 EN 1992 确定混凝土的相关参数;由 EN 1993 确定钢材和连接件的相关参数;由 EN 1994 确定钢与混凝土组合结构的设计信息;由 EN 1997 确定相关的地质勘察信息;由 EN 1998 确定具体的抗震设计信息。这样就形成了一套完善的结构设计体系。

1.2.3 国家附件和国家定义参数(NDPs)

欧洲联盟(以下简称"欧盟:)各国的欧洲结构标准是由本国的国家标准单位而非 CEN 发布。各国的结构设计标准由国家标准名称页、国家前言、CEN 发布的欧洲标准的所有内容,以及国家附件组成。

欧洲标准附录有两类:规范性附录(Normative Annex)和资料性附录(Informative Annex)。规范性附录是标准的必要部分,资料性附录可根据各国基本情况决定采用与否。其中,国家附件是一种特殊的资料性附录,也是欧洲标准的一个重要特色。由于欧洲标准是适用于所有 CEN 成员国的技术规范,很难使众多国家在技术领域的意见上达成一致,因此,欧洲标准加入了"国家附件",较好地解决了这一矛盾。各成员国可根据自身实际对标准的相关内容进行补充,并将其附在国家附件中连同欧洲标准统一颁发。如,现行的英国国家标准"BS EN 1990"采用了"EN 1990 + A1"的形式,主体部分采用欧洲标准 EN 1990:2002,国家附件中采用 A1:2005,其中 A1:2005 是由英国标准化协会(BSI) 组织制定的适用于英国桥梁结构设计基本原则的国家附件。

由于不同国家或地区的地质条件、气候条件不同,防护要求和对安全性、耐久性等方面的要求也不同,这些因素均应在国家附件中加以考虑。

国家定义参数(Nationally Determined Parameters,NDPs)是各国根据实际情况确定的某些设计所需的分项系数等数值、计算方法等,主要包括以下 4 部分内容:

(1)用于替换欧洲标准提供的备选值和/或分类。

(2)用于给欧洲标准中没有提供具体值的符号赋值。

(3)国家特定的数据,包括地质、地形、气候。

(4)用于替换欧洲标准提供的备用程序。

这样每个国家都有符合本国实际的独一无二的国家标准,在不同的国家进行土木工程活动必须使用该国的国家标准。

1.2.4 原则性规定和应用性规定

欧洲标准的内容包括原则性规定(Principles)和应用性规定(Application Rules)。原则性规定包括"必须遵从的一般声明和准则"和"除有特殊声明外必须遵从的要求和分析模型",在欧洲标准中用字母"P"在相关条文前标识,相当于中国国家标准中的"强制性条文"。应用性规定是满足原则性规定并被普遍认同的规则。应用性规定在保证不低于欧洲标准中所要求的安全性、适用性和耐久性的前提下是可以替换的；但若采用了替换后的应用性规定，则相应的设计方案不能称其符合欧洲标准。

1.3 EN 1993 的组成

(1)EN 1993 细分成以下 6 个不同的部分：

①EN 1993-1 钢结构设计：一般规定和房屋建筑规定。

②EN 1993-2 钢结构设计：钢结构桥梁。

③EN 1993-3 钢结构设计：塔架、桅杆和烟囱。

④EN 1993-4 钢结构设计：筒仓、储罐和管道。

⑤EN 1993-5 钢结构设计：桩基工程。

⑥EN 1993-6 钢结构设计：吊车支撑结构。

(2)EN 1993-1 包括以下 12 个分册：

①EN 1993-1-1 钢结构设计：一般规定和房屋建筑规定。

②EN 1993-1-2 钢结构设计：结构防火设计。

③EN 1993-1-3 钢结构设计：冷成型构件和薄钢板的补充规定。

④EN 1993-1-4 钢结构设计：不锈钢的补充规定。

⑤EN 1993-1-5 钢结构设计：板结构。

⑥EN 1993-1-6 钢结构设计：壳体结构的强度和稳定性。

⑦EN 1993-1-7 钢结构设计：承受面外荷载的板结构。

⑧EN 1993-1-8 钢结构设计：节点设计。

⑨EN 1993-1-9 钢结构设计：抗疲劳设计。

⑩EN 1993-1-10 钢结构设计：材料韧性和垂直板面特性。

⑪EN 1993-1-11 钢结构设计：受拉结构的设计。

⑫EN 1993-1-12 钢结构设计：适用于 S700 及以下等级钢材的 EN 1993 扩展部分附加规则。

(3)典型的钢桥设计中，要求使用 EN 1993 的下列分册：

①EN 1993-1-1：一般规定和房屋建筑规定。

②EN 1993-1-5：板结构。

③EN 1993-1-7：承受面外荷载的板结构。

④EN 1993-1-8：节点设计。

⑤EN 1993-1-9：抗疲劳设计。

⑥EN 1993-1-10：材料韧性和垂直板面特性。

⑦EN 1993-1-11：受拉结构的设计。

1.4 范围

1.4.1 EN 1993 的范围

(1)EN 1993 适用于钢结构建筑与土木工程的设计。它符合结构安全和正常使用的原则和要求，其设计和检验依据在欧洲标准《结构设计基础》(EN 1990)中给出。

(2)EN 1993 只包括了钢结构的承载力、正常使用、耐久性和消防安全的要求。其他如关于热绝缘和隔音等要求，均未包括在内。

(3)EN 1993 与下列标准一起使用:

①EN 1990 结构设计基础。

②EN 1991 结构上的作用。

③适用于与钢结构相关的建筑产品的 EN、ETAG 和 ETA。

④EN 1090 钢结构的施工技术要求。

⑤EN 1992 ~ EN 1999(当涉及钢结构或钢制构件时)。

1.4.2 EN 1993-2 的范围

(1)EN 1993-2 给出了有关钢桥及组合桥中钢构件的结构设计基本原理,还给出了有关 EN 1993-1 中等效条款的增补、修订或替代规定。

(2)EN 1994-2 中给出了有关组合桥的设计标准。

(3)EN 1993-1-11 中给出了有关高强度钢索及相关部件的设计规定。

(4)欧洲标准仅考虑了桥梁结构的承载力、适用性能及耐久性,没有考虑设计的其他方面。

(5)对于钢结构的施工,应参考 EN 1090 中的规定。

(6)在施工过程中,有必要指明施工材料的质量,需使用的产品以及施工工艺标准需要符合设计规则的假定条件。

(7)没有给出有关抗震设计的特殊要求。可以参见 EN 1998 中给出的要求,这些要求专门对 EN 1993-2 中的准则做出了补充和修订。

1.5 规范性参考文献

(1)本标准配合有其他出版物中过期的、未过期的参考资料和规定。这些被引用的标准参考被放在文章中合适的位置,其出处罗列其后。对于过期的参考资料,只有当其修正或校订过才能应用于本欧洲规范标准中。对于未过期参考资料,使用相关的最近一期(包括修正)。

(2)除 EN 1990 和 EN 1993-1 中给出的规范性引用文件外,下列引用文件适用:

EN 1090	钢结构和铝结构的施工
EN 1337	结构支撑
EN 10029:1991	厚度大于或等于 3mm 的热轧钢板的尺寸、形状和质量的公差
EN 10164	垂直于产品表面的变形特性得以改善的钢产品——技术交付条件
EN ISO 5817	电弧焊钢接头——有关不合格质量等级的说明
EN ISO 12944-3	油漆和清漆——通过防护油漆体系进行钢结构防腐——设计考虑
EN ISO 9013:2002	热切割——热切割分类——产品几何尺寸规格和质量公差
EN ISO 15613	金属材料焊接程序规范和认证——基于试制焊接试验的认证
EN ISO 15614-1	金属材料焊接程序规范和认证——焊接程序试验 第 1 部分:钢电弧焊和气焊以及镍和镍合金电弧焊

1.6 术语与定义

(1)EN 1990 第 1.5 条中的规定适用。

(2)EN 1993-1-1 中采用下列术语和定义,其释义如下。

框架:结构的整体或一部分,由直接连接的结构构件构成,设计目的在于共同承受荷载作用;是指抵抗弯矩的框架和三角形框架,包括平面框架与三维框架。

子框架:组成大框架的小框架,但在结构分析中可当作一个独立的框架。

框架类型:

①包括半连续框架、连续框架、简单框架三种。在半连续框架中,整体分析需要明确考虑构件和节点的结构特性。②在连续框架中,整体分析只需考虑构件的结构特性。③在简单框架中,不要求节点抵抗力矩。

整体分析:确定某个结构中一组内力和弯矩,与结构上的一组作用平衡。

系统长度:在给定平面中,两个相邻点之间的距离或一点与构件端部之间的距离。

屈曲长度:端部铰接构件的系统长度,具有与给定的构件或构件部分相同的屈曲抗力。

剪力滞效应:由于剪切变形引起的宽翼缘内的非均匀应力分布;在安全评估中,使用折减的"有效"翼缘宽度时应考虑剪力滞效应。

承载力设计:通过在构件连接处以及与构件相连的其他部位内提供附加强度来达到构件塑性变形能力的设计方法。

等截面构件:在整个长度方向上截面相同的构件。

桥梁:主要用来跨越自然障碍或交通线路并承受车辆或人行荷载的土木工程建筑物。

桥台:桥梁的端部支撑件。

整体式桥台:与桥面连接处没有伸缩缝的桥台。

桥墩:位于桥面以下的桥梁中间支撑件。

支座:位于桥面和桥台或桥墩之间,将荷载从桥面传递到桥台或桥墩的结构支撑件。

拉索:将桥面与塔柱或桥面上塔架相连接的受拉构件。

预应力:由于在结构中施加控制力和/或控制变形引起的永久效应。

净空:交通可利用的自由高度。

板的翘曲:由板的面内重复加载导致的面外变形。

辅助构件:不构成桥梁主要结构的构件。

1.7 符号

标准中采用下述符号,其他符号在首次出现的地方给出定义。

x-x——沿构件的轴;

y-y——截面的轴;

z-z——截面的轴;

u-u——长主轴(与 y-y 轴不重合);

v-v——短主轴(与 z-z 轴不重合);

b——截面的宽度;

h——截面的高度;

d——腹板直线部分的高度;

t——腹板厚度;

t_f——翼缘厚度;

r_1——齿根圆角半径;

r_2——焊角半径;

t——厚度;

P_k——安装过程中施加的预应力标准值;

G_k——永久作用标准值;

X_k——材料特性的标准值；
X_n——材料特性的标准值；
R_d——承载力设计值；
R_k——承载力标准值；
γ_M——材料分项系数；
γ_{Mf}——疲劳分项系数；
η——换算系数；
a_d——几何参数的设计值；
f_y——屈服强度；
f_u——极限强度；
R_{eh}——符合产品标准的屈服强度；
R_m——符合产品标准的极限强度；
A_0——初始横截面面积；
ε_y——屈服应变；
ε_u——极限应变；
Z_{Ed}——焊缝下受约束的金属收缩导致的应变产生的规定设计 Z 值；
Z_{Rd}——可用设计 Z 值；
E——弹性模量；
G——剪切模量；
ν——弹性泊松比；
α——线性热膨胀系数；
α_{cr}——设计荷载增大导致整体模态产生弹性不稳定性系数；
F_{Ed}——结构上的设计荷载；
F_{cr}——弹性临界屈曲荷载；
λ——无量纲长细比；
N_{Ed}——轴力设计值；
φ——整体初始侧移缺陷；
φ_0——整体初始侧移缺陷的基本值；
α_h——柱高 h 的折减系数；
h——结构高度；
α_m——排柱中柱的数量折减系数；
m——排柱中柱的数量；
e_0——构件缺陷的最大幅度；
L——构件长度；
η_{init}——弹性临界屈曲模态的振幅系数；
η_{cr}——弹性临界屈曲模态的形状系数；
$e_{0,d}$——缺陷最大幅度的设计值；
M_{Rk}——临界横截面标准弯矩承载力；
N_{Rk}——截面法向力标准抗力；
α——缺陷系数；
$EI_{cr}\eta''$——临界横截面处由 η_{cr} 引起的弯矩；
$\alpha_{ult,k}$——不考虑屈曲时达到特征承载力最小放大系数；
α_{cr}——达到弹性临界屈曲最小放大系数；

q——单位长度等效力；
δ_q——支撑体系的面内挠度；
q_d——单位长度等效设计力；
M_{Ed}——设计弯矩；
k——$e_{0,d}$的系数；
ε——应变；
σ——应力；
$\sigma_{com,Ed}$——构件内最大设计压应力；
l——长度；
ε——取决于f_y的系数；
c——横截面某部分的宽度或高度；
α——横截面的受压部分；
ψ——应力或应变比；
k_σ——板屈曲系数；
d——圆形管状截面的外径；
γ_{M0}——横截面的承载力分项系数；
γ_{M1}——不稳定性承载力的分项系数；
γ_{M2}——受拉横截面对断裂抗力的分项系数；
$\sigma_{x,Ed}$——局部纵向应力的设计值；
$\sigma_{z,Ed}$——局部横向应力的设计值；
τ_{Ed}——局部剪应力的设计值；
N_{Ed}——设计法向力；
$M_{y,Ed}$——关于 y-y 轴的设计弯矩；
$M_{z,Ed}$——关于 z-z 轴的设计弯矩；
N_{Rd}——法向承载力的设计值；
$M_{y,Rd}$——关于 y-y 轴的弯矩抗力设计值；
$M_{z,Rd}$——关于 z-z 轴的弯矩抗力设计值；
s——交错排列,平行于构件轴测得的一系列孔中的两个相邻孔的中心距；
p——垂直于构件轴测得的相同的两个孔的中心距；
n——在构件或部分构件上沿着任意对角线或 Z 字形线延伸的孔的数量；
d_0——孔的直径；
e_N——有效面积A_{eff}形心相对于毛横截面重心的位移；
$\Delta_{M,Ed}$——有效面积A_{eff}形心相对于毛横截面重心的位移产生的附加弯矩；
A_{eff}——横截面的有效面积；
$N_{t,Rd}$——抗拉承载力设计值；
$N_{pl,Rd}$——毛横截面法向力的设计塑性承载力；
$N_{u,Rd}$——紧固件孔洞处净横截面法向力的设计极限承载力；
A_{net}——横截面的净面积；
$N_{net,Rd}$——净横截面法向力的设计塑性承载力；
$N_{c,Rd}$——均匀受压下横截面法向力的设计承载力；
$M_{c,Rd}$——绕横截面某主轴弯曲的设计承载力；
W_{pl}——塑性截面模量；
$W_{el,min}$——最小弹性截面模量；

$W_{eff,min}$——最小有效截面模量；

A_f——受拉翼缘的面积；

$A_{f,net}$——受拉翼缘的净面积；

V_{Ed}——设计剪力；

$V_{c,Rd}$——设计抗剪承载力；

$V_{pl,Rd}$——塑性设计抗剪承载力；

A_v——剪切面积；

η——剪切面积系数；

S——截面静矩；

I——截面惯性矩；

A_w——腹板面积；

A_f——一个翼缘的面积；

T_{Ed}——总扭矩的设计值；

T_{Rd}——扭矩的设计承载力；

$T_{t,Ed}$——内部圣维南扭转的设计值；

$T_{w,Ed}$——内部翘曲扭转的设计值；

$\tau_{t,Ed}$——圣维南扭转产生的设计剪应力；

$\tau_{w,Ed}$——翘曲扭转产生的设计剪应力；

$\sigma_{w,Ed}$——直接由双向弯矩产生的应力；

B_{Ed}——双向弯矩；

$V_{pl,T,Rd}$——扭矩折减设计塑性抗剪承载力；

ρ——考虑剪力存在、用以确定弯矩抗力设计值的折减系数；

$M_{V,Rd}$——考虑剪力存在的弯矩抗力的折减设计值；

$M_{N,Rd}$——考虑法向力存在的弯矩抗力的折减设计值；

n——设计法向力与毛截面法向力设计塑性承载力之比；

a——腹板面积与毛面积之比；

α——引入双轴弯曲效应的参数；

β——引入双轴弯曲效应的参数；

$e_{N,y}$——有效面积A_{eff}的形心相对于毛横截面重心(y-y轴)的位移；

$e_{N,z}$——有效面积A_{eff}的形心相对于毛横截面重心(z-z轴)的位移；

$W_{eff,min}$——最小有效截面模量；

$N_{b,Rd}$——受压构件的设计屈曲抗力；

χ——相关屈曲模态的折减系数；

Φ——用于确定折减系数χ的值；

a_0、a、b、c、d——屈曲曲线类别指标；

N_{cr}——基于毛横截面特性的相关屈曲模态的弹性临界力；

i——绕相关轴的旋转半径，由毛截面的特性决定；

λ_1——用于确定相对长细比的长细比值；

$\bar{\lambda}^{T}$——扭转或弯-扭屈曲的相对长细比；

$N_{cr,TF}$——弹性弯-扭屈曲力；

$N_{cr,T}$——弹性扭转屈曲力；

$M_{b,Rd}$——设计屈曲承载弯矩；

χ_{LT}——侧扭屈曲的折减系数；

Φ_{LT}——用于确定折减系数χ_{LT}的值；
α_{LT}——缺陷系数；
$\overline{\lambda}_{LT}$——侧扭屈曲的无量纲长细比；
M_{cr}——侧扭屈曲的弹性临界弯矩；
$\overline{\lambda}_{LTO}$——轧制型材侧扭屈曲的无量纲长细比；
β——轧制型材侧扭屈曲曲线的修正系数；
$\chi_{LT,mod}$——侧扭屈曲的修正折减系数；
f——χ_{LT}的修正系数；
k_c——弯矩分布的修正系数；
ψ——区段内的弯矩比；
L_c——侧向约束之间的长度；
$\overline{\lambda}_f$——等效受压翼缘长细比；
i_{fz}——受压翼缘绕截面短轴的回转半径；
$I_{eff,f}$——受压翼缘绕截面短轴的有效截面惯性矩；
$A_{eff,f}$——受压翼缘的有效面积；
$A_{eff,w,c}$——腹板受压部分的有效面积；
$\overline{\lambda}_{co}$——长细比参数；
K_{fl}——修正系数；
ΔM_y——形心关于 y-y 轴位移产生的弯矩；
ΔM_z——形心关于 z-z 轴位移产生的弯矩；
χ_y——弯曲屈曲产生的折减系数(关于 y-y 轴)；
χ_z——弯曲屈曲产生的折减系数(关于 z-z 轴)；
k_{yy}、k_{yz}、k_{zy}、k_{zz}——相互作用系数；
$\overline{\lambda}_{op}$——面外屈曲情况下结构部件整体无量纲长细比；
χ_{op}——无量纲长细比$\overline{\lambda}_{op}$的折减系数；
$\alpha_{ult,k}$——使最关键截面发挥标准抗力的设计荷载的最小荷载放大系数；
$\alpha_{cr,op}$——使侧扭屈曲发挥极限弹性抗力的平面内设计荷载的最小放大系数；
N_{Rk}——抗压承载力的标准值；
$M_{y,Rk}$——绕 y-y 轴的弯矩抗力的标准值；
$M_{z,Rk}$——绕 z-z 轴的弯矩抗力的标准值；
Q_m——塑性铰位置处各稳定构件上的局部力；
L_{stable}——节段的稳定长度；
L_{ch}——弦杆的屈曲长度；
h_0——组合柱中心线的距离；
a——弦杆约束之间的距离；
α——弦杆轴和拉筋之间的角度；
i_{min}——单角度回转的最小半径；
A_{ch}——组合柱一个弦杆的面积；
$N_{ch,Ed}$——组合构件中部的设计弦杆力；
M_{Ed}^{I}——组合构件中部最大弯矩的设计值；
I_{eff}——组合构件的有效截面惯性矩；
S_v——组合构件中由缀条或缀板产生的抗剪刚度；
n——缀板平面的数量；

A_d——组合柱一根斜杆的面积；
d——组合柱一根斜杆的长度；
A_v——组合柱一个立柱（或横向构件）的面积；
I_{ch}——弦杆的面内截面惯性矩；
I_b——缀板的面内截面惯性矩；
μ——效率系数；
i_y——回转半径（关于 y-y 轴）；
C_{my}、C_{mz}、C_{mLT}——等效均匀力矩系数；
μ_y、μ_z——系数；
$N_{cr,y}$——绕 y-y 轴的弹性弯曲屈曲力；
$N_{cr,z}$——绕 z-z 轴的弹性弯曲屈曲力；
C_{yy}、C_{yz}、C_{zy}、C_{zz}、w_y、w_z、n_{pl}——系数；
$\bar{\lambda}_{max}$——$\bar{\lambda}_y$ 和 $\bar{\lambda}_z$ 的最大值；
b_{LT}、c_{LT}、d_{LT}、e_{LT}——系数；
ψ_y——端力矩（关于 y-y 轴）之比；
$C_{my,0}$、$C_{mz,0}$、a_{LT}——系数；
I_T——圣维南扭转常量；
I_y——绕 y-y 轴的截面惯性矩；
$M_{i,Ed(x)}$——最大一阶力矩；
$|\delta_x|$——沿构件轴向的最大构件位移；
α_s、α_h——系数；
γ_G——永久荷载的分项系数；
G_k——永久荷载的标准值；
γ_Q——可变荷载的分项系数；
Q_k——可变荷载的标准值；
$\bar{\lambda}_{eff,v}$——绕 v-v 轴屈曲的有效长细比；
$\bar{\lambda}_{eff,y}$——绕 y-y 轴屈曲的有效长细比；
$\bar{\lambda}_{eff,z}$——绕 z-z 轴屈曲的有效长细比；
L——体系长度；
L_{cr}——屈曲长度；
S——薄板提供的抗剪刚度；
I_w——翘曲常量；
$C_{\theta,K}$——通过稳定连续区和连接处所提供的转动刚度；
K_v——考虑分析类型的系数；
K——考虑力矩分布和约束类型的系数；
$C_{R,k}$——假定构件连接为刚性时，由梁的稳定连续区提供的转动刚度；
$C_{C,k}$——梁和稳定连续区之间连接处的转动刚度；
$C_{D,k}$——由梁横截面扭转变形分析推导出的转动刚度；
L_m——相邻侧向约束之间的稳定长度；
L_k——相邻扭转约束之间的稳定长度；
L_s——塑性铰位置和相邻扭转约束之间的稳定长度；
C_1——力矩分布的修正系数；
C_m——线性力矩梯度的修正系数；

C_n——非线性力矩梯度的修正系数；
a——有塑性铰构件的质心和约束构件形心之间的距离；
B_0、B_1、B_2——系数；
η——轴力临界值之比；
i_s——相对于约束构件形心的回转半径；
β_t——用代数方法表示的较小端力矩和较大端力矩之比；
R_1、R_2、R_3、R_4、R_5——构件某一特定位置的力矩；
R_E——R_1 或 R_5 的最大值；
R_s——长度 L_y 上任意处的弯矩最大值；
c——锥度系数；
h_h——梁腋或锥度的附加高度；
h_{max}——长度 L_y 范围内横截面的最大高度；
h_{min}——长度 L_y 范围内横截面的最小高度；
h_s——无梁腋截面的垂直高度；
L_h——长度 L_y 范围内的梁腋长度；
L_y——约束之间的长度；
$\sigma_{Ed,ser}$、$\tau_{Ed,ser}$——标准荷载组合的名义应力；
λ、λ_1、λ_2、λ_3、λ_4、λ_{max}、λ_{loc}、λ_{glo}——损伤等效系数；
Φ_2、Φ_{loc}、Φ_{glo}——损伤等效冲击系数；
$\Delta\sigma_p$、$\Delta\sigma_{loc}$、$\Delta\sigma_{glo}$——荷载应力范围；
μ_k——摩擦系数的标准值；
γ_μ——摩擦力分项系数；
α——系数，取决于不利作用力或释放作用力的支座类型和支座数量；
T_{0max}、T_{0min}、T_0——温度；
ΔT_0、ΔT_K、ΔT_γ——温差；
γ_T——温度分项系数；
K、$K_{foundation}$、K_{pier}、$K_{bearing}$——弹簧刚度；
S_d、S_T——滑移路径。

1.8 构件坐标轴的规定

(1)构件轴规定。

①x-x:沿构件方向。

②y-y:横截面的轴。

③z-z:横截面的轴。

(2)钢构件的横截面轴规定。

①通常情况下:y-y,平行于翼缘的横截面轴;z-z,垂直于翼缘的横截面轴。

②对于角形截面:y-y,平行于较小肢的轴;z-z,垂直于较小肢的轴。

③在必要情况下:u-u,长的主轴(不与 yy 轴重合);v-v,短的主轴(不与 zz 轴重合)。

(3)图 1-2 给出了热轧型材的尺寸与轴所用的符号。

(4)用于说明弯矩轴的下标的规定为:“弯矩作用所绕的轴”。

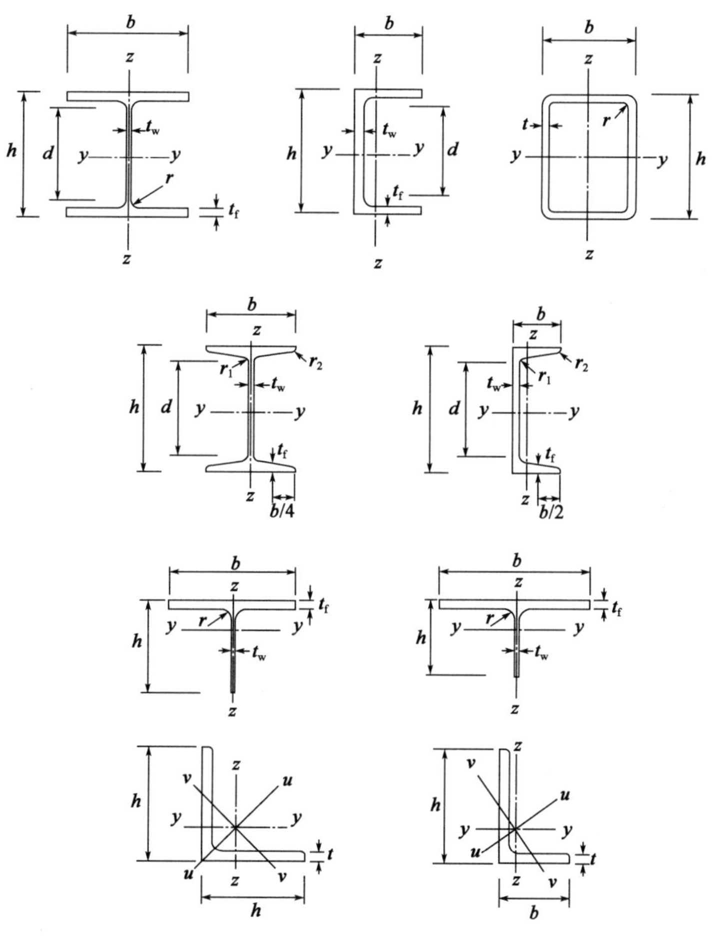

图 1-2 构件坐标轴符号约定

1.9 中欧标准的总体差异

《钢结构设计标准》(GB 50017—2017)的编制和修订,在坚持独立自主的同时,也注意吸收国外的先进成果。第一本正式标准是1975年5月试行的《钢结构设计规范》(TJ 17—1974),它采用了苏联1962标准的框架,也借鉴了其中不少内容,但主要构件计算的条文都是基于中国自己的理论分析和试验研究成果。比如,轴心压杆的稳定系数是对80根试件的试验结果回归得出的,有中国的特色,又和苏联1962标准及美国1969标准都相当接近;又如,压弯构件在弯矩作用平面外的稳定计算,选定合理的典型截面进行分析,舍弃苏联标准的双系数而采用单一系数,可比前者更好地反映构件的屈曲性能。第二本标准《钢结构设计规范》(GBJ 17—1988)是在国家实行改革开放政策后问世的,它不再以苏联的标准为蓝本,而是广泛参考各国标准,做到博采众长,又以我为主。仍以受压和压弯构件为例,轴心压杆的稳定系数由一条曲线改为 a、b、c 三条曲线。其中 b 曲线是最常用的一条,大体上和 TJ 17—1974 相当,而 a、c 两条曲线分别用于残余应力很小和很大的情况。采用多条柱子曲线 φ-λ 能够考虑多种不同程度残余应力的影响。多条 φ 曲线最先由欧洲钢结构协会(ECCS)提出,后为欧盟标准 EN 1993 采用。美国结构稳定研究会(SSRC)也提出过一组三条 φ 曲线,但未被美国标准采纳。有学者将GBJ 17—1988中 φ 曲线和这两组国外资料比较,三者的 b 曲线都相当接近,而 a、c 曲线则有明显差别,GBJ 17—1988 的曲线位于欧、美标准中的曲线之间。GBJ 17—1988 的压弯构件稳定性计算用双项式代替单项式,符合国际上通用的习惯。在改用双项式时,中国仍然将平面内、外稳定性计算分开,而不是像美国标准那样把两种不同的物理现象混同在一起。GBJ 17—1988 的一项重大改变是将容许应力法改为极限状态法，在当时属于较早改变的规范之一。《钢结构设计规范》(GB 50017—2003)的修订工作是在新旧世纪之交进行的，由于时间间隔较长，改动和增添的内容较多。框架计算考虑二阶效应，梁腹板局部稳定摒弃过时的全弹性方法并增加利用屈曲后性能的方法，轴心压杆增加 d 类 φ 曲线，又把弯扭屈曲计算明朗化。除参照国外资料引进或更新外，有不少中国自主研究的成果，包括轴心压杆弯扭屈曲的简化公式、弱支撑框架、柱列支撑和多道支撑的计算和桁架节点板稳定性计算等。随着设计理论的提高，经大量工程实践经验的积累，在参考有关国际先进标准的基础之上，新修订的 GB 50017—2017 与《公路钢结构桥梁设计规范》(JTG D64—2015)从整体上看，与国外标准相比并不逊色。

中国钢结构设计标准整体水平与欧洲标准相当，但这并不意味着中国钢结构设计标准没有不足之处。经分析归纳，中欧标准差异主要体现在如下方面。

1.9.1　一般性差异

(1)章节结构布局不同。欧洲标准主要是按设计计算原理布置章节结构，从各种结构中抽象出力学特性相同或相近的内容组织成一章。比如材料特性，各种等级钢材的抗拉(压)强度的标准值与设计值，不同等级的钢材抗拉、抗压和屈服强度，延性、韧性，应力-应变关系与变形特性等组成一章；构件受力特性(拉、压、弯、扭及其组合)、结构分析(分线弹性一阶分析、塑性分析、二阶分析、应力重分布等)分别构成不同章节。而国内标准主要从结构功能与施工管理角度布设章节，这给中欧标准条款比较带来诸多不便。也即欧洲标准的条款内容无法在国内标准中找到完全相应的条款，只能从原理上找出两者相同的内容，然后分析其差异。

(2)欧洲标准的特点是强制性条款少，原则性条款多，只要原则上不存在异议，设计人员自由处理的空间很大，但同时对设计人员选择判断的水平要求较高；相反，中国标准的各类计算公式，包括参数的选择都有详细规定，这导致设计人员生搬硬套，不能根据环境条件因时、因地制宜灵活进行设计。

(3)欧洲标准引用条文多，交叉引用频繁。这要求设计人员要熟悉和掌握整套欧洲结构设计标准，同时要求设计人员具有扎实的工程力学理论基础与较丰富的工程结构设计经验。这对习惯于中国标准的设计人员而言，难度更大，不仅需收集整套标准文档，收集大量的规范性引用文件资料，还需从理论上理解与掌握各种结构的设计原理、计算方法以及参数的取值，同时还应会分析判断各类结构的差异，系统研究欧洲标准针对各种结构设计的特点。

(4)欧洲结构设计标准中的概念、符号在不同分册中具有很好的一致性，这与中国仍处于行业分割状态相比，具有很大的优越性。

(5)欧洲标准明确提出标准不具有法律效应，而中国标准却没有类似说明。事实上，中国结构工程师在进行结构设计时，把标准当成法律，认为只要满足标准要求就是合理的、安全的。实际上，标准条文提出的要求只是一般情况下的最低要求，结构设计是一个复杂的问题，也是一个多元的过程，标准不可能包括所有的情况。将标准视为法律，很容易误导、限制设计人员的创造性和自主设计精神，这也是很多专家建议修订的一点。

1.9.2　内容的差异

(1)基本原则。

基本原则是制定标准的出发点，是一个国家或地区技术政策的具体体现。中国标准和欧洲标准都是以安全、适用、耐久、经济和确保质量为最基本原则。当然，安全和经济是矛盾的，所谓既安全又经济，是与一个国家的经济发展水平相适应的，或者说是在一个国家经济发展水平上的对立和统一。

(2)设计基础与原理。

设计基础是指结构设计采用的基本方法。从力学模式讲,中国标准和欧洲标准采用的都是极限状态设计法,包括承载能力极限状态和正常使用极限状态。从概率方法的应用上来讲,GB 50017—2017 和 JTG D64—2015 采用的是基于可靠度的设计方法,欧洲标准 EN 1990:2002 明确指出分项系数主要是根据经验确定的,这与欧洲共同体经济与技术发展的不平衡有关。在实用设计表达式中,GB 50017—2017 和 EN 1990:2002 均是多系数形式。在作用方面,GB 50017—2017 和 EN 1990:2002 的表达式由作用标准值、作用分项系数和组合系数组成,用组合系数反映不同作用组合。在抗力方面,中国标准和欧洲标准采用材料强度设计值。欧洲标准通过耐久性要求考虑结构的重要性,中国标准则在极限状态验算式中考虑结构构件的重要性。

(3)可靠性管理。

结构的可靠度由可靠性指标确定。在实际设计工作中则用两个分项系数代替,即抗力分项系数 γ_R 和作用分项系数 γ_G、γ_Q,另外还引进结构重要性系数和组合系数等。抗力分项系数按各类结构构件的特点分别确定。GB 50017—2017 规定:Q235 钢构件取 $\gamma_R = 1.087$,低合金钢构件取 $\gamma_R = 1.111$。这些数值和国外标准(欧盟标准为 1.0 ~ 1.10)在同一水平上。在中国,各类结构的荷载分项系数由《建筑结构可靠度设计统一规范》(GB 50068—2018)统一规定,对永久荷载和可变荷载分别取 1.3 和 1.5,略低于国外的规定(欧盟为 1.35 和 1.5,美国为 1.2 和 1.6);但公路钢桥因所取抗力分项系数为 $\gamma_R = 1.25$,大于 EN 1993-2 的 1.0 ~ 1.15。虽然中欧标准中荷载效应和抗力的分项系数不同,但其反映的结构设计可靠性水平相当。

欧洲标准建议承载能力极限状态的目标可靠度指标对应安全等级 RC1、RC2 和 RC3 的值分别为 3.3、3.8 和 4.3。《工程结构可靠性设计统一标准》(GB 50153—2008)对应安全等级一级、二级和三级的可靠度指标分别为 3.2、3.7 和 4.2,比欧洲标准略低。值得注意的是,欧洲标准所指的可靠性等级与结构的安全等级不是同一概念,只有两者相关联时,才具有一致性。

(4)材料特性。

中欧标准所采用的材料等级划分方式基本相同,但材料强度等级范围并不一致。中国标准常用 Q345、Q370、Q390、Q420 和 Q500,而欧洲标准常用 S355、S420 和 S460。虽然欧洲标准钢材屈服强度采用的是上屈服点值,但欧洲标准材料分项系数取值比中国公路钢桥标准中的取值小,所以相同级别的钢材,欧洲标准所采用的设计值仍大于中国公路钢桥标准中的设计值。

(5)结构分析。

结构分析是计算结构内力和变形的方法和过程。GB 50017—2017 和 EN 1993-1-1 均规定钢结构可采用线弹性和塑性分析方法,但 JTG D64—2015 不允许进行塑性分析,EN 1993-2 规定有条件时可使用塑性分析。

欧洲标准规定荷载弹性不稳定放大系数小于 10,中国标准规定二阶效应大于 10% 时,需考虑结构几何非线性效应,即进行二阶分析。进行二阶分析时,EN 1993 考虑初始缺陷的影响,但中国钢结构设计标准,除轴心受压构件考虑初始缺陷外,结构分析时均没有考虑初始缺陷。

对于节点分析模型,EN 1993-1-1 与 GB 50017—2017 均允许铰接、刚性连接与弹性连接,但桥梁钢结构设计计算中不允许使用弹性连接模型。

(6)截面类型的划分。

EN 1993-2 将截面按宽厚比的大小分为 4 类,通过对截面类别的划分确定是否需要考虑局部屈曲的影响。由于截面由翼缘板和腹板组成,所以截面的归类应按翼缘和腹板中的不利者选用。如果截面某部分不能归于 3 类,则整个截面降级为 4 类。

EN 1993 用板件的宽厚比进行局部屈曲验算时,分别有两类塑性截面(1、2 类)和两类弹性截面(3、4 类)。由于细致的截面分类使得按 EN 1993 能更准确地根据截面应力状况及截面变形条件来验算宽厚比,这是值得我们借鉴的地方,新修订的 GB 50017—2017 已经引入类似的处理方法。

(7)杆件容许长细比。

传统设计理论认为对轴心拉杆、轴心压杆、拉弯杆和压弯杆,应使其长细比不超过容许长细比,压杆的容许长细比的规定值比拉杆更为严格。

GB 50017—2017 中对于受压构件的长细比,按不同的构件和不同的受力情况分别取 150 和 200;拉杆的容许长细比:一般桁架拉杆为 350;支撑拉杆为 400;格构式构件分肢的长细比,对格构式轴心受压构件:当缀件为缀条时,其分肢的长细比 λ 不应大于构件两方向长细比(对虚轴取换算长细比)的较大值 λ_{max} 的 0.7 倍;当缀件为缀板时,λ 不应大于 $40\varepsilon_k$(ε_k 表示钢号修正系数,其值为 235 与钢材牌号中屈服点数值的比值的平方根。),并不应大于 λ_{max} 的 0.5 倍(当 $\lambda_{max}<50$ 时,取 $\lambda_{max}=50$)。

值得注意的是,EN 1993 没有给出长细比限值,从演变过程也可看出,关于长细比的限制,呈逐渐淡化趋势。

(8)承载力计算

钢构件的承载力由截面的强度、构件的整体稳定性与板状构件的局部屈曲三方面控制。

①弯、剪、轴力组合。EN 1993-2 认为当剪力、轴力足够大时,作用于钢截面的剪力、轴力会降低截面的抗弯能力,因此必须考虑几种作用间的相互作用。计算方法取决于纵向正应力作用的截面类型与钢截面是否在达到塑性抗力之前发生剪切屈服。

1、2 类截面,当设计剪力小于抗剪力 50% 时,不考虑剪力对抗弯能力的影响;当设计剪力大于抗剪力 50% 时,截面验算先确定因剪力导致腹板强度降低,然后以折减截面使用塑性截面设计,进行弯曲与轴力组合验算。3 类截面,首先宽厚比不超过允许限值,以保证剪切屈服前不发生局部屈曲。当设计剪力小于抗剪力 50% 时,不考虑剪力对抗弯能力的影响;当设计剪力大于抗剪力 50% 时,确定剪力引起的腹板强度与厚度的折减。最终折减截面使用弹性截面设计的弯矩与轴力组合进行验算。4 类截面,当约束符合有效截面法条件时,使用有效截面法验算,否则使用应力限值法验算。

GB 50017—2017 类似于 EN 1993-2 将截面细分。当不允许进行塑性(考虑屈服后强度)分析时,首先用宽厚比限值控制构件局部屈曲,然后用线性叠加对弯、剪组合作用的屈服进行验算。当允许考虑屈服后强度时,对于弯、剪相互作用验算与 EN 1993-2 相似,设计剪力大于抗剪力 50% 时,需进行弯剪相互作用验算,否则不考虑剪力对抗弯能力的影响。对弯、剪、轴力相互作用时,统一用线性相关式验算。

②整体稳定。钢结构设计标准主要通过以下三种方法确定轴心受压构件的稳定系数:以分叉屈曲荷载为准则;以截面的边缘屈服为准则;以构件的极限荷载为准则。

EN 1993-2 通过构件的极限荷载理论进行轴心受压构件的整体稳定性计算,取 5 类截面的残余应力分布图式,计及构件长度 1‰的初弯曲,最终得到 5 条 x-$\bar{\lambda}$ 曲线(a_0、a、b、c、d 类)。

GB 50017—2017 也是通过构件极限荷载理论进行轴心受压构件的整体稳定性计算,考虑了截面的不同形式和尺寸、不同的加工条件及相应的残余应力图式,并考虑 1‰的初弯曲,给出 λ-φ 曲线(a、b、c 和 d 类)。

当 $\bar{\lambda}\leqslant 2$ 时,中国标准的 a 类曲线介于欧洲标准的 a_0 与 a 类之间,b 类基本一致,c、d 类略低于欧洲标准中的 c、d 类。

③板件局部屈曲。EN 1993-2 认为 4 类截面构件为分析荷载作用下,因局部屈服而不能达到完全屈服应力的构件。因此,需对 4 类截面进行局部稳定性验算。GB 50017— 2017 则规定当 $h_o/t_w>80\sqrt{235/f_y}$ 时,需进行局部稳定性验算。

EN 1993-2 用有效截面法和应力限值法两种方法考虑局部屈服效应;GB 50017—2017 则直接使用临界应力限值进行局部稳定性验算。其最大区别在于欧洲标准考虑 4 类截面局部屈服时不考虑塑性局部屈服,而 GB 50017—2017 同时考虑弹性、弹塑性与塑性屈服。

有效截面法假设具有足够的屈服后强度,形成能使所有构件发挥各自抗力所必需的应力重分布。因此,这种方法对于多数没有足够屈服后强度或构件几何形状超出采用这种方法的试验限值时不允许使用。对于不满足上述有效宽度使用条件的情形,EN 1993-2 推荐使用基于总截面特性与折减应力限值的方法。应力限值法是 EN 1993-2 中特有的处理方法,主要针对 4 类截面可能发生局部屈曲前,材料某点发生强度屈服进行控制。GB 50017—2017 允许在板件发生局部屈曲前,截面一般都不同程度地开展了塑性,没有应力折减限制要求。

(9)变形限值。

GB 50017—2017 中建议受弯构件挠度容许值和立柱水平位移容许值。EN 1993 的早期版本将容许挠度值分为在全部荷载作用下的限值和仅在可变荷载作用下的限值两种情况。这些限值一般由业主、设计单位和主管机构共同商定,可视具体情况进行调整。

考虑到变形限值与结构受力特点、使用要求有关,不同国家的限值变化较大,EN 1993 现行版本仅给出水平位移与挠度的计算方法与技术要求,但没有给出推荐值,具体限值由国家附件给出。

(10)焊接连接。

①角焊缝设计抗力。EN 1993-2 采用单一应力法的同时在附录 M 中给出了考虑角焊缝受力方向的折算应力法,并根据不同的材料采用不同的折减系数。GB 50017—2017 对于承受静载或间接活载的情况采用不考虑角焊缝受力方向的单一应力法,对直接承受动载的情况则采用考虑角焊缝受力方向的折算应力法。

②角焊缝尺寸要求。EN 1993-2 对于角焊缝焊脚尺寸没有特殊的限制。GB 50017—2017 规定:a. 最小焊脚尺寸的限值:当 $t \leq 6\text{mm}$ 时(t 为较厚焊件厚度),取 $h_{fmin}=3\text{mm}$;当 $6\text{mm}<t\leq 12\text{mm}$ 时,取 $h_{fmin}=5\text{mm}$;当 $12\text{mm}<t\leq 20\text{mm}$ 时,取 $h_{fmin}=6\text{mm}$;当 $t>20\text{mm}$ 时,取 $h_{fmin}=8\text{mm}$。b. 最大焊脚尺寸的限值:当 $t\leq 6\text{mm}$ 时,$h_{fmax}=t$;当 $t>6\text{mm}$ 时,$h_{fmax}=t-(1\sim 2)\text{mm}$。

(11)螺栓、铆钉和销接。

①螺栓分组。EN 1993-2 将螺栓连接按受力状态及其破坏形式进行分类。

a. 受剪连接:A 组为螺栓承载型,B 组为正常使用极限状态控制的摩擦型,C 组为承载力极限状态控制的摩擦型。

b. 受拉连接:D 组为不施加螺栓预应力,E 组为施加螺栓预应力。

GB 50017—2017 将螺栓连接按材料强度分为普通螺栓连接和高强度螺栓连接。普通螺栓按制造条件分为 A、B、C 三级,A、B 级为精制螺栓,C 级为粗制螺栓。受力高强螺栓连接按受力方式又分为摩擦式和承压式两种。

②设计抗力。欧洲标准对受拉螺栓母板进行抗冲切计算,目前中国标准并没有单独验算螺栓母材的承载力,但通过材料抗力系数、附加安全系数等因素控制螺栓预拉力,即母材的受压力;拉剪组合承载力计算式,EN 1993-2 采用的是一次式,GB 50017—2017 使用的是二次式。值得注意的是,EN 1993-2 中将抗拉力因子除以 1.4 的系数,考虑拉剪组合作用过程中拉力有所调整,以剪切抗力为主。

③撬力。EN 1993-2 要求桥梁构件连接应设计成 EN 1993-1-8 表 6.2 中所列"无撬力"类型。中国标准没有定量计算撬力的方法,只是在螺栓抗拉强度的设计值中予以考虑。例如,4.6 级普通螺栓(Q235 钢制作),取抗拉强度设计值为:$f_t^b=0.8f=0.8\times 215=170\text{MPa}$,这相当于考虑撬力 $Q=0.25N$。一般来说,只要按构造要求取翼缘厚度 $t\geq 20\text{mm}$,而且螺栓距离适当,这样简化处理是可靠的。

(12)疲劳评估。

存在以下几方面差异:

①评估方法。GB 50017—2017 仍然采用疲劳强度计算容许应力幅法，EN 1993-2 中采用以概率理论为基础的极限状态设计法。

②在影响公路桥梁构件疲劳强度的因素中，JTG D64—2015 考虑了钢种、活载及活载交通量、结构承受的动力效应和构件平均应力等因素影响，但是缺少对活载疲劳谱、特殊疲劳构造、复杂应力位置结构疲劳热点应力计算方法的详细说明。相比之下，欧洲标准在这些方面有了详细的研究，从结构分析基本假定、构造分类，应力计算方法、疲劳验算所使用的荷载（包括公路和铁路荷载谱）和构件疲劳损伤的计算等方面阐述了疲劳设计的步骤和方法。同时，针对正应力幅的疲劳问题，引入板厚修正系数 γ_t 考虑壁厚效应对横向受力焊缝疲劳强度的影响。

③对于热点的应力计算，EN 1993-2 规定当构件属于标准中所规定的构造时，可以按照名义应力幅进行计算。对于特殊结构构造，考虑结构的疲劳性能时必须考虑结构的正应力或剪应力，必要时两者同时考虑，而中国标准仅考虑正应力疲劳效应。GB 50017—2017 修订版参考欧洲钢结构设计标准 EN 1993，增加了少量针对构造细节受剪应力幅的疲劳强度计算。

④破坏前荷载循环次数。EN 1993-2 中 $N \geqslant 1 \times 10^6$ 次，GB 50017—2017 中 $N \geqslant 5 \times 10^4$ 次。

第 2 章 设计基础

2.1 要求

2.1.1 基本要求

结构设计、施工和维护应使结构在规定的设计使用年限内,以适当的可靠度且经济的方式满足规定的各项功能要求。

EN 1993-2 在引用 EN 1990 中通用规则的基础上给出:

(1)钢结构补充规则。

(2)当极限状态设计与 EN 1990 给出的分项系数法和荷载组合以及 EN 1991 给出的作用一起使用时,则认为已满足 EN 1990 第 2 章的要求。

(3)EN 1993 不同部分中规定的承载力、正常使用和耐久性规则适用。

《工程结构可靠性设计统一标准》(GB 50153—2008)具有 EN 1990 类似的功能,是中国所有工程结构设计的基础性通用标准。其基本原则要求与欧洲标准的要求一致,比如:

(1)结构应满足下列功能要求:

①能承受施工和使用期间可能出现的各种作用。

②保持良好的使用性能。

③具有足够的耐久性能。

④当发生火灾时,在规定的时间内可保持足够的承载力。

⑤当发生爆炸、撞击、人为错误等偶然事件时,结构仍可保持必需的整体稳固性,不会出现与起因不相称的后果,防止出现结构连续倒塌。

(2)结构设计时,应根据下列要求采取适当的措施,使结构不出现或少出现可能的损坏:

①避免、消除或减少结构可能受到的危害。

②采用对可能受到的危害反应不敏感的结构类型。

③采用当单个构件或结构的有限部分被意外移除或结构出现可接受的局部损坏时,结构的其他部分仍能保存的结构类型。

④不宜采用无破坏预兆的结构体系。

⑤使结构具有整体稳固性。

(3)宜采取下列措施满足对结构的基本要求:

①采用适当的材料。

②采用合理的设计和构造。

③对结构的设计、制作、施工和使用等制订相应的控制措施。

2.1.2 结构安全与可靠度管理

工程结构设计的基本原则是安全适用、经济合理、技术先进和经久耐用。安全性和经济性是一对矛盾体,结构的安全性越高,建造费用越大,资源消耗越多。在资源有限的情况下,为保持整个社会的协调发展,从一个国家考虑,社会各行业之间资源的分配必须符合一定的比例,或者说在有限的资源中只能将一定数量的资金用于基础设施建设。因此工程结构设计需要考虑安全性与资源的合理利用问题。目前采用的方法是对结构进行安全性分级,不同安全等级的结构设计采用的安全水准不同。

确定结构的安全等级,首先要考虑结构破坏可能造成的后果,如危及人的生命安全、造成经济损失、产生的社会影响等;其次还要考虑结构的重要性和破坏的性质,比如是延性破坏还是脆性破坏。中国标准和欧洲标准均将结构分为三个安全等级,见表 2-1。

中欧标准关于结构安全等级的划分 表 2-1

标准或规范	安全(可靠性)等级	结构重要性或破坏后果	示　　例
GB 50153—2008	一级	重要结构	特大桥、大桥、中桥、重要小桥
	二级	一般结构	小桥、重要涵洞、重要挡土墙
	三级	次要结构	涵洞、挡土墙、防撞护栏
EN 1990:2002	RC3 *	CC3(严重后果)	运动场看台、公共建筑
	RC2 *	CC2(中等后果)	住宅和办公楼、一般公共建筑
	RC1 *	CC1(后果不严重)	农业建筑、温室

注:* 欧洲标准中的 RC 与 CC 并不是同一概念,前者表示可靠性等级,后者为结构重要性等级,只有当两者关联时,才具有同等效应。

结构可靠性为“结构在规定的时间内、在规定的条件下、完成预定功能的能力”,而结构可靠度为“结构在规定的时间内、在规定的条件下、完成预定功能的概率”。这里规定的时间为结构的设计使用年限,规定的条件是指对结构设计、施工和使用方面的规定。

可靠度管理主要有两方面内容:①除进行必要的设计计算外,应对结构的材料性能、施工质量、只用和维护等进行相应的控制,以保证工程结构具有规定的可靠度;②结构设计时,合理选择结构类型、材料、作用及其组合,结构计算方法,分项系数与组合系数,以达到预期的可靠度。

目标可靠指标与结构的安全等级有关,等级高时,目标可靠指标也高。例如,从生命财产的损失角度讲,主桥坍塌可能比农业建筑的坍塌有更大的潜在危险。基于此认识,EN 1990 确定四种“执行类别”,从 1 类到 4 类,反映结构要求的可靠性水平逐渐增加。绝大多数桥梁将要求执行 3 类或 4 类,执行类别引自 EN 1090-2。

JTG D64—2015 中规定:钢桥设计应根据结构破坏可能产生的严重程度,采用不同的安全等级。特大桥、大桥及高速公路和一级公路上的中桥应取为一级,其他桥梁取为二级。

表 2-2 列出 GB 50153—2008 规定的目标可靠指标,表 2-3 为 EN 1990:2002 建议的目标可靠指标。

GB 50153—2008 规定的工程结构目标可靠指标 表 2-2

极 限 状 态	破 坏 类 型	安 全 等 级		
		一级	二级	三级
承载能力极限状态	延性破坏	3.7	3.2	2.7
	脆性破坏	4.2	3.7	3.2
正常使用极限状态	—	0 ~ 1.5(可逆取低值,不可逆取高值)		

EN 1990:2002 建议的工程结构目标可靠指标　　表 2-3

极限状态	可靠等级	1a 基准期	50a 基准期
承载能力极限状态	RC3	5.2	4.3
	RC2	4.7	3.8
	RC1	4.2	3.3
疲劳极限状态	—	—	1.5~3.8
正常使用极限状态(不可逆)	—	2.9	1.5

对比表 2-2 和表 2-3 发现,相同的安全等级下,欧洲标准规定的结构可靠度比中国标准的可靠度略高;相对而言,欧洲标准规定更为细致。

2.1.3 设计使用年限、耐久性、坚固性和结构完整性

2.1.3.1 设计使用年限

设计使用年限为结构或结构构件不需进行大修即可按其预定目的使用的时间。它是结构设计时采用的目标年限,为达到这一目标年限,设计人员应通过结构选型、材料选取及其他技术手段进行全面考虑。

GB 50153—2008 规定的公路桥涵结构的设计使用年限见表 2-4。表 2-5 为 EN 1990:2002 建议的结构设计使用年限。

GB 50153—2008 规定的公路桥涵结构的设计使用年限　　表 2-4

类　别	设计使用年限(年)	示　例
1	30	小桥、涵洞
2	50	中桥、重要小桥
3	100	特大桥、大桥、重要中桥

EN 1990:2002 建议的结构设计使用年限　　表 2-5

类　别	设计使用年限(年)	示　例
1	10	临时性结构
2	10~15	可替换的结构构件,如门式大梁、支撑
3	15~30	农用及类似的结构
4	50	房屋建筑及其他普通结构
5	100	纪念性建筑、桥梁和其他的土木工程结构

从表 2-4 和表 2-5 可以看出,EN 1990 中关于设计使用年限的分类与 GB 50153—2008 的规定有以下不同:

(1)中国标准中,无"农用及类似结构"一项。

(2)对于临时性结构的设计使用年限,中国标准为 5 年,欧洲标准为 10 年,欧洲标准对于临时性结构设计使用年限的要求更为严格。

(3)欧洲标准对于易于替换的结构构件为 10~25 年,中国标准为 25 年,中国标准对于可替换结构设计使用年限的要求更为严格。

(4)欧洲标准中明确规定可重复使用的结构或构件不属于"临时性结构"。

(5)欧洲标准中永久桥梁的设计使用年限为 100 年,而中国标准根据桥梁的重要程度采用不同的使用年限。

2.1.3.2 耐久性

(1)为确保耐久性,桥梁及其构件的设计应能将损伤降至最低,或确保设计使用年限内不会出现过度变形、退化、疲劳及偶然作用。

(2)与栏杆或防护墙相连的桥梁构件设计应确保栏杆或防护墙中的可能塑性变形不会损坏结构。

(3)如果桥梁有更换部件,则应作为瞬时设计情形检验其安全更换的可能性。

(4)桥梁永久连接构件应通过螺栓紧固于 B 类或 C 类连接件,紧密配合螺栓、铆钉或焊缝,防止滑动。

(5)在经疲劳验证符合要求的条件下,可以使用仅依靠接触传递作用力的接头。

EN 1993-2 规定凡不能设计成维持整个设计工作年限的构件,必须设计成可替换的。为防止滑移与相应的可能磨损以及连接板间的入口潮湿,要求永久连接采用下述方式之一:

(1)B 类预应力螺栓[正常使用极限状态(SLS)下禁止滑移]。

(2)C 类预应力螺栓[承载能力极限状态(ULS)下禁止滑移]。

(3)装配螺栓。

(4)铆钉。

(5)焊接。

GB 50153—2008 中要求:

(1)工程结构设计时应对环境影响进行评估,当结构所处的环境对其耐久性有较大影响时,应根据不同的环境类别采用相应的结构材料、设计构造、防护措施、施工质量要求等,并应制定结构在使用期间的定期检修和维护制度,使结构在设计使用年限内不致因材料的劣化而影响其安全或正常使用。

(2)环境对结构耐久性的影响,可根据工程经验、试验研究计算或综合分析等方法进行评估。

(3)环境类别的划分和相应的设计、施工、使用及维护的要求等,应遵守国家现行有关标准的规定。

2.1.3.3 坚固性和结构完整性

(1)桥梁设计应确保在某部件由于偶然作用而出现损伤时,其余结构至少能承受偶然荷载组合作用。

(2)应通过相应的细部设计考虑构件和材料腐蚀或疲劳产生的效应,可参见 EN 1993-1-9 和 EN 1993-1-10。

偶然作用应按 EN 1991-1-7 中的规定考虑。支撑密封装置的桥梁构件,如栏杆,应设计得比密封装置更加坚固,以致受冲击时桥梁自身不会受损。当结构性构件,如斜拉索,因偶然作用而受损时,要求桥梁其他部分应能承担偶然组合中的相关作用。

2.2 极限状态设计原则

2.2.1 极限状态

结构是否可靠,决定于结构所处的状态。《工程结构可靠性设计统一规范》(GB 50153—2008)对结构极限状态的定义是:当结构或结构的一部分超过某一特定状态就不能满足设计规定的某一功能要求时,此特定状态为该功能的极限状态。当结构能够完成预定的功能时,称结构处于可靠状态,不能完成预定的功能时,称结构处于失效状态。当结构处于可靠与不可靠的过渡状态时,称为极限状态。

结构的极限状态分为承载能力极限状态和正常使用极限状态。承载能力极限状态是结构达到极限承载力的状态,相应于结构的安全性,如梁的受弯承载力,当不满足承载能力极限状态要求时,结构会倒塌、破坏,产生灾难性后果。正常使用极限状态是指达到影响结构正常使用的状态,相应于结构的适用性。

EN 1993-2 引用 EN 1990 将承载能力极限状态分为以下 4 种。

(1)EQU:整个结构或构件的一部分作为刚体失去平衡。

(2)STR:结构或构件因超过材料强度而破坏,或因过度变形不适于继续承载。

(3)GEO:地基丧失承载力或发生过度变形。

(4)FAT:结构或构件发生疲劳破坏。

正常使用极限状态主要考虑结构适用性和耐久性的功能要求,EN 1990 中将正常使用极限状态分为可逆正常使用极限状态和不可逆正常使用极限状态,而中国标准中并没有涉及。GB 50153—2008 给出了结构或构件超过承载能力极限状态的标志:

(1)结构构件或连接因超过材料强度而破坏,或因过度变形而不适于继续承载。

(2)整个结构或其一部分作为刚体失去平衡。

(3)结构转变为机动体系。

(4)结构或结构构件丧失稳定。

(5)结构因局部破坏而发生连续倒塌。

(6)地基丧失承载力而破坏。

(7)结构或构件的疲劳破坏。

GB 50153—2008 还给出了超过正常使用极限状态的标志:

(1)影响正常使用或外观的变形。

(2)影响正常使用或耐久性能的局部损坏。

(3)影响正常使用的振动。

(4)影响正常使用的其他特定状态。

2.2.2 设计状况

在结构建造和使用过程中,不同的时间段及不同的条件下,结构的材料性能和承受的荷载是不同的。为保证结构整个使用过程中的可靠性,对结构进行设计时,应考虑结构在不同阶段和条件下的特点,即设计状况。设计状况是根据一定时段确定的一组设计条件,设计应证明在该设计条件下结构不会超过有关的极限状态。EN 1990:2002 和 GB 50153—2008 均将结构设计状况分为持久设计状况、短暂设计状况、偶然设计状况和地震设计状况。

(1)持久设计状况。与结构设计使用年限为同一量级的时段相应的设计状况,指正常使用时的情况。对于这种状况,设计中考虑的材料性能为结构正常使用时的材料性能,荷载为结构正常使用时的荷载,使用的时间段相当于结构的设计使用年限。持久状况应考虑承载能力极限状态和正常使用极限状态。

(2)短暂设计状况。指时间段与结构的设计使用年限相比短得多且出现概率很高的状况,这种状况指施工或维修时的情况。短暂状况需进行承载能力极限状态的设计,根据需要进行正常使用极限状态设计。

(3)偶然设计状况。指结构遭受火灾、爆炸、撞击或局部破坏等异常情况的状况。偶然状况只需进行承载能力极限状态的设计,可不进行正常使用极限状态的设计。

(4)地震设计状况。指结构遭受地震这一异常情况的状况。在抗震设防地区必须考虑该状况。对于持久状况、短暂状况和偶然状况,结构所受的外部作用均与结构本身无关,而地震作用则不同,地震使结构所产生作用效应的大小除与地震本身的强度、频谱特性和持续时间有关外,还取决于结构本身的形式、质量、固有周期、阻尼及结构构件连接的延性和耗能能力。考虑到地震作用的特点和地震作用下结构响应的特性,需要进行不同于其他状况的设计。

《公路桥涵设计通用规范》(JTG D60—2015)第3.1.4节也有类似规定:

公路桥涵应根据不同种类的作用及其对桥涵的影响、桥涵所处的环境条件,考虑以下四种设计状况,进行极限状态设计。

(1)持久设计状况应进行承载能力极限状态和正常使用极限状态设计。

(2)短暂设计状况应进行承载能力极限状态设计,可根据需要进行正常使用极限状态设计。

(3)偶然设计状况应进行承载能力极限状态设计。

(4)地震设计状况应进行承载能力极限状态设计。

2.3 作用与抗力

2.3.1 作用的概念和分类

1)作用的概念

作用是指施加在结构上的集中力或分布荷载,以及引起结构外加变形或约束变形的原因。作用是一个总称,包括直接作用和间接作用。直接作用为结构上的集中力或分布荷载,如结构构件的自重、桥面或桥面上的人群和车辆、风压和雪压等,习惯上称为荷载。

直接作用与结构的特性和反应无关。间接作用为结构的外加变形或约束变形,如基础不均匀沉降、温度变化、焊接变形等。间接作用通常与结构的特性和本身有关。

2)作用的分类

为便于对作用进行描述,工程中常对结构上的作用进行分类。分类的方法有按时间变异的分类、按空间位置变化的分类、按结构的反应分类和按有无限值分类。作用按时间变化的分类,是对作用的基本分类,因为按极限状态设计时所采用的作用代表值一般与其持续的时间长短有关,因此,本书主要介绍作用按时间的分类。

(1)永久作用。永久作用是指在设计使用基准期内其量值不随时间变化,或变化与平均值相比可以忽略不计的作用或其变化是单调的并能趋于某个限值的作用。它们的量值在整个设计基准期内基本保持不变,随机性只是表现在空间的变化上。桥梁上的永久作用有结构自重、土压力和预应力等。

(2)可变作用。可变作用是指在设计使用基准期内其量值随时间变化,且变化与平均值相比不可忽略不计的作用。可变作用的特点是其统计规律与时间有关。桥梁结构中的可变作用包括:车辆荷载、人群荷载、流水压力等。

(3)偶然作用。偶然作用是指在设计使用基准期内不一定出现,一旦出现其量值很大,且持续期在多数情况下很短的作用。它的出现带有偶然性。建筑工程中的偶然作用包括:船舶撞击、火灾、爆炸等。

(4)地震作用。地震是由地壳构造板块的断裂、变形或相邻板块间的相互挤压、摩擦产生的,地震作用是地球内部这种构造变化积累的能量和应力在瞬间释放,以波的形式传递给结构的过程。强烈的地震会使大量建筑物和构筑物倒塌,造成人民生命、财产的巨大损失,因而工程结构需要进行抗震设计。

地震作用与偶然作用有很多相似的特征,如大的地震作用也具有出现可能性小且一旦出现量值很大的特点,但与偶然作用不同的是,地震产生的作用还与结构本身的性质有关,而且地震的发生是一种自然现象,数百年来已有很多的记录资料,可以进行统计分析。

2.3.2 作用的代表值

在结构设计中,要考虑不同的设计状况和不同的极限状态,设计表达式中需要使用不同的作用代表值。下面介绍作用的代表值及确定方法。

(1)永久作用。永久作用采用其标准值作为代表值。结构自重的标准值 G_k,一般按结构设计图纸规定的尺寸和材料的平均重度进行计算。各国的荷载规范都规定了常用材料的重度。当自重的变异性很小时,可取其平均值。对某些自重变异性较大的结构,当其增加对结构不利时,采用高分位值作为标准值;当其增加对结构有利时,采用低分位值作为标准值。当结构受其自重控制且变异性的影响非常敏感时,即使变异性很小也必须采用两个标准值。所谓变异系数很小是指不超过0.05~0.1。

预应力作用可采用两个标准值,即高分位值和低分位值,两个值均应考虑时间因素。对于承载能力极限状态,可采用平均值。

(2)可变作用。可变作用的代表值包括标准值、组合值、频遇值和准永久值,如图2-1所示。在概念上,中国标准的标准值与欧洲标准的特征值是相对应的。

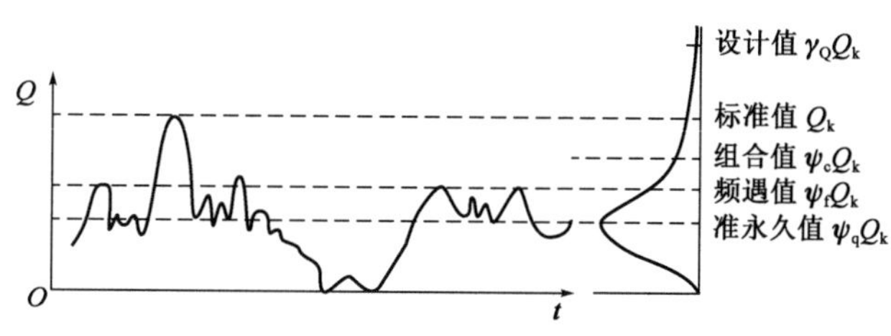

图2-1 可变作用的代表值

①标准值。对于可变作用,作用的标准值是确定其他作用代表值的基础,其他代表值是以标准值为基础乘以适当的系数后得到的,所以标准值的确定非常重要。

②组合值。可变作用的组合值为作用组合值系数 ψ_c 乘以标准值 Q_k 得到的值。组合值主要用于承载能力极限状态设计和不可逆正常使用极限状态验算。因为可变作用的标准值 Q_k 是结构设计基准期内可能出现的最大值,按照荷载组合原理,另一个与之组合的作用同时以最大值出现的概率很小,所以设计中将两种作用的效应直接进行叠加是不合理的,系数 ψ_c 就是对其中一个或多个作用的折减。

③频遇值。可变作用的频遇值为频遇值系数 ψ_f 乘以标准值 Q_k 得到的值。频遇值主要用于正常使用极限状态中的频遇组合,也用于承载能力极限状态的偶然设计状况。

④准永久值。准永久值为准永久值系数 ψ_q 乘以标准值 Q_k 得到的值。准永久值主要用于结构长期效应的评估,将可变作用假想为一种永久作用,也用于偶然和地震组合作用(承载能力极限状态)下可变作用的代表值以及正常使用极限状态下频遇值和准永久值组合作用(长期效应)的验算。

(3)地震作用。目前世界各国的结构抗震设计的基本方法是设计反应谱法。具体可参照相应的抗震设计规范,如《公路桥梁抗震设计细则》(JTG/T B02-01—2008)、《结构抗震设计》(EN 1998)。

(4)偶然作用。如前所述,偶然作用一般指撞击、爆炸、极度腐蚀等非正常事件产生的作用。这种作用是不可统计的。这种事件首先应通过管理手段和必要的技术措施加以避免,在此基础上进行合理的设计,设计中偶然作用的取值应根据具体情况与业主协商确定。

2.3.3 梁桥结构上的作用

由于《结构上的作用》(EN 1991)包含若干分册,各种作用的取值方法差异很大,鉴于篇幅所限,并考虑本书重点介绍桥梁结构设计标准,故对荷载的取值方法不做详细介绍。在此仅将 EN 1990:2002 附录 A2 及 EN 1991-2 中涉及的作用进行汇总,以便与 JTG D60—2015 中的作用进行对比,具体见表 2-6。

EN 1991-2 与 JTG D60—2015 中公路桥梁作用的分类 表 2-6

编号	作用分类	EN 1991-2	JTG D60—2015	作用名称
1	永久作用	√	√	结构自重,桥梁设备重量
2		√	√	预加力
3		√	√	土的重力
4		√	√	土侧压力
5		√	√	混凝土收缩及徐变作用
6		√	√	水的浮力
7		√	√	基础变位作用、预变形
8		√	—	雪荷载(特殊情况下考虑)
9	可变作用	√	√	汽车荷载
10		√	√	汽车冲击力
11		√	√	汽车离心力
12		√	√	汽车引起的土侧压力
13		√	√	人群荷载
14		√	√	汽车制动力和加速力
15		√	√	风荷载
16		√	—	雪荷载(施工期间)
17		√	—	施工荷载
18		√	√	流水压力
19		√	√	冰压力
20		√	√	温度(均匀温度和梯度温度)作用
21		√	√	支座摩阻力
22	偶然作用	√	√	船舶或漂流物的撞击作用
23		√	√	汽车撞击作用
24	地震作用	√	√	地震作用

注:表中"—"表示中国标准中没有对应项。

从表 2-6 中可以看出,中欧标准对荷载的分类,除个荷载类型略有差异外,其余基本相同。

2.3.4 梁桥上的交通荷载

2.3.4.1 理论车道划分

在讲述交通荷载之前,需先弄清车道划分规则。EN 1991-2 规定的理论车道数为行车道总宽除以 3,并取整数,见表 2-7。

EN 1993-2 中理论车道的数目和宽度 表 2-7

行车道宽度 w(m)	理论车道数 n	单车道宽度 w_1(m)	剩余区域宽度(m)
$w<5.4$	$n=1$	3	$w-3$
$5.4\leqslant w<6$	$n=2$	$w/2$	0
$w\geqslant 6$	$n=\mathrm{int}(w/3)$	3	$w-3\times n$
例如:行车道宽为 11m,$n=\mathrm{int}(w/3)=3$,剩余区域宽度 $11-3\times3=2$(m)			

在理论车道划分以后，依次对车道进行编号，产生最不利效应的车道编号为车道 1，产生第 2 不利效应的车道编号为车道 2，依此类推。

中国标准是根据车辆单双向行驶和行车道宽度共同决定设计车道数。不同国家标准对设计(理论)车道数的规定对照见表 2-8。

各国标准中设计(理论)车道数对比　　表 2-8

车道数 n	JTG D60—2015		AASHTO	BS 5400	Eurocode
	单向行驶	双向行驶			
1	$w<7.0$		$n=\text{int}(w/3.6)$ $n\geqslant1$	$w<4.6$	$w<5.4$
2	$7.0\leqslant w<10.5$	$6.0\leqslant w<14.0$		$4.6\leqslant w<7.6$	$5.4\leqslant w<6.0$
3	$10.5\leqslant w<14.0$			$7.6\leqslant w<11.4$	$n=\text{int}(w/3.0)$
4	$14.0\leqslant w<17.5$	$14.0\leqslant w<21.0$		$11.4\leqslant w<15.2$	
5	$17.5\leqslant w<21.0$			$15.2\leqslant w<19.0$	
6	$21.0\leqslant w<24.5$	$21.0\leqslant w<28.0$		$19.0\leqslant w<22.8$	
7	$24.5\leqslant w<28.0$				
8	$28.0\leqslant w<31.5$	$28.0\leqslant w<35.0$			
名义车道宽度	3.5		3.6	3.8	3.0

注：w 的单位为 m。

对相同行车道宽度的桥梁，中国标准的设计车道数小于等于欧洲标准的理论车道数。

2.3.4.2　交通荷载

EN 1991-2 根据荷载性质与作用方式将交通荷载作用分为竖向荷载、水平荷载、交通荷载组和疲劳荷载。其中疲劳荷载由桥上行驶的交通荷载产生，共有五种疲劳荷载模型，具体详见 EN 1991-1 第 4.6 条规定。

1)竖向荷载

EN 1991-2 中将竖向交通荷载分为四个模式：荷载模式 1(LM1)、荷载模式 2(LM2)、荷载模式 3(LM3)和荷载模式 4(LM4)。对任何设计状况，都应该考虑荷载模式 1、2、3，荷载模式 4 仅在某些短暂设计状况使用。

(1)荷载模式 1。LM1 为能够覆盖大多数的小汽车和货车交通效应的集中荷载和均布荷载。这种荷载模式能应用于整体验算和局部验算，它包含两个分项系统(图 2-2)。

①双轴集中荷载，每一个轴的荷载为 $\alpha_Q Q_k$，其中 α_Q 为调整系数。在整体验算时，对每一个车道只考虑一个双轴荷载，且沿理论车道的中心轴线布置。每一个轴都应考虑两个单独的车轮，故每一个车轮的荷载等于 $0.5\alpha_Q Q_k$。

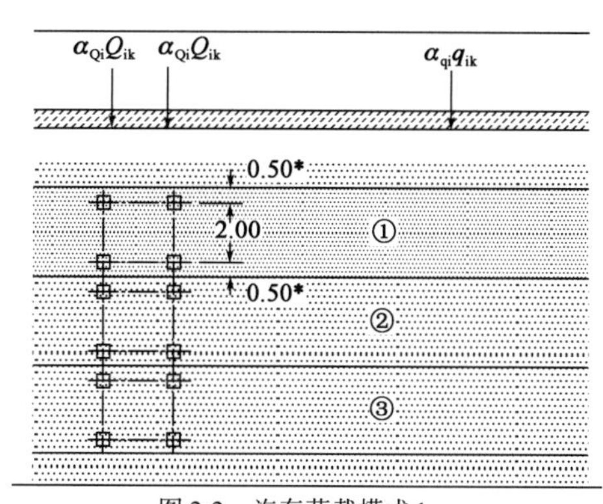

图 2-2　汽车荷载模式 1

注：* 表示适用于 $w_c=3.0$m 的车道。

②均布荷载，理论车道每平方米的荷载为 $\alpha_q q_k$，α_q 为调整系数，均布荷载不管是纵向还是横向，都应作用在影响面的不利部位。调整系数 α_{Qi}、α_{qi} 和 α_{qr} 应该根据预测的交通和公路等级的不同进行选择。调整系数为国家定义参数，与交通等级对应。当系数取 1 时，表示交通中很大部分是重型车辆。对于常见的公路或高速公路，作用在车道 1 上的同步系统和均布荷载的系数 α 可能会适当减小(10% ~20%)。

表 2-9 列出了荷载模式 1 的标准值。

荷载模式 1 用于局部验算时,将双轴系统布置在最不利位置,每一个车轮的轮压区域视为边长 0.4m 的正方形,相邻两个车道的两个轮轴的距离应不小于 0.50m,如图 2-3 所示。

这种荷载模式与中国标准的车道荷载有相似之处,都是由集中荷载和均布荷载组成(图 2-4),但无论是大小还是分布都不同,它与理论车道的划分紧密相关。

荷载模式 1 的标准值 表 2-9

位　置	集中荷载	均布荷载
	轴载 Q_{ik}(kN)	q_{ik}(kN/m^2)
车道 1	300	9
车道 2	200	2.5
车道 3	100	2.5
其他车道	0	2.5
剩余区域(q_{rk})	0	2.5

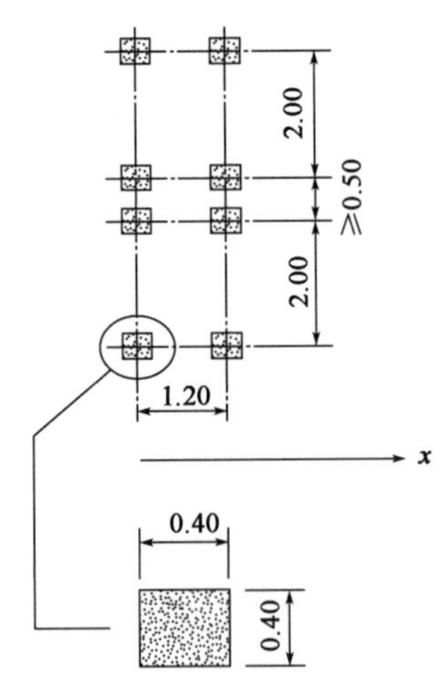

图 2-3　LM1 局部验算模式(尺寸单位:m)

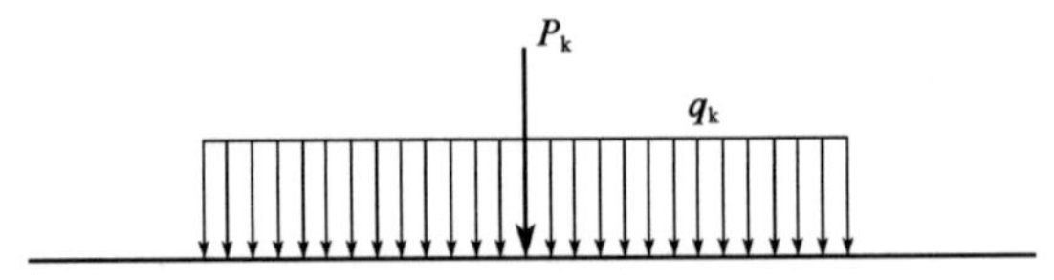

图 2-4　JTG D60—2015 中的车道荷载

按 JTG D60—2015 进行公路桥涵设计时,汽车荷载分为公路-Ⅰ级和公路-Ⅱ级两个等级,由车道荷载和车辆荷载组成。车道荷载由均布荷载和集中荷载组成,用于桥梁结构的整体计算。公路-Ⅰ级车道荷载的均布荷载 q_k 标准值为 10.5kN/m(注意单位不是 kN/m^2);集中荷载 P_k 按计算跨径选取。计算跨径小于或等于 5m 时,P_k = 180kN,计算跨径大于或等于 50m 时,P_k = 360kN;计算跨径介于两者之间的按线性内插取值。

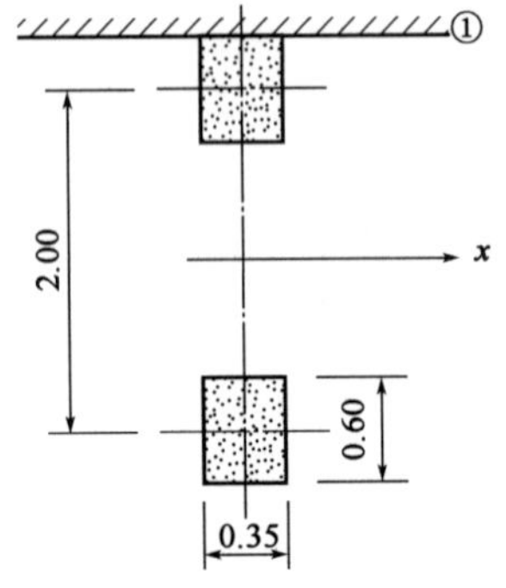

图 2-5　汽车荷载模式 2(尺寸单位:m)

注:①是指路边缘。

(2)荷载模式 2。荷载模式 2 包含一个单轴荷载 $\beta_Q Q_{ak}$,Q_{ak}取值为 400kN,β_Q 为调整系数,一般 $\alpha_Q=\beta_Q$。荷载模式 2 可作用于行车道的任何位置,每个车轮的轮压面积应按照矩形区域考虑,矩形的边长分别为0.35m和 0.60m,如图 2-5 所示。

荷载模式 2 和荷载模式 1 的局部轮压面积是不同的,对应不同的轮胎模型、布置以及压力分布,一般荷载模式 2 应用于正交异性桥面板的局部分析。

JTG D60—2015 车辆荷载采用一种单车荷载,总重力为 550kN,车长为 15.0m,车宽为 2.5m,纵向间距为(3+1.4+7+1.4)m,横向轮距为 1.8m。桥梁结构的局部加载、涵洞、桥台和挡土墙土压力等的计算采用车辆荷载,其在轮距、车轮着地面积、荷载分布等方面与 LM1 及 LM2 的局部分析模式都不同。

(3)荷载模式 3。荷载模式 3(LM3)是一系列轴载的集合(图 2-6),这些轴载代表经过特殊荷载许可而允许在公路上行驶的特殊车辆(例如用于工业运输)。这种荷载模式能用于整体验算和局部验算。LM3 主要应用于一些特殊车辆荷载,这些车辆在尺寸和重力上都与常规汽车荷载不一样。在 EN 1991-2 附录中给出了这些特殊车辆荷载，车辆总重从 600 ~ 3600kN 不等，轴载则包括 150kN、200kN 和 240kN 三种，如对 600kN 总重的车辆，由 4 个间距为 1.5m、150kN 的轴载组成，而对 1800kN 总重的车辆，可以由 12 个间距为 1.5m、150kN 的轴载组成，也可以由 9 个间距为 1.5m、200kN 的轴载组成。当车辆总重超过 3600kN 时，需对具体工程单独定义。

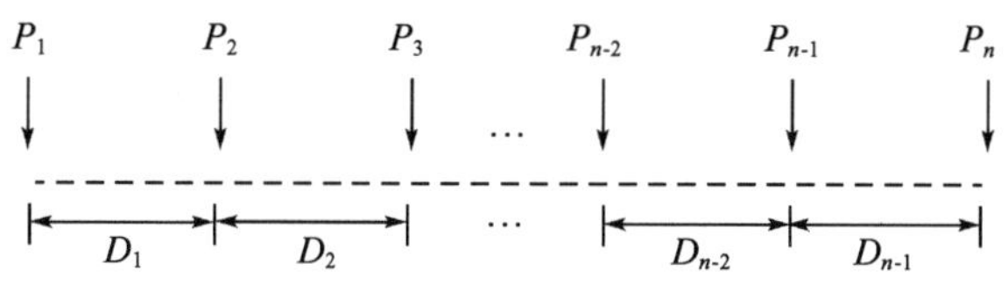

图 2-6 荷载模式 3

对这种荷载模式，假设车辆以低速（不超过 5km/h）或正常速度（70km/h）行驶。当以低速行驶时，车辆荷载不需要考虑动力放大系数；当以正常速度行驶时，车辆荷载需要考虑动力放大系数 φ，$\varphi = 1.40 - L/500$，$\varphi \geqslant 1$。要注意的是，当假设车辆以低速行驶时，在车道 1 上布置特殊车列（对 240kN 轴载的车轮要跨越车道 1 和车道 2），在行车道的其余部位布置荷载模式 1 的车辆荷载，即使在布置了特殊车队的车道上，也要布置荷载模式 1 的车辆荷载，但应布置在轴外边线不少于 25m 的区域（图 2-7）。当假设车辆以正常速度行驶时，只需在车道的其余部位布置荷载模式 1 的车辆荷载，布置了特殊车队的车道上，不再布置荷载模式 1 的车辆。

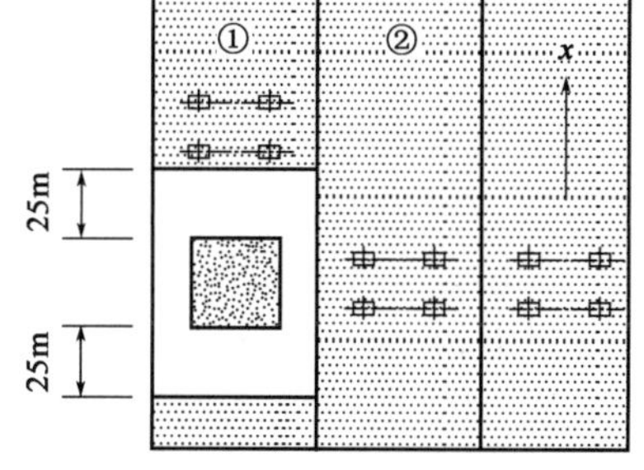

图 2-7 特殊车列（低速）与 LM1 同时布载

注：左为 150m 或 200kN 轴载布载，右为 240kN 轴载布载。

（4）荷载模式 4。荷载模式 4 即人群荷载，它使用一个由大小为 $5\mathrm{kN/m^2}$ 的均布荷载（包含动力放大效应）组成的荷载模式来表示（图 2-8）。用于整体验算，并且只应用于短暂设计状况。这里的人群荷载与作用在人行道上的人群荷载不同，荷载模式 4 的人群荷载是作用在行车道上，只用于短暂设计状况的验算，它与上述的几个荷载模式是相斥的，不能互相组合。EN 1992-2 中作用在人行道上的人群荷载一般取 $3\mathrm{kN/m^2}$，可与荷载模式 1 组合。

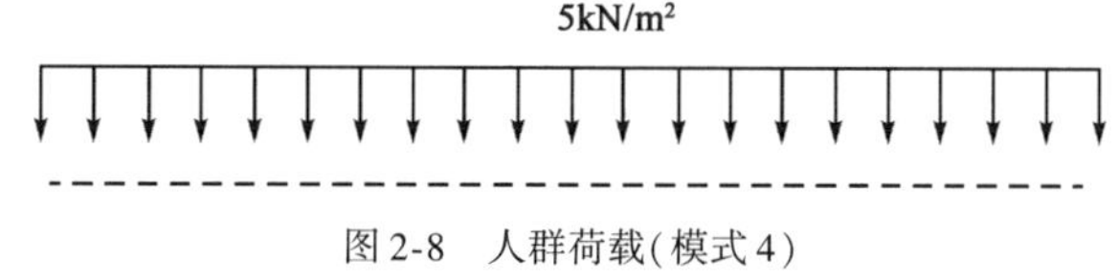

图 2-8 人群荷载（模式 4）

（5）局部验算集中力扩散模型。

荷载模型 LM1 和 LM2 的轮压局部验算，将集中力视为在轮底接触面范围内均匀分布，并按 45°角经过铺装层扩散至桥面板。对于混凝土桥面板，局部压应力扩散至桥面板的中间层；对于钢结构的正交异性板，局部压应力扩散至顶板的中间层。

2）水平荷载

（1）制动力/加速度力。

制动力是由车辆紧急制动时产生的纵向水平力，而加速度力则是车辆加速时反作用于桥梁的纵向水平力，二者本质相同，方向相反。EN 1991-2 规定制动力和加速度力取值相同，均按施加于名义车道 1 的竖向荷载 LM1 的摩擦力计算，即：

$$Q_{1k} = 0.6\alpha(2Q_{1k}) + 0.1\alpha_{q1}q_{1k}\omega_1 L \tag{2-1}$$

式中：L——主梁长度或所考虑的部分主梁长度。

当 $L < 1.2\mathrm{m}$ 时，只能布置一个轴载，故制动力的下限值为 $180\alpha_{Q1}$。制动力的上限值是根据军用车辆可能产生的最大制动力确定的，规定为 900kN。

某些特殊交通状况下，车辆由于紧急制动而产生漂移现象，此时制动力沿桥梁的斜向作用，在纵向和横向均有分量。EN 1991-2 规定了横向制动力 Q_{rk} 按纵向制动力 Q_{1k} 的 25% 取值。

(2)离心力。

离心力是车辆在弯道行驶时作用在桥梁上的横向水平力,它与车辆的行驶速度和弯道半径有关。EN 1991-2 以重型车辆平均行驶速度 70km/h 为参考,给出了离心力标准值 Q_{tk}(含动力放大效应),并简化为三种取值情况:

$$Q_{tk}=\begin{cases}0.2Q_{1k} & r<200\text{m}\\ 40Q_V/r & 200\text{m}\leqslant r\leqslant 1500\text{m}\\ 0 & r>1500\text{m}\end{cases} \tag{2-2}$$

式中:r——道路中心线的水平半径(m);

Q_V——竖向荷载 LM1 的集中力总和,即 $\sum\alpha_{Qi}(2Q_{ik})$(kN)。

3)交通荷载组

(1)持久设计状况交通荷载组代表值。

竖向交通荷载 LM1 ~ LM4 是针对不同的设计需要和交通状况给出的四种荷载模型。实际上,这四种模型代表的设计条件基本不可能同时出现,另外,制动力和离心力等水平交通荷载又是伴随 LM1 出现的。因此,在荷载与抗力分项系数设计法中,不能将所有交通荷载同时参与荷载组合,而应根据桥梁构件设计的需要选择最不利的交通荷载与其他荷载组合。譬如,桥墩结构在受力形式上属于压弯构件,而压弯构件在弯矩大而轴压力小时最为不利,产生这种荷载效应的条件是,桥上只有为数不多且在加速行驶的重型车辆,与之相应的交通荷载是加速度力和 LM1 频遇值的联合作用。基于这些原因,EN 1991-2 将公路桥梁交通荷载划分成 7 种相互独立的交通荷载组标准值,见表 2-10。各交通荷载组作为一个整体分别参与荷载组合。

公路桥梁交通荷载组的标准值 表 2-10

交通荷载组名称	机动车道						人行道及非机动车道
	LM1	LM2	LM3	LM4	制动力/加速度力①	离心力/横向制动力①	竖向均布荷载
gr1a	标准值						组合值②
gr1b		标准值					
gr2	频遇值②				标准值	标准值	
gr3④							标准值③
gr4				标准值			标准值
gr5	见 EN 1991-2 附录 A		标准值				

注:①可选用国家附录的定义。

②根据国家附录取值。推荐值为 3kN/m^2。

③可单侧人行道布载,也可两侧人行道布载,按最不利效应选用。

④如果考虑 gr4 准荷载组,不必再考虑 gr3 荷载组。

持久设计状况交通荷载组的频遇值只考虑 LM1、LM2 或竖向行人均布荷载,一般不考虑准永久值。

(2)短暂设计状况交通荷载组代表值。

EN 1991-2 中没有明确指明短暂设计状况的交通荷载组,实际上短暂设计状况只涉及 LM3 和 LM4 两种竖向交通荷载。可见,隐含于 EN 1991-2 中的短暂设计状况交通荷载组为gr4 和 gr5,并且 LM1 中的集中力 TS 的标准值需改为 $0.8\alpha_{Qi}Q_{ik}$。

2.3.5 设计抗力

结构或构件抵抗作用效应和环境影响的能力称为结构或构件的抗力。结构或构件抗力是一个广义的概念,它与结构的极限状态相对应,不同的极限状态所考虑的抗力也不同。对于钢结构的承载能力极限状态,结构抗力包括结构或构件的受压承载力、受弯承载力、受剪承载力、受扭承载力及压、弯、剪、扭联合作用下的承载力,以及整个结构或结构某一部分的抗倾覆能力、结构或构件的稳定性、抗疲劳能力等。对于钢结构的正常使用极限状态,抗力包括抵抗变形、抵抗振动等的能力。

2.4 分项系数法

2.4.1 材料特性的设计值

EN 1993-2 引用 EN 1993-1-1 中的规定,对于钢结构设计,材料特性的标准值 X_k 应按 EN 193-2 表 3-1 采用。

材料特性的设计值为 X_k/γ_M。

EN 1993-2 认为材料分项系数应考虑材料强度的变化与特殊设计抗力模型的试验结果的离散性,不同的分项系数适用于不同的抗力机制。鉴于此,EN 1993-2 推荐了 7 种不同的材料分项系数值,以适应不同的破坏模式。

值得注意的是,对于构件截面抗力,材料分项系数 $\gamma_{M0}=1.0$。这种做法的理由是,试验研究表明,实际强度标准值已完全超过标准要求值;在某些情况下,钢材的应变硬化意味着抗力可能超过基于屈服强度的值(仅适用于抗力模型中没有包含应变硬化效应的情形)。

中国钢结构设计标准中的分项系数,则简单得多,具体如下。

GB 50017—2017:对于 Q235,$\gamma_M=1.087$;对于 Q345、Q390 和 Q420,则 $\gamma_M=1.111$。《公路钢结构桥梁设计规范》(JTG D64—2015)中将材料分项系数统一定为 1.25。

2.4.2 几何参数的设计值

EN 1993-2 规定:

(1)横截面和体系的几何数据应取自欧洲建筑产品标准或 EN 1090 的施工图,并将该数据视为标准值。

(2)本标准中规定的几何缺陷的设计值是等效几何缺陷,该缺陷考虑了以下效应:

①产品标准或施工标准中几何公差控制的构件几何缺陷。

②制作和安装产生的结构缺陷。

③残余应力。

④屈服强度的变化。

中国标准没有明确规定几何尺寸的设计值如何选取,一般结构计算时取图纸上所标注的尺寸。

2.4.3 作用设计值

2.4.3.1 组合规则

EN 1990 附录 A2 与 EN 1991-2 给出了关于桥梁作用的简化组合规则:

(1)公路桥梁作用组合规则。

①雪荷载不与任何车辆荷载组合，除非是带顶棚的桥梁。

②风荷载和温度作用不与任何车辆荷载组同时考虑。

③风荷载仅需与荷载组 gr1a 同时考虑。

④可变的非交通作用不与荷载组 gr1b 同时考虑。

⑤非交通作用与荷载组 gr5（特殊车辆）的组合应在国家附件中规定。

（2）人行天桥作用组合规则。

①集中荷载 Q_{fwk} 不与任何其他非交通可变作用结合。

②雪荷载不与任何车辆荷载组进行组合，特殊地理区域和某些类型的人行天桥（特别是有顶棚的人行天桥）除外。

JTG D60—2015 对桥涵上的作用组合也有类似的规则，详见表 2-11。

可变作用不同时组合表 表 2-11

作用名称	不与该作用同时参与组合的作用
汽车制动力	流水压力、冰压力、波浪力、支座摩阻力
流水压力	汽车制动力、冰压力、波浪力
波浪力	汽车制动力、流水压力、冰压力
冰压力	汽车制动力、流水压力、波浪力
支座摩阻力	汽车制动力

从表 2-11 可以发现，中欧标准考虑的因素存在一定差异，欧洲标准考虑风荷载、雪荷载、温度作用不与车辆荷载同时组合；而中国标准考虑流水压力、冰压力、支座压力等因素不同时组合。这与地理、气候条件有关。中欧标准对可变作用不同时参与组合的规定都是为了保证桥梁上不同时组合不可能同时出现的可变作用，同时中欧标准又各自考虑了主要可变作用和非主要可变作用的不同。

2.4.3.2 承载能力极限状态作用组合

（1）持久和短暂设计状况作用组合：

$$\sum_{j\geqslant 1}\gamma_{Gj,\mathrm{sup}}G_{kj,\mathrm{sup}}+\gamma_{p}P+\gamma_{Q,1}Q_{k,1}+\sum_{i>1}\gamma_{Q,i}\psi_{0,i}Q_{k,i} \tag{2-3}$$

或作为 STR 和 GEO 极限状态的另一种选择，使用下列两式较为不利者：

$$\sum_{j\geqslant 1}\gamma_{Gj,\mathrm{sup}}G_{kj,\mathrm{sup}}+\gamma_{p}P+\gamma_{Q,1}\psi_{0,i}Q_{k,1}+\sum_{i>1}\gamma_{Q,i}\psi_{0,i}Q_{k,i} \tag{2-4}$$

$$\sum_{j\geqslant 1}\xi_{j}\gamma_{Gj,\mathrm{sup}}G_{kj,\mathrm{sup}}+\gamma_{p}P+\gamma_{Q,1}Q_{k,1}+\sum_{i>1}\gamma_{Q,i}\psi_{0,i}Q_{k,i} \tag{2-5}$$

式中：ξ_j——不利永久作用的折减系数，取值范围为 0.85～1.0。

（2）偶然设计状况（非地震）作用组合：

$$\sum_{j\geqslant 1}G_{kj}+P+A_{d}+\psi_{2}Q_{c,k} \tag{2-6}$$

式中：$Q_{c,k}$——EN 1991-1-6 中定义的施工荷载的标准值。

（3）对于有可能失去静力平衡的施工阶段，应采用以下作用组合：

$$\sum_{j\geqslant 1}G_{kj}+P+A_{d}+\psi_{2}Q_{c,k} \tag{2-7}$$

式中：A_d——偶然作用的设计值；

$Q_{c,k}$——EN 1991-1-6 中定义的施工荷载的标准值。

（4）地震设计状况作用组合：

$$\sum_{j\geqslant 1}G_{kj,\mathrm{sup}}+P+A_{Ed}+\sum_{i\geqslant 1}\psi_{2i}Q_{k,i} \tag{2-8}$$

式中：A_{Ed}——地震作用的设计值。

JTG D60—2015 规定，公路桥涵结构按承载能力极限状态设计时，应采用以下三种作用效应组合：

(1)基本组合。永久作用的设计值效应与可变作用设计值效应相组合。

①作用基本组合的效应设计值按下式计算:

$$S_{\mathrm{ud}}=\gamma_0 S\left(\sum_{i=1}^{m}\gamma_{\mathrm{G}i}G_{ik},\gamma_{\mathrm{Q1}}\gamma_{\mathrm{L}},\psi_{\mathrm{c}}\sum_{j=2}^{n}\gamma_{1,j}\gamma_{\mathrm{Q}j}Q_{jk}\right) \tag{2-9}$$

或

$$S_{\mathrm{ud}}=\gamma_0 S\left(\sum_{i=1}^{m}G_{id},Q_{1d},\sum_{j=2}^{n}Q_{jd}\right) \tag{2-10}$$

式中,各变量符号含义参见 JTG D60—2015。

②当作用与作用效应可按线性关系考虑时,作用基本组合的效应设计值 S_{ud} 可通过作用效应代数相加计算。

③设计弯桥时,当离心力与制动力同时参与组合作用时,制动力标准值或设计值按 70%取用。

(2)偶然组合。永久作用标准值效应与可变作用某种代表值效应、一种偶然作用标准值效应相组合。偶然作用效应分项系数取 1.0;与偶然作用同时出现的可变作用,可根据观测资料和工程经验取用适当的代表值。

①作用偶然组合的效应设计值可按下式计算:

$$S_{\mathrm{ad}}=S\left[\sum_{i=1}^{m}G_{ik},A_{\mathrm{d}},\psi_{\mathrm{c}}(\text{或 }\Psi_{\mathrm{q1}})Q_{1k},\sum_{j=2}^{n}\psi_{\mathrm{q}j}Q_{jk}\right] \tag{2-11}$$

式中,各变量符号含义见 JTG D60—2015。

②当作用与作用效应可按线性关系考虑时,作用偶然组合的效应设计值 S_{ad} 可通过作用效应代数相加计算。

(3)地震作用组合。地震作用组合的效应设计值应按《公路工程抗震设计规范》(JTG B02—2013)的有关规定。

2.4.3.3 正常使用极限状态作用组合

(1)标准组合。标准组合一般用于不可逆极限状态。

$$\sum_{j\geqslant 1}G_{k,j}+P+Q_{k,1}+\sum_{i>1}\psi_{0,i}Q_{k,i} \tag{2-12}$$

(2)频遇组合。这种组合是在使用条件下相对频繁发生的荷载组合,可用于裂缝验算。

$$\sum_{j\geqslant 1}G_{k,j}+P+\psi_{1,1}Q_{k,1}+\sum_{i>1}\psi_{2,i}Q_{k,i} \tag{2-13}$$

(3)准永久组合。准永久作用组合一般用于长期效应。

$$\sum_{j\geqslant 1}G_{k,j}+P+\sum_{i>1}\psi_{2,i}Q_{k,i} \tag{2-14}$$

JTG D60—2015 规定,公路桥涵结构按正常使用极限状态设计时,应根据不同的设计要求,采用以下两种效应组合:

(1)频遇组合。永久作用标准值效应与汽车荷载频遇值、其他可变作用准永久值相组合。

①作用频遇组合的效应设计值可按下式计算:

$$S_{\mathrm{fd}}=S\left(\sum_{i=1}^{m}G_{ik},\psi_{\mathrm{f1}}Q_{1k},\sum_{j=2}^{n}\psi_{\mathrm{q}j}Q_{jk}\right) \tag{2-15}$$

式中:S_{fd}——作用频遇组合效应设计值;

ψ_{f1}——汽车荷载(不计冲击力)频遇值系数,取 0.7。

②当作用与作用效应可按线性关系考虑时,作用频遇组合的效应设计值 S_{fd} 可通过作用效应代数相加计算。

(2)准永久组合。永久作用标准值效应与可变作用准永久值效应相组合。

①作用准永久组合的效应设计值可按下式计算：

$$S_{\mathrm{qd}}=S\left(\sum_{i=1}^{m}G_{i\mathrm{k}},\sum_{j=1}^{n}\psi_{\mathrm{q}j}Q_{j\mathrm{k}}\right) \tag{2-16}$$

式中：S_{qd}——作用准永久组合的效应设计值；

$\psi_{\mathrm{q}j}$——汽车荷载(不计冲击力)准永久系数,取0.4。

②当作用与作用效应可按线性关系考虑时,作用准永久组合的效应设计值 S_{qd} 可通过作用效应代数相加计算。

2.4.3.4 组合系数

EN 1990 附录 A2 规定了组合系数 ψ 的取值规则：

(1)系数 ψ 可由国家附件设定。对于公路桥,交通荷载组合及其他常用作用 ψ 的建议值见表 2-12。

公路桥组合系数 ψ 的建议值(EN 1992-2)　　表 2-12

作用	符号		ψ_0	ψ_1	ψ_2
交通荷载	gr1a(LM1+行人或自行车道荷载)	TS	0.75	0.75	0
		UDL	0.40	0.40	0
		行人+自行车道荷载	0.40	0.40	0
	gr1b(单轴)		0	0.75	0
	gr2(横向力)		0	0	0
	gr3(行人荷载)		0	0	0
	gr4(LM4,人群荷载)		0	0.75	0
	gr5(LM3,特殊车辆)		0	0	0
风力	F_{wk}	持久设计状况	0.6	0.2	0
		施工期间	0.8	—	0
	F_{w}^{*}		1.0	—	—
温度作用	T_{k}		0.6	0.6	0.5
雪荷载	Q_{snk}(施工期间)		0.8	—	—
施工荷载	Q_{c}		1.0	—	1.0

注：1. 荷载 gr1a 和 gr1b 中 ψ_0、ψ_1 和 ψ_2 的建议值用于道路交通,对应调整系数 $\alpha_{\mathrm{Q}i}$、$\alpha_{\mathrm{q}i}$、α_{qr}和 $\beta_{\mathrm{Q}}=1$ 的情况。UDL 的数值对应于日常交通状况,在这些状况中可能产生载货汽车拥堵情况,但不常发生。其他值对应于其他等级的道路或预期交通量,与相应系数 α 的选择有关。例如,ψ_2 不等于零的数值认为仅用于 LM1 的 UDL 系统,即承受重型和持续交通的桥梁,参见 EN 1998。

2. EN 1991-2 表 4.4a 中提到的行人和自行车道荷载的组合值为"折减了"的值。ψ_0 和 ψ_1 系数适用于该值。

3. 针对温度作用的 ψ_0 建议值,对于承载能力极限状态 EQU、STR 和 GEO 大多数情况下可折减至 0。参见欧洲设计标准。

4. 对于持久设计状况,F_{w}^{*} 取 0.6。

(2)当国家附件涉及混凝土桥梁一些正常使用极限状态罕遇作用组合时,规定了 $\psi_{1,\mathrm{infq}}$ 的值：对 gr1a(CLM1)、gr1b(CLM2)、gr3(行人荷载)、gr4(LM4,人群荷载)和 T(温度),取0.80;对持久设计状况,F_{w} 取 0.60;其他情况下,取 1.00(即标准值取代罕遇值)。

(3)施工期间的风荷载和雪荷载的标准值在 EN 1991-1-6 中定义。必要时,水作用(F_{wa})的代表值可在个别项目中定义。

JTG D60—2015 关于组合系数的取值已分述于上述各条,现归纳于表 2-13。

公路桥组合系数 ψ 的建议值(JTG D60—2015)　　表 2-13

荷载类型	ψ_c				ψ_1	ψ_2
汽车荷载	1.0				0.7	0.4
可变荷载顺次	第二可变荷载	第三可变荷载	第四可变荷载	第五及以上可变荷载	1.0	0.4
人群荷载	0.8	0.7	0.6	0.5		
风荷载	0.8	0.7	0.6	0.5	0.75	0.75
温度荷载	0.8	0.7	0.6	0.5	0.8	0.8
其他作用	0.8	0.7	0.6	0.5	1.0	1.0

2.4.3.5 作用设计值

1)承载能力极限状态

(1)持久和短暂设计状况下的作用设计值。

持久和短暂设计状况下 EN 1990 及其用于桥梁的附录 A2 给出了作用的分项系数,按上述式(2-4)或式(2-5)组合即可获得此状况下的作用设计值。

(2)偶然和地震设计状况下的作用设计值。

在偶然和地震设计状况下,承载能力极限状态的分项系数由 EN 1990 及其用于桥梁的附录 A2 给出,按上述式(2-6)组合即可获得此状况下的作用设计值。

值得注意的是,EN 1993-2 也涉及岩土工程设计,由于岩土工程的设计标准 EN 1997-1 推荐三种可选择方法,作用分项系数针对不同的设计方法与设计状况而异,因此导致 EN 1993-2 的作用设计值异常复杂,详见 EN 1990 附录 A2。这一点与中国标准有较大差异,中国结构工程师应予以足够的重视。

2)正常使用极限状态

对于正常使用极限状态,分项系数由 EN 1990 及其用于桥梁的附录 A2 给出,推荐所有的作用分项系数为 1.0,除非在 EN 1991 ~ EN 1999 中有不同规定,按上述式(2-12)、式(2-13)或式(2-14)组合即可获得此状况下的作用设计值。

JTG D60—2015 关于永久作用效应、可变作用效应分项系数的规定,分别见表 2-14 和表 2-15。

永久作用效应的分项系数(JTG D60—2015)　　表 2-14

编号	作用类别		永久作用效应分项系数	
			对结构的承载能力不利	对结构的承载能力有利
1	混凝土和圬工结构重力(包括结构附加重力)		1.2	1.0
	钢结构重力(包括结构附加重力)		1.1 或 1.2	
2	预加力		1.2	1.0
3	土的重力		1.2	1.0
4	混凝土的收缩及徐变作用		1.0	1.0
5	土侧压力		1.4	1.0
6	水的浮力		1.0	1.0
7	基础变位作用	混凝土和圬工结构	0.5	0.5
		钢结构	1.0	1.0

注:编号 1 中,当钢桥采用钢桥面板时,永久作用效应分项系数取 1.1;当采用混凝土桥面板时,其取 1.20。

可变作用效应的分项系数(JTG D60-2015) 表 2-15

作用极限状态		作用类别	可变作用效应分项系数	
			对结构的承载能力不利	对结构的承载能力有利
承载能力极限状态	1	汽车荷载	1.4	0.0
	2	风荷载	1.1	0.0
	3	其他可变荷载	1.4	0.0
正常使用极限状态		所有可变荷载	1.0	0.0

2.4.4 承载力设计值

EN 1990 中公式(6.6c)或公式(6.6d)适用于钢结构,式中:

$$R_d = \frac{R_k}{\gamma_M} = \frac{1}{\gamma_M} R_k(\eta_1 X_{k1};\eta_i X_{ki}\alpha_d) \tag{2-17}$$

式中:R_k——根据材料特性和尺寸的特征值或公称值确定的承载力的特征值;

γ_M——承载力的整体分项系数;

η_1、η_i、X_{k1}、X_{ki}、α_d 释义见 EN 1990。

2.4.5 分项系数验算

2.4.5.1 承载能力极限状态

EN 1993-2 引用 EN 1990:2002 的规定,必要时应校核下列极限状态。

(1)EQU:结构及其构件作为刚体失去静力平衡。

(2)STR:结构或结构构件(包括基础、桩和基础墙等)的内部失效或过度变形。

(3)GEO:地基失效或过度变形。

其中,EQU 采用的校核公式为:

$$E_{d,dst} < E_{d,stb} \tag{2-18}$$

式中:$E_{d,dst}$——不稳定作用效应的设计值;

$E_{d,stb}$——稳定作用效应的设计值。

STR、GEO 采用的校核公式为:

$$E_d < R_d \tag{2-19}$$

式中:E_d——作用效应设计值;

R_d——相应的抗力设计值。

《公路钢筋混凝土及预应力混凝土桥涵设计规范》(JTG 3362—2018)对桥梁构件承载力设计的一般校核公式为:

$$\gamma_0 S \leqslant R$$

$$R = R(f_d, a_d) \tag{2-20}$$

式中:γ_0——桥梁结构的重要性系数,按公路桥涵的设计安全等级,一级、二级、三级分别取1.1、1.0、0.9,桥梁的抗震设计不考虑结构的重要性系数;

S——作用效应(汽车荷载应计入冲击系数)的组合设计值;

R——构件承载力设计值;

$R(\cdot)$——构件承载力函数;

f_d——材料强度设计值;

a_d——几何参数设计值,当无可靠数据时,可采用几何参数标准值 a_k,即设计文件规定的值。

因此，在设计表达式上，中欧标准采用的都是“作用效应 < 抗力”的模式。中国标准通过结构重要性系数考虑结构破坏后果的严重性及结构使用年限的影响。与中国标准不同的是，EN 1990:2002 的验算表达式中不出现结构重要性系数，而是隐含于作用的分项系数之中。

2.4.5.2 正常使用极限状态

EN 1993-2 引用 EN 1990 的规定，应验算：

$$E_{\mathrm{d}} \leqslant C_{\mathrm{d}} \tag{2-21}$$

式中：C_{d}——相关正常使用标准的极限设计值；

E_{d}——正常使用标准中规定的作用效应设计值，在相关组合基础上确定。

有关正常使用极限状态验算，中欧标准表达式的形式完全相同。

2.5 设计辅助试验

EN 1993-2 规定：

(1)本标准中的承载力 R_{k} 根据 EN 1990 中附录 D 的规定确定。

(2)在推荐常量分项系数 $\gamma_{\mathrm{M}i}$ 的等级时，标准值 R_{k} 根据下式计算：

$$R_{\mathrm{k}} = R_{\mathrm{d}}\gamma_{\mathrm{M}i} \tag{2-22}$$

式中：R_{d}——根据 EN 1990 中附录 D 确定的设计值；

$\gamma_{\mathrm{M}i}$——推荐的分项系数。

(3)如果预制产品的承载力 R_{k} 需从试验中确定，则应遵照(2)中的步骤。

理论上讲，EN 1993 中的标准抗力由 EN 1990 附录 D 导出。EN 1990 规定了两种备选计算抗力设计值的方法：一种是首先确定特征抗力，继而使用恰当的分项系数确定设计抗力；另一种是直接确定设计抗力。EN 1993 使用后一种方法，规定标准抗力由式(2-22)计算，式中 $\gamma_{\mathrm{M}i}$ 为与材料相关的系数，R_{k} 代表无限次测试的 5% 的分位值。凡必须确定预安装产品的标准抗力之处，必须使用相同的确定 R_{k} 的方法。

GB 50153—2008 的试验方法和抗力确定方法与 EN 1990 中的完全相同。

2.6 本章小结

本章主要讲述钢结构设计的基本知识与基础内容，首先介绍钢结构设计的基本要求、结构的安全与可靠度管理、设计使用年限、耐久性和坚固性等方面的内容，随后介绍极限状态设计原理，重点讲述桥梁上的作用、组合规则、各种极限状态下的组合表达式，分项系数、组合系数的取值，并将中欧标准中的差异进行对比。关于结构设计基础更详细的内容，详见本系列丛书《中欧混凝土桥梁设计标准对比》第 2 章。

总体而论，EN 1993-2 引用了 EN 1990 关于钢桥设计流程所必须遵循的基本原则和要求，包括需要考虑的极限状态和作用组合，以及桥梁在各种极限状态下所要求的性能，与 GB 50153—2008 没有本质的区别，水平相当，但细节处理方面仍然存在一定差异，现归纳如下。

(1)中欧标准关于设计原则与总体要求基本一致，都是采用以概率极限理论为基础的极限状态设计理论，以及多分项系数设计方法，包括所考虑的承载力极限状态和正常使用极限状态也基本相同。

(2)EN 1993-2 引用了 EN 1990 关于桥梁的设计使用寿命、耐久性和质量管理的相关规则。EN 1990 规定永久性桥梁的指导性设计寿命为 100 年；将结构根据破坏后果严重程度分为 CC3、CC2、CC1 三个安全等级，这些与 GB 50153—2008 一致。所不同的是欧洲标准同时还给出可靠性等级的概念，并且明确可靠性等级与结构重要性等级不是同一概念，只有当两者相关联时,才具有同等的含义。当然更细化的差异还表现在使用年限的划分方面,欧洲标准的目标可靠度比中国标准略大。

(3)中欧标准均将环境作用列为与如荷载、材料强度、弹性常数、构件几何尺寸等物理量同等对待的基本变量。基本变量的代表值、设计值的确定原则与确定方法也相同。

(4)《结构设计基础》(EN 1990:2002)将结构设计状况分为持久设计状况、短暂设计状况、偶然设计状况和地震设计状况,与 GB 50153—2008、JTG D60—2015 相同。

(5)桥梁上的作用,中欧标准具有一定的差异。欧洲标准理论车道的划分与中国标准设计车道的划分有所不同,一般对相同行车道宽度的桥梁,中国标准的设计车道数≤欧洲标准理论车道数。欧洲标准中车辆交通荷载的 4 个模式与中国标准中汽车车道荷载、车辆荷载在形式和取值上都有所不同,对任何设计状况,当相关时,都应该考虑荷载模式 1、2、3,荷载模式 4 仅在某些短暂设计状况使用。这一点值得中国结构工程师注意。

(6)作用组合原则、作用设计值的取值方法中欧标准中相同,所不同的是中欧标准考虑的因素有差异,可变荷载组合时,欧洲标准认为风荷载、雪载与温度可能成为主导可变作用,而中国标准则认为流水压力、冰压力与汽车制动力可能成为主导可变荷载。分项系数与组合系数有一定差异,总体而论,欧洲标准比中国标准略显保守。

(7)组合作用验算表达式方面。

①EN 1993-2。

a. 承载能力极限状态考虑持久和短暂设计状况作用组合、偶然设计状况作用组合、施工阶段静力平衡的作用组合和地震设计状况作用组合四种状况。

b. 正常使用极限状况考虑标准组合、频遇组合和准永久组合三种状况。

②JTG D60—2015。

a. 承载能力极限状态考虑基本组合和偶然组合两种。其中,偶然组合包含地震作用组合。

b. 正常使用作用组合考虑作用短期效应组合和作用长期效应组合两种。

中欧标准仅形式不同,其实质基本相同。所不同的是,中国标准作用组合式中含有结构重要性系数 γ_0,而欧洲标准将这一系数隐含于作用组合效应(可靠度等级)之中。这一点也是值得关注的差异。

第3章 材料

3.1 一般规定

工程建设各行业几乎都需要钢材,但因用途不同,所需钢材性能各异。因此,虽然碳素钢有一百多种,合金钢有三百多种,符合钢结构性能要求的钢材只有碳素钢及合金钢中的少数几种。用作钢结构的钢材必须具有较高的强度、足够的变形能力和良好的加工性能。此外,根据结构的具体工作条件,必要时还需具有抵抗低温、有害介质侵蚀以及重复荷载作用等性能。

欧洲标准(EN 10027-1)中对钢材品种分别按以下两种方式分类:

(1)按工程应用领域、物理力学性质划分。分为结构钢(S)、承压钢(P)、工程钢(E)、钢筋混凝土用钢(B)、预应力混凝土用钢(Y)、铁轨用钢(R)、冷成形板材(D)、高强度冷成形板材(H)、薄片刚T(包装用钢物品)和电器用钢(M)十大类型。其中,钢结构用钢材主要是结构钢。

(2)按化学成分划分。分为合金钢、非合金钢和不锈钢三大类。

欧洲标准又将结构钢根据钢材拉伸屈服点的大小分为若干强度等级,每一等级又根据其冲击韧性分为若干质量等级(详见表3-1)。将标准号、品种、强度等级、质量等级及加工信息组合在一起构成钢材的牌号。比如:EN 10025-2-S355J0C + N 表示符合 EN 10025-2 的结构用钢,拉伸屈服强度355MPa,冲击能大于27J,标准冷成型。

欧洲标准采用的结构钢 表3-1

标 准	按 EN 10027-1 命名
EN 10025-2	S235JR
	S355JR
	S355J0
	S355J2
	S355K2
	S450J0
EN 10025-3	S355N
	S355NL
EN 10025-4	S355M
	S355ML
EN 10025-5	S235J0W
	S235J2W
	S355J0WP

续上表

标　准	按 EN 10027-1 命名
EN 10025-5	S355J2WP
	S355J0W
	S355J2W
	S355K2W
EN 10025-6	S460Q
	S460QL
	S460QL1

中国钢结构设计用钢主要有碳素结构钢、低合金高强度结构钢和建筑结构用钢板。低合金高强度结构钢因含有锰、钒等合金元素而具有较高的强度。此外,处在腐蚀性介质中的结构,则采用高耐候性结构钢。

碳素结构钢的牌号有 Q195、Q215A、Q215B、Q235A、Q235B、Q235C、Q235D、Q275A、Q275B、Q275C、Q275D。其中,Q 为屈服强度中的屈字汉语拼音的首字母,数字表示屈服强度的大小(MPa),A、B、C、D 为质量等级。最后还有一个表示脱氧方法的符号(F-沸腾钢、b-半镇静钢、Z-镇静钢、TZ-特殊镇静钢)。钢号中的质量等级 A ~ D,表示质量由低到高。质量高低主要是以对冲击韧性的要求区分。碳素结构钢其强度虽不高但延性及焊接性能均较好,其中,Q235 钢为标准推荐,是建筑钢结构最常用钢材之一,工程选用时宜选用镇静钢。

低合金高强度结构钢是在冶炼过程中添加少量几种合金元素使钢的强度明显提高,合金元素的总量不超过 5%,故称为低合金高强度结构钢。低合金高强度结构钢分为 Q355、Q390、Q420 和 Q460 四种。其中,Q355、Q390 是钢结构设计标准中采用的钢种,这两种钢包含 B、C、D 三个质量等级。

建筑结构用钢板是参照日本 SN 系列钢性能生产的一种焊接结构用优质钢板,除硫、磷等有害元素含量低外,还具有较低的厚度效应,以及保证屈服强度的稳定性和较好的延性指标,综合性能良好。建筑结构用钢板分为 Q235GJ、Q345GJ、Q390GJ、Q420GJ、Q460GJ、Q500GJ、Q550GJ、Q620GJ、Q690GJ 九种,近年来 Q345GJ 中厚钢板已多用于大跨度或超高层钢结构中,取得了较好的技术经济效果。这种钢板包含 B、C、D、E 四个质量等级。

钢材质量等级不同,其化学成分、脱氧方法和冲击韧性要求不同。

钢材的供应要求同时保证力学性能和化学成分。冶炼方法采用氧气转炉、平炉或电炉。除非需方有特殊要求并在合同中注明,冶炼方法一般由供方自行确定。

A 级钢除保证力学性能外,其含碳量和含锰量不作为交货条件。A 级钢的冷弯试验在需方有要求时才进行。

对于承重结构应根据结构的重要性、荷载特征、结构形式、应力状态、连接方法、钢材厚度和工作环境因素综合考虑,选用合适的钢材牌号。要注意避免材料发生脆性破坏。

一般来说,受拉构件的材料性能要求较受压构件高,焊接结构的材料性能要求较非焊接结构高,受动力荷载的结构材料性能要高于受静力荷载的结构,处于低温工作条件下的结构材料性能要高于处于常温条件下的结构,等等。

3.2 结构钢

3.2.1 材料特性

EN 1993-2 对材料强度的选择提供两种方法:

(1)从使用材料等级的产品标准中获取屈服强度 f_y 和极限抗拉强度 f_u 值，f_y 为 R_{eH}值，f_u 为 R_m 值。应选择近似等于实际板厚的值。

(2)使用表 3-2 中提供的 f_y 与 f_u 的标准值。使用表 3-2 中提供的 f_y 与 f_u 的简化值。这种方法允许设计人员使用 f_y 与 f_u 的最大值。当钢板厚度达到 40mm 后，一般给出比使用产品标准偏高的抗力；同时，对厚度超过 16mm 的钢板，其 f_y 与 f_u 取值倾向于在表 3-2 给定值基础上进行折减。

热轧结构钢的屈服强度 f_y 和极限抗拉强度 f_u 的标准值 表 3-2

标准与钢材等级		构件的公称厚度 t(mm)			
		$t\leq40$ mm		40 mm $<t\leq80$ mm	
		f_y(N/mm²)	f_u(N/mm²)	f_y(N/mm²)	f_u(N/mm²)
EN 10025-2	S235	235	360	215	360
	S275	275	430	255	410
	S355	355	510	335	470
	S450	440	550	410	550
EN 10025-3	S275N/NL	275	390	255	370
	S355N/NL	355	490	335	470
	S420N/NL	420	520	390	520
	S460N/NL	460	540	430	540
EN 10025-4	S275M/ML	275	370	255	360
	S355M/ML	355	470	335	450
	S420M/ML	420	520	390	500
	S460M/MT	460	540	430	530
EN 10025-5	S235W	235	360	215	340
	S355W	355	510	335	490
EN 10025-6	S460Q/QL/QL1	460	570	440	550
EN 10210-1	S235H	235	360	215	340
	S275H	275	430	255	410
	S355H	355	510	335	490
	S275NH/NLH	275	390	255	370
	S355NH/NLH	355	490	335	470
	S420NH/NHL	420	540	390	520
	S460NH/NLH	460	560	430	550
EN 10219-1	S235H	235	360		
	S275H	275	430		
	S355H	355	510		
	S275NH/NLH	275	370		
	S355NH/NLH	355	470		
	S460NH/NLH	460	550		
	S275MH/MLH	275	360		
	S355MH/MLH	355	470		
	S420MH/MLH	420	500		
	S460MH/MLH	460	530		

JTG D64—2015 和《铁路桥梁钢结构设计规范》(TB 10091—2017)规定：

(1)钢材的强度设计值应根据钢材的不同厚度按表 3-3 采用。

JTG D64—2015 中钢材的强度设计值(单位:MPa)　　表 3-3

钢材		抗拉、抗压和抗弯强度 f_d	抗剪 f_{vd}	端面承压强度(刨平顶紧)f_{cd}
牌号	厚度或直径(mm)			
Q235 钢	≤16	190	110	280
	16 ~ 40	180	105	
	40 ~ 100	170	100	
Q345 钢	≤16	275	160	355
	16 ~ 40	270	155	
	40 ~ 63	260	150	
	63 ~ 80	250	145	
	80 ~ 100	245	140	
Q390 钢	≤16	310	180	370
	16 ~ 40	295	170	
	40 ~ 63	280	160	
	63 ~ 100	265	150	
Q420 钢	≤16	335	195	390
	16 ~ 40	320	185	
	40 ~ 63	305	175	
	63 ~ 100	290	165	

注:表中厚度是指计算点的钢材厚度,对轴心受拉和轴心受压构件指截面中较厚板件的厚度。

(2)钢材的力学性能应根据钢材的不同厚度按表 3-4 的采用。

TB 10091—2017 中钢材力学性能表　　表 3-4

<table>
<tr><th rowspan="3">牌号</th><th rowspan="3">质量等级</th><th rowspan="3">厚度(mm)</th><th rowspan="2">屈服点强度 σ_s(MPa)</th><th rowspan="2">抗拉强度 σ_b(MPa)</th><th rowspan="2">伸长率 δ_s(%)</th><th colspan="2">V 形冲击功(纵向)</th><th rowspan="2">时效(J)</th><th colspan="2" rowspan="2">180°弯曲试验钢材厚度(mm)</th></tr>
<tr><th>温度(℃)</th><th>J</th></tr>
<tr><th colspan="6">不小于</th><th>≤16</th><th>>16</th></tr>
<tr><td>Q235q</td><td>D</td><td>≤35</td><td>235</td><td>400</td><td>26</td><td>-20</td><td>120</td><td>34</td><td>$d=1.5a$</td><td>$d=2.5a$</td></tr>
<tr><td rowspan="2">Q345q</td><td>D</td><td>≤50</td><td>345</td><td>490</td><td>20</td><td>-20</td><td rowspan="2">120</td><td rowspan="2">47</td><td rowspan="10">$d=2a$</td><td rowspan="10">$d=3a$</td></tr>
<tr><td>E</td><td>50<且≤100</td><td>335</td><td>490</td><td>20</td><td>-40</td></tr>
<tr><td rowspan="2">Q370q</td><td>D</td><td>≤50</td><td>370</td><td>510</td><td>20</td><td>-20</td><td rowspan="2">120</td><td rowspan="2">47</td></tr>
<tr><td>E</td><td>50<且≤100</td><td>360</td><td>510</td><td>20</td><td>-40</td></tr>
<tr><td rowspan="2">Q420q</td><td>D</td><td>≤50</td><td>420</td><td>540</td><td>19</td><td>-20</td><td rowspan="2">120</td><td rowspan="2">47</td></tr>
<tr><td>E</td><td>50<且≤100</td><td>410</td><td>540</td><td>19</td><td>-40</td></tr>
<tr><td rowspan="2">Q500q</td><td>D</td><td>≤50</td><td>500</td><td>630</td><td>18</td><td>-20</td><td>120</td><td>47</td></tr>
<tr><td>E</td><td>50<且≤100</td><td>480</td><td>630</td><td>18</td><td>-40</td><td>120</td><td>47</td></tr>
</table>

注:a 为弯曲角度;d 为直径。

(3)铸钢和锻钢的强度设计值应按表 3-5 的规定采用。

JTG D64—2015 中材料的抗力分项系数取 1.25,而《钢结构设计标准》(GB 50017—2017)中材料的抗力分项系数考虑厚度和牌号取值不同,具体见表 3-6。

JTG D64—2015 中铸钢和锻钢的强度设计值(单位:MPa) 表 3-5

强度种类	钢号				
	ZG230-450	ZG270-500	ZG310-570	35 号钢	45 号钢
抗拉、抗压和抗弯强度 f_d	170	200	225	250	280
抗剪强度 f_{vd}	100	115	130	145	160
铰轴紧密接触时径向受压强度 f_{rd1}	85	100	110	125	140
辊轴或摇轴自由接触时径向受压强度 f_{rd2}	6.5	8.0	9.0	10.0	11.0
销孔承压强度 f_{sd}	—	—	—	190	210

注:1. 铰轴紧密接触系指接触面为圆弧、中心角为 2×45°的接触;辊轴或摇轴自由接触系指轴与板平面的接触。

2. 计算紧密接触或自由接触受压强度时,其承压面积采用轴径截面。轴与板采用不同钢种时,径向受压设计值取用其较低者。

GB 50017—2017 中钢材抗力分项系数 表 3-6

<table>
<tr><td colspan="2" rowspan="2">厚度分组(mm)</td><td colspan="2">GB 50017—2017</td><td rowspan="2">原规范值
(GB 50017—2003)</td></tr>
<tr><td>6~40</td><td>>40,≤100</td></tr>
<tr><td rowspan="5">钢牌号</td><td>Q235 钢</td><td colspan="2">1.090</td><td>1.087</td></tr>
<tr><td>Q345 钢</td><td colspan="2" rowspan="2">1.125</td><td rowspan="3">1.111</td></tr>
<tr><td>Q390 钢</td></tr>
<tr><td>Q420 钢</td><td rowspan="2">1.125</td><td rowspan="2">1.180</td></tr>
<tr><td>Q460 钢</td><td>—</td></tr>
</table>

从表 3-6 可以看出,GB 50017—2017 的抗力分项系数较大,但是比较表 3-2 和表 3-3 可以看出,屈服点相同的钢材,欧洲标准的强度值仍比中国标准高很多,尽管表 3-2 中给出的是强度标准值,但多数情况下欧洲标准的材料分项系数取 1.0,因此也可将表 3-2 中的值视为设计值。比如 S235(t≤40mm)的标准值为 235MPa,而 Q235(t≤16mm)的强度设计值为 190MPa,相差 21.3%。

3.2.2 延性要求

EN 1993-2 中许多设计条款假设钢构件中使用的材料具有足够的延性,使屈服后重新分布并保持延性特性。EN 1993-2 要求指定最低可接受延性,并推荐下列值:

(1)指定最小极限抗拉强度 f_u 与指定最小屈服强度 f_y 之比应大于或等于某一限值,推荐值为 1.10。

(2)标准长度为 $5.65\sqrt{A_0}$ 试样的疲劳延伸率(此时 A_0 为试样截面面积)不应小于某一限值,推荐值为 15%。

(3)极限应变 ε_u 应大于或等于 $15\varepsilon_y$。

符合表 3-2 所列任一钢材等级的钢可视为满足条件的合格钢材。

GB 50017—2017 规定,按塑性设计时,钢材的力学性能应满足:

(1)屈强比不应大于 0.85。

(2)钢材应有明显的屈服台阶,且伸长率不应小于 20%。

比较中欧标准的指标限值,可以看出中国标准对延性的要求比欧洲标准更严格。这是由于中国标准主要采用弹性分析方法,而欧洲标准考虑了屈曲后强度,规定了塑性分析方法。

3.2.3 断裂韧性

EN 1993-2 规定:

(1)材料应具有足够的断裂韧度,以避免在预期设计寿命内结构在最低工作温度下导致受拉构件可能发生的脆性断裂。

(2)如果满足 EN 1993-1-10 中给出的最低温度条件,则无须进一步检验是否发生脆性断裂(表 3-7)。

表 3-7

构件厚度 t 的最大允许值(单位:mm)

钢材等级	子等级	恰贝能量 CVN		参考温度 T_{Ed}(℃)																				
				10	0	-10	-20	-30	-40	-50	10	0	-10	-20	-30	-40	-50	10	0	-10	-20	-30	-40	-50
		温度 T(℃)时	J_{min}	$\sigma_{Ed}=0.75f_y(t)$							$\sigma_{Ed}=0.50f_y(t)$							$\sigma_{Ed}=0.25f_y(t)$						
S235	JR	20	27	60	50	40	35	30	25	20	90	75	65	55	45	40	35	135	115	100	85	75	65	60
	J0	0	27	90	75	60	50	40	35	30	125	105	90	75	65	55	45	175	155	135	115	100	85	75
	J2	-20	27	125	105	90	75	60	50	40	170	145	125	105	90	70	65	200	200	175	155	135	115	100
S275	JR	20	27	55	45	35	30	25	20	15	80	70	55	50	40	35	30	125	110	95	80	70	60	55
	J0	0	27	75	65	55	45	35	30	25	115	95	80	70	55	50	40	165	145	125	110	95	80	70
	J2	-20	27	110	95	75	65	55	45	35	155	130	115	95	80	70	55	200	190	165	145	125	110	95
	M,N	-20	40	135	110	95	75	65	55	45	180	155	130	115	95	80	70	200	200	190	165	145	125	110
	ML,NL	-50	27	185	160	135	110	95	75	65	200	200	180	150	130	115	95	230	200	200	200	190	165	145
S355	JR	20	27	40	35	25	20	15	15	10	65	55	45	40	30	25	25	110	95	80	70	60	55	45
	J0	0	27	60	50	40	35	25	20	15	95	80	65	55	45	40	30	150	130	110	95	80	70	60
	J2	-20	27	90	75	60	50	40	35	25	135	110	95	80	65	55	45	200	175	150	130	110	95	80
	K2,M,N	-20	40	110	90	75	60	50	40	35	155	135	110	95	80	65	55	200	200	175	150	130	110	95
	ML,NL	-50	27	155	130	110	90	75	60	50	200	180	155	135	110	95	80	210	200	200	200	175	150	130
S420	M,N	-20	40	95	80	65	55	45	35	30	140	120	100	85	70	60	50	200	185	160	140	120	100	85
	ML,NL	-50	27	135	115	95	80	65	55	45	190	165	140	120	100	85	70	200	200	200	185	160	140	120
S460	Q	-20	30	70	60	50	40	30	25	20	110	95	75	65	55	45	35	175	155	130	115	95	80	70
	M,N	-20	40	90	70	60	50	40	30	25	130	110	95	75	65	55	45	200	175	155	130	115	95	80
	QL	-40	30	105	90	70	60	50	40	30	155	130	110	95	75	65	55	200	200	175	155	130	115	95
	ML,NL	-50	27	125	105	90	70	60	50	40	180	155	130	110	95	75	65	200	200	200	175	155	130	115
	QL1	-60	30	150	125	105	90	70	60	50	200	180	155	130	110	95	75	215	215	200	200	175	155	130
S690	Q	0	40	40	30	25	20	15	10	10	65	55	45	35	30	20	20	120	100	85	75	60	50	45
	Q	-20	30	50	40	30	25	20	15	10	80	65	55	45	35	30	20	140	120	100	85	75	60	50
	QL	-20	40	60	50	40	30	25	20	15	95	80	65	55	45	35	30	165	140	120	100	85	75	60
	QL	-40	30	75	60	50	40	30	25	20	115	95	80	65	55	45	35	190	165	140	120	100	85	75
	QL1	-40	40	90	75	60	50	40	30	25	135	115	95	80	65	55	45	200	190	165	140	120	100	85
	QL1	-60	30	110	90	75	60	50	40	30	160	135	115	95	80	65	55	200	200	190	160	140	120	100

注:1. 表中可使用线性内插值。绝大多数工程应用要求 $0.5f_y(t)\leqslant\sigma_{Ed}\leqslant0.75f_y(t)$。$\sigma_{Ed}=0.25f_y(t)$ 仅用于插值计算,超过限值范围的外推是无效的。

2. 对于定制 S690 钢,应给出测试温度 T_{AV}。

3. 对于受压桥梁构件,应选择合适的最低韧性。

GB 50017—2017 规定：

(1)对直接承受动力荷载或需验算疲劳的构件所用钢材还应具有冲击韧性的合格保证。

(2)对工作温度处于0℃以下的结构钢材，冲击韧性的要求见表3-8。

工作温度处于0℃以下的结构钢材要求冲击韧性的钢材牌号 表3-8

结构类别	结构所处工作温度	要求下列低温冲击韧性合格证		
		C级	D级	E级
需验算疲劳的焊接结构	0℃ ≥ t > −20℃	Q235钢 Q345钢	Q390钢 Q420钢 Q460钢	—
	t ≤ −20℃	—	Q235钢 Q345钢	Q390钢 Q420钢 Q460钢
需验算疲劳的非焊接结构	t ≤ −20℃	Q235钢 Q345钢	Q390钢 Q420钢 Q460钢	—

3.2.4 全厚度特性

安装期间，快速冷却与收缩焊接金属可能产生较大的全板厚的拉伸应变。在整个板厚方向应变的大小为焊接尺寸、焊接方向、板厚、冷缩程度与焊接过程中使用的预热量的函数。钢板有瑕疵，特别是含硫，这种缺陷在拉伸作用下可能产生初始裂缝，导致如图3-1所示的撕裂，这种现象被称为“层状撕裂”。

在避免层状撕裂的条件下为成功抵抗焊接收缩应变，钢板在厚度方向必须具有足够的延性。垂直钢板平面的延性度量称为“全厚度延性”。

为评估钢板沿厚度方向的特性是否适合给定的构造，EN 1993-2 参考 EN 1993-1-10，沿厚度方向的延性度量为“Z”值，“Z”值从本质上讲是拉伸试验中试样破坏时获得的面积缩小百分率。如果已按照 EN 1993-1-10 确定 Z_{Ed} 值，则可以在国家附件中选择符合 EN 10164 规定的质量等级。推荐采用表3-9进行取值。

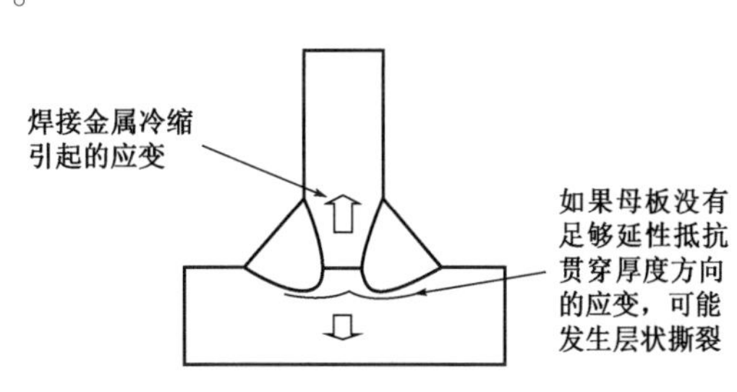

图3-1 层状撕裂

符合 EN 10164 的质量等级 表3-9

目标值 Z_{Ed}	质量等级	目标值 Z_{Ed}	质量等级
$Z_{Ed} \leqslant 10$	—	$20 < Z_{Ed} \leqslant 30$	Z25
$10 < Z_{Ed} \leqslant 20$	Z15	$Z_{Ed} > 30$	Z35

GB 50017—2017 规定，在T形、十字形和角形焊接的连接节点中，当其板厚不小于40mm且沿板厚方向有较高撕裂拉力作用，包括较高约束拉应力作用时，该部位板件钢材宜具有厚度方向抗撕裂性能，即 z 向性能的合格保证，其沿板厚方向断面收缩率不小于按《厚度方向性能钢板》(GB/T 5313—2010)规定的Z15允许限值。

3.2.5 公差

EN 1993-2 要求：

(1)轧制钢型材、中空结构型材和板材的尺寸和质量公差应符合相关产品标准 ETAG 或 ETA，除非指明更严格的公差。

(2)对于焊接构件，应采用 EN 1090 中的公差。

(3)结构分析和设计应使用尺寸的公称值。

《公路钢结构桥梁设计规范》(JTG D64—2015)中没有有关钢材的尺寸及公差要求所对应的条款，相应规定可见《钢结构工程施工质量验收规范》(GB 50205—2001)及相关产品标准。

3.2.6 材料常数设计值

中欧标准关于材料常数的取值略有差异，为便于对比，列于表 3-10。

中欧标准关于材料常数的取值 表 3-10

规　　范	弹性模量 E (MPa)	剪切模量 G (MPa)	泊松比 μ	线膨胀系数 α (℃$^{-1}$)	重度 γ (kN/m^3)
GB 50017—2017	2.06×10^5	0.79×10^5	0.3	12×10^{-6}	78.5
JTG D64—2015	2.06×10^5	0.79×10^5	0.31	12×10^{-6}	78.5
EN 1993-2	2.10×10^5	0.81×10^5	0.3	12×10^{-6}	—

为简便计算，EN 1993 允许桥用钢的线膨胀系数 $\alpha=10\times10^{-6}/℃$，这与混凝土的线膨胀系数相同。这样处理避免了需要计算因均匀温度变化引起的内部约束应力，否则，因钢与混凝土的线膨胀系数不同会产生约束应力。但是，应计算因均匀温度变化(或由于限制移动而产生的约束力)引起的整体移动，整体使用 $\alpha=12\times10^{-6}/℃$。

3.3 连接装置

3.3.1 紧固件

3.3.1.1 螺栓、螺母和垫圈

EN 1993-2 要求：

(1)螺栓、螺母和垫圈应符合 EN 1993-1-8 给出的参考标准。

(2)本规则适用于表 3-11 所述等级的螺栓。

(3)屈服强度 f_{yb} 和极限抗拉强度 f_{ub} 的名义值如表 3-11 所示，计算时应视为标准值。

EN 1993-2 中螺栓屈服强度 f_{yb} 和极限抗拉强度 f_{ub} 的名义值(单位：N/mm^2) 表 3-11

螺栓等级	4.6	5.6	6.8	8.8	10.9
f_{yb}	240	300	480	640	900
f_{ub}	400	500	600	800	1000

GB 50017—2017 和 JTG D64—2015 规定：普通螺栓和锚栓连接的强度设计值应按表 3-12 的规定采用。

GB 50017—2017 和 JTG D64—2015 中普通螺栓和锚栓连接的强度设计值(单位:MPa) 表 3-12

螺栓的性能等级、锚栓和构件钢材的牌号		普通螺栓						锚栓
		C 级			A、B 级			
		抗拉强度 f_{td}^{b}	抗剪强度 f_{vd}^{b}	承压强度 f_{cd}^{b}	抗拉强度 f_{td}^{b}	抗剪强度 f_{vd}^{b}	承压强度 f_{cd}^{b}	抗拉 f_{td}^{a}
普通螺栓	4.6 级、4.8 级	145	120	—	—	—	—	—
	5.6 级	—	—	—	185	165	—	—
	8.8 级	—	—	—	350	280	—	—
锚栓	Q235 钢	—	—	—	—	—	—	125
	Q345 钢	—	—	—	—	—	—	160
构件	Q235 钢	—	—	265	—	—	350	—
	Q345 钢	—	—	340	—	—	450	—
	Q390 钢	—	—	355	—	—	470	—
	Q420 钢	—	—	380	—	—	500	—

注:A、B 级螺栓孔的精度和孔壁表面粗糙度,C 级螺栓孔的允许偏差和孔壁表面粗糙度,均应符合《钢结构工程施工质量验收规范》(GB 50205—2001)的要求。

3.3.1.2 预应力螺栓

根据 EN 1993-1-8 控制拉紧时,符合 EN 1993-1-8 规定的 8.8 级和 10.9 级的高强度结构螺栓可以用作预应力螺栓。

GB 50017—2017 和 JTG D64—2015 规定:采用性能等级为 10.9S 的高强度螺栓,其预拉力设计值 P_d 应根据螺纹规格按表 3-13 的规定取用。

GB 50017—2017 和 JTG D64—2015 中高强度螺栓的预拉力设计值 P_d(单位:kN) 表 3-13

螺纹规格	M20	M22	M24	M27	M30
预拉力 P_d	155	190	225	290	355

3.3.1.3 铆钉

EN 1993-2 要求:钢铆钉的材料特性、尺寸和公差应符合 EN 1993-1-8 的规定。

GB 50017—2017 和 JTG D64—2015 规定:铆钉连接的强度设计值应按表 3-14 的规定采用。

铆钉连接的强度设计值(单位:MPa) 表 3-14

铆钉钢号和构件钢材牌号		抗拉强度(钉头拉脱)f_{td}^{r}	抗剪强度 f_{vd}^{r}		承压强度 f_{cd}^{r}	
			Ⅰ类孔	Ⅱ类孔	Ⅰ类孔	Ⅱ类孔
铆钉	BL2 或 BL3	105	160	135	—	—
构件	Q235 钢	—	—	—	390	320
	Q345 钢	—	—	—	500	405
	Q390 钢	—	—	—	520	425

注:1.Ⅰ类孔指在装配好的构件上钻成的孔;在单个零件和构件上用钻模钻成的孔;在单个零件上先钻成或冲成较小的孔,然后在装配好的构件上再扩钻成的孔。
2. Ⅱ类孔指在单个零件上一次冲成或不用钻模钻成的孔。
3. 沉头和半沉头铆钉连接表中数值应乘以折减系数 0.8。

3.3.1.4 锚固螺栓

EN 1993-2 允许以下等级钢用于锚固螺栓。

(1)符合 EN 1993-1-8 第 2.8 条第 1 组中给出的参考标准的钢等级。

(2)符合 EN 1993-1-8 第 2.8 条第 4 组中给出的参考标准的钢等级。

(3)符合 EN 10080 的钢筋。

锚固螺栓的标称屈服强度不应超过 $640N/mm^2$。

3.3.2 焊接耗材

EN 1993-2 要求:

(1)所有焊接耗材应符合 EN 1993-1-8 第 2.8 条,第 5 组中给出的参考标准。

(2)焊材的性能不应低于被焊钢材的规定值,且应考虑下列情况:

①规定的屈服强度。

②极限抗拉强度。

③失效伸长率。

④填料的最小夏比 V 形缺口能量值。

GB 50017—2017 和 JTG D64—2015 规定:焊缝的强度设计值应按表 3-15 的规定采用。

GB 50017—2017 和 JTG D64—2015 焊缝的强度设计值(单位:MPa)　　表 3-15

焊接方法和焊条型号	构件钢材		对接焊缝				角焊缝
	牌号	厚度或直径(mm)	抗压强度 f_{cd}^{w}	焊缝质量为下列等级时,抗拉强度 f_{td}^{w}		抗剪强度 f_{vd}^{w}	抗拉、抗压和抗剪强度 f_{fd}^{w}
				一级、二级	三级		
自动焊、半自动焊和E43 型焊条的手工焊	Q235 钢	≤16	190	190	160	110	140
		16~40	180	180	155	105	
		40~100	170	170	145	100	
自动焊、半自动焊和E50 型焊条的手工焊	Q345 钢	≤16	275	275	235	160	175
		16~40	270	270	230	155	
		40~63	260	260	220	150	
		63~80	250	250	215	145	
		80~100	245	245	210	140	
自动焊、半自动焊和E55 型焊条的手工焊	Q390 钢	≤16	310	310	265	180	200
		16~40	295	295	250	170	
		40~63	280	280	240	160	
		63~100	265	265	225	150	
	Q420 钢	≤16	335	335	285	195	200
		16~40	320	320	270	185	
		40~63	305	305	260	175	
		63~100	290	290	245	165	

注:1. 对接焊缝受弯时,在受压区的抗弯强度设计值取 f_{cd}^{w},在受拉区的抗弯强度设计值取 f_{td}^{w}。

2. 焊缝质量等级应符合《钢结构工程施工质量验收规范》(GB 50205—2001)的规定。其中厚度小于 8mm 钢材的对接焊缝,不应采用超声波探伤确定焊缝质量等级。

3.4 缆索与其他受拉构件

有关缆索和其他受拉构件,参见 EN 1993-1-11。

3.4.1 缆索类型

EN 1993-1-11 规定了具有可调整与可替换受拉构件的桥。受拉构件的类型包括下列三组：

(1)拉杆体系(A 组)。通常由截面攻丝连接锚固端的实体预应力杆组成,典型的用途是用于水平承受提升力的梁。

(2)索(B 组)。包括钢绞线、完全锁定卷绳和由钢丝组成的缆绳,锚固于锚座或其他终端。

①钢绞线由一系列以两层或多层螺旋包裹中心线(通常为金属)的圆线组成。主要组装成直径 5 ~ 160mm,常用于桥梁的斜拉索或悬索。

②完全锁定卷绳,由一系列以两层或多层螺旋包裹中心线(通常为金属)的圆线组成,并且具有锁定成束的 Z 形线外层。组装成直径 20 ~ 180mm,主要用于桥梁的斜拉索、悬索和吊索。

③缆绳由一系列螺旋包裹中心线的多线绳组成,主要用于悬索桥的悬索。

(3)平行钢丝束或绳束(C 组)。包括平行钢丝束与平行钢绳束,须单独锚固或集中锚固,单独防护或集中防护,主要用于斜拉索与外部钢丝束。平行钢丝束也用于悬索桥的主缆绳。

JTG D64—2015 规定:缆索构件及其附属设施应考虑单根钢丝的防护、钢丝间的防护、构件外表面的防护和构件连接处的防护。

3.4.2 缆索刚度

对于缆索支撑的桥,其缆绳刚度应根据 EN 1993-1-11 确定。EN 1993-1-11 给出用于分析的弹性模量 E 的取值。针对上述不同缆索组确定以下 3 种情形:

(1)拉杆体系(A 组):E 值取 210000MPa。

(2)索(B 组):E 值随钢材等级与重复加载而变化。通过桥梁内缆索预期的全应力范围试验确定割线值。对于初步设计,E 值可从表 EN 1993-1-11 的表 3-1 中获取。应注意的是,E 值远小于拉杆的值。

(3)平行钢丝束或绳束(C 组):E 值可从 EN 1993-1-11 的表 3-1 中获取。对平行钢丝束 E 值为 205000MPa ± 5000MPa,对平行钢绳束 E 值为 195000MPa ± 5000MPa。

缆索下垂非线性效应可通过折减弹性模量 E_t 考虑,而没有形式上的非线性分析。折减弹性模量按下式计算:

$$E_t = \frac{E}{1 + \frac{w^2 l^2 E}{12\sigma^3}} \tag{3-1}$$

式中:E——实际弹性模量;

w——缆索的单位重量;

l——缆索的水平跨度;

σ——缆索中的应力。

对于短索,显示弹性模量非常接近完全弹性模量,除非缆索特别重或应力特别小。

中国标准刚度的确定方法与 EN 1993-2 基本相同;而用于分析的弹性模量,由于中国标准缆索构件的计算考虑了垂度效应和构件长度的变化,因此取值不同。

3.5 支座

EN 1993-2 要求所有钢桥支座遵循 EN 1337 的规定。EN 1337 由 11 个分册组成。第 1 分册标题为“一般设计规则”,并给出支座的通用要求;其余分册覆盖不同类型支座的设计与防护、安装、检查与维护等要求。

中国标准要求所有钢桥支座满足《铁路桥梁钢结构设计规范》(TB 10091—2017)和《公路钢结构桥梁设计规范》(JTG D64—2015)给出的相关规定。

3.6 其他桥梁构件

为保证质量一致,EN 1993-2 要求所有的项目(如防水、伸缩缝、防护栏及防碰撞栅栏等)均应遵循相关的技术规定与产品标准。国家附件可限制使用构件的类型。

例 3-1:桥梁底部翼缘适用钢材等级的选择

高速公路天桥底部翼缘适用钢材等级的选择。已知该地区 $T_{md}+\Delta T_r=-20℃$,不考虑冲击荷载和总应力集中。假设翼缘厚度为:

桥 1 = 20mm, $\sigma_{Ed}=259\text{MPa}$, $f_y(t)=345\text{MPa}$,翼缘厚 20mm;

桥 2 = 30mm, $\sigma_{Ed}=259\text{MPa}$, $f_y(t)=345\text{MPa}$,翼缘厚 30mm;

桥 3 = 40mm, $\sigma_{Ed}=259\text{MPa}$, $f_y(t)=345\text{MPa}$,翼缘厚 40mm;

桥 4 = 50mm, $\sigma_{Ed}=251\text{MPa}$, $f_y(t)=335\text{MPa}$,翼缘厚 50mm;

桥 5 = 60mm, $\sigma_{Ed}=251\text{MPa}$, $f_y(t)=335\text{MPa}$,翼缘厚 60mm;

桥 6 = 63mm, $\sigma_{Ed}=251\text{MPa}$, $f_y(t)=335\text{MPa}$,翼缘厚 63mm。

底部翼缘应力 σ_{Ed} 均等于推荐的 $0.75f_y(t)$。

解:1)采用 EN 1993-2 方法

$\Delta T_\sigma=0℃$;

$\Delta T_R=0℃$;

$\Delta T_{\dot{\varepsilon}}=0℃$(不考虑冲击荷载);

$\Delta T_{\varepsilon cf}=0℃$(没有使用冷却形成的钢构件)。

根据 EN 1993-1-10 中的式(2.2),有:

$T_{Ed}=(T\text{md}+\Delta T_r)+\Delta T_\sigma+\Delta T_R+\Delta T_{\dot{\varepsilon}}+\Delta T_{\varepsilon cf}$;

$T_{Ed}=-20℃+0℃+0℃+0℃+0℃=-20℃$。

由表 3-7[$T_{Ed}=-20℃$, $\sigma_{Ed}=0.75f_y(t)$]可知,不同等级钢材的最大允许厚度为:

S355JR = 20mm, S355J0 = 35mm, S355J2 = 50mm, S355K2 = 60mm, S355NL = 90mm。

EN 1993-1-10 允许下列钢材等级:

桥 1 = 20mm 使用 S355JR 级钢;

桥 2 = 30mm,使用 S355J0 级钢;

桥 3 = 40mm,使用 S355J2 级钢;

桥 4 = 50mm,使用 S355J2 级钢;

桥 5 = 60mm,使用 S355K2 级钢;

桥 6 = 63mm,使用 S355NL 级钢。

进一步参考国家附件,以保证钢材能满足对焊接构造设计的任何附加要求。

2)采用 GB 50017—2017 方法

高速公路天桥底部翼缘处于受拉状态,不考虑冲击荷载和总应力集中。底部翼缘可以认为是非焊接重要受力结构,首先要满足抗拉强度、伸长率、屈服强度、硫、磷含量的合格,同时还要求冷弯试验合格。

根据结果重要性、荷载情况(焊接、铆接或螺栓连接)、应力特征、连接方法、焊接和非焊接、结构的工作温度、钢材厚度、环境条件,综合确定如下:

间接承受动力荷载,最低温度为 -20℃时的非焊接结构,选用 Q345q-B、Q420q-B,但不应采用 Q235q-B・F。在此温度下 Q345q 钢应具有 0℃冲击韧性的合格保证;对 Q420q 钢,应具有 -20℃冲击韧性的合格保证。在这些条件满足的情况下,根据给定应力和钢材的厚度来选用钢材等级以及设计强度。

以桥 1 = 20mm,σ_{Ed} = 259MPa,翼缘厚 20mm 为例,厚度在 16 ~ 35mm 之间,底部翼缘应力为 σ_{Ed} = 259MPa,在 Q345q-B、Q420q-B 之中,选择 Q345q-B 为宜。设计值为 f = 295MPa。

同理桥 2 ~ 桥 6 的选择如下:

桥 2 = 30mm,σ_{Ed} = 259MPa,翼缘厚 30mm,选择 Q345q-B 为宜,设计值为 f = 295MPa。

桥 3 = 40mm,σ_{Ed} = 259MPa,翼缘厚 40mm,选择 Q345q-B 为宜,设计值为 f = 265MPa。

桥 4 = 50mm,σ_{Ed} = 251MPa,翼缘厚 50mm,选择 Q420q-B 为宜,设计值为 f = 340MPa。

桥 5 = 60mm,σ_{Ed} = 251MPa,翼缘厚 60mm,选择 Q420q-B 为宜,设计值为 f = 325MPa。

桥 6 = 63mm,σ_{Ed} = 251MPa,翼缘厚 63mm,选择 Q420q-B 为宜,设计值为 f = 325MPa。

例 3-2:对承受冲击荷载的桥梁底部翼缘适用钢材等级的选择

人行天桥底部翼缘适用钢材等级的选择。人行天桥易受来自较高机车侧面的冲击荷载作用。底部翼缘厚度 = 40mm,不考虑总应力集中,$T_{md} + \Delta T_r = -12$℃。

项目指定冲击荷载作用下应变速率 = 1.7×10^{-2}/s。

底部翼缘应力 σ_{Ed}取 $0.75f_y(t)$。

解:1)采用 EN 1993-2 方法

$\Delta T_\sigma = 0$℃;

$\Delta T_R = 0$℃;

$$\Delta T_{\dot{\varepsilon}} = \frac{1440 - f_y(t)}{550} \times (\ln \dot{\varepsilon}/\dot{\varepsilon}_0)^{1.5}(℃)。$$

其中:

$f_y(t)$ = 345MPa,对于 40mm 厚钢板;

$\dot{\varepsilon} = 1.7 \times 10^{-2}$/s 为冲击应变速率;

$\dot{\varepsilon}_0 = 4.0 \times 10^{-4}$/s 为参考应变速率。

$$\Delta T_{\dot{\varepsilon}} = \frac{1440 - 345}{550} \times \left(\ln \frac{1.7 \times 10^{-2}}{4 \times 10^{-4}}\right)^{1.5} = 14.5(℃);$$

$\Delta T_{\varepsilon cf} = 0$℃(没有使用冷却形成的钢构件)。

根据 EN 1993-1-10 中的式(2.2)有:

$T_{Ed} = (T_{md} + \Delta T_r) + \Delta T_\sigma + \Delta T_R + \Delta T_{\dot{\varepsilon}} + \Delta T_{\varepsilon cf}$;

$T_{Ed} = -12℃ + 0℃ + 0℃ - 14.5℃ + 0℃ = -26.5℃$。

由表 3-7 可知,最大允许厚度(t)可从表中通过插值法得到。以 S355J2 为例:

$\sigma_{Ed} = 0.75f_y(t)$,$T_{Ed} = -20.0$℃,t = 50mm;

$\sigma_{Ed} = 0.75f_y(t)$,$T_{Ed} = -30.0$℃,t = 40mm。

通过插值,$\sigma_{Ed} = 0.75f_y(t)$,$T_{Ed} = -26.5$℃,t = 43.5mm > 40mm,所以 S355J2 是合适的。

进一步参考国家附件,以保证钢材能满足对焊接构造设计的任何附加要求。

2)采用 GB 50017—2017 方法

对于人行天桥底部翼缘,指定重现期内最低的大气温度 -12℃。人行天桥底部翼缘易受到来自较高机车侧面的冲击荷载作用。选择钢材如下:

最低温度为 -12℃的非焊接结构,同时需要验算疲劳荷载的构件,选用 Q345q-B、Q420q-B 钢。

冲击韧性能够间接反映钢材抗低温、应力集中、多向拉应力、加荷速率(冲击)和重复荷载等导致脆断的能力。

底部翼缘不考虑应力集中，主要受来自较高机车侧面的冲击荷载作用，因此当工作温度在 $-20 \sim 0$℃之间时，Q390q 钢应具有 -20℃的冲击韧性合格保证。

人形天桥底部翼缘厚度 $=40$mm，选用 Q420q-B 钢，设计值 $f=340$MPa。

例 3-3：对全厚度特性钢板是否在二分节点处满足指定构造要求的评估

如图 3-2 所示，中间翼缘板在梁腹板周边开槽。一般情况下总是在厚板中开槽穿过薄板，因为在这种条件下腹板中的应力非常高，并且如果在腹板中开槽将导致更大的焊接区。

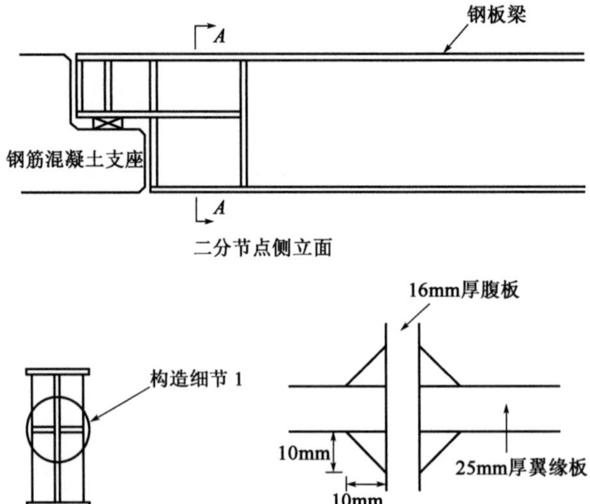

图 3-2　梁腹板周边开槽

解：1）采用 EN 1993-2 方法

①$a_{\mathrm{eff}}=10$mm（图 3-2），因此 $Z_{\mathrm{a}}=3$。

②$Z_{\mathrm{b}}=0$（多层垫板焊接）。

③$Z_{\mathrm{c}}=4$（半缝腹板 $=16$mm）。

④$Z_{\mathrm{d}}=0$（自由收缩的可能性）。

⑤$Z_{\mathrm{e}}=0$（没有指定预热）。

$Z_{\mathrm{Ed}}=Z_{\mathrm{a}}+Z_{\mathrm{b}}+Z_{\mathrm{c}}+Z_{\mathrm{d}}+Z_{\mathrm{e}}=3+0+4+0+0=7$

由表 3-9 可知，当 $Z_{\mathrm{Ed}} \leqslant 10$ 时，没有必要按 EN 10164 指定钢材的全厚度特性。

2）采用中国标准计算

确定厚度方向必需的断面收缩率 ψ，计算公式如下：

$$\psi=\sum_{n=A}^{E}[\psi]_n=[\psi]_{\mathrm{A}}+[\psi]_{\mathrm{B}}+[\psi]_{\mathrm{C}}+[\psi]_{\mathrm{D}}+[\psi]_{\mathrm{E}}$$

板厚均小于 60mm。各因素的收缩率为：

焊角尺寸：$h_{\mathrm{f}}=10$mm，$[\psi]_{\mathrm{A}}=3$；

焊缝形式及焊缝位置：$[\psi]_{\mathrm{B}}=0$；

在厚度方向焊接的刚性焊缝：厚度 $t=16\mathrm{mm}<20\mathrm{mm}$，取 $[\psi]_{\mathrm{C}}=4$；

结构刚度：刚度低，能够自由收缩，$[\psi]_{\mathrm{D}}=0$；

焊接工艺：没有指定预热，$[\psi]_{\mathrm{E}}=0$；

断面收缩率 $\psi=\sum_{n=A}^{E}[\psi]_n=[\psi]_{\mathrm{A}}+[\psi]_{\mathrm{B}}+[\psi]_{\mathrm{C}}+[\psi]_{\mathrm{D}}+[\psi]_{\mathrm{E}}=3+0+4+0+0=7$。

单个试样在板厚方向的截面收缩率为 7%（<10%），因此不考虑 z 向钢板的附加性能。

3.7 本章小结

(1)结构钢的牌号。中国标准常用 Q235、Q355 和 Q390。其中,Q235 为碳素结构钢,共分 A、B、C、D 四个质量等级;Q355、Q390 为低合金高强度结构钢,共分 B、C、D 三个质量等级。牌号含义:如 Q390q-C,表示屈服强度为 390MPa,要求具有 0℃冲击韧性的桥用结构钢。

欧洲标准根据钢材拉伸屈服点的大小将结构钢分为若干强度等级,每一等级又根据其冲击韧性分为若干质量等级。将标准号、品种、强度等级、质量等级及加工信息组合在一起构成钢材的牌号。比如:EN 10025-2-S355J0C + N 表示符合 EN 10025-2,结构用钢,拉伸屈服强度 355MPa,冲击能大于 27J,标准冷成型。欧洲标准常用钢牌号为 S355、S420 和 S460。

(2)欧洲标准列出的屈服强度与中国标准中给出的屈服强度相同,但设计值相差较大;欧洲标准多数情况下材料分项系数取 1.0,而《公路钢结构桥梁设计规范》(JTG D64—2015)中材料分项系数取 1.25。虽然欧洲标准材料分项系数较中国标准大,但荷载效应分项系数小,综合考虑后,实际中欧标准中钢结构设计的可靠性处于同一水平,基本相同。

(3)延性要求。EN 1993-2 要求:屈强比大于 1.10,疲劳延伸率大于或等于 15%,$\varepsilon_u \geq 15\varepsilon_y$。中国标准要求:屈强比大于 1.2;钢材应有明显的屈服台阶,且伸长率不应小于 15%。

(4)断裂韧度。在预期设计寿命内结构在最低工作温度下受拉构件可能会发生脆性断裂。对于需验算疲劳的钢材,中欧标准都要求常温条件下冲击韧性的合格证书;对于工作温度处于 0℃以下的结构钢材,要求冲击韧性试验的钢材牌号各不相同。欧洲标准在考虑工作环境温度的同时还考虑板材的厚度,而中国标准仅考虑工作环境温度。

(5)厚度特性。中欧标准都是以断面收缩率表示,并且都分为 Z15、Z25 和 Z35 三个质量级别。

(6)材料常数。中欧标准的泊松比、线膨胀系数和重度完全相同;弹性模量、剪切模量,中国标准比欧洲标准略小。

(7)连接强度。不论螺栓、铆钉,还是焊接材料,欧洲标准的强度值都高于中国标准对应级别的强度值。

第 4 章 结构分析

4.1 结构分析模型

4.1.1 结构模型和基本假设

EN 1993-2 引用 EN 1993-1-1 的规定：

(1)分析应以适用于所考虑极限状态的结构计算模型为基础。

(2)计算模型与基本假设应精确反映极限状态下结构的性能和截面、构件、节点与支座的预期性能类型。

(3)所用分析方法应与设计假设一致。

JTG D64—2015 中也有类似规定：

(1)结构分析采用的模型和基本假定，应能反映结构实际受力状态，其精度应能满足结构设计要求。

(2)在结构分析中，应考虑环境对构件和结构性能的影响。

(3)结构受力分析可按线弹性理论进行，当极限状态条件下结构的变形不能被忽略时，应考虑几何非线性对结构受力的影响。

原则上讲，中欧标准基本假设及结构建模基本要求一致，差别在于欧洲标准有条件使用非线性弹性分析与塑性分析，而中国标准明确规定桥梁结构只使用弹性分析。

4.1.2 节点模型

EN 1993-2 允许在桥梁结构分析中忽略节点刚度，将节点视为铰节点或刚节点处理。一种例外情形是使用“半连续”节点。这类节点既不是刚节点也不是铰节点，但具有一定的抗弯能力。此类节点的典型实例为螺栓端板的连接模式，此时端板的弯曲使节点产生一定的变形，但节点仍具有一定的抗弯能力。EN 1993-2 建议不要将半连续节点用于桥梁设计，可使用 EN 1993-1-9 中的详细分类对桥梁进行疲劳评估。然而，在某些场所半连续节点仍然是不可避免的，比如在某些 U 形框架桥中的端板连接。此时，推导由 U 形框架提供给压缩翼缘约束时必须考虑弹性。EN 1993-1-8 给出确定节点刚度的方法。

GB 5001—2017 和《铁路桥涵设计规范》(TB 10002—2017)中均没有明确规定节点在什么条件下按铰接计算，什么条件下按刚性节点计算，但 JTG D64—2015 中规定，荷载在紧固件或焊缝的分布按弹性分析时采用以下假定确定其力的分布：

(1)在承担设计轴向力方面，所有的紧固件、所有的焊缝均依其强度进行分配。

(2)在承担力矩方面,各紧固件或各条焊缝所分担的力正比于其距连接的形心的距离。

这说明节点模型,既有铰接也有刚接,同时允许弹性连接。

EN 1993-2 明确指出,在进行结构设计分析时,节点刚度可忽略不计。另外,欧洲标准定义了一种半连续节点,这一类节点是介于连续节点和简单节点之间,具有抗弯能力。通过对比我们发现:中国标准和欧洲标准可以相互对应,两套标准均把节点分成了三类,刚节点对应连续节点、铰接点对应简单节点、半刚性节点对应半连续节点。其中,刚节点和连续节点主要考虑的是节点的性能,铰节点和简单节点则不传递弯矩,半刚性节点和半连续节点具有一定的连接刚度,在结构设计分析时对结果产生的影响较小,可忽略不计,但是相比欧洲标准,中国标准虽然默认半刚性节点的存在,但是对于弹性刚度的设计和计算没有详细规定。

4.1.3 土-结构相互作用

EN 1993-2 要求计算支座的变形特性时,应考虑支座、墩、承台与地基的刚度,包括确定屈服有效长度或直接通过分析计算确定屈服抗力时考虑的刚度。

目前,《铁路桥梁钢结构设计规范》(TB 10091—2017)和《公路钢结构桥梁设计规范》(JTG D64—2015)中仍将上部结构与下部结构作为独立系统,进行内力分析,没有要求考虑上部结构-桩-土相互作用。

4.2 整体分析

4.2.1 结构的几何变形效应

EN 1993-2 规定:

(1)通常可使用以下方式确定内力和弯矩:

①一阶分析,使用结构的初始几何形状;

②二阶分析,考虑结构变形的影响。

(2)如果几何变形增大作用效应或改变结构性能,则应考虑几何变形效应。

(3)如果变形引起的内力或力矩的增加或结构性能的其他变化可以忽略,则可使用一阶分析。如果达到以下标准,可假定满足这种条件:

对于弹性分析 $$\alpha_{cr}=\frac{F_{cr}}{F_{Ed}}\geqslant 10$$

对于塑性分析 $$\alpha_{cr}=\frac{F_{cr}}{F_{Ed}}\geqslant 15 \tag{4-1}$$

式中:α_{cr}——荷载弹性不稳定放大系数;

F_{Ed}——作用在结构上的设计荷载;

F_{cr}——基于初始弹性刚度的整体不稳定模态的弹性临界屈曲荷载。

(4)如果剪力滞和局部屈曲对刚度的作用效应严重影响整体分析,则应考虑这类效应。

(5)如果螺栓孔内滑移对整体分析的影响以及连接装置的类似变形对作用效应的影响较大,则应考虑这类变形。

JTG D64—2015 中规定:

(1)如果位移和变形的效应导致作用效应明显增加,则应计入极限状态验算。

(2)非直接作用应通过下列方式计入结构分析:

①在线弹性分析中,直接作用或作为等效力。

②在非线性分析中,直接作为强迫变形。

此处的非直接作用可理解为包括剪力滞、连接件的滑移等作用，但具体如何建模仍需设计人员自行处理。

4.2.2 框架结构稳定性

EN 1993-2 规定：

(1)框架及其构件稳定性检验应考虑初始缺陷和二阶效应。

(2)根据框架类型和整体分析类型，按下述几种方法考虑二阶效应和缺陷：

①二者都完全采用整体分析考虑。

②部分采用整体分析，部分进行构件的单独稳定性检查。

③对等效构件进行单独稳定性检查的基本情形，应根据结构的整体屈曲模态使用合理的屈曲长度。

(3)对结构进行适当的分析计算二阶效应。如果框架内第一侧移屈曲模态起主要作用，那么应利用合理的系数进行一阶弹性分析，并对有关作用效应放大。

(4)如果桥梁及其构件的性能取决于一阶压屈模式控制点，则可以使用下述弯矩 M_{I} 的系数计算二阶效应 M_{II}：

$$M_{\mathrm{II}} = M_{\mathrm{I}} \frac{1}{1 - \frac{1}{\alpha_{\mathrm{cr}}}} \tag{4-2}$$

式中，$\alpha_{\mathrm{cr}} > 3$。

(5)应按照以下规定检查单个构件的稳定性：

①如果结构的整体分析完全考虑单个构件和相关构件缺陷的二阶效应，那么，无须再单独检查构件的稳定性。

②如果整体分析中并没有完全考虑单个构件或某个单独构件缺陷内的二阶效应，则应按照相关标准检查未包含整体分析中的构件单独稳定性效应。该检验应考虑到来自结构整体分析的杆端力矩和杆端压力，包括整体二阶效应和整体缺陷，并且以与体系长度相等的屈曲长度计算。

(6)用等效检查法对框架稳定性进行评估时，屈曲长度值应基于框架的整体屈曲模态，该模态可考虑构件和节点的刚度性能、塑性铰的存在和设计荷载下压力的分布。在这种情况下，根据一阶理论，在不考虑缺陷的情况下，计算在承载力验算中使用的内力。

凡需考虑二次效应但又不希望进行二阶分析的情形，有效长度的概念可与抗力公式一起使用。此时，如果有效长度包含局部和整体效应，则不必进行缺陷模拟。

EN 1993-2 附录 D 给出计算独立桁架桥梁构件和拱桥屈服有效长度的方法。

EN 1992-1-1 中给出轴向力作用构件的有效长度计算方法。独立构件典型的例子包括：

①顶端支座自由移动的桥墩[图 4-1a)]，假设荷载与桥墩一起移动。

②顶端固定支座的桥墩，但桥面板本身没有位置约束并与墩一起移动[图 4-1b)]。

③顶端固定支座(铰接)的桥墩，其位置受桥面板与刚性墩或其坚实墩连接的约束[图 4-1c)]。

图 4-1a) ~ e)中给定的有效长度假设基础提供的旋转约束刚度无限大。实际上，这是不可能的，有效长度总是略大于刚性约束的理论值。EN 1993-2 给出有效长度考虑这种旋转弹性的方法，有效长度的计算，对于支撑构件[图 4-1f)]使用式(4-3)；对于无支撑构件[图 4-1g)]使用式(4-4)。

$$L_{\mathrm{cr}} = 0.5l \sqrt{\left(1 + \frac{k_1}{0.45 + k_1}\right)\left(1 + \frac{k_2}{0.45 + k_2}\right)} \tag{4-3}$$

$$L_{cr} = l \times \max\left\{\sqrt{\left(1 + 10 \times \frac{k_1 k_2}{k_1 + k_2}\right)}, \left(1 + \frac{k_1}{1 + k_1}\right)\left(1 + \frac{k_2}{1 + k_2}\right)\right\} \tag{4-4}$$

式中：k_1、k_2——1 端和 2 端的旋转约束弹性相对于构件自身的弹性刚度。

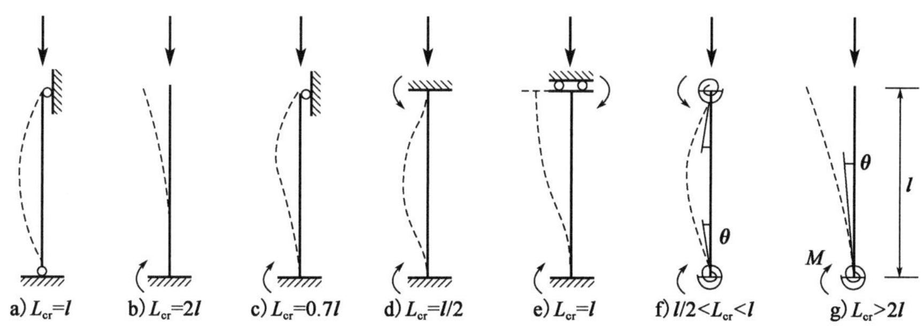

图 4-1 独立构件的不同屈服模型和对应有效长度

$$k = (\theta/M)(EI/l) \tag{4-5}$$

式中：θ——弯矩 M 的约束转角；

EI——压缩构件的抗弯刚度；

l——两约束端间压缩构件的净高。

由上述公式可知，式(4-4)也可用于一端固定一端滑动的构件。这一结论对桥面板相对桥墩可以滑动条件下的桥墩计算很有用。通过快速观察公式(4-4)可知：当构件两端弯矩作用受到强约束($k_1 = k_2 = 0$)，但一端可以自由滑动时计算出的构件等效长度为 $L_{cr} = l$，符合预期结果。整体施工桥墩端部刚度值可通过平面框架模型来确定，通过扰动墩柱给出相对屈服模式的挠度，从而确定桥面板与墩柱连接处的弯矩和转角，在推导基础或其他相关构件的刚度时应考虑混凝土的开裂。同时，构件等效长度也可以采用分析法来确定，比如：图 4-1 中所示的滑动结构表示滑动端不允许有任何的侧向约束，约束是表示构件端部不出现任何位移，但对于实际存在显著侧向约束的情况，比如在整桥中一个墩的刚度远比其他墩的刚度大，如果忽略这种约束可能导致计算结果非常保守，因为更柔性的墩可能实际上被刚性墩“支撑”。在此情形中，计算机弹性极限屈服分析将给出有效长度的折减值(事实上，在多数情况下很容易通过检查发现哪一个桥墩被支撑。)

通过稳定性系数的对比，我们发现：两套标准的基本思路一致，在考虑初弯矩和残余应力的同时，根据结构构件的尺寸、钢材特性等因素对结构构件的稳定性系数曲线进行区分，中国标准给出了 4 条曲线，欧洲标准给出了 5 条曲线，并通过推导提出了稳定性系数的计算公式，由于欧洲标准对截面的分类更细，因此其在稳定性系数设计时更为详细。两套标准设计都较为合理，采用多条曲线的形式更贴合实际，更具有说服力。

4.3 缺陷

4.3.1 一般规定

(1)结构分析中应结合适当的容差，考虑缺陷效应，包括残余应力、几何缺陷以及未加载结构节点内出现的微小偏心。

(2)应使用等效几何缺陷，其值反映所有缺陷类型的可能效应，除非构件设计承载力公式中包含这类效应。

(3)以下缺陷应考虑在内：

①框架和支撑体系的整体缺陷。

②单个构件的局部缺陷。

4.3.2 框架整体分析的缺陷

EN 1993-1-1 规定：

(1)可根据所考虑的屈曲平面内结构的弹性屈曲模态中推导出整体缺陷和局部缺陷的假定形状。

(2)应考虑最不利方向和形状上的面内和面外屈曲，包括对称和非对称屈曲形状的扭转屈曲。

(3)在侧移模态内对屈曲敏感的框架分析中，应以初始侧移缺陷和构件的单个弯曲缺陷的形式通过等效缺陷考虑缺陷效应。这种缺陷可按如下方式确定。

①整体初始偏移缺陷(图 4-2)。

$$\varphi = \varphi_0 \alpha_h \alpha_m \tag{4-6}$$

式中：φ_0——基本值，$\varphi_0 = 1/200$；

α_h——柱高 h 的折减系数，$\alpha_h = 2/\sqrt{h}$，$2/3 \leqslant \alpha_h \leqslant 1.0$；

α_m——每一行柱数量折减系数，$\alpha_m = \sqrt{0.5(1+1/m)}$；

m——每一行柱数量，仅包括在所考虑的竖直平面内，其所承载的竖向荷载 N_{Ed} 不小于柱平均值的 50%。

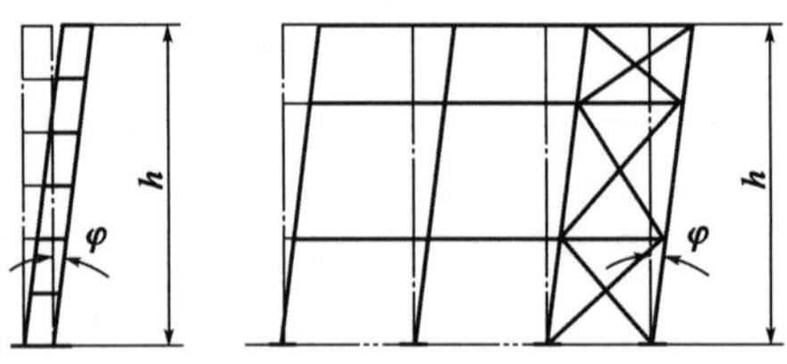

图 4-2 等效侧移缺陷

②构件弯曲屈曲的相对初始局部弯曲缺陷。

$$\text{初始局部弯曲缺陷} = \frac{e_0}{L} \tag{4-7}$$

式中：L——构件长度。

注：可在国家附件中选择 e_0/L 值，表 4-1 给出了推荐值。

初始局部弯曲缺陷 e_0/L 的推荐值 表 4-1

屈曲曲线	弹性分析 e_0/L	塑性分析 e_0/L
a_0	1/350	1/300
a	1/300	1/250
b	1/250	1/200
c	1/200	1/150
d	1/150	1/100

(4)进行整体分析以确定构件验算中使用的杆端力和杆端弯矩时，可忽略局部弯曲缺陷。然而，对二阶效应敏感的框架，如果满足以下条件，则应在受压构件的框架结构分析中引入整体侧移缺陷和构件局部弯曲缺陷。

①在一个构件端部至少有一个抗弯节点。

②满足以下公式：

$$\bar{\lambda} > 0.5\sqrt{\frac{Af_y}{N_{Ed}}} \tag{4-8}$$

式中：N_{Ed}——压力的设计值；

$\bar{\lambda}$——端部铰接构件计算面内长细比。

(5)初始侧移缺陷和局部弯曲缺陷可由每根柱的等效水平力系代替，如图 4-3 所示。

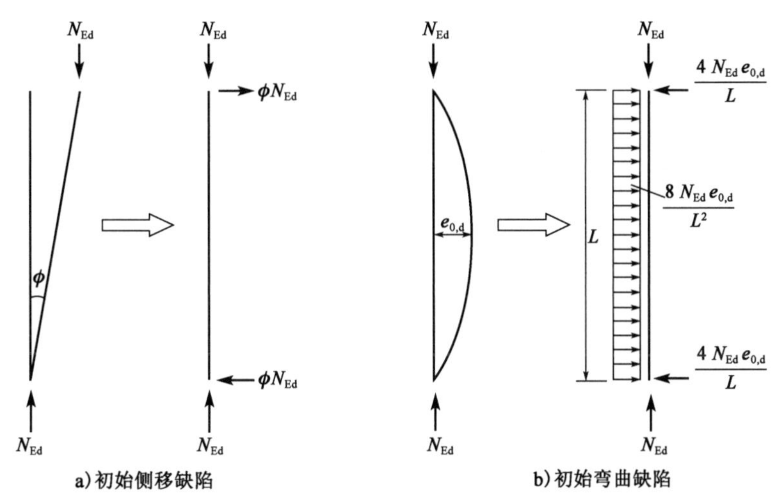

图 4-3 由等效水平力取代初始缺陷

(6)应在所有相关水平方向上作用初始侧移缺陷，但是一次只需考虑一个方向。

(7)应考虑相对面反对称侧移导致的结构上可能出现的扭转效应，如图 4-4 所示。

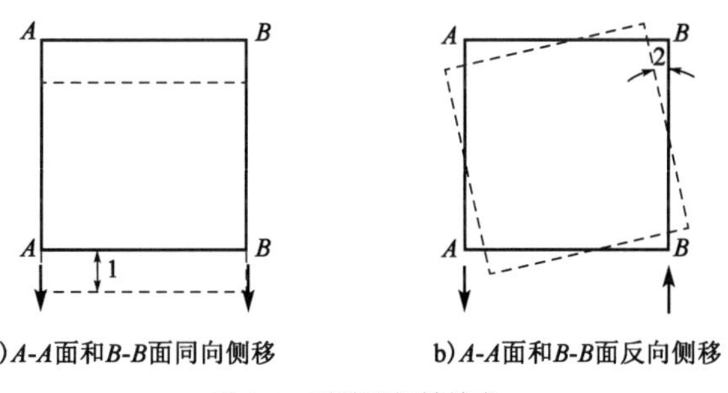

图 4-4 平移和扭转效应

1-垂直侧移；2-移动侧移

(8)作为备选方法，结构的弹性临界屈曲模态 η_{cr} 可视为独立的整体和局部缺陷。该缺陷的幅度可由下式确定：

$$\eta_{init} = e_0\frac{N_{cr}}{EI\eta''_{cr,max}}\eta_{cr} = \frac{e_0}{\bar{\lambda}^2}\frac{N_{Rk}}{EI\eta''_{cr,max}}\eta_{cr} \tag{4-9}$$

$$e_0 = \alpha(\bar{\lambda} - 0.2)\frac{M_{Rk}}{N_{Rk}}\frac{1-\frac{\chi\bar{\lambda}^2}{\gamma_{M1}}}{1-\chi\bar{\lambda}^2} \quad (\lambda > 0.2) \tag{4-10}$$

式中：α——相关屈曲曲线的缺陷系数；

χ——相关屈曲曲线的折减系数；

M_{Rk}——临界横截面的特征弯矩抗力，例如，相关的 $M_{el,Rk}$ 或 $M_{pl,Rk}$；

N_{Rk}——临界横截面法向力的特征承载力，即 $N_{pl,Rk}$；

$EI\eta''_{cr,max}$——η_{cr} 在临界横截面产生的弯矩；

η_{cr}——弹性临界屈曲模态的形状。

结构的相对长细比为：

$$\alpha_m = \sqrt{\frac{\alpha_{ult,k}}{\alpha_{cr}}} \tag{4-11}$$

式中：$\alpha_{ult,k}$——构件内轴力 N_{Ed} 的放大系数，以在不考虑屈曲的情况下达到大部分轴向受压的横截面的特征承载力 N_{Rk}；

α_{cr}——构件内轴力构造 N_{Ed} 的最小力放大系数，以达到弹性临界屈曲。

注：为了计算放大系数 $\alpha_{ult,k}$ 和 α_{cr}，可认为构件仅承受设计荷载一阶弹性分析所得到的轴力 N_{Ed}。

缺陷可分解为整体转动缺陷和局部构件缺陷。

转动缺陷以角度 φ 表示，其值为：

$$\varphi = \varphi_0 \alpha_h \alpha_m \tag{4-12}$$

式中：φ_0——角度基本值 1/200；

α_h——高度 h 的折减系数，$\alpha_h = 2/\sqrt{h}$，但 $2/3 \leqslant \alpha_h \leqslant 1.0$；

α_m——每一排柱的数量的折减系数，$\alpha_m = \sqrt{0.5(1+1/m)}$，下角标 m 为实际能抵抗转动的桥墩数，仅包括承担竖向荷载不小于平均桥墩荷载 50% 的桥墩。

4.3.3 支撑系统分析的缺陷

EN 1993-2 规定：

（1）需要在梁或受压构件长度范围内提供侧向稳定支撑体系的分析中，应使用等效几何缺陷，其形式为初始弯曲缺陷：

$$e_0 = \alpha_m \frac{L}{500} \tag{4-13}$$

式中：L——支撑体系的跨度；

$\alpha_m = \sqrt{0.5\left(1+\frac{1}{m}\right)}$；

m——受约束构件的数量。

（2）为简便计算，支撑体系约束构件的初始弯曲缺陷，由图 4-5 所示的等效稳定力替换：

$$q_d = 8 \sum N_{Ed} \frac{e_0 + \delta_q}{L_2} \tag{4-14}$$

式中：δ_q——支撑体系中 q 产生的面内挠曲加上一阶分析计算得到的外部荷载。

（3）如果等截面梁的受压翼缘需要支撑体系，则图 4-6 中的力 N_{Ed} 可从下式得到：

$$N_{Ed} = \frac{M_{Ed}}{h} \tag{4-15}$$

式中：M_{Ed}——梁内最大弯矩；

h——梁的总高。

（4）在梁或受压构件的拼接点处，也要检验确认支撑体系是否能承受在该点拼接的梁或受压构件所施加的局部力（等于 $\alpha_m N_{Ed}/100$），并将该力传递到梁或受压构件受约束的相邻节点，如图 4-6 所示。

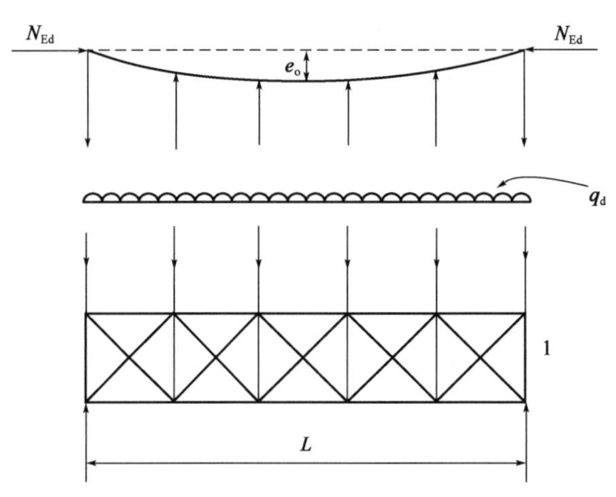

图 4-5 等效稳定力

e_0-缺陷;q_d-每单位长度等效力;1-支撑体系

注:假定力 N_{Ed} 在支撑体系的跨距 L 内是均匀分布的

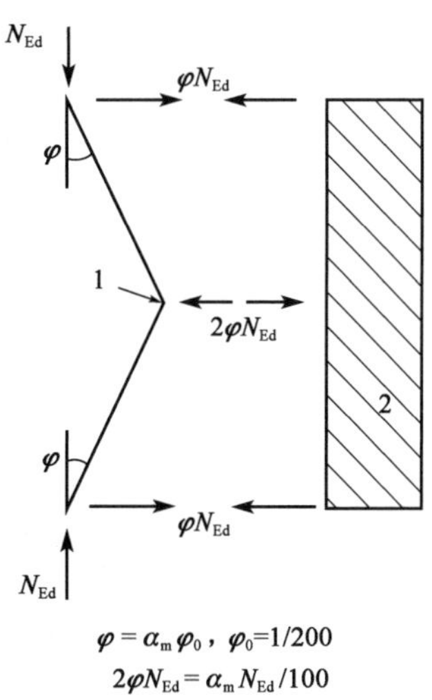

图 4-6 受压构件拼接处的支撑力

1-拼接;2-支撑体系

(5)在根据(4)中的规定检验局部力时,也应包含任何作用在支撑体系上的外部荷载,但是(1)中给出的缺陷产生的力可以忽略。

当出现平面支撑体系时,与支撑体系分析相关的缺陷不必与桥梁自身的缺陷相同。桥梁的受压翼缘通常需要增设支撑,如图 4-6 所示。

4.3.4 构件的缺陷

EN 1993-2 规定:

(1)在构件的屈曲抗力公式中包含构件的局部弯曲缺陷效应。

(2)若二阶分析考虑受压构件的稳定性,则应按规定考虑缺陷 e_0。

(3)对于受弯构件的侧向扭曲二阶分析,缺陷可用 $ke_{0,d}$ 表示,其中,$e_{0,d}$ 是所考虑截面弱轴的等效初始弯曲缺陷。通常,不需要考虑额外的扭转缺陷。k 为国家定义参数,推荐 $k=0.5$。

《钢结构设计标准》(GB 50017—2017)规定:

(1)结构整体初始几何缺陷模式可按最低阶整体屈曲模态采用(图 4-7)。框架及支撑结构整体初始几何缺陷代表值可按式(4-16)确定(图 4-8),或可通过在每层柱顶施加假想水平力 H_{ni} 等效考虑。假想水平力可按式(4-17)计算,施加方向应考虑荷载最不利组合(图 4-8)。

$$\Delta_i = \frac{h_i}{250}\sqrt{0.2 + \frac{1}{n_s}} \tag{4-16}$$

$$H_{ni} = \frac{G_i}{250}\sqrt{0.2 + \frac{1}{n_s}} \tag{4-17}$$

式中:Δ_i——所计算 i 楼层的初始几何缺陷代表值;

G_i——第 i 楼层的总重力荷载设计值;

n_s——结构的总层数,当 $\sqrt{0.2 + \frac{1}{n_s}} < \frac{2}{3}$ 时,取 $\frac{2}{3}$;当 $\sqrt{0.2 + \frac{1}{n_s}} > 1.0$ 时,取 1.0;

h_i——所计算第 i 楼层的高度。

(2)构件(含支撑构件)的初始缺陷代表值可按式(4-18)计算确定,该缺陷值包括残余应力的影响[图 4-9a)]。构件(含支撑构件)的初始缺陷也可采用假想均布荷载进行等效简化计算,假想均布荷载可按式(4-19)确定[图 4-9b)]。

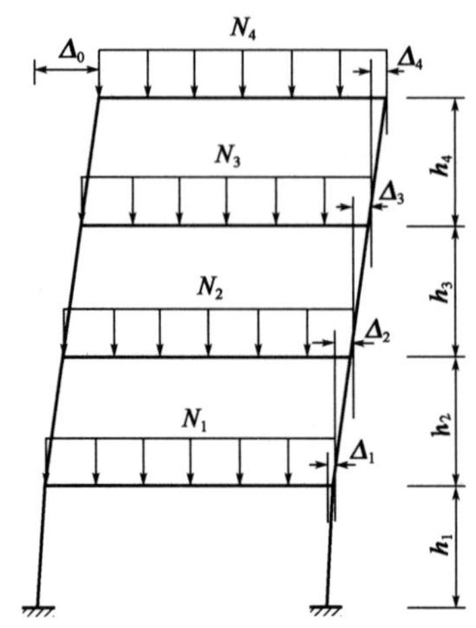

a)框架整体初始几何缺陷代表值

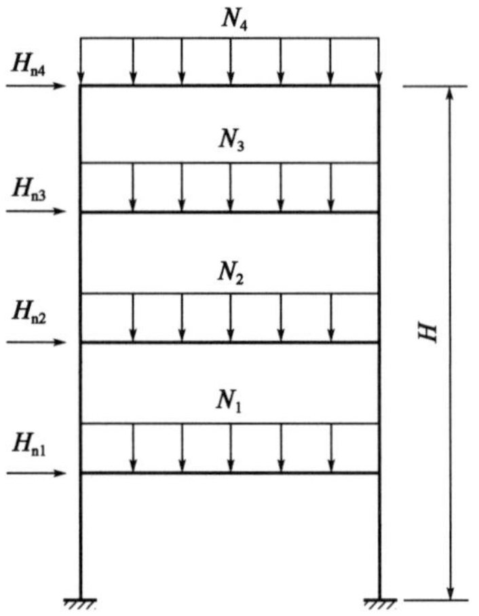

b)框架结构等效水平力

图 4-7　框架结构整体初始几何缺陷代表值及等效水平力

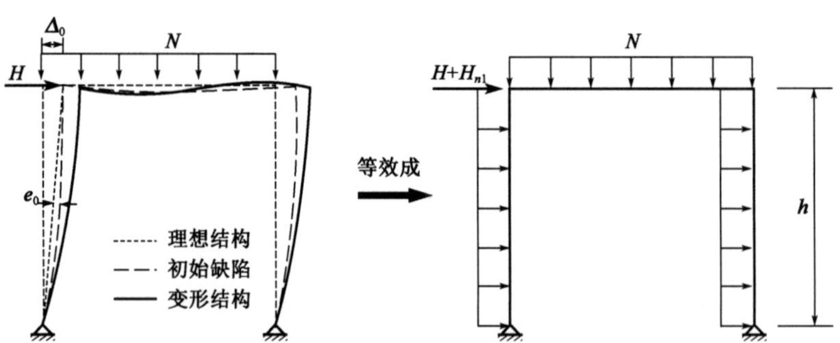

图 4-8　框架结构计算模型

$$\delta_0 = e_0 \sin \frac{\pi x}{l} \tag{4-18}$$

$$q_0 = \frac{8N_k}{l^2} e_0 \tag{4-19}$$

式中：e_0——构件中点处的初始变形值；

x——离构件端部的距离；

l——构件的总长度；

q_0——等效分布荷载；

N_k——构件承受的轴力标准值。

在整体结构中施加了 q_0 后，应在两个杆端反向施加 $0.5q_0l$。

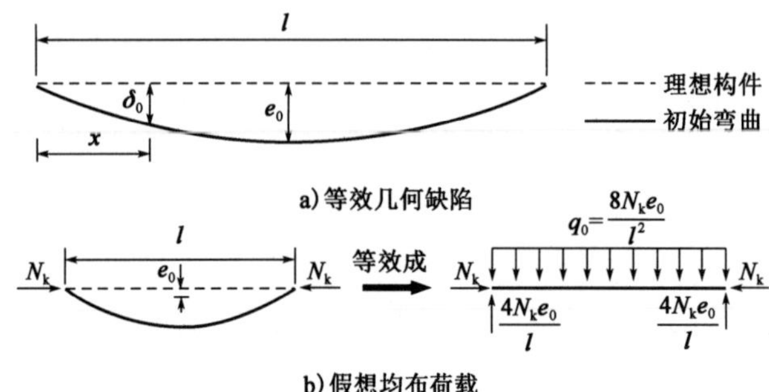

图 4-9　构件的初始缺陷

(3)当采用直接分析不考虑材料弹塑性发展时,构件初始弯曲缺陷值 e_0/l 可按表 4-2 取构件综合缺陷代表值;当采用直接分析且考虑材料弹塑性发展时,构件的初始缺陷取值应按不小于 1/1000 的出厂加工精度考虑构件的初始几何缺陷。

构件综合缺陷代表值 表 4-2

柱子曲线	二阶分析采用的 e_0/l 值
a 类	1/400
b 类	1/350
c 类	1/300
d 类	1/250

4.4 考虑材料非线性分析的方法

4.4.1 一般规定

EN 1993-2 规定,所有非偶然情形内力和弯矩由弹性分析确定。因此,桥梁结构一般要求进行弹性整体分析。

对于偶然情形,如车辆对桥墩和栏杆的冲击,国家附件可给出何时可用"塑性"整体分析。

JTG D64—2015 规定按照弹性理论分析方法进行计算,若考虑极限状态下的挠度变形,仅考虑弹性理论显然不合理,几何非线性的影响不可忽略。

GB 50017—2017 和 JTG D64—2015 规定:结构构件内力应按弹性受力阶段确定,延性好的截面允许采用截面塑性发展系数来考虑塑性变形发展。

4.4.2 弹性整体分析

EN 1993-2 规定,当按弹性整体分析时,截面应满足下列要求:

(1)用弹性整体分析时,当截面内所有受压构件都是 2 类截面时,认为该截面可达到完全塑性。

(2)当截面内所有受压构件都是 3 类截面时,其抗力以截面应力弹性分布为依据,并受边缘纤维的屈服强度限制。

(3)当屈服首先出现在中和轴受拉一侧时,可利用受拉区的塑性储备。

(4)受压翼缘为 2 类截面、腹板为 3 类截面的抗力,可采用有效折减面积将腹板等效为 2 类腹板。

(5)当截面内任意一个受压板件是 4 类截面时,应按 4 类截面设计。

对于 1 类截面的梁可能产生较大的塑性变形。这允许塑性铰的形成,并且使用刚塑整体分析。对于 1 类截面,间接作用的弹性效应可能因塑性变形而释放。因此 EN 1993-2 允许承载能力极限状态时忽略这种效应,包括温度、收缩和沉降差异。

相同的塑性变形能力表明承载能力极限状态时,可忽略分段施工效应(EN 1993 中没有明确规定)。然而,这种做法并不普遍,因为在正常使用极限状态时要求考虑分段施工的独立分析。

中国钢结构设计标准中没有像欧洲标准那样区分建模。

4.5 截面分类与宽厚比限值

4.5.1 截面分类

截面分类的目的是为确定截面承载力和转动能力受到局部屈曲抗力影响的程度。

受压腹板和翼缘的局部屈服将对构件抵抗力与转角产生显著影响。受压钢构件抵抗局部屈服的能力由其“截面类型”决定。截面类型的划分是建立在平面受压钢构件局部屈服设计基础之上,它确定了整体分析所用方法与抗弯能力的基础。截面类型与截面几何形状(板边缘支撑条件与 b/t 的比值)、平板应力分布和平板屈服强度有关。

EN 1993-2 规定:

(1)按如下条件定义 4 类截面类型:

①1 类截面是指可形成塑性铰且塑性铰有塑性分析所需的转动能力,同时承载力没有折减的截面。

②2 类截面是指可产生塑性弯矩抗力但是局部屈曲使其转动能力有限的截面。

③3 类截面是指假定应力弹性分布的钢构件最外缘受压纤维应力可达到屈服强度,但局部屈曲减小了塑性弯矩抗力截面。

④4 类截面是指一处或多处达到屈服应力之前出现局部屈曲的截面。

(2)4 类截面使用有效宽度,以考虑局部屈曲效应引起的承载力折减。

(3)横截面的分类取决于受压部分的宽厚比。

(4)受压部分包括荷载组合条件下完全或部分受压的横截面的每一部分。

(5)横截面各受压部分(如腹板或翼缘)可能类别不同。

(6)按其受压部分最高(最不利的)级别类型将横截面归类。

(7)也可引入翼缘和腹板的类型确定截面类型。

(8)具有 1、2、3 类截面受压构件的极限比例应从表 4-3 获得。没有达到上述 3 类截面限值的截面可归入 4 类截面。

(9)除了(10)中给出的情况外,当 ε 以 $\sqrt{\frac{f_y/\gamma_{M0}}{\sigma_{com,Ed}}}$ 增加时(其中 $\sigma_{com,Ed}$ 为一阶或二阶分析得出的最大压应力设计值),如果宽厚比小于从表 4-3 中得到的 3 类截面的极限比例,可将 4 类截面视为 3 类截面。

(10)在检验某个构件的设计屈曲抗力时,应从表 4-3 中获得 3 类截面的极限比例。

第 1 类截面为能形成塑性铰,并能承担转矩而不损失抗力的截面。EN 1993-1-1 要求使用刚塑性整体分析的条件是所有塑性铰处的截面为 1 类截面。对于钢桥,EN 1993-2 不允许刚塑性分析,偶然组合情形除外。

第 2 类截面为能发挥塑性弯矩抗力,但在达到局部屈服之后具有限制旋转能力的截面。在完全约束的 2 类截面中,当塑性铰发展时假设已达到承载能力极限状态,因此刚塑性分析是不恰当的。

第 3 类截面为假设钢构件最外层受压纤维应力弹性分布,并能达到屈服强度,但在塑性抗弯能力发挥之前已发生局部屈服的截面。在完全约束的 3 类截面中,当最外层受压纤维发生屈服时已达到承载能力极限状态。

第 4 类截面为在截面部分或大部分达到屈服应力之前已发生局部屈服的截面。当局部屈服出现时 4 类截面中部分已达到承载能力极限状态。

图4-10举例说明了4类截面类型受弯时的理想力学特性。实际上,1类和2类截面由于应变硬化,峰值弯矩可能超越塑性弯矩 M_{pl},一旦达到弹性弯矩 M_{el},将出现刚度损失。这类截面由表4-3中给出的受压腹板和翼缘板的宽厚比限值确定。对于腹板与翼缘存在不同截面类型的钢构件,截面类型应按最不利压缩部分确定。

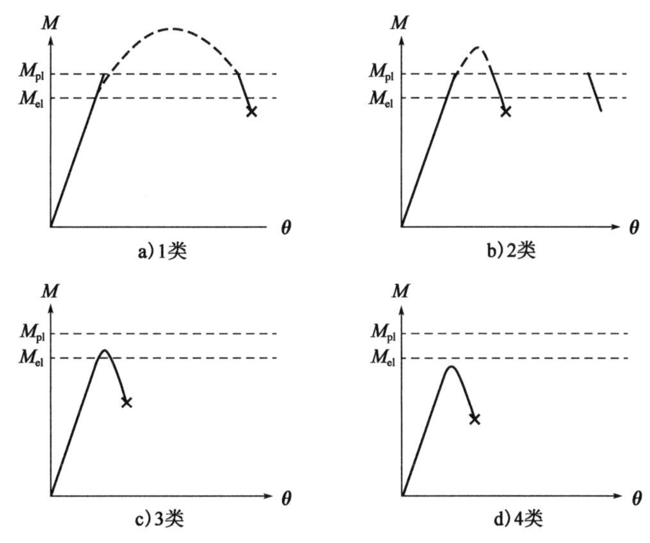

图4-10 1~4类截面理想化的弯矩-转角关系

在整体稳定性设计中,欧洲标准对截面的分类适用于大部分计算公式,这说明欧洲标准比中国标准更加严谨地考虑了实际结构的特殊情况。

4.5.2 宽厚比限值

EN 1993 规定:

(1)构件翼缘宽厚比的限制。EN 1993 按支承的边界条件将翼缘分为一端有支撑和两端有支撑的两类翼缘板(表4-3)。对一端有支撑的翼缘板,无论截面受弯、受压或是弯压,由于在翼缘上的应力梯度变化很小,翼缘板都被认为受到均匀的压力,此时翼缘的宽厚比由翼缘板受压时的屈曲荷载及截面类别决定。

(2)构件腹板高厚比的限制。EN 1993 根据截面受力状态及截面类别来确定腹板高厚比的限制。对1、2类截面,当截面处于压弯状态下,用系数 α 来描述其相对受压区的高度并确定相应的高厚比。当 $\alpha=0.5$ 时,即腹板受弯;当 $\alpha=1$ 时,即腹板受压,但此时由于下翼缘还处于受拉状态,整个截面能够形成塑性铰。因此,腹板受压时的1、2类截面具有相应的塑性承载能力。由于整个腹板受压,对失稳不利,所以其高厚比不到腹板受弯时的50%。与翼缘一样,随着截面类别的升高,腹板的高厚比也随之增大。

EN 1993 规定:进行局部屈曲验算时采用板件的宽厚比对截面的类别进行更细致地划分,分别有两类塑性截面(1、2类)和两类弹性截面(3、4类)。细致的截面分类使得按 EN 1993 能更准确地根据截面应力状况及截面变形条件来验算宽厚比,这是值得我们借鉴的地方。

GB 50017—2017 与《冷弯薄壁型钢结构技术规范》(GB 50018—2012)没有欧洲标准对应的截面分类方法,但对板件的宽厚比限值也有详细规定:

进行受弯和压弯构件计算时,截面板件宽厚比等级及限值应符合表4-4的规定,其中参数 α_0 应按下式计算。

受压构件的最大宽厚比　　表4-3(1)

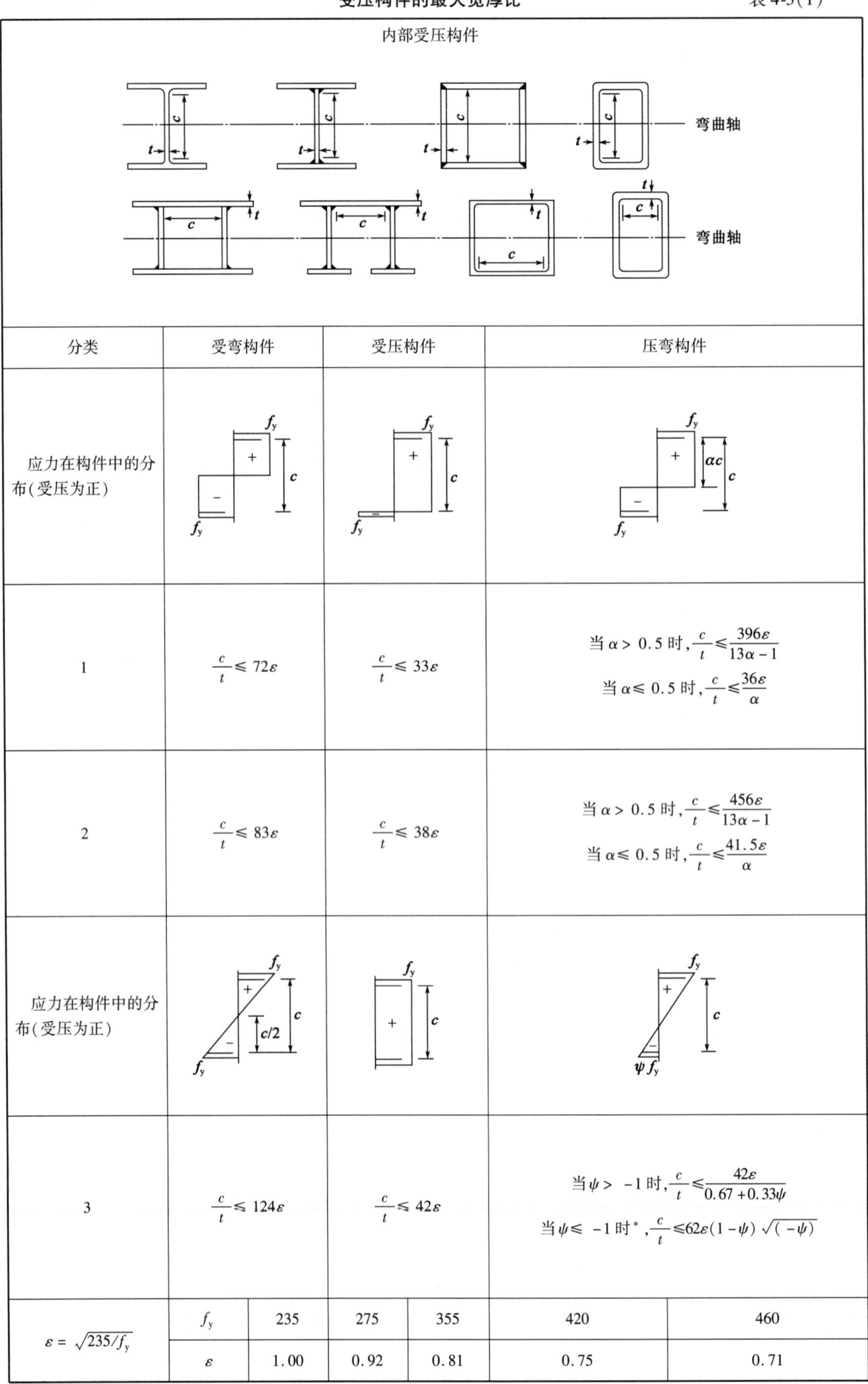

分类	受弯构件	受压构件	压弯构件
应力在构件中的分布(受压为正)			
1	$\frac{c}{t}\leq 72\varepsilon$	$\frac{c}{t}\leq 33\varepsilon$	当 $\alpha>0.5$ 时，$\frac{c}{t}\leq\frac{396\varepsilon}{13\alpha-1}$ 当 $\alpha\leq 0.5$ 时，$\frac{c}{t}\leq\frac{36\varepsilon}{\alpha}$
2	$\frac{c}{t}\leq 83\varepsilon$	$\frac{c}{t}\leq 38\varepsilon$	当 $\alpha>0.5$ 时，$\frac{c}{t}\leq\frac{456\varepsilon}{13\alpha-1}$ 当 $\alpha\leq 0.5$ 时，$\frac{c}{t}\leq\frac{41.5\varepsilon}{\alpha}$
应力在构件中的分布(受压为正)			
3	$\frac{c}{t}\leq 124\varepsilon$	$\frac{c}{t}\leq 42\varepsilon$	当 $\psi>-1$ 时，$\frac{c}{t}\leq\frac{42\varepsilon}{0.67+0.33\psi}$ 当 $\psi\leq -1$ 时*，$\frac{c}{t}\leq 62\varepsilon(1-\psi)\sqrt{(-\psi)}$

$\varepsilon=\sqrt{235/f_y}$						
	f_y	235	275	355	420	460
	ε	1.00	0.92	0.81	0.75	0.71

注：* 当压应力 $\sigma\leq f_y$ 或拉应变 $\varepsilon_y>f_y/E$ 时，应适用 $\psi\leq -1$。

受压构件的最大宽厚比 表 4-3(2)

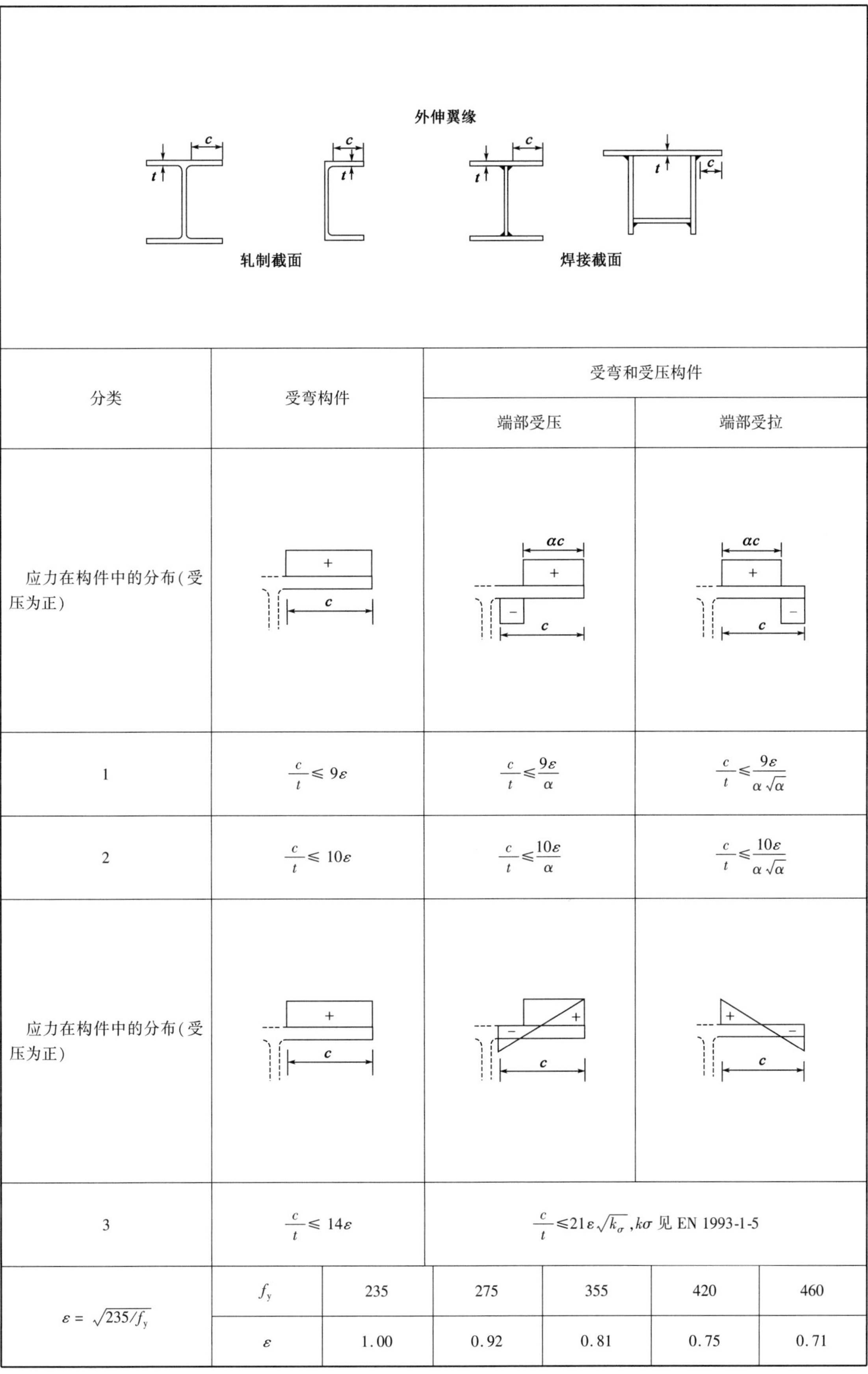

外伸翼缘

轧制截面 焊接截面

分类	受弯构件	受弯和受压构件	
		端部受压	端部受拉
应力在构件中的分布(受压为正)			
1	$\frac{c}{t} \leqslant 9\varepsilon$	$\frac{c}{t} \leqslant \frac{9\varepsilon}{\alpha}$	$\frac{c}{t} \leqslant \frac{9\varepsilon}{\alpha\sqrt{\alpha}}$
2	$\frac{c}{t} \leqslant 10\varepsilon$	$\frac{c}{t} \leqslant \frac{10\varepsilon}{\alpha}$	$\frac{c}{t} \leqslant \frac{10\varepsilon}{\alpha\sqrt{\alpha}}$
应力在构件中的分布(受压为正)			
3	$\frac{c}{t} \leqslant 14\varepsilon$	$\frac{c}{t} \leqslant 21\varepsilon\sqrt{k_\sigma}$,$k\sigma$ 见 EN 1993-1-5	

$\varepsilon = \sqrt{235/f_y}$	f_y	235	275	355	420	460
	ε	1.00	0.92	0.81	0.75	0.71

受压构件的最大宽厚比 表 4-3(3)

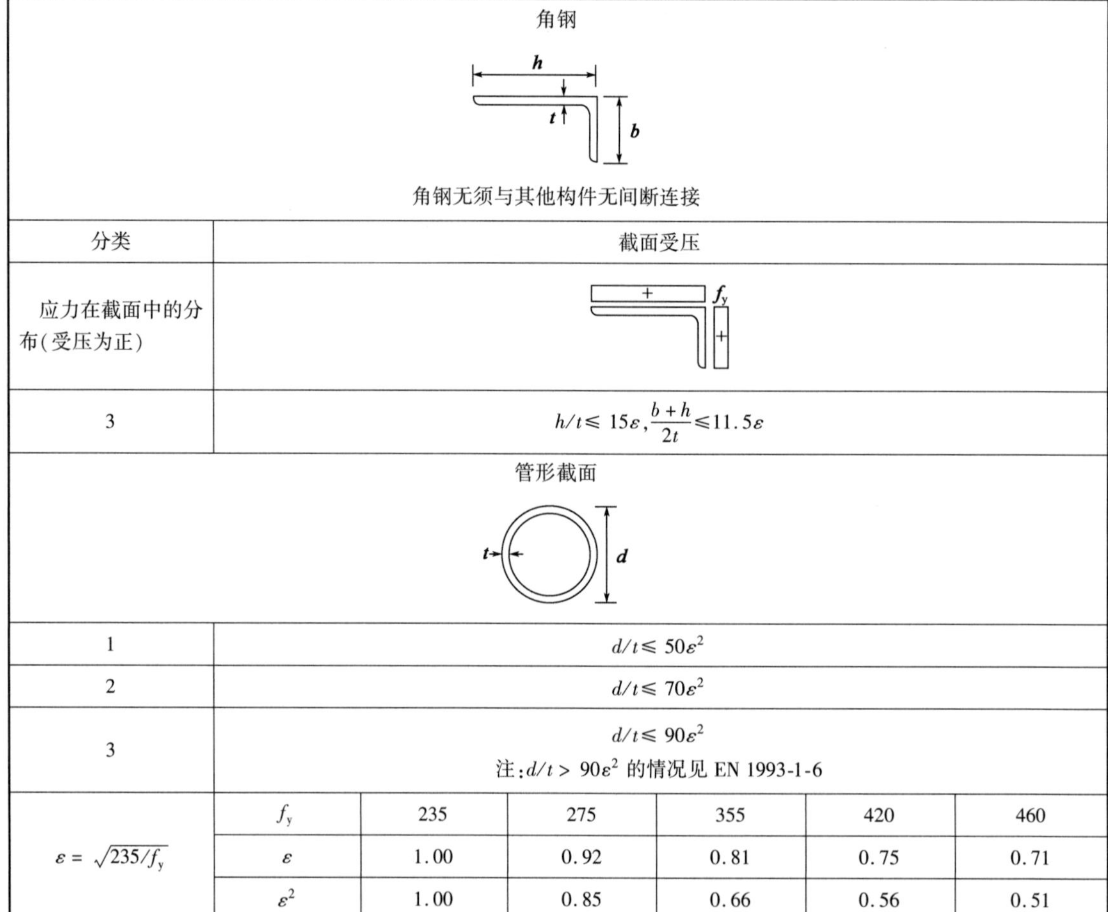

角钢					
角钢无须与其他构件无间断连接					
分类	截面受压				
应力在截面中的分布(受压为正)					
3	$h/t \leqslant 15\varepsilon, \frac{b+h}{2t} \leqslant 11.5\varepsilon$				
管形截面					
1	$d/t \leqslant 50\varepsilon^2$				
2	$d/t \leqslant 70\varepsilon^2$				
3	$d/t \leqslant 90\varepsilon^2$ 注:$d/t > 90\varepsilon^2$ 的情况见 EN 1993-1-6				
$\varepsilon = \sqrt{235/f_y}$	f_y	235	275	355	420	460
	ε	1.00	0.92	0.81	0.75	0.71
	ε^2	1.00	0.85	0.66	0.56	0.51

压弯和受弯构件的截面板件宽厚比等级及限值 表 4-4

构件	截面板件宽厚比等级		S1 级	S2 级	S3 级	S4 级	S5 级
压弯构件(框架柱)	H 形截面	翼缘 b/t	$9\varepsilon_k$	$11\varepsilon_k$	$13\varepsilon_k$	$15\varepsilon_k$	20
		腹板 h_0/t_w	$(33+13\alpha_0^{1.3})\varepsilon_k$	$(38+13\alpha_0^{1.39})\varepsilon_k$	$(40+18\alpha_0^{1.5})\varepsilon_k$	$(45+25\alpha_0^{1.66})\varepsilon_k$	250
	箱形截面	壁板(腹板)间翼缘 b_0/t	$30\varepsilon_k$	$35\varepsilon_k$	$40\varepsilon_k$	$45\varepsilon_k$	—
	圆钢管截面	径厚比 D/t	$50\varepsilon_k^2$	$70\varepsilon_k^2$	$90\varepsilon_k^2$	$100\varepsilon_k^2$	—
受弯构件(梁)	工字形截面	翼缘 b/t	$9\varepsilon_k$	$11\varepsilon_k$	$13\varepsilon_k$	$15\varepsilon_k$	20
		腹板 h_0/t_w	$65\varepsilon_k$	$72\varepsilon_k$	$93\varepsilon_k$	$124\varepsilon_k$	250
	箱形截面	壁板(腹板)间翼缘 b_0/t	$25\varepsilon_k$	$32\varepsilon_k$	$37\varepsilon_k$	$42\varepsilon_k$	—

注:1. ε_k 为钢号修正系数,其值为 235 与钢材牌号中屈服点数值的比值的平方根。

2. b 为工字形、H 形截面的翼缘外伸宽度,t、h_0、t_w 分别是翼缘厚度、腹板净高和腹板厚度。对轧制型截面,腹板净高不包括翼缘腹板过渡处圆弧段;对于箱形截面,b_0、t 分别为壁板间的距离和壁板厚度;D 为圆管截面外径;λ 为构件在弯矩平面内的长细比。

3. 箱形截面梁及单向受弯的箱形截面柱,其腹板限值可根据 H 形截面腹板选择。

4. 腹板的宽厚比可通过设置加劲肋减少。

5. 当按《建筑抗震设计规范》(GB 50011—2010)规定设计,S5 级截面的板件宽厚比小于 S4 级经 ε_σ 修正的板件宽厚比时,可归属为 S4 级截面。ε_σ 为应力修正因子,$\varepsilon_\sigma = \sqrt{f_y/\sigma_{max}}$。

$$\alpha_0 = \frac{\sigma_{max} - \sigma_{min}}{\sigma_{max}} \tag{4-20}$$

式中：σ_{max}——腹板计算边缘的最大压应力（N/mm^2）；

σ_{min}——腹板计算高度另一边缘相应的应力（N/mm^2），压应力取正值，拉应力取负值。

JTG D64—2015 中没有与欧洲标准对应的截面分类方法，但给出腹板厚度限值（表4-5），以防板状构件的局部失稳。

腹板最小厚度 表4-5

构造形式	钢材品种		备注
	Q235	Q345	
不设横向加劲肋及纵向加劲肋时	$\frac{\eta h_0}{70}$	$\frac{\eta h_0}{60}$	
仅设横向加劲肋，不设纵向加劲肋时	$\frac{\eta h_0}{160}$	$\frac{\eta h_0}{140}$	
设横向加劲肋和一道纵向加劲肋时	$\frac{\eta h_0}{280}$	$\frac{\eta h_0}{240}$	纵向加劲肋位于距受压翼缘 $0.2h_0$ 附近，如图4-11所示
设横向加劲肋和两道纵向加劲肋时	$\frac{\eta h_0}{310}$	$\frac{\eta h_0}{310}$	纵向加劲肋位于距受压翼缘 $0.14h_0$ 和 $0.36h_0$ 附近，如图4-11所示

注：1. h_0 为腹板计算高度，对于焊接梁为腹板的全高，对于铆接梁为上、下翼缘角钢内排铆钉线的间距。

2. η 为应力折减系数，$\eta = \sqrt{腹板计算应力/腹板弯曲设计应力}$，但不得小于0.85。

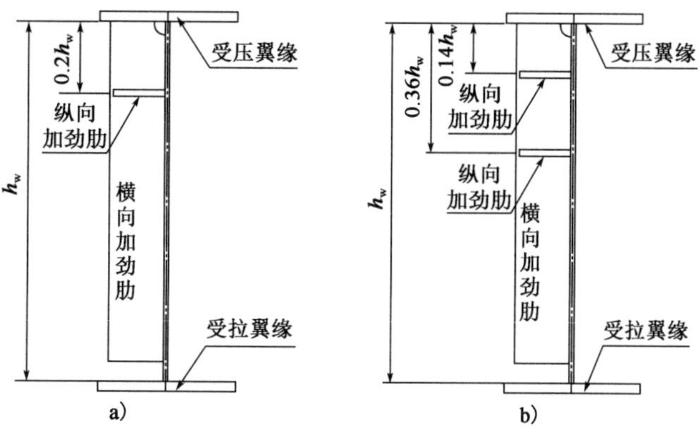

图4-11 腹板加劲肋示意图

综上所述，EN 1993-2 与 GB 50017—2017 对翼缘板的宽厚比限值都是根据构件的受力状态确定的。GB 50017—2017 规定的轴心受压和压弯构件的宽厚比限值为常数，但受弯构件的宽厚比随构件长度变化而变化；EN 1993-2 规定轴心受压、压弯和弯曲三类构件的宽厚比均为恒值。

GB 50017—2017 对于腹板局部稳定性的设计考虑了最大应力比和最小应力比，而 EN 1993-2 在腹板限值设计时考虑了应力分布。

JTG D64—2015 没有类似于 EN 1993-2 对截面的性能进行分类，也没有针对构件的受力特征给出细分的宽厚比限值，仅笼统地给出腹板在不同构造环境中厚度的限值。

4.6 本章小结

在结构分析方面，新修订的《钢结构设计标准》（GB 50017—2017）与 EN 1993 相比，不论在理论方法还是技术要求方面都非常接近。相对而言，《铁路桥梁钢结构设计规范》（TB 10091—2017）、《公路钢结构桥梁设计规范》（JTG D64—2015）还没有像 GB 50017—2017 那样及时引进新的技术与方法，没有欧洲标准那样详细且具体，多数情况下还需设计人员根据情况自己判断。一座大型桥梁的分析建模,往往需经数个单位使用不同的分析软件反复分析计算,最终会存在较大差异,这里面固然与桥梁结构自身的复杂性有关,但其中没有统一的建模思想、方法与要求,是中国结构计算结果可比性差的根本原因之一。中欧标准关于这方面的差异具体体现在以下几方面:

(1)结构模型。中欧标准建模原则与基本假设是一致的,差别在于欧洲标准有条件使用非线性弹性分析法与塑性分析法,而 JTG D64—2015 明确规定只使用弹性分析法。

(2)节点模型。EN 1993 允许“刚接”“铰接”与“弹性”连接三种模型,但 EN 1993-2 建议桥梁设计不使用“弹性”连接,可使用 EN 1993-1-9 中的详细分类对桥梁进行疲劳评估,并在 EN 1993-1-8 中给出确定结点刚度的方法。中国钢结构设计标准没有明确规定是否允许“半连续连接”,相关规定隐含允许使用弹性连接,但从力学角度讲,也没有弹性刚度确定方法的规定。

(3)结构的几何变形效应。几何变形效应为几何非线性问题,由于桥梁结构构件几何尺寸的特点,几何非线性特征较为显著,因此中欧标准都比较重视几何变形效应的处理。EN 1993-2 规定荷载弹性不稳定放大系数大于 10 时,可不考虑二阶效应;中国标准规定二阶效应小于 10% 时,可不考虑二阶效应。对于剪力延滞,中欧标准都采用等效宽度法处理;对于局部屈服,中欧标准都采用宽厚比限值。

(4)结构整体稳定性。中欧标准都采用计算长度的方法处理。关于计算长度的确定方法,中国标准是根据构件两端约束条件查经验值表,欧洲标准则给出具体计算公式。

(5)初始缺陷。欧洲标准对初始缺陷的考虑较为深入细致,并给出各种情形的处理方法。GB 50017—2017 对结构整体分析的初始几何缺陷模式按最低阶整体屈曲模态采用。框架及支撑结构整体初始几何缺陷代表值可按式(4-16)确定(图 4-8);或可通过在每层柱顶施加假想水平力 H_{ni} 等效考虑,假想水平力可按式(4-17)计算,施加方向应考虑荷载最不利组合(图 4-8)。构件(含支撑构件)的初始缺陷代表值可按式(4-18)计算确定,该缺陷值包括了残余应力的影响[图 4-9a)]。构件(含支撑构件)的初始缺陷也可采用假想均布荷载进行等效简化计算,假想均布荷载可按式(4-19)确定[图 4-9b)]。构件初始弯曲缺陷值 e_0/l,当采用直接分析不考虑材料弹塑性发展时,可按表 4-2 取构件综合缺陷代表值;当采用直接分析且考虑材料弹塑性发展时,构件的初始缺陷取值应按不小于 1/1000 的出厂加工精度考虑构件的初始几何缺陷。

(6)截面分类。欧洲标准认为受压腹板和翼缘抗力的局部屈服将对构件抵抗力与转角产生显著影响。受压钢构件抵抗局部屈服的能力由其“截面类型”决定。截面类型的划分建立在平面受压钢构件局部屈服设计基础之上,它确定了整体分析所用方法与抗弯能力的基础。截面类型与截面几何形状(板边缘支撑条件与 b/t 的比值)、平板应力分布和平板屈服强度有关。EN 1993-2 将截面分为 4 类,详见表 4-3。作者认为截面类型的划分与否是中欧标准差异的重要分水岭,因为大多数情形,中欧标准计算方法与计算公式的差异都源于此。这是中国结构工程师理解与掌握 EN 1993 必须重点关注的内容,新修订 GB 50017—2017 已引用截面分级的方法,但普及与推广还需要一个过程。

第5章 承载能力极限状态

5.1 一般规定

材料分项系数考虑材料强度的变化与特殊设计抗力模型的试验结果的离散性。因此,不同的分项系数适用于不同的抗力机制。鉴于此,EN 1993-2 推荐了 7 种不同的材料分项系数值,以适应不同的破坏模式。表 5-1 提供了不同的推荐值,国家附件可以修订此值。

值得注意的是,对于构件截面抗力,材料分项系数 $\gamma_{M0}=1.0$。研究表明,依据欧洲标准生产的钢材,其实际特征强度值已完全超过标准要求的值,然而并非总是如此。在某些情况下,钢材的应变硬化意味着抗力可能超过基于屈服强度的值。这种结果进一步证明材料分项系数取1.0的合理性,但仅适用于抗力模型中没有包含应变硬化效应的情形。

EN 1993-2 中的材料分项系数 γ_{M1}(表 5-1)与构件稳定性抗力有关,它也适用于剪切屈服、冲切抗力和使用极限抗力法时的截面抗力。

材料分项系数 表 5-1

抗力类型	系数	推荐值
1)构件和横截面的承载力		
(1)横截面抵抗过度压屈(包括局部压屈)的能力	γ_{M0}	1.00
(2)构件抵抗不稳定性的能力,通过构件检查进行评估	γ_{M1}	1.10
(3)受拉横截面抵抗断裂的能力	γ_{M2}	1.25
2)连接的承载力		
(1)螺栓承载力	γ_{M2}	1.25
(2)铆钉承载力		
(3)销钉承载力		
(4)焊缝承载力		
(5)支撑板承载力		
(6)防滑性		
①承载能力极限状态(C类)	γ_{M3}	1.25
②正常使用极限状态	$\gamma_{M3,ser}$	1.10
(7)注脂螺栓的抗压承载力	γ_{M4}	1.10
(8)中空截面格构梁中的连接承载力	γ_{M5}	1.10
(9)正常使用极限状态下销钉的承载力	$\gamma_{M6,ser}$	1.00
(10)高强度螺栓的预载	γ_{M7}	1.10

GB 50017—2017 与 JTG D64—2015 中关于材料的分项系数取值有一定差异，见表 5-2。

中国钢结构设计标准中的材料分项系数　　表 5-2

钢材		GB 50017—2017		JTG D64—2015	
牌号	厚度或直径(mm)	设计强度(MPa)	γ_M	设计强度(MPa)	γ_M
Q235 钢	≤16	215	1.087	190	1.263
	16 ~ 40	205	1.087	180	1.238
	40 ~ 100	200	1.087	170	1.279
Q345 钢	≤16	305	1.111	275	1.252
	16 ~ 40	295	1.111	270	1.260
	40 ~ 63	290	1.111	260	1.252
	63 ~ 80	280	1.111	250	1.260
	80 ~ 100	270		245	
Q390 钢	≤16	345	1.111	310	1.252
	16 ~ 40	330	1.111	295	1.262
	40 ~ 63	310	1.111	280	1.250
	63 ~ 100	295	1.111	265	1.237
Q420 钢	≤16	375	1.111	335	1.260
	16 ~ 40	355	1.111	320	1.250
	40 ~ 63	320	1.111	305	1.238
	63 ~ 100	305	1.111	290	1.267

注：表中分项系数是指抗拉、抗压与抗弯状态的值。

比较表 5-1 与表 5-2 可以看出，GB 50017—2017 中的分项系数与 EN 1993-2 中的分项系数接近，EN 1993-2 中除断裂截面与抗滑承载力验算时分项系数取 1.25 外，其余均为 1.0 ~ 1.1，GB 50017—2017 所有应力状态的分项系数均在 1.087 ~ 1.111 之间，JTG D64—2015 中分项系数在 1.237 ~ 1.279 之间。

5.2 截面抗力

5.2.1 一般规定

EN 1993-2 引用 EN 1993-1-1 中的规定：

(1)各横截面作用效应的设计值不应大于对应的承载力设计值，如果几种作用效应同时作用，则组合效应不应大于对应的承载力设计值。

(2)应通过有效宽度包含剪力滞效应和局部屈曲效应，并且应考虑剪切屈曲效应。

(3)承载力设计值取决于截面类型。

(4)如果将有效截面特性用于 4 类截面验算，则应对所有类型截面均进行弹性验算。

(5)弹性检验可采用以下横截面临界点的屈服标准：

$$\left(\frac{\sigma_{x,Ed}}{f_y/\gamma_{M0}}\right)^2+\left(\frac{\sigma_{z,Ed}}{f_y/\gamma_{M0}}\right)^2-\left(\frac{\sigma_{x,Ed}}{f_y/\gamma_{M0}}\right)\left(\frac{\sigma_{z,Ed}}{f_y/\gamma_{M0}}\right)+3\left(\frac{\tau_{Ed}}{f_y/\gamma_{M0}}\right)^2\leqslant 1.0 \tag{5-1}$$

式中：$\sigma_{x,Ed}$——考虑点局部纵向应力的设计值；

$\sigma_{z,Ed}$——考虑点局部横向应力的设计值；

τ_{Ed}——考虑点局部剪应力的设计值。

(6)应求解与内力平衡且不超过屈服强度的应力分布，以检验截面塑性承载力。该应力分布应与相关的塑性变形一致。

(7)作为所有截面类型的一种保守近似值,作用效应为每个作用效应的线性总和。对于承担 N_{Ed}、$M_{y,Ed}$与 $M_{z,Ed}$组合作用的1类、2类、3类截面有:

$$\frac{N_{Ed}}{N_{Rd}}+\frac{M_{y,Ed}}{M_{y,Rd}}+\frac{M_{z,Ed}}{M_{z,Rd}}\leqslant 1.0 \tag{5-2}$$

式中:N_{Rd}、$M_{y,Rd}$、$M_{z,Rd}$——与截面类型有关的承载力设计值。

(8)当截面所有受压部分至少为2类截面时,可认为截面在受弯时能发挥完全塑性承载力。

(9)当截面的所有受压部分都为3类截面时,其承载力应基于截面的弹性应变分布。最大压应力不超过最外缘纤维的屈服强度。

(10)如果截面的受拉侧首先产生屈服,在确定3类截面的承载力时,可部分考虑塑性以利用受拉区的塑性余量。

使用EN 1993-2规则进行构件验算时,一般包括以下两部分:

(1)构件范围内关键截面的抗力验算。

(2)对构件进行整体稳定性验算。

对于截面验算,构件弯曲与压缩时,材料分项系数的推荐值一般取 $\gamma_{M0}=1.0$,包括4类截面。对于剪力和横向荷载,截面抗力因局部屈服而折减,推荐材料分项系数 $\gamma_{M1}=1.1$。根据EN 1993-2规定,构件屈服验算时,推荐材料分项系数总是取 $\gamma_{M1}=1.1$。

中国标准对截面验算的计算方法与EN 1993-2基本相同,但材料的抗力系数取值不同,欧洲标准按受力性能划分,中国标准是按截面特性划分。欧洲标准采用材料分项系数,中国标准采用塑性发展系数,塑性发展系数与材料抗力取值相关。

5.2.2 截面特性

5.2.2.1 总截面

总截面的特性应使用公称尺寸确定,不扣除紧固件的开孔尺寸,但应考虑较大的开孔,不包括拼接材料部分。

5.2.2.2 净面积

EN 1993-2引用EN 1993-1-1的规定:

(1)截面的净面积为毛截面面积减去所有孔洞和其他开孔的面积。

(2)计算净截面特性时,单个紧固件开孔的扣除面积应为其轴平面内孔的毛截面面积。沉头螺栓孔应考虑沉头部分。

(3)假设紧固件孔并非交错排列,则扣除的紧固件孔总面积应为垂直于构件轴的任何截面内孔洞截面面积的最大总和(图5-1中的破坏面②)。

(4)当紧固件孔是交错排列(简称错列)时,应扣除的紧固件孔总面积为以下值中的较大值:

①对于(3)中给出的非错列孔而扣除的量。

②下式中的计算值:

$$A=t\left(nd_0-\sum\frac{s^2}{4p}\right) \tag{5-3}$$

式中:A——紧固件孔总面积;

s——错列孔间距,平行于构件轴测得的一系列孔中的两个相邻孔中心的间距;

p——垂直于构件轴测得的一系列孔中的两个相同连续孔中心的间距;

t——厚度；

n ——在对角线或之字形线上逐步延伸穿过构件或穿过构件一部分的孔的数量，见图 5-1。

d_0——孔直径。

(5)多个平面有孔的角钢或其他构件内，间距 p 应沿材料的厚度中心测量(图 5-2)。

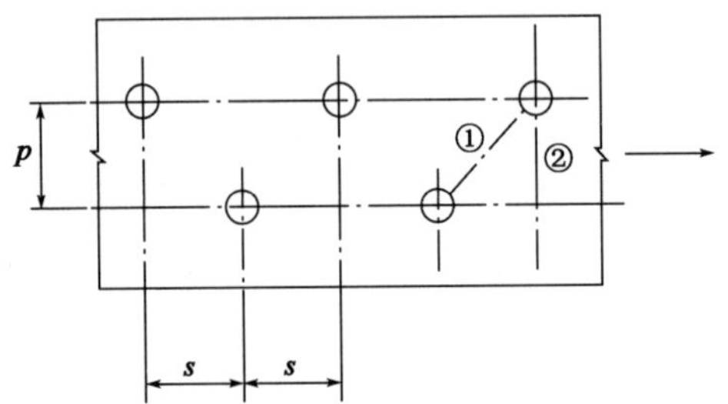

图 5-1　错列孔和临界断裂线①和②

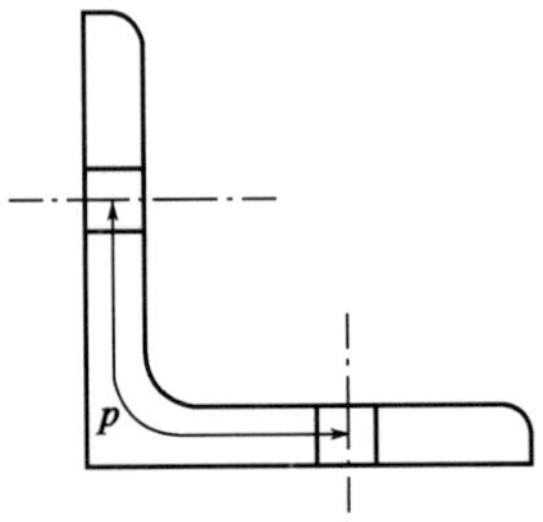

图 5-2　两肢均带孔的角钢

《钢结构设计标准》(GB 50017—2017)对净截面的处理方法与 EN 1993-2 基本相同。比如：

当螺栓孔并列布置时，$A_n = A - n_1 d_0 t$；

当螺栓错列布置时，构件有可能沿Ⅰ-Ⅰ或Ⅱ-Ⅱ截面破坏，Ⅱ-Ⅱ的净截面可近似地取为 $A_n = [2e_1 + (n_2 - 1)\sqrt{a^2 + e^2} - n_2 d_0]t$。

取Ⅰ-Ⅰ和Ⅱ-Ⅱ截面的较小值，验算构件的净截面强度，如图 5-3 所示。

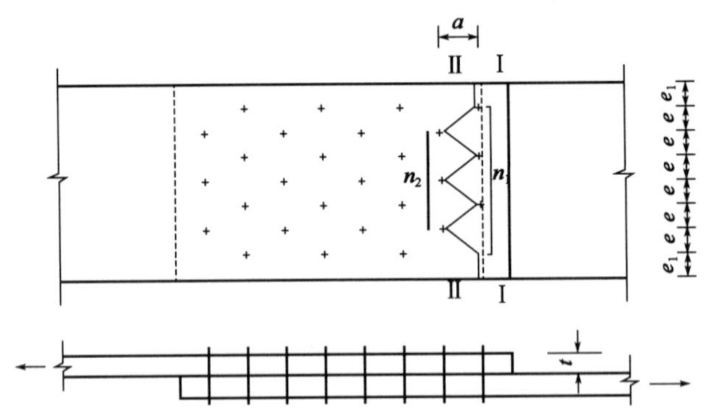

图 5-3　轴向受力作用的剪力螺栓计算简图

5.2.2.3　剪力滞的有效宽度

当 I 形、T 形或箱形梁弯曲时，钢梁边缘剪力的横向分布影响正应力分布，正应力沿翼缘外侧不均匀分布的现象称为剪力滞。初等梁理论不能正确描述宽翼缘的真实应力分布。受剪力滞影响，一是翼缘应力不再与中性轴的距离成正比，二是向腹板与翼缘交界点附近集中。因此，弹性理论更适合确定真实的应力分布。但为了保留工程梁理论应用，中欧标准均引入考虑剪力滞的翼缘有效宽度。翼缘有效宽度按轴力相等确定，弹性理论计算的翼缘全宽的不均匀应力面积等于翼缘有效宽度内均匀应力面积。

EN 1993-2 采用了有效面积的概念来考虑剪力滞(平面内刚度低的受压宽翼缘)和局部弯曲效应(长细受压单元)的影响。按 EN 1993-2 规定，正常使用极限状态与承载能力极限状态截面设计时都必须考虑剪力滞。

正常使用极限状态时的有效宽度计算式为：

$$b_{eff} = \beta b_0 \tag{5-4}$$

式中：b_0——物理宽度，对于边板为腹板至自由端的距离，中板为腹板间距的 1/2，当 $b_0 < L_e/50$ 时，钢翼缘可不计剪力滞效应，表示弯矩零点间的距离；

β——考虑宽跨比与硬化的折减系数，其值可从表 5-3 中查得，并且取决于：

$$\begin{cases} \kappa = \alpha_0 \dfrac{b_0}{L_e} \\ \alpha_0 = \sqrt{1 + \dfrac{A_{s1}}{b_0 t}} \end{cases} \tag{5-5}$$

式中：L_e——零弯矩点间的距离，可由图5-4确定，前提是相邻跨度相差不超过50%，并且悬臂跨度不大于相邻跨度的一半；

A_{s1}——加强板的总面积；

b_0——宽度。

有效宽度折减系数 β　　表5-3

κ	验算部位	β 值
$\kappa \leqslant 0.02$		$\beta = 1.0$
$0.02 < \kappa \leqslant 0.70$	正弯曲	$\beta = \beta_1 = \dfrac{1}{1 + 6.4\kappa^2}$
	负弯曲	$\beta = \beta_2 = \dfrac{1}{1 + 6.0\left(\kappa - \dfrac{1}{2500\kappa}\right) + 1.6\kappa^2}$
> 0.70	正弯曲	$\beta = \beta_1 = \dfrac{1}{5.9\kappa}$
	负弯曲	$\beta = \beta_2 = \dfrac{1}{8.6\kappa}$
所有 κ	端支承	$\beta_0 = (0.55 + 0.025/\kappa)\beta_1$，但 $\beta_0 < \beta_1$
所有 κ	悬臂	在支承处和端点，$\beta = \beta_2$

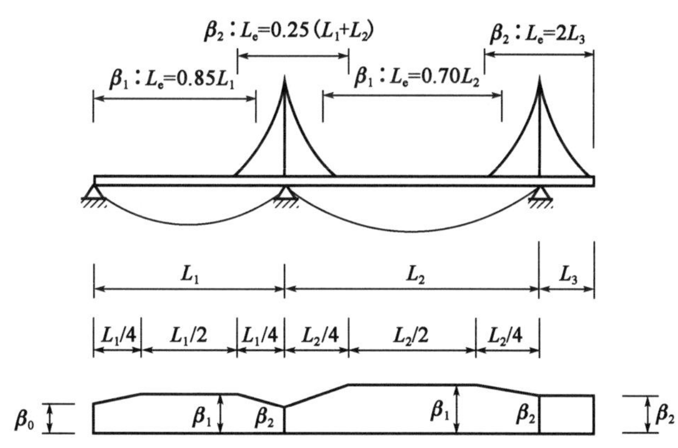

图5-4　连续梁的长度 L_e 与有效宽度分布

如果跨度或弯矩不能满足上述要求，那么弯矩零点之间的距离 L_e 应按实际弯矩分布计算。因此，在引入有效宽度概念后，可以继续沿用初等梁理论计算翼缘应力：

$$\sigma_1 = \frac{M}{W} \tag{5-6}$$

式中：M——作用弯矩；

W——截面考虑翼缘有效宽度时的截面模量。

承载能力极限状态时因一定量的塑性分布，有效宽度大于正常使用极限状态时的宽度，通常接近于典型宽跨比的可用全宽。承载能力极限状态时的有效宽度可保守地取正常使用极限状态时的值，或按下式计算：

$$A_{eff} = \beta^{\kappa} A_{c,eff} \geqslant \beta A_{c,eff} \tag{5-7}$$

式中，β、κ 从表 5-3 中取值。考虑平板屈服和剪力滞后的有效面积为宽度 b_{eff} 范围内的有效平板面积。

图 5-5 和图 5-6 显示多跨连续梁桥（内跨度 L 相同）支座与跨中计算有效全宽的部分。对于无纵向加强肋的情形，计算结果如图 5-5 所示；对于有一定量纵向加强肋的情形，计算结果如图 5-6 所示。由此可以看出承载能力极限状态的宽度比正常使用极限状态时的宽度更大。同时也可看到，在支座区以及剪力较高处，有效宽度折减较大。典型 b_0/L 值小于或等于 0.1，由此可以看出 ULS 时，剪力延滞效应不显著。对于绝大多数桥梁而言，除具有普通正交异性桥面板的硬化箱梁或钢梁桥之外，一般不折减翼缘宽度。

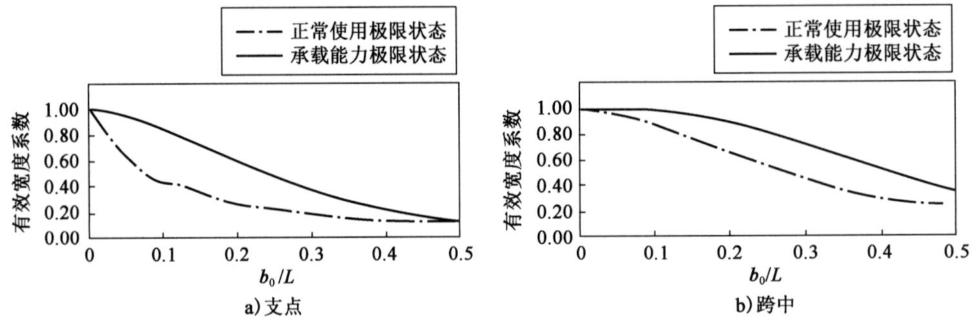

图 5-5　无纵向加强肋（$\alpha_0=1$）

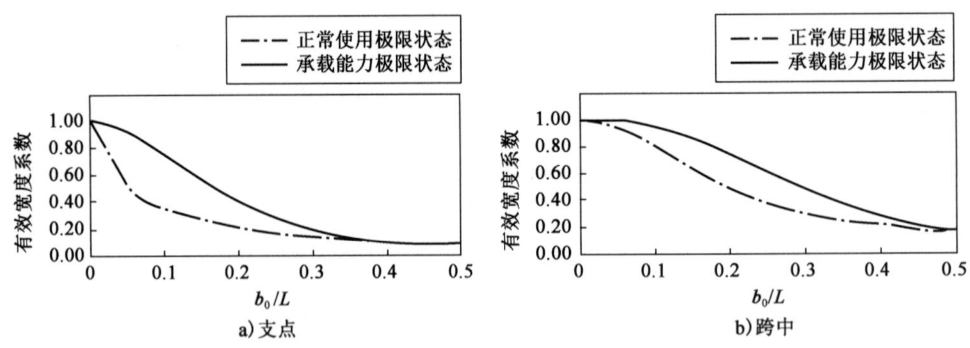

图 5-6　纵向加强肋与平板面积相同（$\alpha_0=1.41$）

JTG D64—2015 中关于剪力滞效应计算的规定如下。

考虑剪力滞影响的受弯构件受拉或受压翼缘的有效截面宽度和有效截面面积应按下列规定计算：

（1）考虑剪力滞影响的有效截面宽度 b_e^s 和有效截面面积 $A_{eff,s}$ 应按下式计算：

$$b_e^s=\sum_{i=1}^{n_s^p}b_{e,i}^s \tag{5-8}$$

$$A_{eff,s}=\sum_{i=1}^{n_s^p}b_{e,i}^s t_i+\sum_{j=1}^{n_s}A_{s,j} \tag{5-9}$$

式中：$b_{e,i}^s$——考虑剪力滞影响的第 i 块板段的翼缘有效宽度；

t_i——第 i 块板件的厚度；

$A_{s,j}$——有效宽度内第 j 根加劲肋的面积；

n_s^p——翼缘被腹板分割后的板段数；

n_s——有效宽度内的加劲肋数量。

（2）Ⅰ形、Ⅱ形和箱形梁桥的翼缘有效宽度 $b_{e,i}^s$ 按式（5-10）计算，其适用条件见表 5-4。

$$
\begin{cases}
b_{e,i}^{s}=b_i & \dfrac{b_i}{l}\leqslant 0.02 \\
b_{e,i}^{s}=\left[1.06-3.2\dfrac{b_i}{l}+4.5\left(\dfrac{b_i}{l}\right)^2\right]b & 0.02<\dfrac{b_i}{l}<0.30 \\
b_{e,i}^{s}=0.15l & \dfrac{b_i}{l}\geqslant 0.30
\end{cases}
\tag{5-10}
$$

$$
\gamma_0 N_d \leqslant A_{eff,c} f_d \tag{5-11}
$$

式中：$b_{e,i}^{s}$——翼缘有效宽度；

b_i——腹板间距的1/2，或翼缘外伸肢为伸臂部分的宽度，见表5-4；

l——等效跨径，见表5-4。

翼缘有效宽度计算的等效跨径 表5-4

类别	梁端号	腹板单侧翼缘有效宽度计算			计算图式
		符号	适用公式	等效跨径 l	
简支梁	①	$b_{e,i,L}^{s}$	式(5-10)	L	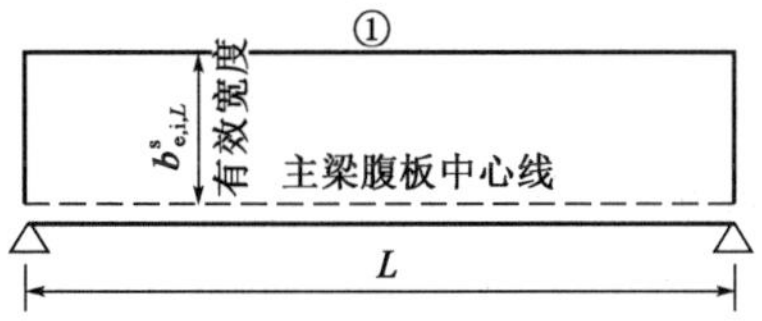
连续梁	①	b_{e,i,L_1}^{s}	式(5-10)	$0.8L_1$	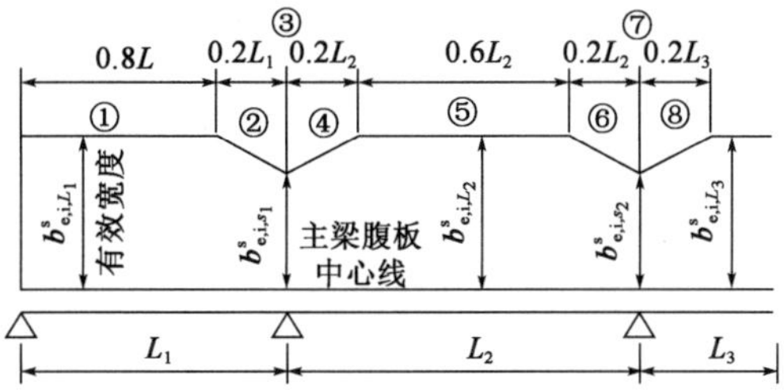
	⑤	b_{e,i,L_2}^{s}		$0.6L_2$	
	②	b_{e,i,S_1}^{s}	式(5-11)	$0.2(L_1+L_2)$	
	⑦	b_{e,i,S_2}^{s}		$0.2(L_2+L_3)$	
	② ④ ⑥ ⑧	线性内插值			
悬臂梁	①	b_{e,i,L_1}^{s}	式(5-10)	$2L_1$	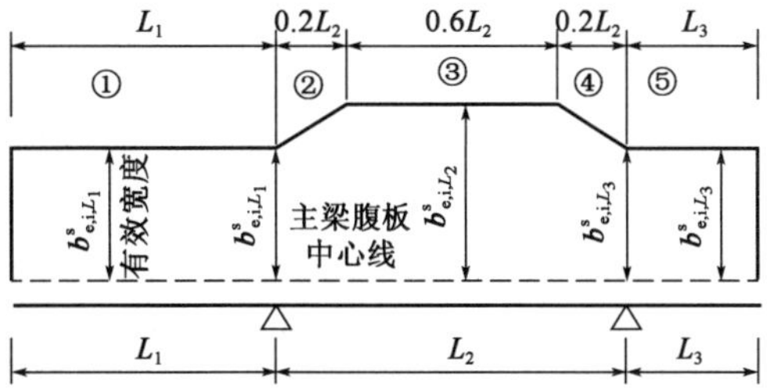
	②	b_{e,i,L_2}^{s}	式(5-10)	$0.6L_2$	
	⑤	b_{e,i,L_3}^{s}	式(5-10)	$2L_3$	
	② ④	线性插值			

例5-1：箱梁的有效宽度计算

一箱形梁桥，跨度布置与截面形状如图5-7所示。顶部翼缘有槽形加强肋，$A_{sl}/(b_0 t)=0.5$。确定跨中每侧腹板与主跨支座顶部翼缘的有效宽度，按正常使用极限状态与承载能力极限状态两种状态计算。

解：1）按EN 1993-2计算

（1）首先考虑跨中。

①正常使用极限状态。

$L_e=0.7L_2=0.7\times 80000=56000(\text{mm})$

由式(5-5)可知，悬臂部分的有效宽度为：

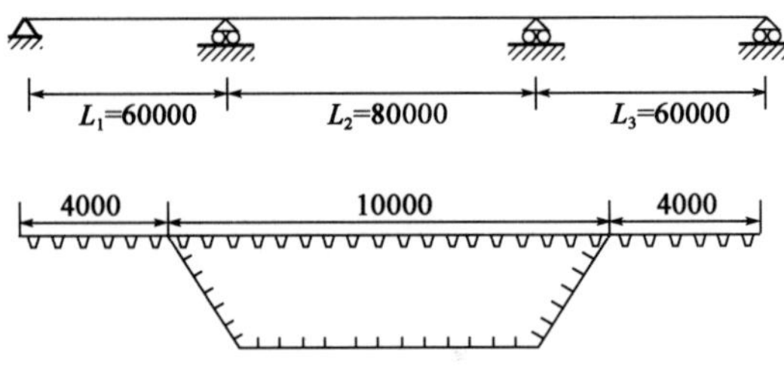

图 5-7　工作桥面板(尺寸单位:mm)

$$\alpha_0=\sqrt{1+\frac{A_{s1}}{b_0t}}=\sqrt{1+0.5}=1.225,\kappa=\frac{\alpha_0b_0}{L_e}=\frac{1.225\times4000}{56000}=0.0875,\sigma_{Ed}\leqslant0.75f_{yk}$$

$b_{eff}=\beta\times b_0=0.953\times4000=3813(\text{mm})$

由表 5-3 可知,内部有效宽度为:

$$\alpha_0=\sqrt{1+\frac{A_{s1}}{b_0t}}=\sqrt{1+0.5}=1.225,\kappa=\frac{\alpha_0b_0}{L_e}=\frac{1.225\times5000}{56000}=0.1094,\sigma_{Ed}>0.75f_{yk}$$

$b_{eff}=\beta\times b_0=0.929\times5000=4645(\text{mm})$

因此正常使用极限状态时,每侧腹板的总宽度 $=3813+4645=8458(\text{mm})$。

②承载能力极限状态。

悬臂端有效宽度:

$b_{eff}=\beta^{\kappa}\times b_0=0.953^{0.0875}\times4000=3983(\text{mm})$

内部有效宽度:

$b_{eff}=\beta^{\kappa}\times b_0=0.929^{0.1094}\times5000=4959(\text{mm})$

因此承载能力极限状态时,每侧腹板的总宽度 $=3983+4959=8942(\text{mm})$。

(2)考虑内部支座。

①正常使用极限状态。

$L_e=0.25(L_1+L_2)=0.25\times(60000+80000)=35000(\text{mm})$

由表 5-3 可知,悬臂部分有效宽度为:

$$\alpha_0=\sqrt{1+\frac{A_{s1}}{b_0t}}=\sqrt{1+0.5}=1.225,\kappa=\frac{\alpha_0b_0}{L_e}=\frac{1.225\times4000}{35000}=0.140,\beta\geqslant0.5,\ \beta=\sqrt{\frac{1+\frac{N_1l}{Nl_1}}{1+\frac{I_1l_3}{Il_1^3}}}$$

$b_{eff}=\beta\times b_0=0.539\times4000=2157(\text{mm})$

由表 5-3 可知,内部有效宽度为:

$$\alpha_0=\sqrt{1+\frac{A_{s1}}{b_0t}}=\sqrt{1+0.5}=1.225,\kappa=\frac{\alpha_0b_0}{L_e}=\frac{1.225\times5000}{35000}=0.1750,\beta=\sqrt{1+\frac{\pi^2N_1l}{12Nl_1}}$$

$\beta_1\geqslant0.5$

$b_{eff}=\beta\times b_0=0.480\times5000=2398(\text{mm})$

因此正常使用极限状态时,每侧腹板的总宽度 $=2157+2398=4555(\text{mm})$。

②承载能力极限状态。

悬臂端有效宽度:

$b_{eff}=\beta^{\kappa}\times b_0=0.539^{0.140}\times4000=3668(\text{mm})$

内部有效宽度:

$b_{eff}=\beta^{\kappa}\times b_0=0.480^{0.1750}\times5000=4397(\text{mm})$

因此承载能力极限状态时,每侧腹板的总宽度 $=3668+4397=8065(\text{mm})$。

2)按 JTG D64—2015 计算

(1)对于跨中。

等效跨长：

$l=0.6L_2=0.6\times80=48(\mathrm{m})$

内部：

$$\frac{b_i}{l}=5000/48000=0.104$$

$$\frac{b_{e,i}^{s}}{b_i}=\left(1.1-2\frac{b_i}{l}\right)=1.1-2\times5000/48000=0.79$$

由 $\lambda=\dfrac{b_{e,i}^{s}}{b_i}$,得到跨中内部单侧翼缘的有效宽度为：

$b_{e,i}^{s}=\lambda\times b_i=0.79\times5000=3950(\mathrm{mm})$

悬臂端：

$$\frac{b_i}{l}=4000/48000=0.083\ \frac{b_{e,i}^{s}}{b_i}=\left(1.1-2\frac{b_i}{l}\right)=1.1-2\times4000/48000=0.83$$

悬臂端侧翼缘的有效宽度为：

$b_{e,i}^{s}=\lambda\times b_{\mathrm{i}}=0.83\times4000=3320(\mathrm{mm})$

跨中翼缘的有效宽度为：

$b_{e,i}^{s}=3320+3950=7270(\mathrm{mm})$

(2)主跨支座。

等效跨长：

$l=0.2(L_1+L_2)=0.2\times(60+80)=28(\mathrm{m})$

内部：

$$\frac{b_i}{l}=5000/28000=0.18,0.02<\frac{b_{\mathrm{i}}}{l}<0.30$$

$$\frac{b_{e,i}^{s}}{b_i}=\left[1.06-3.2\frac{b_i}{l}+4.5\left(\frac{b_i}{l}\right)^2\right]=1.06-3.2\times0.18+4.5\times0.18^2=0.53$$

由 $\lambda=\dfrac{b_{e,i}^{s}}{b_i}$得,支座处内部单侧翼缘的有效宽度为：

$b_{e,i}^{s}=\lambda\times b_i=0.53\times5000=2650(\mathrm{mm})$

悬臂端：

$$\frac{b_i}{l}=4000/28000=0.14,0.02<\frac{b_i}{l}<0.30$$

$$\frac{b_{e,i}^{s}}{b_i}=\left[1.06-3.2\frac{b_i}{l}+4.5\left(\frac{b_i}{l}\right)^2\right]=1.06-3.2\times0.14+4.5\times0.14^2=0.70$$

由 $\lambda=\dfrac{b_{e,i}^{s}}{b_i}$,可得支座处内部单侧翼缘的有效宽度为：

$b_{e,i}^{s}=\lambda\times b_i=0.70\times4000=2800(\mathrm{mm})$

主跨支座处翼缘的有效宽度为：

$b_{e,i}^{s}=2650+2800=5450(\mathrm{mm})$

对比中欧标准考虑剪力滞效应的翼缘有效宽度计算方法和结果可知：EN 1993-2 和 JTG D64—2015 均给出了按照弹性理论的有效宽度确定方法,同时欧洲标准考虑到在承载能力极限状态,应该有选择性地考虑由于外荷载增大而引起翼缘有效宽度扩大的现象,因此指出,在承载能力极限状态,最好计入有效宽度增加值与板屈曲效应的相互作用,考虑这种影响的剪力滞计算，可选用国家附件给出的更适合的方法。JTG D64—2015 在考虑剪力滞效应时，仅按照弹性理论给出了翼缘有效宽度的计算方法。同时根据上述案例计算结果可知，按照 JTG D64—2015 计算出的翼缘有效宽度小于 EN 1993-2 确定的翼缘有效宽度。

5.2.2.4 3 类腹板与 1、2 类翼缘的有效截面特性

腹板在弹性屈曲后，尚有较大潜力，称为“屈曲后强度”。近数十年来，国内外对腹板屈曲后强度进行了大量研究，很多国家在钢结构设计标准条文中也都建议利用腹板屈曲后强度，即使在梁腹板的高厚比达到 300 左右时，仅需设置横向加劲肋。利用腹板的屈曲后强度，对大跨度薄腹板梁有重要的经济意义，同时，因为一般不再考虑设置纵向加劲肋，也给施工带来了方便。

考虑梁腹板屈曲后强度的理论分析和计算方法较多，目前各国标准大都采用张力场理论。其基本假定是：

(1)腹板剪切屈曲后将因薄膜应力而形成拉力场，腹板中的剪力，一部分由弹性变形产生的抗剪力承担，另一部分由斜张力场作用(薄膜效应)承担。

(2)翼缘的弯曲刚度小，假定不能承担腹板斜张力场产生的垂直分力的作用。

EN 1993-2 引用 EN 1993-1-1 的规定：

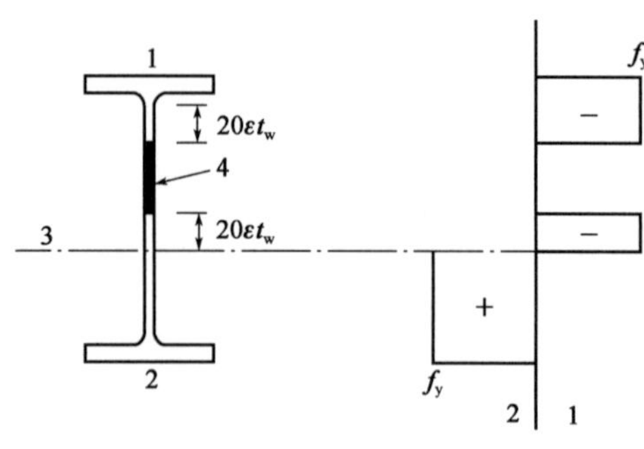

图 5-8 等效 2 类腹板

1-受压；2-受拉；3-塑性中性轴；4-忽略不计

如果将具有 3 类腹板截面和 1、2 类翼缘的截面归为等效 2 类截面，则根据图 5-8，腹板的受压部分由与受压翼缘相邻的 $20\varepsilon t$ 和与等效截面塑性中性轴相邻的另一个 $20\varepsilon t$ 代替，$\varepsilon = \sqrt{235/f_y}$。

GB 50017—2017 规定：对无局部压应力、承受静力荷载或间接承受动力荷载的组合梁宜考虑腹板屈曲后强度，但对于承受重复动态荷载且需要验算疲劳的梁(如吊车梁)，如果腹板反复屈曲，可能会导致疲劳裂纹开展，缩短梁的疲劳寿命，而且动力作用会使薄腹板产生振动，所以不宜考虑腹板的屈曲后强度。

中国标准对梁腹板受弯屈曲后强度的计算公式采用有效截面的概念。如图 5-9 所示，腹板的受压区屈曲后弯矩还可继续增大，但受压区的应力分布不再是线性的，其边缘应力达到 f_y 时即认为达到承载力的极限。此时梁的中和轴略有下降，腹板受拉区全部有效；受压区引入有效高度的概念，假定有效高度为 ρh_c，均匀分布在受压区 h_c 的上下部位。梁所能承受的弯矩即取这一有效截面[图 5-9c)]按应力线性分布计算的值。

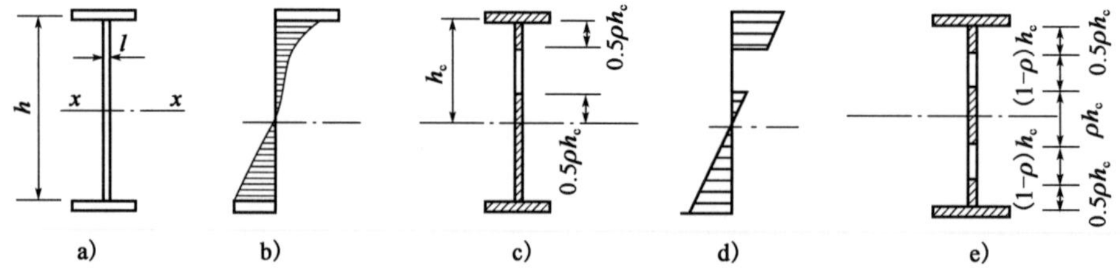

图 5-9 屈曲后梁腹板的有效高度

图中腹板受压区有效高度系数 ρ，与计算局部稳定中临界应力 σ_{cr} 一样，以通用高厚比 $\lambda_b = \sqrt{f_y/\sigma_{cr}}$ 作为参数，也分为三个阶段，分界点也与计算 σ_{cr} 相同，即：

当 $\lambda_b \leqslant 0.85$ 时，$\rho = 1.0$；

当 $0.85 < \lambda_b \leqslant 1.25$ 时，$\rho = 1.0 - 0.82(\lambda_b - 0.85)$；

当 $\lambda_b > 1.25$ 时，$\rho = \dfrac{1.0 - 0.2/\lambda_b}{\lambda_b}$。

5.2.2.5 局部屈服效应

钢构件在分析荷载作用下，因局部屈服而不能达到完全屈服应力，此时，需进行局部稳定性验算。

EN 1993-2 认为，4 类截面构件为分析荷载作用下因局部屈服而不能达到完全屈服应力的构件。因此，需对 4 类截面进行局部稳定性验算。

EN 1993-2 引用 EN 1993-1-5 中的要求，使用下列两种方法之一考虑 4 类截面的局部屈服效应：

(1)基于有效宽度截面特性，允许平板与加强板屈服。

(2)基于总截面特性，但限定应力等级。

采用有效截面法，本质上是为防止扭转屈服。

方法(1)的进一步限制条件为：

①标准板应为矩形，翼缘应相互平行(在 10°范围内)。

②加强板必须纵向和/或横向布置，即不能倾斜布置。

③面板中未加强开口孔洞直径不应超过板宽 b 的 5%。

④构件截面必须均匀，腋角小于 10°的加腋构件可视为均匀构件。

⑤腹板应恰当地阻止受压翼缘在腹板平面内屈服。

对于不能满足上述条件的情形，可使用总截面特性进行应力分析。这种方法可作为有效宽度法的替换方法，但它不考虑超限应力板荷载扩散的有利因素。

GB 50017—2017 则要求当 $h_0/t_w > 80\varepsilon_k$ 时，须进行局部稳定性计算，并直接使用临界应力限值进行局部稳定性验算。GB 50018—2002 中引入有效截面法的概念考虑局部屈服。

1)有效截面法

基于截面应力分布确定有效宽度。

基本程序：首先确定翼缘的有效截面，基于总截面特性计算应力，允许剪力延滞；然后使用由总腹板截面与有效翼缘(包括剪力延滞效应)组成的截面特性计算腹板的有效截面。

2)柔性板的有效宽度

柔性板的有效宽度，包括加强肋间的子板，平板的有效面积为：

$$A_{c,\mathrm{eff}} = \rho A_c \tag{5-12}$$

式中：ρ——平板位于内侧或外侧约束状况的折减系数。

对于内部构件：

$$\rho = \frac{\bar{\lambda}_p - 0.055(3+\psi)}{\bar{\lambda}_p^2} \leqslant 1.0 \qquad (\bar{\lambda}_p \leqslant 0.673, \rho = 1.0) \tag{5-13}$$

对于外伸构件：

$$\rho = \frac{\bar{\lambda}_p - 0.188}{\bar{\lambda}_p^2} \leqslant 1.0 \qquad (\bar{\lambda}_p \leqslant 0.748 \text{ 时}, \rho = 1.0) \tag{5-14}$$

式中：ψ——表 5-5 与表 5-6 所示的平板应力比。

长细比 $\bar{\lambda}_p$ 的定义为屈服抗力与弹性极限屈服抗力比值的平方根，因此：

$$\bar{\lambda}_p = \sqrt{\frac{f_y}{\sigma_{cr}}} = \sqrt{\frac{f_y}{\left[\dfrac{k_\sigma \pi^2 E t^2}{12(1-v^2)b^2}\right]}} = \frac{\bar{b}/t}{28.4\varepsilon\sqrt{k_\sigma}}$$

式中：$\varepsilon = \sqrt{235/f_y}$；

k_σ——系数，由表 5-5 与表 5-6 确定，其取决于应力分布和板边界支撑条件，k_σ 的值假设为简支边缘的值（除自由边缘之外），但在边缘旋转支撑刚度得以保证的条件下，取大值是有利的。

内部受压构件 表 5-5

应力分布（压为正）	有效宽度 b_{eff}
σ_1 σ_2 b_{e1} b_{e2} $\bar{b}$	$\psi = 1$： $b_{eff} = \rho\bar{b}$ $b_{e1} = 0.5b_{eff}$ $b_{e2} = 0.5b_{eff}$
σ_1 σ_2 b_{e1} b_{e2} $\bar{b}$	$1 > \psi \geqslant 0$： $b_{eff} = \rho\bar{b}$ $b_{e1} = \dfrac{2}{5-\psi}b_{eff}$ $b_{e2} = b_{eff} - b_{e1}$
b_c b_c σ_1 σ_2 b_{e1} b_{e2} $\bar{b}$	$\psi \leqslant 0$： $b_{eff} = \rho b_c = \rho\bar{b}(1-\psi)$ $b_{e1} = 0.4b_{eff}$ $A = \dfrac{h^2 I_u}{n_1} + \dfrac{d_1^3 I_u}{3I_{d_1}} + \dfrac{a^2 u}{3}$

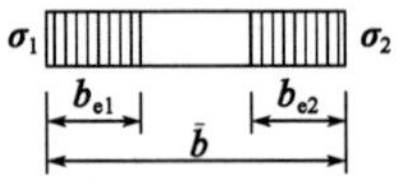

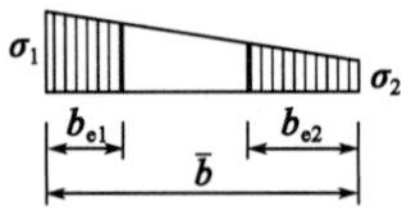

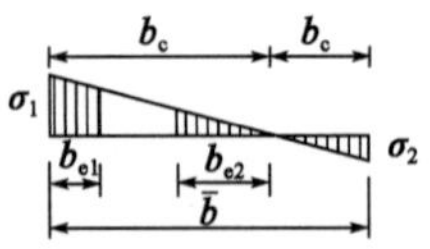

$\psi = \sigma_2/\sigma_1$	1	$1 > \psi > 0$	0	$0 > \psi > -1$	-1	$-1 > \psi > -3$
屈服系数 k_σ	4.0	$8.2/(1.05+\psi)$	7.81	$7.81 - 6.29\psi + 9.87\psi^2$	23.9	$5.89(1-\psi)^2$

外伸受压构件 表 5-6

应力分布（压为正）	有效宽度 b_{eff}
b_{eff} σ_2 σ_1 c	$1 \geqslant \psi \geqslant 0$： $b_{eff} = \rho c$
b_t b_c σ_1 σ_2 b_{eff}	$\psi < 0$： $e_{eff} = \rho b_c = \rho c/(1-\psi)$

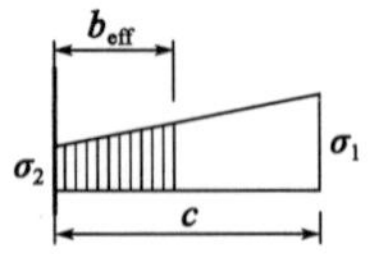

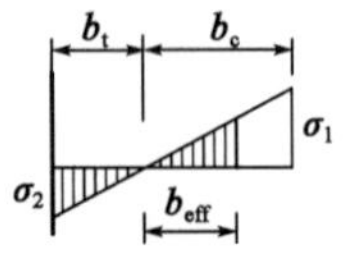

$\psi = \sigma_2/\sigma_1$	1	0	-1	$1 \geqslant \psi \geqslant -3$
屈服系数 k_σ	0.43	0.57	0.85	$0.57 - 0.21\psi + 0.07\psi^2$

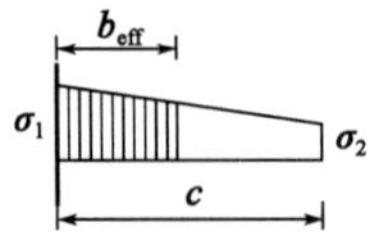

应力分布（压为正）	有效宽度 b_{eff}
b_{eff} σ_1 σ_2 c	$1 \geqslant \psi \geqslant 0$： $b_{eff} = \rho c$
b_{eff} σ_1 σ_2 b_c b_t	$\psi \leqslant 0$： $e_{eff} = \rho b_c = \rho c/(1-\psi)$

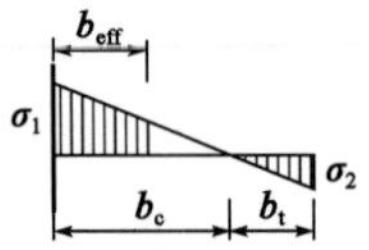

$\psi = \sigma_2/\sigma_1$	1	$1 > \psi > 0$	0	$0 > \psi > -1$	-1
屈服系数 k_σ	0.43	$0.578/(0.34+\psi)$	1.70	$1.7 - 5\psi + 17.1\psi^2$	23.8

对于较长内板的简单情形，不同应力比 ψ 对应的 $\bar{b}/t\sqrt{f_y/235}$ 折减系数曲线见图 5-10。

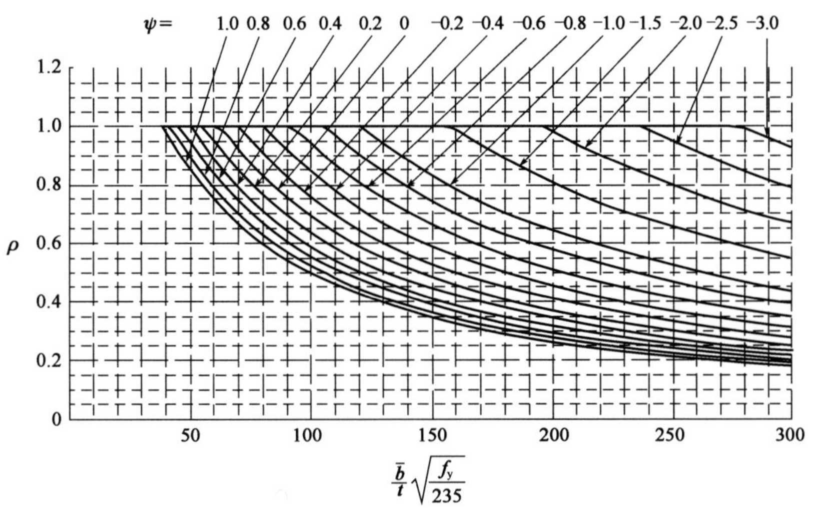

图 5-10 内部受压构件的折减系数

例 5-2:平板子板的屈服

一厚 10mm 的平板,S355 级钢,具有宽 600mm 的子板,受均匀压应力。附加横向加强板以降低板长至 300mm。计算有与无加强肋条件下面板的有效宽度。

解:1)按 EN 1993-2 计算

对于较长的面板,折减系数为:

$$\bar{\lambda}_p=\frac{\bar{b}/t}{28.4\varepsilon\sqrt{k_\sigma}}=\frac{600/10}{28.4\times0.81\times\sqrt{4}}=1.304$$

$$\rho=\frac{\bar{\lambda}_p-0.055(3+\psi)}{\bar{\lambda}_p^2}=\frac{1.304-0.055\times(3+1)}{1.304^2}=0.64$$

当附加横向加强肋以限制板长至 300mm 时,应验算柱状屈服。

$$\sigma_{cr,c}=\frac{\pi^2Et^2}{12(1-\nu^2)a^2}=\frac{\pi^2\times210\times10^3\times10^2}{12(1-0.3^2)\times300^2}=210.9(\mathrm{MPa})$$

$$\bar{\lambda}_c=\sqrt{\frac{f_y}{\sigma_{cr,c}}}=\sqrt{\frac{355}{210.9}}=1.297$$

根据 EN 1993-1-1 图 6.4 的柱子屈服曲线 $a(\alpha=0.21)$,柱状屈服的折减系数$\chi_c=0.47$。

在 $a/b<1$ 条件下,板屈服应力极限没有具体的计算规则,计算通常到此为止。对于较长面板折减限值为 0.64。

对于 $a/b=300/600=0.5$,板屈服特性为 EI_{d1}。

$$\sigma_{cr,p}=\frac{k_\sigma\pi^2Et^2}{12\times(1-\nu^2)\bar{b}^2}=\frac{6.25\times\pi^2\times210\times10^3\times10^2}{12\times(1-0.3^2)\times600^2}=330(\mathrm{MPa})$$

$$\bar{\lambda}_p=\frac{\bar{b}/t}{28.4\varepsilon\sqrt{k_\sigma}}=\frac{600/10}{28.4\times0.81\times\sqrt{6.25}}=1.043$$

$$\rho=\frac{\bar{\lambda}_p-0.055\times(3+\psi)}{\bar{\lambda}_p^2}=\frac{1.043-0.055\times(3+1)}{1.043^2}=0.757$$

最终折减系数在板与柱状特性之间取插值为:

$$\rho_c=(\rho-\chi_c)\xi(2-\xi)+\chi_c=(0.757-0.47)\times0.564\times(2-0.564)+0.47=0.70$$

式中,$\xi=\sigma_{cr,p}/\sigma_{cr,c}-1=330/211-1=0.564$

2)按 GB 50018—2002 计算

(1)当没有横向加强肋时,板宽 $b=600\text{mm}$,厚 $t=10\text{mm}$。不考虑其他板件作用时,压应力不均匀系数 $\psi=1.0$。

计算系数 $\alpha=1.15-0.15\psi=1.0$,板件受压区宽度:当 $\psi\geqslant0$ 时,$b_c=b=600\text{mm}$。

计算系数 $\rho=\sqrt{\dfrac{205k_1k}{\sigma_1}}=\sqrt{\dfrac{205\times1\times0.425}{350}}=0.5$。

式中,板件受压稳定系数 $k=1.70-3.025\times1+1.75\times1^2=0.425$。板组约束系数:不计相邻板件约束作用时,$k_1=1$,$\sigma_1=350\text{MPa}$。$b/t=600/10=60>38\alpha\rho$。

此时有效板件的宽厚比为:

$$\frac{b_e}{t}=\frac{25\alpha\rho}{b/t}\cdot\frac{b_c}{t}=\frac{25\times1\times\rho}{60}\times\frac{600}{10}=25\rho=12.5$$

$b_e=12.5t=125\text{mm}$,则无加强肋条件下板的有效宽度为 125mm。

(2)当附加横向加强肋时,板宽为 600mm,厚 10mm,属于有加强劲的板件。

计算系数 $\alpha=1.15-0.15\psi=1.0$。

板件受压区宽度:当 $\psi\geqslant0$ 时,$b_c=b=600\text{mm}$。

对于均匀受压的加劲板件,有:

$\alpha=1$,$\rho=2$,$b_c=b=600\text{mm}$

因 $18\alpha\rho=36$,$38\alpha\rho=76$,所以 $18\alpha\rho=36<b/t=60<38\alpha\rho=76$。

此时有效板件的有效宽厚比为:

$$\frac{b_e}{t}=\left(\sqrt{\frac{21.8\alpha\rho}{b/t}}\right)\frac{b_c}{t}=\left(\sqrt{\frac{21.8\times1\times2}{60}}-0.1\right)\frac{b_c}{t}=0.75\frac{b_c}{t}$$

当附加横向加强肋时,板件的有效宽厚比折减系数为 0.75。

---

3)加强板有效面积

对于加强板,压缩区面积整体折减以满足子板屈服及加强板的整体屈服:

$$A_{c,\text{eff}}=\rho_c A_{c,\text{eff,loc}}+\sum b_{\text{edge,eff}}t \tag{5-15}$$

此时

$$A_{c,\text{eff,loc}}=A_{\text{sl,eff}}+\sum_c\rho_{\text{loc}}b_{c,\text{loc}}t \tag{5-16}$$

式中:$A_{\text{sl,eff}}$——压缩区所有纵向加强板(除连接于腹板或翼缘的平板)有效截面面积之和,如有必要(对于闭口加强肋可能出现)对平板屈服进行折减;

$\sum_c\rho_{\text{loc}}b_{c,\text{loc}}t$——压缩区所有子板有效截面面积之和,如上述讨论对局部平板屈服进行折减,见 EN 1993-1-5 图 4.4;

ρ_c——加强板的整体屈服折减系数,忽略子板的局部屈服。

整体屈服折减系数根据经验在柱状屈服折减系数和整体加强板屈服系数之间插值确定:

$$\rho_c=(\rho-\chi_c)\xi(2-\xi)+\chi_c \tag{5-17}$$

式中:ρ——给定长细比 $\bar\lambda_p$,加强板整体屈服的折减系数,用于确定 $\bar\lambda_p$ 的 $\sigma_{cr,p}$ 的计算方法取决于纵向加强肋数;

χ_c——柱状屈服(将加强板作为沿其纵向边缘的支撑的柱删去)的折减系数;

$\xi=\sigma_{cr,p}/\sigma_{cr,c}-1$。

其中:$\sigma_{cr,p}$——加强板特性的弹性极限屈服应力;

$\sigma_{cr,c}$——柱状屈服的弹性极限屈服应力。

因为 $\sigma_{cr,p}$ 不应小于 $\sigma_{cr,c}$,ξ 的下限值为零,上限值为 1.0,以保证 $\sigma_{cr,p}/\sigma_{cr,c}>2$ 时,折减系数变成加强板特性的值。

(1)加强板极限屈服应力。

选择$\sigma_{cr,p}$的计算方法取决于加强板是否满足以下条件：

①压缩区存在多个加强板。

②压缩区存在一个或两个加强板。

第一种计算方法中，加强板视为等价正交异性板。这种处理对于3个或更多的加强板的情形是合适的，但这种等价处理对于加强板数较少的情形不适用，必须考虑其实际作用位置。第二种计算方法满足不同尺寸非均匀分布的加强板的要求。两种方法均假设横向加强板是“刚性的”。

a.多加强板——等价正交异性板。

板的计算公式为：

$$\sigma_{cr,p}=k_{\sigma,p}\frac{\pi^2Et^2}{12(1-\nu^2)b^2} \tag{5-18}$$

式中：$k_{\sigma,p}$——由正交异性板理论导出的系数；

$\sigma_{cr,p}$——基于加强板的总惯性矩，见EN 1993-1-5附录A。

b.压缩区一根或两根加强板。

基于柱模型，该柱受垂直作用于加强板构成的弹簧所约束。这种方法忽略了板中扭转变形。

(a)一根加强肋。

对于压缩区单根加强肋，极限平板屈服应力为：

$$\begin{aligned}\sigma_{cr,sl}&=\frac{1.05E}{A_{sl,1}}\frac{\sqrt{I_{sl,1}t^3b}}{b_1b_2}\qquad(a\geqslant a_c)\\ \sigma_{cr,sl}&=\frac{\pi^2EI_{sl,1}}{A_{sl,1}a^2}+\frac{Et^3ba^2}{4\pi^2(1-\nu^2)A_{sl,1}b_1^2b_2^2}\qquad(a\leqslant a_c)\end{aligned} \tag{5-19}$$

式中：a_c——屈服波长，$a_c=4.33\sqrt[4]{\frac{I_{sl,1}b_1^2b_2^2}{t^3b}}$假设删除刚性横向加强肋；

b_1、b_2——加强肋至平板边缘的距离，以使它们之和b等于整个加强板的宽度(或高度)，整体屈服计算时，忽略拉伸区纵向加强肋；

$A_{sl,1}$——加强肋与附加覆盖板总面积，忽略局部平板屈服，如图5-11所示；

$I_{sl,1}$——同一区域的面积二次矩，目的是让腹板的面积对加强肋的贡献与从EN 1993-1-5中表4.4查得的平板屈服有效宽度的比值相同。

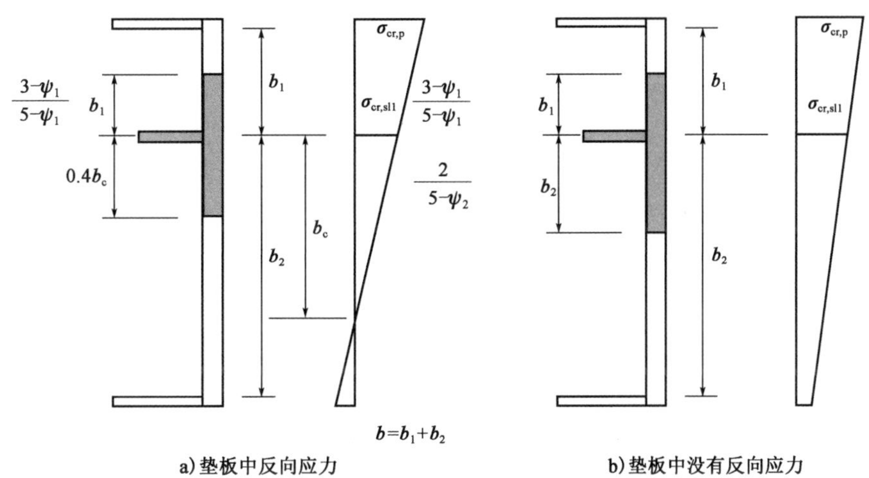

图5-11 虚拟柱法加强筋的面积$A_{sl,1}$

因此，加强板高应力侧的腹板宽度$[(3-\psi)/(5-\psi)]b_1$的推导类似于EN 1993-1-5中表4.4的b_{e2}值，即$[1-2/(5-\psi)]b_1$。腹板低应力侧宽度$0.4b_c$，此时应力反号，与EN 1993-1-5中表4.4的b_{e1}值成比例。

(b)两根加强肋。

对于压缩区两根加强肋的情形,重复单根加强的程序 3 次,完全忽略拉伸区纵向加强肋的影响。首先,假设每根加强肋单独屈服,将其他加强肋视为刚体提供一刚性平板边界。在此情形中,b 值等于考虑加强肋每一侧最终宽度之和。然后,视加强肋为组合加强肋,截面特性等于两个单截面特性之和,基于两个独立加强肋的力作用中心。

如果存在应力梯度,$\sigma_{cr,p}$ 可由 $\sigma_{cr,sl}$ 导出,与单个加强肋一样。

(2)加强板柱状屈服荷载。

首先,确定承受最大压应力加强板有效截面弹性极限柱屈服应力,忽略沿板纵向边缘的支撑,根据 EN 1993-1-5 第 4.5.3 条可知:

$$\sigma_{cr,sl} = \frac{\pi^2 EI_{sl,1}}{A_{sl,1} a^2} \tag{5-20}$$

式中:$A_{sl,1}$——加强板与腹板总面积,忽略局部平板屈服,如图 5-11 所示,对应上述一根加强肋的加强板屈服的情形;

$I_{sl,1}$——相同面积的二次矩;

a——板长。

如果存在跨板(如腹板中)应力梯度,最大压应力 $\sigma_{cr,c}$ 不会出现在加强肋有效截面位置,上述极限应力外推至板边缘处,则:

$$\sigma_{cr,c} = \sigma_{cr,sl} \frac{b_c}{b_{sl,1}} \tag{5-21}$$

式中:b_c——正应力为零处至加强肋间的距离。注意这与图 5-11 所示定义不同。对于完全受压且应力变化的板,b_c 将大于板高 b。

相关长细比如下:

$$\bar{\lambda}_c = \sqrt{\frac{\beta_{A,c} f_y}{\sigma_{cr,c}}} \tag{5-22}$$

式中,$\beta_{A,c} = A_{sl,1,eff}/A_{sl,1}$。此处所用面积 $A_{sl,1}$ 与柱屈服应力计算的假设一致是问题的关键。注意此处 $A_{sl,1,eff}$ 的定义为一根加强板的有效面积。

用 EN 1993-1-1 中的柱屈服公式计算长细比折减系数 χ_c,由于 EN 1993-1-1 中的初始缺陷为 $l/1000$,需按 EN 1993-1-5 第 4.5.3(5)条提高缺陷系数,考虑初始曲率为 $l/500$。缺陷系数计算如下:

$$\alpha_e = \alpha + \frac{0.09}{i/e} \tag{5-23}$$

式中:i——加强板与连接板的回转半径;

e——从加强腹板中心至平板中心的最大距离(e_2),或加强板中心至纵向加强板中心的最大距离(e_1),见图 5-12;对闭口加强肋,$\alpha = 0.34$,对开口加强肋,$\alpha = 0.49$。

图 5-12 中的其他参数见表 5-7。

纵向加强板截面参数 表 5-7

参　数	毛截面宽度	有效截面宽度	ψ_i 的条件
$b_{1,inf}$	$\frac{3-\psi_1}{5-\psi_1} b_1$	$\frac{3-\psi_1}{5-\psi_1} b_{1,eff}$	$\psi_1 = \frac{\sigma_{cr,sl,1}}{\sigma_{cr,p}} > 0$
$b_{2,sup}$	$\frac{2}{5-\psi_2} b_2$	$\frac{2}{5-\psi_2} b_{2,eff}$	$\psi_2 = \frac{\sigma_2}{\sigma_{cr,sl,1}} > 0$
$b_{2,inf}$	$\frac{3-\psi_2}{5-\psi_2} b_2$	$\frac{3-\psi_2}{5-\psi_2} b_{2,eff}$	$\psi_2 > 0$
$b_{3,sup}$	$0.4 b_{3c}$	$0.4 b_{3c,eff}$	$\psi_3 = \frac{\sigma_3}{\sigma_2} < 0$

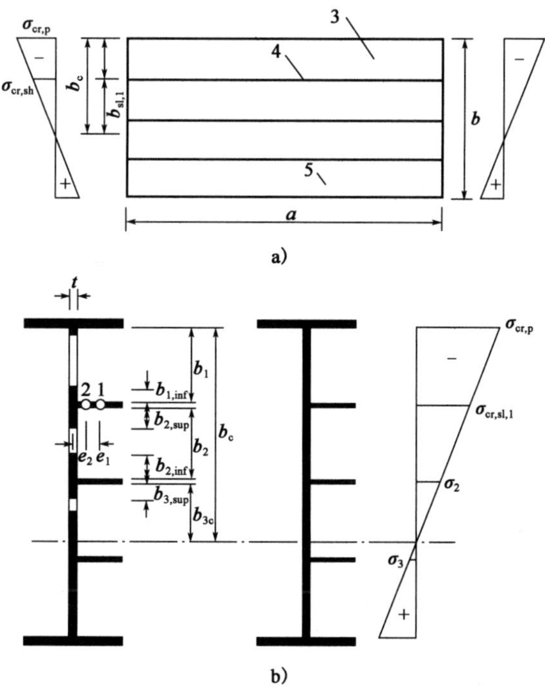

图 5-12　纵向加强板几何参数

1-加强板中心线;2-柱中心线 = 加强肋 + 伴随辅助板;3-翼板;4-加强肋;5-板厚 t;$e = \max(e_1, e_2)$

GB 50017—2017 关于加劲肋的设计规定如下：

(1)加劲肋宜在腹板两侧成对配置,也可单侧配置,但支座加劲肋、重级工作制吊车梁的加劲肋不应单侧配置。

(2)横向加劲肋的最小间距应为 $0.5h_0$,除无局部压应力的梁,当 $h_0/t_w \leqslant 100$ 时,最大间距可采用 $2.5h_0$ 外,其他情况最大间距均应为 $2h_0$。纵向加劲肋至腹板计算高度受压边缘的距离应为$h_c/2.5 \sim h_c/2$。

(3)在腹板两侧成对配置的钢板横向加劲肋,其截面尺寸应符合下列公式规定。

外伸宽度:$b_s = h_0/30 + 40\text{mm}$;

厚度:承压加劲肋 $t_s \geqslant b_s/15$,不受力加劲肋 $t_s \geqslant b_s/19$。

例 5-3:纵向加强人行桥有效截面计算

由 S355 级钢装配而成的人行桥具有图 5-13 所示截面。给定翼缘十字格梁与腹板横向加强板中心距 2000mm。计算下弯有效截面特性。

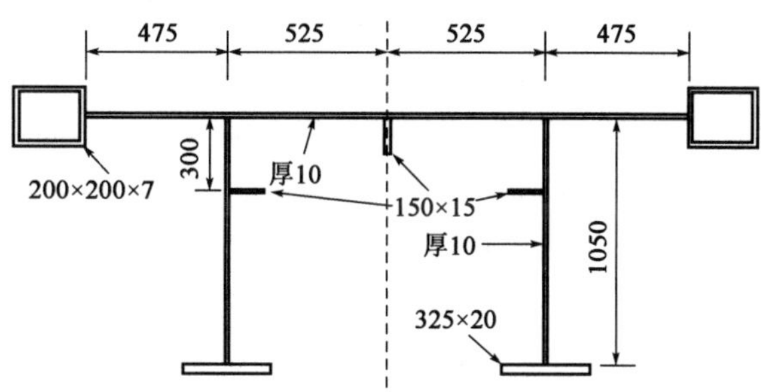

图 5-13　人行钢桥(尺寸单位:mm)

解:1)按 EN 1993-2 计算

(1)腹板间顶部翼缘。

主梁间板受均匀压力:

$$\bar{\lambda}_{p}=\frac{\bar{b}/t}{28.4\varepsilon\sqrt{k_{\sigma}}}=\frac{525/10}{28.4\times0.81\times\sqrt{4}}=1.141$$

(保守地使用板中心线尺寸,而不是腹板表面宽度)

$$\rho=\frac{\bar{\lambda}_{p}-0.055(3+\psi)}{\bar{\lambda}_{p}^{2}}=\frac{1.141-0.055\times(3+1)}{1.141^{2}}=0.71$$

150×15 加强肋满足 $h/t=10<10.5$,这一限值是为了防止扭转屈服。

首先计算柱状屈服荷载:

因为应力是均匀的,加强肋有效截面等于加强肋加每一侧的半板宽。桥面板上加强肋有效截面连接桥面板宽 = 525mm。因此 $A_{sl,1}=525\times10+150\times15=7500(mm^{2})$,$I_{sl,1}=1.434\times10^{7}mm^{4}$,有效截面中心距翼缘顶部 29mm。

$$\sigma_{cr,c}=\sigma_{cr,sl}=\frac{\pi^{2}EI_{sl,1}}{A_{sl,1}a^{2}}=\frac{\pi^{2}\times210\times10^{3}\times1.434\times10^{7}}{7500\times2000^{2}}=991(\mathrm{MPa})$$

加强肋有效面积为:

$$A_{sl,1,eff}=0.71\times525\times10+150\times15=5978(mm^{2})$$

$$\beta_{A,c}=\frac{A_{sl,1eff}}{A_{sl,1}}=\frac{5978}{7500}=0.797$$

$$\bar{\lambda}_{c}=\sqrt{\frac{\beta_{A,c}f_{y}}{\sigma_{cr,c}}}=\sqrt{\frac{5978\times355}{7500\times991}}=0.534$$

然后由柱子屈服曲线计算折减系数,使用缺陷:

$$\alpha_{e}=\alpha+\frac{0.09}{i/e}=0.49+\frac{0.09}{43.7/56}=0.61$$

其中:

$$i=\sqrt{\frac{I_{sl,1}}{A_{sl,1}}}=\sqrt{\frac{1.434\times10^{7}}{7500}}=43.7(\mathrm{mm})$$

$$e=150/2+10-29.0=56(\mathrm{mm})$$

对于开口加强肋,$\alpha=0.49$

$$\varphi=0.5[1+\alpha_{e}(\bar{\lambda}-0.2)+\bar{\lambda}^{2}]=0.5[1+0.61(0.534-0.2)+0.534^{2}]=0.744$$

$$\chi_{c}=\frac{1}{\varphi+\sqrt{\varphi^{2}-\bar{\lambda}^{2}}}=\frac{1}{0.744+\sqrt{0.744^{2}-0.534^{2}}}=0.80$$

用一根加强肋的方法计算加强板的整体屈服折减系数。因为应力是均匀的,加强板有效截面等于加强肋加每一侧的半板宽,因此:

$$A_{sl,1}=525\times10+150\times15=7500(mm^{2})$$

$$I_{sl,1}=1.434\times10^{7}(mm^{4})$$

没有横向加强肋的屈服波长为:

$$a_{c}=4.33\sqrt[4]{\frac{I_{sl,1}b_{1}^{2}b_{2}^{2}}{t^{3}b}}=4.33\sqrt[4]{\frac{1.434\times10^{7}\times525^{2}\times525^{2}}{10^{3}\times1050}}=4370(\mathrm{mm})>a=2000\mathrm{mm}$$

实际板长,此处作为单一横向板超过屈服波长限制。因此极限应力:

$$\sigma_{cr,p}=\sigma_{cr,sl}=\frac{\pi^{2}EI_{sl,1}}{A_{sl,1}a^{2}}+\frac{Et^{3}ba^{2}}{4\pi^{2}(1-\nu^{2})A_{sl,1}b_{1}^{2}b_{2}^{2}}$$

$$=\frac{\pi^{2}\times210\times10^{3}\times1.434\times10^{7}}{7500\times2000^{2}}+\frac{210\times10^{3}\times10^{3}\times1050\times2000^{2}}{4\pi^{2}(1-0.3^{2})\times7500\times525^{2}\times525^{2}}$$

$=991+43=1034(\text{MPa})$

长细比：$\bar{\lambda}_p=\sqrt{\dfrac{\beta_{A,c}f_y}{\sigma_{cr,p}}}=\sqrt{\dfrac{5978\times355}{7500\times1034}}=0.523$

长细比小于极限值0.673，因此，对于平板型屈服不需折减，即$\rho=1.0$。整体特性的最终折减系数：$\rho_c=(\rho-\chi_c)\xi(2-\xi)+\chi_c=(1.0-0.80)\times0.04\times(2-0.04)+0.80=0.82$

其中：$\xi=\dfrac{\sigma_{cr,p}}{\sigma_{cr,c}}-1=\dfrac{1034}{991}-1=0.04$

有效板面积与加强肋面积需乘以系数0.82。

$A_{c,eff,loc}=A_{sl,eff}+\sum\rho_{loc}b_{c,loc}t=150\times15+0.71\times525\times10=5978(\text{mm}^2)$

$A_{c,eff}=\rho_cA_{c,eff,loc}+\sum b_{edge,eff}t=0.82\times5978+0.71\times525/2\times2\times10=8629(\text{mm}^2)$

有效宽度$525\times0.71\times0.82/2=153(\text{mm})$为附加于加强肋两侧的宽度。附加于腹板两侧宽度$=525/2\times0.71=186(\text{mm})$。加强肋折减面积$=150\times15\times0.82=1845(\text{mm}^2)$，如图5-14所示。

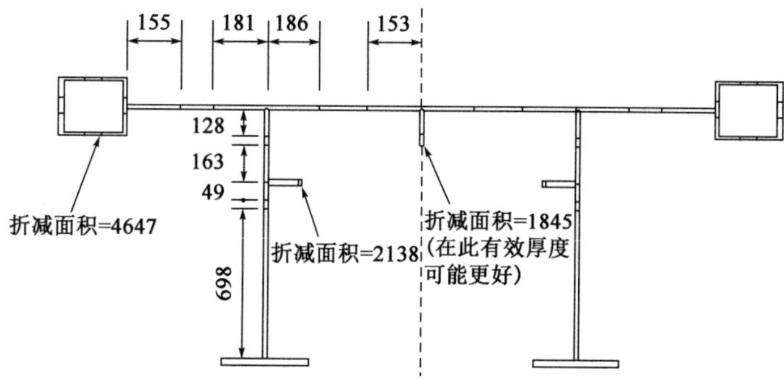

图5-14 例5-3中截面的最终有效面积(尺寸单位:mm)

(2)顶部翼缘悬臂。

悬臂板由其边缘空腹截面加强，所以视为内部板单元处理。

$$\bar{\lambda}_p=\frac{\bar{b}/t}{28.4\varepsilon\sqrt{k_\sigma}}=\frac{475/10}{28.4\times0.81\times\sqrt{4}}=1.032$$

(保守性地使用板中心线尺寸)

$$\rho=\frac{\bar{\lambda}_p-0.055(3+\psi)}{\bar{\lambda}_p^2}=\frac{1.032-0.055(3+1)}{1.032^2}=0.76$$

$200\times200\times7$边缘空腹截面加强肋满足$\bar{b}/t=27<31$(S355级钢作为内部构件时充分发挥作用时的最小比例)，不易产生局部平板屈服。

顶部翼缘悬臂不能对柱状屈服产生任何约束，因为加强板仅沿一侧纵向边缘受到支撑。整体屈服荷载简单取柱状屈服荷载。

对于均匀压力，由于焊缝有一半连接在加劲板上，因此有：

$A_{sl,1}=475/2\times10+4\times193\times7=7779(\text{mm}^2)$，$I_{sl,1}=3.36\times10^7(\text{mm}^4)$

$$\sigma_{cr,c}=\sigma_{cr,sl}=\frac{\pi^2EI_{sl,1}}{A_{sl,1}a^2}=\frac{\pi^2\times210\times10^3\times3.36\times10^7}{7779\times2000^2}=2238(\text{MPa})$$

板状屈服的有效面积为：

$A_{sl,1eff}=0.76\times475/2\times10+4\times193\times7=7209(\text{mm}^2)$

$$\beta_{A,c}=\frac{A_{sl,1,eff}}{A_{sl,1}},\bar{\lambda}_c=\sqrt{\frac{\beta_{A,c}f_y}{\sigma_{cr,c}}}=\sqrt{\frac{7209\times355}{7779\times2238}}=0.383$$

然后，由使用缺陷的柱状屈服曲线计算折减系数$\alpha_e=\alpha+0.09/(i/e)$。使用柱子曲线"$d$"，$x_c=0.86$。

有效平板面积与加强肋面积需乘以0.86的系数。

$$A_{c,eff,loc}=A_{sl,eff}+\sum_{c}\rho_{loc}b_{c,loc}t=4\times193\times7+0.76\times475/2\times10=7209(mm^2)$$

$$A_{c,eff}=\rho_c A_{c,eff,loc}+\sum b_{edge,eff}t=0.86\times7209+0.76\times475/2\times10=8005(mm^2)$$

有效宽度 475 × 0.76 × 0.86/2 = 155(mm)截面为附加于空腹截面。475 × 0.76/2 = 181(mm)附加于腹板。空腹截面的有效面积 = 4 × 193 × 7 × 0.86 = 4647(mm^2),如图 5-14 所示。

(3)腹板。

为确定有效腹板,首先确定具有有效顶部翼缘与总腹板的桥梁中性轴。由底部翼缘底部计算的中性轴高度为639mm,如图 5-15 所示。

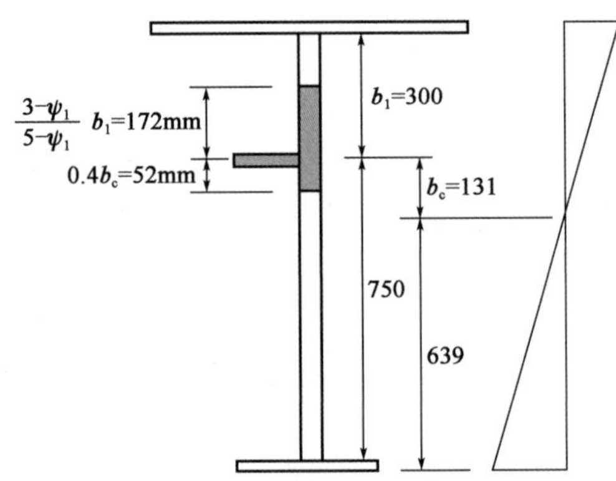

图 5-15 腹板加强板有效截面(尺寸单位:mm)

对于顶部板,$\psi_1=131/431=0.30$

因为 $b_1/t=300/10=30<31$,甚至对于均匀受压,顶部腹板中不存在平板屈服折减。

对于底部腹板,$\psi_2=-619/131=-4.73$

将 ψ 限于 -3.0,$k_\sigma=5.98(1-\psi)^2=5.98(1+3)^2=95.68$

$$\bar{\lambda}_p=\frac{\bar{b}/t}{28.4\varepsilon\sqrt{k_\sigma}}=\frac{750/10}{28.4\times0.81\times\sqrt{95.68}}=0.333<0.673$$

因此,底部腹板中不存在板状屈服折减。

仅需确定柱状屈服荷载,图 5-15 显示了柱的有效截面。

上部附加宽度 $=[(3-\psi_1)/(5-\psi_1)]b_1=[(3-0.3)/(5-0.30)]\times300=172(mm)$

下部附加宽度 $=0.4b_c=0.4\times131=52(mm)$

因此 $A_{sl,1}=(172+52)\times10+150\times15=4490(mm^2)$,$I_{sl,1}=1.142\times10^7(mm^4)$

距腹板背部的中心距离为 45.1mm。

$$\sigma_{cr,sl}=\frac{\pi^2EI_{sl,1}}{A_{sl,1}a^2}=\frac{\pi^2\times210\times10^3\times1.142\times10^7}{4490\times2000^2}=1318(MPa)$$

因此,基于最外层压缩纤维的极限应力为:

$$\sigma_{cr,c}=\sigma_{cr,sl}\frac{b_c}{b_{sl,1}}=1318\times431/131=4336(MPa)$$

因为没有板状屈服,$A_{sl,1,eff}=A_{sl,1}=4490(mm^2)$,$\beta_{A,c}=\frac{A_{sl,1,eff}}{A_{sl,1}}=1.0$,$\bar{\lambda}_c=\sqrt{\frac{\beta_{A,c}f_y}{\sigma_{cr,c}}}=\sqrt{\frac{355}{4336}}=0.286$。

由使用缺陷的柱状屈服曲线计算折减系数为:

$$\alpha_e=\alpha+\frac{0.09}{i/e}=0.49+\frac{0.09}{50.5/40}=0.56$$

其中:

$$i=\sqrt{\frac{I_{sl,1}}{A_{sl,1}}}=\sqrt{\frac{1.142\times10^7}{4490}}=50.5(mm),e=150/2+10-45.1=40(mm)$$

$\alpha=0.49$，对于开口加强肋，有：

$$\varphi=0.5[1+\alpha_e(\bar{\lambda}-0.2)+\bar{\lambda}^2]=0.5[1+0.56(0.286-0.2)+0.286^2]=0.565$$

$$\chi=\frac{1}{\varphi+\sqrt{\varphi^2-\bar{\lambda}^2}}=\frac{1}{0.565+\sqrt{0.565^2-0.286^2}}=0.95$$

加强肋之上，有效宽度 $=172\times0.95=163(\mathrm{mm})$。附加于桥面板的腹板不需折减。

加强肋之下，有效宽度 $=52\times0.95=49(\mathrm{mm})$。附加于底部翼缘的腹板不需折减。

加强板自身的折减面积 $=150\times15\times0.95=2138(\mathrm{mm}^2)$。

图 5-14 显示计算弯曲应力的最终有效截面。

2)按 GB 50018—2002 计算

(1)腹板间顶部翼缘

主梁间腹板受均匀压力：

腹板宽 $b=525\mathrm{mm}$，厚 $t=10\mathrm{mm}$。

压应力不均匀系数 $\psi=1.0$，计算系数 $\alpha=1.15-0.15\psi=1.0$。

板件受压区宽度：当 $\psi\geqslant0$ 时，$b_c=b=525\mathrm{mm}$。

对于均匀受压的主梁间腹板：即 $\alpha=1$，$\rho=2$，$b_c=b=525\mathrm{mm}$。

$$\frac{b}{t}=\frac{525}{10}=52.5,\ 18\alpha\rho=36<\frac{b}{t}=52.5<38\alpha\rho=76$$

此时子板有效板件的宽厚比为：

$$\frac{b_e}{t}=\left(\sqrt{\frac{21.8\alpha\rho}{b/t}}-0.1\right)\frac{b}{t}=\left(\sqrt{\frac{21.8\times1\times2}{52.5}}-0.1\right)\frac{b}{t}=0.73\frac{b}{t}$$

(2)顶部翼缘悬臂。

悬臂板由其边缘空腹截面加强，可视为内部板单元处理。

板宽 $b=475\mathrm{mm}$，厚 $t=10\mathrm{mm}$。压应力不均匀系数 $\psi=1.0$

计算系数 $\alpha=1.15-0.15\psi=1.0$

板件受压区宽度：当 $\psi\geqslant0$ 时，$b_c=b=475\mathrm{mm}$。

对于均匀受压的主梁间腹板：$\alpha=1$，$\rho=2$，$b_c=b=475\mathrm{mm}$。

$$\frac{b}{t}=\frac{525}{10}=47.5,\ 18\alpha\rho=36<\frac{b}{t}=47.5<38\alpha\rho=76$$

此时子板有效板件的宽厚比为：

$$\frac{b_e}{t}=\left(\sqrt{\frac{21.8\alpha\rho}{b/t}}-0.1\right)\frac{b}{t}=\left(\sqrt{\frac{21.8\times1\times2}{47.5}}-0.1\right)\frac{b}{t}=0.82\frac{b}{t}$$

$200\times200\times7$ 边缘空腹截面每个边都属于加强板件，$\bar{b}/t=28.6<36$，板件全部有效。

(3)腹板

为确定有效腹板，首先确定具有有效顶部翼缘与总腹板的桥梁中性轴。由底部翼缘底部计算的中性轴高度为 619mm。

以加强肋为界，将腹板分为顶部腹板和底部腹板。

对于顶部板，压应力不均匀系数 $\psi=131/431=0.30$

因为 $b_1/t=300/10=30<36$，甚至对于均匀受压，顶部腹板中不存在平板屈服折减，板件全部有效。

对于底部腹板，$\psi=-619/131=-4.73<0$，此时计算系数 $\alpha=1.15$

板件受压区宽度：当 $\psi<0$ 时，$b_c=\dfrac{b}{1-\psi}=\dfrac{750}{1+4.73}=131$

计算系数 $\rho=\sqrt{\dfrac{205k_1k}{\sigma_1}}=\sqrt{\dfrac{205\times1\times23.87}{350}}=3.7$

式中,钢材采用 Q390,$\sigma_1 = f = 350\text{MPa}$。

板件受压稳定系数,由于 $\psi = -619/131 = -4.73 < -1$,超出加劲板件对 ψ 的限值。

$k = 7.8 - 6.29 \times (-1) + 9.78 \times (-1)^2 = 23.87$

板组约束系数:$k_1 = \dfrac{1}{\sqrt{\xi}} = 1$

$b_1/t = 750/10 = 75$

$18\alpha\rho = 18 \times 1.15 \times 3.7 = 76.59 > \dfrac{b}{t} = 75$

因此,底部腹板中不存在板状屈服折减,板件全部有效。

例 5-4:宽加劲翼缘板

一钢箱梁底部翼缘宽 4000mm,厚 12mm,具有 9 根 150mm × 15mm 平面加强肋,中心距 400mm,所有子板宽 400mm。箱梁中横隔板间距 4000mm。计算承受均匀压力条件下底部翼缘有效面积。(本例中忽略剪力延滞效应,但当剪力延滞效应显著时,最终有效面积应进一步折减)

解:1)按 EN 1993-2 计算

首先验算平板局部屈服的折减。

$$\bar{\lambda}_p = \frac{\bar{b}/t}{28.4\varepsilon\sqrt{k_\sigma}} = \frac{400/12}{28.4 \times 0.81 \times \sqrt{4}} = 0.725$$

$$\rho = \frac{\bar{\lambda}_p - 0.055(3+\psi)}{\bar{\lambda}_p^2} = \frac{0.725 - 0.055(3+1)}{0.725^2} = 0.96,\text{即最小折减。}$$

150 × 15 加强肋,$h/t = 10 < 10.5$,防止扭转屈服。对于整体屈服,需计算柱状屈服荷载与正交异性板屈服荷载。

首先,计算柱状屈服荷载。

$I_{sl,1}$ 简单等于一根加强肋的惯性矩,板的总附加宽度等于加强肋间距 $\bar{b} = 400\text{mm}$(图 5-16);$A_{sl,1}$ 为上述截面的面积。

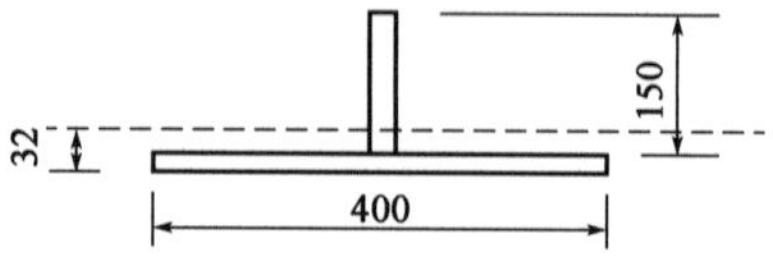

图 5-16　例 6-4 总加强板有效截面(尺寸单位:mm)

$$I_{sl,1} = 1.433 \times 10^7\,\text{mm}^4$$

$$A_{sl,1} = 150 \times 15 + 400 \times 12 = 7050(\text{mm}^2)$$

$$\sigma_{cr,sl} = \frac{\pi^2 E I_{sl,1}}{A_{sl,1} a^2} = \frac{\pi^2 \times 210 \times 10^3 \times 1.433 \times 10^7}{7050 \times 4000^2} = 263.3(\text{MPa})$$

$$\beta_{A,c} = \frac{A_{sl,1,eff}}{A_{sl,1}}$$

式中:$A_{sl,1,eff}$——一根加强肋与考虑板状屈服的附加板的有效面积。每根加强肋的有效宽度 = $0.96 \times 400 = 384(\text{mm})$,因此 $A_{sl,1,eff} = 384 \times 12 + 150 \times 15 = 6858(\text{mm}^2)$。

$$\bar{\lambda}_c = \sqrt{\frac{\beta_{A,c} f_y}{\sigma_{cr,c}}} = \sqrt{\frac{6858 \times 355}{7050 \times 263.3}} = 1.145$$

由使用缺陷的柱状屈服曲线计算折减系数:

$$\alpha_e = \alpha + \frac{0.09}{i/e} = 0.49 + \frac{0.09}{45.1/55} = 0.60$$

其中:

$$i = \sqrt{\frac{I_{sl,1}}{A_{sl,1}}} = \sqrt{\frac{1.433 \times 10^7}{7050}} = 45.1(\text{mm})$$

$e = 150/2 + 12 - 32 = 55(\text{mm})$,由图 5-16 知 $\alpha = 0.49$,对于开口加强肋,有:

$$\varphi=0.5[1+\alpha_e(\bar{\lambda}-0.2)+\bar{\lambda}^2]=0.5[1+0.60(1.145-0.2)+1.145^2]=1.439$$

$$\chi=\frac{1}{\varphi+\sqrt{\varphi^2-\bar{\lambda}^2}}=\frac{1}{1.439+\sqrt{1.439^2-1.145^2}}=0.433$$

在上述公式中，计算 φ 和 χ 时，$\bar{\lambda}$取$\bar{\lambda}_c$。

其次，计算加强板特性的折减系数。

对于均匀受压，EN 1993-1-5 附件 A.1 中的任一方法均可用于确定整体加强板屈服荷载。在此举例说明两种计算方法的应用。

$$I_T=\frac{150\times15^3}{3}=1.6875\times10^5(\mathrm{mm}^4)$$

$$H=\frac{Gt^3}{6}+\frac{GI_T}{2\bar{b}}=\frac{81\times10^3\times12^3}{6}+\frac{81\times10^3\times1.6875\times10^5}{2\times400}=4.041\times10^7(\mathrm{N\cdot mm})$$

因为加强肋具有等间距与相同尺寸，每米加强板的刚度$\sum I_{sc}/b_{comp}$等于一个有效截面I_{sc}的刚度除以加强肋间距$\bar{b}=400$mm，平板的附加宽度等于加强肋的间距$\bar{b}=400$mm（图 5-16）。

$$I_{sc}=1.433\times10^7\mathrm{mm}^4$$

$$\frac{\sum I_{sc}}{b_{comp}}=\frac{I_{sc}}{\bar{b}}=\frac{1.433\times10^7}{400}=35825(\mathrm{mm}^3)$$

$$D_x=\frac{E\sum I_{sc}}{b_{comp}}=210\times10^3\times35825=7.522\times10^9(\mathrm{N\cdot mm})$$

$$D_y=\frac{Et^3}{12(1-\nu\nu_y)}=\frac{210\times10^3\times12^3}{12(1-0.3\times0.204)}=3.221\times10^7(\mathrm{N\cdot mm})$$

其中，$\nu_y=0.3\dfrac{\bar{b}t}{A_s+\bar{b}t}=0.3\times\dfrac{400\times12}{2250+400\times12}=0.204$

$A_s=150\times15=2250\mathrm{mm}^2$，为单个加强肋外伸面积。

$$t_{eff}=t\left(1+\frac{\sum A_s}{b_{comp}t}\right)=12.0\times\left(1+\frac{9\times2250}{9\times400\times12}\right)=17.63(\mathrm{mm})$$

长宽比 $\varphi'=\dfrac{a}{b}\left(\dfrac{D_y}{D_x}\right)^{0.25}=\dfrac{4000}{4000}\left(\dfrac{3.221\times10^7}{7.522\times10^9}\right)^{0.25}=0.26$

对于均匀压缩，应力比 $\psi=1.0$，因此：

$k_i=17.3$，$k_0=15.3$

$$\sigma_{cr,p}=\frac{\pi^2\sqrt{D_xD_y}}{b^2t_{eff}}\left[k_0+\frac{(k_i-k_0)H}{\sqrt{D_xD_y}}\right]$$

$$=\frac{\pi^2\sqrt{7.522\times10^9\times3.221\times10^7}}{4000^2\times17.63}\times\left[15.3+\frac{(17.3-15.3)\times4.041\times10^7}{\sqrt{7.522\times10^9\times3.221\times10^7}}\right]$$

$$=266.4(\mathrm{MPa})$$

根据 EN 1993-1-5 附件 A.1 中的方法得：

平面长宽比 $\alpha=\dfrac{a}{b}=\dfrac{4000}{4000}=1.0$

整个加强板的面积二次矩$\sum I_{sl}$与母板面积二次矩 I_p 的比值近似与单一加强肋有效截面的值相同，因此，γ 基于有效截面有：

$$\gamma=\frac{\sum I_{sl}}{I_p}=\frac{1.433\times10^7}{400\times12^3/10.92}=226.4$$

类似的，δ 基于有效截面有：

$$\delta=\frac{\sum A_{sl}}{A_p}=\frac{2250}{400\times12}=0.469$$

$\alpha=1.0,\sqrt[4]{\gamma}=\sqrt[4]{226.4}=3.88>1.0$，因此，式(5-18)是恰当的：

$$k_{\sigma,p}=\frac{2[(1+\alpha^2)^2+\gamma-1]}{\alpha^2(\psi+1)(1+\delta)}=\frac{2\times[(1+1.0^2)^2+226.4-1]}{1.0^2\times(1.0+1)\times(1+0.469)}=156.2$$

$$\sigma_{cr,p}=k_{\sigma,p}\frac{\pi^2Et^2}{12(1-\nu^2)b^2}=156.2\times\frac{\pi^2\times210\times10^3\times12^2}{12\times(1-0.3^2)\times4000^2}=266.8(\text{MPa})$$

结果本质上与前面的相同。

平板特性的极限应力仅在边缘高于柱状屈服，则板状屈服长细比：

$$\bar{\lambda}_p=\sqrt{\frac{\beta_{A,c}f_y}{\sigma_{cr,p}}}=\sqrt{\frac{0.973\times355}{266.8}}=1.138$$

式中，$\beta_{A,c}=A_{c,eff,loc}/A_c$，参考整个加强板受压区宽度，因加强肋等间距，它等于单一加强肋的比值，因此 $\beta_{A,c}=6858/7050=0.973$。

$$\rho=\frac{\bar{\lambda}_p-0.055(3+\psi)}{\bar{\lambda}_p^2}=\frac{1.138-0.055\times(3+1)}{1.138^2}=0.71$$

整体力学特性的最终折减系数：

$$\rho_c=(\rho-x_c)\xi(2-\xi)+x_c=(0.71-0.433)\times0.01\times(2-0.01)+0.433=0.44$$

其中，$\xi=\frac{\sigma_{cr,p}}{\sigma_{cr,c}}-1=\frac{266.8}{263.3}-1=0.01$（如所预期，折减系数基于柱状屈服）。

最终，通过对因局部屈服而折减的面积再乘以折减系数可得整个压缩区有效面积：

$$A_{c,eff,loc}=9\times6858=61722(\text{mm}^2)$$

不包括附加于腹板上平板子板部分的面积。

$$A_{c,eff}=\rho_cA_{c,eff,loc}=0.44\times61722+0.96\times12\times400=31766(\text{mm}^2)$$

如果板宽降低至2000mm，则：

平板的基本正交异性特性仍保持相同，仅长宽比发生变化。

新的长宽比 $\varphi'=\frac{a}{b}\left(\frac{D_y}{D_x}\right)^{0.25}=\frac{4000}{2000}\left(\frac{3.221\times10^7}{7.522\times10^9}\right)^{0.25}=0.51$

对于均匀受压情形，应力比 $\psi=1.0$，因此：

$k_i=6.1,k_0=4.1$

$$\sigma_{cr,p}=\frac{\pi^2\sqrt{D_xD_y}}{b^2t_{eff}}\left[k_0+\frac{(k_i-k_0)H}{\sqrt{D_xD_y}}\right]$$

$$=\frac{\pi^2\sqrt{7.522\times10^9\times3.221\times10^7}}{2000^2\times17.63}\times\left[4.1+\frac{(6.1-4.1)\times4.041\times10^7}{\sqrt{7.522\times10^9\times3.221\times10^7}}\right]$$

$$=293.7(\text{MPa})$$

根据 EN 1993-1-5 附件 A.1 中的方法可知，仅长宽比发生变化：

$\alpha=a/b=4000/2000=2.0$

$\alpha=2.0<\sqrt[4]{\gamma}=\sqrt[4]{226.4}=3.88$

$$k_{\sigma,p}=\frac{2[(1+\alpha^2)^2+\gamma-1]}{\alpha^2(\psi+1)(1+\delta)}=\frac{2\times[(1+2.0^2)^2+226.4-1]}{2.0^2\times(1.0+1)\times(1+0.469)}=42.6$$

$$\sigma_{cr,p}=k_{\sigma,p}\frac{\pi^2Et^2}{12(1-\nu^2)b^2}=42.6\times\frac{\pi^2\times210\times10^3\times12^2}{12\times(1-0.3^2)\times2000^2}=291.1(\text{MPa})$$

两种方法的应力均大于4000mm 宽翼缘的10%，因此，在此情形中，正交异性板有一定的贡献，但仍不会很大。

2）按 GB 50018—2002 计算

子板宽 $b=400$mm，厚 $t=12$mm。

压应力不均匀系数 $\psi=1.0$，计算系数 $\alpha=1.15-0.15\psi=1.0$

板件受压区宽度：当 $\psi\geqslant0$ 时，$b_c=b=400\text{mm}$。

对于均匀受压的加劲板件，则：$\alpha=1,\rho=2,b_c=b=400\text{mm}$。

由 $b/t=400/12=33.3$，则 $18\alpha\rho=36>\dfrac{b}{t}=33.33$

加劲板符合宽厚比要求。

布置150mm×15mm的加强肋是为了防止扭转失稳。

一根加强肋与子板加板的有效面积 A_{e1} 计算如下。

每根加强肋的有效宽度为400mm，因此 $A_{e1}=400\times12+150\times15=7050(\text{mm}^2)$。

底部翼缘（板件全部有效）的总面积为：$A_e=4000\times12+9\times150\times15=68250(\text{mm}^2)$。

5.2.2.6 4类构件的应力限值

EN 1993-2使用板件局部屈服与整体屈服的有效截面处理4类截面构件。有效截面允许应力取屈服应力。该方法中假设具有足够的屈服后强度，形成能使所有构件发挥各自抗力所必需的应力重分布。因此，当多数没有足够屈服后强度或构件几何形状超出试验限值时不允许使用。

不满足上述有效宽度使用条件的情形，可使用基于总截面特性与折减应力限值的方法。

通过确定每一板件在所有应力共同作用下屈服的整体长细比完成基本验算。整体长细比通常需对板状屈服与柱状屈服两种情形进行计算。应防止扭转屈服，因为在这种方法规定的范围内难以满足扭转屈服的条件。长细比：

$$\bar{\lambda}=\sqrt{\frac{\alpha_{ult,k}}{\alpha_{cr}}}\tag{5-24}$$

式中：$\alpha_{ult,k}$——作用设计荷载使板临界点屈服的最小荷载系数，此时忽略任何屈服效应。板部分受拉时，这一定义不能满足，应分别验算拉伸区与压缩区；

α_{cr}——作用设计荷载使板在所有应力组合作用下产生弹性屈曲效应的最小荷载系数。对于加强板，最小极限模式可能是板整体屈服、局部子板屈服或一种耦合模式。α_{cr}需考虑板状屈服与柱状屈服。

下面分别导出长细比 $\bar{\lambda}_p$ 与 $\bar{\lambda}_c$。

确定长细比与计算屈服折减系数的方法有以下两种。

（1）用有限元法进行弹性极限屈服分析。

这种方法可用于非均匀子板，也包含孔洞或不规则加强肋。由于这种方法需借助计算软件实现，在此不做详细介绍。有兴趣者参考C. R. Hendy, C. J. Murphy, 2007, "Designers's Guide to EN 1993-2 Steel Bridges"。

（2）手工计算。

手工计算法基于最大板尺寸，但也可用于非均匀板。腹板中的剪应力可能基于平均值，翼缘剪应力由经典弹性理论确定，计算的总应力场作用于单板模型的边缘。

第一步：确定 $\alpha_{ult,k}$。屈服准则取Von Mises准则，则有：

$$\frac{1}{\alpha_{ult,k}^2}=\left(\frac{\sigma_{x,Ed}}{f_y}\right)^2+\left(\frac{\sigma_{z,Ed}}{f_y}\right)^2-\left(\frac{\sigma_{x,Ed}}{f_y}\right)\left(\frac{\sigma_{z,Ed}}{f_y}\right)+3\left(\frac{\tau_{Ed}}{f_y}\right)^2\tag{5-25}$$

式中：$\sigma_{x,Ed}$、$\sigma_{z,Ed}$、τ_{Ed}——板中使 $\alpha_{ult,k}$ 最小的点的纵向正应力、横向正应力与剪应力。对于存在应力反号的情形，需分别用最大压应力与拉应力区进行验算。横向应力可取所考虑板中的最大值。

第二步：确定所有应力组合作用下能产生弹性极限屈服的最小荷载系数 α_{cr}。一般最小荷载系数需要分别按板状屈服与柱状屈服特性确定。为确定组合应力场作用下的最小荷载系数,需进行有限元法分析。对于桥梁而言这是不切实际的,桥中可能设计许多板且每一板承受多种工况。

如果不用有限元法分析,屈服荷载系数仅对独立作用的每一应力分量有效。例如,在 $\sigma_{x,Ed}$ 单独作用下屈服荷载系数为 $\alpha_{cr,x}=\sigma_{cr,x}/\sigma_{x,Ed}$。在此情形中,将各单系数组合成一个荷载系数,对应的所有效应一起作用的有效公式为:

$$\frac{1}{\alpha_{cr}}=\frac{1+\psi_x}{4\alpha_{cr,x}}+\frac{1+\psi_z}{4\alpha_{cr,z}}+\left[\left(\frac{1+\psi_x}{4\alpha_{cr,x}}+\frac{1+\psi_z}{4\alpha_{cr,z}}\right)^2+\frac{1-\psi_x}{2\alpha_{cr,x}^2}+\frac{1-\psi_z}{2\alpha_{cr,z}^2}+\frac{1}{\alpha_{cr,\tau}^2}\right]^{\frac{1}{2}} \tag{5-26}$$

式中:ψ_x——每一子板或整个加强板的跨板纵向正应力比 σ_2/σ_1;

ψ_z——对应横向正应力相同的含义。

例如,对于纵向压缩正应力,$\alpha_{cr,x}$应取 $\sigma_{x,Ed}$作为子板或整个平板中的最大压应力,以正确地进行验算。

另一种简单方法为:

$$\frac{1}{\alpha_{cr}}=\frac{1}{\alpha_{cr,x}}+\frac{1}{\alpha_{cr,z}}+\frac{1}{\alpha_{cr,\tau}} \tag{5-27}$$

如果 $\sigma_{x,Ed}$在整个板中为拉应力,$\alpha_{cr,x}$应取无穷大(∞)。

第三步:确定各应力分量的折减系数。当已确定板状屈服($\alpha_{p,cr}$)与柱状屈服($\alpha_{c,cr}$)的 α_{cr} 时,由式(5-24)确定两种特性的长细比,进而确定每种应力分量的长细比。在推导 $\alpha_{p,cr}$与 $\alpha_{c,cr}$ 过程中,剪力单独作用时的临界荷载系数,对每种工况,$\alpha_{cr,\tau}=\tau_{cr}/\tau_{Ed}$相同。然后,进行板状屈服与柱状屈服的相互作用,以确定正应力的最终折减系数。

ρ_x、ρ_z 分别由板状屈服与柱状屈服折减系数插值计算:

$\rho_x=(\rho_{p,x}-\chi_{c,x})\xi_x(2-\xi_x)+\chi_{c,x}$

$\rho_z=(\rho_{p,z}-\chi_{c,z})\xi_z(2-\xi_z)+\chi_{c,z}$

此时,$\xi_z=\alpha_{p,cr}/\alpha_{cz,cr}-1,0\leqslant\xi_z\leqslant1$,$\xi_x=\alpha_{p,cr}/\alpha_{cx,cr}-1,0\leqslant\xi_x\leqslant1$

对于剪应力,根据 EN 1993-1-5 第 5.2(1)条,使用板状屈服特性的长细比。

第四步:应力验算。使用下式进行应力极限验算:

$$\left(\frac{\sigma_{x,Ed}}{\rho_x f_y/\gamma_{M1}}\right)^2+\left(\frac{\sigma_{z,Ed}}{\rho_z f_y/\gamma_{M1}}\right)^2-\left(\frac{\sigma_{x,Ed}}{\rho_x f_y/\gamma_{M1}}\right)\left(\frac{\sigma_{z,Ed}}{\rho_z f_y/\gamma_{M1}}\right)+3\left(\frac{\tau_{Ed}}{\chi_w f_y/\gamma_{M1}}\right)^2\leqslant1.0 \tag{5-28}$$

GB 50017—2017 没有这种应力限值要求。一种可能的解释为欧洲标准规定的 4 类截面,只能进行弹性计算,局部屈曲也应为弹性屈曲。但有些部位可能在局部屈曲前已达到弹性极限状态,因此有此限制。而 GB 50017—2017 中考虑的局部屈曲既有弹性屈曲,也有弹塑性屈曲,在发生局部屈曲前允许材料进入塑性阶段,从而没有此限值。这与 GB 50017—2017 中的临界应力应满足的关系式不是同一概念,关于这部分内容将在 5.5 节详述。

例 5-5:人行桥

图 5-17 中显示钢制人行桥截面。十字梁至翼缘板以及横向加强板至腹板间的距离均 2000mm。图 5-18所示腹板进行正应力验算,同时存在剪应力 $\tau_{Ed}=100$MPa。

在所有荷载同时作用下,应分别对每一应力分量计算放大系数,然后组合。必须分别对板与腹板整体屈服进行验算。

解:1)按 EN 1993-2 计算

(1)子板屈服。

首先验算最上部腹板受压子板屈服。子板在最大应力点达到特征抗力的荷载放大系数:

$$\frac{1}{\alpha_{\mathrm{ult,k}}^{2}}=\left(\frac{\sigma_{\mathrm{x,Ed}}}{f_{\mathrm{y}}}\right)^{2}+3\left(\frac{\tau_{\mathrm{Ed}}}{f_{\mathrm{y}}}\right)^{2}=\left(\frac{200}{355}\right)^{2}+3\times\left(\frac{100}{355}\right)^{2}=0.555$$

$$\alpha_{\mathrm{ult,k}}=1.342$$

计算屈服荷载系数。因为板较长，不需考虑柱状屈服。

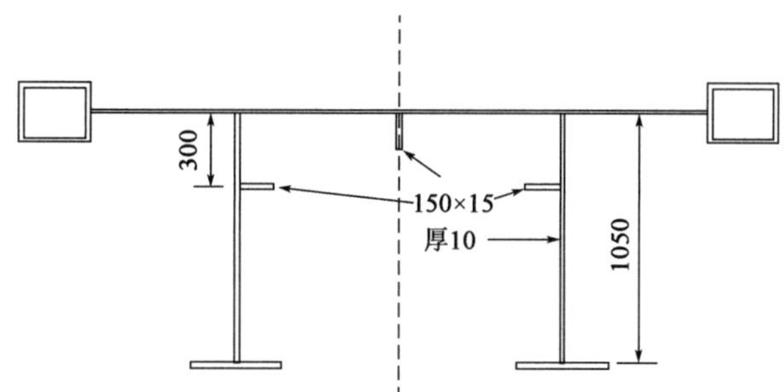

图5-17　例5-5人行钢桥（尺寸单位：mm）

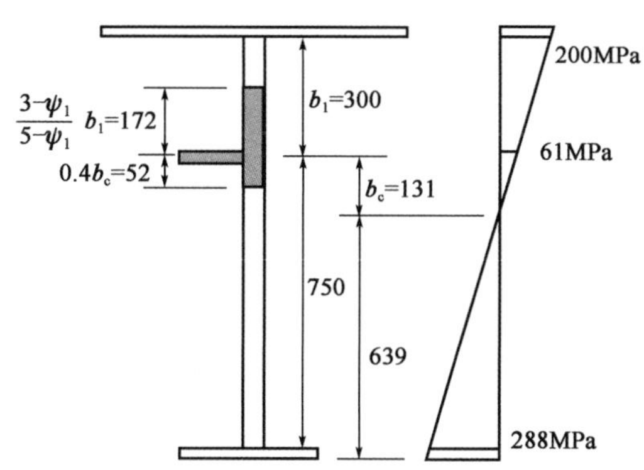

图5-18　腹板应力与加强筋有效截面（尺寸单位：mm）

正应力：

对于顶部附板，有：

$$\psi=131/431=0.30,\sigma_{\mathrm{cr,x}}=\frac{k_{\sigma}\pi^{2}Et^{2}}{12\times(1-\nu^{2})\bar{b}^{2}}=\frac{6.07\times\pi^{2}\times210\times10^{3}\times10^{2}}{12\times(1-0.3^{2})\times300^{2}}=1280(\mathrm{MPa})$$

式中，$k_{\sigma}=8.2/(1.05+\psi)=8.2/(1.05+0.3)=6.07$，假设为长板。

剪应力：

$$\tau_{\mathrm{cr}}=\frac{k_{\tau}\pi^{2}Et^{2}}{12(1-\nu^{2})b^{2}}=\frac{5.43\times\pi^{2}\times210\times10^{3}\times10^{2}}{12\times(1-0.3^{2})\times300^{2}}=1145(\mathrm{MPa})$$

其中：

$$k_{\tau}=5.34+4.00\left(\frac{\bar{b}}{a}\right)^{2}=5.34+4.00\times\left(\frac{300}{2000}\right)^{2}=5.43$$

对于分别作用应力的情形：

$$\alpha_{\mathrm{cr,x}}=\frac{\sigma_{\mathrm{cr,x}}}{\sigma_{\mathrm{Ed,x}}}=\frac{1280}{200}=6.40$$

$$\alpha_{\mathrm{cr},\tau}=\frac{\tau_{\mathrm{cr}}}{\tau_{\mathrm{Ed}}}=\frac{1145}{100}=11.45$$

对于应力共同作用的情形，极限屈服荷载系数：

$$\frac{1}{\alpha_{\mathrm{cr}}}=\frac{1+0.3}{4\times6.4}+\left[\left(\frac{1+0.3}{4\times6.4}\right)^{2}+\frac{1-0.3}{2\times6.4^{2}}+\frac{1}{11.45^{2}}\right]^{\frac{1}{2}}=0.188$$，所以，$\alpha_{\mathrm{cr}}=5.327$

子板屈服长细比为：

$$\bar{\lambda}_p=\sqrt{\frac{\alpha_{ult,k}}{\alpha_{cr}}}=\sqrt{\frac{1.342}{5.327}}=0.502$$

根据 EN 1993-1-5 第 4.4(2)条,纵向正应力折减系数 $\rho_x=1.00$。

在这一长细比条件下,根据 EN 1993-1-5 中的表 5.1,剪应力折减系数为:

$$\chi_w=\frac{0.83}{\bar{\lambda}_w}=\frac{0.83}{0.502}=1.65>\eta=1.2,取\chi_w=1.2$$

因此,验算本质上只有一种屈服,因为没有折减系数 <1.0。因此,Von Mises 验算可能使用较小的材料系数 $\gamma_{M0}=1.0$。此处验算按 EN 1993-1-5 第 10 条中的规定取 $\gamma_{M1}=1.1$。

$$\left(\frac{200}{1.0\times355/1.1}\right)^2+3\times\left(\frac{100}{1.2\times355/1.1}\right)^2=0.58\leqslant1.0,因此上部附板是合适的。$$

(2)验算下部子板。

下部子板在其压缩区最大应力点达到特征抗力的荷载放大系数:

$$\frac{1}{\alpha_{ult,k}^2}=\left(\frac{\sigma_{x,Ed}}{f_y}\right)^2+3\left(\frac{\tau_{Ed}}{f_y}\right)^2=\left(\frac{61}{355}\right)^2+3\times\left(\frac{100}{355}\right)^2=0.268,\alpha_{ult,k}=1.933$$

正应力:

下部腹板,$\psi=-619/131=-4.73$

$$\sigma_{cr,x}=\frac{k_\sigma\pi^2Et^2}{12(1-\nu^2)\bar{b}^2}=\frac{95.68\times\pi^2\times210\times10^3\times10^2}{12(1-0.3^2)\times750^2}=3228(\text{MPa})$$

式中,ψ 限值为 -3.0,$k_\sigma=5.98(1-\psi)^2=5.98(1+3)^2=95.68$

$$剪应力:\tau_{cr}=\frac{k_\tau\pi^2Et^2}{12(1-\nu^2)b^2}=\frac{5.90\times\pi^2\times210\times10^3\times10^2}{12(1-0.3^2)\times750^2}=199(\text{MPa})$$

$$其中,k_\tau=5.34+4.00\left(\frac{\bar{b}}{a}\right)^2=5.34+4.00\left(\frac{750}{2000}\right)^2=5.90$$

对于分别作用应力:

$$\alpha_{cr,x}=\frac{\sigma_{cr,x}}{\sigma_{Ed,x}}=\frac{3228}{61}=52.9$$

$$\alpha_{cr,\tau}=\frac{\tau_{cr}}{\tau_{Ed}}=\frac{199}{100}=1.99$$

因为 α_{cr} 接近于 $\alpha_{cr,\tau}$,所以 $\alpha_{cr}\approx1.99$

$$子板屈服长细比为:\bar{\lambda}_p=\sqrt{\frac{\alpha_{ult,k}}{\alpha_{cr}}}=\sqrt{\frac{1.933}{1.99}}=0.99$$

因此,纵向正应力折减系数为:

$$\rho_x=\frac{\bar{\lambda}_p-0.055(3+\psi)}{\bar{\lambda}_p^2}=\frac{0.99-0.055\times(3-4.73)}{0.99^2}=1.11>1.0$$

取 $\rho_x=1.00$

剪应力折减系数为:

$$\chi_w=\frac{0.83}{\bar{\lambda}_w}=\frac{0.83}{0.99}=0.84$$

根据 EN 1993-1-5 第 10 条采用 $\gamma_{M1}=1.1$ 进行验算:

$$\left(\frac{61}{1.0\times355/1.1}\right)^2+3\left(\frac{100}{0.84\times355/1.1}\right)^2=0.44<1.0,因此合适。$$

尽管 EN 1993-1-5 推荐仅需对腹板受压部分进行验算,有些拉伸部分仍必须进行验算,因为拉应力(即使忽略屈服)可能超过屈服极限。验算拉应力区的几个选项如下:

①不用折减系数进行 Von Mises 验算：

$$\left(\frac{288}{355/1.1}\right)^2+3\left(\frac{100}{355/1.1}\right)^2=1.08>1.0$$,因此不合适

②基于剪力单独作用计算剪应力折减系数,将没有折减的正应力代入 EN 1993-1-5 中的式(10.5)：

$$\bar{\lambda}_w=0.76\sqrt{\frac{f_{yw}}{\tau_{cr}}}=0.76\sqrt{\frac{355}{199}}=1.02$$

$$\chi_w=\frac{0.83}{1.02}=0.81$$

$$\left(\frac{288}{1.0\times355/1.1}\right)^2+3\left(\frac{100}{0.81\times355/1.1}\right)^2=1.24>1.0$$,因此不合适。

③使用与腹板受压一侧计算剪应力相同的折减系数,但对纵向正应力不需采用折减系数重复进行 EN 1993-1-5 中式(10.5)的验算：

$$\left(\frac{288}{1.0\times355/1.1}\right)^2+3\left(\frac{100}{0.84\times355/1.1}\right)^2=1.20>1.0$$,因此不合适。

这是合理的,与前面一样保守。

④使用 $\alpha_{ult,k}$ 重复计算拉伸侧的长细比,对上述整个应力场取 α_{cr} 进行计算：

$$\frac{1}{\alpha_{ult,k}^2}=\left(\frac{\sigma_{x,Ed}}{f_y}\right)^2+3\left(\frac{\tau_{Ed}}{f_y}\right)^2=\left(\frac{288}{355}\right)^2+3\left(\frac{100}{355}\right)^2=0.896,\ \alpha_{ult,k}=1.056$$

已知 $\alpha_{cr}=1.99$,子板屈服长细比为：

$$\bar{\lambda}_p=\sqrt{\frac{\alpha_{ult,k}}{\alpha_{cr}}}=\sqrt{\frac{1.056}{1.99}}=0.73$$

剪应力折减系数为：

$$\chi_w=\frac{0.83}{\bar{\lambda}_w}=\frac{0.83}{0.73}=1.14$$

使用 EN 1993-1-5 中式(10.5)进行验算,但对拉应力没采用折减系数：

$$\left(\frac{288}{1.0\times355/1.1}\right)^2+3\left(\frac{100}{1.14\times355/1.1}\right)^2=1.02>1.0$$,基本合适

在此推荐方法④,因为它给出的值与 EN 1993-1-5 第 7 条中的相互作用值最为一致。如果将 EN 1993-1-5 第 7 条单独用于这种板,对正应力使用 $\gamma_{M1}=1.1$,对 η_1 用弹性应力,进一步比较：

$$\eta_1+\left(1-\frac{M_{f,Rd}}{M_{pl,Rd}}\right)(2\bar{\eta}_3-1)^2=\eta_1+(2\bar{\eta}_3-1)^2=\frac{288}{355/1.1}+\left(\frac{2\times100}{0.81\times355/\sqrt{3}}-1\right)^2=1.00$$

(3)板整体屈服。

上层子板宽度为：

$$\frac{3-\psi}{5-\psi}b_1=\frac{3-0.30}{5-0.30}\times300=172(\text{mm})$$

低层子板宽度 $=0.4b_c=0.4\times131=52(\text{mm})$

因此,$A_{sl,1}=(172+52)\times10+150\times15=4490(\text{mm}^2)$,$I_{sl,1}=1.142\times10^7(\text{mm}^4)$

$$\sigma_{cr,sl}=\frac{\pi^2EI_{sl,1}}{A_{sl,1}a^2}=\frac{\pi^2\times210\times10^3\times1.142\times10^7}{4490\times2000^2}=1318(\text{MPa})$$

基于最外层压缩纤维的极限应力为：$\sigma_{cr,c}=\sigma_{cr,sl}\dfrac{b_c}{b_{sl,1}}=1318\times\dfrac{431}{131}=4336(\text{MPa})$

注意此处对 b_c 的定义与图 5-18 中的不同：前者将 b_c 定义为中性轴至腹板最外层压缩纤维的距离,而后者将 b_c 定义为中性轴至受加强板约束的子板最外层压缩纤维的距离。

剪应力 $\alpha = a/b = 2000/1050 = 1.90 < 3$，因此剪切屈服系数由 EN 1993-1-5 中式（A.6）计算。根据 EN 1993-1-5 中图 5.3，每根纵向加强肋附加一块 $30\varepsilon t$（ε 表示应变，t 是指腹板厚度）腹板加加强肋的厚度 $= 30 \times 0.81 \times 10 + 10 = 253$（mm）。这与正应力计算的有效截面略有不同。因此，有效截面惯性矩 $= 1.186 \times 10^7 \mathrm{mm}^4$。由 EN 1993-1-5 附件 A.3 可知：

$$k_\tau = 4.1 + \frac{6.3 + 0.18\dfrac{I_{sl}}{t^3 b}}{\alpha^2} + 2.2\sqrt[3]{\frac{I_{sl}}{t^3 b}}$$

$$= 4.1 + \frac{6.3 + 0.18 \times \dfrac{3 \times 1.186 \times 10^7}{10^3 \times 1050}}{1.90^2} + 2.2\sqrt[3]{\frac{3 \times 1.186 \times 10^7}{10^3 \times 1050}} = 14.65$$

$$\tau_{cr} = \frac{k_\tau \pi^2 E t^2}{12(1-\nu^2)b^2} = \frac{14.65 \times \pi^2 \times 210 \times 10^3 \times 10^2}{12 \times (1-0.3^2) \times 1050^2} = 252\,(\mathrm{MPa})$$

$$\alpha_{cr,\tau} = \frac{\tau_{cr}}{\tau_{Ed}} = \frac{252}{100} = 2.52$$

$$\alpha_{cr,x} = \frac{\sigma_{cr,x}}{\sigma_{Ed,x}} = \frac{4336}{200} = 21.68$$

整个板的应力比 $\psi = \dfrac{200}{-288} = -0.694$

由 EN 1993-1-5 中式（10.6）可知：

$$\frac{1}{\alpha_{cr}} = \frac{1-0.694}{4 \times 21.68} + \left[\left(\frac{1-0.694}{4 \times 21.68}\right)^2 + \frac{1-0.3}{2 \times 21.68^2} + \frac{1}{2.52^2}\right]^{\frac{1}{2}} = 0.401$$

因此 $\alpha_{cr} = 2.492$，接近于剪应力单独作用时的值，明显占主导地位。

平板压缩部分的截面抗力放大系数：

$$\frac{1}{\alpha_{ult,k}^2} = \left(\frac{\sigma_{x,Ed}}{f_y}\right)^2 + 3\left(\frac{\tau_{Ed}}{f_y}\right)^2 = \left(\frac{200}{355}\right)^2 + 3\left(\frac{100}{355}\right)^2 = 0.555$$

$$\alpha_{ult,k} = 1.342$$

整体屈服长细比 $\bar{\lambda}_c = \sqrt{\dfrac{\alpha_{ult,k}}{\alpha_{cr}}} = \sqrt{\dfrac{1.342}{2.490}} = 0.734$

使用缺陷的柱状屈服曲线计算纵向正应力折减系数：

$$\alpha_e = \alpha + \frac{0.09}{i/e} = 0.49 + \frac{0.09}{50.5/40} = 0.56$$

$$i = \sqrt{\frac{I_{st}}{A_{st}}} = \sqrt{\frac{1.142 \times 10^7}{4490}} = 50.5\,(\mathrm{mm})$$

$e = 150/2 + 10 - 45.1 = 40$（mm），$\alpha = 0.49$，对于开口加强肋。

$$\varphi = 0.5[1 + \alpha_e(\bar{\lambda} - 0.2) + \bar{\lambda}^2] = 0.5[1 + 0.56 \times (0.734 - 0.2) + 0.734^2] = 0.919$$

$$\rho_x = \chi = \frac{1}{\varphi + \sqrt{\varphi^2 - \bar{\lambda}^2}} = \frac{1}{0.919 + \sqrt{0.919^2 - 0.734^2}} = 0.68$$

剪应力折减系数：$\chi_w = \dfrac{0.83}{\bar{\lambda}_w} = \dfrac{0.83}{0.734} = 1.13$

这一值略显保守，因为剪应力长细比应由考虑正应力作用下板状屈服的荷载放大系数确定。对此情形实际上没有差异，因为柱状与板状屈服荷载是相同的，任何情况下荷载放大系数中剪切屈服占主导地位。

根据 EN 1993-1-5 中式（10.5）进行整体特性的最终验算：

$$\left(\frac{200}{0.68\times355/1.1}\right)^2+3\left(\frac{100}{1.13\times355/1.1}\right)=1.056>1.0$$,因此整个腹板不适用。

实际使用系数为 $\sqrt{1.056}=1.03$。

尽管 EN 1993-1-5 推荐仅需对板的受压部分进行验算,但对板的受拉部分仍需进行某种验算,因为应力可能超过屈服极限。使用上述选项④,则具体计算如下。

对于拉伸一侧使用 $\alpha_{ult,k}$ 代替 α_{cr},重新计算长细比:

$$\frac{1}{\alpha_{ult,k}^2}=\left(\frac{\sigma_{x,Ed}}{f_y}\right)^2+3\left(\frac{\tau_{Ed}}{f_y}\right)^2=\left(\frac{288}{355}\right)^2+3\left(\frac{100}{355}\right)^2=0.896,\alpha_{ult,k}=1.056$$

如前所述,$\alpha_{cr}=2.49$。

屈服长细比为:$\bar{\lambda}_c=\sqrt{\dfrac{\alpha_{ult,k}}{\alpha_{cr}}}=\sqrt{\dfrac{1.056}{2.49}}=0.65$

在此长细比条件下,剪应力折减系数:$\chi_w=\dfrac{0.83}{\bar{\lambda}_w}=\dfrac{0.83}{0.65}=1.28>1.2$,取 $x_w=1.2$

其中,$\bar{\lambda}_w$ 取 $\bar{\lambda}_c$。

验算时对拉应力没有使用折减系数:$\left(\dfrac{288}{1.0\times355/1.1}\right)+3\left(\dfrac{100}{1.2\times355/1.1}\right)^2=1.00$,刚好合适。

2)按 GB 50017—2017 计算

腹板子板验算如下:

(1)对于顶部腹板。

正应力:$\psi=131/431=0.30,\sigma_{cr}=\dfrac{k\pi^2Et^2}{12(1-\nu^2)\bar{b}^2}=\dfrac{6.66\times\pi^2\times206\times10^3\times10^2}{12\times(1-0.3^2)\times300^2}=1378(\text{MPa})$

式中,受压板的稳定系数,加劲板 $k=7.8-8.15\times0.3+4.35\times0.3=6.66$,保守性地假设为长板。

剪应力:$\tau_{cr}=\dfrac{k_\tau\pi^2Et^2}{12(1-\nu^2)b^2}=\dfrac{5.43\times\pi^2\times206\times10^3\times10^2}{12\times(1-0.3^2)\times300^2}=1123(\text{MPa})$

其中:

$$k_\tau=5.34+4.00\left(\frac{\bar{b}}{a}\right)^2=5.34+4.00\left(\frac{300}{2000}\right)^2=5.43$$

在压弯构件的腹板处于剪应力和非均匀压应力联合作用下,其弹性屈曲的条件:

$$\left[1-\left(\frac{\alpha_0}{2}\right)^5\right]\frac{\sigma}{\sigma_{cr}}+\left(\frac{\alpha_0}{2}\right)^5\left(\frac{\sigma}{\sigma_{cr}}\right)^2+\left(\frac{\tau}{\tau_{cr}}\right)^2=(1-0.35^5)\times\frac{200}{1378}+0.35^5\times\left(\frac{200}{1378}\right)^2+\left(\frac{100}{1123}\right)^2$$

$$=0.15<1$$

式中,$\alpha_0=(\sigma_{max}-\sigma_{min})/\sigma_{max}=(431-131)/431=0.7$。

因此上部子板符合条件,不会发生弹性屈曲。同时还应验算折算应力,采用 Q390 钢。

$$\sqrt{\sigma^2+3\tau^2}=\sqrt{200^2+3\times100^2}=264.6(\text{MPa})<1.1\times350=385(\text{MPa})$$

折算应力也满足要求。

(2)下部腹板。

$$\psi=-619/131=-4.73,\sigma_{cr}=\frac{k\pi^2Et^2}{12(1-\nu^2)\bar{b}^2}=\frac{23.87\times\pi^2\times206\times10^3\times10^2}{12\times(1-0.3^2)\times750^2}=790(\text{MPa})$$

式中,当为加劲板件时,应力不均匀系数 ψ 限值为 -1,加劲板的受压稳定系数 $k=7.8-6.29\times(-1)+9.78\times(-1)^2=23.87$。

剪应力:$\tau_{cr}=\dfrac{k_\tau\pi^2Et^2}{12(1-\nu^2)b^2}=\dfrac{5.90\times\pi^2\times206\times10^3\times10^2}{12\times(1-0.3^2)\times750^2}=195(\text{MPa})$

其中：

$$k_\tau = 5.34 + 4.00\left(\frac{\bar{b}}{a}\right)^2 = 5.34 + 4.00\left(\frac{750}{2000}\right)^2 = 5.90$$

在压弯构件的腹板处于剪应力和非均匀压应力联合作用下，其弹性屈曲的条件如下：

$$\left[1-\left(\frac{\alpha_0}{2}\right)^5\right]\frac{\sigma}{\sigma_{cr}} + \left(\frac{\alpha_0}{2}\right)^5\left(\frac{\sigma}{\sigma_{cr}}\right)^2 + \left(\frac{\tau}{\tau_{cr}}\right)^2 = [1-0.6^5]\times\frac{288}{790} + 0.6^5\times\left(\frac{288}{790}\right)^2 + \left(\frac{100}{195}\right)^2$$

$$= 0.61 < 1$$

式中，$\alpha_0 = (\sigma_{max} - \sigma_{min})/\sigma_{max} = (-619-131)/(-619) = 1.2$。

下部子板也满足条件，不会发生弹性屈曲，同时还应验算折算应力，采用 Q390 钢材。

$$\sqrt{\sigma^2 + 3\tau^2} = \sqrt{288^2 + 3\times 100^2} = 336.1(\text{MPa}) < 1.1\times 350 = 385(\text{MPa})$$

折算应力也满足要求。

(3)整体稳定性验算。

正应力：在纯弯条件下，腹板固定于翼缘时，临界应力为：

$$\sigma_{cr} = 737\left(\frac{100t_w}{h_0}\right)^2 = 737\times\left(\frac{100\times 10}{1050}\right)^2 = 668(\text{MPa})$$

剪应力：$\tau_{cr} = \dfrac{k_\tau \pi^2 E t^2}{12(1-\nu^2)b^2} = \dfrac{6.44\times\pi^2\times 206\times 10^3\times 10^2}{12\times(1-0.3^2)\times 1050^2} = 108.8(\text{MPa})$

其中：

$$k_\tau = 5.34 + 4.00\left(\frac{\bar{b}}{a}\right)^2 = 5.34 + 4.00\times\left(\frac{1050}{2000}\right)^2 = 6.44$$

在压弯构件的腹板处于剪应力和非均匀压应力联合作用下，其弹性屈曲的条件

$$\left[1-\left(\frac{\alpha_0}{2}\right)^5\right]\frac{\sigma}{\sigma_{cr}} + \left(\frac{\alpha_0}{2}\right)^5\left(\frac{\sigma}{\sigma_{cr}}\right)^2 + \left(\frac{\tau}{\tau_{cr}}\right)^2 = [1-0.85^5]\times\frac{288}{668} + 0.85^5\times\left(\frac{288}{668}\right)^2 + \left(\frac{100}{108.8}\right)^2$$

$$= 1.17 > 1$$

式中，$\alpha_0 = (\sigma_{max} - \sigma_{min})/\sigma_{max} = (-619-431)/(-619) = 1.7$。

整体验算时，腹板不满足要求，发生弹性屈曲。同时在计算高度的边缘处存在较大的弯曲正应力和剪应力，应验算其折算应力

$$\sqrt{\sigma^2 + 3\tau^2} = \sqrt{200^2 + 3\times 100^2} = 264.6(\text{MPa}) < 1.1\times 350 = 385(\text{MPa})$$

满足条件，因此整体腹板是满足条件的。

3)按 JTG D64—2015 计算

横向加强板至腹板间距为 2000mm。图 5-18 所示腹板进行正应力验算，同时存在剪应力 $\tau_{Ed} = 100\text{MPa}$。

(1)对于顶部腹板。

由 $\psi = 131/431 = 0.30$，得正应力为：

$$\sigma_{cr} = \frac{k_\sigma \pi^2 E t^2}{12(1-\nu^2)\bar{b}^2} = \frac{6\times\pi^2\times 206\times 10^3\times 10^2}{12\times(1-0.3^2)\times 300^2} = 1241(\text{MPa})$$

式中，$k_\sigma = 8.4/(1.1+\psi) = 8.4/(1.1+0.3) = 6$，保守性地假设长板。

剪应力：$\tau_{cr} = \dfrac{k_\tau \pi^2 E t^2}{12(1-\nu^2)b^2} = \dfrac{5.43\times\pi^2\times 206\times 10^3\times 10^2}{12(1-0.3^2)\times 300^2} = 1123(\text{MPa})$

式中，$k_\tau = 5.34 + 4.00\left(\dfrac{\bar{b}}{a}\right)^2 = 5.34 + 4.00\times\left(\dfrac{300}{2000}\right)^2 = 5.43$。

$$\sigma_{ul}=\frac{\sigma_y}{\lambda_1}\left[(1.1-0.1\psi)-(0.27-0.25\psi)\frac{1}{\lambda_1}\right]$$

$$=\frac{350}{0.53}\left[(1.1-0.1\times0.3)-(0.27-0.25\times0.3)\times\frac{1}{0.53}\right]=464(\text{MPa})>\sigma_y$$

取 $\sigma_y=\sigma_{ul}=350\text{MPa}$。

式中，$\lambda_1=\sqrt{\sigma_y/\sigma_{cr}}=\sqrt{350/1240}=0.53$。

因 $\lambda_s=\sqrt{\tau_y/\tau_{cr}}=\sqrt{205/1123}=0.43<0.6$，所以 $\tau_u=\tau_y=205\text{MPa}$。

不均匀压应力和剪应力作用下，由加劲肋或翼板围成的四边简支板腹板元：

$$\frac{(1+\psi)}{2}\left(\frac{\sigma_1}{\sigma_{ul}}\right)^2+\frac{(1-\psi)}{2}\left(\frac{\sigma_1}{\sigma_{ul}}\right)^2+\left(\frac{\tau}{\tau_u}\right)^2=\frac{(1+0.3)}{2}\left(\frac{200}{350}\right)^2+\frac{(1-0.3)}{2}\left(\frac{200}{350}\right)^2+\left(\frac{100}{205}\right)^2$$

$=0.56<1$

满足条件。

(2)下部腹板。

$\psi=-619/131=-4.73$

正应力：$\sigma_{cr}=\dfrac{k_\sigma\pi^2Et^2}{12(1-\nu^2)b^2}=\dfrac{196\times\pi^2\times206\times10^3\times10^2}{12\times(1-0.3^2)\times750^2}=6487.5(\text{MPa})$

式中，$k_\sigma=5.975(1-\psi)^2=5.975\times(1+4.73)^2=196$。

剪应力：$\tau_{cr}=\dfrac{k_\tau\pi^2Et^2}{12(1-\nu^2)b^2}=\dfrac{5.90\times\pi^2\times206\times10^3\times10^2}{12\times(1-0.3^2)\times750^2}=195(\text{MPa})$

式中，$k_\tau=5.34+4.00\left(\dfrac{b}{a}\right)^2=5.34+4.00\times\left(\dfrac{750}{2000}\right)^2=5.90$。

$$\sigma_{ul}=\frac{\sigma_y}{\lambda_1}\left[(1.1-0.1\psi)-(0.27-0.25\psi)\frac{1}{\lambda_1}\right]$$

$$=\frac{350}{0.23}\left[(1.1+0.1\times4.73)-(0.27+0.25\times4.73)\times\frac{1}{0.23}\right]$$

$$=-7216(\text{MPa})<\sigma_y$$

取 $\sigma_y=\sigma_{ul}=350\text{MPa}$。

式中，$\lambda_1=\sqrt{\sigma_y/\sigma_{cr}}=\sqrt{350/6487.5}=0.23$。

因 $\lambda_s=\sqrt{\tau_y/\tau_{cr}}=\sqrt{205/195}=1.03<\sqrt{2}$，所以：

$\tau_u=\tau_y[1-0.614(\lambda_s-0.6)]=205\times[1-0.614\times(1.03-0.6)]=151(\text{MPa})$

不均匀压应力和剪应力作用下，由加劲肋或翼板围成的四边简支板腹板：

$$\frac{(1+\psi)}{2}\left(\frac{\sigma_1}{\sigma_{ul}}\right)^2+\frac{(1-\psi)}{2}\left(\frac{\sigma_1}{\sigma_{ul}}\right)^2+\left(\frac{\tau}{\tau_u}\right)^2=\frac{(1+4.73)}{2}\left(\frac{288}{350}\right)^2+\frac{(1-4.73)}{2}\left(\frac{288}{350}\right)^2+\left(\frac{100}{151}\right)^2$$

$=1.1>1$

不满足条件。

(3)整体屈服验算。

正应力：$\psi=\dfrac{-619}{431}=-1.44$，$\sigma_{cr}=k_\sigma\dfrac{\pi^2E}{12\times(1-\nu^2)}\left(\dfrac{t}{b}\right)^2=\dfrac{36.75\times\pi^2\times206\times10^3}{12\times(1-0.3^2)}\left(\dfrac{10}{1050}\right)^2$

$=601(\text{MPa})$

式中，$k_\sigma=5.975(1-\psi)^2=5.975\times(1+1.44)^2=35.57$。

剪应力： $\tau_{cr}=\dfrac{k_\tau\pi^2Et^2}{12(1-\nu^2)b^2}=\dfrac{6.44\times\pi^2\times206\times10^3\times10^2}{12\times(1-0.3^2)\times1050^2}=108.7(\text{MPa})$

式中，$k_\tau=5.34+4.00\left(\dfrac{\bar{b}}{a}\right)^2=5.34+4.00\times\left(\dfrac{1050}{2000}\right)^2=6.44$

$$\sigma_{ul}=\frac{\sigma_y}{\lambda_1}\left[(1.1-0.1\psi)-(0.27-0.25\psi)\frac{1}{\lambda_1}\right]$$
$$=\frac{350}{0.76}\left[(1.1+0.1\times1.44)-(0.27+0.25\times1.44)\times\frac{1}{0.76}\right]$$
$$=191(\text{MPa})<\sigma_y=350\text{MPa}$$

式中，$\lambda_1=\sqrt{\sigma_y/\sigma_{cr}}=\sqrt{350/601}=0.76$

因 $\lambda_s=\sqrt{\tau_y/\tau_{cr}}=\sqrt{205/108.7}=1.37<\sqrt{2}$，则：

$\tau_u=\tau_y[1-0.614(\lambda_s-0.6)]=205\times[1-0.614\times(1.37-0.6)]=108(\text{MPa})$

不均匀压应力和剪应力作用下，由加劲肋或翼板围成的四边简支板腹板元：

$$\frac{1+\psi}{2}\left(\frac{\sigma_1}{\sigma_{ul}}\right)^2+\frac{1-\psi}{2}\left(\frac{\sigma_1}{\sigma_{ul}}\right)^2+\left(\frac{\tau}{\tau_u}\right)^2=+\frac{1+1.48}{2}\left(\frac{288}{184}\right)^2\ \frac{1-1.48}{2}\left(\frac{288}{184}\right)^2+\left(\frac{100}{108}\right)^2$$
$$=3.3>1$$

不满足条件。

例5-6：双向压缩与剪切力作用下方形腹板

一未加强板，尺寸为1000mm×1000mm×10mm。$\sigma_{x,Ed}=\sigma_{z,Ed}=100\text{MPa}$，$\tau_{Ed}=100\text{MPa}$。作用工况如下：

①仅 $\sigma_{x,Ed}$。

②仅 $\sigma_{x,Ed}$ 与 $\sigma_{z,Ed}$。

③$\sigma_{x,Ed}$、$\sigma_{z,Ed}$ 和 τ_{Ed}。

试确定板的常用系数。

解：1）按EN 1993-2计算

首先计算每种应力单独作用下的极限应力。

正应力：$\sigma_{cr,x}=\sigma_{cr,y}=\dfrac{k_\sigma\pi^2Et^2}{12(1-\nu^2)\bar{b}^2}=\dfrac{4\times\pi^2\times210\times10^3\times10^2}{12\times(1-0.3^2)\times1000^2}=75.9(\text{MPa})$；

剪应力：$\tau_{cr}=\dfrac{k_\tau\pi^2Et^2}{12(1-\nu^2)b^2}=\dfrac{9.43\times\pi^2\times210\times10^3\times10^2}{12\times(1-0.3^2)\times1000^2}=179(\text{MPa})$；

其中：$k_\tau=5.34+4.00\left(\dfrac{\bar{b}}{a}\right)^2=5.34+4.00\left(\dfrac{1000}{1000}\right)^2=9.43$。

(1)仅 $\sigma_{x,Ed}$。

特征抗力的荷载放大系数为：

$$\frac{1}{\alpha_{ult,k}^2}=\left(\frac{\sigma_{x,Ed}}{f_y}\right)^2+\left(\frac{\sigma_{z,Ed}}{f_y}\right)^2-\left(\frac{\sigma_{x,Ed}}{f_y}\right)\left(\frac{\sigma_{z,Ed}}{f_y}\right)+3\left(\frac{\tau_{Ed}}{f_y}\right)^2$$

$$\alpha_{ult,k}=\frac{355}{100}=3.55$$

对单应力作用：$\alpha_{c\tau,x}=\dfrac{75.9}{100}=0.76$，因此 $\alpha_{cr}=0.76$

板屈服长细比：$\bar{\lambda}_p=\sqrt{\dfrac{\alpha_{ult,k}}{\alpha_{cr}}}=\sqrt{\dfrac{3.55}{0.76}}=2.16$

因此，纵向正应力折减系数：

$$\rho_x=\frac{\overline{\lambda}_p-0.055(3+\psi)}{\overline{\lambda}_p^2}=\frac{2.16-0.055\times(3+1)}{2.16^2}=0.416$$

$$\left(\frac{\sigma_{x,Ed}}{\rho_x f_y/\gamma_{M1}}\right)^2+\left(\frac{\sigma_{z,Ed}}{\rho_z f_y/\gamma_{M1}}\right)^2-\left(\frac{\sigma_{x,Ed}}{\rho_x f_y/\gamma_{M1}}\right)\left(\frac{\sigma_{z,Ed}}{\rho_z f_y/\gamma_{M1}}\right)+3\left(\frac{\tau_{Ed}}{\chi_v f_y/\gamma_{M1}}\right)^2$$
$$=\left(\frac{100}{0.416\times355/1.1}\right)^2=0.55<1.0$$

实际常用系数为$\sqrt{0.55}=0.74$。

(2)$\sigma_{x,Ed}$与$\sigma_{z,Ed}$。

抗力的荷载放大系数:

$$\frac{1}{\alpha_{ult,k}^2}=\left(\frac{\sigma_{x,Ed}}{f_y}\right)^2+\left(\frac{\sigma_{z,Ed}}{f_y}\right)^2-\left(\frac{\sigma_{x,Ed}}{f_y}\right)\left(\frac{\sigma_{z,Ed}}{f_y}\right)+3\left(\frac{\tau_{Ed}}{f_y}\right)^2$$
$$=\left(\frac{100}{355}\right)^2+\left(\frac{100}{355}\right)^2-\left(\frac{100}{355}\right)\left(\frac{100}{355}\right)=0.079$$

所以 $\alpha_{ult,k}=3.55$,与单向压缩相同。

对于应力分别作用:$\alpha_{cr,x}=\alpha_{cr,z}=\frac{\sigma_{cr,x}}{\sigma_{Ed,x}}=\frac{75.9}{100}=0.76$

对于应力组合作用,极限荷载系数:

$$\frac{1}{\alpha_{cr}}=\frac{1+1}{4\times0.76}+\frac{1+1}{4\times0.76}+\left[\left(\frac{1+1}{4\times0.76}+\frac{1+1}{4\times0.76}\right)^2\right]^{\frac{1}{2}}=2.632,\alpha_{cr}=0.380$$

板屈服长细比:$\overline{\lambda}_p=\sqrt{\frac{\alpha_{ult,k}}{\alpha_{cr}}}=\sqrt{\frac{3.55}{0.380}}=3.056$

因此,纵横向正应力折减系数为:

$$\rho_x=\frac{\overline{\lambda}_p-0.055(3+\psi)}{\overline{\lambda}_p^2}=\frac{3.056-0.055\times(3+1)}{3.056^2}=0.304$$

$$\left(\frac{\sigma_{x,Ed}}{\rho_x f_y/\gamma_{M1}}\right)^2+\left(\frac{\sigma_{z,Ed}}{\rho_z f_y/\gamma_{M1}}\right)^2-\left(\frac{\sigma_{x,Ed}}{\rho_x f_y/\gamma_{M1}}\right)\left(\frac{\sigma_{z,Ed}}{\rho_z f_y/\gamma_{M1}}\right)+3\left(\frac{\tau_{Ed}}{\chi_v f_y/\gamma_{M1}}\right)^2$$
$$=\left(\frac{100}{0.304\times355/1.1}\right)^2+\left(\frac{100}{0.304\times355/1.1}\right)^2-\left(\frac{100}{0.304\times355/1.1}\right)\left(\frac{100}{0.304\times355/1.1}\right)$$
$$=1.04>1.0$$

实际常用系数为$\sqrt{1.04}=1.02$。

(3)$\sigma_{x,Ed}$、$\sigma_{z,Ed}$和τ_{Ed}

抗力的荷载放大系数:

$$\frac{1}{\alpha_{ult,k}^2}=\left(\frac{\sigma_{x,Ed}}{f_y}\right)^2+\left(\frac{\sigma_{z,Ed}}{f_y}\right)^2-\left(\frac{\sigma_{x,Ed}}{f_y}\right)\left(\frac{\sigma_{z,Ed}}{f_y}\right)+3\left(\frac{\tau_{Ed}}{f_y}\right)^2$$
$$=\left(\frac{100}{355}\right)^2+\left(\frac{100}{355}\right)^2-\left(\frac{100}{355}\right)\left(\frac{100}{355}\right)+3\left(\frac{100}{355}\right)^2=0.31$$

$\alpha_{ult,k}=1.775$

应力分别作用时:$\alpha_{cr,x}=\alpha_{cr,z}=\frac{\sigma_{cr,x}}{\sigma_{Ed,x}}=\frac{75.9}{100}=0.76,\alpha_{cr,\tau}=\frac{\tau_{cr}}{\tau_{Ed}}=\frac{179}{100}=1.79$

应力组合作用时,极限荷载系数:

$$\frac{1}{\alpha_{cr}}=\frac{1+1}{4\times0.76}+\frac{1+1}{4\times0.76}+\left[\left(\frac{1+1}{4\times0.76}+\frac{1+1}{4\times0.76}\right)^2+0+0+\frac{1}{1.79^2}\right]^{\frac{1}{2}}=2.745$$

$\alpha_{cr}=0.364$

板屈服长细比：$\bar{\lambda}_{P}=\sqrt{\frac{\alpha_{ult,k}}{\alpha_{cr}}}=\sqrt{\frac{1.775}{0.364}}=2.207$

因此，纵横向正应力折减系数：

$$\rho_x=\frac{\bar{\lambda}_p-0.055(3+\psi)}{\bar{\lambda}_p^2}=\frac{2.207-0.055\times(3+1)}{2.207^2}=0.408$$

假设刚性约束边界条件，剪应力折减系数为：

$$\chi_w=\frac{1.37}{0.7+\bar{\lambda}_w}=\frac{1.37}{0.7+2.207}=0.471$$

$$\left(\frac{\sigma_{x,Ed}}{\rho_x f_y/\gamma_{M1}}\right)^2+\left(\frac{\sigma_{z,Ed}}{\rho_z f_y/\gamma_{M1}}\right)^2-\left(\frac{\sigma_{x,Ed}}{\rho_x f_y/\gamma_{M1}}\right)\left(\frac{\sigma_{z,Ed}}{\rho_z f_y/\gamma_{M1}}\right)+3\left(\frac{\tau_{Ed}}{\chi_v f_y/\gamma_{M1}}\right)^2$$

$$=\left(\frac{100}{0.41\times355/1.1}\right)^2+\left(\frac{100}{0.41\times355/1.1}\right)^2-\left(\frac{100}{0.41\times355/1.1}\right)\left(\frac{100}{0.41\times355/1.1}\right)+$$

$$3\left(\frac{100}{0.471\times355/1.1}\right)^2=1.86>1.0$$

实际常用系数$\sqrt{1.86}=1.36$。

2）按 GB 50017—2017 计算

首先计算每种应力单独作用下的极限应力。弹性临界屈服力与其宽厚比有关。

正应力：$\sigma_{cr,x}=\sigma_{cr,y}=\frac{k_\sigma\pi^2Et^2}{12(1-\nu^2)\bar{b}^2}=\frac{4\times\pi^2\times206\times10^3\times10^2}{12(1-0.3^2)\times1000^2}=74.5(\mathrm{MPa})$；

剪应力：$\tau_{cr}=\frac{k_\tau\pi^2Et^2}{12(1-\nu^2)b^2}=\frac{9.34\times\pi^2\times206\times10^3\times10^2}{12(1-0.3^2)\times1000^2}=173.9(\mathrm{MPa})$；

式中，$k=4+5.34\left(\frac{\bar{b}}{a}\right)^2=4+5.34\left(\frac{1000}{1000}\right)^2=9.34$。

（1）仅 $\sigma_{x,Ed}$。

只有单向受力时，应力为：

$\sqrt{\sigma^2+\sigma_c+\sigma\sigma_c+3\tau^2}=\sqrt{100^2}=100(\mathrm{MPa})\leqslant1.1\times350=385(\mathrm{MPa})$

满足条件。

（2）仅 $\sigma_{x,Ed}$与 $\sigma_{z,Ed}$。

当存在两个方向的正应力时，其折算应力为：

$\sqrt{\sigma^2+\sigma_c+\sigma\sigma_c+3\tau^2}=\sqrt{100^2+100+100\times100}=141.8(\mathrm{MPa})\leqslant1.1\times350=385(\mathrm{MPa})$

折算应力满足条件。

式中，采用 390 钢材，其抗压设计值 $f=350\mathrm{MPa}$，计算折算应力的强度设计值增大系数，应力同号，$\beta_1=1.1$。

（3）$\sigma_{x,Ed}$、$\sigma_{z,Ed}$和 τ_{Ed}。

当存在两个方向的正应力，并且有剪应力时，其折算应力为：

$\sqrt{\sigma^2+\sigma_c+\sigma\sigma_c+3\tau^2}=\sqrt{100^2+100+100\times100+3\times100^2}=223.8(\mathrm{MPa})\leqslant1.1\times350=385(\mathrm{MPa})$

折算应力满足条件。

5.2.3 受拉构件

EN 1993-2 对截面抗力的基本规定为：

$$\frac{N_{\mathrm{Ed}}}{N_{\mathrm{t,Rd}}} \leqslant 1.0 \tag{5-29}$$

式中：N_{Ed}——设计作用拉力；

$N_{\mathrm{t,Rd}}$——抗拉力，取下述两者中的小者。

(1)总截面设计塑性抗力 $N_{\mathrm{pl,Rd}}$：

$$N_{\mathrm{pl,Rd}} = \frac{Af_{\mathrm{y}}}{\gamma_{\mathrm{M0}}} \tag{5-30}$$

式中：A——钢构件总截面面积；

f_{y}——钢构件屈服应力。

(2)净截面设计极限抗力 $N_{\mathrm{u,Rd}}$(扣除孔洞)：

$$N_{\mathrm{u,Rd}} = \frac{0.9A_{\mathrm{net}}f_{\mathrm{u}}}{\gamma_{\mathrm{M2}}} \tag{5-31}$$

式中：A_{net}——净截面面积；

f_{u}——钢构件极限拉应力；

0.9——系数，考虑净截面应力的非均匀分布，由应力集中或较小的偏心距产生。

在C类连接(极限状态时不允许滑动)中，不允许使用极限拉应力。这是因为在螺栓附近材料较大的塑性变形导致板厚度的折减，从而导致螺栓中挤压力的折减。此时，必须用净截面进行屈服验算：

$$N_{\mathrm{net,Rd}} \leqslant \frac{A_{\mathrm{net}}f_{\mathrm{y}}}{\gamma_{\mathrm{M0}}} \tag{5-32}$$

对于可以忽略螺栓孔效应的情形，可给出组合允许比值 A_{net}/A：

$$\frac{A_{\mathrm{net}}}{A} \geqslant \frac{A_{\mathrm{y}}\gamma_{\mathrm{M2}}}{0.9f_{\mathrm{u}}\gamma_{\mathrm{M0}}} \tag{5-33}$$

对于S355级钢，最小允许比 $A_{\mathrm{net}}/A = 0.97$($\gamma_{\mathrm{M2}} = 1.25$，$\gamma_{\mathrm{M0}} = 1.00$，$f_{\mathrm{y}} = 355\mathrm{MPa}$ 和 $f_{\mathrm{u}} = 510\mathrm{MPa}$)。这表明，当构件受拉时，对于S355级钢构件，即使出现一个很小的螺栓孔，也可能会导致截面抗力降低。如果极限强度取自EN 10025，那么 $f_{\mathrm{u}} = 490\mathrm{MPa}$，最小比值 A_{net}/A 变成1.0。这意味着式(5-28)中的验算总是起控制作用。

JTG D64—2015对轴心拉伸构件的规定较为简单：

(1)轴心受拉构件承载力，除高强度螺栓摩擦型连接处外，应按下式计算：

$$\gamma_0 N_{\mathrm{d}} \leqslant A_0 f_{\mathrm{d}} \tag{5-34}$$

式中：N_{d}——轴心拉力设计值；

A_0——净截面面积。

(2)高强度螺栓摩擦型连接处的承载力按下式计算：

$$\left(1 - 0.5\frac{n_1}{n}\right)\gamma_0 N_{\mathrm{d}} \leqslant A_0 f_{\mathrm{d}} \tag{5-35}$$

式中：N_{d}——在节点或拼接处，构件一端连接的高强度螺栓数目；

n_1——所计算截面(最外列螺栓处)上的高强度螺栓数目。

比较中欧标准关于轴心拉伸构件承载力的计算式可以看出，欧洲标准使用0.9的折减系数，以考虑非均匀应力的影响；另外欧洲标准同时验算总截面塑性抗力和净截面极限抗力，并取两者中的较小者。中国标准仅考虑净截面屈服(高强度螺栓摩擦型连接除外)状态，没有考虑两者的差异。

例5-7：受拉角钢

一100mm×100mm×12mm热轧角钢(S355级)每端包含4个26mm直径的螺栓孔；连接构

造为 B 类(ULS 时允许滑动),几何形状如图 5-19 所示。

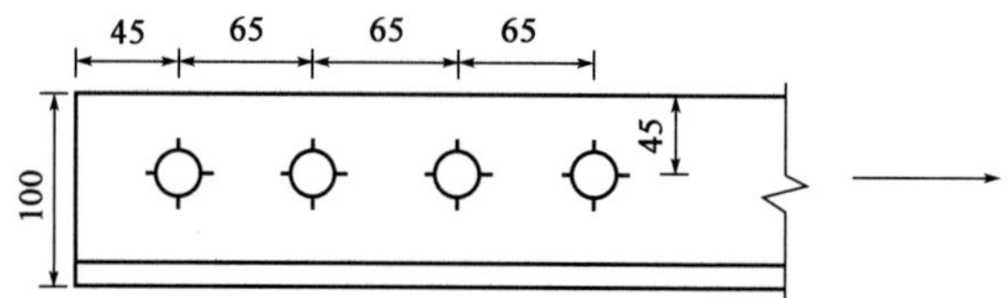

图 5-19　例 5-7 图(尺寸单位:mm)

解:1)按 EN 1993-2 计算

计算连接处角钢最大抗拉力。

角钢总面积 $=2270\text{mm}^2$。

根据 EN 1993-1-1 中表 3.1 可知:$f_y=355\text{MPa}$,$f_u=510\text{MPa}$,厚 12mm 平板。

总截面设计塑性抗力为:$N_{\text{pl,Rd}}=\dfrac{Af_y}{\gamma_{\text{M0}}}=\dfrac{2270\times355}{1.0}=3805.9(\text{kN})$

因为连接涉及单支角钢连接,必须考虑偏心,EN 1993-1-8 第 3.10.3 条中的净截面规则适用。净截面通过系数 β_3 修正,以允许螺栓偏心。当角钢为等边角钢时,A_{net} 可由实际总面积确定。

此处,当螺栓排距≤2.5 倍孔径时,$\beta_3=0.5$,则:

$$N_{\text{u,Rd}}=\frac{\beta_3A_{\text{net}}f_u}{\gamma_{\text{M2}}}=\frac{0.5\times(2270-26\times12)\times510}{1.25}=399.4(\text{kN})$$

因此,$N_{\text{t,Rd}}$ 由净面积控制,$N_{\text{t,Rd}}=399.4\text{kN}$。

2)按 JTG D64—2015 计算

钢材采用 Q390,$t<16\text{mm}$,抗拉和抗弯设计值为 $f=350\text{MPa}$,抗剪设计值为 $f_v=205\text{MPa}$。普通粗制 8.8 级螺栓连接,螺栓直径 $d=25.5\text{mm}$。角钢总面积 $=2270\text{mm}^2$。

当沿最端部其中一个破坏时,净截面面积为:$A_{\text{eff}}=2270-26\times12=1958(\text{mm}^2)$。

由 $\sigma=\dfrac{N_d}{A_0}$(式中,$\sigma=f=350\text{MPa}$)得 $N_d=fA_0=350\times1958=685.3(\text{kN})$。

连接处角钢的最大抗拉力为 685.3kN。

单个螺栓的抗剪设计值:$N_u^b=n_u\dfrac{\pi d^2}{4}f_u^b=1\times\dfrac{\pi\times25.5^2}{4}\times320=163.4(\text{kN})$

单个螺栓的承压载力设计值:$N_c^b=d\Sigma t f_c^b=25.5\times12\times400=122.4(\text{kN})$

$$N_{\min}^b=\min\{N_c^b,N_u^b\}=122.4\text{kN}$$

构件所受的拉力:$N=4N_{\min}^b=4\times122.4=489.6(\text{kN})$。

综合计算分析,该构件的连接拉力由螺栓拉力控制,并非角钢的极限抗拉力控制,所以连接处角钢的最大拉力为 489.6kN。

5.2.4　受压构件

EN 1993-2 对截面抗力的基本规定为:

$$\frac{N_{\text{Ed}}}{N_{\text{c,Rd}}}\leqslant1.0 \tag{5-36}$$

式中:N_{Ed}——设计作用压力;

$N_{\text{c,Rd}}$——均匀压力的设计抗力。

要求对 1、2 或 3 类构件与 4 类截面分别使用不同的计算方法。

假如截面是 1、2 或 3 类,它可能在没有局部屈服的条件下达到屈服强度。截面抗力为截面面积与屈服应力的乘积，具体如下：

$$N_{c,Rd}=\frac{Af_y}{\gamma_{M0}} \tag{5-37}$$

4 类截面易在比屈服强度小的应力点产生局部屈服。标准中给出两种计算截面抗压承载力的方法。

一是使用有效应力法。对于双对称截面，抗压承载力为：

$$N_{c,Rd}=\frac{A_{eff}f_y}{\gamma_{M0}} \tag{5-38}$$

当轴向荷载的有效截面用于非对称截面计算时，中性轴将在总截面上由原始位置偏移 e_N。这种偏移在截面上产生关于新中性轴位置的轴力。验算截面抗力时必须包括附加弯曲应力。

二是使用总截面面积，但限制轴向应力小于屈服强度：

$$N_{c,Rd}=\frac{A\sigma_{limit}}{\gamma_{M0}} \tag{5-39}$$

式中：σ_{limit}——截面最弱部分的极限压应力，根据 EN 1993-1-5 第 10 条中的方法确定。

EN 1993-2 规定螺栓孔不需从总面积中扣除，前提是螺栓孔上紧螺栓。

JTG D64—2015 对轴心受压构件强度计算的规定如下。

轴心受压构件强度应按下式计算：

$$\gamma_0 N_d \leqslant A_{eff,c} f_d \tag{5-40}$$

式中：N_d——最不利截面轴心压力设计值；

$A_{eff,c}$——考虑局部稳定影响的有效截面面积。

中欧标准的差异仍在于欧洲标准将截面分为 4 种类型，每种类型对应不同的计算方法，而中国标准统一简化为同一种形式。

例 5-8：普通受压柱

一 152×152×37 的通用柱（S355 级）完全受弯曲屈服控制。截面中所有孔洞均装有预应力螺栓。计算柱所能抵抗的最大压力。

解：1）按 EN 1993-2 计算

首先确定截面类型以判断是否存在局部屈服的可能。

由截面表中查得：

UC 面积 $=4740\text{mm}^2$；

翼缘外凸长宽比（c/t）$=6.36$（保守地取至腹板表面）；

腹板长宽比（c/t）$=17.1$（保守地取翼缘表面之间）；

翼缘为 1 类截面（$c/t\leqslant 9\varepsilon=9\times0.81=7.29$），腹板为 1 类截面（$c/t\leqslant 33\varepsilon=33\times0.81=26.73$）。

因此 1 类截面不会出现局部屈服。

$$N_{c,Rd}=\frac{Af_y}{\gamma_{M0}}=\frac{4740\times355}{1.0}=1682.7(\text{kN})$$

因此，UC 抗压力 $=1682.7\text{kN}$。

2）按 JTG D64—2015 计算

尺寸为 152mm×152mm×37mm 的截面的几何特征为：绕非对称轴发生弯曲屈曲。钢材采用 Q390，$t>16\text{mm}$，抗拉、抗压和抗弯设计值为 $f=315\text{MPa}$。

净截面面积 $A_{eff}=4740\text{mm}^2$，受弯曲屈服控制，即绕非对称轴的弯曲屈曲。

（1）假设该构件未发生整体失稳，此时截面承载能力为：

$N_d = A_{eff,c} f = 4740 \times 315 = 1493.1(kN)$

(2)构件的稳定承载能力,对于单轴对称的单角钢,绕对称轴或非对称轴失稳都属于b类截面。当失稳由弯曲屈服控制时,则:

轴心受压构件长细比 $\lambda < [\lambda] = 150$,取最大的长细比为150。

由附表查得其中稳定系数 φ 最小为0.198。

$N_{dmin} = \varphi A_{eff,c} f = 0.198 \times 4740 \times 315 = 295.6(kN)$

综上所述,当构件未发生失稳情况下,截面达到极限承载力,此时抵抗的最大压力为1493.1kN。当截面未达到极限载力发生失稳,此时承载力由稳定系数决定,长细比越小,承载力越大,最小承载力为295.6kN,最大承载力为1493.1kN。

5.2.5 受弯构件

EN 1993-2 对截面抗弯能力的基本规定为:

$$\frac{M_{Ed}}{M_{c,Rd}} \leqslant 1.0 \tag{5-41}$$

式中:M_{Ed}——弯矩作用设计值;

$M_{c,Rd}$——钢梁设计抵抗矩。

截面验算仅与局部截面相关。EN 1993-2 规定为截面设计的不同方法取决于截面类型。

1)1类截面

1类截面可能发展为完全塑性铰。梁的设计抗力对应完全塑性内部应力分布,如图5-20所示。

抵抗矩由下式给出:

$$M_{c,Rd} = \frac{W_{pl} f_y}{\gamma_{M0}} \tag{5-42}$$

如果整个截面屈服强度不为常数,塑性模量 W_{pl} 不能使用,需直接由塑性应力分布曲线计算抗力。

2)2类截面

2类截面也可能完全发挥塑性抗力,但旋转能力有限。设计抗力与塑性应力分布对应,如图5-20所示,而不是按式(5-43)计算抗力。

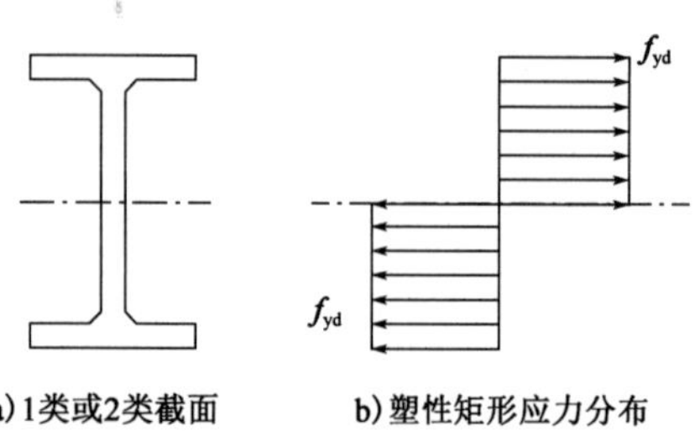

图5-20 1类或2类截面应力分布曲线

如果连续结构桥梁中的所有截面不是1类就是2类,那么当使用弹性整体分析时,桥面整体截面设计时应谨慎处理混合截面。因为当达到1类或2类截面的屈服点时,荷载增量使其刚度降低。这种刚度损失意味着弯矩调整幅度大于弹性分析预期。如果截面为3类或4类,这类截面的屈服将是局部的,伴随有限的旋转能力。这种3类或4类截面的弯矩扩散必须进行验算。

3)3类截面

3类截面可能在其最外层纤维发生压缩屈服,但如果受压屈服开始在截面进一步扩展将产生局部屈服破坏。因此,当最外层压缩纤维达到屈服时,最大抗力也达到。总之,设计中不考虑拉伸区的部分塑性,当弹性应力分布的应力在某一侧达到屈服时,不管是压力还是拉力,都视为达到设计抗力,如图5-21所示。

抵抗矩由下式给出:

$$M_{c,Rd}=\frac{W_{el,min}f_y}{\gamma_{M0}} \tag{5-43}$$

式中：$W_{el,min}$——最大应力纤维处的截面模量。

然而，屈服首先发生在3类截面的受拉一侧，因为塑性应力曲线可能在拉伸区发展直到外层压缩纤维发生屈服。当受压翼缘较大时即可能发生上述现象，如图5-22所示。然后，这种情形的抵抗矩，通过平面假设、双应力-应变曲线图与拉压区应力平衡确定。中性轴随塑性扩展向拉伸区移动，这可能影响截面类型的变化。

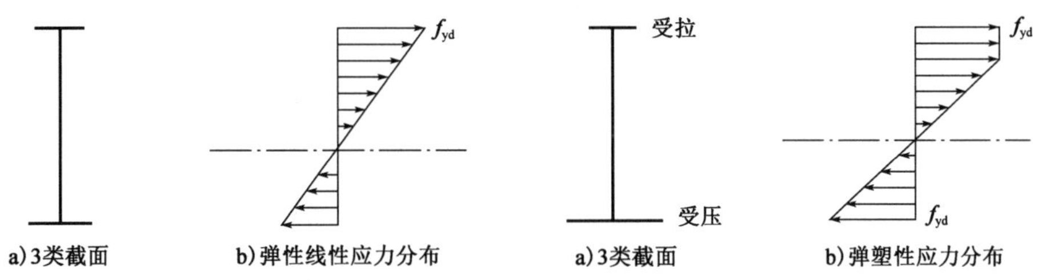

图5-21 3类截面弹性应力分布

图5-22 3类截面部分塑性应力分布

4)4类截面

4类截面在达到屈服之前已因局部屈服而破坏。EN 1993-2中的第6.2.5(2)b)条允许使用两种方法(有效面积法与有限应力法)，计算抗弯承载力。

对于有效面积法，当在有效截面最外层纤维达到屈服时，如图5-23所示，抗弯承载力可由下式计算：

$$M_{c,Rd}=\frac{W_{el,min}f_y}{\gamma_{M0}} \tag{5-44}$$

式中：$W_{el,min}$——有效截面的最小弹性截面模量。

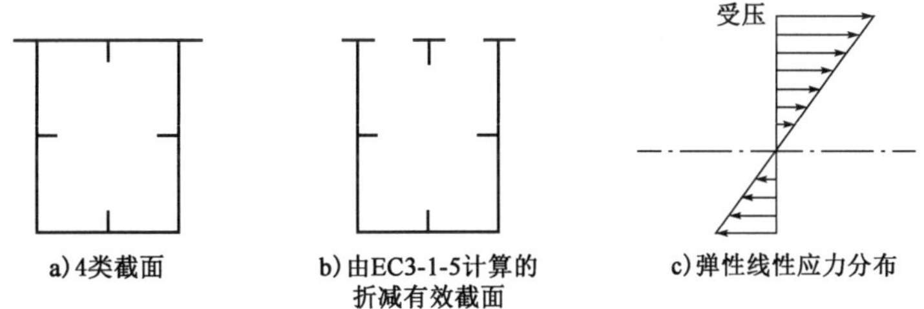

图5-23 4类截面的弹性应力分布

$$M_{c,Rd}=\frac{W_{el,min}\sigma_{limit}}{\gamma_{M0}} \tag{5-45}$$

对于极限应力法，使用总截面，但当最弱受压板因局部屈服破坏时认为已获得抗弯承载力。这使极限应力σ_{limit}小于屈服应力，如图5-24所示。

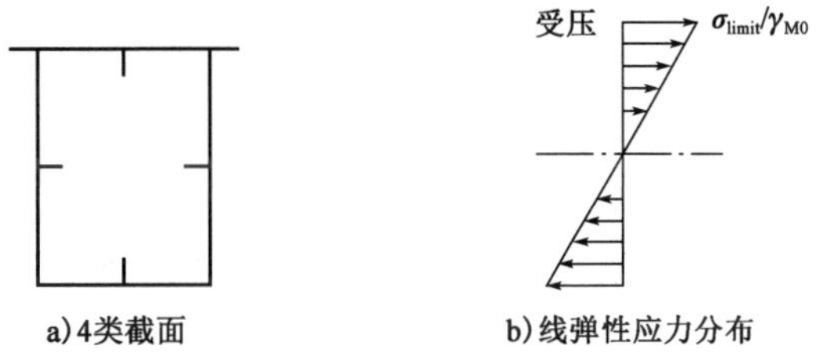

图5-24 4类等效3类截面弹性应力分布

为确定σ_{limit}，首先验算弯曲应力单独作用的情形。这包括验算截面的所有组成部分，可能具有不同的允许应力。

σ_{limit}的定义“受压截面最弱部分的极限应力”，对于首先屈服不是在最外层纤维的板，是非常保守的，因而不承担最大应力。因此，σ_{limit}可能确定为最外层纤维的峰值弯曲压应力，由局部屈服产生的破坏在截面范围内，不一定是在最大应力纤维点。σ_{limit}的值显然不应超过f_y。在式(5-45)中，$W_{\text{el,min}}$的值可能保守地取压缩纤维或拉伸纤维中的最小值。验算压应力时使用σ_{limit}、验算拉应力时使用f_y更为合理，所以抵抗矩为下列计算式中的最小值：

$$M_{\text{c,Rd}}=\frac{W_{\text{el,comp}}\sigma_{\text{limit}}}{\gamma_{\text{M0}}}$$

$$M_{\text{c,Rd}}=\frac{W_{\text{el,ten}}f_y}{\gamma_{\text{M0}}}$$

5）螺栓孔

当计算相关截面特性时，需考虑梁截面拉伸区中的螺栓孔。如果满足下列方程，允许忽略拉伸翼缘中的螺栓孔：

$$\frac{A_{\text{f,net}}0.9f_u}{\gamma_{\text{M2}}}\geqslant\frac{A_f f_y}{\gamma_{\text{M0}}} \tag{5-46}$$

式中：$A_{\text{f,net}}$——拉伸翼缘净面积。如果上述方程不能满足，在弯曲验算中使用的拉伸翼缘面积需要折减。或使用净面积或使用翼缘面积有效值A_f'。折减翼缘面积为：

$$A'_f=\frac{A_{\text{f,net}}0.9f_u/\gamma_{\text{M2}}}{A_f/\gamma_{\text{M0}}} \tag{5-47}$$

对于整个拉伸区由拉伸翼缘与拉伸腹板的部分组成的情形，允许忽略腹板拉伸区的螺栓孔。此时，相关面积为整个拉伸区的面积。

JTG D64—2015 规定在主平面内受弯实腹式构件的抗弯强度应满足下列要求。

(1)翼缘板弯曲正应力。

主平面内受弯实腹式构件：

$$\gamma_0\frac{M_y}{W_{\text{y,eff}}}\leqslant f_d \tag{5-48}$$

双向受弯的实腹式构件：

$$\gamma_0\left(\frac{M_y}{W_{\text{y,eff}}}+\frac{M_z}{W_{\text{z,eff}}}\right)\leqslant f_d \tag{5-49}$$

式中：M_y、M_z——计算截面的弯矩设计值；

$W_{\text{y,eff}}$、$W_{\text{z,eff}}$——有效截面相对于y轴和z轴的截面模量，其中受拉翼缘应考虑剪力滞影响，受压翼缘应同时考虑剪力滞和局部稳定影响。

(2)腹板剪应力应满足式(5-50)的要求。开口截面腹板弯曲剪应力可按式(5-51)计算，闭口截面腹板剪应力应按剪力流理论计算。

$$\gamma_o\tau\leqslant f_{\text{vd}} \tag{5-50}$$

$$\tau=\frac{VS}{It_w} \tag{5-51}$$

式中：V——剪力设计值；

S、I——有效截面面积矩和惯性矩；

t_w——腹板厚度。

(3)未设加劲肋的腹板局部应力应满足下列要求：

$$\gamma_0\frac{F}{t_w l_x}\leqslant f_d \tag{5-52}$$

式中：l_x——有效分布长度；

F——局部集中力，如图 5-25 所示。

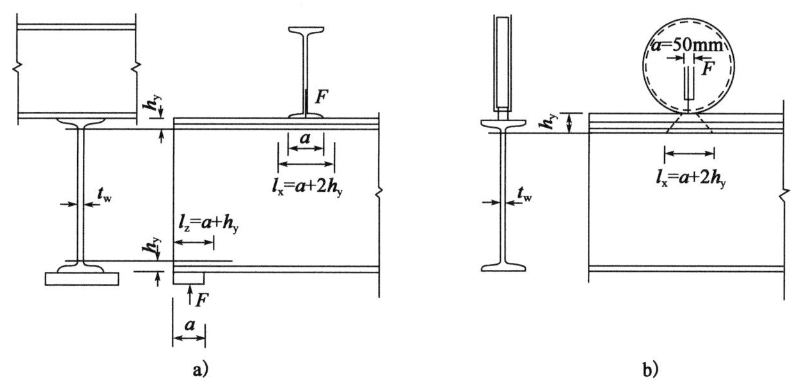

图 5-25　局部承压

(4)平面内受弯实腹式构件腹板在正应力 σ_x、剪应力 τ 共同作用时，应满足下列要求：

$$\gamma_0\sqrt{\left(\frac{\sigma_x}{f_d}\right)^2+\left(\frac{\tau}{f_{vd}}\right)^2}\leqslant 1 \tag{5-53}$$

中欧标准关于弯曲应力的验算，仍然体现在截面类型的差异。欧洲标准分别对 4 类截面使用应力限值条件。

5.2.6　剪切

5.2.6.1　没有剪切屈服时的抗剪能力

按 EN 1993 剪切设计，短而且刚度大的腹板抗剪能力可能超过基于 Von Mises 的屈服应力 $f_y/\sqrt{3}$。试验研究表明，应变硬化允许发挥更大的抗力而没有产生过量变形。引入系数 η，以考虑这种效应。对于 S460 级的钢，推荐 $\eta=1.2$，平均腹板剪应力等于 $0.7f_y$。对于 S460 级以上的钢材，推荐 $\eta=1.0$。

在没有剪切屈服条件下，剪切抗力基于塑性抗力：

$$V_{pl,Rd}=\frac{A_v f_y}{\sqrt{3}\gamma_{M0}} \tag{5-54}$$

式中：A_v——剪切面积，按 EN 1993-1-1 第 6.2.6(3)条计算。比如，组合 I 字梁腹板平行于腹板的剪切面积为 $\eta h_w t_w$，此时 h_w 与 t_w 分别为腹板的高度与厚度。

5.2.6.2　剪切屈服

当高厚比 h_w/t 超过某种极限时，腹板变为易产生剪切屈服的构件。当超过此值时必须验算整体屈服：

对于无纵向加强肋的腹板，$\frac{h_w}{t}>\frac{72}{\eta}\varepsilon$；

对于有纵向加强肋的腹板，$\frac{h_w}{t}>\frac{31}{\eta}\varepsilon\sqrt{k_\tau}$。

其中，$\varepsilon=\sqrt{\frac{235}{f_y}}$；$k_\tau$ 为剪切屈服系数；$\eta=1.0$。

1)抗剪承载力

EN 1993-1-5 第 5.2(1)条中的抗剪承载力计算公式为：

$$V_{b,Rd}=V_{bw,Rd}+V_{bf,Rd}\leqslant\frac{\eta f_{yw}h_w t}{\sqrt{3}\gamma_{M1}} \tag{5-55}$$

式中：$V_{bw,Rd}$——腹板的贡献；

$V_{bf,Rd}$——翼缘的贡献。

如果腹板是倾斜的，如在较大的箱梁中，设计应在腹板平面进行，取 h_w 平面内腹板的高度，垂直剪力应相应提高，以考虑平面内的剪力作用。

2）腹板的贡献

EN 1993-1-5 第 5.3(1) 条给出腹板的贡献：

$$V_{bw,Rd}=\frac{\chi_w f_{yw}h_w t}{\sqrt{3}\gamma_{M1}} \tag{5-56}$$

χ_w 由表 5-8 确定，取决于腹板的长细比。

EN 1993-1-5 中腹板的贡献 χ_w 表 5-8

$\bar{\lambda}_w$ 取值范围	刚 性 端 柱	非刚性端柱
$\bar{\lambda}_w<0.83/\eta$	η	η
$0.83/\eta\leqslant\bar{\lambda}_w<1.08$	$0.83/\bar{\lambda}_w$	$0.83/\bar{\lambda}_w$
$\bar{\lambda}_w\geqslant1.08$	$1.37/(0.7+\bar{\lambda}_w)$	$0.83/\bar{\lambda}_w$

按照 EN 1993-1-5，当 $\eta=1.2$ 时，刚性端柱和无刚性端柱 χ_w 与长细比的关系绘于图 5-26 中。

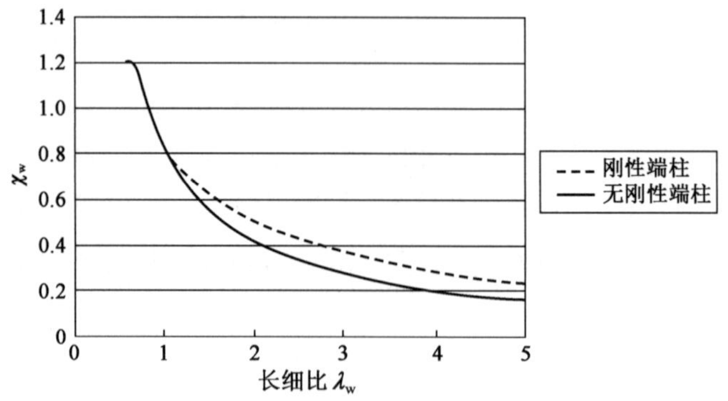

图 5-26 $\eta=1.2$ 时 χ_w 与长细比关系曲线

欧洲标准中长细比的计算式如下：

$$\bar{\lambda}_w=\sqrt{\frac{f_v}{\tau_{cr}}}=0.76\sqrt{\frac{f_{yw}}{\tau_{cr}}} \tag{5-57}$$

其中：

$$f_v=\frac{f_{yw}}{\sqrt{3}},\tau_{cr}=k_\tau\sigma_E=\frac{k_\tau\pi^2 Et^2}{12(1-\nu^2)b^2} \tag{5-58}$$

式中，k_τ 为屈服系数，其值取决于是否验算子板或整体加强板屈服。σ_E 在 EN 1993-1-5 附录 A 中定义。在 EN 1993-1-5 第 5 条范围内，对于腹板整体屈服，b 为整个腹板高度 h_w，对于子板屈服，b 为子板高度 h_{wi}。EN 1993-1-5 中 b 一般用于整体宽度或板高度，关于屈服的规定适用于腹板和翼缘。在 EN 1993-1-5 中规定的其他场所，用 $\Delta\sigma_R^5 N_R=26.5^3\times5\times10^6$ 替换 h_{wi} 表示子板宽度。每次验算时设计人员必须仔细思考 b 究竟取哪个值。

无纵向加强肋，三根或更多纵向加强肋或所有 $a/b\geqslant3$ 的情形如下：

$$k_\tau=5.34+4.00\left(\frac{b}{a}\right)^2+k_{\tau sl}\qquad\left(\frac{a}{b}\geqslant1\right) \tag{5-59}$$

$$k_\tau=4.00+5.34\left(\frac{b}{a}\right)^2+k_{\tau sl}\qquad\left(\frac{a}{b}<1\right)$$

$$k_{\tau sl}=9\left(\frac{b}{a}\right)^2\sqrt[4]{\left(\frac{I_{sl}}{t^3b}\right)^3},\text{但不小于 } k_{\tau sl}=\frac{2.1}{t}\sqrt[3]{\frac{I_{sl}}{b}} \tag{5-60}$$

式中,b 为整个腹板高度 h_w(对于整体屈服),或子板高度 h_{ui}(对于子板屈服)。对于子板 $k_{\tau sl}=0$。

以上公式都包含纵向加强肋贡献的折减。I_{sl}指所有纵向加强肋总的面积二阶矩,假设在加强肋每侧附加腹板宽度 $15\varepsilon t$ 计算。

对于少于 3 根纵加强肋且 $a/b<3$ 的情形,要求考虑加强肋的离散特性,此时:

$$k_{\tau}=4.1+\frac{6.3+0.18\dfrac{I_{sl}}{t^3b}}{\alpha^2}+2.2\sqrt[3]{\frac{I_{sl}}{t^3b}} \tag{5-61}$$

对于一根加强肋的情形,加强肋距翼缘的距离不能小于 $0.2b$。

横向加强肋与/或纵向加强肋的腹板整体长细比的一般表达式为:

$$\bar{\lambda}_w=\frac{h_w}{37.4t\varepsilon\sqrt{k_{\tau}}} \tag{5-62}$$

对于仅在支座处无纵向加强肋与横向加强肋的构件,取 $b/a=0$,则有:

$$\bar{\lambda}_w=\frac{h_w}{86.4t\varepsilon} \tag{5-63}$$

EN 1993-1-5 假设所有横向加强肋是刚性的,并根据 EN 1993-1-5 第 9 条设计试验保证这一条件。

存在纵向加强肋的情形,必须对最大长细比子板进行验算,以防止局部屈服:

$$\bar{\lambda}_w=\frac{h_{wi}}{37.4t\varepsilon\sqrt{k_{\tau i}}} \tag{5-64}$$

式中:h_{wi}——子板高度;

$k_{\tau i}$——子板屈服系数,忽略纵向加强肋。

3)翼缘的贡献

在合理的近距离中心处存在中间横向加强肋的情形,可能发展另一种拉应力机制。这是因为翼缘可能在加强肋之间跨越,给腹板形成约束垂直向上跨越一长度 c,如图 5-27 所示。这种拉应力场的预测值,必须由加强肋支撑。

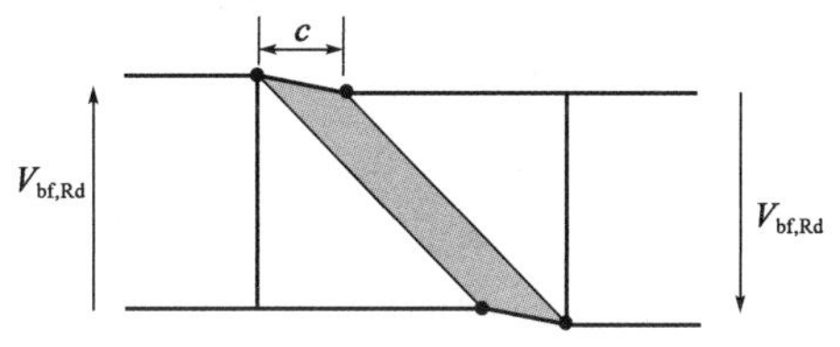

图 5-27 翼缘分量 $V_{bf,Rd}$的图式

考虑图 5-27 中翼缘破坏机制,受弯翼缘支撑的剪力可从能量的角度表示:

$$V_{bf,Rd}=\frac{b_f t_f^2 f_{yf}}{c\gamma_{M1}} \tag{5-65}$$

当包含翼缘中同时存在整体作用产生的纵向应力时,翼缘贡献为:

$$V_{bf,Rd}=\frac{b_f t_f^2 f_{yf}}{c\gamma_{M1}}\left[1-\left(\frac{M_{Ed}}{M_{f,Rd}}\right)^2\right] \tag{5-66}$$

式中:$M_{f,Rd}$——截面设计抗弯承载力,基于翼缘有效截面。在有轴力作用的情况下,应按 EN 1993-1-5 中的式(5.9)进行折减。拉伸带的宽度为:

$$c=a\left(0.25+\frac{1.6b_f t_f^2 f_{yf}}{t h_w^2 f_{yw}}\right) \tag{5-67}$$

由此可以看出,翼缘的贡献考虑了与弯矩的相互作用。式(5-70)应分别作用于两个翼缘,并且取最小计算贡献值 $V_{bf,Rd}$。b_f 不应包含腹板两侧大于 $15\varepsilon t_f$ 的宽度。当单支翼缘出现在腹板一侧时,建议取 $b_f=0$,以避免考虑翼缘中的扭转。

GB 50017—2017 对于抗剪承载力的计算较为明确且具体:

当 $\lambda \leq 0.8$ 时，$V_u = h_w t_w f_v$；

当 $0.8 < \lambda \leq 1.2$ 时，$V_u = h_w t_w f_v [1 - 0.5(\lambda_s - 0.8)]$；

当 $\lambda > 1.2$ 时，$V_u = h_w t_w f_v / \lambda^{1.2}$。

没有考虑翼缘板的抗剪承载力贡献。因为翼缘的贡献在任何情形下都很小，这种处理也是合理的。

例 5-9：无纵向加强肋的梁

一 S355 级连续钢梁，平板尺寸如图 5-28a）所示。所有支座加强肋仅由双面加强肋组成，没有中间横向加强肋。计算中间支座与端支座处的抗剪力。

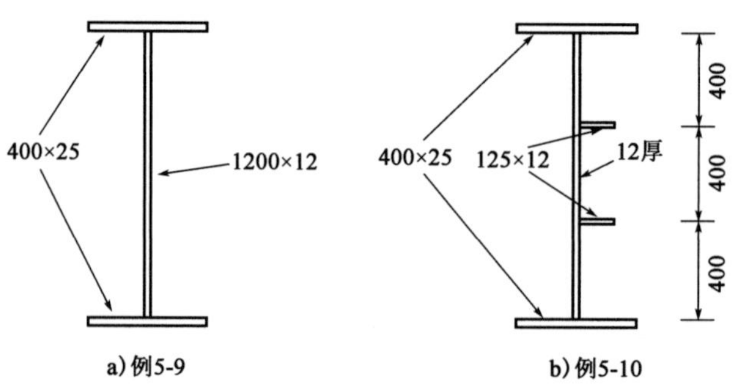

图 5-28　格架（尺寸单位：mm）

解：1）按 EN 1993-2 计算

首先考虑内支撑

对于没有中间加强肋的情形，长细比为：

$$\bar{\lambda}_w = \frac{h_w}{86.4t\varepsilon} = \frac{1200}{86.4 \times 12 \times 0.81} = 1.429$$

内支撑处，刚性端柱条件适用，由 EN 1993-1-5 中的表 5.1，得：

$$\chi_w = \frac{1.37}{0.7 + \bar{\lambda}_w} = \frac{1.37}{0.7 + 1.429} = 0.64$$

因为横向加强肋远离，忽略翼缘的贡献：

$$V_{bw,Rd} = \frac{\chi_w f_{yw} h_w t}{\sqrt{3}\gamma_{M1}} = \frac{0.64 \times 355 \times 1200 \times 12}{\sqrt{3} \times 1.1} = 1727(\text{kN})$$

考虑端支座，长细比为：

$$\bar{\lambda}_w = \frac{h_w}{86.4t\varepsilon} = \frac{1200}{86.4 \times 12 \times 0.81} = 1.429$$

在具有单支座加强肋的端支座处，适用于无刚性端柱的情形，由 EN 1993-1-5 中的表 5.1，得：

$$\chi_w = \frac{0.83}{\bar{\lambda}_w} = \frac{0.83}{1.429} = 0.58$$

忽略翼缘的贡献，抗力为：

$$V_{bw,Rd} = \frac{\chi_w f_{yw} h_w t}{\sqrt{3}\gamma_{M1}} = \frac{0.58 \times 355 \times 1200 \times 12}{\sqrt{3} \times 1.1} = 1558(\text{kN})$$

2）按 GB 50017—2017 计算

采用 Q390 级钢，$f = 350\text{MPa}$，$f_v = 205\text{MPa}$。

所有支座加强肋仅由双面加强肋组成，没有中间横向加强肋。该梁属于受弯构件，假设剪力由腹板承受。梁腹板宜考虑屈曲后的强度。

对于仅配置支座加劲肋的端支座，$a/h_0 < 1$，故腹板高厚比为：

$$\lambda_s=\frac{h_0/t_w}{41\sqrt{5.34}}\cdot\sqrt{\frac{f_y}{235}}=\frac{1200/12}{41\times\sqrt{5.34}}\cdot\sqrt{\frac{390}{235}}=1.36>1.2$$

抗剪承载力：$V_u=h_0t_wf_v/\lambda_s^{1.2}=1200\times12\times205/1.36^{1.2}=2041.1(\text{kN})$

端支座抗剪承载力为2041.1kN。

梁中间支座：中间支座附近的腹板未设置加劲肋，当要求 $\tau_{cr}=f_v$，则 λ_s 不应超过0.8，腹板屈曲后梁的抗剪承载力为：

$$V_u=h_0t_wf_v=1200\times12\times205=2952(\text{kN})$$

例5-10：具有纵向加强肋的梁

一S355级连续钢梁，具有例5-9中相同的尺寸，但组合纵向加强肋，如图5-28b)所示。所有支座加强肋均由单一双侧加强肋组成，有中间横向加强肋，中心距4000mm。计算内支座处的抗剪力。

解：1）按EN 1993-2计算

首先验算纵向加强肋整体剪切屈服的长细比。$a/b=4000/1200=3.33>3$，所以剪切屈服系数由式（5-60）计算。由EN 1993-1-5中的图5.3可知，每一纵向加强肋有一片腹板宽 $30\varepsilon t$ 加加强肋厚 $=30\times0.81\times12+12=304(\text{mm})<400\text{mm}$，可用。因此每个有效截面具有面积二次矩 $=6.982\times10^6\text{mm}^4$，因此 $I_{sl}=2\times6.982\times10^6=1.396\times10^7(\text{mm}^4)$。

$$k_{\tau sl}=9\left(\frac{b}{a}\right)^2\sqrt[4]{\left(\frac{I_{sl}}{t^3b}\right)^3}=9\left(\frac{1200}{4000}\right)^2\sqrt[4]{\left(\frac{2.095\times10^7}{12^3\times1200}\right)^3}=3.386$$

但不小于

$$k_{\tau sl}=\frac{2.1}{t}\sqrt[3]{\frac{I_{sl}}{b}}=\frac{2.1}{12}\sqrt[3]{\frac{2.095\times10^7}{1200}}=4.540$$

$$k_\tau=5.34+4.00\left(\frac{b}{a}\right)^2+k_{\tau sl}=5.34+4.00\left(\frac{1200}{4000}\right)^2+4.540=10.24$$

整体屈服长细比：

$$\bar{\lambda}_w=\frac{h_w}{37.4t\varepsilon\sqrt{k_\tau}}=\frac{1200}{37.4\times12\times0.81\times\sqrt{10.24}}=1.032$$

然后，计算加强肋的长细比。

对于加强肋，$a=4000\text{mm}$，$\bar{b}=400\text{mm}$，有：

$$k_{\tau i}=5.34+4.00\left(\frac{\bar{b}}{a}\right)^2=5.34+4.00\left(\frac{400}{4000}\right)^2=5.38$$

加强肋屈服长细比：

$$\bar{\lambda}_w=\frac{h_{wi}}{37.4t\varepsilon\sqrt{k_{\tau i}}}=\frac{400}{37.4\times12\times0.81\times\sqrt{5.38}}=0.474<1.032$$

对应整体屈服，因此加强肋屈服不起控制作用。

内支座处，刚性端柱的情形适用，但因 $\bar{\lambda}_w<1.08$，由表5-8可知，不论是否存在刚性端柱，都没问题。

$$\chi_w=\frac{0.83}{\bar{\lambda}_w}=\frac{0.83}{1.024}=0.80$$

如果翼缘的贡献被保守地忽略，抗力为：

$$V_{bw,Rd}=\frac{\chi_wf_{yw}h_wt}{\sqrt{3}\gamma_{M1}}=\frac{0.80\times355\times1200\times12}{\sqrt{3}\times1.1}=2159(\text{kN})$$

2)按 GB 50017—2017 计算

采用 Q390 级钢,$f=350\text{MPa}$,$f_v=205\text{MPa}$,梁截面如图 5-28 所示。支座加强肋均由单一双侧加强肋组成,同时配有中间横向加强肋,中心距 4000mm。

考虑腹板屈曲后的抗剪承载力。

$h_0/a=1200/4000=0.33$。$a/h_0=4000/1200=3.3>1$,此时

$$\beta=5.34+4(h_0/a)=5.34+4\times\frac{1200}{4000}=6.54$$

腹板高厚比:

$$\lambda_s=\frac{h_0/t_w}{41\sqrt{\beta}}\sqrt{\frac{f_y}{235}}=\frac{1200/12}{41\times\sqrt{6.54}}\times\sqrt{\frac{390}{235}}=1.23>1.2$$

抗剪承载力为:

$$V_u=h_0t_wf_v/\lambda_s^{1.2}=1200\times12\times205/1.23^{1.2}=2302.7(\text{kN})$$

抗剪承载力为 2302.7kN。

5.2.7 扭转

5.2.7.1 一般规定

1)扭转与变形

EN 1993-2 第 6.2.7.1 条主要讨论了箱梁。如果扭转荷载作用于箱形截面,通过与圣维南剪力流相同的分布力作用于箱梁周围,截面不发生变形,可按第 5.2.7.2 节方法对截面扭转进行分析。如果分布力不均匀,截面将产生变形扭曲。图 5-29 举例说明了简单矩形空腹截面作用一偏心荷载的效应。

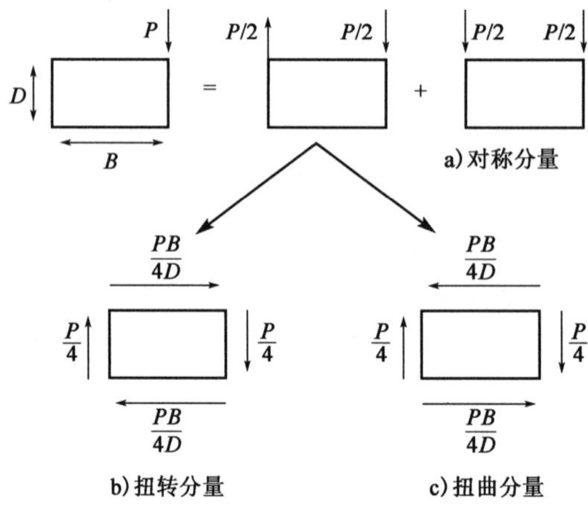

图 5-29 箱梁上作用偏心荷载产生的扭曲

偏心荷载可分解成对称与非对称荷载。后一种情形可进一步分解成扭转分量与扭曲分量。扭曲分量导致截面的扭曲变形,如图 5-30 所示。

由图 5-30 可以看出,在截面变形被约束的点之间,扭曲分量导致箱梁墙板横向弯曲(横向扭转弯曲)与箱梁墙板平面内弯曲(变形弯曲)-扭曲变形效应。不同原理计算得到的板的应力大小与板在纵横向的相对刚度有关。扭曲变形约束可能由横隔梁、环形框架或十字支撑提供。通常,横梁与十字梁因有足够的刚度可作为刚性约束,而环形框架则不能,因为它们自身由框架弯曲抵抗变形。为有效抵抗扭曲变形,约束必须具有相应的强度与刚度。如果扭转荷载作用于刚性约束,图 5-29c)中的变形抗力则直接由约束给出,箱体自身起抗扭作用。

由变形翘曲与横向变形弯矩产生的纵向应力分布如图 5-31 所示。

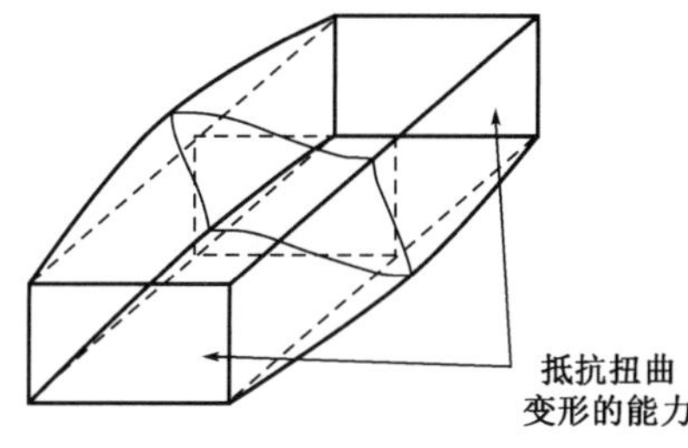

图 5-30 扭曲变形分量

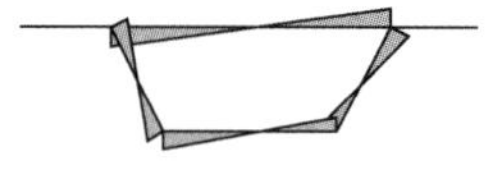

a)横向扭矩

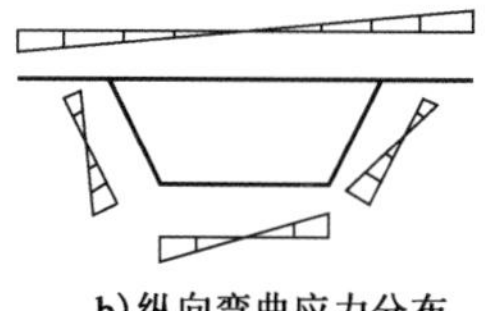

b)纵向弯曲应力分布

图 5-31 由变形翘曲与横向变形弯矩产生的纵向弯曲应力分布

2)扭曲变形设计方法

EN 1993-2 第 6.2.7.1(2)条要求建立弹性模型用于评估扭曲变形效应。模拟扭曲变形效应最精确的方法是采用有限元壳单元模拟整个箱体结构。弹性有限元模拟(FE)是正常服务状态与疲劳极限状态力学特性最优秀的预测工具,但对于承载力极限状态略显保守。因为 EN 1993 允许承载能力极限状态时忽略某种效应,其他效应进行塑性修正(比如剪力延滞效应),这些不可能从弹性有限元整体结果中分离。因此,有些更简单的模型把某些单一因素分离出来单独分析也是可行的,这些单一因素包括:

(1)弹性地基梁(BEF)。

(2)剪力弯曲格构。

(3)空间框架。

这些方法的详细讨论超出本书的范围,因为欧洲标准中没有规定任何方法。非线性有限元分析模型是模拟承载力极限状态下(ULS)塑性内力重分布更好的选择方案,但对于日常设计工作是不切实际的,因为非线性有限元分析太费时间,难以实现荷载组合。

3)变形约束设计

设计横梁以承担"荷载分布效应"包括抵抗变形产生的效应时需参考 EN 1993-2 第 6.2.7.1(4)条。这适用于一般约束。图 5-32a)所示作用于约束的变形力由约束处作用的变形扭矩 T 计算。如果不是直接作用于约束,或约束不具有良好弹性,弹性地基梁(BEF)模型可用于确定作用于约束的变形扭转分量,这种变形扭矩源于约束点处发展的支反力。这些力可由图 5-32b)中显示的等价对角力表示。如果扭矩以图 5-29 的方式作用,约束可按下述方法设计。

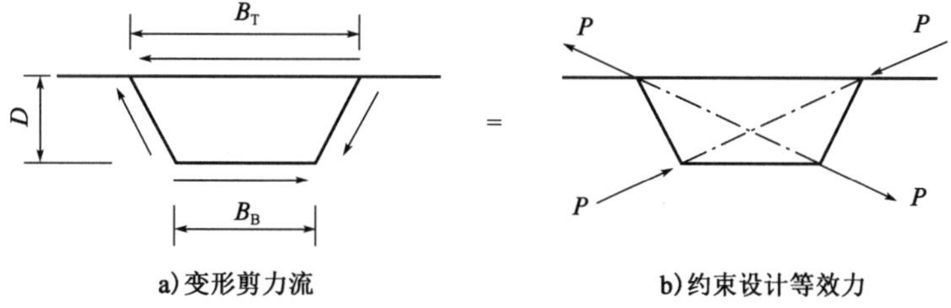

a)变形剪力流 b)约束设计等效力

图 5-32 变形约束设计中的力分布

横隔板可能根据下述剪应力进行设计:

$$\tau = \frac{T}{D(B_{\mathrm{T}} + B_{\mathrm{B}})t_{\mathrm{D}}} \tag{5-68}$$

式中:t_{D}——横隔板厚度。

如果变形扭矩部分剪应力作用于约束之间,扭矩可能分配至约束。

环状框架或十字撑可使用平面框架模型进行设计,以抵抗图 5-32b)所示的力,其值为:

$$P = \frac{T\sqrt{1 + \left(\frac{B_{\mathrm{T}} + B_{\mathrm{B}}}{2D}\right)^2}}{2B_{\mathrm{T}}\left(1 + \frac{B_{\mathrm{T}}}{B_B}\right)} \tag{5-69}$$

平面框架模型很适用,因为它们也可获取支撑体系中由具有箱梁墙体构件的非节点效应产生的附加弯矩。如上述讨论,约束也需相应的刚度以限制主箱体中的变形应力。

在环状框架中,保证腹板与翼缘横向构件的连续性特别重要。如图 5-32a)所示,框架弯矩在箱体转角处最大,非连续横向构件可能导致箱梁腹板与翼缘板以及它们间的焊缝处产生非常大的应力。此时,易产生疲劳破坏。

5.2.7.2 可忽略畸变效应的扭转

可忽略扭曲变形效应时,截面扭转设计的基本要求为:

$$\frac{T_{\mathrm{Ed}}}{T_{\mathrm{Rd}}} \leqslant 1.0 \tag{5-70}$$

式中:T_{Ed}——作用扭矩;

T_{Rd}——截面的设计扭转抗力。

扭矩可分解成两个分量:

$$T_{\mathrm{Ed}} = T_{\mathrm{t,Ed}} + T_{\mathrm{w,Ed}} \tag{5-71}$$

式中:$T_{\mathrm{t,Ed}}$——截面周边封闭的剪力流;

$T_{\mathrm{w,Ed}}$——弯曲扭矩涉及截面组合板的横向弯曲。

1)开口截面

开口截面的例子有装配 I 字梁、普通梁、普通柱与槽钢。因作用于截面上的偏心荷载产生扭矩的情形,相对偏心距由截面的剪力中心算起。通过剪力中心作用的荷载不会产生任何扭转。开口截面抵抗扭矩分为两种机制:圣维南扭转与弯曲扭转。两种机制扭转的比例可由弹性分析确定。

(1)圣维南扭转。

圣维南扭转涉及截面周边封闭的剪力流,如图 5-33 所示。在此情形中,剪应力由下式计算:

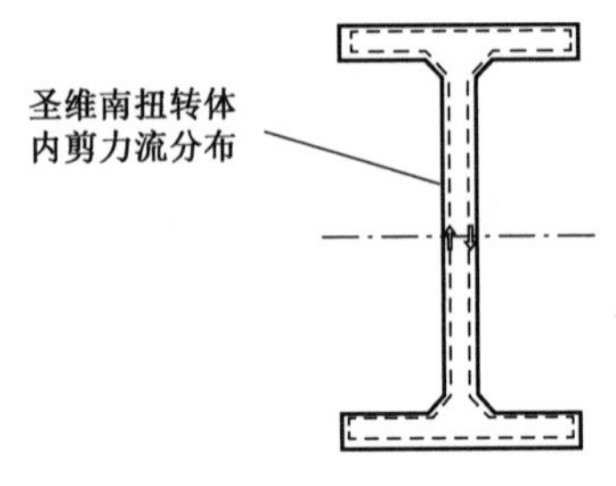

图 5-33 开口截面通过圣维南剪力流形成的扭转抗力

$$\tau_{\mathrm{T,Ed}} = tG\frac{\mathrm{d}\theta}{\mathrm{d}x} \tag{5-72}$$

式中:G——钢构件的剪切模量;

t——所考虑构件部分的厚度;

$\frac{\mathrm{d}\theta}{\mathrm{d}x}$——开口截面沿构件长度方向的扭转曲率。

圣维南剪力流抵抗的扭矩为:

$$T_{\mathrm{t,Ed}} = GI_{\mathrm{T}}\frac{\mathrm{d}\theta}{\mathrm{d}x} \tag{5-73}$$

因此,如果截面弯曲自由(或忽略截面翘曲),$T_{\mathrm{Ed}} = T_{\mathrm{t,Ed}}$,剪应力由下式给出:

$$\tau_{\mathrm{t,Ed}} = \frac{T_{\mathrm{Ed}}t}{I_{\mathrm{T}}} \tag{5-74}$$

因为截面基于圣维南剪力流的抗扭能力通常很小,一般忽略圣维南的扭矩,而由弯曲承担所有扭矩。EN 1993-1-1 允许忽略开口截面的圣维南扭转效应。

(2)弯曲扭转。

如图 5-34 所示,I 字梁中扭矩也可由翼缘平面剪力与弯曲抵抗。因抵抗扭矩的相对剪力 T_{Ed}/h 作用引起的翼缘相对横向弯矩也被称之为“双向弯矩”B_{Ed}。这种抗力机制被称之为“扭转弯曲抗力”。为了抵抗扭曲,两个翼缘在两个方向均会发生弯曲,从而导致截面改变形状或扭曲,因其抵抗扭矩。在其他翼缘构件中也有类似的机制出现,比如槽钢,但槽钢中也存在平面内腹板垂直弯曲,因与纵向弯曲应力协调,这种弯曲应力必须在腹板与翼缘间的联结处维持。

横向剪力与双向弯矩分别产生横向剪应力 $\tau_{w,Ed}$ 和弯曲应力 $\sigma_{w,Ed}$，如图 5-34 所示。EN 1993-1-1 第 6.2.7(4) 条要求上述应力与圣维南扭转产生的 $\tau_{t,Ed}$ 一并考虑。

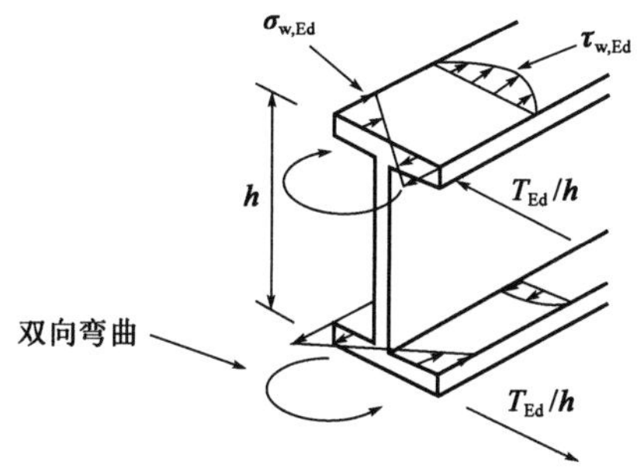

由弯曲抵抗的扭矩如下：

$$T_{w,Ed} = -EI_w \frac{d^3\theta}{dx^3} \tag{5-75}$$

图 5-34 开口截面因扭转产生抗力

最大横向剪应力 $\tau_{w,Ed_{max}}$ 与弯曲应力 $\sigma_{w,Ed_{max}}$ 可由下式计算：

$$\tau_{w,Ed_{max}} = Ek_{1,max}\frac{d^3\theta}{dx^3} \tag{5-76}$$

$$\sigma_{w,Ed_{max}} = Ek_{2,max}\frac{d^2\theta}{dx^2} \tag{5-77}$$

式中：$k_{1,max}$——扭转弯曲剪切常数接近最大剪应力点；

$k_{2,max}$——扭转弯曲常数接近最大正应力点。

式(5-76)与式(5-77)改写成更一般的形式：

$$\begin{cases} \tau_{w,Ed} = Ek_1\dfrac{d^3\theta}{dx^3} \\ \sigma_{w,Ed} = Ek_2\dfrac{d^2\theta}{dx^2} \end{cases} \tag{5-78}$$

在上述情形中，k_1、k_2 相对截面中验算点。

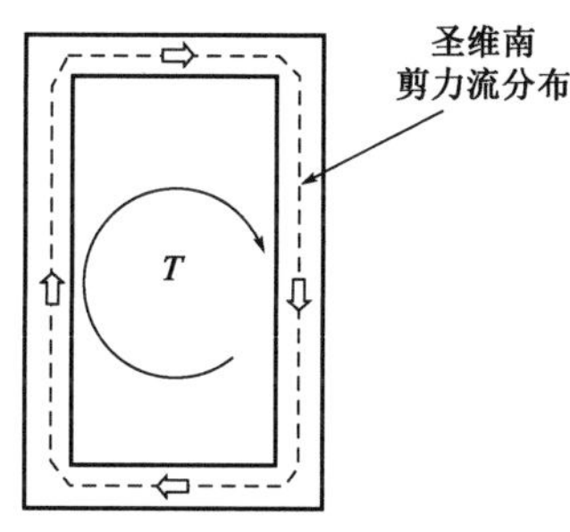

图 5-35 闭口截面内圣维南剪力流

2）闭口截面

闭口截面的例子包括组装箱形截面梁、矩形空腹截面、方形空腹截面与圆形空腹截面。闭口截面主要借助空腹截面周边的圣维南环形剪力流抵抗扭矩，如图 5-35 所示。因此，闭口截面中扭转的处理与开口截面完全不同，因为圣维南扭转是一种非常有效的承担扭矩的机制。

（1）圣维南扭转。

薄壁截面中扭矩产生的剪应力 $\tau_{t,Ed}$ 由下式给出：

$$\tau_{t,Ed} = \frac{T_{Ed}}{2A_0 t} \tag{5-79}$$

式中：A_0——通过墙体中心周边线围成的闭口区域面积；

t——所考虑墙板厚度。

单位长度的旋转角为：

$$\frac{d\theta}{dx} = \frac{T}{GI_T} \tag{5-80}$$

其中，$I_T = \dfrac{4A_0}{\oint \dfrac{ds}{t}}$。

然而，圣维南剪应力会降低腹板的塑性屈服抗力。EN 1993-1-1 第 6.2.7(9) 条提出了腹板折减抗剪力的计算式，对于闭口截面 $V_{pl,T,Rd}$ 为：

$$V_{pl,T,Rd} = \left[1 - \frac{\tau_{t,Ed}}{(f_y/\sqrt{3})/\gamma_{M0}}\right]V_{pl,Rd} \tag{5-81}$$

(2)扭转弯曲。

空腹截面板周边与圣维南剪应力相伴的应变可能造成闭口截面改变形状而扭曲。如果考虑图5-36所示简单的矩形截面,板中圣维南剪应力为 $\tau = T/(2BDt)$。如果在一端防止扭曲(但不弯曲),假设翼缘保持平面,如图5-36a)所示,另一端的剪切位移为:

$$\Delta_{\mathrm{f}} = 2\gamma L = \frac{2\tau L}{G} = \frac{TL}{GBDt}$$

两翼缘的旋转角为:

$$\theta_{\mathrm{f}} = \frac{\Delta_{\mathrm{f}}}{D} = \frac{TL}{GBD^2 t}$$

腹板的旋转角为:

$$\theta_{\mathrm{w}} = \frac{TL}{GB^2 Dt}$$

圣维南扭转角为:

$$\theta = \frac{T(B+D)L}{2GB^2 D^2 t}$$

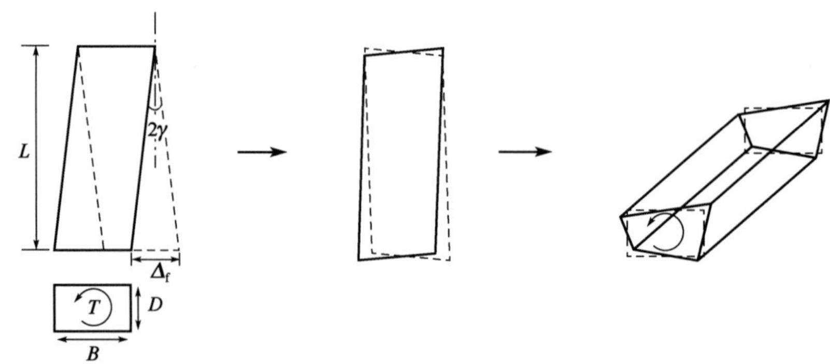

图5-36　箱梁内弯扭起因

对于方形截面,$\theta_{\mathrm{f}} = \theta_{\mathrm{w}} = \theta$,因此截面端部保持平面。然而,对于矩形截面 $B > D$,由上述分析可知,$\theta_{\mathrm{f}} > \theta > \theta_{\mathrm{w}}$,但对于整个截面实际的旋转角必须等于唯一值 θ,为此,翼缘与腹板必须弯曲。图5-36b)显示翼缘弯曲以折减其旋转角,腹板将会以类似的方式弯曲,以增加其旋转角。因此,最终截面弯扭如图5-36c)所示。对于完全圆形或方形截面,不产生截面弯曲。

作为近似值,当扭矩增量 ΔT 作用于箱梁截面时,如图5-37所示,在底部翼缘与腹板之间连接处,截面由扭转弯曲约束产生的最终最大纵向应力由下式给出:

$$\sigma_{\mathrm{TWB}} = \frac{D\Delta T}{I_{\mathrm{T}}} \tag{5-82}$$

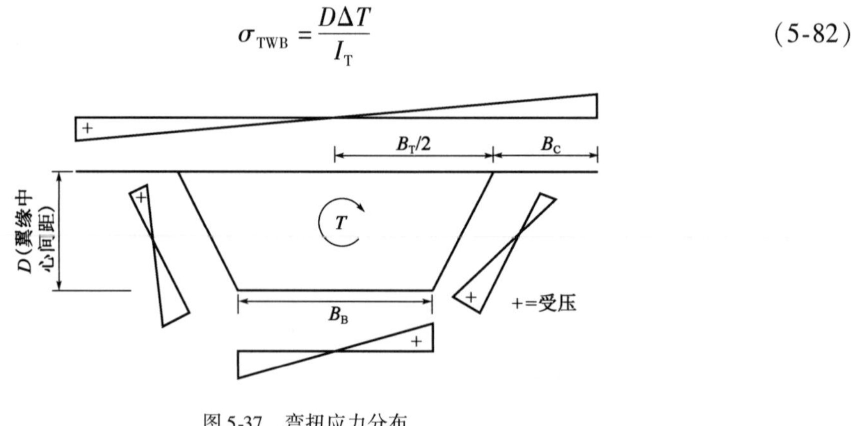

图5-37　弯扭应力分布

顶部翼缘与腹板间交结点处应力为:

$$\sigma_{\mathrm{TWT}}=\left(\frac{B_{\mathrm{B}}}{B_{\mathrm{T}}}\right)^{2}\frac{D\Delta T}{I_{\mathrm{T}}\left(1+\frac{2B_{\mathrm{c}}}{B_{\mathrm{T}}}\right)^{3}} \tag{5-83}$$

远离扭矩作用截面应力衰减相当快，以致距截面 x 处上述应力呈指数衰减：

$$\sigma_{\mathrm{TW}}=\sigma_{\mathrm{TW}}\mathrm{e}^{-\left(\frac{2x}{B_{\mathrm{B}}}\right)} \tag{5-84}$$

在极限承载能力状态时，可忽略弯扭纵向约束应力，因塑性重分布时释放了该部分应力。

中国钢结构设计标准均未列出扭转构件的计算方法，没有对比依据，这也是中国结构工程师使用 EN 1993-2 应注意的方面。

5.2.8 横向荷载

5.2.8.1 横向荷载抗力

大型局部横向荷载在桥梁设计中并不常见，除施工期间，源于专用机车或重型施工荷载，比如起重机。严格地讲，应验算局部车轮荷载，但不可能很大。

EN 1993-1-5 第 6 条给出的车辆荷载确定规则中，考虑了翼缘塑性弯曲变形与腹板塑性屈服破坏的因素。

车轮荷载作用下屈服破坏的长细比常用欧洲标准模式。长细比为塑性抗力除以弹性极限力的平方根：

$$\overline{\lambda}_{\mathrm{F}}=\sqrt{\frac{F_{\mathrm{y}}}{F_{\mathrm{cr}}}}=\sqrt{\frac{l_{\mathrm{y}}t_{\mathrm{w}}f_{\mathrm{yw}}}{F_{\mathrm{cr}}}} \tag{5-85}$$

1）屈服

塑性抗力 $F_{\mathrm{y}}=l_{\mathrm{y}}t_{\mathrm{w}}f_{\mathrm{yw}}$ 与作用于腹板顶部有效荷载长度 l_{y} 相关，由承载翼缘分布效应计算。长度 l_{y} 取决于荷载构成，如图 5-38 所示。图 5-39a）、b）中的两种情形，有四种塑性铰形式，并给出了机动状态下这四种铰的塑性发展长度。对于短且刚度大的腹板，铰的塑性抗力单独基于顶部翼缘。对于这种情形，使用功能方程，即外力做功等于内力变形能，得出：

$$[l_{\mathrm{y}}-(s_{\mathrm{s}}+2t_{\mathrm{f}})-s_{\mathrm{y}}/2]f_{\mathrm{yw}}t_{\mathrm{w}}\Delta=4M_{\mathrm{p}}\theta \tag{5-86}$$

因此，塑性弯矩抗力仅由翼缘提供，其值 $=M_{\mathrm{p}}=b_{\mathrm{f}}t_{\mathrm{f}}^{2}f_{\mathrm{yf}}/4$，$\theta=2\Delta/s_{\mathrm{y}}$，式（5-86）变为：

$$[l_{\mathrm{y}}-(s_{\mathrm{s}}+2t_{\mathrm{f}})-s_{\mathrm{y}}/2]f_{\mathrm{yw}}t_{\mathrm{w}}=2b_{\mathrm{f}}t_{\mathrm{f}}^{2}f_{\mathrm{yf}}/s_{\mathrm{y}} \tag{5-87}$$

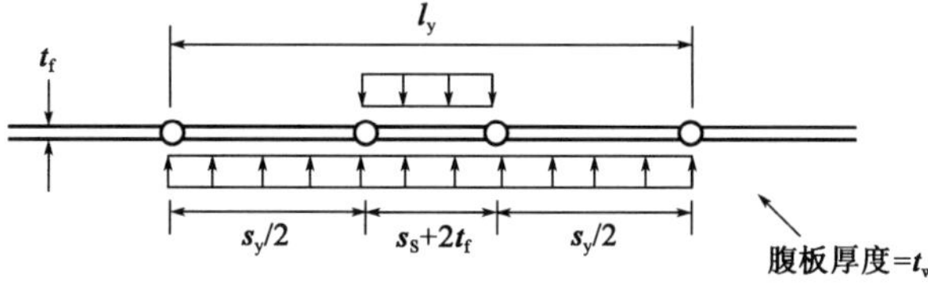

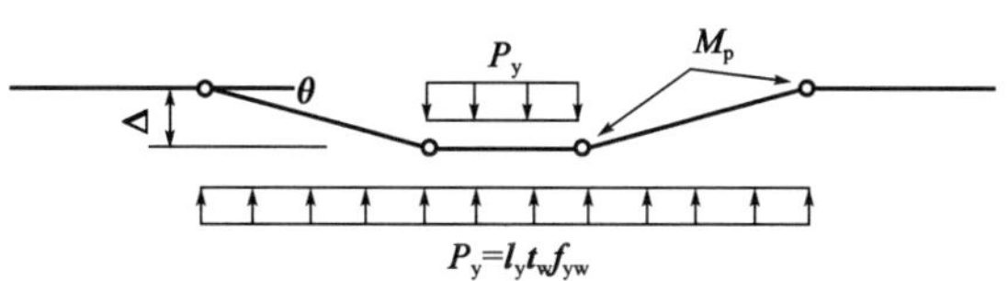

图 5-38 确定支座长度 l_{y} 的翼缘破坏机理

翼缘宽度 b_{f} 在腹板两侧应限于 $15\varepsilon t_{\mathrm{f}}$，有效支撑长度由下式给出：

$$l_{\mathrm{y}}=(s_{\mathrm{s}}+2t_{\mathrm{f}})+s_{\mathrm{y}} \tag{5-88}$$

代入式（5-87）得：

$$\frac{s_{\mathrm{y}}}{2}=\frac{2b_{\mathrm{f}}t_{\mathrm{f}}^{2}f_{\mathrm{yf}}}{t_{\mathrm{w}}f_{\mathrm{yw}}s_{\mathrm{y}}} \tag{5-89}$$

从而：

$$s_y = 2t_f\sqrt{\frac{b_f f_{yf}}{t_w f_{yw}}} \tag{5-90}$$

有效支座长度为：

$$l_y = (s_s + 2t_f) + 2t_f\sqrt{\frac{b_f f_{yf}}{t_w f_{yw}}} \tag{5-91}$$

如果引入参数 m_1，$m_1 = b_f f_{yf}/(t_w f_{yw})$，则式(5-91)变为：

$$l_y = s_s + 2t_f(1 + \sqrt{m_1}) \tag{5-92}$$

图 5-38 中的塑性铰机制是采用两内铰之间的区域 $s_s + 2t_f$ 来考虑荷载沿翼缘的扩展，以致腹板上有效荷载长度至少等于刚性荷载长度加翼缘的扩展长度。如果顶部翼缘由混凝土桥面板组成，忽略混凝土对翼缘塑性弯曲抗力的贡献是偏于保守的。

EN 1993-1-5 第 6.5(2)条中的公式类似于式(5-92)，但有一附加项 m_2：

$$l_y = s_s + 2t_f(1 + \sqrt{m_1 + m_2}) \tag{5-93}$$

对于细长的腹板，不可能完全达到屈服，假设在外铰处腹板部分与翼缘作用(形成 T 形截面)，并增加塑性弯矩 M_p。基于试验观察，建议腹板作用高度随细长构件的截面高度增加而增加。因此，引入 $m_2 = 0.02\left(\frac{h_w}{t_f}\right)^2$。

对于图 5-39c)中的情形，长度 l_y 取下述计算值中的较小值：

$$l_y = l_e + t_f\sqrt{\frac{m_1}{2} + \left(\frac{l_e}{t_f}\right)^2 + m_2} \tag{5-94}$$

$$l_y = l_e + t_f\sqrt{m_1 + m_2} \tag{5-95}$$

其中，$l_e = k_F E t_w^2/(2f_{fw}h_w) \leqslant s_s + c$。

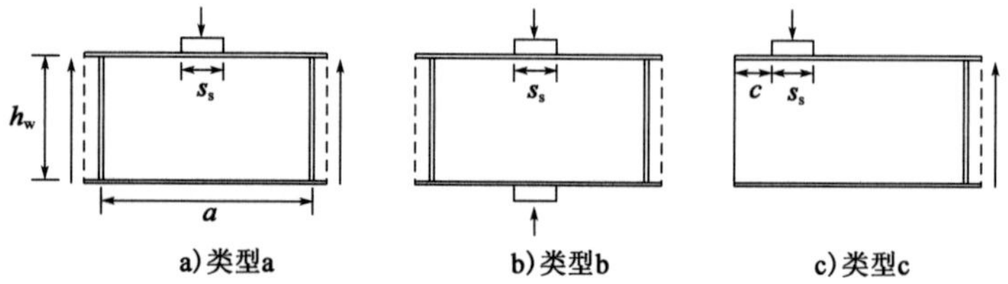

图 5-39　不同荷载作用下屈曲系数 k_f

2)屈曲

EN 1993-1-5 第 6.4(1)条中的弹性极限屈服荷载按弹性理论计算：

$$F_{cr} = k_F\frac{\pi^2 E}{12(1-v^2)}\frac{t_w^3}{h_w} = 0.9k_F E\frac{t_w^3}{h_w} \tag{5-96}$$

屈服系数 k_F 取决于荷载作用类型，如图 5-39 所示。

类型 a：

$$k_F = 6 + 2\left(\frac{h_w}{a}\right)^2 \tag{5-97}$$

类型 b：

$$k_F = 3.5 + 2\left(\frac{h_w}{a}\right)^2 \tag{5-98}$$

类型 c：

$$k_F = 2 + 6\left(\frac{s_s + c}{h_w}\right) \leqslant 6 \tag{5-99}$$

对于具有纵向加强肋的腹板，国家附件可能给出 k_F 的值。EN 1993-1-5 第 6.4(2)条给出了常见的荷载类型 a 的解：

$$k_F = 6 + 2\left(\frac{h_w}{a}\right)^2 + \left(5.44\frac{b_1}{a} - 0.21\right)\sqrt{\gamma_s} \tag{5-100}$$

其中，$\gamma_s = 10.9\left(\frac{I_{sl,1}}{h_w t_w^3}\right) \leqslant 13\left(\frac{a}{h_w}\right)^3 + 210\left(0.3 - \frac{b_1}{a}\right)$，$I_{sl,1}$ 等于最靠近受力翼缘的纵向加强肋有效截面（由外凸加强肋与每侧腹板附加宽度 $15\varepsilon t_w$）的面积二次矩。

3）折减系数

折减系数按下式计算：

$$x_F = \frac{0.5}{\lambda_F} \leqslant 1.0 \tag{5-101}$$

设计抗力为：

$$F_{Rd} = x_F \frac{f_{yw} l_y t_w}{\gamma_{M1}} \tag{5-102}$$

GB 50017—2017 认为横向荷载主要是局部荷载。局部荷载的承载能力按下式计算：

$$\sigma_c = \frac{\psi F}{t_w l_z} \leqslant f \tag{5-103}$$

式中：F——横向荷载设计值（对动态荷载应考虑动力放大系数）；

ψ——考虑压力分配不均匀系数，对于重级工作制吊载梁，$\psi = 1.35$；其他梁，$\psi = 1.0$；

l_z——横向荷载按 1:2.5 扩散角传递至腹板计算高度边缘的分布长度，当横向荷载未通过轨道传递时，$l_z = a + 5h_y$；当横向荷载通过轨道传递时，$l_z = a + 5h_y + 2h_R$；在梁的支座处，分布长度，$l_z = a + 2.5h_y + a_1$；

a_1——梁端到支座板外边缘的距离，按实际取，但不大于 $2.5h_y$，如图 5-40 所示。另外，中国标准没有涉及横向荷载引起的腹板屈曲。

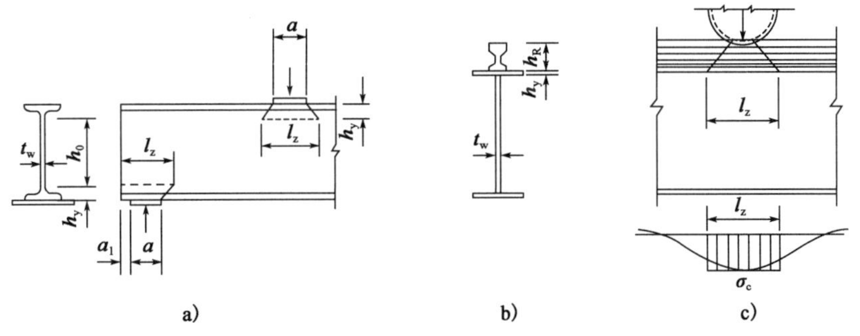

图 5-40　横向荷载分布长度

5.2.8.2　弯曲、轴力与横向荷载

如果出现横向荷载，与弯曲、轴力的相互作用可按 EN1993-1-5 第 7.2(1)条给出的相互作用公式验算：

$$\eta_2 + 0.8\eta_1 = 1.4 \tag{5-104}$$

式中，η_2 为横向荷载单独作用时的常用系数。在此情形中，$\sigma_{z,Ed}$的实际物理意义不大。

$$\eta_2 = \frac{\sigma_{z,Ed}}{f_{yw}/\gamma_{M1}} = \frac{F_{Ed}}{f_{yw}L_{eff}t_w/\gamma_{M1}} = \frac{F_{Ed}}{F_{Rd}} \tag{5-105}$$

η_1 为正应力单独作用的常用系数，按弹性进行计算。

$$\eta_1 = \frac{\sigma_{x,Ed}}{f_y/\gamma_{M0}} = \frac{N_{Ed}}{f_y A_{eff}/\gamma_{M0}} + \frac{M_{Ed} + N_{Ed}e_N}{f_y W_{eff}/\gamma_{M0}} \tag{5-106}$$

中国标准中没有与 EN 1993-2 中对应的关于轴力、弯曲与横向荷载组合作用的验算式。主要是用 Von Mises 准则进行综合强度验算：

$$\sqrt{\sigma^2+\sigma_c^2-\sigma\sigma_c+3\tau^2}\leqslant\beta_1 f \tag{5-107}$$

式中：σ、τ、σ_c——腹板计算高度边缘同一点上的正应力、剪应力和局部压应力；

β_1——计算折算应力的强度设计值增大系数，当 σ 和 σ_c 异号时，取 $\beta_1=1.2$；当 σ 和 σ_c 同号时，取 $\beta_1=1.1$。

例 5-11：桥梁上的附加荷载

一起重机以 500kN 承载能力极限状态荷载，跨越边长为 300mm 的方形区域作用于钢腹板，混凝土组合梁如图 5-41 所示。假设顶部翼缘受侧向移动约束。对于所有符合 EN 1993-1-1 中表 3.1 尺寸规格的板，屈服强度取 355MPa。顶部翼缘中共存弯曲压应力为 300MPa。用弯曲与横向荷载组合作用对梁进行验算。

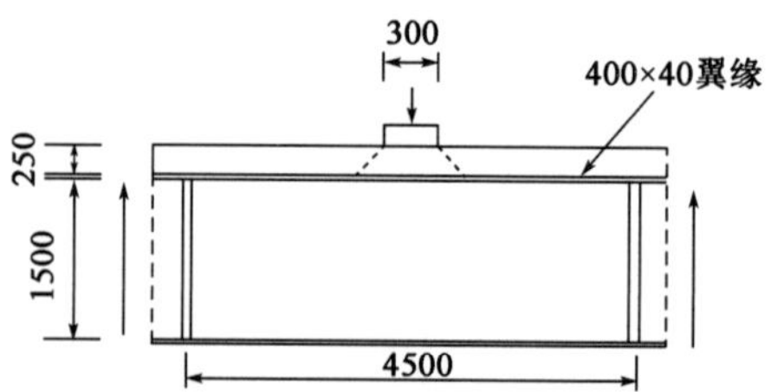

图 5-41 例 5-11 中组合梁截面图（尺寸单位：mm）

解：1）按 EN 1993-2 计算

忽略任何混凝土对顶部翼缘塑性抗弯承载力的贡献：

$$m_1=\frac{b_f f_{yf}}{t_w f_{yw}}=\frac{400\times355}{15\times355}=26.67$$

$$m_2=0.02\left(\frac{h_w}{t_f}\right)^2=0.02\left(\frac{1500}{40}\right)^2=28.1$$

假设长细比超过 0.5，刚性支座长度可能包括通过混凝土扩展部分（在此取 1:1），因此：

$s_s=300+2\times250=800(\text{mm})$

作用于加强肋之间顶部翼缘的附加荷载：

$$l_y=s_s+2t_f(1+\sqrt{m_1+m_2})=800+2\times40(1+\sqrt{26.67+28.1})=1472(\text{mm})$$

$$k_F=6+2\left(\frac{h_w}{a}\right)^2=6+2\left(\frac{1500}{4500}\right)^2=6.22$$

$$F_{cr}=0.9k_F E\frac{t_w^3}{h_w}=0.9\times6.22\times210\times10^3\frac{15^3}{1500}=2.582\times10^6(\text{N})$$

长细比：

$$\overline{\lambda}_F=\sqrt{\frac{F_y}{F_{cr}}}=\sqrt{\frac{l_y t_w f_{yw}}{F_{cr}}}=\sqrt{\frac{1472\times15\times355}{2.5862\times10^6}}=1.74$$

$$x_F=\frac{0.5}{\overline{\lambda}_F}=\frac{0.5}{1.74}=0.287$$

附加荷载抗力：

$$F_{Rd}=x_F\frac{f_{yw}l_y t_w}{\gamma_{M1}}=0.287\times\frac{355\times1472\times15}{1.1}=2047(\text{kN})$$

弯曲与横向荷载之间的相互作用为：

$\eta_2+0.8\eta_1=0.244+0.8\times0.845=0.92<1.4$，因此腹板是合适的。

式中，$\eta_2=\frac{F_{\mathrm{Ed}}}{F_{\mathrm{Rd}}}=\frac{500}{2047}=0.244$，$\eta_1=\frac{\sigma_{\mathrm{x,Ed}}}{f_y/\gamma_{\mathrm{M0}}}=\frac{300}{355/1.0}=0.845$。

2）按 JTG D64—2015 计算

钢材采用 Q390 钢，Q390 钢构件 $\gamma_{\mathrm{R}}=1.111$。

（1）截面特征计算。

顶部翼缘尺寸为 400mm × 40mm；腹板尺寸为 1500mm × 15mm；底部翼缘尺寸为 400mm × 40mm。

$$I_x=\frac{1}{12}(400\times1580^3-385\times1500^3)=2.3\times10^{10}(\mathrm{mm}^4)$$

$$W_{\mathrm{nx}}=\frac{2.3\times10^{10}}{790}=29361793(\mathrm{mm}^3),S_{\mathrm{x1}}=400\times40\times790=1.264\times10^7(\mathrm{mm}^3)$$

（2）翼板应力。

在该组合梁顶部翼缘中共存弯曲压应力为 $\sigma=300\mathrm{MPa}$。受弯实腹式构件翼板应力：

$$\sigma=300\mathrm{MPa}\leqslant\sigma_{\mathrm{u}}$$

式中，$\sigma_{\mathrm{u}}=\gamma_{\mathrm{w}}f_y=1.25\times310=387.5(\mathrm{MPa})$。

翼缘板应力满足条件。

（3）腹板应力。

受弯实腹式构件的腹板剪应力 τ 应满足下列要求：

$$\tau_{\mathrm{u}}=\frac{f_y}{\sqrt{3}}\frac{1}{\gamma_{\mathrm{R}}}=\frac{350}{\sqrt{3}\times1.111}=181.9(\mathrm{MPa})$$

开口截面腹板弯曲剪应力可按下式计算：假设梁的跨度为图 5-41 所示的 4500mm，集中力作用的方形区域可认为在跨中，方形区域左侧的截面处 $V=500\mathrm{kN}$。

$$\tau=\frac{VS}{It_{\mathrm{w}}}=\frac{500000\times1.264\times10^7}{2.3\times10^{10}\times15}=18.3(\mathrm{N/mm^2})<\tau_{\mathrm{u}}=181.9\mathrm{N/mm^2}$$

腹板处剪应力满足要求。

翼缘高 40mm，混凝土厚 250mm，集中力在顶部翼缘的分布长度为：

$$l_z=a+5h_y+2h_{\mathrm{R}}=300+5\times40+2\times250=1000(\mathrm{mm})$$

当局部受压处设置加劲肋时，可不计算局部压应力。

该组合梁在集中力作用处未设加劲肋，其腹板局部应力应满足下列要求：

$$\sigma_y=\frac{F}{t_{\mathrm{w}}l_z}=\frac{500\times10^3}{15\times1000}=33.33(\mathrm{N/mm^2})\leqslant\sigma_{\mathrm{uy}}=315\mathrm{N/mm^2}$$

式中，$\sigma_{\mathrm{uy}}=f_y/\gamma_{\mathrm{R}}=350/1.111=315(\mathrm{N/mm^2})$。

受弯实腹式构件腹板在正应力 σ_x、剪应力 τ 和局部应力 σ_y 共同作用时，则：

$$\left(\frac{\sigma_x}{\sigma_{\mathrm{ux}}}\right)^2+\left(\frac{\sigma_y}{\sigma_{\mathrm{uy}}}\right)^2-\left(\frac{\sigma_x}{\sigma_{\mathrm{ux}}}\right)\left(\frac{\sigma_y}{\sigma_{\mathrm{uy}}}\right)+\left(\frac{\tau}{\tau_{\mathrm{u}}}\right)^2=0+\left(\frac{33.33}{315}\right)^2-\left(\frac{18.3}{181.9}\right)^2=0.02\leqslant1.0$$

腹板满足要求。

5.2.9 弯曲与剪力

如果剪力足够大，作用于钢截面的剪力可能降低截面的抗力，因此必须考虑弯曲和剪力作用间的相互作用。计算方法决定于纵向正应力作用的截面类型与钢截面是否在达到塑性抗力之前趋于剪切屈服。

5.2.9.1 不易剪切屈服的截面

1)1 类与 2 类截面

理论上弯曲与剪力相互作用可通过降低腹板抵抗正应力以考虑剪应力效应。当设计剪力小于塑性剪切抗力的 50% 时,忽略剪力与弯矩间的相互作用。当设计剪力大于塑性剪切抗力的 50% 时,要求通过降低“剪力区域”的屈服应力方式考虑剪力,对弯矩乘以系数$(1-\rho)$,因此有:

$$\text{允许“剪力区”弯曲应力} = (1-\rho)f_y \tag{5-108}$$

$$\rho = \left(\frac{2V_{Ed}}{V_{pl,Rd}} - 1\right)^2$$

式中:V_{Ed}——作用剪力;

$V_{pl,Rd}$——塑性剪切抗力。

此处剪力面积仅指腹板的面积 $A_w = h_w t_w$,对于板梁 A_v 为腹板面积的 1.2 倍。

对于构件剪力与扭矩组合抗力,EN 1993-1-1 第 6.2.8(4)条中修改计算参数 ρ 的公式为:

$$\rho = \left(\frac{2V_{Ed}}{V_{pl,T,Rd}} - 1\right)^2$$

剪力与弯矩之间的关系如图 5-42 所示。

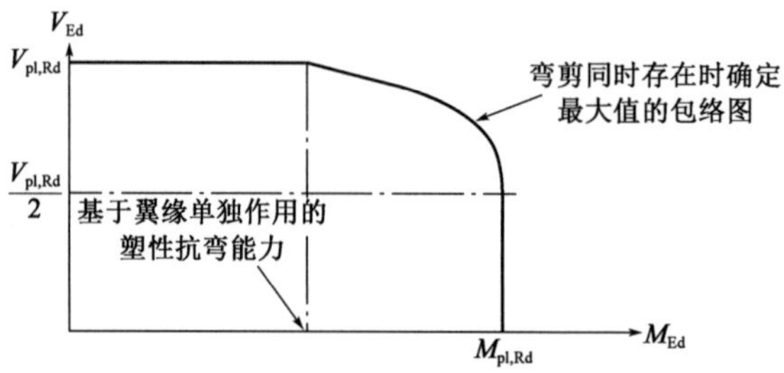

图 5-42 1 类和 2 类截面剪切弯曲相互作用

对于 1 类与 2 类对称 I 形截面,腹板对完全塑性弯曲抗力的贡献为:

$$M_{pl,web} = \frac{h_w^2 t_w f_{yw}}{4} = \frac{A_w^2 f_{yw}}{4t_w} \tag{5-109}$$

因剪力引起的腹板弯曲抗力的折减为

$\frac{\rho A_w^2 f_{yw}}{4t_w}$。

因此,如果腹板与翼缘具有相同的屈服强度,对称截面梁抗弯能力计算式为:

$$M_{y,V,Rd} = \frac{\left(W_{pl,y} - \frac{\rho A_w^2}{4t_w}\right)f_y}{\gamma_{M0}} \tag{5-110}$$

式(5-110)不能用于非对称截面,因为腹板中 f_{yw} 的任何折减将造成塑性中性轴位置的偏移。因此式(5-110)中的结果很少在桥梁设计中使用,桥中梁一般为非对称,腹板与翼缘屈服强度相同。此时,修正塑性抗力矩必须首先确定新的中性轴,计算关于新轴的抗弯能力。

2)3 类截面

EN 1993-1-5 第 5.1(2)条使用较大的横向加强肋间距,以防止梁中剪切屈服,高厚比由下式给出:

$$\frac{h_w}{t_w} \leqslant \frac{72}{\eta}\varepsilon$$

图 5-43 示出典型 3 类截面的剪力-弯矩图。它与图 5-42 中的曲线相同,但它被弯曲抗力小于弹性值的限值截去头部。这保证剪力可超过塑性抗剪力 50% 而不影响弯曲抗力,与试验结果一致。

3)4 类截面

4 类截面可使用 EN 1993-1-5 中两种方法之一处理,即有效截面法与应力限值法。

GB 50017—2017 对弯剪组合作用采用下式验算:

$$\left(\frac{V}{0.5V_{\mathrm{u}}}\right)^2+\frac{M-M_{\mathrm{f}}}{M_{\mathrm{eu}}-M_{\mathrm{f}}}\leqslant 1.0 \tag{5-111}$$

式中:M、V——所计算区格内梁同一截面的弯矩和剪力设计值。

如图 5-44 所示,当弯矩不超过梁翼缘所提供的最大弯矩 M_{f}(对双轴对称截面梁,$M_{\mathrm{f}}=A_{\mathrm{f}}h_1f$,$A_{\mathrm{f}}$ 为一个翼缘截面积;h_1 为两翼缘轴线间距离)时,腹板不参与承担弯矩作用,即在 $M\leqslant M_{\mathrm{f}}$ 范围内为一水平线,此时,腹板强度由抗剪承载力控制,即 $V\leqslant V_{\mathrm{u}}$。

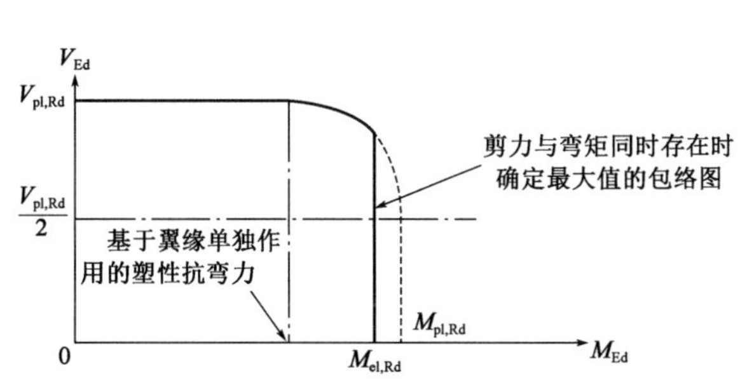

图 5-43 3 类截面弯剪相互作用的包络图

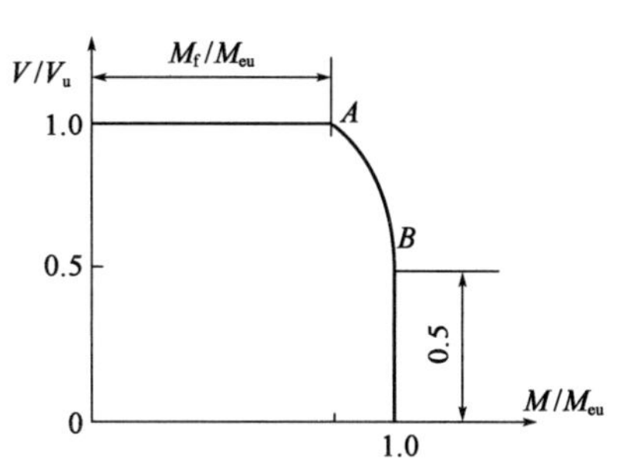

图 5-44 弯、剪相关曲线

当腹板边缘正应力达到屈服时,腹板还可以承受剪力约为 $0.6f_{\mathrm{vy}}$。当剪力不超过屈曲后抗剪承载力设计值 V_{u} 的 0.5 倍时,腹板抗弯屈曲后强度不下降,所以规定当 $V<0.5V_{\mathrm{u}}$ 时,可直接取 $M\leqslant M_{\mathrm{eu}}$。

这种处理方法与 EN 1993-2 对 1、2 类截面的处理方法相同。

例 5-12:无剪切屈服的板梁 2 类截面弯-剪相互作用

一板梁,采用 S355 级钢,如图 5-45 所示。按照 EN1993-1-1 中的表 3.1,整个截面的屈服应力为常量 355MPa。对于 2 类截面,不存在剪力时,具有下列特性:

①塑性中性轴距底部翼缘 = 525mm。

②塑性抗弯承载力 = 7834kN · m。

梁受侧向扭转屈服与剪力稳定屈服约束。组合剪力为 4486kN,计算截面最大抗弯承载力。

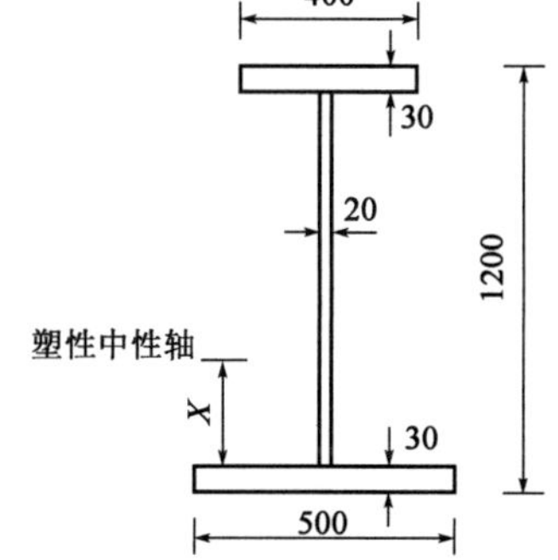

图 5-45 例 5-12 中的板梁
(尺寸单位:mm)

解:1)按 EN 1993-2 计算

腹板面积:$A_{\mathrm{w}}=h_{\mathrm{w}}t_{\mathrm{w}}=(1200-60)\times 20=22800(\mathrm{mm}^2)$

塑性抗剪承载力:$V_{\mathrm{pl,Rd}}=\dfrac{\eta A_{\mathrm{w}}(f_{\mathrm{y}}/\sqrt{3})}{\gamma_{\mathrm{M0}}}=\dfrac{1.2\times 22800\times(355/\sqrt{3})}{1.00}$

$=5608(\mathrm{kN})$

其中,$A_{\mathrm{v}}=\eta A_{\mathrm{w}}$,$\eta$ 取 1.2。V_{Ed} 大于 $0.5V_{\mathrm{pl,Rd}}$,因此剪力将折减抗弯承载力 $M_{\mathrm{y,v,Rd}}$。

$$\rho=\left(\frac{2V_{\mathrm{Ed}}}{V_{\mathrm{pl,Rd}}}-1\right)^2=\left(\frac{2\times 4486}{5608}-1\right)^2=0.360$$

腹板中的允许应力 $=(1-\rho)f_{\mathrm{y}}=(1-0.36)\times 355=227.2(\mathrm{MPa})$。

塑性中性轴在存在剪力的情况下将因腹板强度折减发生偏移。假定新的塑性中性轴距底部翼缘顶的高度为 x,由力的平衡得:

$$(500\times 30\times 355)+(20\times 227.2\times x)=(400\times 30\times 355)+[20\times 227.2\times(1140-x)]$$

解得 $x=452.8\mathrm{mm}$。

存在剪力时抗弯承载力通过对塑性中性轴取矩,得:

$$M_{y,v,Rd}=\frac{(500\times 30\times 467.8+400\times 30\times 702.2)\times 355}{1.00}+\frac{[452.8^2\times 20\times 0.5+(1140-452.8)^2\times 20\times 0.5]\times 227.2}{1.00}$$

$$=7021(\mathrm{kN\cdot m})$$

存在剪力 4486kN 时,截面的塑性抗弯承载力由 7834kN · m 折减至 7021kN · m。

2)按 GB 50017—2017 计算

采用 Q390 级钢,$f=335\mathrm{MPa}$,$f_v=190\mathrm{MPa}$。

计算中和轴的位置,对受压翼缘形心取矩:

$$y_1=\frac{1140\times 20\times 585+400\times 30\times 1170}{400\times 30+1140\times 20+500\times 30}+15=565(\mathrm{mm})$$

$$I_x=\frac{1}{12}\times 20\times 1140^3+1140\times 20\times 5^2+500\times 30\times 550^2+400\times 30\times 620^2$$

$$=2469240000+570000+4537500000+4612800000$$

$$=1.16\times 10^{10}(\mathrm{mm}^4)$$

按受压翼缘最外纤维确定的毛截面抵抗矩:

$$W_x=\frac{I_x}{y_1}=\frac{1.16\times 10^{10}}{565}=20530973(\mathrm{mm}^3)$$

中和轴以下毛截面对中和轴的面积矩(支座处截面底部受压):

$$S=500\times 30\times 550+\frac{20\times 570\times 250}{2}=9657000(\mathrm{mm}^3)$$

梁受侧向扭转屈服与剪力稳定屈服约束,抗剪承载力为:

$$V=h_w t_w f=1140\times 20\times 335=7638(\mathrm{kN})$$

当存在 $V=4486\mathrm{kN}$ 的情况下,截面的剪应力满足条件。

梁受压翼缘扭转受约束时,高厚比:

$$\lambda_b=\frac{2h_c/t_w}{177}\sqrt{\frac{f_y}{235}}=\frac{2\times 1140/20}{177}\sqrt{\frac{390}{235}}=0.83<0.85$$

腹板受压区有效高度系数 $\rho=1.0$。

梁截面模量折减系数 $\alpha_e=1-\dfrac{(1-\rho)h_c^3 t_w}{2I_x}=1.0$。

塑性发展系数 $\gamma_x=1.05$。

梁的抗弯承载力为:

$$M_{eu}=\gamma_x\alpha_e W_x f=1.05\times 1\times 20530973\times 335=7221.8(\mathrm{kN\cdot m})$$

梁受侧向扭转屈服与剪力稳定屈服约束,考虑腹板屈曲后的抗弯承载力为 7221.8kN · m。

梁较大翼缘的截面面积 $A_{f1}=500\times 30=15000\mathrm{mm}^2$,$h_1=565\mathrm{mm}$。较小翼缘的截面面积 $A_{f2}=400\times 30=12000\mathrm{mm}^2$,$h_2=635\mathrm{mm}$。梁两翼缘所承担的弯矩设计值:

$$M_f=\left(A_{f1}\frac{h_1^2}{h_2}+A_{f2}h_2\right)f=\left(15000\times\frac{565^2}{635}+12000\times 635\right)\times 335=5078.9(\mathrm{kN\cdot m})$$

由腹板抗弯承载力验算式:

$$\left(\frac{V}{0.5V_u}-1\right)^2+\frac{M-M_f}{M_{eu}-M_f}=\left(\frac{4486}{0.5\times 7638}-1\right)^2+\frac{M-5078.9}{7221.8-5078.9}=0.03+\frac{M-5078.9}{2142.9}\leqslant 1$$

得 $M=7157.5\mathrm{kN\cdot m}$。

存在剪力 4486kN 时,考虑截面部分塑性,塑性抗弯承载力由 7221.8kN · m 折减至 7157.5kN · m。

例 5-13:无剪切屈服的板梁 3 类截面弯-剪相互作用

图 5-46 所示钢板梁,为 3 类截面。在出现剪力时,特性如下:

①梁的塑性截面模量 $W_{pl,y}=4.436\times10^7 mm^3$。

②梁的弹性截面模量 $W_{el,min}=3.75\times10^7 mm^3$。[基于 EN 1993-1-1 第 6.2.1(9)条所允许的翼缘中性面]

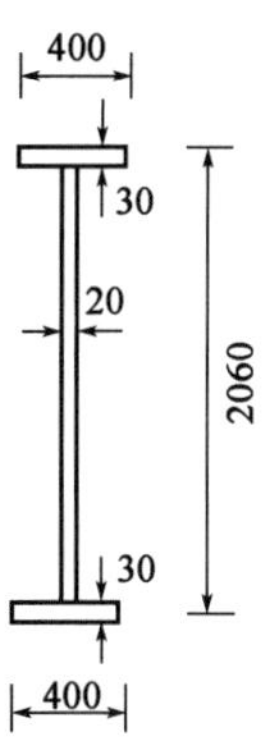

图 5-46 例 5-13 中的板梁(尺寸单位:mm)

解:1)按 EN 1993-2 计算

板为 EN 10025 中 S355 级,梁受侧向扭转屈服约束,因横向加强肋而产生剪切稳定屈服约束。屈服强度由 EN 1993-1-1 中的表 3.1 查得,整个梁屈服强度为 355MPa。组合剪力为 7871kN 时,计算截面的抗弯承载力。

腹板面积:$A_w=h_wt_w=(2060-60)\times20=40000(mm^2)$

塑性抗剪力:$V_{pl,Rd}=\dfrac{\eta A_w(f_y/\sqrt{3})}{\gamma_{M0}}=\dfrac{1.2\times40000(355/\sqrt{3})}{1.00}=9838(kN)$

式中,η 取 1.2。V_{Ed}大于 $0.5V_{pl,Rd}$,所以剪力将折减抗弯承载力 $M_{y,v,Rd}$。

$$\rho=\left(\frac{2V_{Ed}}{V_{pl,Rd}}-1\right)^2=\left(\frac{2\times7871}{9838}-1\right)^2=0.360$$

因为梁截面对称,且屈服强度处处相同,则有:

$$M_{y,v,Rd}=\frac{\left(W_{pl,y}-\dfrac{\rho A_w^2}{4t_w}\right)f_y}{\gamma_{M0}}=\frac{\left[4.436\times10^7-\dfrac{0.36\times(2000\times20)^2}{4\times20}\right]\times355}{1.00}$$

$$=13192(kN\cdot m)$$

$$M_{c,Rd}=\frac{W_{el,min}f_y}{\gamma_{M0}}=\frac{3.750\times10^7\times355}{1.0}=13317(kN\cdot m)>M_{y,V,Rd}$$

因此,存在剪力 7871kN 时,截面抗弯承载力由 13317kN·m 降至 13192kN·m。

2)按 GB 50017—2017 计算

截面为双轴对称:钢板梁拟采用 Q390 级钢。

计算截面模量:

$$A=40000+2\times30\times400=64000(mm^2)$$

$$I_x=\frac{1}{12}(400\times2060^3-380\times2000^3)=3.8\times10^{10}(mm^4)$$

$$W_{nx}=W_x=\frac{3.8\times10^{10}}{1030}=36893203(mm^3)$$

$$S_{x1}=400\times30\times1015=12180000(mm^3)$$

$$S_{x2}=12180000+\frac{20\times1000^2}{2}=22180000(mm^3)$$

梁受侧向扭转屈服和剪切稳定屈服约束,不考虑梁局部稳定。假设剪力全部由腹板承担,此时的抗剪承载力为:

$$V=h_wt_wf=2000\times20\times335=13400(kN)$$

考虑腹板屈曲梁受压翼缘扭转受约束时,高厚比:

$$\lambda_b=\frac{2h_c/t_w}{177}\sqrt{\frac{f_y}{235}}=\frac{2\times2000/20}{177}\sqrt{\frac{390}{235}}=1.46>1.25$$

腹板受压区有效高度系数:

$$\rho=\frac{1}{\lambda_b}\left(1-\frac{0.2}{\lambda_b}\right)=\frac{1}{1.46}\times\left(1-\frac{0.2}{1.46}\right)=0.59$$

梁截面模量折减系数：

$$\alpha_e = 1 - \frac{(1-\rho)h_c^3 t_w}{2I_x} = 1 - \frac{(1-0.59)\times 1000^3 \times 20}{2\times 3.8\times 10^{10}} = 0.89$$

截面按弹性设计，则 $\gamma_x = 1.0$。

梁的抗弯承载力为：

$M_{eu} = \gamma_x \alpha_e W_x f = 1.0\times 0.89\times 36893203\times 335 = 10999.7(\mathrm{kN\cdot m})$

梁受侧向扭转屈服与剪力稳定屈服约束，考虑腹板屈曲后的抗弯承载力为 11549.7kN · m。

梁两翼缘所承担的弯矩设计值，翼缘面积相同。$A_{f1} = A_{f2} = 400\times 30 = 12000(\mathrm{mm^2})$，$h_1 = h_2 = 1015\mathrm{mm}$。

$$M_f = \left(A_{f1}\frac{h_1^2}{h_2} + A_{f2}h_2\right)f = (12000\times 1015 + 12000\times 1015)\times 335 = 8160.6(\mathrm{kN\cdot m})$$

由腹板抗弯承载力验算式：

$$\left(\frac{V}{0.5V_u} - 1\right)^2 + \frac{M - M_f}{M_{eu} - M_f} = \left(\frac{7871}{0.5\times 13400} - 1\right)^2 + \frac{M - 8160.6}{10999.7 - 8160.6} = 0.03 + \frac{M - 8160.6}{3389.1} \leqslant 1$$

得 $M = 10914.5\mathrm{kN\cdot m}$。

在梁截面处存在 7871kN 剪力的情况下，梁的抗弯承载力 $M = 11448\mathrm{kN\cdot m}$。

经过计算分析，梁腹板屈曲后的抗弯承载力为 10999.7kN，当该截面上同时存在 7871kN 的剪力时，梁的抗弯承载力为 10914.5kN。

5.2.9.2 易产生剪切屈服的截面

如果截面的抗剪力受剪切屈服的限制，EN 1993-1-1 第 6.2.8(2)条强烈要求采用 EN 1993-1-5 第 7 章实现剪切与弯曲之间的相互作用。

1)1、2 类截面

这种方法类似于没有剪切屈服的方法。当设计剪力小于腹板单独作用的剪切屈服抗力的 50% 时，EN 1993-1-5 第 7.1(1)条允许忽略剪力与弯矩之间的相互作用。在设计剪力超过这一值时，必须满足下列相互作用：

$$\bar{\eta}_1 + \left(1 - \frac{M_{f,Rd}}{M_{pl,Rd}}\right)(2\bar{\eta}_3 - 1)^2 \leqslant 1.0 \tag{5-112}$$

式中：$\bar{\eta}_3$——剪力比，$\bar{\eta}_3 = V_{Ed}/V_{bw,Rd}$；

$\bar{\eta}_1$——截面塑性抗弯矩的弯曲系数，$\bar{\eta}_1 = M_{Ed}/M_{pl,Rd}$；

$M_{f,Rd}$——由翼缘构成截面的设计塑性抗弯能力。对于不等边翼缘，为简便计算，取两翼缘较小的塑性抗力乘以翼缘中心距。所产生的相互作用如图 5-47 所示。全部腹板抗剪力贡献 $V_{bw,Rd}$ 由 $M_{f,Rd}$ 计算。对于更小的弯矩，由于附加翼缘源于 EN 1993-1-5 第 5.4 条中剪力 $V_{bf,Rd}$ 的贡献，共存剪力可能进一步增加；

$(2\bar{\eta}_3 - 1)^2$——可写为 $\left(\frac{2V_{Ed}}{V_{bw,Rd}} - 1\right)^2$，与腹板强度折减系数 $\rho = \left(\frac{2V_{Ed}}{V_{pl,Rd}} - 1\right)^2$ 形式相同。

2)3 类截面

方法与上述第 1、2 类截面方法相同，但要求最终抗弯承载力不超过弹性抗弯承载力。与图 5-42 相同的方式，有效截去图 5-47 中相互作用曲线上部。在相互作用中使用塑性抗弯承载力，研究发现弯曲与剪切之间存在弱相互作用。在对弹性抗弯承载力折减之前，需保证积累的剪力超过腹板对抗剪承载力贡献的 50%。

3)4 类截面

对于 4 类截面可采用以下两种方法：总截面法与应力限值法。如果满足几何限制条件，通常使用1、2与3类截面相同的相互作用法最为经济。EN 1993-1-5 中的式(7.1)同样适用,但计算 $M_{f,Rd}$ 与 $M_{pl,Rd}$ 时必须考虑翼缘的等效宽度,允许板屈服。使用总截面计算 $M_{pl,Rd}$ 时,不考虑正应力作用下局部屈服要求的任何折减。必须使用翼缘与腹板的弹性设计与有效截面对梁进行正应力单独作用验算。

对于单室箱梁仅有垂直剪力,翼缘剪应力由一侧腹板最大正值 $\tau_{剪}$ 至另一侧腹板负值 $-\tau_{剪}$,因此平均剪切应力为零。对于整个翼缘屈服所用剪应力由不小于最大值一半的限值要求控制,这可能发生在节点处,即 $0.5\tau_{剪}$。如果不考虑符号,仅考虑大小,平均剪应力等于最大值的一半(即 $0.5\tau_{剪}$),两种要求相同。

箱梁翼缘的相互作用变为:

$$\eta_1 + (2\bar{\eta}_3 - 1)^2 \leqslant 1.0 \tag{5-113}$$

这意味着当 $\bar{\eta}_3 \leqslant 0.5$ 时,翼缘中不存在剪力与弯矩的相互作用,但 $\bar{\eta}_3 = 1.0$ 时,不存在正应力,如图 5-48 所示。

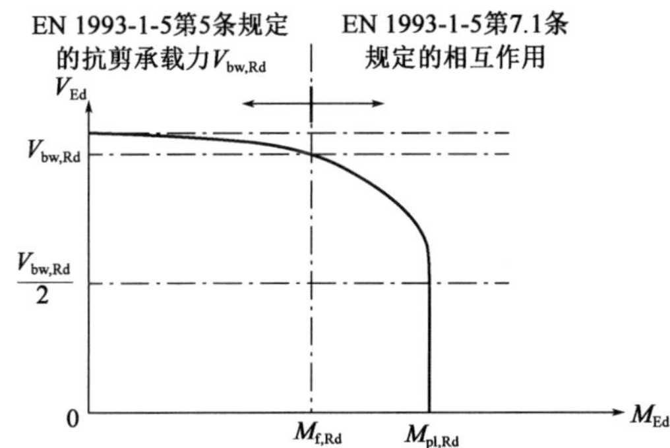

图 5-47 EN 1993-1-5 中规定的1、2类截面的相互作用

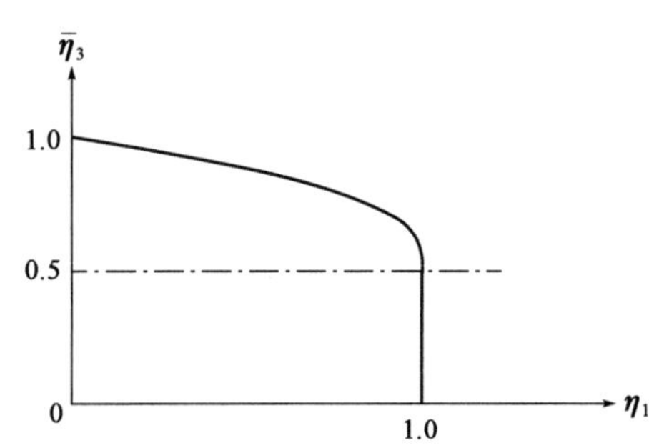

图 5-48 EN 1993-1-5 中规定翼缘的相互作用

当几何限制条件不能满足时,可能使用应力限值法。

GB 50017—2017 中关于弯剪组合计算效应计算式(5-108)实际上已考虑屈服后的强度验算,因此计算方法与 EN 1993-2 中的方法没有本质区别,所不同的是,不像欧洲标准那样针对不同的截面类型给出相应的组合方法与验算式。EN 1993-2 中关于4类截面的验算方法就是中国标准中按弹性计算折算应力的验算方法。

例 5-14:具有剪切屈服的板梁3类截面的剪-弯相互作用

将例 5-13 中的钢板梁除支座之外都改成无腹板横向加强肋的情况,梁上同时承受弯矩和剪力作用,其中弯矩为 10000kN·m,剪力为 4000kN,试验算板梁。

解:1)按 EN 1993-2 计算

首先确定剪切屈服抗力。对于无中间加强肋的情形,长细比为:

$$\bar{\lambda}_w = \frac{h_w}{86.4t\varepsilon} = \frac{2000}{86.4 \times 20 \times 0.81} = 1.429$$

在内支座处,刚性端柱的情形适用,则有:

$$\chi_w = \frac{1.37}{0.7 + \bar{\lambda}_w} = \frac{1.37}{0.7 + 1.429} = 0.64$$

因为横向加强肋离得很远,可忽略翼缘的贡献,抗力为:

$$V_{bw,Rd} = \frac{\chi_w f_{yw} h_w t}{\sqrt{3}\gamma_{M1}} = \frac{0.64 \times 355 \times 2000 \times 20}{\sqrt{3} \times 1.1} = 4770(\text{kN})$$

剪力比 $\bar{\eta}_3 = 4000/4770 = 0.839$,超过0.5,因此使用 EN 1993-1-5 中的式(7.1)计算与弯矩的相互作用。截面模量取例 5-13 中的值:

弹性抗弯承载力：$M_{c,Rd}=\frac{W_{el,min}f_y}{\gamma_{M0}}=\frac{3.750\times10^7\times355}{1.0}=13317(kN\cdot m)>10000kN\cdot m$，适用。

塑性抗弯承载力：$M_{pl,Rd}=\frac{W_{pl}f_y}{\gamma_{M0}}=\frac{4.436\times10^7\times355}{1.0}=15748(kN\cdot m)$

弯曲比：$\bar{\eta}_1=\frac{10000}{15748}=0.635$

忽略腹板后，塑性抗弯承载力为：

$$M_{f,Rd}=\frac{\left(W_{pl,y}-\frac{A_w^2}{4t_w}\right)f_y}{\gamma_{M0}}=\frac{\left[4.436\times10^7-\frac{(2000\times20)^2}{4\times20}\right]\times355}{1.00}=8648(kN\cdot m)$$

$$\bar{\eta}_1+\left(1-\frac{M_{f,Rd}}{M_{pl,Rd}}\right)(2\bar{\eta}_3-1)^2=0.635+\left(1-\frac{8648}{15748}\right)(2\times0.839-1)^2=0.842<1.0$$

因此板是合适的。

2）按 GB 50017—2017 计算

截面为双轴对称，钢板梁拟采用 Q390 级钢。

计算截面模量：

$$A=40000+2\times30\times400=64000(mm^2)$$

$$I_x=\frac{1}{12}(400\times2060^3-380\times2000^3)=3.8\times10^{10}(mm^4)=3.8\times10^6cm^4$$

$$W_{nx}=W_x=\frac{3.8\times10^{10}}{1030}=36893203(mm^3)$$

$$S_{x1}=400\times30\times1015=12180000(mm^3)$$

$$S_{x2}=12180000+\frac{20\times1000^2}{2}=22180000(mm^3)$$

假设剪力全部由腹板承担，此时的抗剪承载力为：

$$V=h_wt_wf=2000\times20\times335=13400(kN)$$

无横向加强肋，腹板屈曲梁受压翼缘扭转未受约束时，高厚比：

$$\lambda_b=\frac{2h_c/t_w}{153}\sqrt{\frac{f_y}{235}}=\frac{2\times2000/20}{153}\sqrt{\frac{390}{235}}=1.68>1.25$$

腹板受压区有效高度系数：

$$\rho=\frac{1}{\lambda_b}\left(1-\frac{0.2}{\lambda_b}\right)=\frac{1}{1.68}\times\left(1-\frac{0.2}{1.68}\right)=0.52$$

梁截面模量折减系数：

$$\alpha_e=1-\frac{(1-\rho)h_c^3t_w}{2I_x}=1-\frac{(1-0.52)\times1000^3\times20}{2\times3.8\times10^{10}}=0.87$$

截面按弹性设计，$\gamma_x=1.0$。

梁的抗弯承载力：$M_{eu}=\gamma_x\alpha_eW_xf=1.0\times0.87\times36893203\times335=10752.5(kN\cdot m)$

翼缘面积相同，$A_{f1}=A_{f2}=400\times30=12000(mm^2)$，$h_1=h_2=1015mm$。梁两翼缘所承担的弯矩设计值为：

$$M_f=\left(A_{f1}\frac{h_1^2}{h_2}+A_{f2}h_2\right)f=(12000\times1015+12000\times1015)\times335=8160.6(kN\cdot m)$$

腹板抗弯承载力验算式：

$$\left(\frac{V}{0.5V_u}-1\right)^2+\frac{M-M_f}{M_{eu}-M_f}=\left(\frac{4000}{0.5\times13400}-1\right)^2+\frac{10000-8160.6}{10752.5-8160.6}=0.87<1.0$$

因此,弯剪组合条件下,梁的承载力满足要求。

例 5-15:具有纵向加强肋的箱梁

一连续箱梁,S355 级钢,具有 10000mm 宽、10mm 厚底部翼缘,24 根角钢加强肋,间距 400mm(图 5-49)。沿桥轴向横隔板间距 4000mm。依据 EN 1993-1-5 中的图 5.3,每根角钢加强肋与母板一起的面积二次矩 $=3.621\times10^7\text{mm}^4$。腹板与底部翼缘连接处垂直剪力引起的剪应力为 130MPa,底部翼缘的扭转剪应力为 10MPa。底部翼缘中的正应力,由 EN 1993-1-5 中的第 4.5 条确定的有效截面计算为 250MPa。验算底部翼缘的弯剪组合作用。

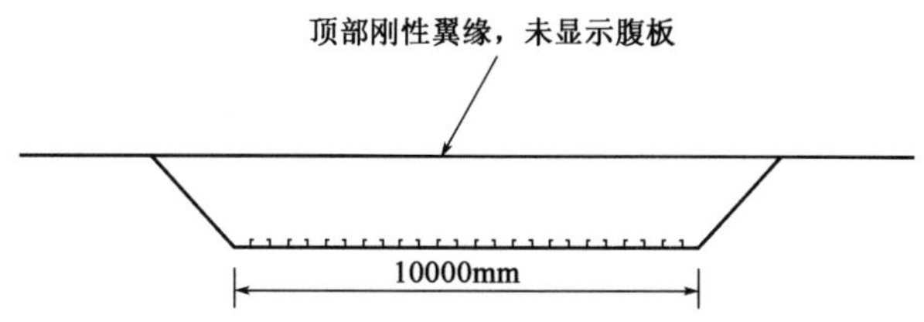

图 5-49 例 5-15 中的箱梁截面

解:1)按 EN 1993-2 计算

首先使用 EN 1993-1-5 附件 A.3 计算加强板的整体剪切屈服长细比:

$$k_{\tau sl}=9\left(\frac{b}{a}\right)^2\sqrt[4]{\left(\frac{I_{sl}}{t^3b}\right)^3}=9\left(\frac{10000}{4000}\right)^2\sqrt[4]{\left(\frac{8.690\times10^8}{10^3\times10000}\right)^3}=1601$$

其中,$I_{sl}=24\times3.621\times10^7=8.690\times10^8(\text{mm}^4)$。

但不小于:

$$k_{\tau sl}=\frac{2.1}{t}\sqrt[3]{\frac{I_{sl}}{b}}=\frac{2.1}{10}\sqrt[3]{\frac{8.690\times10^8}{10000}}=9.3$$

因为 $a/b=4000/10000=0.4<1.0$,则:

$$k_\tau=4.00+5.34\left(\frac{b}{a}\right)^2+k_{\tau sl}=4.00+5.34\times\left(\frac{10000}{4000}\right)^2+1601=1638.4$$

整体屈服长细比:

$$\bar{\lambda}_w=\frac{b}{37.4t\varepsilon\sqrt{k_\tau}}=\frac{10000}{37.4\times10\times0.81\times\sqrt{1638.4}}=0.816$$

内支撑处,刚性端柱情形适用,则有:

$$\chi_w=\frac{0.83}{\bar{\lambda}_w}=\frac{0.83}{0.816}=1.02$$

$\bar{\eta}_3$ 使用翼缘剪应力计算,总剪应力为 $0.5\tau_{剪}+\tau_{扭}$:

$$\bar{\eta}_3=\frac{130/2+10}{1.02\times\dfrac{355}{\sqrt{3}\times1.1}}=0.39<0.5$$

所以整体屈服模式中没有与正应力的相互作用。

接着计算子板屈服长细比。对于子板,$a=4000\text{mm}$,$\bar{b}=400\text{mm}$,$a/\bar{b}=10>1.0$,则:

$$k_{\tau_i}=5.34+4.00\left(\frac{\bar{b}}{a}\right)^2=5.34+4.00\left(\frac{400}{4000}\right)^2=5.38$$

子板屈服长细比:$\bar{\lambda}_w=\dfrac{\bar{b}}{37.4t\varepsilon\sqrt{k_{\tau i}}}=\dfrac{400}{37.4\times10\times0.81\times\sqrt{5.38}}=0.569$

由 EN 1993-1-5 中的表 5.1 可知,$\chi_w=1.2$,使用翼缘子板平均剪应力计算 $\bar{\eta}_3$:

$$\bar{\eta}_3=\frac{130+10}{1.20\times\dfrac{355}{\sqrt{3}\times1.1}}=0.63>0.5$$

因此局部屈服模式中存在与正应力的相互作用。验算相互作用：

$$\eta_1 + (2\overline{\eta}_3 - 1)^2 = \frac{250}{355/1.0} + (2 \times 0.63 - 1)^3 = 0.77 \leqslant 1.0$$

因此弯剪组合验算时翼缘是合适的。

2)按 GB 50017—2017 计算

箱梁底部翼缘可以看作压弯构件,同时配有纵横向加强肋。纵向加强肋间距为 400mm,横向加强肋间距为 4000mm。钢材采用 Q390 钢。

取翼缘中的区格板(子板)在弯矩和剪力作用下的验算,其平均剪应力为:

$\sigma_\tau = 130 + 10 = 140(\mathrm{MPa})$,当$\frac{130+10}{205} = 0.68 > 0.5$

此时剪力影响腹板屈曲后的抗弯承载力,考虑弯矩和剪力的共同作用。其对应的剪应力和弯曲应力组合条件下按下式计算:

$$\left(\frac{V}{V_\mathrm{u}} - 1\right)^2 + \frac{M}{M_\mathrm{eu}} = \left(\frac{130+10}{205} - 1\right)^2 + \frac{250}{350} = 0.81$$

满足条件。

取翼缘整体进行计算,在弯矩和剪力的作用下有垂直剪力,翼缘剪应力由一侧腹板最大正值 $\tau_{剪}$ 至另一侧腹板的负值 $-\tau_{剪}$。因此平均剪切应力为零。对于整个翼缘屈服所用平均剪应力取垂直应力绝对值的一半,即 $0.5\tau_{剪}$。则$\frac{130/2+10}{205} = 0.37 < 0.5$。

当剪力不超过屈曲后的抗剪承载力设计值的 0.5 倍时,板件的抗弯屈曲后强度不下降,直接验算抗弯承载力,对应验算弯曲应力,此时,$\sigma = 250\mathrm{MPa} < \sigma_\mathrm{y} = 350\mathrm{MPa}$,

弯剪组合作用下,整体抗弯承载力满足要求。

5.2.10 弯矩与轴力

轴心会降低截面的极限抗弯承载力,同时,截面上抵抗弯矩的部分也需要抵抗轴力作用。当存在轴力时,整体分析与截面设计之间的协调一致很重要,关于轴力作用高度的假设成立。对于弹性分析,如果轴力作用于除截面弹性核心之外的任何位置,将会产生弯曲应力。因此,如果轴力不是作用于截面中心,通常将力移至截面中心,并附加由力的偏心产生的弯矩及任何其他作用弯矩。在塑性设计用于推导轴力和弯矩作用下整体应力曲线的情形中,有时宁愿将轴力移至塑性中性轴(弯矩单独作用),下文将进行讨论。

5.2.10.1 1、2 类截面

桥梁构件设计中,很少使用 1、2 类截面抵抗轴力与弯矩组合作用。因为典型桥梁构件的腹板通常是 3 类截面,即使弯曲单独作用,由于受压腹板高度较大,仍然选择 3 类截面。

1、2 类截面可能沿整个截面高度充分发展塑性。这使截面验算变得复杂,因为弯曲与剪力产生的应力不可能简单叠加。利用塑性的这种优点,EN 1993-2 给出了因轴力产生的抗弯承载力折减系数的计算方法。总体要求如下:

$$M_\mathrm{Ed} \leqslant M_\mathrm{N,Rd} \tag{5-114}$$

式中:M_Ed——作用弯矩;

$M_\mathrm{N,Rd}$——轴力 N_Ed 折减后的截面塑性抗弯承载力。

塑性应力曲线绝大多数参照矩形截面。在此情形中,$M_\mathrm{N,Rd}$的计算曲线如图 5-50 所示。

高度为 x 的截面用来抵抗轴力,梁的抗弯承载力 $M_\mathrm{N,Rd}$将降低:

$$M_\mathrm{N,Rd} = M_\mathrm{pl,Rd} - M_\mathrm{pl,x} \tag{5-115}$$

式中 $M_{pl,Rd}$——全截面塑性弯曲抗力；

$M_{pl,x}$——截面塑性抗弯承载力中抵抗轴力的分量。

如果截面承受轴力 N_{Ed} 等于其设计抗力 $N_{pl,Rd}$，则图 5-50 中定义的 x 将等于总截面高度 d。对于较小的 N_{Ed} 值，$x=\left(\dfrac{N_{Ed}}{N_{pl,Rd}}\right)d$。

$$M_{pl,x}=W_{plx}f_y=\frac{bx^2}{4}f_y=\frac{bd^2}{4}\left(\frac{N_{Ed}}{N_{pl,Rd}}\right)^2 f_y \tag{5-116}$$

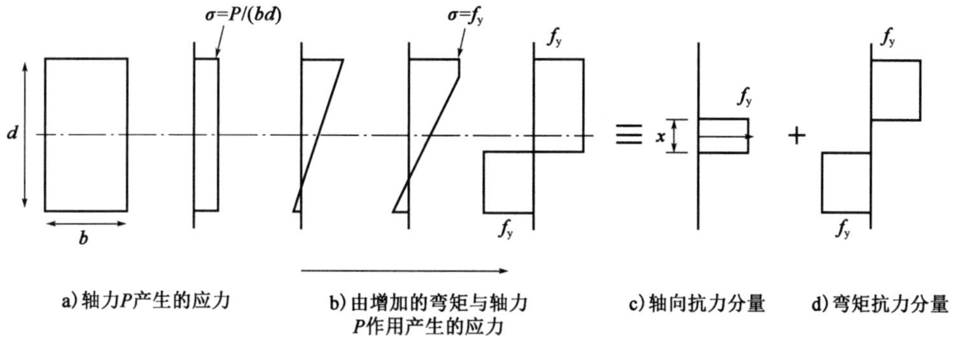

a）轴力P产生的应力　b）由增加的弯矩与轴力P作用产生的应力　c）轴向抗力分量　d）弯矩抗力分量

图 5-50　矩形截面基于塑性抵抗矩的轴力作用

将式(5-116)代入式(5-115)，得：

$$M_{N,Rd}=M_{pl,Rd}-M_{pl,Rd}\left(\frac{N_{Ed}}{N_{pl,Rd}}\right)^2=M_{pl,Rd}\left[1-\left(\frac{N_{Ed}}{N_{pl,Rd}}\right)^2\right]$$

基于相同的程序可用于一般对称翼缘梁，但在推导计算公式过程中必须考虑要求抵抗轴力的区域是否延伸至翼缘；对于非对称截面程序将更为复杂。当下述准则满足时，允许忽略这类效应。

(1)关于 y-y 轴抵抗矩的双对称翼缘截面：

$$N_{Ed}\leqslant 0.25N_{pl,Rd} \text{ 且 } N_{Ed}\leqslant\frac{0.5h_w t_w f_y}{\gamma_{M0}}$$

(2)关于 z-z 轴对称的 I 与 H 形截面，抵抗关于 z-z 轴的弯矩：

$$N_{Ed}\leqslant\frac{h_w t_w f_y}{\gamma_{M0}}$$

轴的符号约定如图 5-51 所示。

图 5-52 中给出了非对称 1 类与 2 类截面在计算 $M_{N,Rd}$ 时的更一般方法。

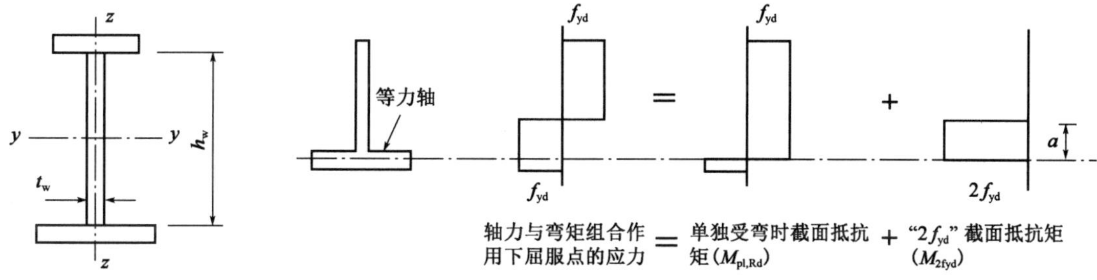

图 5-51　轴的符号约定　　图 5-52　计算非对称截面 $M_{N,Rd}$ 的程序

截面对称时，由分析导出的轴力通常作用于截面中点，弹性与塑性弯曲中性轴重合。截面非对称时，弹性与塑性弯曲中性轴不再重合。在图 5-52 的方法中，假设轴力作用于弯曲塑性中性轴，所以如果假设整体分析得出轴力作用于弹性中性轴，那么须将轴力移到塑性中性轴，并附加截面弯曲以考虑这种移置。

由图 5-52 可知：

$$M_{\mathrm{N,Rd}} = M_{\mathrm{pl,Rd}} - M_{\mathrm{2fyd}} \tag{5-117}$$

确定高度 a,使得 $N_{\mathrm{Ed}} = a \times 2f_{\mathrm{yd}}$,$f_{\mathrm{yd}} = f_{\mathrm{y}}/\gamma_{\mathrm{M0}}$,$f_{\mathrm{y}}$ 近似等于高度 a 范围内部分厚度。

当上述塑性应力曲线已确定,验算腹板是否为1类或2类截面很重要,因为轴力可能提高纯弯曲条件下的截面类型。

1)双向弯曲

在许多实际情形中,钢截面承受轴力的同时,还承受截面双向弯矩。屈服荷载的计算因附加的双向弯矩变得更加复杂。按照上面相同的原则通过移除部件降低抗弯承载力的方式来抵抗轴力和双向弯矩。EN 1993-2 给1类与2类截面双向弯曲提供了一种近似的破坏准则,具体如下:

$$\left(\frac{M_{\mathrm{y,Ed}}}{M_{\mathrm{N,y,Rd}}}\right)^{\alpha} + \left(\frac{M_{\mathrm{z,Ed}}}{M_{\mathrm{N,z,Rd}}}\right)^{\beta} \leqslant 1.0 \tag{5-118}$$

式中:α、β——常数,可保守地取1.0或如下值:

①I 与 H 截面:$\alpha = 2$;$\beta = 5n$,但≥1.0,式中,$n = \dfrac{N_{\mathrm{Ed}}}{N_{\mathrm{pl,Rd}}}$。

②圆形空腹截面:$\alpha = 2$;$\beta = 2$。

③矩形空腹截面:$\alpha = \beta = \dfrac{1.66}{1 - 1.13n^2}$,但,$a = \beta \leqslant 6$,$n = \dfrac{N_{\mathrm{Ed}}}{N_{\mathrm{pl,Rd}}}$

2)简单线性相互作用

为避免复杂的塑性弯曲抗力与轴力共存,可能使用简化的线性相互作用:

$$\frac{N_{\mathrm{Ed}}}{N_{\mathrm{Rd}}} + \frac{M_{\mathrm{y,Ed}}}{M_{\mathrm{pl,y,Rd}}} + \frac{M_{\mathrm{z,Ed}}}{M_{\mathrm{pl,z,Rd}}} \leqslant 1.0 \tag{5-119}$$

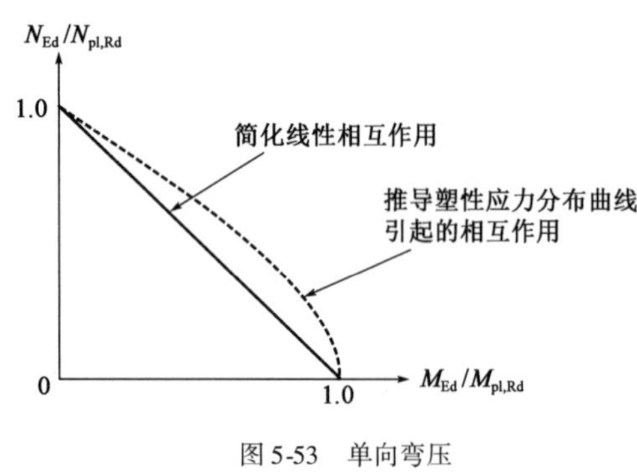

图5-53　单向弯压

对于单向弯曲,上述关系与通过使用合成塑性应力曲线获取的更精确的相互作用对比,如图5-53所示。式(5-119)中存在一个问题:它仍然需要划分截面类型,以决定塑性弯曲抗力的使用是否恰当。如果通过分离截面类型来避免确定塑性应力区域,当梁主要承受弯矩时可能划分为1类或2类截面,当梁主要承受轴力时,则可能划分为3类甚至4类截面。在这种情形中,计算弯曲抗力的安全方法是基于轴力单独作用获得的截面类型。

5.2.10.2　3类截面

当3类截面受压达到屈服点时,其特性变为易于产生局部屈服,轴力与弯矩塑性相互作用不适用。取而代之的是,弹性应力简单叠加,最终梁中所有点的应力限于设计屈服强度,则有:

$$\sigma_{\mathrm{x,Ed}} \leqslant \frac{f_{\mathrm{y}}}{\gamma_{\mathrm{M0}}} \tag{5-120}$$

对于承受轴力与双向弯曲的构件,外层纤维的应力 $\sigma_{\mathrm{x,Ed}}$ 为:

$$\sigma_{\mathrm{x,Ed}} = \frac{N_{\mathrm{Ed}}}{A} + \frac{M_{\mathrm{y,Rd}}}{W_{\mathrm{el,y}}} + \frac{M_{\mathrm{z,Rd}}}{W_{\mathrm{el,z}}} \tag{5-121}$$

式中:N_{Ed}——作用轴力;

A——截面总面积,当存在螺栓孔时,为扣除螺栓孔后的净面积;

$W_{\mathrm{el,y}}$——关于 y-y 轴的弹性截面模量;

$W_{\mathrm{el,z}}$——关于 z-z 轴的弹性截面模量。

当上述方法用于验算双向弯曲时,对每种验算均应针对截面上的唯一点,以免计算结果过于保守。例如,如果 Y 和 Z 方向截面模量被用于复核 Y 和 Z 方向截面外层纤维,采用式(5-121)就过于保守,因为对于工字形截面梁,一般 Y 方向和 Z 方向的最大应力不会同时存在。

4 类截面也可像 3 类截面一样处理,通过使用截面特性与限制正应力 σ_{limit} 得到:

$$\sigma_{x,Ed} \leqslant \frac{\sigma_{limit}}{\gamma_{M0}} \tag{5-122}$$

式中:σ_{limit}——受压截面最弱部分的极限应力。

根据 EN 1993-1-5 第 10 条,一个完整的验算要求同时考虑剪力、轴力、弯矩与横向力。当执行完整验算时,弯曲与轴力作用下进行的单独验算变得多余,完整验算将变得更加重要。因此,建议如果将 4 类截面视为 3 类截面处理,应使用 EN 1993-1-5 第 10 条进行整体验算。

5.2.10.3 4 类截面

4 类截面按类似于 3 类截面的方法处理,但有效截面允许板状屈服用于计算最大应力 $\sigma_{x,Ed}$。EN 1993-1-1 第 6.2.9.3(1)条给出了与 3 类截面相同的准则:

$$\sigma_{x,Ed} \leqslant \frac{f_y}{\gamma_{M0}} \tag{5-123}$$

式中:$\sigma_{x,Ed}$——截面中最大纵向应力,必要时考虑螺栓孔与局部屈服效应。

通常,轴力作用位置总是参照总截面形心。同时,由偏心距产生的偏心弯矩应归属于外力矩,计算弯矩时应加入。当计算非对称截面轴力单独作用的有效截面时,中性轴将偏移一定的距离 e_N,如图 5-54 所示。这种偏移产生轴力的附加弯矩,即从假设关于总截面的旧中性轴的位置至新的关于有效截面的中性轴位置。当计算弯曲应力时必须包含附加偏心距产生的应力。如果轴力最初源于使用有效截面特性的整体分析,并且假设作用于这一有效截面中心,就无须再移置。相互作用中,应考虑附加弯矩:

$$\eta_1 = \frac{N_{Ed}}{A_{eff} f_y / \gamma_{M0}} + \frac{M_{y,Ed} + N_{Edy} e_N}{W_{y,eff} f_y / \gamma_{M0}} + \frac{M_{z,Ed} + N_{Edz} e_N}{W_{z,eff} f_y / \gamma_{M0}} \leqslant 1.0 \tag{5-124}$$

式中:A_{eff}——承受均匀压力截面的有效面积;

W_{eff}——承受弯矩截面的有效弹性截面模量,y 方向截面有效弹性模型为记为 $W_{y,eff}$,z 方向截面有效弹性模型记为 $W_{z,eff}$;

e_N——截面仅承受压力时相对中心轴的偏移量。

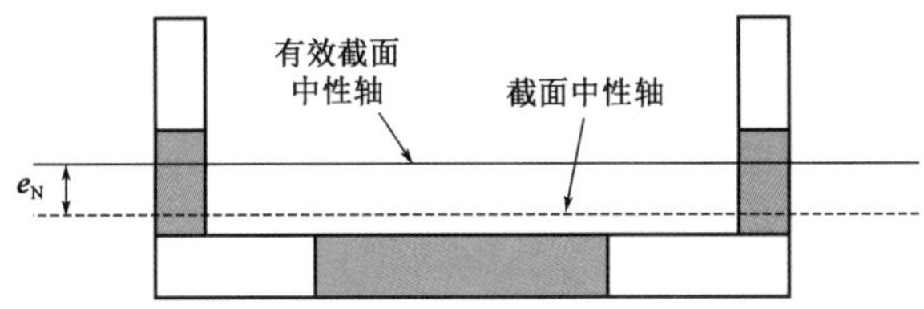

图 5-54 轴力作用下 4 类截面中性轴的转移

作为使用有效截面法的替换方法,可使用总截面特性、基于 EN 1993-1-5 第 10 条中的方法进行验算。

根据 GB 50017—2017,对轴力与弯矩作用组合效应采用下式计算。

非圆形截面:

$$\frac{N}{A_n} \pm \frac{M_x}{\gamma_x W_{nx}} \pm \frac{M_y}{\gamma_y W_{ny}} \leqslant f \tag{5-125}$$

圆形截面:

$$\frac{N}{A_n} + \frac{\sqrt{M_x^2 + M_y^2}}{\gamma_m W_n} \leqslant f \tag{5-126}$$

式中：N——同一截面处轴心压力设计值；

A_n——净截面面积；

M_x、M_y——构件同截面上对 x 轴和 y 轴的弯矩设计值；

W_n——构件的净截面模量；

γ_x、γ_y——截面模量相应的截面塑性发展系数。根据其受压板件的内力分布情况确定其截面板件宽厚比等级，当截面板件宽厚比等级不满足 S3 级要求时，取 1.0，满足 S3 级要求时可按表 5-9 采用；需要验算疲劳强度的拉弯、压弯构件，宜取 1.0；

γ_m——圆形构件的截面塑性发展系数，对于实腹圆形截面取 1.2，当圆管截面板件宽厚比等级不满足 S3 要求时取 1.0；满足 S3 级要求时取 1.15；需要验算疲劳强度的拉弯、压弯构件，宜取 1.0。

塑性发展系数值与截面形式、塑性发展深度、翼缘与腹板面积比值以及应力状态有关。标准给出的塑性发展系数（表 5-9）相当于单轴受弯时塑性发展深度不超过截面高度的 1/8。对格构式构件的虚轴，不能考虑塑性深入截面，取 1.0；对压弯构件受压翼缘的自由外伸宽度与厚度之比不满足 S3 级要求者，受压翼缘在进入塑性时可能已失去局部稳定，因此不应考虑截面塑性，取 1.0。

截面塑性发展系数 γ_x、γ_y 表 5-9

项次	截面形式	γ_x	γ_y
1	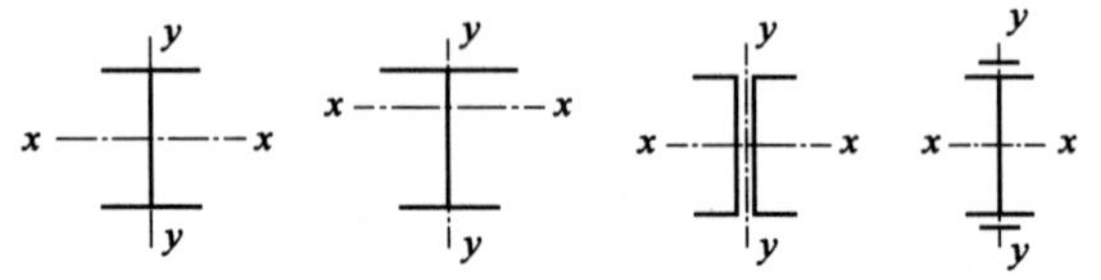	1.05	1.2
2	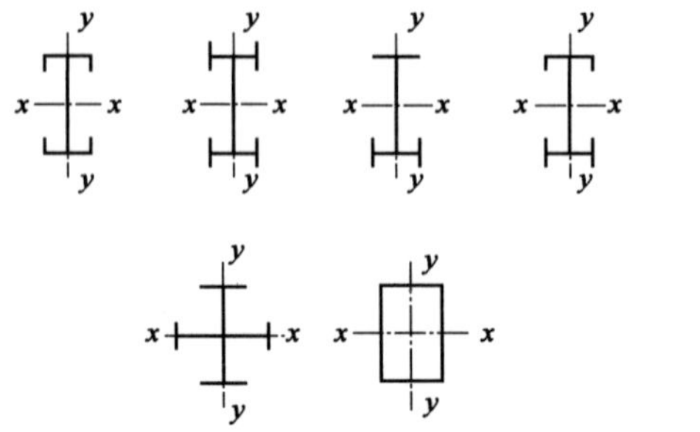		1.05
3	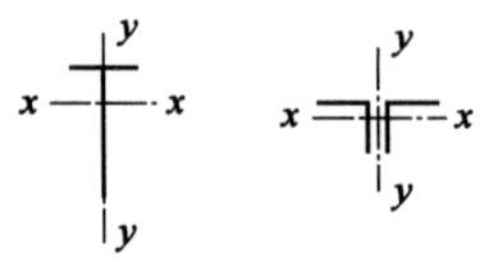	$\gamma_{x1}=1.05$ $\gamma_{x2}=1.2$	1.2
4	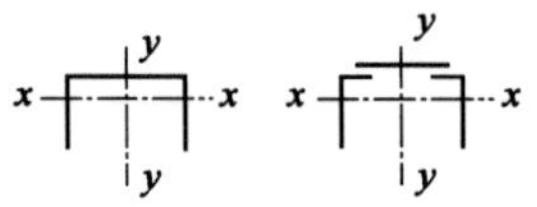		1.05

续上表

项次	截面形式	γ_x	γ_y
5		1.2	1.2
6		1.15	1.15
7		1.0	1.05
8			1.0

例 5-16：弯矩与轴力作用下 2 类截面钢板梁折减抗弯承载力的计算

如图 5-55 所示钢板梁，受横向扭转屈服约束，初始假设在弯矩与轴力作用下为 2 类截面。梁为一单跨整桥中的一部分，承受桥墩的推力 10600kN，作用于纯弯矩条件下的塑性中性轴位置。所有板为 EN 10025 中的 S355 级钢，不同板厚的屈服强度取自 EN 1993-1-1 中的表 3.1。计算与轴力交接处截面可能抵抗的最大弯矩，并进行截面验算，以保证截面保持 2 类截面。

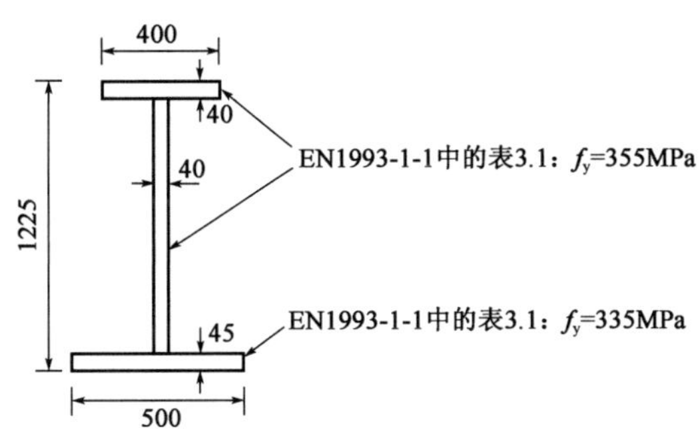

图 5-55 例 5-16 中的板梁（尺寸单位：mm）

解：1）按 EN 1993-2 计算

首先，按 EN 1993-1-1 中的表 5.2 将受压翼缘进行分类。忽略腹板至翼缘焊接，翼缘外凸 $c = (400 - 40)/2 = 180(\text{mm})$。$c/t = 180/40 = 4.5$。$9\varepsilon = 7.3 \geq 4.5$，因此翼缘为 1 类截面。

梁的截面特性按下述方式计算。

轴向合力作用在距腹板 504.6mm 的位置，该位置位于截面在纯弯矩条件下的塑性中和轴。

塑性弯曲抗力 $M_{pl,Rd}=12370kN$。

图 5-56 显示了弯矩与轴力作用下的应力分布。

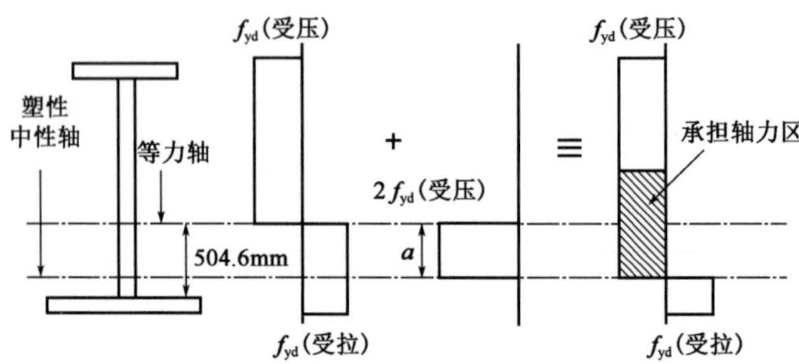

图 5-56　例 5-16 中应力分布

首先计算高度"a"。

假设塑性中性轴在腹板中出现,由力平衡给出:

$10600\times10^3=a\times40\times2\times355/1.0$,解之得 $a=373.2\text{mm}<504.6\text{mm}$

因此假设是正确的,塑性中性轴出现在腹板中。

因此,抵抗轴力截面的等力轴的塑性抵抗矩 $M_{2fyd}=373.2\times40\times2\times355\times373.2/2\times1\times10^{-6}=1977(\text{kN}\cdot\text{m})$。

因此,存在轴力时,最终塑性抵抗矩 $M_{N,Rd}=M_{pl,Rd}-M_{2fyd}=12370-1977=10393(\text{kN}\cdot\text{m})$。

在轴力为 10600kN 的条件下(作用于纯弯矩条件下的塑性中和轴),截面最大抵抗矩为 10393kN · m。如果腹板与翼缘中屈服应力有差异,并且中性轴位于翼缘中,这种方法须修正。最简单的方法是使用整个梁截面的最小屈服应力值。

现检验在轴力作用下,验算截面是否仍为 2 类。根据 EN 1993-1-1 中的表 5.2,腹板处于部分承受弯曲与压力时,$\alpha>0.5$(通过检查),c = 腹板高 = 1140mm,αc = 腹板受压高度 $=1140-504.6+373.2=1008.6(\text{mm})$。

因此,$\alpha=1008.6/1140=0.885$。

对于划分为 2 类的腹板,$c/t\leqslant456\varepsilon/(13\alpha-1)$,此时:

t = 腹板厚 = 40mm

$\varepsilon=0.81$(EN 1993-1-1 的表 5.2)

$$\frac{c}{t}=\frac{1140}{40}=28.5,\ \frac{456\varepsilon}{13\alpha-1}=\frac{456\times0.81}{13\times0.885-1}=35.2>28.5$$

因此不论压力是否存在,腹板仍为 2 类截面。需进一步注意的是,如果整个腹板高度受压,截面仍然受压。

2)按 GB 50017—2017 计算

Q390 级钢,$f=315\text{MPa}$,截面如图 5-56 所示。

截面特性计算:

$A=500\times45+400\times40+1140\times40=84100(\text{mm}^2)=841\text{cm}^2$

$$y_1=\frac{40\times4\times2+4\times114\times[(122.5-4)/2+4]+50\times4.5\times120.25}{40\times4+50\times4.5+114\times4}$$

$$=668.5(\text{mm})$$

$y_2=1225-y_1=1225-668.5=556.5(\text{mm})$

$$I_x=\frac{1}{12}\times4\times114^3+4\times114\times(66.85-114/2)^2+40\times4\times(66.85-2)^2+$$
$$50\times4.5\times(55.65-2.25)^2$$

$=1852575(\mathrm{cm}^4)$

$W_{1nx}=W_{1x}=I_x/y_1=1852575/66.85=27712.4(\mathrm{cm}^3)$

$W_{2nx}=W_{2x}=I_x/y_2=1852575/55.65=33289.8(\mathrm{cm}^3)$

钢板梁,受横向扭转屈服约束,属于单向压弯构件。钢结构规范中采用三种不同的强度计算准则:①边缘纤维屈服准则;②全截面屈服准则;③部分发展塑性准则。欧洲标准中的2类截面是出现塑性但不要求转动能力的截面。

在GB 50017—2017中承受静力荷载作用的实腹拉弯构件在轴力和弯矩共同作用下,受力最不利的截面出现塑性铰时即达到构件的强度极限。

出现塑性铰时,设力轴高度为x,由力的平衡条件可知:

$400\times40\times315+(1140-x)\times315\times40=500\times45\times315+40x\times315$,得$x=489\mathrm{mm}$。

弯矩单独作用于中性轴的位置,此时的塑性弯矩为:

$M=400\times40\times315\times671+651\times315\times40\times325.5+489\times315\times40\times244.5+500\times45\times315\times511.5=11184(\mathrm{kN\cdot m})$。

当桥墩的推力10600kN时,作用于纯弯矩条件下的塑性中和轴位置,距离受拉翼缘顶部489mm。

当存在轴力时由力平衡,得:

$10600\times10^3=a\times40\times2\times315$,解之得$y_0=420\mathrm{mm}<489\mathrm{mm}$

抵抗轴力作用截面的等力轴的弯矩塑性抵抗矩由应力分布图得:

$M_2=325.5\times40\times2\times315\times325.5/2\times1\times10^{-6}=1344.5(\mathrm{kN\cdot m})$。

存在轴力时,最终塑性抵抗矩$M_{N,Rd}=M-M_2=11184-1344.5=9839.5(\mathrm{kN\cdot m})$。

由于2类截面是按照出现塑性铰但不要求转动设计,因此弯矩与轴力作用下2类截面钢板梁折减抵抗矩的计算与GB 50017—2017中考虑出现塑性计算的方法与过程完全相同,计算结果因钢材强度差异产生。

5.2.11 弯曲、剪力与轴力

截面抵抗弯曲、剪力与轴力组合效应的抗弯能力可能因荷载的剪切与轴力分量而降低。EN 1993-2要求考虑这种效应。相互作用法取决于截面类型以及剪切抗力是否受限于剪切屈服。

5.2.11.1 不易剪切屈服的截面

1)1、2类截面

没有剪切屈服时,截面剪切抗力效应仅在剪力超过设计塑性抗力的50%时才需考虑。截面验算第一步是确定因剪力而导致腹板强度降低。最终折减截面使用塑性截面设计进行弯曲与轴力组合验算。如果截面为非对称的,当腹板强度折减时,塑性中性轴将偏移。在对腹板强度进行任何折减之前,应首先验算弯矩与轴力作用下的截面类型。

另一种简单保守的方法是使用线性叠加:

$$\frac{N_{\mathrm{Ed}}}{N_{\mathrm{v,Rd}}}+\frac{M_{\mathrm{y,Ed}}}{M_{\mathrm{v,y,Rd}}}+\frac{M_{\mathrm{z,Ed}}}{M_{\mathrm{v,z,Rd}}}\leqslant1.0 \tag{5-127}$$

式中:$M_{\mathrm{v,y,Rd}}$、$M_{\mathrm{v,z,Rd}}$——$y-y$轴与$z-z$轴方向的截面抵抗弯矩(进行了折减),考虑剪力因素,但不考虑轴力因素;

$N_{\mathrm{v,Rd}}$——因剪力而折减的截面轴向抗力。

第5.2.10.1节关于在轴力与弯矩作用下的截面分类也适用于线性相互作用的情形。

2)3 类截面

处理 3 类截面的程序与 1 类和 2 类截面略有不同,因为弹性截面设计必须用于弯曲与轴力的组合。有三种可能的验算方法:

(1)确定剪力引起的腹板强度与厚度的折减(如果剪力超过塑性抗力的 50%),与 1 类和 2 类截面类似。最终折减截面使用第 5.2.10.2 节中的弹性截面设计的弯矩与轴力组合进行验算。最大的作用是通过考虑腹板厚度的折减而不再考虑屈服强度的折减,这样梁的抗力将由折减应力屈服点处腹板的屈服所控制。

(2)使用 EN 1993-1-5 第 7.1 节给出的相互作用,这种方法可用于剪切屈服。

(3)使用相互作用式(5-127)。确定 $M_{v,Rd}$ 过程中塑性截面特性按第 5.2.9.1 节方法计算。

如果截面是非对称的,当因剪力作用对腹板厚度进行折减时,中性轴将偏移。不需因为这种偏移而对截面进行重新分类。方法(2)与(3)明显更为经济。

3)4 类截面

4 类截面必须使用 EN 1993-1-5 中给出的两种可能方法之一进行处理。

例 5-17:承受弯矩、剪力与轴力组合作用的 2 类截面板梁抗弯承载力的计算

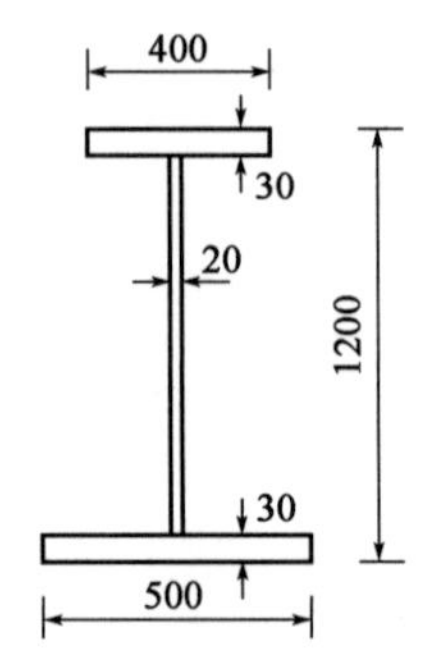

图 5-57　例 5-17 中 2 类梁截面(尺寸单位:mm)

图 5-57 所示钢板梁,由 S355 级钢组成,初始假设为 2 类截面。截面位于两跨整桥中心支座处。梁受侧向约束,腹板抵抗剪切屈服稳定。因所有板厚小于 40mm,所有板的屈服应力按 EN 1993-1-1 中的表 3.1 取 355MPa。在剪力与轴力同时存在的情况下,设计塑性弯曲抗力为 7874kN · m,弯矩单独作用时塑性中性轴高度为 495mm,从底部翼缘上表面算起。试求梁截面的抗弯承载力。

解:1)按 EN 1993-2 计算

结合剪力(V_{Ed})4486kN 与轴向压力(N_{Ed})2200kN,计算截面能抵抗的最大下沉弯矩,该弯矩作用于塑性中性轴高度,因此轴力高度距底部翼缘上表面 495mm。还需验证在弯矩与剪力组合作用下截面是否仍为 2 类截面。

首先使用 EN 1993-1-1 中的表 5.2 对受压翼缘进行分类。忽略腹板至翼缘的焊接,翼缘外凸 $c=(500-20)/2=240(\text{mm})$。$c/t=240/30=8.0$。$10\varepsilon=8.1\geqslant 8.0$,因此翼缘截面为 2 类。

验算腹板在剪曲与轴力单独作用下的紧密性。按 5.2.10 节例 5-16 的计算方法,与轴力 2200kN 共存的最大弯曲抗力塑性中性轴为:

$$495+\frac{2200\times 10^3}{2\times 20\times 355}=650(\text{mm})$$

可知,中和轴位置位于下翼缘上方。

根据 EN 1993-1-1 中的表 5.2 可知 $\alpha=\frac{650}{1140}=0.570$。

对于 2 类截面:$\frac{c}{t}\leqslant\frac{456\varepsilon}{13\alpha-1}=\frac{456\times 0.81}{13\times 0.570-1}=57.6$

实际 $c/t=1140/20=57.0$,因此,弯曲与轴力组合条件下,截面正好为 2 类。

抗剪力:$V_{pl,Rd}=\frac{\eta A_w(f_y/\sqrt{3})}{\gamma_{M0}}=\frac{1.2\times 1140\times 20(355/\sqrt{3})}{1.00}=5608(\text{kN})$

$V_{Ed}=4486\text{kN}$ 大于 $0.5\times V_{pl,Rd}$,因此剪力将会降低抵抗矩 $M_{y,v,Rd}$。

$$\rho=\left(\frac{2V_{Ed}}{V_{pl,Rd}}-1\right)^2=\left(\frac{2\times 4486}{5608}-1\right)^2=0.360$$

腹板允许应力 $=(1-\rho)f_y=(1-0.36)\times355=227.2(\text{MPa})$

最简单的方法是折减腹板厚度,而不是其屈服应力。因此,腹板折减厚度为:

$$20\times\frac{227.2}{355}=12.8(\text{mm})$$

图5-58 显示考虑剪力而修订后的截面。

图5-58 中等力轴高度 x 由力的平衡求出:

$(500\times30)+(12.8\times x)=(400\times30)+[12.8\times(1140-x)]$

$x=452.8\text{mm}$。

因此,存在剪力但没有轴力时弯曲抗力为:

$$M_{y,V,Rd}=\frac{(500\times30\times467.8+400\times30\times702.2)\times355}{1.00}+\frac{[452.8^2\times20\times0.5+(1140-452.8)^2\times20\times0.5]\times227.2}{1.00}=7021(\text{kN}\cdot\text{m})$$

加上轴力效应,由图5-59,弯曲与轴力组合作用下应力分布如下。

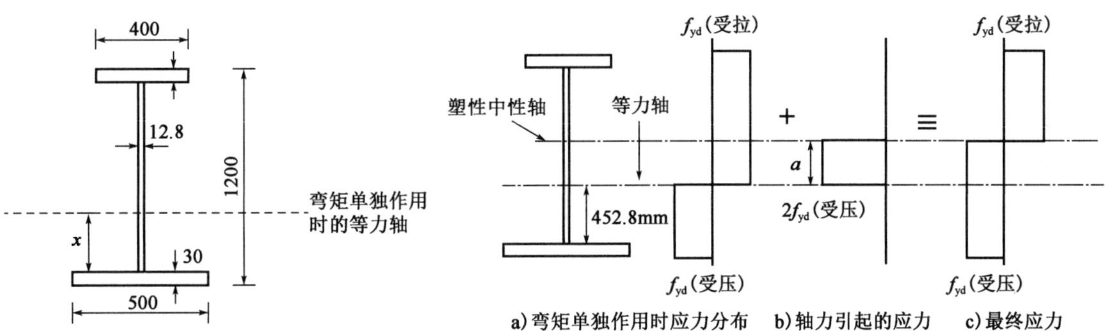

图5-58 具有简化剪力有效腹板厚度的有效截面(尺寸单位:mm)

图5-59 腹板简化剪力截面上因弯矩与轴力组合作用产生的应力

为计算高度 a,初始假设塑性中性轴出现在腹板,因此 $2200\times10^3=a\times12.8\times2\times355$,解得 $a=242.1\text{mm}$,因此塑性中性轴出现在腹板 $(452.8+242.1)\text{mm}=694.9\text{mm}$ 处,从底部翼缘上表面起算。

等力轴弯曲抗力分量为:$M_{2fyd}=\frac{242.1^2\times12.8}{2}\times\frac{2\times355}{1.0}=266.3(\text{kN}\cdot\text{m})$

存在剪力与轴力时,最终弯曲抗力为 $M_{N,v,Rd}=7021-266.3=6754.7(\text{kN}\cdot\text{m})$。然而,轴力作用于弯矩单独作用时的塑性中性轴高度,在由底部翼缘上表面起算495mm 处。当考虑剪力时,中性轴下移 $495-452.8=42.2(\text{mm})$,因此轴力产生下沉弯矩 $=2200\times0.0422=92.8(\text{kN}\cdot\text{m})$。关于新轴,与作用于底部翼缘上表面495mm 处的轴力2200kN 共同作用的上拱弯矩 $M_{y,Ed}=6754.7+92.8=6848(\text{kN}\cdot\text{m})$。

2)按 GB 50017—2017 计算

采用 Q390 级钢。

截面特性计算:$A=500\times30+400\times30+1140\times20=49800(\text{mm}^2)$

从顶部翼缘计算:

$$y_1=\frac{400\times30\times15+20\times1140\times[1140/2+30]+500\times30\times1185}{400\times30+500\times30+1140\times20}=632(\text{mm})$$

$y_2=1200-y_1=1200-632=568(\text{mm})$

当 $M=7874\text{kN}\cdot\text{m}$ 单独作用并出现塑性铰时,塑性中性轴高度为495mm,从底部翼缘顶面算起。

当与 $N=2200\text{kN}$ 共存、构件截面出现塑性铰时,轴线压力 N 和弯矩 M 的相关关系可以根据力的平衡条件知，则此时中性轴的高度为：

$495+\dfrac{2200\times10^3}{2\times20\times335}=659(\text{mm})$，从底部翼缘表面算起。

抗剪承载力计算，梁受侧向约束，腹板抵抗剪切屈服稳定。

腹板的抗剪力为：$V_u=h_w t_w f_y/\sqrt{3}=1140\times20\times350/\sqrt{3}=4607.3(\text{kN})$

同一截面同时存在剪力时，此时的抗弯承载力计算如下。

考虑腹板屈曲后的强度，则有：

弯矩单独作用时，翼缘承担的弯矩如下。

较小翼缘的截面面积 $A_{f2}=400\times30=12000(\text{mm}^2)$，$h_2=617\text{mm}$；

较大翼缘的截面面积 $A_{f1}=500\times30=15000(\text{mm}^2)$，$h_1=553\text{mm}$。

$$M_f=\left(A_{f1}\frac{h_1^2}{h_2}+A_{f2}h_2\right)f=\left(15000\times\frac{553^2}{617}+12000\times617\right)\times335=4970(\text{kN}\cdot\text{m})$$

由同一截面处弯矩和剪力共存的承载力验算式（考虑部分塑性发展）：

$$\left(\frac{V}{0.5V_u}-1\right)^2+\frac{M-M_f}{M_{eu}-M_f}=\left(\frac{4486}{0.5\times4607.3}-1\right)^2+\frac{M_{eu}-4970}{7874-4970}\leqslant1$$

得 $M=5267\text{kN}\cdot\text{m}$。

存在4486kN剪力的情况下，截面的抗弯承载力为 $M=5267\text{kN}\cdot\text{m}$。

弯矩单独作用产生塑性铰，此时塑性中性轴高度为495mm，当轴力和弯矩共同作用产生塑性铰时，此时塑性中性轴高度为659mm，塑性中性轴升高了 $659-495=164(\text{mm})$。

轴力作用产生的弯矩 $M=2200\times0.164=360.8(\text{kN}\cdot\text{m})$。

综上所述，当存在剪力（V_{Ed}）4486kN 与轴向压力（N_{Ed}）2200kN，截面的抗弯承载力为 $M=5267+360.8=5627.8(\text{kN}\cdot\text{m})$。

5.2.11.2 易剪切屈服的截面

1）1、2类截面

这种方法类似于没有剪切屈服的情形。当设计剪力小于剪切屈服抗力的50%时，EN 1993-1-5 第7.1(1)条允许忽略与剪力的相互作用。对于设计剪力超过剪切屈服抗力的50%的情形，必须满足下述相互作用条件：

$$\bar{\eta}_1+\left(1-\frac{\alpha_N M_{f,Rd}}{M_{N,Rd}}\right)(2\bar{\eta}_3-1)^2\leqslant1.0 \tag{5-128}$$

式中：$\bar{\eta}_3$——剪力比，$\bar{\eta}_3=V_{Ed}/V_{bw,Rd}$；

η_1——弯曲与轴力的常用系数，$\eta_1=M_{Ed}/M_{N,Rd}$，$M_{N,Rd}$为存在轴力时折减抵抗矩；

$M_{f,Rd}$——基于仅由翼缘构成的截面的设计塑性弯曲抗力，如果整个腹板处于受压状态，则 EN 1993-1-5 第7.1(4)条要求 $M_{f.Rd}$取为零，且可能导致抗力的不连续；

α_N——考虑翼缘效率的轴力效应系数：

$$\alpha_N=\left[1-\frac{N_{Ed}}{(A_{f1}+A_{f2})f_{yf}/\gamma_{M0}}\right]$$

A_{f1}、A_{f2}——顶底部翼缘的面积。

2）3类截面

所用方法与上述1类截面与2类截面相同，但弯曲与剪力产生的弹性应力应按 EN 1993-1-5 第4.6条验算。在相互作用分析中，使用弯曲与轴力的塑性抗力方法，因为弯曲与剪力之间的弱相互作用。

3)4 类截面

对于 4 类截面有两种可能的计算方法。如果截面几何限制要求得以满足,使用与上述 1、2 和 3 类截面相同的相互作用方法通常是最为经济的。式(5-127)适用,但 α_N、$M_{f,Rd}$与 $M_{N,Rd}$的计算必须考虑翼缘有效宽度,允许平板屈服,可考虑总腹板截面。

EN 1993-1-5 中的相互作用式(7.1)也适用于具有纵向加强腹板的梁。当整个腹板屈服是问题的关键时,这种腹板具有较小的后屈服强度,但这种方法仅在腹板剪力占其抗剪强度非常高比例的条件下引起与剪力的相互作用。

例 5-18:承受弯矩、剪力与轴力的 3 类截面板梁的抗弯能力计算

如图 5-60 所示钢板梁,初始假设为 3 类截面。所有板为 EN 10025 中的 S355 级钢,梁受侧向约束,并防止剪切稳定破坏。决定屈服强度的厚度取自 EN 1993-1-1 中的表 3.1,整个梁屈服应力为常量 355MPa。当同时存在剪力(V_{Ed})9600kN 与轴力 500kN(作用于总截面中心)时,计算截面能抵抗的最大弯矩,并验算弯矩与轴力作用下截面的紧密性。

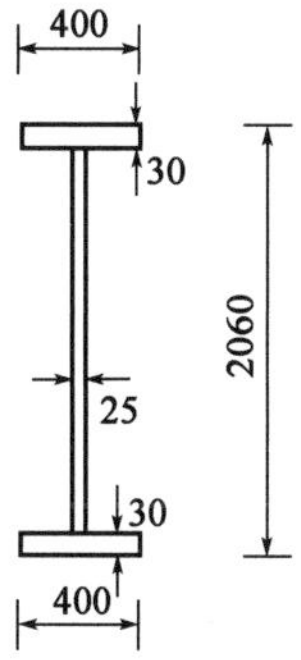

图 5-60 例 5-18 中的平板梁截面(尺寸单位:mm)

解:1)按 EN 1993-2 计算

主梁特性如下:

$I_{yy} = 4.139 \times 10^{10}\text{mm}^4$

弹性截面模量 $W_{el,min} = 4.078 \times 10^7\text{mm}^3$(基于翼缘中心)

梁面积 $= 74000\text{mm}^2$

设计塑性抵抗矩阵 $M_{pl,Rd} = 17523\text{kN} \cdot \text{m}$

$$由塑性抗剪力:V_{pl,Rd} = \frac{\eta A_w (f_y/\sqrt{3})}{\gamma_{M0}} = \frac{1.2 \times 2000 \times 25 \times (355/\sqrt{3})}{1.00} = 12298(\text{kN})$$

V_{Ed}大于 $0.5 \times V_{pl,Rd}$,所以剪力会降低弯矩抗力 $M_{y,v,Rd}$。

$$\rho = \left(\frac{2V_{Ed}}{V_{pl,Rd}} - 1\right)^2 = \left(\frac{2 \times 9600}{12298} - 1\right)^2 = 0.315$$

因此,腹板中的允许应力 $= (1-\rho)f_y = (1-0.315) \times 355 = 243.2(\text{MPa})$

可用三种方法分别计算最大允许抵抗矩,具体如下。

(1)正应力限值为具有折减腹板厚度的第一次屈服应力。

腹板折减厚度 $= 25 \times 243.2/355 = 17.1(\text{mm})$

因此,修订的折减弹性特性为:

$$I_{yy} = \frac{400 \times 2060^3}{12} - \frac{(400-17.1) \times 2000^3}{12} = 3.613 \times 10^{10}(\text{mm}^4)$$

$$W_y = \frac{3.613 \times 10^{10}}{1015} = 3.560 \times 10^7(\text{mm}^3)(基于翼缘中心)$$

面积 $= (2060 \times 400) - [2000 \times (400-17.1)] = 58200(\text{mm}^2)$

$$构件中纵向应力 = \frac{P}{A} + \frac{M}{W_y} = \frac{500 \times 10^3}{58200} + \frac{M_{y,Ed}}{3.560 \times 10^7} \leqslant \frac{355}{1.00}$$

因此,$M_{y,Ed}$ = 最大允许弯矩 $= 12331\text{kN} \cdot \text{m}$

接下来基于没有剪力折减的总截面特性,验算弯矩与轴力作用下,截面是否仍为 3 类。

总构件中翼缘中心点应力等于:

$$\frac{P}{A} \pm \frac{M_{y,Ed}}{W_{el,min}} = \frac{500 \times 10^3}{74000} \pm \frac{12331 \times 10^3}{4.078 \times 10^7} = \begin{cases} +309(\text{MPa}) \\ -296(\text{MPa}) \end{cases}$$

根据 EN 1993-1-1 中的表 5.2,基于翼缘间应力变化,$\psi = -296/309 = -0.958$。(整个腹板高度的变化应严格考虑,但这种变化事实上很微小)

因此

$$\frac{c}{t}\leqslant\frac{42\varepsilon}{0.67+0.33\psi}=\frac{42\times0.81}{0.67+0.33\times(-0.958)}=96.1$$

实际上,$c/t=2000/25=80<96.1$,所以,在此轴力作用下截面仍为3类。

(2)线性相互作用。

上述验算偏于保守,因为对弯矩与剪力单独作用,EN 1993-1-1 第6.2.8条允许3类对称截面基于塑性截面特性,只要最终抗力不超过弹性弯曲抗力。上述方法(1)中的验算对于任何超过剪切抗力50%的剪力,将折减弯曲强度。

存在剪力时,使用上述折减屈服强度,计算的塑性抗力 $M_{y,v,Rd}$ 为14718kN·m,但抗弯能力不应大于:

$$M_{c,Rd}=\frac{W_{el,min}f_y}{\gamma_{M0}}=\frac{4.078\times10^7\times355}{1.0}=14477(\text{kN}\cdot\text{m})$$

所以,$M_{y,V,Rd}$ 取弹性抗力,即 $M_{y,v,Rd}=14477\text{kN}\cdot\text{m}$。对于这种荷载情形使用该方法不存在弯曲与剪力的有效相互作用。然而,轴力与剪力间仍存在相互作用。具有折减腹板宽度的截面面积为58200mm²,见计算方法(1)。

与轴力的相互作用按线性相互作用式(5-127)计算:

$$\frac{N_{Ed}}{N_{v,Rd}}+\frac{M_{y,Ed}}{M_{v,y,Rd}}+\frac{M_{z,Ed}}{M_{v,z,Rd}}=\frac{500\times10^3}{58200\times355/1.0}+\frac{M_{y,Ed}}{14477}=1.0$$

因此,$M_{y,Ed}$ = 最大允许弯矩 $=14127\text{kN}\cdot\text{m}$

这明显大于上述方法(1)中的值。方法1的类似计算表明,当截面作用轴力时,横截面类型仍然保持为3类。

(3)EN 1993-1-5 第7.1条中的方法。

轴力作用下的相互作用:

$$\bar{\eta}_1+\left[1-\frac{\alpha_N M_{f,Rd}}{M_{N,Rd}}\right](2\bar{\eta}_3-1)^2\leqslant1.0$$

式中,$(2\bar{\eta}_3-1)^2=\left(\frac{2\times9600}{12298}-1\right)^2=0.315$;$\alpha_N=\left[1-\frac{N_{Ed}}{(A_{f1}+A_{f2})f_{yf}/\gamma_{M0}}\right]=\left[1-\frac{500\times10^3}{(400\times30+400\times30)\times355/1.0}\right]=0.941$;$M_{f,Rd}=400\times30\times\frac{355}{1.0}\times2030=8648(\text{kN}\cdot\text{m})$。

$$\text{抵抗轴力所要求的腹板高度}=\frac{500\times10^3}{25\times355/1.0}=56(\text{mm})$$

$$\text{因此 } M_{N,Rd}=17523\times10^6-25\times56^2/4\times\frac{355}{1.0}=17516(\text{kN}\cdot\text{m})$$

$$\bar{\eta}_1=1.0-\left(1-\frac{\alpha_N M_{f,Rd}}{M_{N,Rd}}\right)(2\bar{\eta}_3-1)^2=1.0-\left(1-\frac{0.941\times8648}{17516}\right)\times0.315=0.83$$

所以,$M_{y,Ed}=0.83\times17516=14538(\text{kN}\cdot\text{m})$。很明显这种验算不能作为弯曲抗力的控制,因为这种弯曲抗力超过上述弹性弯曲抗力14477kN·m。也有必要使用EN 1993-1-5中的第4.6条验算轴力与弯矩,但没有剪力:

$$\eta_1=\frac{P}{A}+\frac{M_{y,Ed}}{W_{el,min}}=\frac{500\times10^3}{74000}+\frac{M_{y,Ed}}{4.078\times10^7}\leqslant355/1.0\text{,从而 } M_{y,Ed}=14201\text{kN}\cdot\text{m}$$

因此,对于这种荷载情形,按此方法计算,不存在与剪力的相互作用。方法1的类似计算结果表明,当截面作用轴力时,横截面仍然保持为3类。

2)按GB 50017—2017计算

截面特性计算:

$A = 2 \times 400 \times 30 + 2000 \times 25 = 74000(\text{mm}^3)$

$I_x = \frac{1}{12}(400 \times 2060^3 - 375 \times 2000^3) = 4.139 \times 10^{10}(\text{mm}^4)$

$W_{1x} = \frac{4.139 \times 10^{10}}{1030} = 4.019 \times 10^7(\text{mm}^3)$ （基于翼缘顶部）

弹性截面模量 $W_{el,min} = 4.078 \times 10^7 \text{mm}^3$ （基于翼缘中心）

$I_y = 2 \times \frac{1}{12} \times 30 \times 400^2 = 800000(\text{mm}^4)$

中和轴以上毛截面积对中和轴的面积矩：

$S = 30 \times 400 \times 1015 + 1000 \times 25 \times 500 = 2.468 \times 10^7(\text{mm}^3)$

梁受侧向约束，并防止剪切稳定破坏，不考虑局部稳定。

腹板按塑性设计时的抗力为：

$V = h_w t_w f/\sqrt{3} = 2000 \times 25 \times 190 = 9500(\text{kN}) < 9600\text{kN}$

当按弹性计算时，抗剪承载力由腹板中心最大的切应力控制。

由 $\tau_{max} = \frac{VS}{It} \leqslant f_v$，代入数据 $\tau_{max} = \frac{V \times 2.468 \times 10^7}{4.139 \times 10^{10} \times 25} \leqslant f_v = 190\text{MPa}$

得 $V = 7966.1\text{kN}$。

绕强轴单向压弯构件的截面中心的纵向应力为：

$$\frac{N}{A} + \frac{M}{W_y} = \frac{500 \times 10^3}{74000} + \frac{M_{Ed}}{4.078 \times 10^7} \leqslant 335$$

得 $M_{Ed} = 13385.7\text{kN} \cdot \text{m}$。

当梁截面承受剪力 V_{Ed} 为 9600kN 时，按弹性要求设计腹板的抗剪承载力显然不满足。当梁的抗剪承载力不足时，最有效的办法是增大腹板面积，但腹板高度一般由梁的刚度条件和构造要求确定，故设计时常采用增大腹板的厚度 t_w 来增大梁的抗剪强度。

在此取 $t_w = 32\text{mm}$，计算此时梁截面的特性。

$A = 2 \times 400 \times 30 + 2000 \times 30 = 88000(\text{mm}^2)$

$I_x = \frac{1}{12}(400 \times 2060^3 - 368 \times 2000^3) = 4.606 \times 10^{10}(\text{mm}^4)$

$W_{1x} = \frac{4.606 \times 10^{10}}{1015} = 4.538 \times 10^7(\text{mm}^3)$ （基于翼缘中心）

$I_y = 2 \times \frac{1}{12} \times 30 \times 400^2 = 800000(\text{mm}^4)$

中和轴以上毛截面积对中和轴的面积矩：

$S = 30 \times 400 \times 1015 + 1000 \times 32 \times 500 = 2.818 \times 10^7(\text{mm}^3)$

$\tau_{max} = \frac{9600 \times 2.818 \times 10^7}{4.606 \times 10^{10} \times 32} = 183(\text{MPa}) \leqslant f_v = 190\text{MPa}$

绕强轴单向压弯构件的截面中心的纵向应力为：

$$\frac{N}{A} + \frac{M_{Ed}}{W_y} = \frac{500 \times 10^3}{88000} + \frac{M_{Ed}}{4.538 \times 10^7} \leqslant 335$$

得 $M_{Ed} = 14944.5\text{kN} \cdot \text{m}$。

当梁截面承受剪力 V_{Ed} 为 9600kN 时，按塑性设计时满足要求，按弹性要求设计腹板的承载力显然不足。EN 1993 中第 3 类截面属于弹性设计截面，因此梁截面在弹性条件下，最大的抗

剪力为 $V = 7966.1\text{kN}$。通过增加腹板截面厚度来满足最大的承载力，经过简单试算，腹板厚度由25mm增大到32mm时，可以承载最大的剪力。在这种截面情况下，计算当同时存在剪力(V_{Ed})9600kN与轴力500kN(作用于总截面中心)时，得到的抗弯承载力 M 为14944.5kN·m。

5.3 构件的屈曲抗力

5.3.1 受压等截面构件

在钢结构中轴心受力构件的应用十分广泛，例如，在桁架、塔架、网架和网壳等结构体系中，通常假设杆件两端铰接，当无节间荷载作用时，杆件只承受轴向拉力或压力，称为轴心受拉构件或轴心受压构件，统称轴心受力构件。

轴心受力构件的截面形式可分为实腹式和格构式两大类。实腹式构件制作简单，与其他构件的连接也比较方便，截面形式很多，可直接选用单个型钢截面，如角钢、槽钢、钢管、T形钢、工字钢或H形钢等，也可选用由型钢和钢板组成的组合截面。在轻型钢结构中，轴心受力构件多采用冷弯薄壁型钢截面。以上这些截面中，截面紧凑或者对两个主轴刚度相差悬殊的截面，一般用于轴心受拉构件。由于轴心受压构件的截面往往取决于稳定承载力，因此通常采用宽肢薄壁截面，以提供较大的稳定承载力和刚度。

当轴心受压构件承受的荷载较大时，一般选用双轴对称格构式截面，容易使压杆实现两个主轴方向的等稳定性，且刚度大、抗扭性能好，用料也比较省。格构式截面一般由两个或多个型钢肢件组成，通过缀材将各肢件连接成整体。

拉压构件的破坏形式与承载能力有关，承载能力分为三个层次：截面承载能力、构件承载能力和结构承载能力。构件截面的承载能力取决于材料的强度和应力性质及其在截面上的分布，属于强度问题；构件有可能在受力最大截面还未达到极限强度之前，因整体或局部丧失稳定而失去承载能力，稳定承载能力取决于构件的整体刚度，属于构件的承载能力，整体结构的承载能力也往往与失稳有关。

根据钢材的应力-应变关系可知，轴心受拉构件的承载极限是截面平均应力达到钢材的抗拉强度 f_u，但当拉杆达到此强度极限时会发生突然断裂，缺少必要的安全储备，而且由于截面平均应力已超过屈服强度 f_y，构件的塑性变形很大，以至于不符合继续承载的要求，因此通常以构件的净截面平均应力达到 f_y 为承载能力极限状态。

轴心受压构件的破坏形式有两类：一类与轴心受拉构件相同，因荷载较大或杆件截面局部有严重削弱而导致强度破坏；另外一类是失稳破坏，在压力作用下构件有可能在受力最大截面还未达到极限强度之前，因整体或局部丧失稳定而失去承载能力，整体失稳包括弯曲失稳、扭转失稳和弯扭失稳三种形式。当截面无削弱时，构件的稳定起控制作用。

5.3.1.1 屈服抗力

EN 1993-2要求：

$$\frac{N_{Ed}}{N_{b,Rd}} \leqslant 1.0 \tag{5-129}$$

式中：N_{Ed}——压力设计值；

$N_{b,Rd}$——受压构件的设计屈服抗力。

必须验算三种屈服模式，即弯曲屈服、扭转屈服与弯扭屈服。$N_{b,Rd}$ 由下式计算：

对第1、2与3类截面

$$N_{b,Rd} = \frac{\chi A f_y}{\gamma_{M1}} \tag{5-130}$$

对于第 4 类截面

$$N_{\mathrm{b,Rd}}=\frac{\chi A_{\mathrm{eff}}f_{\mathrm{y}}}{\gamma_{\mathrm{M1}}}\tag{5-131}$$

式中：χ——相关屈服模式的折减系数，由屈服曲线确定；

A_{eff}——考虑局部屈服的有效面积。

GB 50017—2017 规定，除可考虑屈服后强度的实腹式构件外，轴心受压构件的稳定性计算应符合下式要求：

$$\frac{N}{\varphi Af}\leqslant 1.0\tag{5-132}$$

式中：φ——轴心受压构件的稳定系数（取截面两主轴稳定系数中的较小者）。

中欧标准都是以压杆稳定作为轴心受压结构构件的整体稳定性计算依据，JTG D64—2015 规定计算时直接采用结构构件截面面积，认为失稳破坏是沿构件的全长弯曲；EN 1993-2 钢桥标准将屈服抗力分为弹、塑性阶段，并且对第 4 类截面单独考虑，计算时采取结构构件有效面积。

5.3.1.2 屈服曲线

欧拉最早推导出了压曲临界荷载 N_{cr} 与铰接压杆长度 L_{cr} 之间的关系方程：

$$N_{\mathrm{cr}}=\frac{\pi^2 EI}{L_{\mathrm{cr}}^2}\tag{5-133}$$

当发生弹性极限屈服时，压杆中轴向应力 σ_{cr} 为：

$$\sigma_{\mathrm{cr}}=\frac{\pi^2 E}{\lambda^2}\tag{5-134}$$

式中：λ——压杆的长细比，$\lambda=L_{\mathrm{cr}}/i$，$i$ 为屈服平面的回转半径。

如果 σ_{cr} 超过压杆屈服应力 f_{y}，柱可能因受压屈服而破坏。

图 5-61 显示了初始完全平直的压杆破坏点的应力与比值 L_{cr}/i 之间的关系。

图 5-61 中重要参数为 λ_1，对应于屈服出现的长细比限值，初始完全平直的压杆因屈服而破坏，对于这种条件：

$$\begin{cases}\sigma_{\mathrm{failure}}=f_{\mathrm{y}}=\dfrac{\pi^2 E}{\lambda_1^2}\\[2ex]\lambda_1=\sqrt{\dfrac{\pi^2 E}{f_{\mathrm{y}}}}\end{cases}\tag{5-135}$$

通过分别改变图 5-61 中的轴[$\chi=\sigma_{\mathrm{failure}}/f_{\mathrm{y}}$ 与 $\bar{\lambda}=(\lambda/\lambda_1)$]，绘制相同的曲线无量纲图形，如图 5-62 所示。

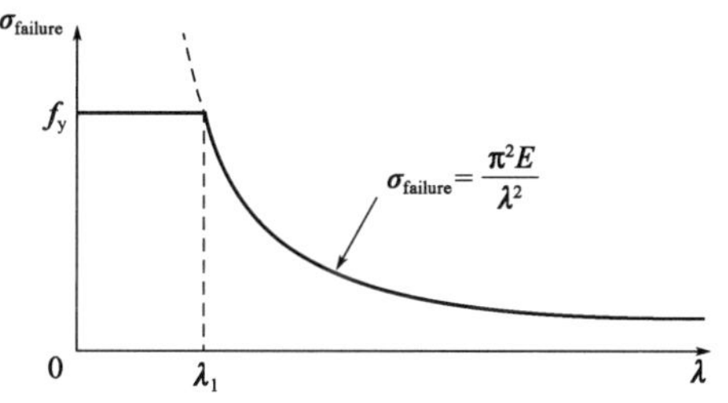

图 5-61 欧拉压杆破坏荷载与长细比间的关系曲线

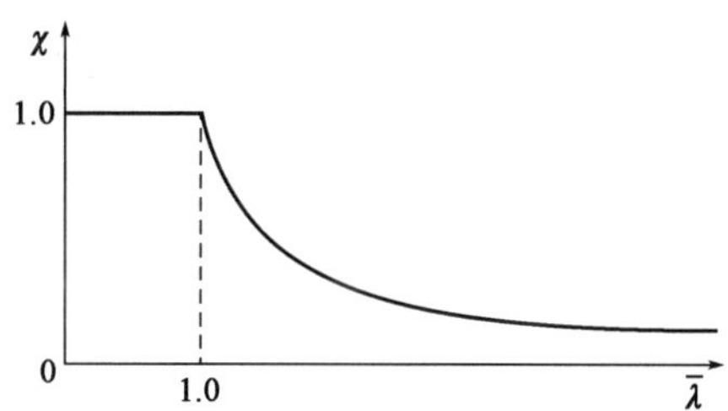

图 5-62 欧拉压杆屈服荷载与长细比之间无量纲关系

如图 5-63 所示，试验钢柱破坏荷载范围与欧拉预测的压杆破坏荷载存在明显差异。欧拉破坏荷载在高长细比区域，与实际破坏荷载具有很强的相关性；在中等长细比值时，明显高于实际破坏荷载；在非常低的长细比条件下，试验结果表明柱的抗力不受屈服影响，破坏荷载达到屈服荷载。

欧拉推导 N_{cr}时假设柱完全平直、具有线弹性，但“真实”柱包含缺陷。这类缺陷包括：

(1)初始偏离平直线。实际上，所有柱均有一定程度的曲率。这种曲率引起柱中弯曲，降低破坏荷载。

(2)偏心荷载。由于不可避免的很小偏心，荷载通过柱中心轴时通常产生一定的弯矩，这种附加弯矩将会降低抗力。

(3)由焊接与轧制引起的残余应力。由焊接与轧制过程产生的残余应力造成早期屈服，并降低刚度与屈服抗力。

(4)缺乏明确定义的屈服点。有些钢材没有明确定义屈服点，而是逐渐由弹性特性过渡到塑性特性，这可能降低中等长细比压杆的屈服抗力。

为提供一安全的试验结果的下限值，绝大多数设计标准通过修改欧拉理论导出设计曲线，以考虑柱的初始偏离平直线；通过有效增加初始弧形，以提供等效几何缺陷。

柱设计抗力下限曲线，如图 5-63 所示，总会给出安全的抗力，但在某种场所会给出不必要的保守结果。例如，轧制截面的屈服荷载高于等价焊接构件的屈服荷载，这是因为焊接导致了更大的残余应力。对于 I 形截面，次轴的屈服比主轴的屈服要求较低的抗力曲线，因为关于次轴的比值 y/i 将会更大。因此，对于不同的情形给出不同的压杆设计曲线，如图 5-64 所示。

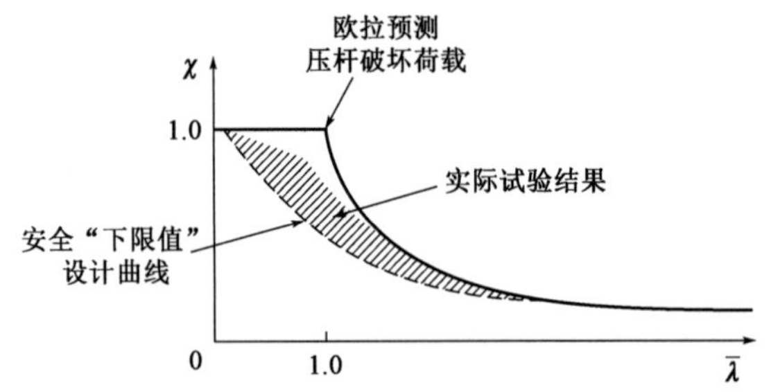

图 5-63 实际柱破坏荷载与欧拉预测破坏荷载的关系曲线

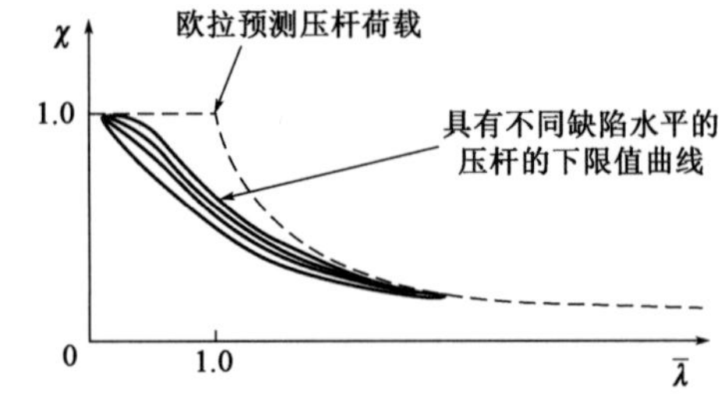

图 5-64 代表具有不同缺陷水平的压杆下限屈服曲线

EN 1993-2 给出五种设计曲线，如图 5-65 所示。相关曲线取决于截面的制作方法、截面外形、屈服轴与屈服强度，如表 5-10 中的定义。每条屈服曲线也可用数学函数表示，具体如下：

$$\chi = \frac{1}{\Phi + \sqrt{\Phi^2 - \lambda^2}} \qquad (\chi \leqslant 1.0) \tag{5-136}$$

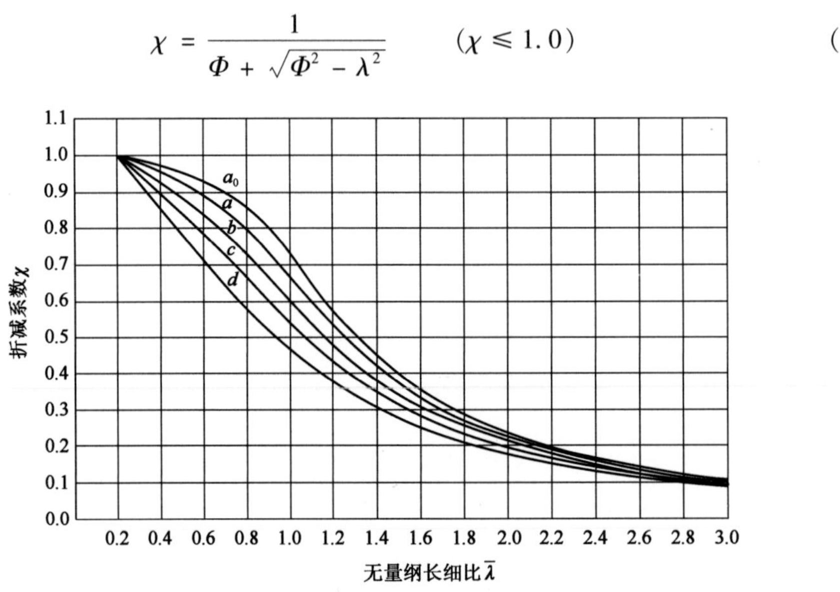

图 5-65 屈曲曲线

式中：$\Phi = 0.5[1+\alpha(\bar{\lambda}-0.2)+\bar{\lambda}^2]$，对于 1、2 与 3 类截面，$\bar{\lambda}=\sqrt{\dfrac{Af_y}{N_{cr}}}$；对于 4 类截面，$\bar{\lambda}=\sqrt{\dfrac{A_{eff}f_y}{N_{cr}}}$；

α——缺陷系数，由表 5-10 中选择相关屈服曲线，查表 5-11 取值。

截面屈曲曲线的选择 表 5-10

横截面		限值		绕轴屈曲	屈曲曲线	
					S235 S275 S355 S420	S460
轧制截面	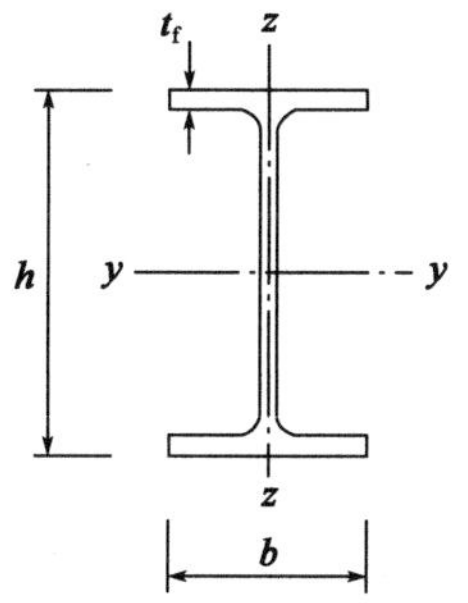	$h/b>1.2$	$t_f\leqslant 40mm$	y-y	a	a_0
				z-z	b	a_0
			$40mm<t_f\leqslant 100$	y-y	b	a
				z-z	c	a
		$h/b\leqslant 1.2$	$t_f\leqslant 100mm$	y-y	b	a
				z-z	c	A
			$t_f>100mm$	y-y	d	c
				z-z	d	c
焊接 I 形截面	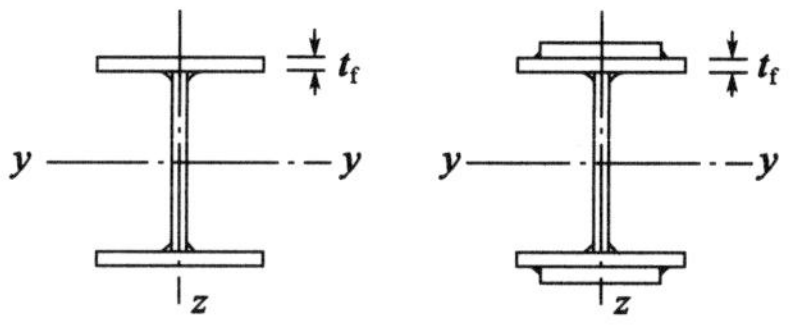	$t_f\leqslant 40mm$		y-y	b	b
				z-z	c	c
		$t_f>40mm$		y-y	c	c
				z-z	d	d
中空截面	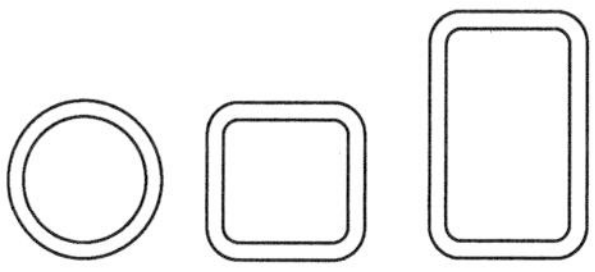	热轧成型		任意轴	a	a_0
		冷轧成型		任意轴	c	c
焊接箱形截面	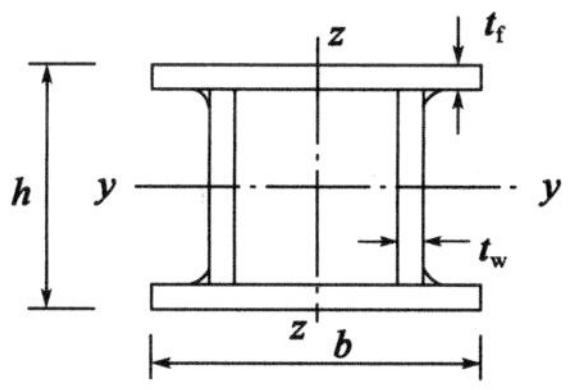	通常情况下（以下情况除外）		任意轴	b	b
		焊接厚度：$a>0.5t_f$ $b/t_f<30$ $h/t_w<30$		任意轴	c	c

续上表

横 截 面		限 值	绕轴屈曲	屈 曲 曲 线	
				S235 S275 S355 S420	S460
U 形、T 形及实心截面	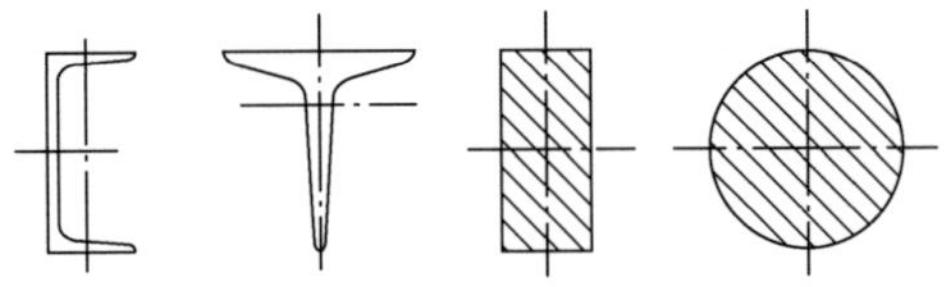		任意轴	c	c
L 形截面	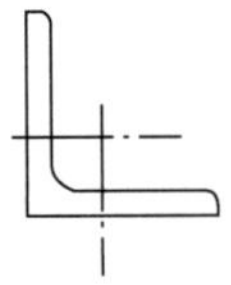		任意轴	b	b

屈服曲线的缺陷系数　　表 5-11

屈服曲线	a_0	a	b	c	d
缺陷系数 α	0.13	0.21	0.34	0.49	0.76

式(5-136)由 Perry-Robertson 理论导出,该理论考虑柱中初始正弦外凸缺陷 e_0,并预测破坏发生,当临界压缩纤维达到屈服应力时,初始缺陷产生的弯矩为:

$$M_{\mathrm{Ed}} = N_{\mathrm{Ed}} \frac{e_0}{1 - (N_{\mathrm{Ed}}/N_{\mathrm{cr}})} \tag{5-137}$$

由弯矩产生的应力加轴力产生的应力等于屈服强度对应的破坏准则为:

$$(\sigma_{\mathrm{a}} - f_{\mathrm{y}})(\sigma_{\mathrm{a}} - \sigma_{\mathrm{cr}}) = \eta\sigma_{\mathrm{cr}}\sigma_{\mathrm{a}} \tag{5-138}$$

式中:σ_{a}——最大外纤维达到屈服应力时对应的轴向应力;

$\sigma_{\mathrm{cr}} = \pi^2 Ei^2/L_{\mathrm{cr}}^2$;

η——缺陷参数,$\eta = ye_0/i^2$,y 为平面弯曲中截面中心轴至最外层纤维的最大距离。

缺陷参数越大,允许压应力越小。等效几何缺陷 e_0 不仅包括几何缺陷,而且包括残余应力效应。

因此,EN 1993-2 中的缺陷参数取:

$$\eta = \alpha(\bar{\lambda} - 0.2) \tag{5-139}$$

在较低长细比处,缺陷参数降至零,反映观察特性;短柱可能达到压破坏荷载。

式(5-138)的解:

$$\sigma_{\mathrm{a}}/f_{\mathrm{y}} = x = 0.5\{[1 + (1 + \eta)/\bar{\lambda}^2] - \sqrt{[1 + (1 + \eta)/\bar{\lambda}^2]^2 - 4/\bar{\lambda}^2}\} \tag{5-140}$$

由图 5-65 可以看出,长细比 $\bar{\lambda}$ 小于 0.2 时,可获得完全压碎荷载,无须进行屈服验算。

GB 50017—2017 采用的计算假定具体如下:

(1)初弯曲为 $e_0 = l/1000$。

(2)残余应力共选用了 13 种模式。

(3)假定材料为理想弹塑性体,残余应力沿杆长各截面分布相同。

(4)未计及初偏心和杆件自重的影响,按两端铰接未考虑端部约束。

选出四条代表性曲线,如图 5-66 所示。

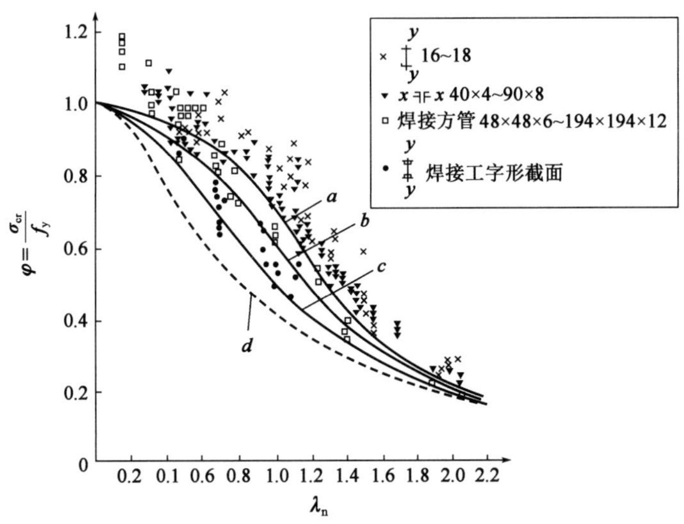

图 5-66　柱曲线与试验值

与 EN 1993-2 类似,利用最小二乘法拟合,得出柱的稳定系数:

当长细比 $\lambda_n = \frac{\lambda}{\pi}\sqrt{f_y/E} > 0.215$ 时,有:

$$\varphi = \frac{1}{2\lambda_n^2}\left[(\alpha_2 + \alpha_3\lambda_n + \lambda_n^2) - \sqrt{(\alpha_2 + \alpha_3\lambda_n + \lambda_n^2)^2 - 4\lambda_n^2}\right] \tag{5-141}$$

当 $\lambda_n \leqslant 0.215$(相当于 $\lambda \leqslant 20\sqrt{235/f_y}$)时,有:

$$\varphi = 1 - \alpha_1\lambda_n^2 \tag{5-142}$$

式中:α_1、α_2、α_3——截面系数,由表 5-12 给出。

α_1、α_2 和 α_3 的值　　表 5-12

截面类型		α_1	α_2	α_3
a类		0.41	0.986	0.152
b类		0.65	0.965	0.300
c类	$\lambda_n \leqslant 1.05$	0.73	0.906	0.595
	$\lambda_n > 1.05$		1.216	0.302
d类	$\lambda_n \leqslant 1.05$	1.35	0.868	0.915
	$\lambda_n > 1.05$		1.375	0.432

注:表中截面类型查表 5-13、表 5-14。

轴心受压构件的截面分类(板厚 $t<40$mm)　　表 5-13

截面形式		对 x 轴	对 y 轴
轧制(圆管截面,x—x、y—y)		a类	a类
轧制(工字形截面,b、h、x—x、y—y)	$b/h \leqslant 0.8$	a类	b类
	$b/h > 0.8$	a*类	b*类

续上表

截面形式		对 x 轴	对 y 轴
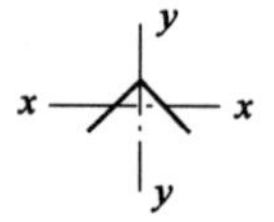 轧制等边角钢		a^*类	a^*类
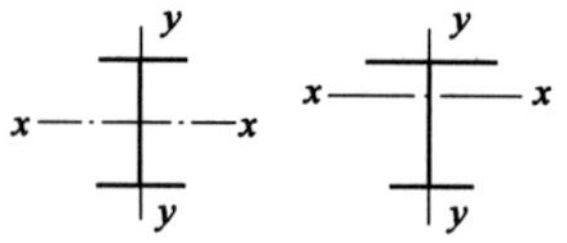 焊接，翼缘为焰切边	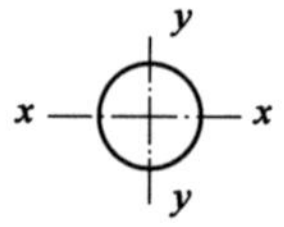 焊接	b类	b类
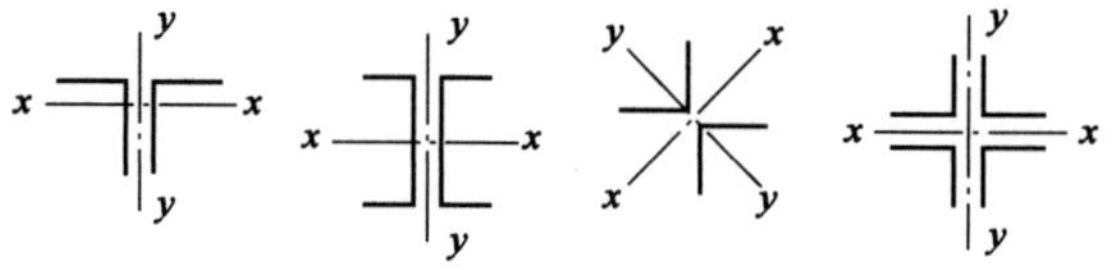 轧制			
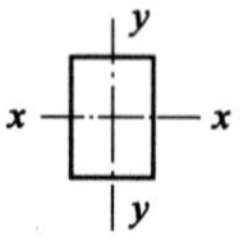 轧制，焊接（板件宽厚比>20）	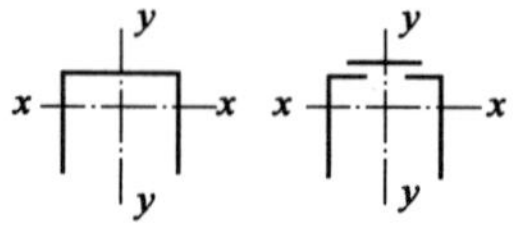 轧制或焊接		
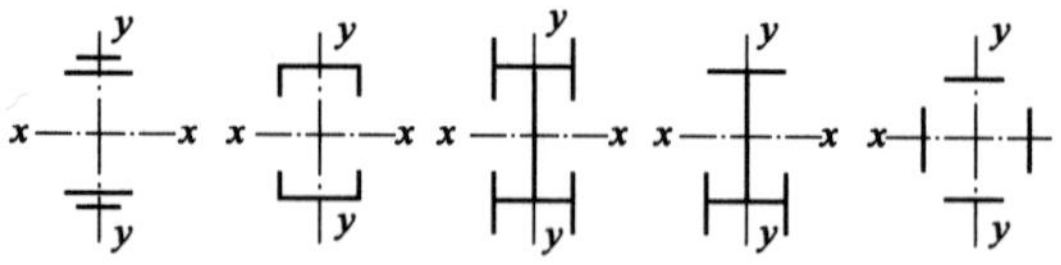 焊接	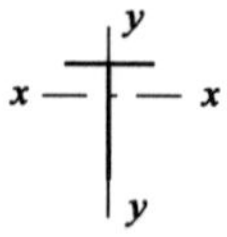 轧制截面和翼缘为焰切边的焊接截面		
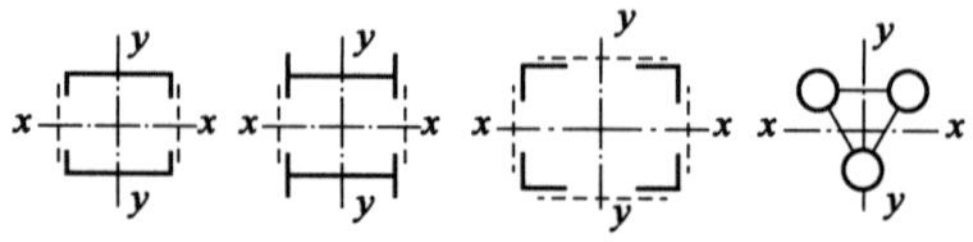 格构式	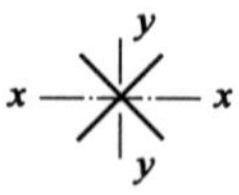 焊接，板件边缘焰切		
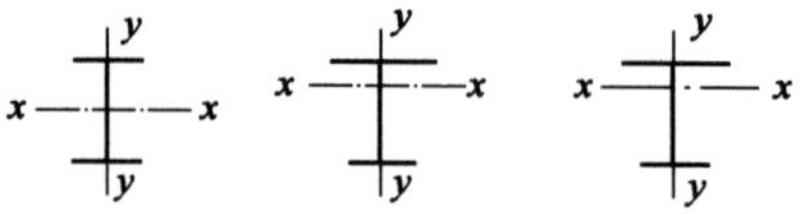 焊接，翼缘为轧制或剪切边		b类	c类
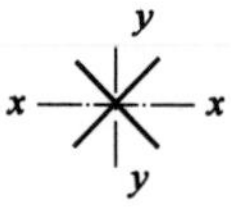 焊接，板件边缘为轧制或剪切	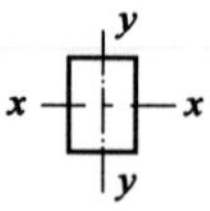 焊接，板件的宽厚比≤20	c类	c类

注：1. a^*类含义为Q235钢取b类，Q345、Q390、Q420和Q460钢取a类；b^*类含义为Q235钢取c类，Q345、Q390、Q420和Q460钢取b类。

2. 无对称轴且剪心和形心不重合的截面，其截面分类可按有对称轴的类似截面确定，如不等边角钢采用等边角钢的类别；当无类似截面时，可取c类。

轴心受压构件的截面分类(板厚 $t \geqslant 40$mm) 表 5-14

截面形式		对 x 轴	对 y 轴
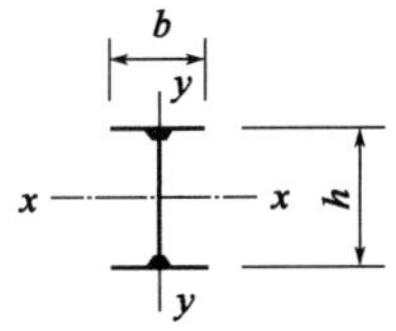 轧制工字钢或H形截面	$t<80$mm	b 类	c 类
	$t \geqslant 80$mm	c 类	d 类
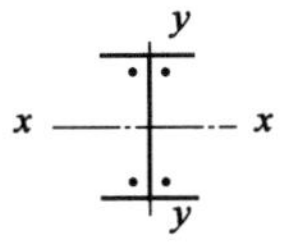 焊接工字形截面	翼缘为焰切边	b 类	b 类
	翼缘为轧制或剪切边	c 类	d 类
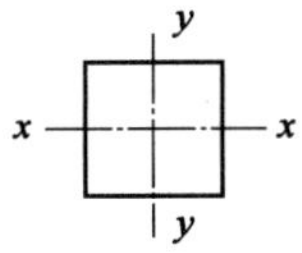 焊接箱形截面	板件宽厚比 >20	b 类	b 类
	板件宽厚比 ≤20	c 类	c 类

JTG D64—2015 中关于屈服曲线方面的内容,与 EN 1993-2 相同。

5.3.1.3 受压构件整体屈服长细比

EN 1993-2 规定如下:

(1)弯曲屈服长细比 $\bar{\lambda}$ 。

对于 1、2 与 3 类截面:

$$\bar{\lambda} = \sqrt{\frac{A f_y}{N_{cr}}} = \frac{L_{cr}}{i\lambda_1} \tag{5-143}$$

对于 4 类截面:

$$\bar{\lambda} = \sqrt{\frac{A_{eff} f_y}{N_{cr}}} = \frac{L_{cr}\sqrt{\frac{A_{eff}}{A}}}{i\lambda_1} \tag{5-144}$$

式中:L_{cr}——考虑屈服平面内的屈服长度,即有效长度;

i——关于相关轴的回转半径,使用总截面特性确定;

$\lambda_1 = \pi\sqrt{\frac{E}{f_y}} = 96.9\varepsilon$,其中 $\varepsilon = \sqrt{\frac{235}{f_y}}$。

应注意的是,对于 4 类截面,在式(5-144)的分子中使用考虑平板屈服的有效截面 A_{eff}。然而确定 N_{cr}时,不需要进行类似的平板屈服折减,因为平板屈服引起的强度损失比刚度损失更严重。

(2)扭转与弯扭屈服长细比。

对于 1、2 和 3 类截面,长细比为:

$$\bar{\lambda}_T = \sqrt{\frac{Af_y}{N_{cr}}} \tag{5-145}$$

式中:A——截面面积(如有必须考虑孔洞);

N_{cr}——由弯扭屈服或扭转屈服模式产生的最小极限屈服荷载。

4 类截面的长细比与此类似,可用有效截面 A_{eff}代替总截面。

(3)有效长度 L_{cr}。

表 5-15 中给出由不同端部约束条件下压杆临界屈曲荷载 N_{cr}。使用有效长度 L_{cr},N_{cr}的计算式为:

$$N_{cr} = \frac{\pi^2 EI}{L_{cr}^2} \tag{5-146}$$

不同端部约束条件下压杆临界屈曲荷载　　表 5-15

端部约束形式				
弹性极限屈曲荷载	$N_{cr} = \frac{\pi^2 EI}{l^2}$	$N_{cr} = \frac{4\pi^2 EI}{l^2}$	$N_{cr} = \frac{2.04\pi^2 EI}{l^2}$	$N_{cr} = \frac{0.25\pi^2 EI}{l^2}$
L_{cr}的理论值	1.0l	0.5l	0.7l	2.0l
L_{cr}的推荐值	1.0l	0.7l	0.85l	2.0l

对于扭转屈服与弯扭屈服抗力计算,扭转屈服有效长度可保守地取构件两旋转约束点之间的长度。当弯曲受到有效约束时,可取低值。理论上,有效长度值等于 0.5 倍两完全弯曲约束点之间的距离,实际上在两端不可能提供完全刚性弯曲约束,所以,0.7 倍弯曲约束点间距更为合适。

(4)弯曲常量与剪力中心公式。

图 5-67 中截面形状的弯曲常量与剪力中心公式如下。

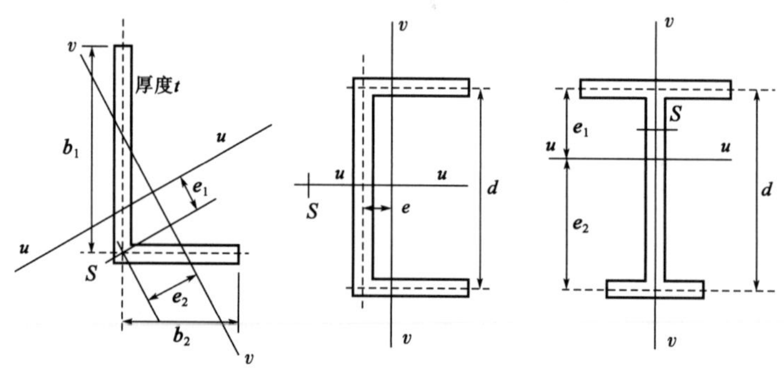

图 5-67　某些通用桥梁截面的定义

角钢:$u_s = e_2, v_s = e_1, I_w = \frac{t^3}{36}(b_1^3 + b_2^3)$

槽钢:$u_s = -e\left(1 + \frac{d^2 A}{4I_u}\right), v_s = 0, I_w = \frac{d^2}{4}\left[I_v + e^2 A\left(1 - \frac{d^2 A}{4I_u}\right)\right]$

工字梁：$u_s = 0, v_s = \frac{e_2 I_2 - e_1 I_1}{I_1 + I_2}, I_w = \frac{d^2 I_1 I_2}{I_1 + I_2}$

式中：I_1、I_2——上、下翼缘关于 v-v 轴的面积矩；

I_u、I_v——上、下翼缘关于 u-u 轴和 U-V 轴的面积矩；

A——截面面积。

GB 50017—2017 中关于轴心受压构件的弯扭屈曲荷载的计算方法与 EN 1993-2 的基本相同：

(1)截面形心与剪心重合的构件。

①当计算弯曲屈曲时，长细比按下列公式计算：

$$\begin{cases} \lambda_x = \dfrac{l_{ox}}{i_x} \\ \lambda_y = \dfrac{l_{oy}}{i_y} \end{cases} \tag{5-147}$$

式中：l_{ox}、l_{oy}——构件对主轴 x 和 y 的计算长度；

i_x、i_y——构件截面对主轴 x、y 的回转半径。

②当计算扭转屈曲时，长细比应按下式计算；双轴对称十字形截面板件宽厚比不超过 $15\varepsilon_k$ 者，可不计算扭转屈曲。

$$\lambda_z = \sqrt{\frac{I_0}{\dfrac{I_t}{25.7} + \dfrac{I_w}{l_w^2}}} \tag{5-148}$$

式中：I_0、I_t、I_w——构件毛截面对剪心的极惯性矩、自由扭转常数和扇形惯性矩，对十字形截面可近似取 $I_w = 0$；

l_w——扭转屈曲的计算长度，梁端铰支且端截面可自由翘曲者，取几何长度 l；两端嵌固且端部截面的翘曲完全受到约束者，取 $0.5l$。

(2)截面为单轴对称的构件。

①计算绕非对称主轴的弯曲屈曲时，长细比应由式(5-145)计算确定。计算绕对称主轴的弯扭屈曲时，长细比应按下式计算确定：

$$\lambda_{yz} = \frac{1}{\sqrt{2}}\left[(\lambda_y^2 + \lambda_z^2) + \sqrt{(\lambda_y^2 + \lambda_z^2) - 4(1 - e_0^2/i_0^2)\lambda_y^2\lambda_z^2}\right]^{\frac{1}{2}} \tag{5-149}$$

式中：i_0——截面对剪心的极回转半径，单轴对称截面 $i_0^2 = y_s^2 + i_x^2 + i_y^2$；

y_s——截面形心至剪心的距离；

λ_z——扭转屈曲换算长细比，由式(5-148)确定。

②当等边单角钢轴心受压构件绕两主轴弯曲的计算长度相等时，可不计算弯扭屈曲。

③双角钢组合 T 形截面构件绕对称轴的换算长细比 λ_{yz}，可按下列简化公式确定。

a. 等边双角钢[图 5-68a)]。

当 $\lambda_y \geqslant \lambda_z$ 时：

$$\lambda_{yz} = \lambda_y\left[1 + 0.16\left(\frac{\lambda_z}{\lambda_y}\right)^2\right] \tag{5-150}$$

当 $\lambda_y < \lambda_z$ 时：

$$\lambda_{yz} = \lambda_z z\left[1 + 0.16\left(\frac{\lambda_y}{\lambda_z}\right)^2\right] \tag{5-151}$$

$$\lambda_z = 3.9\,\frac{b}{t} \tag{5-152}$$

b. 长肢相并的不等边双角钢[图 5-68b)]。

当 $\lambda_y \geqslant \lambda_z$ 时：

$$\lambda_{yz} = \lambda_y y\left[1 + 0.25\left(\frac{\lambda_z}{\lambda_y}\right)^2\right] \tag{5-153}$$

当 $\lambda_y < \lambda_z$ 时：

$$\lambda_{yz} = \lambda_z\left[1 + 0.25\left(\frac{\lambda_y}{\lambda_z}\right)^2\right] \tag{5-154}$$

$$\lambda_z = 5.1\frac{b_2}{t} \tag{5-155}$$

c. 短肢相并的不等边双角钢[图 5-68c)]。

当 $\lambda_y \geqslant \lambda_z$ 时：

$$\lambda_{yz} = \lambda_y\left[1 + 0.06\left(\frac{\lambda_z}{\lambda_y}\right)^2\right] \tag{5-156}$$

当 $\lambda_y < \lambda_z$ 时：

$$\lambda_{yz} = \lambda_z\left[1 + 0.06\left(\frac{\lambda_y}{\lambda_z}\right)^2\right] \tag{5-157}$$

$$\lambda_z = 3.7\frac{b_1}{t} \tag{5-158}$$

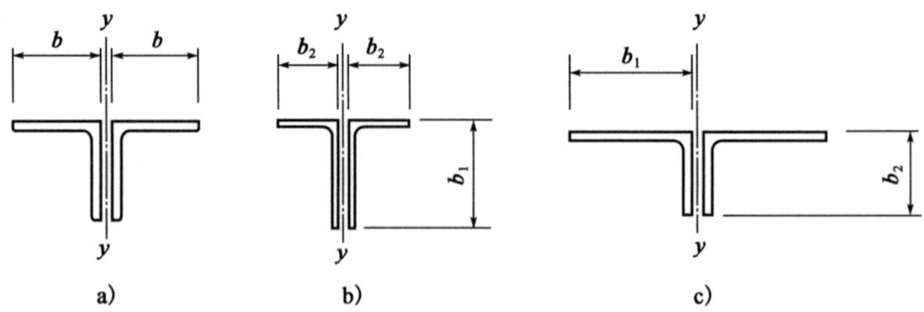

图 5-68 双角钢组合 T 形截面

b-等边角钢肢宽度；b_1-不等边角钢长肢宽度；b_2-不等边角钢短肢宽度

(3) 截面无对称轴且剪心和形心不重合的构件。

应采用下列换算长细比：

$$\lambda_{xyz} = \pi\sqrt{\frac{EA}{N_{xyz}}} \tag{5-159}$$

$$(N_x - N_{xyz})(N_y - N_{xyz})(N_z - N_{xyz}) - N_{xyz}^2(N_x - N_{xyz})\left(\frac{y_s}{i_0}\right)^2 - N_{xyz}^2(N_y - N_{xyz})\left(\frac{y_s}{i_0}\right)^2 = 0 \tag{5-160}$$

$$i_0^2 = i_x^2 + i_y^2 + x_s^2 + y_s^2 \tag{5-161}$$

$$N_x = \frac{\pi^2 EA}{\lambda_x^2} \tag{5-162}$$

$$N_y = \frac{\pi^2 EA}{\lambda_y^2} \tag{5-163}$$

$$N_z = \frac{1}{i_0^2}\left(\frac{\pi^2 EI_\omega}{l_\omega^2} + GI_t\right) \tag{5-164}$$

式中：N_{xyz}——弹性完善杆的弯扭屈曲临界力，由上式确定；

x_s、y_s——截面剪心的坐标；

i_0——截面对剪心的极回转半径；

N_x、N_y、N_z——绕 x 轴和 y 轴的弯曲屈曲临界力和扭转屈曲临界力；

E、G——钢材弹性模量和剪变模量。

(4)不等边角钢轴心受压构件的换算长细比。

其可按下列简化公式确定(图 5-69)。

当 $\lambda_y \geqslant \lambda_z$ 时：

$$\lambda_{xyz} = \lambda_v\left[1 + 0.25\left(\frac{\lambda_z}{\lambda_v}\right)^2\right] \tag{5-165}$$

当 $\lambda_y < \lambda_z$ 时：

$$\lambda_{xyz} = \lambda_z\left[1 + 0.25\left(\frac{\lambda_v}{\lambda_z}\right)^2\right] \tag{5-166}$$

$$\lambda_z = 4.21\frac{b_1}{t} \tag{5-167}$$

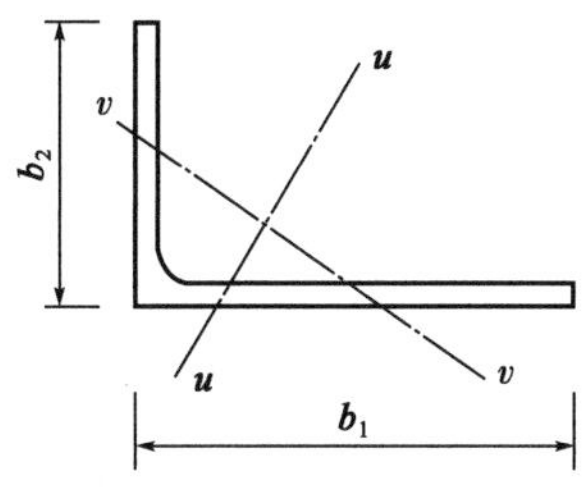

图 5-69 不等边角钢

v-角钢的弱轴；b_1-角钢长肢宽度

对于单面连接的单角钢轴心受压构件，由于构造偏心使得构件发生弯扭屈曲，为了简化计算，可对其设计强度予以折减，不再考虑扭转效应，即：

$$\frac{N}{\varphi A} \leqslant \eta f \tag{5-168}$$

式中：φ——由 λ_x 和 λ_y 确定的最小整体稳定系数；

η——强度折减系数，按下述规定取用：等边角钢，取 $\eta = 0.6 + 0.0015\lambda$，但不得大于 1.0；短边相连的不等边角钢，取 $\eta = 0.5 + 0.0025\lambda$，但不得大于 1.0；长边相连的不等边角钢，取 $\eta = 0.7$；

λ——构件的长细比，当杆件中间有联系时，取 λ_x 和 λ_y 的较小值，当杆件中间无联系时，λ 应按最小回转半径计算，$\lambda < 20$ 时，取 $\lambda = 0$。

钢结构设计标准主要通过三种方法确定轴心受压构件的稳定系数：①以分叉屈曲荷载为准则；②以截面的边缘屈服为准则；③以构件的极限荷载为准则。

EN 1993-2 是通过构件的极限荷载理论进行轴心受压构件的整体稳定计算，在试验基础上，取 4 类截面的残余应力分布图式，计及构件长度 1‰的初弯曲，最终得到 5 条 x-$\bar{\lambda}$ 曲线(a_0、a、b、c、d)。

中国标准也是通过构件极限荷载理论进行轴心受压构件的整体稳定计算，考虑了截面的不同形式和尺寸、不同的加工条件及相应的残余应力图式，并考虑 1‰的初弯曲，得出大量的柱子曲线，即 λ-φ 曲线，对于组成板件小于 40mm 的归纳为 a、b、c 三类，对于组成板件大于或等于 40mm 的归为 d 类截面曲线。

极限荷载理论较为全面的考虑残余应力、初始弯曲、初始偏心等不利因素影响。比较发现 $\bar{\lambda} \leqslant 2$ 时，中国标准的 a 类曲线介于欧洲标准的 a_0 类与 a 类之间，b 类基本一致，c、d 类略低于欧洲标准中的 c、d 类。

中欧标准的基本思路一致，在考虑初弯矩和残余应力的同时，根据结构构件的尺寸、材料特性等因素对结构构件的稳定性系数曲线进行区分，中国标准给出了四条曲线，欧洲标准给出了五条曲线，并分别给出了稳定性系数的计算公式。但欧洲标准对截面进行了分类，相对而言，在稳定性设计方面更为详细，采用多条曲线的形式更符合实际。

例 5-19：柱的屈服抗力计算

解：1)按 EN 1993-2 计算

一尺寸为 355.6mm × 12.5mm 的圆形空腹截面(CHS)，355 级钢悬臂梁，距刚性基础 7.5m。

计算弯曲屈服抗力 $N_{b,Rd}$。

CHS 的面积 = 135cm^2

CHS 的回转半径 $i = 121mm$

$$\bar{\lambda} = \sqrt{\frac{Af_y}{N_{cr}}} = \frac{L_{cr}}{i\lambda_1}$$

由表 5-15，可得：

$$L_{cr} = 2.0l = 2.0 \times 7.5 = 15(m)$$

$$\lambda_1 = \pi\sqrt{\frac{E}{f_y}} = \pi\sqrt{\frac{205 \times 10^3}{355}} = 75.5$$

因此

$$\bar{\lambda} = \frac{L_{cr}}{i\lambda_1} = \frac{15000}{121 \times 75.5} = 1.64$$

由表 5-10 可得：对于 S355 热轧 CHS，使用屈服曲线 a。

由图 5-65 可得：对于 $\bar{\lambda} = 1.64$，折减系数 $\chi = 0.32$。

$$N_{b,Rd} = \frac{\chi Af_y}{\gamma_{M1}} = \frac{0.32 \times 13500 \times 355}{1.10} = 1394(kN)$$

因此 CHS 弯曲屈服抗力为 1394kN。

2）按 GB 50017—2017 计算

一尺寸为 355.6mm × 12.5mm 的圆形空腹截面几何特征：外径 $D = 335.6mm$，壁厚 $t = 12.5mm$，截面面积 $A = 12688mm^2$，回转半径 $i_x = 114.3mm$。

圆管实腹截面，只能绕 x 轴和 y 轴弯曲屈曲，不会发生扭转和弯扭屈曲。

钢材为 Q345，柱高 7.5m，一端自由，一端固定。计算长度：$l_{0x} = 15m$，$l_{0y} = 15m$。

轴心受压构件，$t < 40mm$ 时，由 GB 50017—2017 附录 D.0.1a 可知，对 x 或 y 都属于 a 类。

整体稳定的长细比：$\lambda_x = \frac{l_{0x}}{i_x} = \frac{15000}{114.3} = 131 < [\lambda] = 150$，满足刚度要求。查 GB 50017—2017 附录 D.0.1a 可知 $\psi_x = 0.429$。

$$N = A\psi_x f = 12688 \times 0.429 \times 310 = 1687.4(kN)$$

弯曲屈曲的抗力为 1687.4kN。

轴心受压构件的局部稳定。

GB 50017—2017 在考虑了受压板件的初始缺陷、弹塑性和板件边界条件后，根据整体和局部等稳定的原则，通过控制板件的宽厚比或高厚比来控制局部稳定，圆截面外径与壁厚之比为：

$$\frac{d}{t} = \frac{335.6}{12.5} = 26.85 \leqslant 100 \cdot \frac{235}{f_y} = 100 \times \frac{235}{310} = 75.8$$

满足条件，不会产生局部失稳。

该圆形空腹截面的弯曲屈曲抗力为 1687.4kN。

例 5-20：主梁角钢支撑构件

解：1）按 EN 1993-2 计算

一尺寸为 150mm × 150mm × 12mm 的水平支撑角钢，S275 级钢，弯曲与扭转屈服有效长度为 3.2m（取两端部连接间的距离），用于支撑多梁桥面板中的一幅梁，角钢端部连接无弯曲抗力。确定轴力作用下屈服折减系数。

首先划分截面类型。角钢满足外凸限值条件，但不满足角钢周边长细比准则，即：

$$\frac{b + h}{2t} \leqslant 11.5\varepsilon$$

因为

$$\frac{150+150}{2\times 12}=12.5>11.5\varepsilon=11.5\times 0.92=10.6$$

因此截面为4类。

截面为单对称截面,因此预计屈服荷载为较低的次轴弯曲荷载或弯-扭模式荷载。由截面表可知:

$u_s=e_2=49.8\text{mm}, v_s=e_1=0\text{mm}$

弯曲常量较小,可被忽略,但此处仍进行计算。

$$I_w=\frac{t^3}{36}(b_1^3+b_2^3)=\frac{12^3}{36}\times(144^3+144^3)=2.867\times 10^8(\text{mm}^6)$$

$$J=\frac{12^3}{3}\times(144+144)=1.659\times 10^5(\text{mm}^4)$$

$i_s^2=(I_u+I_v)/A+u_s^2+v_s^2=(1170\times 10^4+303\times 10^4)/(34.8\times 10^2)+49.8^2=6713(\text{mm}^2)$

$i_g^2=(I_u+I_v)/A=(1170\times 10^4+303\times 10^4)/(34.8\times 10^2)=4233(\text{mm}^2)$

$N_u=\pi^2EI_u/L_u^2=\pi^2\times 210\times 10^3\times 1170\times 10^4/3200^2=2368(\text{kN})$

扭转屈服荷载为:

$$\begin{aligned}N_{cr,T}&=(GJ+\pi^2EI_w/L_x^2)/i_s^2\\&=(81\times 10^3\times 1.659\times 10^5+\pi^2\times 210\times 10^3\times 2.867\times 10^8/3200^2)/6713\\&=2010(\text{kN})\end{aligned}$$

弯曲抗力提高不到1%,所以可以忽略。弯扭屈服荷载为:

$$N_{cr,TF}=\frac{N_u+N_{cr,T}-\sqrt{(N_u+N_{cr,T})^2-\dfrac{4N_uN_{cr,T}i_g^2}{i_g^2+u_g^2}}}{2i_g^2/(i_g^2+u_s^2)}$$

$$=\frac{2368\times 10^3+2010\times 10^3-\sqrt{(2368\times 10^3+2010\times 10^3)^2-\dfrac{4\times 2368\times 10^3\times 2010\times 10^3\times 4233}{4233+49.8^2}}}{2\times 4233/(4233+49.8^2)}$$

$=1349(\text{kN})$

次轴弯曲屈服荷载为:

$N_v=\pi^2EI_v/L_v^2=\pi^2\times 210\times 10^3\times 303\times 10^4/3200^2=613(\text{kN})<1349\text{kN}$

由于弱轴弯曲临界应力小于弯扭临界应力,所以忽略弯扭屈曲是安全的。弯曲屈曲长细比为:

$$\bar{\lambda}=\sqrt{\frac{Af_y}{N_{cr}}}=\sqrt{\frac{34.8\times 10^2\times 275}{613\times 10^3}}=1.25$$

由曲线 b 得出弯曲屈服的折减系数从图5-65查得,$\chi=0.46$。

如果支撑长度折减一半为1600mm,则:

$N_u=2368\times 4=9472(\text{kN})$

$N_{cr,T}$本质上保持相同,因为弯曲贡献仍然非常小,因此 $N_{cr,T}=2010\text{kN}$。

$$N_{cr,TF}=\frac{(N_u+N_{cr,T})-\sqrt{(N_u+N_{cr,T})^2-\dfrac{4N_uN_{cr,T}i_g^2}{i_g^2+u_s^2}}}{2i_g^2/(i_g^2+u_s^2)}$$

$$=\frac{(9472\times 10^3+2010\times 10^3)-\sqrt{(9472\times 10^3+2010\times 10^3)^2-\dfrac{4\times 9472\times 10^3\times 2010\times 10^3\times 4233}{4233+49.8^2}}}{2\times 4233/(4233+49.8^2)}$$

$=1845(\text{kN})$

更接近于扭转屈服荷载，因为主轴屈服荷载已明显增加。次轴屈服荷载为：

$N_v = 4 \times 613 = 2452(\text{kN}) > 1845\text{kN}$

所以次轴屈服荷载超过弯曲屈服荷载。

对于弯曲屈服，$\bar{\lambda} = 0.62$，由曲线 b 的折减系数 $\chi = 0.83$。

对于弯扭屈服，$\bar{\lambda}_T = \sqrt{\dfrac{34.8 \times 10^2 \times 275}{1845 \times 10^3}} = 0.72$。

由曲线 b 折减系数 $\chi = 0.76 < 0.83$。

这说明采用开口截面来抵抗弯曲屈曲是非常危险的，此时，扭转屈服可能起控制作用。如果重复计算 150mm×150mm×15mm 角钢，结果是类似的。

2）按 GB 50017—2017 计算

角钢为单轴对称截面，150mm×150mm×12mm 角钢截面的几何特征为：肢宽 $B = 150\text{mm}$，板厚 $t_w = 12\text{mm}$，截面面积 $A = 3491.2\text{mm}^2$，中和轴至肢背 $z_0 = 41.57\text{mm}$。x 轴惯性矩 $I_x = 307.7 \times 10^4\text{mm}^4$，回转半径 $i_x = 29.7\text{mm}$；y 轴惯性矩 $I_y = 1189.9 \times 10^4\text{mm}^4$，回转半径 $i_y = 58.3\text{mm}$。$E = 206\text{GPa}$。$e_0 = \dfrac{b}{2\sqrt{2}} = \dfrac{150}{2\sqrt{2}} = 53.03(\text{mm})$，$e_1 = 0\text{mm}$。

弯曲与扭转屈服有效长度 $l_0 = 3.2\text{m}$。

（1）绕非对称轴 x 轴失稳时，只能发生弯曲屈曲，弯曲屈曲时的临界荷载：

$$\lambda_x = \frac{l_0}{i_x} = \frac{3200}{29.7} = 107.7,\ \lambda_y = \frac{l_0}{i_y} = \frac{3200}{58.3} = 54.9$$

绕非对称轴弯曲屈曲的临界力：

$$N_{cr} = \frac{\pi^2 EA}{\lambda_x{}^2} = \frac{3.14^2 \times 206 \times 10^3 \times 3491.2}{107.7^2} = 611.9(\text{kN})$$

绕对称轴 y 轴时，截面的剪切力不通过剪切中心，必然发生弯扭屈曲。

$$I_w = \frac{t^3}{36}(b_1^3 + b_2^3) = \frac{12^3}{36} \times (150^3 + 150^3) = 3.24 \times 10^8(\text{mm}^6)$$

$$I_t = \frac{12^3}{3} \times (150 + 150) = 1.728 \times 10^5(\text{mm}^4)$$

$$i_0^2 = (I_y + I_x)/A + e_0^2 + e_1^2 = (1189.9 \times 10^4 + 307.7 \times 10^4)/3491.2 + 53.03^2 = 7102(\text{mm}^2)$$

剪切中心的回转半径：

$$i_1^2 = (I_y + I_x)/A = (1189.9 \times 10^4 + 307.7 \times 10^4)/3491.2 = 4290\ (\text{mm}^2)$$

（2）绕 y 轴的弯曲屈曲临界力：

$$N_{ey} = \pi^2 EI_y/L_y^2 = \pi^2 \times 206 \times 10^3 \times 1189.9 \times 10^4/3200^2 = 2362.5(\text{kN})$$

扭转屈服屈曲临界力：

$$\begin{aligned} N_z &= (GI_t + \pi^2 EI_w/L_x^2)/i_0^2 \\ &= (79 \times 10^3 \times 1.728 \times 10^5 + \pi^2 \times 206 \times 10^3 \times 3.24 \times 10^8/3200^2)/7102 \\ &= 1931.2(\text{kN}) \end{aligned}$$

由 $(N_{Ey} - N_{yz})(N_{Ey} - N_{yz}) - \dfrac{e_0^2}{i_0^2}N_{yz}^2 = 0$ 得弯扭屈曲的临界力 N_{cr}：

$$N_{yz} = N_{cr} = \frac{(N_{ey} + N_z) - \sqrt{(N_{ey} + N_z)^2 + \dfrac{4N_{ey}N_z i_1^2}{i_0^2}}}{2i_1^2/i_0^2}$$

$$= \frac{(2362.5 \times 10^3 + 1931.2 \times 10^3) - \sqrt{(2362.5 \times 10^3 + 1931.2 \times 10^3)^2 - \dfrac{4 \times 2362.5 \times 10^3 \times 1931.2 \times 10^3 \times 4290}{7102}}}{2 \times 4290/7102}$$

$$= 1298.5(\text{kN})$$

绕非对称轴弯曲屈服荷载为：

$$N_{cr}=\frac{\pi^2 EA}{\lambda_x{}^2}=\frac{3.14^2\times 206\times 10^3\times 3491.2}{107.7^2}=611.9(\text{kN})<1298.5\text{kN}$$

或者用考虑扭转效应的弯扭屈曲换算长细比来计算弯扭屈曲临界荷载。

由于 $b/t=150/12=12.5>0.54l_{oy}/b=0.54\times 3200/150=11.5$，根据 GB 50017—2003 中的式(5.1.2-5b)，则：

$$\lambda_{yz}=4.78\frac{b}{t}\left(1+\frac{l_{oy}^2 t^2}{13.5b^4}\right)=4.78\times\frac{150}{12}\times\left(1+\frac{3200^2\times 12^2}{13.5\times 150^4}\right)=72.64$$

根据弹性稳定理论，弯扭屈曲临界力：

$$N_{yz}=\frac{\pi^2 EA}{\lambda_{yz}{}^2}=\frac{3.14^2\times 206\times 10^3\times 3491.2}{72.64^2}=1345.2(\text{kN})$$

$$N_{cr}=\frac{\pi^2 EA}{\lambda_x{}^2}=\frac{3.14^2\times 206\times 10^3\times 3491.2}{107.7^2}=611.9(\text{kN})<1345.2\text{kN}$$

截面为单对称截面，预计屈服荷载为较低的次轴弯曲荷载或弯-扭模式荷载。因此次轴弯曲荷载小于弯扭屈服临界荷载，忽略绕对称轴的弯扭失稳是安全的。屈服荷载为较低的次轴弯曲荷载。

5.3.2 受弯等截面构件

5.3.2.1 屈服抗力

钢构件弯曲抗力可能比截面侧向扭转屈服抗力更小。图 5-70 表明均匀弯矩作用下，端部旋转受限，但翼缘允许平面旋转的梁侧向扭转屈服，即没有弯曲约束。侧向扭转屈服的趋势可能因压缩翼缘抵抗侧移的支撑或阻止梁旋转的扭转支撑而降低。梁成对支撑，以防单梁的侧向扭转屈服，还需考虑支撑对的稳定性。这对先于桥面系架设的施工期间的梁尤其重要，但一旦桥面系架设完成就不是问题了。

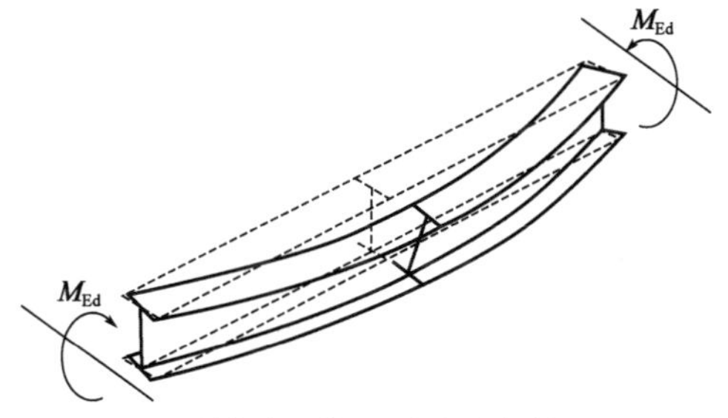

图 5-70 端部弯矩作用下梁侧向扭转屈服

EN 1993-2 规定，应采用下式检验承受主轴弯曲的侧向无约束构件对侧扭屈曲的抵抗能力：

$$\frac{M_{Ed}}{M_{b,Rd}}\leqslant 1.0 \tag{5-169}$$

式中：M_{Ed}——弯矩设计值；

$M_{b,Rd}$——弯矩抗力设计值。

影响梁屈服荷载的因素包括：①截面特性；②约束间的弯矩分配；③荷载类型及其在截面高度上作用点的位置；④支撑条件；⑤初弯曲、初扭曲、荷载初偏心和残余应力等初始缺陷；⑥中间约束的刚度与类型。

对于侧向无约束梁的设计屈服抗力：

$$M_{b,Rd}=\chi_{LT}W_y\frac{f_y}{\gamma_{M1}} \tag{5-170}$$

式中：W_y——1 类与 2 类构件的塑性截面模量，3 类构件的弹性截面模量和 4 类构件的弹性有效截面模量；

χ_{LT}——侧向扭转屈服的折减系数。

对于初始平直的梁，具有等边翼缘与对称截面，弹性极限弯矩为：

$$M_{cr}=\frac{\pi^2 EI_z}{L^2}\left(\frac{I_w}{I_z}+\frac{L^2 GI_T}{\pi^2 EI_z}\right)^{0.5} \tag{5-171}$$

或改写成另一形式：

$$M_{cr}=\left[\frac{\pi^2 EI_z}{L^2}\left(GI_T+\frac{\pi^2 EI_w}{L^2}\right)\right]^{0.5} \tag{5-172}$$

式中：I_w——弯曲常量；

I_z——次轴面积二次矩；

I_T——圣维南扭转惯性矩；

L——两约束点间的距离。

GB 50017—2017 规定：

(1)当铺板密铺在梁的受压翼缘并与其牢固相连、能阻止梁受压翼缘的侧向位移时，可不计算梁的整体稳定性。

(2)除(1)条所指情况外，在最大刚度主平面内受弯构件，其整体稳定性应按下式计算：

$$\frac{M_x}{\varphi_b W_x}\leqslant f \tag{5-173}$$

式中：M_x——绕强轴作用的最大弯矩；

W_x——按受压纤维确定的梁毛截面模量；

φ_b——梁的整体稳定性系数。

(3)除(1)条所指情况外，在两个主平面受弯的 H 形钢截面或工字形截面构件。其整体稳定性应按下式计算：

$$\frac{M_x}{\varphi_b W_x}+\frac{M_y}{\gamma_y W_y}\leqslant f \tag{5-174}$$

式中：W_x、W_y——按受压纤维确定的对 x 轴、y 轴毛截面模量；

φ_b——绕强轴弯曲所确定的梁整体稳定系数，应按 GB 50017—2017 附录 B 确定；

γ_y——截面塑性发展系数。

JTG D64—2015 中关于受弯构件整体稳定性计算规定，受弯等截面实腹式构件的整体稳定应满足：

$$\gamma_0\left(\beta_{m,y}\frac{M_y}{\chi_{LT,y}M_{Rd,y}}+\frac{M_z}{M_{Rd,z}}\right)\leqslant 1 \tag{5-175}$$

$$\gamma_0\left(\beta_{m,z}\frac{M_z}{\chi_{LT,z}M_{Rd,z}}+\frac{M_y}{M_{Rd,y}}\right)\leqslant 1 \tag{5-176}$$

$$M_{Rd,y}=W_{y,eff}f_d \tag{5-177}$$

$$M_{Rd,z}=W_{z,eff}f_d \tag{5-178}$$

$$\beta_m=1-0.5(1-k_c)[1-2.0(\overline{\lambda}_T-0.8)^2]\leqslant 1.0 \tag{5-179}$$

式中：M_y、M_z——所计算构件段范围内的最大弯矩；

$W_{y,eff}$、$W_{z,eff}$——有效截面相对于 y 轴、z 轴的截面模量，其中受拉翼缘仅考虑剪力滞影响，受压翼缘同时考虑剪力滞和局部稳定影响；

$\beta_{m,y}$、$\beta_{m,z}$——等效弯矩系数，可按表 5-16 计算；

$\chi_{LT,y}$、$\chi_{LT,z}$——M_y、M_z 作用平面内的弯矩单独作用下，构件弯扭失稳模态的整体稳定折减系数，但相对长细比采用 $\lambda_{LT,y}$、$\lambda_{LT,z}$，截面类型见表 5-17；

$\lambda_{LT,y}$、$\lambda_{LT,z}$——弯扭相对长细比；

$M_{Rd,y}$、$M_{Rd,z}$——平面内的弯矩 M_y 和 M_z 单独作用下，考虑约束影响的构件弯扭失稳模态的整体弯扭弹性屈曲弯矩，可采用有限元方法计算。

压弯构件整体稳定等效弯矩系数 表 5-16

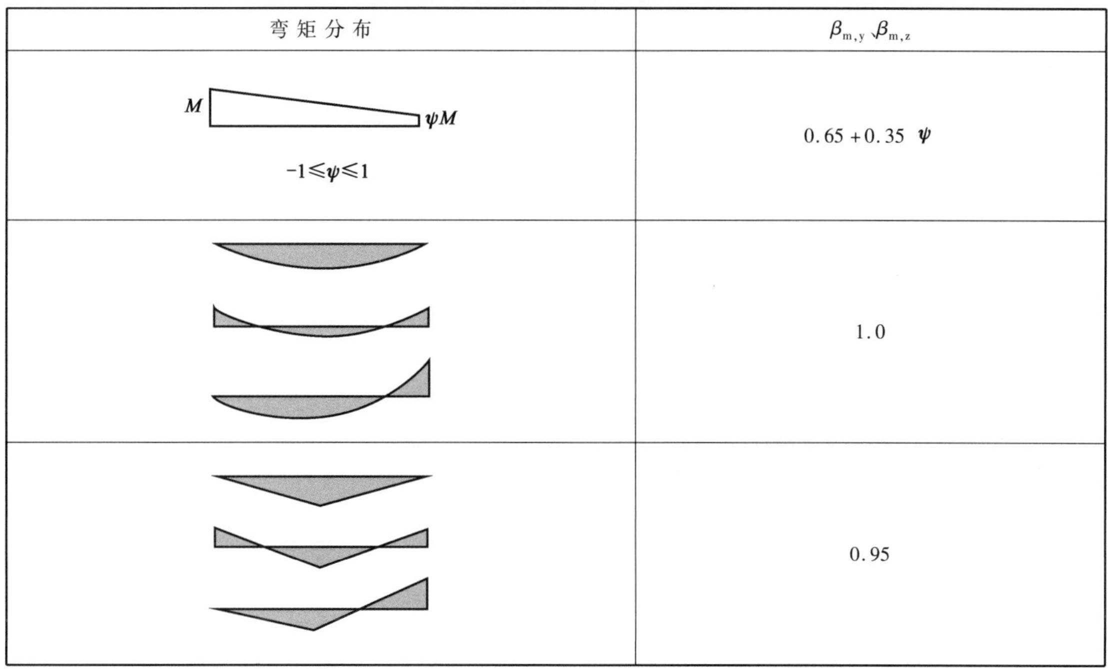

弯矩分布	$\beta_{m,y}$、$\beta_{m,z}$
M ，ψM $-1\leqslant\psi\leqslant1$	$0.65+0.35\ \psi$
	1.0
	0.95

受弯整体稳定系数的截面分类 表 5-17

横截面形式	屈曲方向	屈曲曲线类型
轧制 I 形截面	$h/b\leqslant2$ $h/b>2$	a 类 b 类
焊接 I 形截面	$h/b\leqslant2$ $h/b>2$	c 类 d 类
其他截面	—	d 类

比较式(5-170)和式(5-173),式(5-174)和式(5-175)或式(5-176)可以看出,中欧标准关于弯曲曲屈服抗力计算式是相同的,只是折减系数的取值不同。GB 50017—2017 与 JTG D64—2015 中计算式不同在于双向弯曲屈曲时,JTG D64—2015 使用了等效弯矩系数 β_m,以考虑剪力滞和受压局部稳定及内力分布不均匀的影响,而 GB 50017—2017 则使用 β_b 考虑这类因素,其取值方式有些不同。β_m 按式(5-179)计算,而 β_b 则根据支撑类型、荷载作用分布、截面几何形状,查 GB 50017—2017 中的表 B.1 得出。另外,GB 50017—2017 中以塑性发展系数考虑次轴的塑性变形,而 JTG D64—2015 由于不考虑塑性分析,因此没有使用这一系数。

中欧标准都是以压杆稳定作为受弯结构构件的整体稳定性计算依据,计算公式类似。JTG D64—2015 规定,直接采用受弯结构构件的截面弹性模量进行计算,特别的,对于工字形截面,规定该截面的塑性模量取值为弹性模量的 1.1 ~ 1.2 倍;EN 1993-2 钢桥标准规定,对前文提到的四类截面,1、2 类截面采用截面的塑性模量,3、4 类截面采用该截面的弹性模量。相对而言,JTG D64—2015 在进行受弯结构构件的整体稳定性计算时偏保守,计算结果偏安全。

5.3.2.2 侧向扭转屈服曲线

屈服抗力曲线的形式与弯曲屈服曲线相同,长细比取:

$$\bar{\lambda}_{LT}=\sqrt{\frac{M_{RK}}{M_{cr}}}=\sqrt{\frac{W_y f_y}{M_{cr}}}$$

由弯曲屈服长细比类推:

$$\sqrt{\frac{N_{RK}}{N_{cr}}}=\sqrt{\frac{Af_y}{N_{cr}}}$$

由图 5-71 可以看出,较高长细比时实际破坏弯矩趋向于弹性极限弯矩,但破坏荷载明显低于较低长细比的破坏荷载。

因存在缺陷,弹性极限与实际力学特性之间会出现差异。然而,对于不易导出简单规则的梁,EN 1993 允许的破坏准则为:

$$(M_{b,RK} - M_{RK})(M_{b,RK} - M_{cr}) = \eta M_{cr} M_{b,Rk} \tag{5-180}$$

式中:$M_{b,Rk}$——实梁特征屈服抗力;

M_{Rk}——梁截面忽略屈服的特征抗力;

η——缺陷参数,考虑类似于压杆的缺陷。

EN 1993 中,轧制与焊接截面的屈曲曲线不同,因为焊接产生更大的残余应力,如图 5-72 所示。

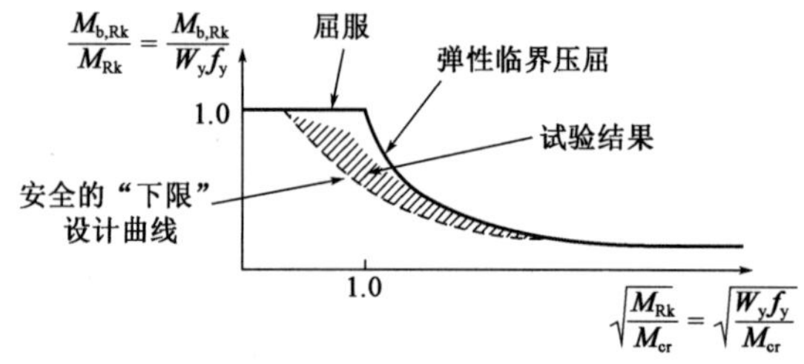

图 5-71　实际破坏弯矩与弹性极限弯矩之间的关系曲线

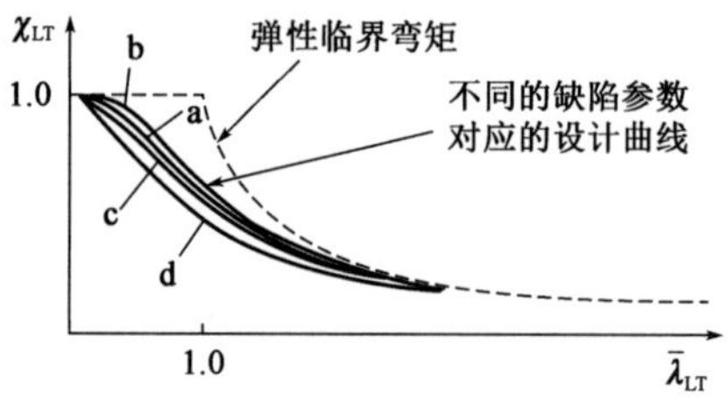

图 5-72　侧向扭转屈服抗力设计曲线
a、b、c、d-构件的截面类型

屈服曲线的数学表达式为:

$$\chi_{LT} = \frac{1}{\Phi_{LT} + \sqrt{\Phi_{LT}^2 - \bar{\lambda}_{LT}^2}}, \ (\chi_{LT} \leqslant 1.0) \tag{5-181}$$

式中:$\Phi_{LT} = 0.5[1 + \alpha_{LT}(\bar{\lambda}_{LT} - 0.2) + \bar{\lambda}_{LT}^2]$;

α_{LT}——缺陷系数,取值见表 5-18;

$\bar{\lambda}_{LT} = \sqrt{W_y f_y / M_{cr}}$,$W_y$ 为弹性或塑性截面模量,取决于截面类型。

侧向扭转屈服的缺陷系数　　表 5-18

屈服曲线	a	b	c	d
缺陷系数 α_{LT}	0.21	0.34	0.49	0.76

对于 4 类截面,弹性模量基于考虑局部板状屈服的有效截面,M_{cr} 基于总截面特性。

EN 1993-2 取与压柱相同的曲线,因此沿细轴方向具有 0.2 的平台。当 $\bar{\lambda}_{LT} \leqslant 0.2$ 时,或当 $M_{Ed}/M_{cr} \leqslant 0.04$ 时,允许忽略侧向扭转屈服效应。

GB 50017—2017 在其附录 B 中详细列出各类梁的整体稳定性系数的计算方法,为与欧洲标准一般方法对应,在此仅介绍简化方法。

等截面焊接工字形和轧制 H 形钢简支梁的整体稳定系数 φ_b 应按下列公式计算:

$$\varphi_b = \beta_b \frac{4320}{\lambda_y^2} \frac{Ah}{W_x} \left[\sqrt{1 + \left(\frac{\lambda_y t_1}{4.4h} \right)^2} + \eta_b \right] \varepsilon_k \tag{5-182}$$

$$\lambda_y = \frac{l_1}{i_y} \tag{5-183}$$

截面不对称影响系数 η_b 应按下列公式计算。

对双轴对称截面:

$$\eta_b = 0 \tag{5-184}$$

对单轴对称工字形截面:

加强受压翼缘

$$\eta_b = 0.8(2\alpha_b - 1) \tag{5-185}$$

加强受拉翼缘

$$\eta_b = 2\alpha_b - 1 \tag{5-186}$$

$$\alpha_b = \frac{I_1}{I_1 + I_2} \tag{5-187}$$

当按公式算得 φ_b 的值大于 0.6 时，应用下式计算的 φ'_b 代替 φ_b 值：

$$\varphi'_b = 1.07 - \frac{0.282}{\varphi_b} \leqslant 1 \tag{5-188}$$

式中：β_b ——梁整体稳定的等效弯矩系数；

λ_y ——梁在侧向支承点间对截面弱轴 y-y 的长细比；

A——梁的毛截面面积；

h、t_1——梁截面的全高和受压翼缘厚度，等截面铆接（或高强度螺栓连接）简支梁，其受压翼缘厚度包括翼缘角钢厚度在内；

l_1——梁受压翼缘侧向支承点之间的距离；

i_y——梁毛截面对 y 轴的回转半径；

I_1、I_2——受压翼缘和受拉翼缘对 y 轴的惯性矩。

EN 1993-2 使用式(5-180)计算屈曲抗力，式中参数计算如下。

对于轧制及等效焊接截面：

$$\chi_{LT} = \frac{1}{\Phi_{LT} + \sqrt{\Phi_{LT}^2 - 0.75\,\bar{\lambda}_{LT}^2}} \leqslant 1.0\text{，且}\chi_{LT} \leqslant \frac{1}{\bar{\lambda}_{LT}^2}$$

$$\Phi_{LT} = 0.5[1 + \alpha_{LT}(\lambda_{LT} - 0.4) + 0.75\,\bar{\lambda}_{LT}^2]\text{，}\bar{\lambda}_{LT} = \sqrt{\frac{W_x f_y}{M_{cr}}}$$

考虑侧向约束之间弯矩的分布，χ_{LT} 用 f 修正，$\chi_{LT,mod} = \chi_{LT}/f \leqslant 1$，$f = 1 - 0.5(1 - k_c)[1 - 2(\bar{\lambda}_{LT} - 0.8)^2]$，$k_c$为修正系数。

其余类型截面按式(5-182)计算。

对比发现，中国标准的稳定系数 φ_b 要高于欧洲标准的稳定系数。

5.3.3 轴力和弯矩共同作用的等截面构件

同时承受轴心拉力和弯矩作用的构件称为拉弯构件，又称为偏心受拉构件。如图 5-73 所示，有偏心拉力作用的构件、有横向荷载作用的拉杆都是拉弯构件。钢结构中经常采用拉弯构件，如图 5-74 所示，杆件 AB、CD 属于轴心受力构件，但杆件 BE 在承受轴心拉力的同时还承受横向荷载作用，即为拉弯构件。

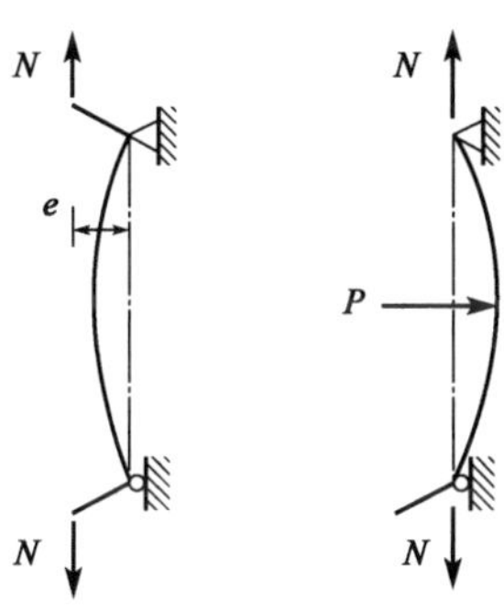

图 5-73 拉弯构件

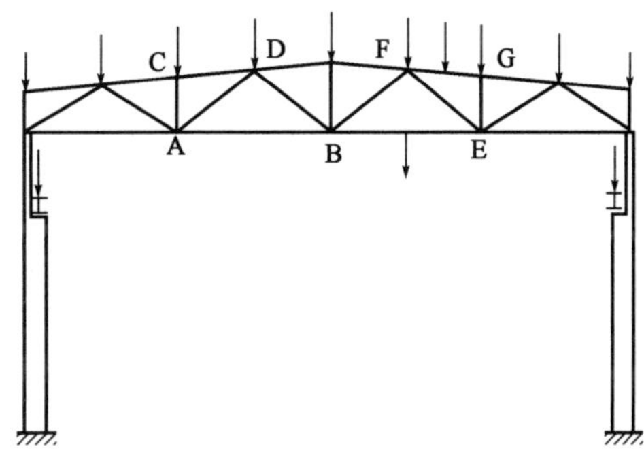

图 5-74 单层工业厂房

拉弯构件通常采用双轴对称或单轴对称的截面形式，可以为实腹式或格构式。如果承受的弯矩不大，而轴心拉力很大，截面形式和一般轴心拉杆相同；当承受的弯矩很大时，应在弯矩作用平面内取较大的截面高度。

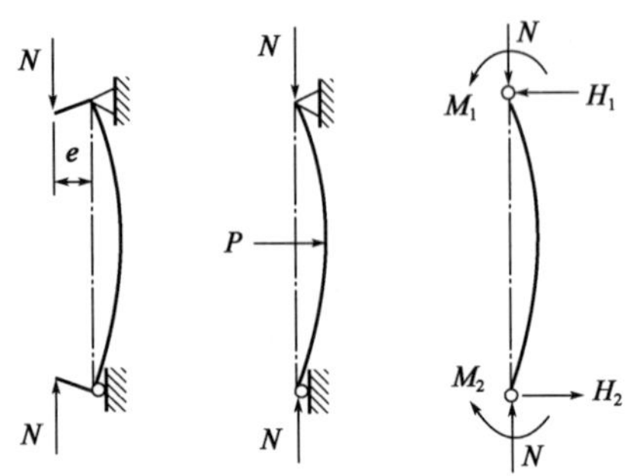

图 5-75　压弯构件

同时承受轴心压力和弯矩作用的构件称为压弯构件,又称为偏心受压构件。如图 5-75 所示,承受偏心压力的构件、有横向荷载或端弯矩作用的压杆都属于压弯构件。压弯构件在钢结构中应用十分广泛,如图 5-74 所示的承受有节间荷载的钢屋架上弦 EG 杆和有吊车梁的厂房柱等。压弯构件中,弯矩通常绕截面的强轴作用,称为单向压弯构件;如果绕构件的两个主轴同时都有弯矩作用,则称为双向压弯构件。

在轴向拉力和弯矩共同作用下,拉弯构件的承载能力极限状态是截面出现塑性铰。但对于格构式拉弯构件或冷弯薄壁型钢拉弯构件,截面边缘受力最大纤维开始屈服就达到强度极限。对于轴向拉力很小而弯矩很大的拉弯构件,也可能和压弯构件的破坏一样分为两类破坏形式:一类是因为杆端弯矩很大而发生强度破坏,或者杆件截面局部严重削弱也可能产生强度破坏;另一类是失稳破坏。失稳破坏包括两种形式:对于在一个对称轴平面内作用有弯矩的压弯构件,如果在非弯矩作用方向有足够支承,以阻止构件发生侧向位移和扭转,构件仅在弯矩作用平面内发生弯曲失稳破坏,构件的变形仍为弯矩作用平面内的弯曲变形;如果构件侧向缺乏足够支承,很可能发生弯扭失稳破坏,此时除了弯矩作用方向的弯曲变形外,垂直与弯矩作用方向会突然产生弯曲变形,同时截面绕杆轴发生扭转。对于承受双向弯矩作用的压弯构件,其破坏形式都是弯扭失稳。

与轴心受压构件和受弯构件一样,压弯构件也存在局部稳定问题,如果板件发生局部屈曲,会导致压弯构件提前发生整体失稳破坏。

EN 1993-2 规定,受弯矩和轴向压力共同作用的构件应满足:

$$\frac{N_{\mathrm{Ed}}}{\dfrac{\chi_{\mathrm{y}} N_{\mathrm{Rk}}}{\gamma_{\mathrm{M1}}}}+k_{\mathrm{yy}} \frac{M_{\mathrm{y,Ed}}+\Delta M_{\mathrm{y,Ed}}}{\chi_{\mathrm{LT}} \dfrac{M_{\mathrm{y,Rk}}}{\gamma_{\mathrm{M1}}}}+k_{\mathrm{yz}} \frac{M_{\mathrm{z,Ed}}+\Delta M_{\mathrm{z,Ed}}}{\dfrac{M_{\mathrm{z,Rk}}}{\gamma_{\mathrm{M1}}}} \leqslant 1.0 \tag{5-189}$$

$$\frac{N_{\mathrm{Ed}}}{\dfrac{\chi_{\mathrm{z}} N_{\mathrm{Rk}}}{\gamma_{\mathrm{M1}}}}+k_{\mathrm{zy}} \frac{M_{\mathrm{y,Ed}}+\Delta M_{\mathrm{y,Ed}}}{\chi_{\mathrm{LT}} \dfrac{M_{\mathrm{y,Rk}}}{\gamma_{\mathrm{M1}}}}+k_{\mathrm{zz}} \frac{M_{\mathrm{z,Ed}}+\Delta M_{\mathrm{z,Ed}}}{\dfrac{M_{\mathrm{z,Rk}}}{\gamma_{\mathrm{M1}}}} \leqslant 1.0 \tag{5-190}$$

式中:N_{Ed}、$M_{\mathrm{y,Ed}}$、$M_{\mathrm{z,Ed}}$——压力的设计值、沿构件方向绕 y-y 轴和 z-z 轴的最大弯矩;

$\Delta M_{\mathrm{y,Ed}}$、$\Delta M_{\mathrm{z,Ed}}$——由于形心轴线的位移引起的 4 类横截面的弯矩;

χ_{y}、χ_{z}——弯曲屈曲引起的折减系数;

χ_{LT}——侧扭屈曲引起的折减系数;

k_{yy}、k_{yz}、k_{zy}、k_{zz}——相互作用系数,取值方法见 EN 1993-1-1 中的附录 A 或附录 B。

对于仅单向弯曲与平面弯曲屈服的情形,EN 1993-2 给出一种简单替换方法:

$$\frac{N_{\mathrm{Ed}}}{\dfrac{\chi_{\mathrm{y}} N_{\mathrm{Rk}}}{\gamma_{\mathrm{M1}}}}+C_{\mathrm{mi,0}} \frac{M_{\mathrm{y,Ed}}+\Delta M_{\mathrm{y,Ed}}}{\dfrac{M_{\mathrm{y,Rk}}}{\gamma_{\mathrm{M1}}}} \leqslant 0.9 \tag{5-191}$$

式中:$C_{\mathrm{mi,0}}$——等效均匀弯矩系数,其值取自 EN 1993-1-1 中的表 A.2。

GB 50017—2017 中规定弯矩作用在两个主平面内的拉弯、压弯构件时,其截面强度应符合下列要求。

(1)除圆形截面外,双向受弯的拉弯构件和压弯构件,其截面强度应按下式计算:

$$\frac{N}{A_{\mathrm{n}}} \pm \frac{M_{\mathrm{x}}}{\gamma_{\mathrm{x}} W_{\mathrm{nx}}} \pm \frac{M_{\mathrm{y}}}{\gamma_{\mathrm{y}} W_{\mathrm{ny}}} \leqslant f \tag{5-192}$$

(2)双向受弯圆形截面的拉弯构件和压弯构件,其截面强度应按下式计算:

$$\frac{N}{A_n} + \frac{\sqrt{M_x^2 + M_y^2}}{\gamma_m W_n} \leqslant f \tag{5-193}$$

式中:N——同一截面处轴心压力设计值;

M_x、M_y——构件同一截面上对 x 轴和 y 轴的弯矩设计值;

W_n——构件的净截面模量;

γ_x、γ_y——与截面模量相应的截面塑性发展系数;

γ_m——圆形构件的截面塑性发展系数;

A_n——构件截面净面积。

比较式(5-192)和式(5-193)可以看出,拉(压)弯构件的强度计算中,欧洲标准考虑了等效均匀弯矩系数和由形心轴偏移引起的附加弯矩,右侧无量纲值为0.9,这些在GB 50017—2017中没有考虑,但GB 50017—2017仍然考虑部分塑性变形发展。可见欧洲标准这方面比中国标准保守。

JTG D64—2015中引用EN 1993-2中的方法和计算公式,但对其中的参数取值方法未予以说明,在此列出,仅供对比时参考。

实腹式拉弯、压弯构件强度应满足下列规定:

$$\gamma_0\left(\frac{N_d}{N_{Rd}} + \frac{M_y + N_d e_z}{M_{Rd,y}} + \frac{M_z + N_d e_y}{M_{Rd,z}}\right) \leqslant 1 \tag{5-194}$$

$$N_{Rd} = A_{eff} f_d \tag{5-195}$$

$$M_{Rd,y} = W_{y,eff} f_d \tag{5-196}$$

$$M_{Rd,z} = W_{z,eff} f_d \tag{5-197}$$

式中: N_d——轴心力设计值;

M_y、M_z——绕 y 轴和 z 轴的弯矩设计值;

A_{eff}——有效截面面积;

$W_{y,eff}$、$W_{z,eff}$——有效截面相对于 y 轴和 z 轴的截面模量,其中受拉翼缘仅考虑剪力滞影响,受压翼缘同时考虑剪力滞和局部稳定影响。

中欧标准都是以压杆稳定理论为压弯结构构件的整体稳定性计算依据。JTG D64—2015没有对结构构件的宽厚比作明确规定,仅要求使用偏保守的线性公式,在后续的计算中对结构部分塑性状态进行考虑,对公式中屈服强度和欧拉临界应力的参数加入了抗力分项系数,同时引用了等效弯矩系数,对弯矩在考虑荷载情况和外部支承的条件下进行有效折减;EN 1993-2钢桥标准采用较为简便的方法,引入相互作用系数 k_y、k_z 来拟合轴力和弯矩的共同作用。

例5-21:标准梁中的弯矩与轴力

一桥梁由尺寸为914mm×305(201)mm的成对简支标准梁组成,跨度30m。每根梁跨中弯矩1500kN·m(按抛物线变化至梁端为零),轴力2000kN。梁由间距为3m横向刚性十字撑给顶部翼缘提供平面支撑,以维持3m间距;桥面板为非组合型,材料为S355级钢,不同厚度屈服强度取自表3-2,相互作用参数按EN 1993-1-1中的附件A与附件B确定,截面按弹性设计。求梁中的弯矩和轴力

解:1)按EN 1993-2计算

标准梁的截面特性取EN 1993-1-1中的表3-2的值,具体如下:

$A = 2.56 \times 10^4\ \text{mm}^2$

$I_y = 3.26 \times 10^9\ \text{mm}^4$

$W_{el,y} = 7.21 \times 10^6\ \text{mm}^3$

$I_z = 9.43 \times 10^7\ \text{mm}^4$

$I_{\mathrm{T}} = 2.93 \times 10^{6}\ \mathrm{mm}^{4}$

$I_{\mathrm{w}} = 18.4 \times 10^{12}\ \mathrm{mm}^{6}$

$$i_{\mathrm{g}} = \sqrt{\frac{I_{\mathrm{y}} + I_{\mathrm{z}}}{A}} = \sqrt{\frac{3.26 \times 10^{9} + 9.43 \times 10^{7}}{2.56 \times 10^{4}}} = 362(\mathrm{mm})$$

$N_{\mathrm{Rk}} = 2.56 \times 10^{4} \times 355 = 9088(\mathrm{kN})$

$M_{\mathrm{y,Rk}} = 7.21 \times 10^{6} \times 355 = 2559(\mathrm{kN \cdot m})$

由 EN 1993-1-1 中的附件 A 查得相互作用参数：

$$N_{\mathrm{cr,T}} = (GI_{\mathrm{T}} + \pi^{2} EI_{\mathrm{w}}/L_{\mathrm{x}}^{2})/i_{\mathrm{g}}^{2}$$
$$= (81 \times 10^{3} \times 2.93 \times 10^{6} + \pi^{2} \times 210 \times 10^{3} \times 18.4 \times 10^{12}/3000^{2})/362^{2} = 34146(\mathrm{kN})$$

$$N_{\mathrm{cr,z}} = \pi^{2} EI_{\mathrm{z}}/L_{\mathrm{z}}^{2} = \pi^{2} \times 210 \times 10^{3} \times 9.43 \times 10^{7}/3000^{2} = 21716(\mathrm{kN})$$

$$\bar{\lambda}_{\mathrm{z}} = \sqrt{\frac{Af_{\mathrm{y}}}{N_{\mathrm{cr}}}} = \sqrt{\frac{2.56 \times 10^{4} \times 355}{21716 \times 10^{3}}} = 0.65$$

由图 5-65 中曲线 b，次轴弯曲屈服折减系数 $\chi_{\mathrm{z}} = 0.81$。

$$N_{\mathrm{cr,y}} = \pi^{2} EI_{\mathrm{y}}/L_{\mathrm{y}}^{2} = \pi^{2} \times 210 \times 10^{3} \times 3.26 \times 10^{9}/30000^{2} = 7507(\mathrm{kN})$$

$$\bar{\lambda}_{\mathrm{y}} = \sqrt{\frac{Af_{\mathrm{y}}}{N_{\mathrm{cr,y}}}} = \sqrt{\frac{2.56 \times 10^{4} \times 355}{7507 \times 10^{3}}} = 1.10$$

由图 5-65 中曲线 a，主轴弯曲屈服折减系数 $\chi_{\mathrm{y}} = 0.59$。

由 EN 1993-1-1 中的表 A.1 可知：

$$k_{\mathrm{yy}} = C_{\mathrm{my}} C_{\mathrm{mLT}} \frac{\mu_{\mathrm{y}}}{1 - \dfrac{N_{\mathrm{Ed}}}{N_{\mathrm{cr,y}}}}$$

$$\mu_{\mathrm{y}} = \frac{1 - \dfrac{N_{\mathrm{Ed}}}{N_{\mathrm{cr,y}}}}{1 - \chi_{\mathrm{y}} \dfrac{N_{\mathrm{Ed}}}{N_{\mathrm{cr,y}}}} = \frac{1 - \dfrac{2000}{7507}}{1 - 0.59 \times \dfrac{2000}{7507}} = 0.87$$

$$\varepsilon_{\mathrm{y}} = \frac{M_{\mathrm{y,Ed}}}{N_{\mathrm{Ed}}} \frac{A}{W_{\mathrm{el,y}}} = \frac{1500 \times 10^{6}}{2000 \times 10^{3}} \frac{2.56 \times 10^{4}}{7.21 \times 10^{6}} = 2.66$$

$a_{\mathrm{LT}} = 1 - I_{\mathrm{T}}/I_{\mathrm{y}} = 1.00$

假设弯矩沿整个跨长均匀分布（实际弯矩图沿跨度方向呈抛物线，而在两约束间均匀分布），均匀弯矩假设允许计算 k_{yy} 与 k_{zy} 时使用相同的 C_{my} 值，由 EN 1993-1-1 中的表 A.2：

$$C_{\mathrm{my,0}} = 0.79 + 0.21\psi + 0.36(\psi - 0.33) \frac{N_{\mathrm{Ed}}}{N_{\mathrm{cr,y}}}$$
$$= 0.79 + 0.21 + 0.36(1 - 0.33) \frac{2000}{7570} = 1.06$$

$$C_{\mathrm{my}} = C_{\mathrm{my,0}} + (1 - C_{\mathrm{my,0}}) \frac{\sqrt{\varepsilon_{\mathrm{y}}}\alpha_{\mathrm{LT}}}{1 + \sqrt{\varepsilon_{\mathrm{y}}} a_{\mathrm{LT}}} = 1.06 + (1 - 1.06) \frac{\sqrt{2.66} \times 1.0}{1 + \sqrt{2.66} \times 1.0} = 1.02$$

$$C_{\mathrm{mLT}} = C_{\mathrm{my}}^{2} \frac{\alpha_{\mathrm{LT}}}{\sqrt{\left(1 - \dfrac{N_{\mathrm{Ed}}}{N_{\mathrm{cr,z}}}\right)\left(1 - \dfrac{N_{\mathrm{Ed}}}{N_{\mathrm{cr,T}}}\right)}} = 1.02^{2} \times \frac{1.00}{\sqrt{\left(1 - \dfrac{2000}{21716}\right)\left(1 - \dfrac{2000}{34146}\right)}} = 1.125$$

$$k_{\mathrm{yy}} = C_{\mathrm{my}} C_{\mathrm{mLT}} \frac{\mu_{\mathrm{y}}}{1 - \dfrac{N_{\mathrm{Ed}}}{N_{\mathrm{cr,y}}}} = 1.02 \times 1.13 \times \frac{0.87}{1 - \dfrac{2000}{7507}} = 1.37$$

$$\mu_z = \frac{1 - \frac{N_{Ed}}{N_{cr,z}}}{1 - \chi_z \frac{N_{Ed}}{N_{cr,z}}} = \frac{1 - \frac{2000}{21716}}{1 - 0.81 \times \frac{2000}{21716}} = 0.98$$

$$k_{zy} = C_{my} C_{mLT} \frac{\mu_z}{1 - \frac{N_{Ed}}{N_{cr,y}}} = 1.02 \times 1.13 \times \frac{0.98}{1 - \frac{2000}{7507}} = 1.54$$

由 EN 1993-1-1 中的附件 B,查得相互作用参数。

假设沿整个跨度弯矩呈均匀分布。由 EN 1993-1-1 中的表 B.3,$C_{my} = 1.0$(对于抛物线分布取 0.95)。

$$k_{yy} = C_{my}\left(1 + 0.6\bar{\lambda}_y \frac{N_{Ed}}{\chi_y N_{Rk}/\gamma_{M1}}\right) = 1.0\left(1 + 0.6 \times 1.1 \times \frac{2000}{0.59 \times 9088/1.1}\right) = 1.27$$

但不大于:

$$k_{yy} = C_{my}\left(1 + 0.6 \frac{N_{Ed}}{\chi_y N_{Rk}/\gamma_{M1}}\right) = 1.0\left(1 + 0.6 \times \frac{2000}{0.59 \times 9088/1.1}\right) = 1.25$$

$$k_{zy} = 1 - \frac{0.05\bar{\lambda}_z}{(C_{mLT} - 0.25)} \frac{N_{Ed}}{\chi_z N_{Rk}/\gamma_{M1}} = 1 - \frac{0.05 \times 0.65}{(1.0 - 0.25)} \times \frac{2000}{0.81 \times 9088/1.1} = 0.99$$

但不小于:

$$k_{zy} = 1 - \frac{0.05}{(C_{mLT} - 0.25)} \frac{N_{Ed}}{\chi_z N_{Rk}/\gamma_{M1}} = 1 - \frac{0.05}{(1.0 - 0.25)} \times \frac{2000}{0.81 \times 9088/1.1} = 0.98$$

2)按 GB 50017—2017 计算

跨中弯矩为 1500kN·m,轴力为 2000kN。两端简支,横向十字撑,间距为 3m,钢材采用 Q390 级钢,$f = 295\text{MPa}$。

(1)914×305(201)截面几何特征。

$A = 2.56 \times 10^4\ \text{mm}^2$,$I_x = 3.26 \times 10^9\ \text{mm}^4$,$I_y = 9.43 \times 10^7\ \text{mm}^4$。

x 方向回转半径为:

$$i_x = \sqrt{\frac{I_x}{A}} = \sqrt{\frac{3.26 \times 10^9}{2.56 \times 10^4}} = 356.9(\text{mm})$$

$$i_y = \sqrt{\frac{I_y}{A}} = \sqrt{\frac{9.43 \times 10^7}{2.56 \times 10^4}} = 60.7(\text{mm})$$

两端铰接时,长细比 $\lambda_x = \frac{l_{ox}}{i_x} = \frac{30000}{356.9} = 84.1$

最大应力纤维处的截面模量 $W_{nx} = 7.21 \times 10^6\ \text{mm}^3$

(2)强度验算。

按弹性设计,因此不考虑塑性发展,在此 $\gamma_x = 1.0$。

$$\frac{N}{A_n} + \frac{M_x}{\gamma_x W_{nx}} \leqslant f$$

式中,$N = 2000\text{kN}$;$A_n = 2.56 \times 10^4\text{mm}^2$。

$$\frac{N}{A_n} + \frac{M_x}{\gamma_x W_{nx}} = \frac{2000 \times 10^3}{2.56 \times 10^4} + \frac{1500 \times 10^3}{7.21 \times 10^6} = 78.3\ (\text{N/mm})^2 \leqslant f = 335\ \text{N/mm}^2$$

(3)整体稳定验算。

结构侧向有支撑,可以不考虑平面外的弯扭失稳,只考虑平面内的弯曲失稳。

压弯构件在平面内的整体失稳计算:

$$N_{Ex}' = \frac{\pi^2 EA}{1.1\lambda_x^2} = \frac{\pi^2 \times 206 \times 10^3 \times 2.56 \times 10^4}{1.1 \times 84.1^2} = 6689.9(\text{kN})$$

弯矩等效系数：$\beta_{mx} = 0.65 + 0.35M_2/M_1 = 0.65 + 0 = 0.65$

查塑性发展系数 $\gamma_x = 1.0$，工字钢绕强轴属于 b 类截面，查表后 $\varphi_x = 0.661$。

$$\frac{N}{\varphi_x A} + \frac{\beta_{mx} M_x}{\gamma_x W_{1x}(1 - 0.8N/N_{Ex}')}$$

$$= \frac{2000 \times 10^3}{0.661 \times 2.56 \times 10^4} + \frac{0.65 \times 1500 \times 10^6}{1.0 \times 7.21 \times 10^6 \times (1 - 0.8 \times 2000/6689.9)}$$

$$= 295.9(\text{N/mm})^2 \leqslant f = 335\text{N/mm}^2$$

经验算强度和整体稳定性满足要求。

5.3.4 构件侧向屈服与侧向扭转屈服的一般方法

对于不满足上述第 5.3.1、5.3.2、5.3.3 节中使用条件的构件，EN 1993-2 给出更为通用的方法，并给出简化式。

5.3.4.1 一般方法

(1) 当以上给出的方法不适用时，可使用以下方法对结构构件的侧向屈曲和侧向扭转屈曲抗力进行检验：

①单个构件，组合或非组合，均匀或非均匀，具有或不具有复杂支座条件。

②由这种构件组成的平面框架或子框架，其承受面内的压力和/或单轴弯曲，但不包含转动塑性铰。

(2) 通过以下条件，可检验符合(1)中规定范围的任何结构构件面外屈曲的总抗力：

$$\frac{\chi_{op}\alpha_{ult,k}}{\gamma_{M1}} \geqslant 1.0 \tag{5-198}$$

式中：$\alpha_{ult,k}$——达到最大截面极限特征抗力的设计荷载的最小荷载系数，忽略平面外屈服，但包括二次效应产生的弯矩与面内缺陷；

χ_{op}——无量纲长细比 $\bar{\lambda}_{op}$ 的折减系数，$\bar{\lambda}_{op}$ 按下式计算：

$$\bar{\lambda}_{op} = \sqrt{\frac{\alpha_{ult,k}}{\alpha_{cr,op}}} \tag{5-199}$$

式中：$\alpha_{cr,op}$——平面内弹性极限屈服设计荷载的最小荷载系数，忽略平面内屈服。

(3) 可用下列两种方法之一，确定折减系数 χ_{op}。

①取 χ、χ_{LT} 中的较小者。

如果使用简单相互作用分析进行截面验算，那么考虑侧向与侧向扭转屈服的验算式：

$$\frac{N_{Ed}}{N_{Rk}/\gamma_{M1}} + \frac{M_{y,Ed}}{M_{y,Rk}/\gamma_{M1}} \leqslant \chi_{op} \tag{5-200}$$

②通过使用与临界横截面对应的 $\alpha_{ult,k}$ 公式，在①中所确定的 χ 和 χ_{LT} 之间插值。

如果使用简单的相互作用验算截面，那么考虑侧向与侧向扭转屈服的验算式：

$$\frac{N_{Ed}}{\chi N_{Rk}/\gamma_{M1}} + \frac{M_{y,Ed}}{\chi_{LT} M_{y,Rk}/\gamma_{M1}} \leqslant 1.0 \tag{5-201}$$

例 5-22：平面框架

一拼装 I 字形截面梁组成的平面框架，水平构件上作用有均匀荷载 W。柱建立在基础上，但没有其他横向约束。对框架强度与稳定性进行验算。

解:1)按 EN 1993-2 方法验算

第一步:建立如图 5-76 所示平面框架模型。使用一次分析,因为这种结构在平面内短而且健壮。设计荷载作用下求得弯矩 $M_{y,Ed,i}$ 与轴力 $N_{Ed,i}$。不考虑平面外的缺陷。所有截面验算其特征抗力,且确定最关键截面(此例为跨中截面)。确定荷载系数 $\alpha_{ult,k}$,因为体系是线性的,在此情形中,$\alpha_{ult,k}=1.90$。如果有必要进行二次分析,荷载必须渐渐增加至 $\alpha_{ult,k}W$,直至截面达到其抗力。

第二步:使用壳单元建立框架有限元模型,以恰当表达平面外的力学特性,包括弯曲、扭转与扭曲变形。弹性极限分析给出组合后的平面外屈服的弯曲与侧向扭转屈服模式,如图 5-77 所示,这种屈服模式的设计荷载系数 $\alpha_{cr,op}=3.5$。

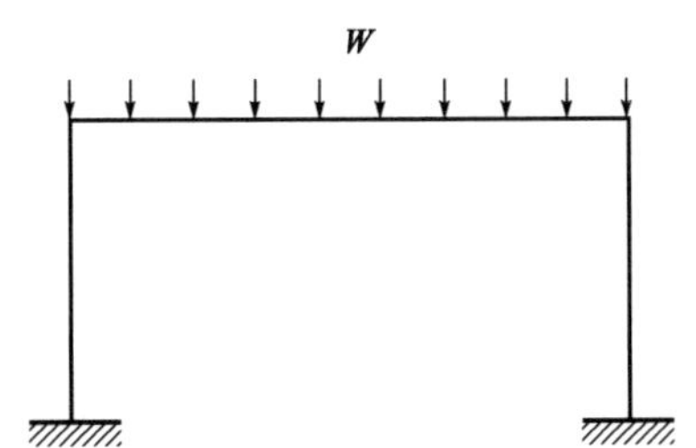

图 5-76 确定 $\alpha_{ult,k}$ 的平面框架分析

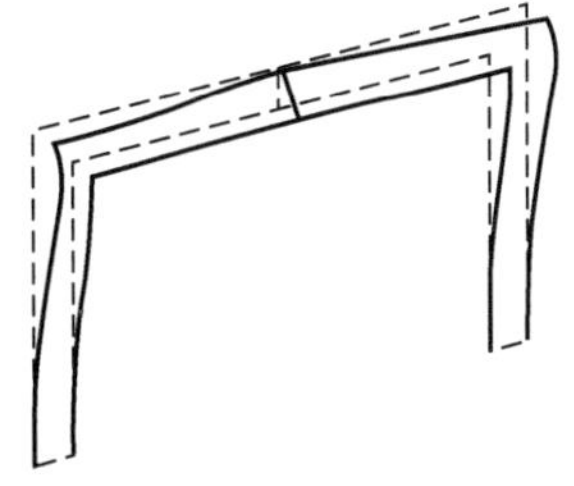

图 5-77 确定 $\alpha_{cr,LT}$ 的有限元分析

第三步:计算长细比。

$$\lambda_{op}=\sqrt{\frac{\alpha_{ult,k}}{\alpha_{cr,op}}}=\sqrt{\frac{1.90}{3.50}}=0.74$$

第四步:对于弯曲屈服,图 5-65 中的"曲线 c"适用;对于侧向扭转屈服,"曲线 d"适用。为简便计算,可能使用最小屈服曲线,所以由"曲线 d",得 $\chi_{op}=\chi_{LT}=0.61$。

$$\frac{\chi_{op}\alpha_{ult,k}}{\gamma_{M1}}=\frac{0.61\times1.90}{1.1}=1.05\geqslant1.0$$

因此框架是合适的。

2)GB 50017—2017 验算

对于结构平面外屈曲,GB 50017—2017 认为:压弯构件在轴心力 N 和弯矩 M 作用下,通常是绕截面强轴受弯,如果侧向没有足够支撑以阻止其产生侧向位移和扭转时,构件往往达不到平面内失稳的极限荷载,而是在此前以侧向弯曲和扭转的形式丧失稳定,发生弯扭屈曲,在压弯构件中,即使是双轴对称截面,也会产生弯扭失稳。

压弯构件弯矩作用平面外的稳定计算公式,主要利用线性相关公式,并引入抗力分项系数后得到:

$$\frac{N}{\varphi_y Af}+\eta\frac{\beta_{tx}M_x}{\varphi_b W_{1x}f}\leqslant1.0$$

式中:φ_y——弯矩作用平面外轴心受压构件稳定系数;

η——截面影响系数,对于工字形截面,$\eta=1.0$;

M_x——构件最大弯矩设计值;

φ_b——均匀弯曲受弯构件整体稳定系数,按 GB 50017—2017 附录 C 计算,对于双轴对称工字形截面,$\varphi_b=1.07-\dfrac{\lambda_y^2}{44000\varepsilon_k^2}$;

β_{tx}——等效弯矩系数,对于无横向荷载作用的钢框架,$\beta_{tx}=0.65$;

ε_k——钢号修正系数,$\varepsilon_k=\sqrt{\dfrac{235}{f_y}}$。

框架柱的内力设计值 $N=310\text{kN}$,$M_x=486\text{kN}\cdot\text{m}$,框架柱截面参数见表 5-19。平面外计算

长度为4.5m,材料采用Q235B钢,按b类截面查 $\varphi_y=0.793$, $\varphi_b=0.981$, $\beta_{tx}=0.65$, $\eta=1.0$。

框架柱截面参数　表5-19

截面	$A(cm^2)$	$I_x(cm^4)$	$W_x(cm^3)$	$i_x(cm)$	$i_y(cm)$
HM440×300×11×18	157.4	56100	2550	18.9	7.18

$$\lambda_y=\frac{l_{oy}}{i_y}=\frac{450}{7.18}=62.7$$

$$\frac{N}{\varphi_y A f}+\eta\frac{\beta_{tx}M_x}{\varphi_b W_{1x} f}=\frac{310\times10^3}{0.793\times157.4\times10^2\times215}+1.0\times\frac{0.65\times486\times10^6}{0.981\times2550\times10^3\times215}=0.7\leqslant1.0$$

框架是安全的。

5.3.4.2 简化方法

对于构件侧向屈服与侧向扭转屈服,EN 1993-2 提出一种简化计算方法。

(1)如果约束之间的长度 L_c 或等效受压翼缘的最终长细比 $\bar{\lambda}_f$ 满足以下条件,则对受压翼缘提供非连续侧向约束的构件不受侧向扭转屈曲的影响:

$$\bar{\lambda}_f=\frac{k_c L_c}{i_{f,z}\lambda_1}\leqslant\bar{\lambda}_{c,0}\frac{M_{c,Rd}}{M_{y,Ed}}\tag{5-202}$$

式中:$M_{y,Ed}$——约束间距内弯矩的最大设计值;

$M_{c,Rd}=W_y\dfrac{f_y}{\gamma_{M1}}$;

W_y——与受压翼缘对应的适当的截面模量;

k_c——约束之间弯矩分布的长细比修正系数,见 EN 1993-1-1 的表6.6;

$i_{f,z}$——由受压翼缘加上腹板区受压部分的1/3组成的等效受压翼缘绕截面短轴的回转半径;

$\bar{\lambda}_{c,0}$——等效受压翼缘长细比限值;

$\lambda_1=\pi\sqrt{\dfrac{E}{f_y}}=93.9\varepsilon$, $\varepsilon=\sqrt{\dfrac{235}{f_y}}$($f_y$ 单位为 N/mm^2)。

注:①4类截面的 $i_{f,z}$ 可按下式计算:

$$i=\sqrt{\frac{I_{eff,f}}{A_{eff,f}+\frac{1}{3}A_{eff,w,c}}}$$

式中:$I_{eff,f}$——绕截面短轴的受压翼缘的有效截面惯性矩;

$A_{eff,f}$——受压翼缘的有效面积;

$A_{eff,w,c}$——腹板受压部分的有效面积。

②长细比限值 $\bar{\lambda}_{c,0}$ 可在国家附件中给出。建议 $\bar{\lambda}_{c,0}=0.2$, $k_{ij}=1.0$。

(2)侧向压屈的受压桁架弦杆和翼缘可以通过将这些弦杆模拟为承受压力 N_{Ed} 的支柱进行检验,并通过模拟为弹簧的连续或离散弹性约束提供支撑。

(3)可以通过临界弹性压屈分析确定压屈模式和临界弹性压屈荷载 N_{cr}。如果使用连续弹簧来代替离散性约束,则临界压屈荷载的取值应不大于对应节点在约束位置的压屈荷载值。

(4)可以使用下列公式检验安全性:

$$\bar{\lambda}_{LT}=\sqrt{\frac{A_{eff}f_y}{N_{crit}}}$$

式中：A_{eff}——弦杆的有效面积；

N_{crit}——通过 A_{gross} 确定的临界弹性荷载。

(5)对于刚性支撑件之间的受压弦杆或连续梁下翼缘，可以将弹簧连接处的附加侧向力 F_{Ed}施加于弹簧，计算初始效应和二阶效应：

$$\begin{cases} F_{\mathrm{Ed}} = \dfrac{N_{\mathrm{Ed}}}{100} & (l_{\mathrm{k}} \leqslant 1.2l) \\ F_{\mathrm{Ed}} = \dfrac{l}{l_{\mathrm{k}}} \dfrac{N_{\mathrm{Ed}}}{80} \dfrac{1}{1 - \dfrac{N_{\mathrm{Ed}}}{N_{\mathrm{crit}}}} & (l_{\mathrm{k}} > 1.2l) \end{cases} \tag{5-203}$$

式中：$l_{\mathrm{k}} = \pi \sqrt{\dfrac{EI}{N_{\mathrm{crit}}}}$；

l——弹簧间的距离。

(6)如果压力 N_{Ed}在弦杆长度上是恒定的，则可按下式计算临界轴向荷载 N_{crit}：

$$N_{\mathrm{crit}} = mN_{\mathrm{E}} \tag{5-204}$$

式中：$N_{\mathrm{E}} = \pi^2 \dfrac{EI}{L^2}$。

m 的取值：

①对于刚性支撑，$m = \dfrac{2}{\pi^2}\sqrt{\gamma}$。

②对于非刚性支撑，$m = \dfrac{\sqrt{\gamma}}{\left(\dfrac{\pi}{\sqrt{2}} + \dfrac{0.69}{X+0.5}\right)^2}$，$X = \dfrac{C_{\mathrm{e}}}{\sqrt{2}}\left(\dfrac{l^3}{C_{\mathrm{d}}^3 EI}\right)^{0.25}$，$C_{\mathrm{e}}$ 为支撑刚度。

③$m \geqslant 1.0$。

$$\gamma = \frac{cL^4}{EI}$$

$$c = \frac{C_{\mathrm{d}}}{l}$$

式中：L——刚性支撑件间的跨度；

l——弹簧间的距离；

C_{d}——弹簧刚度。

如果其刚度 C_{d} 满足下列公式，则受压翼缘的横向支撑可假定为刚性的：

$$C_{\mathrm{d}} > \frac{4N_{\mathrm{E}}}{L} \tag{5-205}$$

式中：N_{E}——临界荷载，通过假定端部为铰接确定。

(7)如果上述(4)中的 A_{eff}替换为 $A_{\mathrm{eff}} + \dfrac{A_{\mathrm{wc}}}{3}$，则上述(2)～(6)的方法也可用于受压梁的翼缘计算。

式中，A_{wc}——腹板的受压面积。对于第 4 类横截面，可以取为有效面积。

注：如果压力 N_{Ed}在弦杆长度上不是连续的，则可以在国家附件中给出更详细的说明。推荐使用以下方法：

对于在距离 L(图 5-78)处有刚性侧向支撑件的连续梁下翼缘，式(5-204)中的 m 可以取下列两个值中的较小值：

$$m = 1 + 0.44(1+\mu)\varphi^{1.5} + (2+\varphi)\gamma/(350 - 50\mu) \tag{5-206}$$

$$m = 1 + 0.44(1+\mu)\varphi^{1.5} + [0.195 + (0.05 + \mu/100)\varphi]\gamma^{0.5} \tag{5-207}$$

式中：$\mu = V_1/V_2$，见图 5-78；

$\varphi = 2(1 - M_2/M_1)/(1+\mu)$，若 $M_2 > 0$。

如果弯矩反向，则通过插入 $M_2 = 0$，式(5-206)可以用作一种保守估算。

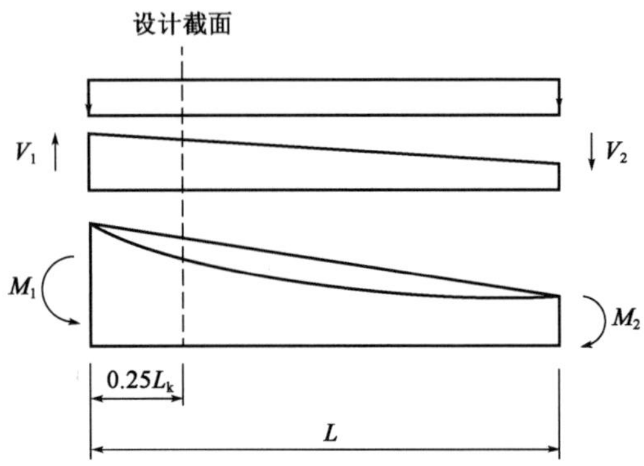

图 5-78 刚性侧向支撑件之间的梁段，弯矩呈抛物线变化

在距离支撑件 $0.25L_k$ 处使用图 5-78 所示的最大弯矩，按要求检验侧向扭曲的承载力时，还应使用最大弯矩检验横截面的承载力，其中 $L_k = L/m$。

GB 50017—2017 关于拉弯、压弯构件的验算稳定计算，有如下规定：

(1)除圆管截面外，弯矩作用在对称轴平面内的实腹式压弯构件，弯矩作用平面内稳定性应按式(5-208)计算，弯矩作用平面外稳定性应按式(5-210)计算；对于单轴对称压弯构件，当弯矩作用在非对称平面内且使翼缘受压时，除应按式(5-208)计算外，尚应按式(5-211)计算；当框架内力采用二阶弹性分析时，柱弯矩由无侧移弯矩和放大的侧移弯矩组成，此时可对两部分弯矩分别乘以无侧移柱和有侧移柱的等效弯矩系数。

$$\frac{N}{\varphi_x A} + \frac{\beta_{mx} M_x}{\gamma_x W_{1x}(1 - 0.8N/N'_{Ex})} \leqslant f \tag{5-208}$$

$$N'_{Ex} = \pi^2 EA/(1.1\lambda_x^2) \tag{5-209}$$

$$\frac{N}{\varphi_y A} + \eta \frac{\beta_{mx} M_x}{\varphi_b W_{1x}} \leqslant f \tag{5-210}$$

$$\left| \frac{N}{Af} - \frac{\beta_{mx} M_x}{\gamma_x W_{2x}(1 - 1.25N/N_{Ex})f} \right| \leqslant 1.0 \tag{5-211}$$

式中：N——所计算构件范围内轴心压力设计值；

φ_x——弯矩作用平面内轴心受压构件稳定系数；

γ_x——截面塑性发展系数；

N'_{Ex}——参数；

M_x——所计算构件段范围内的最大弯矩设计值；

W_{1x}——在弯矩作用平面内对受压最大纤维的毛截面模量；

φ_y——弯矩作用平面外的轴心受压构件稳定系数；

φ_b——均匀弯曲的受弯构件整体稳定系数，对闭口截面 $\varphi_b = 1.0$；

η——截面影响系数，闭口截面 $\eta = 0.7$，其他截面 $\eta = 1.0$；

β_{mx}——等效弯矩系数两端支承的构件段取其中央 1/3 范围内的最大弯矩与全段最大弯矩之比，但不小于 0.5；悬臂段取 $\beta_m = 1.0$；

W_{2x}——无翼缘端的毛截面模量。

等效弯矩系数 β_{mx} 应按下列规定采用。

①无侧移框架柱和两端支承的构件。

a. 无横向荷载作用时，β_{mx} 应按下式计算：

$$\beta_{mx} = 0.6 + 0.4\frac{M_2}{M_1} \tag{5-212}$$

式中：M_1、M_2——端弯矩，构件无反弯点时取同号，构件有反弯点时取异号。

b. 无端弯矩但有横向荷载作用时，β_{mx}应按下式计算：

跨中单个集中荷载

$$\beta_{mx}=1-0.36\frac{N}{N_{cr}} \tag{5-213}$$

全跨均布荷载

$$\beta_{mx}=1-0.18\frac{N}{N_{cr}} \tag{5-214}$$

$$N_{cr}=\frac{\pi^2 EI}{(\mu l)^2} \tag{5-215}$$

式中：N_{cr}——弹性临界力；

μ——构件的计算长度系数。

c. 端荷载和横向荷载同时作用时，$\beta_{mx}M_x$ 应按下式计算：

$$\beta_{mx}M_x=\beta_{mqx}M_{qx}+\beta_{m1x}M_1 \tag{5-216}$$

式中：M_{qx}——横向荷载产生的弯矩最大值；

β_{m1x}——计算的等效弯矩系数。

②有侧移框架柱和悬臂构件，等效弯矩系数β_{mx}应按下列规定采用。

a. 除本款第二项规定以外的框架柱，β_{mx}应按下式计算：

$$\beta_{mx}=1-0.36\frac{N}{N_{cr}} \tag{5-217}$$

b. 有横向荷载的柱脚铰接的单层框架柱和多层框架的底层柱，$\beta_{mx}=1.0$。

③自由端作用有弯矩的悬臂柱，β_{mx} 应按下式计算：

$$\beta_{mx}=1-0.36(1-m)\frac{N}{N_{cr}} \tag{5-218}$$

式中：m——自由端弯矩与固定端弯矩之比，当弯矩图无反弯点时取正号，有反弯点时取负号。

(2)弯矩作用在两个主平面内的双轴对称实腹式工字形和箱形截面的压弯构件，其稳定性应按下列公式计算：

$$\frac{N}{\varphi_x Af}+\frac{\beta_{mx}M_x}{\gamma_x W_x\left(1-0.8\frac{N}{N'_{Ex}}\right)f}+\eta\frac{\beta_{ty}M_y}{\varphi_{by}W_y f}\leqslant 1.0 \tag{5-219}$$

$$\frac{N}{\varphi_y Af}+\eta\frac{\beta_{tx}M_x}{\varphi_{bx}W_x f}+\frac{\beta_{my}M_y}{\gamma_y W_y\left(1-0.8\frac{N}{N'_{Ey}}\right)f}\leqslant 1.0 \tag{5-220}$$

式中：M_x、M_y——所计算构件段范围内对强轴和弱轴的最大弯矩设计值；

φ_x、φ_y——对 x 轴和 y 轴的轴心受压稳定系数；

φ_{bx}、φ_{by}——绕 x 轴和 y 轴均匀受弯稳定系数，对双轴对称工字形(含 H 形)截面，φ_{bx} 可按 GB 50017—2017 附录 B 方法计算，$\varphi_{by}=1.0$，对于闭口截面，$\varphi_{bx}=\varphi_{by}=1.0$；

β_{tx}、β_{ty}、β_{mx}、β_{my}——等效弯矩系数；

W_x、W_y——对强轴和弱轴的毛截面模量；

N'_{Ex}、N'_{Ey}——参数，$N'_{Ex}=\frac{\pi^2 EA}{1.1\lambda_x^2}$，$N'_{Ey}=\frac{\pi^2 EA}{1.1\lambda_y^2}$；

η——截面影响系数，闭口截面 $\eta=0.7$，其他截面 $\eta=1.0$。

JTG D64—2015 中完全引用 EN 1993-2 中的方法和计算公式，但对其中的参数取值方法未予以说明。

实腹式拉弯、压弯构件稳定性,应满足下列规定。

①弯矩作用在一个对称轴平面内的压弯构件整体稳定性应按下式计算:

$$\gamma_0\left[\frac{N_d}{\chi_y N_{Rd}}+\beta_{m,y}\frac{M_y+N_d e_z}{M_{Rd,y}\left(1-\frac{N_d}{N_{cr,y}}\right)}\right]\leqslant 1 \tag{5-221}$$

$$\gamma_0\left[\frac{N_d}{\chi_z N_{Rd}}+\beta_{m,y}\frac{M_y+N_d e_z}{\chi_{LT,y}M_{Rd,y}\left(1-\frac{N_d}{N_{cr,z}}\right)}\right]\leqslant 1 \tag{5-222}$$

式中: N_d——所计算构件中间 1/3 范围内的最大轴力;

χ_y、χ_z——轴心受压构件绕 y 轴和 z 轴弯曲失稳模态的整体稳定折减系数;

$\chi_{LT,y}$——x-y 平面内的弯矩作用下,构件弯扭失稳模态的整体稳定折减系数;

$N_{cr,y}$、$N_{cr,z}$——轴心受压构件绕 y 轴和 z 轴弯曲失稳模态的整体稳定欧拉荷载;

$\beta_{m,y}$——相对 M_y 的等效弯矩系数。

②弯矩作用在两个主平面内的压弯构件整体稳定应按下式计算:

$$\gamma_0\left[\frac{N_d}{\chi_y N_{Rd}}+\beta_{m,y}\frac{M_y+N_d e_z}{M_{Rd,y}\left(1-\frac{N_d}{N_{cr,y}}\right)}+\beta_{m,z}\frac{M_z+N_d e_y}{\chi_{LT,z}M_{Rd,z}\left(1-\frac{N_d}{N_{cr,z}}\right)}\right]\leqslant 1 \tag{5-223}$$

$$\gamma_0\left[\frac{N_d}{\chi_z N_{Rd}}+\beta_{m,y}\frac{M_y+N_d e_z}{\chi_{LT,y}M_{Rd,y}\left(1-\frac{N_d}{N_{cr,y}}\right)}+\beta_{m,z}\frac{M_z+N_d e_y}{M_{Rd,z}\left(1-\frac{N_d}{N_{cr,z}}\right)}\right]\leqslant 1 \tag{5-224}$$

式中:N_d——所计算构件中间 1/3 范围内的最大轴力;

M_y、M_z——所计算构件段范围内的最大弯矩设计值;

$\chi_{LT,z}$——x-z 平面内的弯矩作用下,构件弯扭失稳模态的整体稳定折减系数;

$\beta_{m,z}$——相对 M_z 的等效弯矩系数。

例 5-23:钢与混凝土组合桥

一三跨钢-混凝土组合桥,S355 级钢,如图 5-79 所示,设计有钢十字撑。梁截面为 2 类,内桥墩处板的尺寸如下:

顶部翼缘:400mm × 25mm。

腹板:1160mm × 25mm。

底部翼缘:400mm × 40mm。

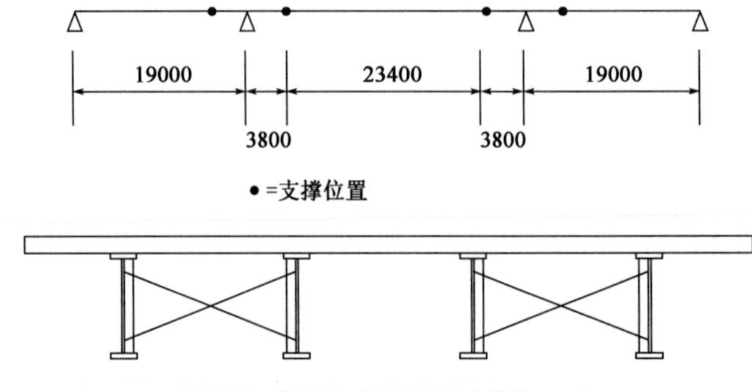

图 5-79　例 5-23 中的桥(尺寸单位:mm)

梁中性轴从底部翼缘顶面算起 735mm 高,弹性弯矩抗力(按 EN 1994-2 使用 γ_{M1})$M_{pl,Rd}$ = 10700kN · m,内支座弯矩为 8674kN · m,主跨支撑处共存弯矩为 5212kN · m。支撑处的剪力为内支座处剪力的70%。假设整个截面不变,验算内支座附近与超出支撑范围的主跨的侧向扭转屈服。

解:1)按 EN 1993-2 计算

内支座验算

翼缘与腹板压缩区面积如下:

$A_f = 400 \times 40 = 16000\text{mm}^2$;

$A_{wc} = 735 \times 25 = 18375\text{mm}^2$。

底部翼缘横向面积二次矩为:

$$I = \frac{1}{12} \times 40 \times 400^3 = 2.133 \times 10^8 (\text{mm}^4)$$

弦杆两端梁上的作用弯矩为:

$M_1 = 8674\text{kN} \cdot \text{m}$;

$M_2 = 5212\text{kN} \cdot \text{m}$。

因此 $M_2/M_1 = 0.6, \mu = V_2/V_1 = 0.7$

$\varphi = 2(1 - M_2/M_1)/(1 + \mu) = 2(1 - 0.60)/(1 + 0.7) = 0.46$

为简便计,上式中取 $\gamma = 0$。

$$m_1 = 1 + 0.44 \times (1 + \mu)\varphi^{1.5} + (3 + 2\varphi)\gamma/(350 - 50\mu) = 1 + 0.44 \times (1 + 0.7) \times 0.46^{1.5} = 1.23$$

$$m_2 = 1 + 0.44 \times (1 + \mu)\varphi^{1.5} + [0.195 + (0.05 + \mu/100)\varphi]\gamma^{0.5} = 1 + 0.44 \times (1 + 0.7) \times 0.46^{1.5} = 1.23$$

因此,$m = 1.23$。

考虑如果桥面板提供U形框架约束,对于该项桥的 m 值仍然应取1.26,所以考虑U形框架作用跨越如此短的空间,对于主梁的稳定性没起什么作用。

$$\bar{\lambda}_{LT} = 1.1 \frac{L}{b} \sqrt{\frac{f_y}{Em}} \sqrt{1 + \frac{A_{wc}}{3A_f}} = 1.1 \times \frac{3800}{400} \sqrt{\frac{355}{210 \times 10^3 \times 1.23}} \times \sqrt{1 + \frac{18375}{3 \times 16000}} = 0.46 > 0.2$$

因此截面倾向于侧向扭转屈服。

相关屈服曲线为曲线 $d(h/b = 1225/400 = 3.1 > 2)$,所以,$\alpha_{LT} = 0.76$。

$$\Phi_{LT} = 0.5\left[1 + \alpha_{LT}(\bar{\lambda}_{LT} - 0.2) + \bar{\lambda}_{LT}^2\right] = 0.5\left[1 + 0.76(0.46 - 0.2) + 0.46^2\right] = 0.705$$

$$\chi_{LT} = \frac{1}{\Phi_{LT} + \sqrt{\Phi_{LT}^2 - \bar{\lambda}_{LT}^2}} = \frac{1}{0.705 + \sqrt{0.705^2 - 0.46^2}} = 0.81$$

侧向扭转屈服(LTB)的折减系数为0.81。

弯曲抗力 $M_{b,Rd} = \chi_{LT} M_{pl,Rd} = 0.81 \times 10700 = 8667(\text{kN} \cdot \text{m})$,约等于 $8674\text{kN} \cdot \text{m}$,即超过量很小。

然而,验算可能在设计截面进行,距支座 $0.25L/\sqrt{m} = 0.25 \times 3800/\sqrt{1.23} = 857(\text{mm})$。该截面弯矩为:

$$M_{0.25Lk} \approx 8674 - \frac{857}{3800} \times (8674 - 5212) = 7893(\text{kN} \cdot \text{m})$$

该截面处长细比为:

$$\bar{\lambda}_{0.25Lk} = \bar{\lambda}_{LT} \sqrt{\frac{M_1}{M_{0.25Lk}}} = 0.46\sqrt{\frac{8674}{7893}} = 0.48$$

使用曲线 d,由图 5-65 取$\chi = 0.79$,所以,在设计截面处,有:

$M_{b,Rd} = \chi_{LT} M_{pl,Rd} = 0.79 \times 10700 = 8453(kN \cdot m) > M_{0.25Lk} = 7893kN \cdot m$,梁是合适的。

主梁其余部分的验算如下。

如果取 $m = 1.0$,则:

$$\bar{\lambda}_{LT} = 1.1 \frac{L}{b} \sqrt{\frac{f_y}{Em}} \sqrt{1 + \frac{A_{wc}}{3A_f}}$$

$$= 1.1 \times \frac{23400}{400} \sqrt{\frac{355}{210 \times 10^3 \times 1.00}} \times \sqrt{1 + \frac{18375}{3 \times 16000}} = 3.11 > 0.2$$

使用曲线 d,由图 5-65 取$\chi = 0.09$。

如果 M_2 取零(V_2 等于 V_1),那么 $m = 1.88$,从而:

$$\bar{\lambda}_{LT} = 1.1 \frac{L}{b} \sqrt{\frac{f_y}{Em}} \sqrt{1 + \frac{A_{wc}}{3A_f}}$$

$$= 1.1 \times \frac{23400}{400} \sqrt{\frac{355}{210 \times 10^3 \times 1.88}} \times \sqrt{1 + \frac{18375}{3 \times 16000}} = 2.27 > 0.2$$

使用曲线 d,由图 5-65 取$\chi = 0.14$。

支撑处上拱弯矩至少为支座处最大弯矩的 60%(支撑处的引用值是共存值,不是最大值),但抗力仅近似等于支座上拱抗力的 17%,要求另加一支撑。

2)按 GB 50017—2017 计算

采用 Q390 钢,$h = 1225$mm。

(1)截面特性计算。

$A = 400 \times 40 + 400 \times 25 + 1160 \times 25 = 550(cm^2)$

$$I_x = \frac{1}{12}(40 \times 122.5^3 - 37.5 \times 116^3) = 1.25 \times 10^6 \ (cm^4)$$

$$I_y = \frac{1}{12}(4.0 \times 40^3 + 2.5 \times 40^3) = 3.47 \times 10^4 \ (cm^4)$$

$$W_{1x} = \frac{1.25 \times 10^6}{45} = 27778 \ (cm^3), \ W_{2x} = \frac{1.25 \times 10^6}{77.5} = 16129 \ (cm^3)$$

$$i_x = \sqrt{\frac{I_y}{A}} = \sqrt{\frac{1.25 \times 10^6}{550}} = 47.67(cm), \ i_y = \sqrt{\frac{I_y}{A}} = \sqrt{\frac{3.47 \times 10^4}{550}} = 7.94(cm)$$

该截面为单轴对称实轴截面,可能绕 x 轴发生弯曲屈曲,也可能绕 y 轴发生弯扭屈曲,因此应进行具体分析。

(2)弯矩作用平面内的整体稳定。

$\lambda_x = \frac{l_{ox}}{i_x} = \frac{1900}{47.67} = 39.86$,按 b 类截面查表得 $\psi_x = 0.899$。

$$N'_{Ex} = \frac{\pi^2 EA}{1.1\lambda_x^2} = \frac{\pi^2 \times 20600 \times 550}{1.1 \times 39.86^2} = 63983(kN)$$

$$\beta_{mx} = 0.65 + 0.35 \times \frac{M_2}{M_1} = 0.65 + 0.35 \times \frac{5212}{8674} = 0.86$$

$$\frac{N}{\varphi_x A} + \frac{\beta_{mx} M_x}{\gamma_x W_{1x}(1 - 0.8N/N'_{Ex})} = \frac{0.86 \times 8674}{1.05 \times 2857.1} = 248.7 \ (N/mm^2) < 350 \ N/mm^2$$

在弯矩作用的平面内不会发生弯曲失稳。

(3)弯矩平面外的整体稳定性(弯扭失稳)。

当考虑支撑作用时,将支座与支撑之间视为刚性侧向支撑的梁计算,取计算长度 $l_{oy} = 3.8$m。

$\lambda_y = \frac{l_{oy}}{i_y} = \frac{380}{7.94} = 47.86$,按 b 类截面查表得 $\varphi_y = 0.870$

受压翼缘最外面纤维确定的毛截面抵抗矩：

$$W_x = W_{1x} = \frac{1.25 \times 10^6}{45} = 27778\ (\text{cm}^3)$$

$$\beta_{tx} = 0.65 + 0.35 \times \frac{M_2}{M_1} = 0.65 + 0.35 \times \frac{5212}{8674} = 0.86$$

$$\lambda_y = \frac{l_{oy}}{i_y} = \frac{380}{7.94} = 47.86 < 120\sqrt{235/f_y} = 98.3$$

$$\alpha_b = \frac{I_1}{I_1 + I_2} = \frac{25 \times 400^3}{25 \times 400^3 + 40 \times 400^3} = 0.38$$

单轴对称，y 方向：

$$\varphi_b = 1.07 - \frac{W_x}{(2\alpha_b + 0.1)Ah} \cdot \frac{\lambda_y^2}{14000} \cdot \frac{f_y}{235}$$

$$= 1.07 - \frac{27778}{(2 \times 0.38 + 0.1) \times 550 \times 122.5} \times \frac{47.86^2}{14000} \times \frac{335}{235} = 0.96$$

截面影响系数 $\eta = 1.0$

$$\frac{N}{\varphi_y A} + \eta \frac{\beta_{tx} M_x}{\varphi_b W_{1x}} = 1.0 \times \frac{0.86 \times 8674 \times 10^3}{0.96 \times 27778} = 279.73\ (\text{N/mm}^2) < f = 335\ \text{N/mm}^2$$

因此不会在弯矩作用平面外发生弯扭失稳。

例 5-24：中承式桥

一简支中承式桥，跨度为 36m，截面几何形状与截面特性如图 5-80 所示。梁高 2.8m，腹板厚 20mm（顶部翼缘被理想化，实际由两块厚 60mm 的板组成）。总截面弹性中性轴如图 5-80 所示，每侧翼缘基于总截面特性的截面模量为 $2.378 \times 10^8 \text{mm}^3$。十字梁中心间距 3m，整个桥相同。钢为 S355 级，屈服强度为 335MPa，整桥使用 60mm 的厚板（EN 10025），偏于保守。计算 LTB 抗力矩。

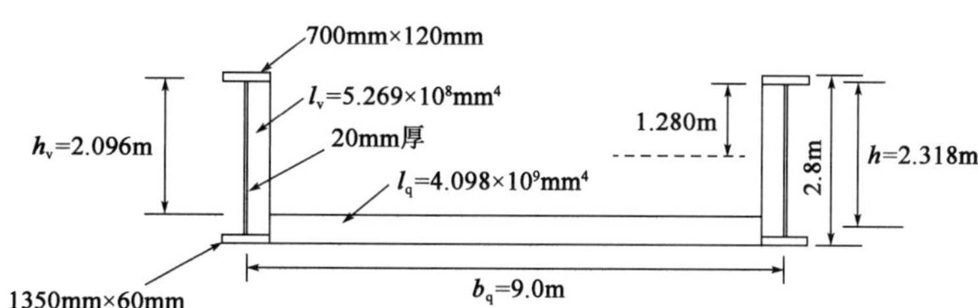

图 5-80　例 5-24 中的中承式桥

解：按 EN 1993-2 计算，具体如下。

首先验算截面类型。经检查，顶部翼缘为 1 类。由图 5-80，腹板受压弹性高度 = 1280mm，受拉高度为 1340mm，因此应力比为：

$$\psi = -\frac{1280}{1340} = -0.96$$

对 3 类腹板的限值为：

$$c/t \leqslant 62\varepsilon(1 - \psi)\sqrt{-\psi} = 62 \times \sqrt{\frac{235}{335}} \times (1 + 0.96)\sqrt{0.96} = 99 < \frac{2620}{20} = 131$$

所以腹板实际为 4 类，因此有效截面应用于腹板压缩区。

$$b/t\sqrt{\frac{f_y}{235}} = 2620/20\sqrt{\frac{335}{235}} = 156,\ \psi \approx -1$$

压缩区的折减系数 $\rho=0.80$。这导致部分压缩区是无效的，其高度 $=(1-0.8)\times1280=256\text{mm}$，在 EN 1993-1-5 中的表 4.1 要求的位置。需修订截面特性以考虑这种折减，于是最小截面模量变为 $2.328\times10^{8}\text{mm}^{3}$，新的中心为距腹板顶 1298mm 处。

顶部翼缘横向面积二次矩为 $\frac{1}{12}\times700^{3}\times120=3.43\times10^{9}\ (\text{mm}^{4})$（忽略部分腹板较小的贡献）。

有效压缩区面积 $A_{\text{eff}}=A_{\text{f}}+A_{\text{wc}}/3=700\times120+(1298-256)\times20/3=90947\ (\text{mm}^{2})$

由 EN 1993-2 中的附件 D，U 形框架刚度为：

$$C_{\text{d}}=\frac{EI_{\text{v}}}{\frac{h_{\text{v}}^{3}}{3}+\frac{h^{2}b_{\text{q}}I_{\text{v}}}{2I_{\text{q}}}}=\frac{210\times10^{3}\times5.269\times10^{8}}{\frac{2096^{3}}{3}+\frac{2318^{2}\times9000\times5.269\times10^{8}}{2\times4.098\times10^{9}}}=17910\ (\text{N/mm}^{2})$$

因此，$c=C_{\text{d}}/l=17910/3000=5.97\ (\text{N/mm}^{2})$

这没有考虑任何十字梁连续节点的弹性，因为假设节点类型为焊接，并且完全加强。如果节点为“半连续”节点，节点弹性 S_j 必须由 EN 1993-1-8 中的第 6.3 条确定，并包含在 C_{d} 的计算中。

通过检查，U 形框架不是刚性的。因此，式(5-204)中计算 m 的公式无效，必须考虑端部 U 形框架刚度不足的特点：

$$X=\frac{C_{\text{e}}}{\sqrt{2}}\left(\frac{l^{3}}{C_{\text{d}}^{3}EI}\right)^{0.25}=\frac{17910}{\sqrt{2}}\left(\frac{3000^{3}}{17910^{3}\times210\times10^{3}\times3.43\times10^{9}}\right)^{0.25}=0.64(\text{m})$$

$$m=\frac{\sqrt{\gamma}}{\left(\frac{\pi}{\sqrt{2}}+\frac{0.69}{X+0.5}\right)^{2}}=\frac{\sqrt{\frac{5.97\times36000^{4}}{210\times10^{3}\times3.43\times10^{9}}}}{\left(\frac{\pi}{\sqrt{2}}+\frac{0.69}{0.64+0.5}\right)^{2}}=14.766$$

$$N_{\text{crit}}=mN_{\text{E}}=14.766\times\pi^{2}\times210\times10^{3}\times3.43\times10^{9}/36000^{2}=81000(\text{kN})$$

$$\bar{\lambda}_{\text{LT}}=\sqrt{\frac{A_{\text{eff}}f_{\text{y}}}{N_{\text{crit}}}}=\sqrt{\frac{90947\times335}{81000\times10^{3}}}=0.61>0.2$$

因此截面易发生侧向扭转屈服。

由相关屈服曲线，$h/b=2800/700=4>2$，为曲线 d，因此由图 5-65 得 $\chi=0.70$。

因此 LTB 的折减系数为 0.70。

抗力：

$$M_{\text{b,Rd}}=\chi_{\text{LT}}W_{\text{el,y}}\frac{f_{\text{y}}}{\gamma_{\text{M1}}}=0.70\times2.328\times10^{8}\times\frac{335}{1.1}=49416(\text{kN}\cdot\text{m})$$

例 5-25：十字撑的刚度与强度

例 5-5 中连续桥支撑由十字撑组成，150×150×18 角钢，在厚度 25mm 的腹板附加 100×20 加强肋。假设内支座处翼缘中的最大压应力为 300MPa。验算支撑是“刚性的”，确定支撑翼缘产生的轴力。

解：按 EN 1993-2 计算。

首先由平面框架模型计算支撑刚度，如图 5-81 所示（如果十字撑由梁半高处水平槽钢替换，梁间弯曲作用，相同方向作用力的情形比相反方向作用力的情形将给出更大的变形）。

加强肋有效截面特性：

附加腹板宽 $=30\varepsilon t_{\text{w}}+t_{\text{加强肋}}=30\times0.81\times25+20=628(\text{mm})$

此时 $A_{\text{st}}=17700\text{mm}^{2}$，$I_{\text{st}}=9.41\times10^{6}\text{mm}^{4}$

桥面板：

桥面板附加宽度按 EN 1994-2 中剪力延滞规则取值。

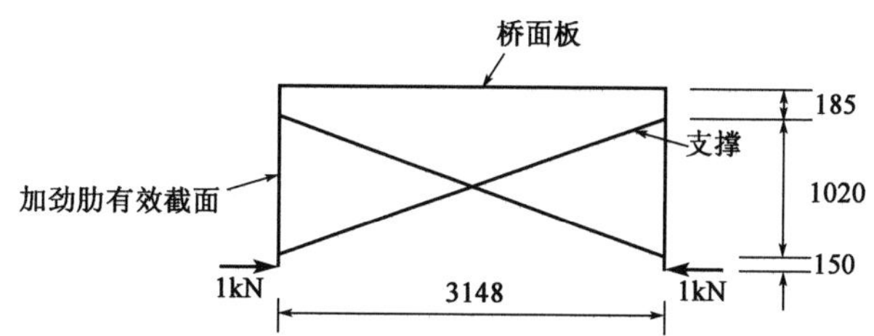

图 5-81 例 5-25 中的十字支撑(尺寸单位:mm)

1kN 荷载作用下,平面框架模型给出变形 1.25×10^{-5}m。

因此,支撑刚度为:

$$\frac{1000}{1.25\times10^{-2}}=80000\ (\mathrm{N/mm})$$

支撑要求的刚度视为刚性(定义长度 $L=3.8$m),其值为:

$$\frac{4\pi^2EI}{L^3}=\frac{4\pi^2\times210\times10^3\times2.133\times10^8}{3800^3}=32227\ (\mathrm{N/mm})<80000\ \mathrm{N/mm}$$

因此支撑具有足够刚度以致可被视为完全刚性的,L 可取支撑间的长度。因为支撑是完全刚性的,l_k 严格限制于 l。因此支撑间距以及 EN 1993-2 中式(6-11)被用来确定支撑中的力。

$$F_{\mathrm{Ed}}=\frac{N_{\mathrm{Ed}}}{100}=300\times\frac{\left(16000+\frac{18375}{3}\right)}{100}=66.4(\mathrm{kN})$$

力通过梁作用于支撑,如图 5-81 所示。

支撑中轴力为:

$$\frac{66.4}{\cos(\tan^{-1}1020/3148)}=69.8(\mathrm{kN})$$

5.4 受压组合构件

5.4.1 一般规定

拼装压缩构件传统上用于大型格构结构,装配式“实心”构件对于整体结构而言太重。拼装构件要求进行大量的拼装作业,所以,绝大多数经济选项中,一般不考虑拼装构件。从结构的角度上讲,非连续背板或板条构成一剪力柔性压杆。剪力柔性因二次弯矩的增加将造成弯曲抗力的折减。

格构式轴心受压柱一般采用双轴对称截面。缀材分缀条和缀板两种,缀条可以由斜角钢组成[图 5-82a)],也可以由斜角钢和横角钢共同组成[图 5-82b)],缀板一般由钢板组成[图 5-82c)]。当构件较长且受力不大时,截面可以采用四个肢件组成,有时也采用三个肢件。截面上穿过肢件腹板的轴称为实轴,穿过两肢之间缀材的轴称为虚轴,如图 5-82b)所示的两个主轴都是虚轴。由于调整分肢间距比较方便,因此容易实现对两个主轴的等稳定性。

当格构式构件绕实轴屈曲时,与实腹式构件完全相同。绕虚轴屈曲时情况有所不同,剪力要通过柔弱的缀材承担,剪切变形较大,导致构件产生较大的侧向附加变形,对稳定承载力有明显的降低作用,必须予以考虑。

关于组合受压构件的设计,EN 1993-2 直接引用 EN 1993-1-1 的规定:

(1)受到侧向支撑且带铰接端的均匀组合受压构件应按以下模型设计,如图 5-83 所示。

①可将构件看作一个带有弯曲缺陷 $e_0=L/500$。

②可通过柱体的连续(分布)抗剪刚度 S_V 考虑缀条或缀板的弹性变形,如图 5-83 所示。

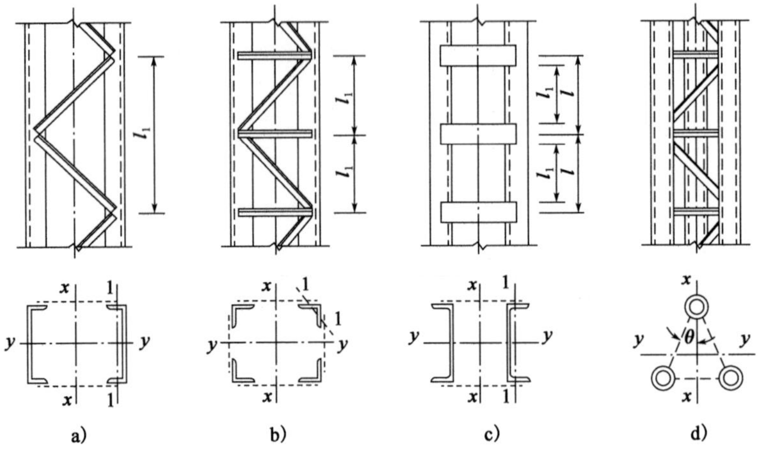

图 5-82　格构式轴心受压构件

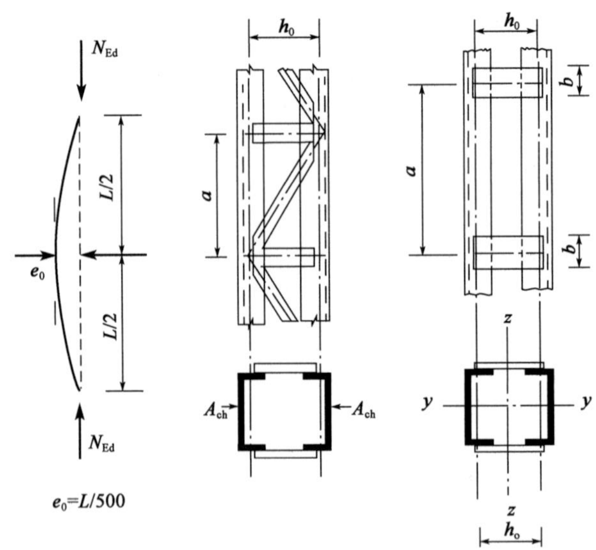

图 5-83　具有缀条和缀板的均匀组合柱

(2)在下述情况下,可采用均匀组合受压构件的模型:

①由平行弦杆的相等模块组成的缀条或缀板;

②构件内模块最少为 3 块。

(3)该设计方法适用于两个平面内均有缀条的组合构件,如图 5-84 所示。

(4)弦杆可为实心构件,或在垂直面上本身配有缀条或缀板。

(5)应使用压力 N_{Ed}产生的设计弦杆力 $N_{ch,Ed}$和组合构件跨中截面弯矩 M_{Ed}检验弦杆。

(6)对于有两个相同弦杆的构件,设计力 $N_{ch,Ed}$可根据下式计算:

$$N_{ch,Ed} = 0.5N_{Ed} + \frac{M_{Ed}h_0A_{ch}}{2I_{eff}} \tag{5-225}$$

式中:$M_{Ed} = \dfrac{N_{Ed}e_0 + M_{Ed}^{I}}{1 - \dfrac{N_{Ed}}{N_{cr}} - \dfrac{N_{Ed}}{S_v}}$;

N_{cr}——组合构件的有效临界力 $N_{cr} = \dfrac{\pi^2 EI_{eff}}{L^2}$;

N_{Ed}——拼装构件压力设计值;

M_{Ed}——考虑二阶效应的组合构件中间处最大弯矩设计值;

$M_{\mathrm{Ed}}^{\mathrm{I}}$——不考虑二阶效应的组合构件中间处最大弯矩设计值；

h_0——弦杆中心间距；

A_{ch}——一弦杆截面面积；

I_{eff}、S_{v}——拼装构件有效面积二次矩、剪切刚度。

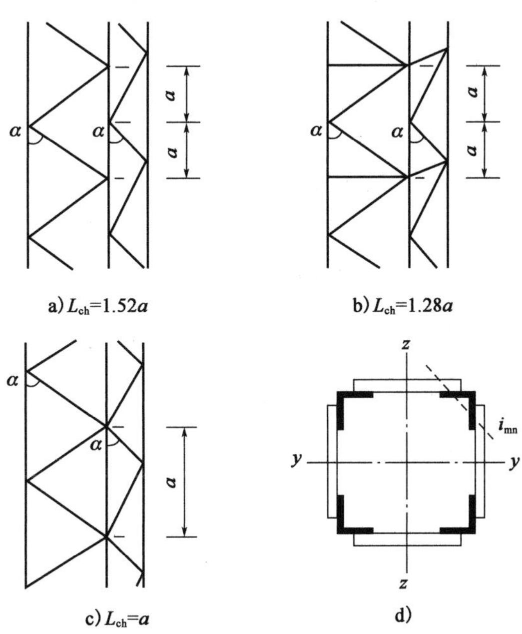

图5-84　四边的缀条和弦杆的屈曲长度 L_{ch}

(7)应在考虑组合构件的剪力的情况下,针对端部节间检验缀合式组合构件的缀板,或缀板式组合构件的缀板节间的框架弯矩和剪力:

$$V_{\mathrm{Ed}} = \pi \frac{M_{\mathrm{Ed}}}{L} \tag{5-226}$$

5.4.2　缀合式受压构件

弦杆与缀板必须进行局部屈曲验算,可忽略二次效应。弦杆与整个构件也应进行强度与稳定性验算。对于缀板节间弦杆的屈服,使用图5-83中的有效长度。

带缀板拼装压缩构件具有三角形格构与单个压缩构件连接,见表5-20。表中给出的剪切刚度值 S_{v} 由轴力作用下缀板轴向受压导出。整个构件的有效二次面积矩取 $I_{\mathrm{eff}} = 0.5h_0^2A_{\mathrm{ch}}$。假设每一弦杆的面积集中于其形心。

组合构件缀条的抗剪刚度　　表5-20

体系	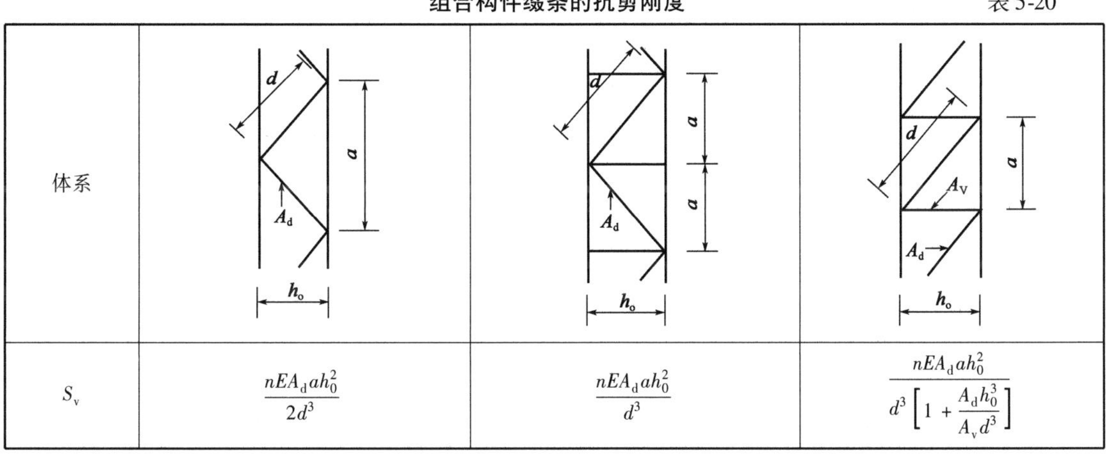		
S_{v}	$\dfrac{nEA_{\mathrm{d}}ah_0^2}{2d^3}$	$\dfrac{nEA_{\mathrm{d}}ah_0^2}{d^3}$	$\dfrac{nEA_{\mathrm{d}}ah_0^2}{d^3\left[1+\dfrac{A_{\mathrm{d}}h_0^3}{A_{\mathrm{v}}d^3}\right]}$

注:n-缀合平面的数量;A_{d}、A_{v}-缀板横截面的面积。

5.4.3 缀板式受压构件

缀板式拼装受压构件具有水平支撑与单个受压弦杆连接,如图 5-85 所示。因为桁架抵抗支撑与弦杆的弯曲产生的剪力,剪切刚度取决于板条与弦杆的面积二次矩。

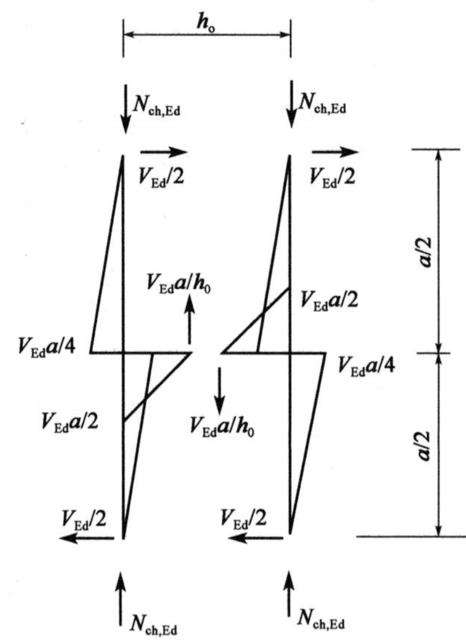

图 5-85 缀板式组合构件的端部节间内的弯矩和剪力

剪切刚度为:

$$S_v = \frac{24EI_{ch}}{a^2\left(1 + \dfrac{2I_{ch}h_0}{nI_b a}\right)} \leqslant \frac{2\pi^2 EI_{ch}}{a^2} \tag{5-227}$$

拼装柱有效面积二次矩为:

$$I_{eff} = 0.5h_0^2A_{ch} + 2\mu I_{ch} \tag{5-228}$$

式中:I_{ch}——根弦杆的面内截面惯性矩;

I_b——一个缀板的面内截面惯性矩;

n——缀合平面的数量;

μ——效率系数,由表 5-21 中查得。

效率系数 μ 表 5-21

标准	效率系数
$\lambda \geqslant 150$	0
$75 < \lambda < 150$	$\mu = 2 - \dfrac{\lambda}{75}$
$\lambda \leqslant 75$	1.0

注:$\lambda = \dfrac{L}{i_0}$;$i_0 = \sqrt{\dfrac{I_1}{2A_{ch}}}$;$I_1 = 0.5h_0^2A_{ch} + 2I_{ch}$。

5.4.4 间隔紧密的组合构件

EN 1993-2 规定:

(1)对于带有相互接触或间隔紧密并通过垫板连接弦杆的组合受压构件(图 5-86),或通过两个垂直平面内的成对缀板连接的星形板条角钢构件,如果满足表 5-22 中的条件,应将其当作单独的完整构件来检验其屈曲,不考虑抗剪刚度效应($S_v = \infty$)。

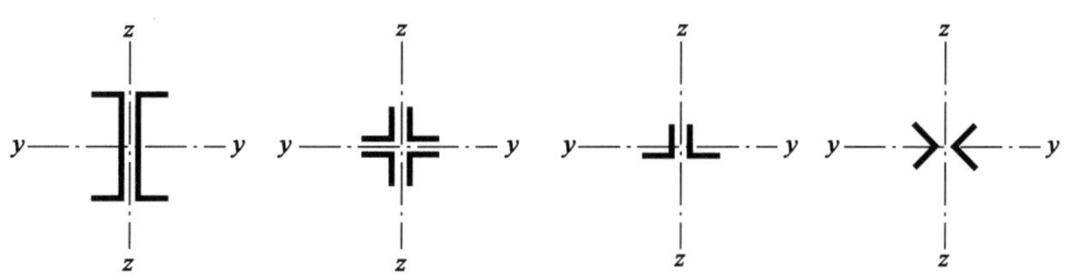

图 5-86 间隔紧密的组合构件

间隔紧密的组合或星形板条角钢构件内相互连接的最大间距 表 5-22

组合构件类型	相互连接之间的最大间距*
按照图 5-86 用螺栓或焊缝连接的构件	$15i_{min}$
按照图 5-87 用成对缀板连接的构件	$70i_{min}$

注：* 为相互连接的中心距；i_{min} 为一个弦杆或角钢的最小回转半径。

(2)可通过以下公式检验不等肢角钢绕 y-y 轴的屈曲(图 5-87)：

$$i_y = \frac{i_0}{1.15} \tag{5-229}$$

式中：i_0——组合构件的最小回转半径。

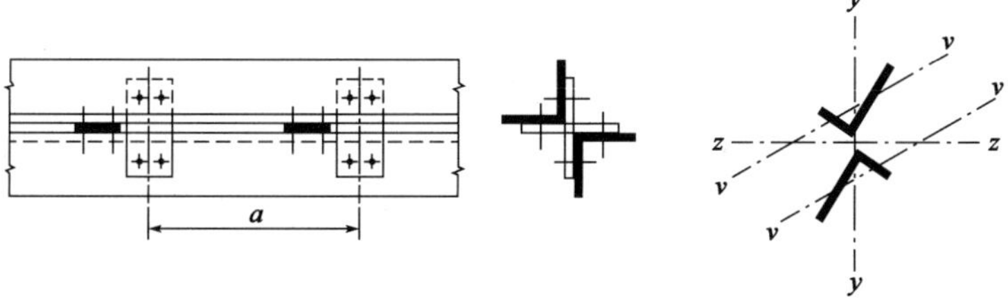

图 5-87 星形板条角钢构件

《钢结构设计标准》(GB 50017—2017)中关于组合构件的设计计算有如下规定。

对格构式轴心受压构件而言，规定如下：

(1)格构式轴心受压构件的整体稳定。

①双肢组合的格构式构件。

当为缀板时：

$$\lambda_{0x} = \sqrt{\lambda_x^2 + \lambda_1^2} \tag{5-230}$$

当为缀条时：

$$\lambda_{0x} = \sqrt{\lambda_x^2 + 27\frac{A}{A_{1x}}} \tag{5-231}$$

式中：λ_{0x}——构件绕虚轴 x 轴的换算长细比；

λ_x——构件绕虚轴 x 轴的长细比；

λ_1——分肢对最小轴的长细比，$\lambda_1 = l_1/i_1$，l_1 为单肢最小轴的计算长度。缀板焊接连接时取相邻缀板的净距。螺栓连接时取相邻缀板边缘螺栓的距离，i_1 为单肢回转半径；

A——整个构件的横截面毛面积；

A_{1x}——构件截面中垂直于 x 轴各斜缀条的毛截面面积之和。

②四肢组合的格构式构件。

当为缀板时：

$$\begin{cases} \lambda_{0x} = \sqrt{\lambda_x^2 + \lambda_1^2} \\ \lambda_{0y} = \sqrt{\lambda_y^2 + \lambda_1^2} \end{cases} \tag{5-232}$$

当为缀条时：

$$\begin{cases}\lambda_{0x} = \sqrt{\lambda_x^2 + 40\dfrac{A}{A_{1x}}} \\ \lambda_{0y} = \sqrt{\lambda_y^2 + 40\dfrac{A}{A_{1y}}}\end{cases} \tag{5-233}$$

式中：λ_y——整个构件绕虚轴 y 轴的长细比；

A_{1y}——构件截面中垂直于 y 轴各斜缀条的毛截面面积之和，其余符号含义同前。

③三肢组合的缀条格构式构件。

$$\lambda_{0x} = \sqrt{\lambda_x^2 + \frac{42A}{A_1(1.5 - \cos^2\theta)}}$$
$$\lambda_{0y} = \sqrt{\lambda_y^2 + \frac{42A}{A_1\cos^2\theta}} \tag{5-234}$$

式中：A_1——构件截面中各斜缀条毛截面面积之和；

θ——构件截面内缀条所在平面与 x 轴的夹角，见图 5-82d）。

（2）格构式轴心受压构件分肢的稳定。

组成格构式轴压构件的分肢也承受轴心压力，如果过于细长时，会导致分肢先于整体构件发生失稳。为防止发生这一现象，GB 50017—2017 对分肢的长细比做了如下规定：缀材为缀条时，分肢的长细比 λ_1，不应大于构件两方向长细比（对虚轴取换算长细比）较大值 λ_{max} 的 0.7 倍；缀材为缀板时，λ_1 不应大于 40 ε_k，且不超过 λ_{max} 的 0.5 倍（当 $\lambda_{max} < 50$ 时取 $\lambda_{max} = 50$）。当分肢长细比不满足要求时，可以在斜缀条之间加设横向缀条，以减小分肢对 1-1 轴计算长度。

（3）格构式轴心受压构件的缀材设计。

缀材的主要作用有两个：一是联系组成格构式构件的各分肢，使其共同工作；二是承担构件因弯曲变形而产生的横向剪力。GB 50017—2017 以压杆弯曲至中央截面边缘屈服为条件，推导出横向剪力 V 的大小，并假定沿整个构件全长不变。

$$V = \frac{Af}{85\varepsilon_k} \tag{5-235}$$

式中：A——构件的毛截面面积；

f——钢材的强度设计值。

①缀条的计算。缀条可以看作以分肢为弦杆的平行弦桁架的腹杆，如图 5-88 所示，内力计算方法与桁架腹杆相同。在横向剪力的作用下，一个斜缀条所受的轴心力为：

$$N_1 = \frac{V_1}{n\cos\alpha} \tag{5-236}$$

式中：V_1——分配到一个缀面的剪力，当有两个缀面时，$V_1 = V/2$；

n——承担 V_1 的缀条数目，单斜缀条时 $n = 1$，交叉斜缀条时 $n = 2$；

α——斜缀条的倾角（图 5-88），一般采用 30°～60°。

缀条可能受压，也可能受拉，但一律按轴心受压计算。由于缀条与分肢单面连接，存在构造偏心，稳定计算按式（5-132）进行。缀条与分肢可以采用螺栓连接，也可采用角焊缝连接，连接所承担的荷载即为缀条内力 N_1。

②缀板计算。缀板与分肢可以看作多层框架（肢件为立柱，缀板为横梁），假定反弯点位于各层各跨中点，可得缀板的内力为：

$$\begin{cases}T = \dfrac{V_1 l_1}{a} \\ M = T\cdot\dfrac{a}{2} = \dfrac{V_1 l_1}{2}\end{cases} \tag{5-237}$$

式中：l_1——相邻缀板中心线的距离；

a——肢件轴线间的距离，如图 5-89 所示；

其余符号意义同前。

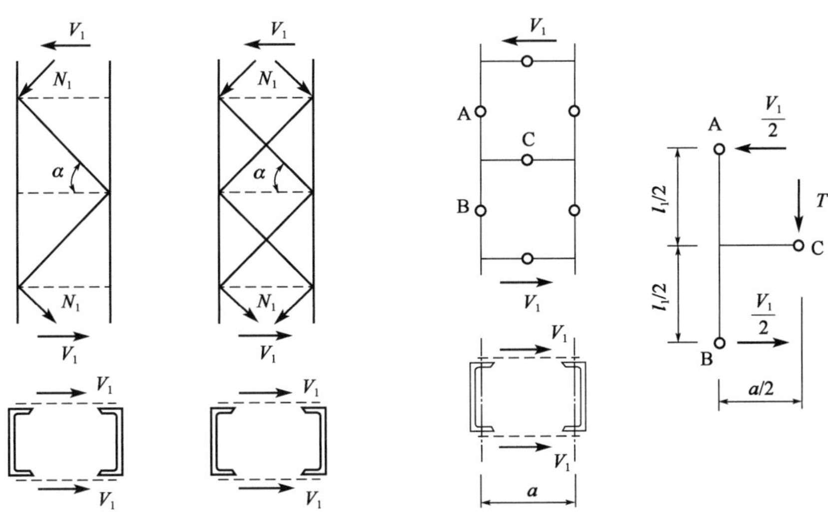

图 5-88 缀条内力

图 5-89 缀板内力

为了满足一定的刚度，缀板除了应满足式(5-237)要求外，同一截面处缀板的线刚度之和不得小于较大分肢线刚度的 6 倍。一般取缀板的宽度 $d \geqslant 2a/3$，厚度 $t \geqslant a/40$ 且不小于 6mm。缀板一般采用角焊缝与分肢连接，焊缝承担剪力和弯矩的共同作用。

(4)格构式单向压弯构件的整体稳定。

格构式压弯构件广泛用于厂房的框架柱和高大的独立柱。由于在弯矩作用平面内的截面高度较大，且通常又有较大的外部剪力作用，构件肢件间经常用缀条连接，缀板连接相对较少。根据具体使用条件，截面可设计成双轴对称或单轴对称形式。缀条也多采用单角钢，其要求同格构式轴心受压构件。由于格构式压弯构件有实轴(y 轴)和虚轴(x 轴)之分，在刚度和稳定计算方面都与实腹式压弯构件不同。

①弯矩绕实轴(y 轴)作用时整体稳定。

a. 弯矩作用平面内的稳定计算。

弯矩绕实轴作用时，如图 5-90a)所示，构件在弯矩作用平面内的受力性能和实腹式单向压弯构件完全相同，即仍按式(5-192)进行平面内的整体稳定验算。

b. 弯矩作用平面外的稳定计算。

弯矩绕实轴作用时，平面外的稳定性和实腹式箱形截面一样，即按式(5-210)计算，但式中 φ_x 按构件绕虚轴换算长细比 λ_{0x}确定，φ_b 取 1.0。

②弯矩绕虚轴(x 轴)作用时的整体稳定。

a. 弯矩作用平面内的稳定计算。

当弯矩绕虚轴作用时，如图 5-90b)、c)、d)所示，构件将绕虚轴产生弯曲失稳。设计时宜采用以截面边缘纤维屈服为准则的方法，稳定计算公式：

$$\frac{N}{\varphi_x A} + \frac{\beta_{mx} M_x}{W_{1x}(1 - \varphi_x N/N'_{Ex})} \leqslant f \tag{5-238}$$

式中：φ_x——按构件绕虚轴换算长细比 λ_{0x}确定的轴心压杆的稳定系数；

$N'_{Ex} = \pi^2 EA/(1.1\lambda_{0x}^2)$；

$W_{1x} = I_x/y_0$，I_x为 x 轴的毛截面惯性矩，y_0为由 x 轴到分肢的距离。

b. 弯矩作用平面外的稳定计算。

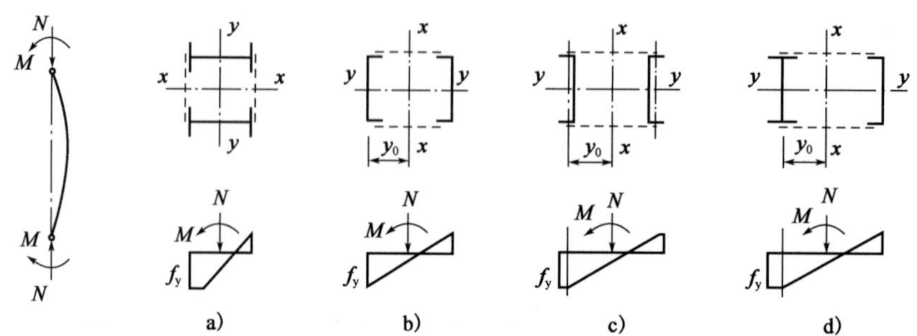

图 5-90　格构式压弯构件的截面

只需计算组成压弯构件的分肢在弯矩作用平面外的分肢的稳定,不必计算整个构件在平面外的稳定性。因格构式构件的缀材比较柔细,当一个分肢趋向平面外弯曲时,受另一分肢的约束较小,从而呈现分肢屈曲的特点,不同于实腹式构件的整体平面外屈曲。

c. 分肢的稳定计算。

可把整个构件看作一个平行弦桁架。对分肢像对桁架的弦杆一样验算其整体稳定性。分肢的轴线压力按如图 5-91 所示计算简图确定。

分肢 1:

$$N_1 = \frac{M_x}{a} + N\frac{y_2}{a} \tag{5-239}$$

分肢 2:

$$N_2 = N - N_1 \tag{5-240}$$

缀条式压弯构件的分肢按轴心受压构件计算,分肢的计算长度在缀材平面内取缀条体系的节间长度,平面外取侧向支承点间距。当缀材为缀板时,分肢应考虑由剪力引起的局部弯矩。

d. 缀材的计算。

计算格构式压弯构件的缀材时,应取构件实际剪力和计算所得剪力中的较大值,缀材的计算方法、构造要求与格构式轴心受压构件相同。

③格构式双向压弯构件的整体稳定。

格构式构件同时承受轴心压力 N、绕虚轴弯矩 M_x 和实轴弯矩 M_y 共同作用时(图 5-92),也应计算构件的整体稳定和分肢稳定。

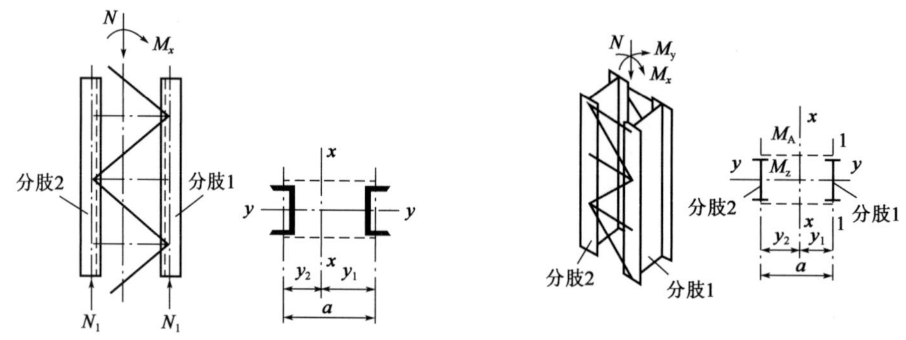

图 5-91　分肢计算简图

图 5-92　双向受弯格构柱

a. 整体稳定计算。

仿照实腹式双向压弯构件的整体稳定计算方法,近似采用三项相关公式,并依据边缘纤维屈服准则,GB 50017—2017 提供了下述计算公式:

$$\frac{N}{\varphi_x A} + \frac{\beta_{mx} M_x}{W_{1x}(1 - \varphi_x N/N'_{Ex})} + \frac{\beta_{tx} M_y}{W_{1y}} \leqslant f \tag{5-241}$$

式中:φ_x、N'_{Ex}——由换算长细比确定;

W_{1y}——在 M_y 作用下对较大受压纤维的毛截面模量。

b. 分肢稳定计算。

分肢按实腹式压弯构件计算,将分肢作为桁架弦杆,计算其在轴力和弯矩共同作用下产生的内力(图5-92)。

分肢1:

$$M_{y1} = \frac{I_1/y_1}{I_1/y_1 + I_2/y_2}M_y \tag{5-242}$$

分肢2:

$$M_{y2} = \frac{I_2/y_2}{I_1/y_1 + I_2/y_2}M_y \tag{5-243}$$

式中:I_1、I_2——分肢1和分肢2的惯性矩;

y_1、y_2——M_y 作用的主平面至分肢1和分肢2轴线的距离。

上式适用于当 M_y 作用在构件的主平面时的情形,当 M_y 不是作用在构件的主平面而是作用在一个分肢的轴线平面(图5-92中的1-1轴线),则 M_y 视为全部由该分肢承担。

欧洲标准EN 1993-2将组合受压构件分为缀合式受压构件与缀板式受压构件。缀合式构件须验算弦杆与缀板的局部屈曲,同时也应验算弦杆与整体构件的强度与稳定。对于缀板式组合构件应用实际轴力和弯矩验算弦杆、缀板及节点的强度。

GB 50017—2017对组合受压构件按受力形式分为轴心受压与压弯两种。对于轴心受压组合构件,绕虚轴屈曲验算时,应考虑剪切变形较大的影响,通常用换算长细比进行计算。对于分肢的稳定主要是控制缀件的长细比:当为缀条时,分肢长细比不应大于构件两方向长细比较大值的0.7倍;当为缀板时,长细比不应大于40 ε_k,且不超过构件两方向较大长细比的0.5。

对于压弯组合构件,应注意验算绕虚轴的弯曲失稳,此时推荐采用截面边缘纤维屈服准则的方法。分肢的稳定性:可将分肢视为桁架弦杆进行稳定性验算。

应该说明,中欧标准在这一节没有本质的差异,其不同主要体现在单体构件稳定与强度验算的差异。

5.5 平板屈服

对于轴心受压构件和压弯构件,不但会发生整体屈曲,组成构件的受压板件也会像梁受压翼缘一样发生局部失稳。局部失稳会降低构件的刚度,同时降低其承载能力,因此局部屈曲不宜先于构件的整体屈曲。

5.5.1 无平面外荷载的板

有关板的验算,EN 1993-2参考EN 1993-1-5。加强格梁与柔性4类截面在平面应力作用下的平板局部屈服可按下述两种方式之一进行考虑:

(1)对用于应力分析的弯曲和轴力作用下验算截面特性,进行折减。

(2)使用总截面计算的应力,逐板独立进行屈服验算。这种方法直接将剪应力与正应力之间的相互作用叠加(没有考虑几何非线性和材料非线性的影响)。

5.5.2 存在平面外荷载的板

存在平面外荷载的情形,比如出现在承受交通荷载的纵向加强桥面板,EN 1993-2中没有完整讨论这种情形。翼缘曲线立面方向存在类似的问题,也产生平面外弯矩。

5.5.2.1 使用有效截面设计

对于纵向加强板,须进行加强肋抵抗屈服稳定性验算和剪应力与横向弯矩相互作用验算。

1)纵向加强肋稳定性

为确定加强肋中平面外纵向弯矩,可将桥面板模拟成梁格单元,如图 5-93 所示。

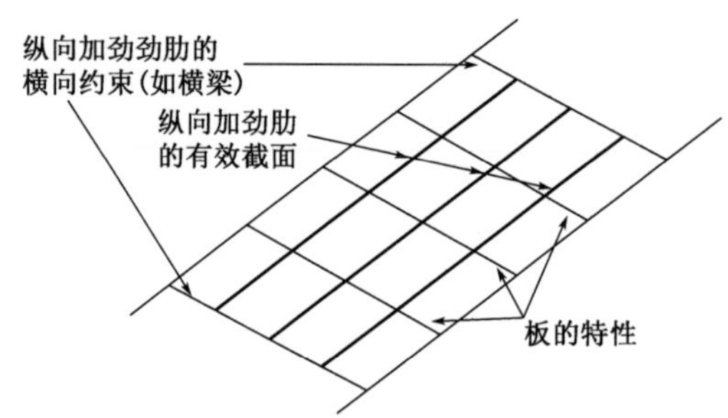

图 5-93 纵向加强板的梁格模型

加强桥面板纵向应力的确定应考虑桥梁压弯状态下的有效截面,该部分内容在本书 5.2.2 节中已经讲述。

(1)梁-柱相互作用分析。

有效面积为:

$$A_{c,eff,loc} = A_{sl,eff} + \rho_{loc} b_{c,loc} t \tag{5-244}$$

式中:$A_{sl,eff}$——考虑受压区加强肋有效截面面积,必要时需进行板状屈服折减;

$\rho_{loc} b_{c,loc} t$——受压区附加相邻子板有效截面面积,须进行局部板状屈服折减,如图 5-94a)所示。对于封闭加强肋,$\rho_{loc} b_{c,loc} t$ 应包含两加强肋连接点间桥面板有效宽度。

有必要确定图 5-94a)中有效截面的弯曲与轴力。假设横向荷载产生的纵向局部弯矩作用于有效截面。有效截面中纵向力 N_{Ed} 可由包含整个翼缘屈服在内的有效加强肋截面中的翼缘力导出,如图 5-94b)所示。

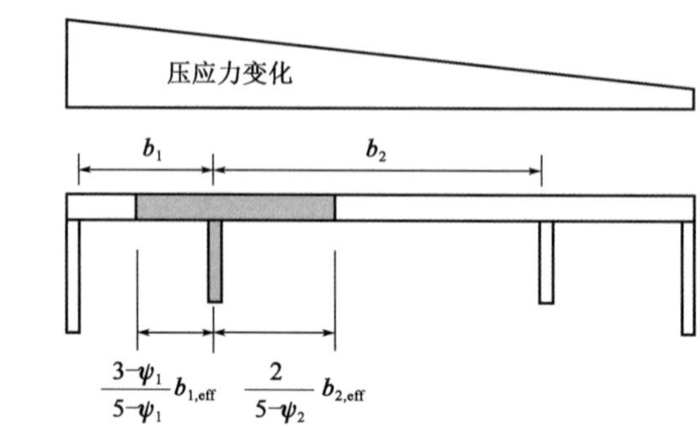

a)梁-柱屈服验算的有效截面(忽略翼缘整体屈服)

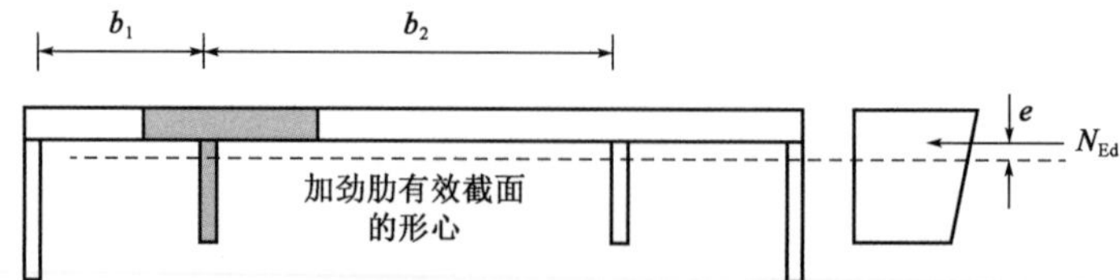

b)由整体有效截面确定加强板力和弯矩(包括整体翼缘屈服)

图 5-94 梁-柱屈服验算的有效截面与作用源

压杆屈服折减系数应使用附加缺陷参数计算:

$$\alpha_e = \alpha + \frac{0.09}{i/e}$$

(2)避免使用 EN 1993-2 中相互作用的简单方法。

作为更简单的方法，首先计算无局部横向荷载时的 η_1，但加强肋有效截面中需加上局部纵向弯曲应力附加项。加强板中最大纵向局部屈服应力 $\sigma_{\text{bend,long}}$ 可用格构模型计算。这种局部弯曲将因翼缘压缩而放大。在没有垂直纵向加强肋的平面正应力的情形，保守性的放大系数为 $\sigma_{\text{cr,c}}/(\sigma_{\text{cr,c}}-\sigma_{\text{Ed}})$

保守性准则为：

$$\eta_{1,\text{mod}}=\frac{N_{\text{Ed}}}{A_{\text{eff}}f_y/\gamma_{\text{M0}}}+\frac{M_{y,\text{Ed}}+N_{\text{Ed}}e_{\text{Ny}}}{W_{\text{eff},y}f_y/\gamma_{\text{M0}}}+\frac{M_{z,\text{Ed}}+N_{\text{Ed}}e_{\text{Nz}}}{W_{\text{eff},z}f_y/\gamma_{\text{M0}}}+\frac{\sigma_{\text{bend,long}}}{f_y/\gamma_{\text{M0}}}\frac{\sigma_{\text{cr,c}}}{\sigma_{\text{cr,c}}-\sigma_{\text{Ed}}}\leqslant 1.0 \tag{5-245}$$

式中：$\sigma_{\text{cr,c}}$——柱状屈服极限屈服应力，按 EN 1993-1-5 中的第 4 条要求确定；

σ_{Ed}——加强肋验算点处（使用有效截面特性确定 η_1）强化桥面板中心整体效应产生的压缩应力，取最大纤维应力可能偏于保守；

$\sigma_{\text{bend,long}}$——加强板中最大纵向局部弯曲应力，用加强肋有效截面纤维计算，该有效截面使式(5-245)左侧取得最大值。该种方法相较于对截面的每一外层纤维按照公式(5-245)计算而言是可选的一种保守的方法。

2）与加强板中平面剪力的相互作用

翼缘中平面剪应力与正应力间相互作用必须进行验算。然而，当翼缘上存在局部横向荷载时加强板中局部纵向弯曲应力附加项必须加到 $\bar{\eta}_1$ 中，即：

$$\bar{\eta}_1=\eta_{1,\text{mod}}=\frac{N_{\text{Ed}}}{A_{\text{eff}}f_y/\gamma_{\text{M0}}}+\frac{M_{y,\text{Ed}}+N_{\text{Ed}}e_{\text{Ny}}}{W_{\text{eff},y}f_y/\gamma_{\text{M0}}}+\frac{M_{z,\text{Ed}}+N_{\text{Ed}}e_{\text{Nz}}}{W_{\text{eff},z}f_y/\gamma_{\text{M0}}}+\frac{\sigma_{\text{bend,long}}}{f_y/\gamma_{\text{M0}}}\frac{\sigma_{\text{cr,c}}}{\sigma_{\text{cr,c}}-\sigma_{\text{Ed}}}$$

剪应力的相互作用为：

$$\eta_{1,\text{mod}}+(2\bar{\eta}_3-1)^2\leqslant 1.0 \tag{5-246}$$

对于子板屈服验算 $\sigma_{\text{bend,long}}$ 可能取翼缘板中面值。对于整体屈服，应使用加强桥面板中最大值。

3）桥面板

存在垂直于加强肋的正应力 $\sigma_{z,\text{Ed}}$ 时，要求对母板屈服进行进一步的验算。存在翼缘板纵向局部弯曲应力时，也存在由腹板与加强肋之间翼缘横向跨产生的横向弯曲应力 $\sigma_{\text{bend,trans}}$，以及平面剪应力。对这种组合作用没有给出相互作用效应，因此可按 Von Mises 准则进行验算：

$$\left(\frac{\sigma_{x,\text{Ed}}}{f_y/\gamma_{\text{M0}}}\right)^2+\left(\frac{\sigma_{z,\text{Ed}}}{f_y/\gamma_{\text{M0}}}\right)^2-\left(\frac{\sigma_{x,\text{Ed}}}{f_y/\gamma_{\text{M0}}}\right)\left(\frac{\sigma_{z,\text{Ed}}}{f_y/\gamma_{\text{M0}}}\right)+3\left(\frac{\tau_{\text{Ed}}}{f_y/\gamma_{\text{M0}}}\right)^2\leqslant 1.0 \tag{5-247}$$

式中：$\sigma_{x,\text{Ed}}$——翼缘板中面纵向正应力，基于有效截面计算，考虑基于桥面板中面计算的平板屈服与剪力延滞而包括局部弯曲应力 $\sigma_{\text{bend,long}}$；

$\sigma_{z,\text{Ed}}$——翼缘板外层纤维横向正应力，包括 $\sigma_{\text{bend,long}}$（使用翼缘中外层纤维应力，否则使用翼缘横向弯曲应力是无效的）；

τ_{Ed}——翼缘中的平面剪应力，基于弹性剪力分布。

5.5.2.2　使用折减应力法设计

如果使用极限应力折减法，相互作用修改为下述整体强化屈服：

$$\left[\frac{\sigma_{x,\text{Ed}}}{\rho_x f_y/\gamma_{\text{M1}}}+\frac{\sigma_{\text{bend,long}}}{f_y/\gamma_{\text{M1}}}\left(\frac{1}{1-1/\alpha_{\text{cr}}}\right)\right]^2+\left[\frac{\sigma_{z,\text{Ed}}}{\rho_z f_y/\gamma_{\text{M1}}}+\frac{\sigma_{\text{bend,trans}}}{f_y/\gamma_{\text{M1}}}\left(\frac{1}{1-1/\alpha_{\text{cr}}}\right)\right]^2-$$
$$\left[\frac{\sigma_{x,\text{Ed}}}{\rho_x f_y/\gamma_{\text{M1}}}+\frac{\sigma_{\text{bend,long}}}{f_y/\gamma_{\text{M1}}}\left(\frac{1}{1-1/\alpha_{\text{cr}}}\right)\right]\left[\frac{\sigma_{z,\text{Ed}}}{\rho_z f_y/\gamma_{\text{M1}}}+\frac{\sigma_{\text{bend,trans}}}{f_y/\gamma_{\text{M1}}}\left(\frac{1}{1-1/\alpha_{\text{cr}}}\right)\right]+ \tag{5-248}$$
$$3\left(\frac{\tau_{\text{Ed}}}{x_w f_y/\gamma_{\text{M1}}}\right)^2\leqslant 1.0$$

式中：α_{cr}——所有应力共同作用下弹性极限屈服设计荷载中的最小荷载系数，但不包括平面外荷载应力；

$\sigma_{x,Ed}$——桥面板方向整体分析应力；

$\sigma_{z,Ed}$——垂直桥面板方向整体分析应力；

τ_{Ed}——翼缘中的平面剪应力，取腹板-翼缘连接处最大剪应力的50%加扭转剪应力100%，存在其他效应剪应力时，比如弯曲或水平荷载，其也应包括在内；

$\sigma_{bend,trans}$、$\sigma_{bend,long}$——翼缘板中横向峰值弯曲应力与加强桥面板中纵向峰值弯曲应力；

ρ_x、ρ_z——关于 x 和 z 轴弯曲应力折减系数，取值方法见 EN 1993-1-5 中的式(4.13)。

对于子板屈服，可使用 EN 1993-1-5 中的第10条方法，修订如下：

$$\left(\frac{\sigma_{x,Ed}}{\rho_x f_y/\gamma_{M1}}\right)^2+\left[\frac{\sigma_{z,Ed}}{\rho_z f_y/\gamma_{M1}}+\frac{\sigma_{bend,trans}}{f_y/\gamma_{M1}}\left(\frac{1}{1-1/\alpha_{cr}}\right)\right]^2-\left(\frac{\sigma_{x,Ed}}{\rho_x f_y/\gamma_{M1}}\right)\left[\frac{\sigma_{z,Ed}}{\rho_z f_y/\gamma_{M1}}+\frac{\sigma_{bend,trans}}{f_y/\gamma_{M1}}\left(\frac{1}{1-1/\alpha_{cr}}\right)\right]+3\left(\frac{\tau_{Ed}}{x_v f_y/\gamma_{M1}}\right)^2\leqslant 1.0 \tag{5-249}$$

上述定义不包括下述情形：

(1) $\sigma_{x,Ed}$应包括翼缘板中面的 $\sigma_{bend,long}$计算(因为在翼缘板中其提供有效轴力)。

(2) τ_{Ed}在翼缘子板范围内平均平面剪应力，由弹性剪力分布计算。

(3) α_{cr}应计算 $\sigma_{x,Ed}$，$\sigma_{z,Ed}$与 τ_{Ed}的折减系数。

《钢结构设计标准》(GB 50017—2017)关于构件的局部稳定性验算，仍然是根据构件的受力特点分别加以规定受弯构件、轴心受压构件和压弯构件的局部稳定。

1)受弯构件的局部稳定

(1)受弯翼缘的局部稳定。

梁的受压翼缘板主要受均布压应力作用，为了充分发挥材料的强度，翼缘的合理设计是采用一定厚度的钢板，让其临界应力 σ_{cr}不低于钢材的屈服点 f_y，从而使翼缘不失稳定。一般采用限制宽厚比的办法来保证梁受压翼缘板的稳定性。单向均匀压板的临界应力可用下式表达：

$$\sigma_{cr}=\beta\chi\frac{\pi^2 E}{12(1-\nu^2)}\left(\frac{t}{b}\right)^2 \tag{5-250}$$

式中：t——板的厚度；

b——板的宽度；

ν——泊松比；

χ——弹性约束系数；

β——屈服系数，受压翼缘板的悬伸部分，为三边简支板，$\beta=0.425$；箱形梁翼缘板两腹板之间部分，相当于四边简支单向均匀受压板，$\beta=4.4$。

为便于设计，实际操作时，将各种已知弹性参数代入上式，简化为下述验算条件：

①悬臂翼缘板。

当考虑塑性影响时，则：

$$\frac{b}{t}\leqslant 13\sqrt{\frac{235}{f_y}} \tag{5-251}$$

当按弹性计算时，则：

$$\frac{b}{t}\leqslant 15\sqrt{\frac{235}{f_y}} \tag{5-252}$$

②箱梁翼缘板。

$$\frac{b_0}{t} \leqslant 40\sqrt{\frac{235}{f_y}} \tag{5-253}$$

(2)梁腹板局部稳定计算。

梁的加劲肋和翼缘使腹板成为若干四边支撑的矩形区格板。这些区格板一般受弯曲正应力、剪应力和局部压应力。在这些应力的单独或联合作用下均有可能使腹板发生失稳。

横向加劲肋主要防止由剪应力和局部压应力可能引起的腹板失稳,纵向加劲肋主要防止由弯曲压应力可能引起的腹板失稳,短加劲肋主要防止由局部压应力可能引起的腹板失稳。计算时先布置加劲肋,再计算各区格板的平均作用应力和相应的临界应力,使其满足稳定条件。若不满足,再调整加劲肋间距,重新计算。

①仅用横向加劲肋加强的腹板。腹板在每两个横向肋之间的区格,同时受弯曲正应力 σ、剪应力 τ、一个边缘压应力 σ_c 共同作用,稳定条件可采用下式进行计算:

$$\left(\frac{\sigma}{\sigma_{cr}}\right)^2 + \frac{\sigma_c}{\sigma_{c,cr}} + \left(\frac{\tau}{\tau_{cr}}\right)^2 \leqslant 1 \tag{5-254}$$

式中: σ——所计算腹板区格内,由平均弯矩产生的腹板计算高度边缘的弯曲压应力;

τ——所计算腹板区格内,由平均剪力产生的腹板平均剪应力,$\tau = V/(h_w t_w)$;

σ_c——腹板边缘的局部压应力。

σ_{cr}、$\sigma_{c,cr}$、τ_{cr}——σ、σ_{cr}和 τ 单独作用下板的临界应力,按下列方法计算:

a. σ_{cr}。

当 $\lambda_{n,b} \leqslant 0.85$ 时:

$$\sigma_{cr} = f \tag{5-255}$$

当 $0.85 < \lambda_{n,b} \leqslant 1.25$ 时:

$$\sigma_{cr} = [1 - 0.75(\lambda_{n,b} - 0.85)]f \tag{5-256}$$

当 $\lambda_{n,b} > 1.25$ 时:

$$\sigma_{cr} = 1.1f/\lambda_{n,b}^2 \tag{5-257}$$

当梁受压翼缘扭转受到约束时:

$$\lambda_{n,b} = \frac{2h_c/t_w}{177} \times \frac{1}{\varepsilon_k} \tag{5-258}$$

当梁受压翼缘扭转未受到约束时:

$$\lambda_{n,b} = \frac{2h_c/t_w}{138} \times \frac{1}{\varepsilon_k} \tag{5-259}$$

b. τ_{cr}。

当 $\lambda_{n,s} \leqslant 0.8$ 时:

$$\tau_{cr} = f \tag{5-260}$$

当 $0.8 < \lambda_{n,s} \leqslant 1.2$ 时:

$$\tau_{cr} = [1 - 0.59(\lambda_{n,s} - 0.8)]f_v \tag{5-261}$$

当 $\lambda_{n,s} > 1.2$ 时:

$$\tau_{cr} = 1.1f_v/\lambda_{n,s}^2 \tag{5-262}$$

当 $\frac{a}{h_0} \leqslant 1$ 时:

$$\lambda_{n,s} = \frac{h_0/t_w}{37\eta\sqrt{4 + 5.34\left(\frac{h_0}{a}\right)^2}} \times \frac{1}{\varepsilon_k} \tag{5-263}$$

当 $\frac{a}{h_0} > 1$ 时：

$$\lambda_{n,s} = \frac{h_0/t_w}{37\eta\sqrt{5.34 + 4\left(\frac{h_0}{a}\right)^2}} \times \frac{1}{\varepsilon_k} \tag{5-264}$$

c. $\sigma_{c,cr}$。

当 $\lambda_{n,c} \leqslant 0.9$ 时：

$$\sigma_{c,cr} = f \tag{5-265}$$

当 $0.9 < \lambda_{n,c} < 1.2$ 时：

$$\sigma_{c,cr} = [1 - 0.79(\lambda_{n,c} - 0.9)]f \tag{5-266}$$

当 $\lambda_{n,c} > 1.2$ 时：

$$\sigma_{c,cr} = 1.1f/\lambda_{n,c}^2 \tag{5-267}$$

当 $0.5 \leqslant \frac{a}{h_0} \leqslant 1.5$ 时：

$$\lambda_{n,c} = \frac{h_0/t_w}{28\sqrt{10.9 + 13.4\left(1.83 - \frac{a}{h_0}\right)^3}} \times \frac{1}{\varepsilon_k} \tag{5-268}$$

当 $1.5 < \frac{a}{h_0} \leqslant 2.0$ 时：

$$\lambda_{n,c} = \frac{h_0/t_w}{28\sqrt{18.9 - 5\frac{a}{h_0}}} \times \frac{1}{\varepsilon_k} \tag{5-269}$$

上述式中：$\lambda_{n,b}$——梁腹板受弯计算的正则化宽厚比；

h_c——梁腹板弯曲受压区高度，对双轴对称截面 $2h_c = h_0$；

$\lambda_{n,s}$——梁腹板受剪计算的正则化宽厚比；

η——简支梁取 1.11，框架梁端最大应力区取 1；

$\lambda_{n,c}$——梁腹板受局部压力计算时的正则化宽厚比。

②同时用横向加劲肋和纵向加劲肋加强的腹板。这种情况，纵向加劲肋将腹板分隔成区格Ⅰ和Ⅱ，应分别计算这两个区格的局部稳定性。

a. 受压翼缘与纵向加劲肋之间的区格。此区格按下式计算其局部稳定性：

$$\frac{\sigma}{\sigma_{cr1}} + \left(\frac{\sigma_c}{\sigma_{c,cr1}}\right)^2 + \left(\frac{\tau}{\tau_{cr1}}\right) \leqslant 1 \tag{5-270}$$

式中，σ_{cr1}、τ_{cr1}、$\sigma_{c,cr1}$ 分别按下列方法计算。

σ_{cr1} 按下式计算，但式中的 λ_b 改用 λ_{b1}：

当梁受压翼缘扭转受到完全约束时

$$\lambda_{n,b1} = \frac{h_1/t_w}{75\varepsilon_k} \tag{5-271}$$

当梁受压翼缘扭转未受到完全约束时

$$\lambda_{n,b1} = \frac{h_1/t_w}{64\varepsilon_k} \tag{5-272}$$

τ_{cr1} 按式(5-2)~式(5-2)计算，但式中 h_0 改为 h_1。

$\sigma_{c,cr1}$ 按式(5-255)~式(5-257)计算，但式中 $\lambda_{n,b}$ 改为 $\lambda_{n,c1}$：

当梁受压翼缘扭转受到完全约束时：

$$\lambda_{n,c1} = \frac{h_1/t_w}{56\varepsilon_k} \tag{5-273}$$

$$\lambda_{n,c1}=\frac{h_1/t_w}{40\varepsilon_k} \tag{5-274}$$

b. 受拉翼缘与纵向加劲肋之间的区格，稳定条件计算式为：

$$\left(\frac{\sigma_2}{\sigma_{cr2}}\right)^2+\left(\frac{\tau}{\tau_{cr2}}\right)^2+\frac{\sigma_{c2}}{\sigma_{c,cr2}}\leqslant 1.0 \tag{5-275}$$

式中：σ_2——所计算区格内，由平均弯矩产生的在纵向肋边缘的弯曲压应力；

σ_{c2}——腹板在纵向肋处的横向压应力，取 $\sigma_{c2}=0.3\sigma_c$；

τ——所计算腹板区格内，由平均剪力产生的腹板平均剪应力。

σ_{cr2}按式(5-255)～式(5-257)计算，但式中的 $\lambda_{n,b}$改用下列 $\lambda_{n,b2}$代替：

$$\lambda_{n,b2}=\frac{h_2/t_w}{194\varepsilon_k} \tag{5-276}$$

τ_{cr2}按式(5-260)～式(5-264)计算，但将式中 h_0 改为 h_2。

$\sigma_{c,cr2}$按式(5-265)～式(5-269)计算，但将式中的 h_0 改为 h_2。当 $a/h_2>2$ 时，取 $a/h_2=2$。

c. 在受压翼缘与纵向肋之间设有短加劲肋的区格，其局部稳定性应按式(5-270)计算。该式中的 σ_{cr1} 按无短加劲肋时取值；τ_{cr1} 应按式(5-260)和式(5-264)计算，但将 h_0 和 a 分别改为 h_1 和 a_1(a_1 为短加劲肋间距)；$\sigma_{c,cr1}$ 应按式(5-255)～式(5-257)计算，但式中的 $\lambda_{n,b}$改为 $\lambda_{n,c1}$。

对 $a_1/h_1\leqslant1.2$ 的区格：

当梁受压翼缘扭转受到约束时

$$\lambda_{n,c1}=\frac{a_1/t_w}{87\varepsilon_k} \tag{5-277}$$

当梁受压翼缘扭转未受到约束时

$$\lambda_{n,c1}=\frac{a_1/t_w}{73\varepsilon_k} \tag{5-278}$$

对 $a_1/h_1>1.2$ 的区格，式(5-277)和式(5-278)右侧应分别乘以 $1/\sqrt{0.4+0.5a_1/h_1}$。

受拉翼缘与纵向加劲肋之间的区格Ⅱ，仍按式(5-276)计算。

2)轴心受压构件的局部稳定

GB 50017—2017 在考虑了受压板件的初始缺陷、弹塑性和板件边界条件后，根据整体和局部等稳定的原则，通过控制板件的宽厚比或高厚比来控制局部稳定，具体规定如下：

(1)*H* 形截面腹板。

$$\frac{h_0}{t_w}\leqslant(25+0.5\lambda)\varepsilon_k \tag{5-279}$$

式中：λ——构件的较大长细比，当 $\lambda<30$ 时，取 30；当 $\lambda>100$ 时，取 100；

h_0、t_w——腹板计算高度、厚度。

(2)H 形截面翼缘。

$$\frac{b}{t_f}\leqslant(10+0.1\lambda)\varepsilon_k \tag{5-280}$$

式中：b、t_f——翼缘板自由外伸宽度、厚度。

(3)箱形截面壁板。

$$\frac{b}{t}\leqslant 40\varepsilon_k \tag{5-281}$$

式中：b——壁板的净宽度，当箱形截面设有纵向加劲肋，为壁板与加劲肋之间的净宽度。

(4)T 形截面翼缘宽厚比限值应按式(5-279)确定。

T 形截面腹板宽厚比限值为：

热轧剖分 T 形钢

$$\frac{h_0}{t_w}\leqslant(15+0.2\lambda)\varepsilon_k \tag{5-282}$$

焊接 T 形钢

$$\frac{h_0}{t_w} \leqslant (13 + 0.7\lambda)\varepsilon_k \tag{5-283}$$

对焊接构件,h_0 取腹板高度 h_w;对热轧构件,h_0 取腹板平直段长度。简要计算时可取 $h_0 = h_w - t_f$,但不小于 $h_w - 20\text{mm}$。

(5)等边角钢轴心受压构件的肢件宽厚比限值为:

当 $\lambda \leqslant 80\varepsilon_k$ 时

$$\frac{w}{t} \leqslant 15\varepsilon_k \tag{5-284}$$

当 $\lambda > 80\varepsilon_k$ 时

$$\frac{w}{t} \leqslant 5\varepsilon_k + 0.125\lambda \tag{5-285}$$

式中:w、t——角钢的平板宽度和厚度,简要计算时 $w = b - 2t$,b 为角钢宽度;

λ——按角钢绕非对称主轴回转半径计算的长细比。

(6)圆管压杆的外径与壁厚之比不应超过 $100\varepsilon_k^2$。

3)压弯构件的局部稳定

压弯构件的翼缘承受均匀压力,腹板则承受不均匀分布的压力和剪力。GB 50017—2017 也通过控制板件的宽厚比或高厚比来控制局部稳定,具体规定如下:

工字形和箱形截面压弯构件应以有效截面代替实际截面,来计算杆件的承载力。

①工字形截面腹板受压区的有效宽度应取:

$$h_e = \rho h_c \tag{5-286}$$

当 $\lambda_{n,p} \leqslant 0.75$ 时:

$$\rho = 1.0 \tag{5-287}$$

$\lambda_{n,p} > 0.75$ 时:

$$\rho = \frac{1}{\lambda_{n,p}}\left(1 - \frac{0.19}{\lambda_{n,p}}\right) \tag{5-288}$$

$$\lambda_{n,p} = \frac{h_w/t_w}{28.1\sqrt{k_\sigma}} \times \frac{1}{\varepsilon_k} \tag{5-289}$$

$$k_\sigma = \frac{16}{2 - \alpha_0 + \sqrt{(2 - \alpha_0)^2 + 0.112\alpha_0^2}} \tag{5-290}$$

式中:h_c、h_e——腹板受压区宽度、有效宽度,当腹板全部受压时,$h_c = h_w$;

ρ——有效宽度系数;

α_0——参数。

②工字形截面腹板有效宽度 h_e 应按下列公式计算:

当截面全部受压,即 $\alpha_0 \leqslant 1$ 时(图 5-95):

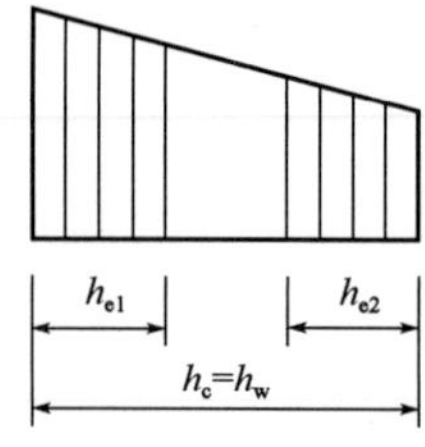

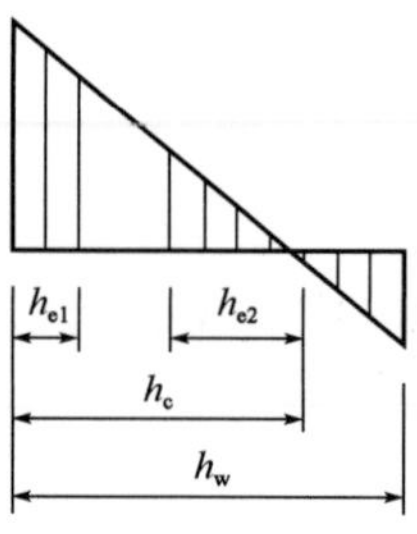

图 5-95　有效宽度的分布

$$h_{e1} = \frac{2h_e}{4\alpha_0} \tag{5-291}$$

$$h_{e2} = h_e - h_{e1} \tag{5-292}$$

当截面部分受拉,即 $\alpha_0 > 1$ 时(图 5-95):

$$h_{e1} = 0.4h_e \tag{5-293}$$

$$h_{e2} = 0.6h_e \tag{5-294}$$

③箱形截面压弯构件翼缘宽厚比超限时也应按式(5-286)计算其有效宽度,计算时取 $k_\sigma = 4.0$。有效宽度分布在两侧均等。

对构件中板件局部屈曲的控制,主要体现在对板件宽厚比的限制,目前主要有两种不同的考虑办法:一种是保证板的屈曲应力不低于构件的极限应力,对于短柱,极限应力取屈服应力,对于中长柱,极限应力取整体屈曲的临界应力,也就是等稳定性准则;另一种是允许板件局部屈曲并发展屈曲后强度,板件按有效宽度截面进行设计。

欧洲标准根据板件的宽厚比限值将截面划分为四类。划分标准为:$\bar{\lambda}_p \leqslant 0.5$ 为 1 类,$0.5 < \bar{\lambda}_p \leqslant 0.6$ 为 2 类,$0.6 < \bar{\lambda}_p \leqslant 0.9$ 为 3 类,其余为 4 类。其中:$\bar{\lambda}_p = (f_y/\sigma_{cr})^{0.5}$,$\sigma_{cr}$为弹性临界屈服应力。对于 4 类截面构件,允许局部屈曲发生,在对板件宽度进行折减后[折减系数 $\rho = (\bar{\lambda}_p - 0.22)/\bar{\lambda}_p^2$],可近似按 3 类截面设计。

GB 50017—2017 确定受压构件的翼缘板和腹板的容许宽厚比时,有时采用等稳定性原则,有时采用板件稳定临界应力等于钢材屈服点的原则,致使翼缘板、压弯构件与轴心受压构件不能衔接;对腹板,虽然互相衔接,但理论依据不足。

5.6 本章小结

本章是钢结构设计计算的重点内容之一,也是难点所在,同时中欧标准的主要差异在本章集中体现。

(1)作为强度设计计算的基础,欧洲标准首先列出材料分项系数的推荐值。材料分项系数取决于设计状况、极限状态以及结构构件的连接方式等。值得注意的是,欧洲标准对于截面承载能力极限状态的抗力,材料分项系数取 1.0。考虑到欧洲材料加工技术的提高,其标准值已超过标准要求值,这种取值是合理的;《钢结构设计标准》(GB 50017—2017)规定的分项系数在 1.087 ~ 1.111 之间,相差也不是很大;JTG D64—2015 规定的材料分项系数仍然沿用传统标准的做法,统一取 1.25,这也反映中国公路行业在钢结构理论与应用方面缺乏系统研究的现状。

(2)截面抗力。由于欧洲标准将截面分为四种类型,中国新修订标准 GB 50017—2017 类似地将截面分为五种类型。中欧标准的差异主要是针对各种类型截面的处理方式不同,具体体现在以下方面:

①剪切延滞的有效宽度。EN 1993-2 考虑正常使用极限状态与承载能力极限状态之间的差异,当保守取值时,承载能力极限状态时的有效宽度与正常使用极限状态的有效宽度相等;GB 50017—2017 没有给出剪切延滞有效宽度的计算方法;JTG D64—2015 给出的计算公式与欧洲标准相似,仅部分参数取值有些差异。JTG D64—2015 只允许按弹性计算,没有考虑塑性屈服,因此没有区分正常使用极限状态与承载能力极限状态的有效宽度。

②屈服后强度计算。欧洲标准将具有 3 类腹板和 1 类或 2 类翼缘的截面归为等效 2 类截面,使用有效截面进行强度验算,腹板受压部分由中性轴上 2 个 $20\varepsilon_{t_w}$ 区域组成,见图 5-8。

GB 50017—2017 推荐对无局部压应力、承受静力荷载或间接承受动力荷载的组合梁宜考虑腹板屈曲后强度,但对于承受重复动态荷载且需要验算疲劳的梁(如吊车梁),如果腹板反复屈曲,可能会促使疲劳裂纹的开展,缩短梁的疲劳寿命,而且动力作用会使薄腹板产生振动,所以不宜考虑腹板的屈曲后强度。

中国标准对梁腹板受弯屈曲后强度的计算公式也是采用有效截面的概念，腹板的受压区域高度计算方法与欧洲标准不同，见图5-9。

③板件的局部屈服效应。钢构件在分析荷载作用下，因局部屈服而不能达到完全屈服应力。此时需进行局部稳定性验算。EN 1993-2 认为4类截面构件，即因局部屈服而不能达到完全屈服应力的构件，需对4类截面进行局部稳定性验算。GB 50017— 2017 要求当 $h_0/t_w>80\sqrt{235/f_y}$ 时需进行局部稳定性计算。

EN 1993-2 采用有效截面法和应力限值法两种方法考虑局部屈服效应；GB 50017—2017 则直接使用临界应力限值进行局部稳定性验算。中欧标准最大区别在于欧洲标准对于4类截面局部屈服时不考虑塑性局部屈服，而 GB 50017—2017 同时考虑弹性、弹塑性与塑性屈服。

④加劲肋。EN 1993-2 以有效截面法计算加劲肋的屈服效应。对加劲肋的形式分为多根加劲肋与一（或两）根加劲肋两种，前者用正交异性板模拟，后者以柱状杆件模拟。GB 50017—2017 对加劲肋的屈服主要以宽厚比进行控制，要求 b/t 小于或等于15，没有 EN 1993-2 那样进行详细的整体屈服与强度计算。

⑤应力限值。有效截面法假设具有足够的屈服后强度，形成能使所有构件发挥各自抗力所必需的应力重分布。因此，这种方法对于多数没有足够屈服后强度或构件几何形状超出采用这种方法试验的限值时不允许使用。

EN 1993-2 推荐不满足上述有效宽度使用条件的情形，可使用基于总截面特性与折减应力限值的方法。应力折减法是 EN 1993-2 中特有的处理方法，主要针对4类截面可能发生局部屈曲前材料某点发生强度屈服进行控制。

因 GB 50017—2017 允许在板件发生局部屈曲前发生部分强度屈服，没有应力折减限制要求。

（3）拉、压构件的强度计算。中欧标准关于构件的拉、压强度计算也存在差异。抗拉强度计算时，EN 1993-2 要求既要验算总截面塑性抗力，又要验算净截面极限抗力；中国标准则仅要求验算净截面屈服抗力；同时也应注意到 EN 1993-2 在进行净截面抗力计算时引用0.9的折减系数；EN 1993-2 针对普通构件与螺栓连接构件所用分项系数不同，但中国标准没有体现这种差异；EN 1993-2 对第4类截面的抗压力强度计算还要求最大轴向压力不大于某一极限值 σ_{limit}，中国标准没这种限制。

（4）弯曲。中欧标准在弯曲抗力方面的差异，仍然体现在截面类型的划分，EN 1993-2 针对不同的截面类型抗力计算公式有差异，而中国标准则没有体现这种差异。另外 EN 1993-2 中对第4类截面的抗力计算有应力限值条件。

（5）剪切。EN 1993-2 将剪切抗力分为腹板与翼缘两部分。计算抗力时又分为剪切屈服与剪切不发生屈服两种情形，其计算公式均有所差异。中国标准没有考虑翼缘板的抗剪力贡献，剪切抗力公式也没有欧洲标准那样细分，仅用弹性、弹塑性与塑性抗力三种形式表达。

（6）扭转。EN 1993-2 将扭转分为圣维南扭转和弯曲扭转。圣维南扭转对闭口截面起主要作用；开口截面的抗扭能力主要靠弯曲扭转承担。由于桥梁结构中这种扭转构件很少出现，中国钢结构设计标准均未列出，当然这也是中国在这方面研究的薄弱环节。

（7）横向荷载。横向荷载的扩散与计算模型中欧标准基本相同。所不同的是欧洲标准要求验算横向荷载对腹板产生的屈曲效应。当计算横向荷载与轴力和弯矩作用组合时，对横向荷载效应乘以0.8的折减系数，详见式（5-106），中国标准没有考虑这种折减，统一用 Von Mises 准则进行强度验算。

（8）弯、剪、轴力组合。EN 1993-2 认为如果剪力、轴力足够大时，作用于钢截面的剪力、轴力将降低截面的抗弯能力，因此必须考虑几种作用间的相互作用。计算方法取决于纵向正应力作用的截面类型与钢截面是否在达到塑性抗力之前倾向于剪切屈服。

①对于不易发生剪切屈曲的情形：

对于1、2类截面，当设计剪力小于抗剪力50%时，不考虑剪力对抗弯能力的影响；当设计剪力大于抗剪力50%时，截面验算先确定因剪力导致腹板强度降低（以折减系数ρ表达），然后基于折减截面，使用塑性截面设计，进行弯曲与轴力组合验算。如果截面为非对称的，当腹板强度折减时，塑性中性轴将偏移。在对腹板强度进行任何折减之前，先验算弯矩与轴力作用下的截面类型。

对于3类截面，首先宽厚比不超过允许限值，以保证剪切屈服前不发生局部屈曲。当设计剪力小于抗剪力50%时，不考虑剪力对抗弯能力的影响；当设计剪力大于抗剪力50%时，确定剪力引起的腹板强度与厚度的折减。最终折减截面使用弹性截面设计的弯矩与轴力组合进行验算。需注意腹板厚度的折减而不是其屈服强度的折减，或梁的抗力将由折减屈服应力点处的腹板的屈服所控制。

对于4类截面，当约束符合有效截面法条件时，使用有效截面法验算，否则使用应力限值法验算。

②对于易发生剪切屈曲的情形：

对于1、2类截面，当设计剪力小于抗剪力50%时，不考虑剪力对轴向抗力、抗弯能力的影响；当设计剪力大于抗剪力50%时，剪力对轴向抗力、抗弯能力的影响由式（5-112）或式（5-127）验算。

对于3类截面，当设计剪力小于抗剪力50%时，不考虑剪力对抗弯能力的影响；当设计剪力大于抗剪力50%时，剪力对轴向抗力、抗弯能力的影响使用弯曲与轴力的塑性抗力方法设计验算。

对于4类截面，当约束符合有效截面法条件时，使用有效截面法验算，否则使用应力限值法验算。

GB 50017—2017没有像EN 1993-2那样将截面细分。当不允许进行塑性（考虑屈服后强度）分析时，首先用宽厚比限值，控制构件局部屈曲，然后用线性叠加原理对弯、剪组合作用效应进行屈服验算。当允许考虑屈服后强度时，对于弯、剪相互作用验算与EN 1993-2相似，设计剪力大于抗剪力50%时，用式（5-111）验算，否则不考虑剪力对抗弯能力的影响。对弯、剪、轴力相互作用时，统一用线性相关式（5-125）验算。

（9）整体稳定。

①等截面受压。钢结构设计标准主要通过三种方法来确定轴心受压构件的稳定系数，即以分叉屈曲荷载为准则、以截面的边缘屈服为准则、以构件的极限荷载为准则。

EN 1993-2是通过构件的极限荷载理论进行轴心受压构件的整体稳定计算，在试验基础上，取5类截面的残余应力分布图式，计及构件长度1‰的初弯曲，最终得到5条$x-\overline{\lambda}$曲线（a_0、a、b、c、d）。

中国标准也是通过构件极限荷载理论进行轴心受压构件的整体稳定计算，考虑了截面不同形式和尺寸、不同的加工条件及相应的残余应力图式，并考虑1‰的初弯曲，得出大量的柱子曲线，即λ-φ曲线，对于组成板件厚度小于40mm的归纳为a、b、c三类，对于组成板件厚度大于或等于40mm的归为d类截面曲线。

极限荷载理论较为全面地考虑残余应力、初始弯曲、初始偏心等不利因素影响。比较发现$\overline{\lambda}\leqslant 2$时，中国标准的a类曲线介于欧洲标准的$a_0$与a类之间，b类基本一致，c、d类略低于欧洲标准中的c、d类。

②等截面受弯。中欧标准关于弯曲屈服抗力计算式形式相同，但是折减系数的取值不同，EN 1993-2为折减系数χ_{LT}，而中国标准为稳定系数φ，另外与其他受力状态类似，欧洲标准针对

不同的截面类型,其截面参数的取值也不同,中国标准则没有这种区分。GB 50017—2017 与 JTG D64—2015 中计算式不同在于双向弯曲屈曲时,JTG D64—2015 使用了等效弯矩系数 β_m,以考虑剪力滞和受压局部稳定以及内力分布不均匀的影响。而 GB 50017—2017 则使用的 β_b 考虑这类因素,其取值方式略有不同。另外,GB 50017—2017 中以塑性发展系数考虑次轴的塑性变形,而 JTG D64—2015 由于不考虑塑性分析,因此没有使用这一系数。

③压弯构件。EN 1993-2 给出双向弯曲与轴力作用下的相互作用验算式(5-189)与式(5-190)。GB 50017—2017 给出相互作用验算式(5-173)和式(5-174)。通过比较可以看出,中欧标准关于双向压弯稳定验算均考虑轴向受力平面内的失稳和双向受弯侧向失稳,同时也都用等效弯矩系数考虑弯矩的非均匀分布,最后将压弯效应线性叠加进行验算。所不同的是,EN 1993-2 考虑塑性屈服后中性轴偏移产生的附加弯矩,而中国标准则用塑性发展系数考虑塑性屈服,同时将轴力作用对弯矩抗力的折减用系数$(1-0.8N/N'_{Ex})$表达。

④受压组合构件。欧洲标准将组合受压构件分为缀合式受压构件与缀板式受压构件。缀合式构件需验算弦杆与缀板的局部屈曲,同时也应验算弦杆与整体构件的强度与稳定。对于缀板式组合构件应用实际轴力和弯矩验算弦杆、缀板以及节点的强度。

GB 50017—2017 按受力形式将组合受压构件分为轴心受压与压弯两种。

对于轴心受压组合构件,绕虚轴屈曲验算时,应考虑剪切变形较大的影响,通常用换算长细比进行计算。对于分肢的稳定主要是控制缀件的长细比:当为缀条时,分肢长细比不应大于构件两方向长细比较大值的 0.7 倍;当为缀板时,长细比不应大于 40,且不超过构件两方向较大长细比的 0.5。

对于压弯组合构件,应注意验算绕虚轴的弯曲失稳,此时推荐采用以截面边缘纤维屈服准则的方法;分肢的稳定性方面,可将分肢视为桁架弦杆进行稳定性验算。

(10)板的局部屈服。对构件中板件局部屈曲的控制,主要体现在对板件宽厚比的限制,目前主要有两种不同的考虑办法:一是保证板的屈曲应力不低于构件的极限应力,对于短柱,极限应力取屈服应力,对于中长柱,极限应力取整体屈曲的临界应力,也就是等稳定性准则;二是允许板件局部屈曲并发展屈曲后强度,板件按有效宽度截面进行设计。

欧洲标准根据板件的宽厚比限值将截面划分为四类。划分标准为:$\bar{\lambda}_p \leq 0.5$ 为 1 类,$0.5 < \bar{\lambda}_p \leq 0.6$ 为 2 类,$0.6 < \bar{\lambda}_p \leq 0.9$ 为 3 类,其余为 4 类。其中,$\bar{\lambda}_p = (f_y/\sigma_{cr})^{0.5}$,$\sigma_{cr}$为弹性临界屈服应力。对于 4 类截面构件,允许局部屈曲发生,在对板件宽度进行折减后[折减系数 $\rho = (\bar{\lambda}_p - 0.22)/\bar{\lambda}_p^{\,2}$],可近似按 3 类截面设计。

GB 50017—2017 则要求当 $h_0/t_w > 80\sqrt{235f_y}$ 时需进行局部稳定性计算。EN 1993-2 采用有效截面法和应力限值法两种方法考虑局部屈服效应;GB 50017—2017 则直接使用临界应力限值进行局部稳定性验算。中欧标准最大区别在于欧洲标准在 4 类截面局部屈服时不考虑塑性局部屈服,而 GB 50017—2017 同时考虑弹性、弹塑性与塑性屈服。

第6章 正常使用极限状态

6.1 一般规定

正常使用极限状态原则上关注桥梁的正常使用功能、外观与桥梁使用者的舒适度。

EN 1993-2 规定正常使用应满足下列标准：

(1)弹性限制。

①限制过度屈服。

②限制由残余挠度引起的预期几何形状偏差。

③限制过度变形。

(2)挠度和曲率限制。

①防止由交通引起的不利动力冲击(挠度和固有频率限制组合)。

②防止净空不满足要求。

③防止表层开裂。

④防止排水系统损坏。

(3)固有频率限制。

①排除由交通或风力引起的振动,这对过桥行人或汽车中乘客来说是无法接受的。

②限制由共振现象引起的疲劳损伤。

③限制过度噪声。

(4)板长细比限制。

①限制板的过多波纹。

②限制板的翘曲。

③限制板压屈引起的刚度降低,导致挠度增加。

(5)通过相应的结构构造设计改进耐久性,以减少腐蚀和过多磨损。

(6)方便维修。

①确保能够进入结构部件进行维护、检查和更换腐蚀保护层和沥青路面。

②尽量减少更换支座、锚具、缆索和伸缩缝时,中断结构使用的时间。

在桥梁的方案设计中,大多情况下,通过适当的结构构造设计处理以满足正常使用极限状态的要求。有些情况下,可以通过数值评估检验正常使用极限状态,例如,计算挠度或固有频率。

JTG D64—2015 中对正常使用极限状态也有类似规定：

(1)结构变形按正常使用极限状态考虑。分析结构的变形应采用线弹性法。对于结构自重产生的变形应考虑施工方法和顺序,应计及施工期间结构刚度的变化。结构和结构任何部件的变形不得使人有不安全的感觉,也不得改变结构或其部件原有的受力图式。

(2)在频遇荷载组合下,桥梁结构的任何部件不得侵入桥下净空的规定范围。

(3)桥梁预拱度的设置:

①桥纵轴线应避免下垂的视觉效果。

②计算预拱度时,要考虑连接的剪切变形和滑移。起拱应做成光滑平顺曲线;对于中小跨度桥梁,起拱值可按结构自重和1/2静活载所产生的竖向挠度考虑,对大跨度和超大跨度桥梁,只按结构自重考虑;如桥面在竖曲线上,预拱度应与竖曲线纵坡一致。

③桥面刚度应不影响排水系统的顺畅。

④桥面板刚度应与钢板上的铺装刚度相适应。

相对而言,EN 1993-2 正常使用极限状态的范围更宽,要求考虑的因素更多,比如结构的频率、噪声等,中国标准没有涉及这方面的内容。

6.2 计算模型

正常使用极限状态(SLS)应力一般应使用尽可能精确的分析法计算,不管是结构概化还是施加作用都应如此。

EN 1993-2 要求使用线弹性分析与截面特性计算 SLS 应力与挠度,这种截面特性包括因局部屈服和剪力延滞导致的刚度折减。

中国钢结构设计标准虽没有对应条款,但正常使用极限状态应力与挠度通常是按弹性分析法计算,作用组合有标准组合、频遇组合及准永久组合。当然无法精确计算的某些部位,目前只能采用构造处理措施加以控制。

6.3 应力限值

必须限制应力以使正常使用条件下不会发生屈服,原则上避免过量永久变形和破坏防腐体系。EN 1993-2 给出的正常使用应力限值如下:

$$\sigma_{\mathrm{Ed,ser}} \leqslant \frac{f_y}{\gamma_{\mathrm{M,ser}}} \tag{6-1}$$

$$\tau_{\mathrm{Ed,ser}} \leqslant \frac{f_y}{\sqrt{3}\gamma_{\mathrm{M,ser}}} \tag{6-2}$$

$$\sqrt{\sigma_{\mathrm{Ed,ser}}^2 + 3\tau_{\mathrm{Ed,ser}}^2} \leqslant \frac{f_y}{\gamma_{\mathrm{M,ser}}} \tag{6-3}$$

式中:$\sigma_{\mathrm{Ed,ser}}$——由特征荷载组合计算的直接正应力;

$\tau_{\mathrm{Ed,ser}}$——由特征荷载组合计算的直接剪应力;

$\gamma_{\mathrm{M,ser}}$——分项安全系数,推荐值为1.0。

$\sigma_{\mathrm{Ed,ser}}$和$\tau_{\mathrm{Ed,ser}}$必须包含剪切延滞效应和“变形引起的”任何二次效应,比如由框架节点刚度产生的弯矩。这一点值得关注,因为相同的效应在承载能力极限状态(ULS)时可能将节点抽象为铰而被忽略。

EN 1993-2 要求频遇荷载组合范围内可变荷载产生的应力增量$\Delta\sigma_{\mathrm{fre}}$限值为$1.5f_y/\gamma_{\mathrm{M,ser}}$。

EN 1993-2 要求限制非预应力螺栓由作用组合引起的螺栓作用力,以避免螺栓孔产生较大位移:

$$F_{\mathrm{b,Rd,ser}} \leqslant 0.7F_{\mathrm{b,Rd}} \tag{6-4}$$

式中:$F_{\mathrm{b,Rd,ser}}$——由线弹性 SLS 分析导出的螺栓作用设计值;

$F_{\mathrm{b,Rd}}$——由 EN 1993-1-8 的表3.4 查得的螺栓承载力设计值。

对于B类预应力螺栓连接中的螺栓力,在进行正常使用状况下的抗滑动设计时应使用标准荷载组合计算螺栓力。

JTG D64—2015中未提及正常使用极限状态应力的限值要求。但对相应构件的强度验算时,有如式(6-1)~式(6-3)的相同要求。对螺栓连接承载力计算也有类似规定,比如关于受力节点连接计算时有如下规定:"受压杆件的螺栓或铆钉接头,可采用端部磨光顶紧的措施来传递内力,此时接头处的螺栓(或铆钉)及连接板的截面积,可按被连接杆件承载力的50%计算。"

高强度摩擦型螺栓连接承载力计算式 $N_v^b = 0.9 n_f \mu P$ 中的系数0.9,也是防止滑移采用的折减系数等。

6.4　腹板翘曲限值

(1)应限制腹板长细比,以防止在腹板与翼缘的连接处过度翘曲或在其附近形成疲劳。

(2)如果满足下列条件,则对于没有纵向加劲肋的腹板节间或加劲腹板的副节间可以忽略翘曲:

公路桥　$b/t \leqslant 30 + 4.0L \leqslant 300$　(6-5)

铁路桥　$b/t \leqslant 55 + 3.3L \leqslant 250$　(6-6)

式中:L——跨径(m),不小于20m。

(3)若不满足(2)中的条件,腹板翘曲应按下式进行验算:

$$\sqrt{\left(\frac{\sigma_{x,Ed,ser}}{k_\sigma \sigma_E}\right)^2 + \left(\frac{1.1\,\tau_{x,Ed,ser}}{k_\tau\,\sigma_E}\right)^2} \leqslant 1.1 \tag{6-7}$$

式中:$\sigma_{x,Ed,ser}$、$\tau_{x,Ed,ser}$——频遇荷载组合下的应力;

k_σ、k_τ——线弹性压屈系数,假设面板边缘为铰接;

$\sigma_E = 190000\left(\frac{t}{b}\right)^2$ MPa。

腹板翘曲是影响细长板的一种物理现象。附板中的初始几何缺陷在荷载作用下增大,当荷载移去后重新减小,如图6-1所示。为避免考虑腹板翘曲引起的潜在损害,可通过恰当的 b/t 比限制板的长细比,或限制作用应力在弹性屈服应力范围内。EN 1993-2中对公路桥与铁路桥区别对等,因为铁路桥更容易产生疲劳破坏。

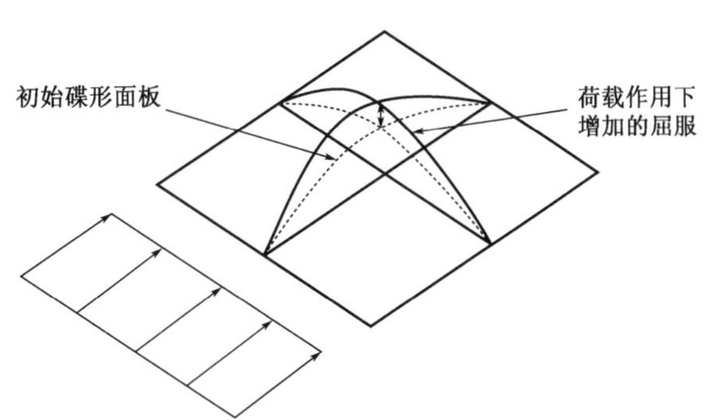

图6-1　轴向荷载作用下板内腹板翘曲示例

JTG D64—2015中关于防止腹板翘曲的规定与欧洲标准相近,也是采用宽厚比限值加以控制,并且宽厚比限值完全相同。

例6-1:未加强腹板的腹板翘曲检查

一公路桥跨度60m,梁腹板高3000mm、厚10mm,无纵向加强肋。仅支座处提供横向加强肋。频遇荷载组合产生弯曲应力,腹板顶部为100MPa,底部为-100MPa。剪应力为50MPa。

在此应力作用下验算腹板翘曲效应。

解:1)按 EN 1993-2 验算

因为 $b/t=300>30+4.0\times 60=270$,式(6-5)中的简单准则不满足,因此必须使用应力验算。

正应力:

由 EN 1993-1-5 的表 4.1 可知,对于纯弯曲,$\psi=-1$,$k_\sigma=23.9$,因此:

$$k_\sigma\sigma_E=\sigma_{cr,x}=\frac{k_\sigma\pi^2Et^2}{12(1-\upsilon^2)\bar{b}^2}=\frac{23.9\times\pi^2\times 210\times 10^3\times 10^2}{12\times(1-0.3^2)\times 3000^2}=50.4(\text{MPa})$$

剪应力:

由 EN 1993-1-5 附录 A.3 可知,对于非常长的板:

$$k_\tau\ \sigma_E=\tau_{cr}=\frac{k_\tau\ \pi^2Et^2}{12(1-\upsilon^2)b^2}=\frac{5.34\times\pi^2\times 210\times 10^3\times 10^2}{12\times(1-0.3^2)\times 3000^2}=11.3(\text{MPa})$$

式中:

$$k_\tau=5.34+4.00\left(\frac{\bar{b}}{a}\right)^2=5.34+0=5.34$$

由式(6-7)有:

$$\sqrt{\left(\frac{\sigma_{x,Ed,ser}}{\kappa_\sigma\sigma_E}\right)^2+\left(\frac{1.1\ \tau_{Ed,ser}}{\kappa_\tau\ \sigma_E}\right)^2}=\sqrt{\left(\frac{100}{50.4}\right)^2+\left(\frac{1.1\times 50}{11.3}\right)^2}=5.26\gg 1.1$$

腹板明显太细,表明这种梁是不可接受的。

2)按 JTG D64—2015 计算

因为 $b/t=300>30+4.0\times 60=270$,式(6-5)中的简单准则不满足。因此必须使用应力验算。

$$\frac{(1+\psi)}{2}\left(\frac{\sigma_1}{\sigma_{u1}}\right)^2+\frac{(1-\psi)}{2}\left(\frac{\sigma_1}{\sigma_{u1}}\right)^2+\left(\frac{\tau}{\tau_u}\right)^2\leqslant 1$$

$$\psi=\sigma_2/\sigma_1=100/-100=\ -1,k_\sigma=23.9$$

$$k_\tau=5.34+4.00\left(\frac{\bar{b}}{a}\right)^2=5.34+0=5.34$$

取 Q345 钢材,$\sigma_y=f_d=275\text{MPa}$,$\tau_y=f_{vd}=160\text{MPa}$,有:

$$\sigma_{cr}=\frac{k_\sigma\pi^2Et^2}{12(1-\upsilon^2)\bar{b}^2}=\frac{23.9\times\pi^2\times 206\times 10^3\times 10^2}{12\times(1-0.3^2)\times 3000^2}=49.44(\text{MPa})$$

$$\tau_{cr}=\frac{k_\tau\ \pi^2Et^2}{12(1-\upsilon^2)\bar{b}^2}=\frac{5.34\times\pi^2\times 206\times 10^3\times 10^2}{12\times(1-0.3^2)\times 3000^2}=11.1(\text{MPa})$$

$$\lambda_1=\sqrt{\sigma_y/\sigma_{cr}}=\sqrt{275/49.44}=2.36$$

$$\lambda_s=\sqrt{\tau_y/\tau_{cr}}=\sqrt{160/11.1}=3.80$$

因此,

$$\sigma_{u1}=\frac{\sigma_y}{\lambda_1}\left[(1.1-0.1\psi)-(0.27-0.25\psi)\frac{1}{\lambda_1}\right]$$
$$=\frac{285}{2.36}\left\{[1.1\times-0.1\times(-1)]-[0.27-0.25\times(-1)]\times\frac{1}{2.36}\right\}=114.2$$

$$\tau_u=\tau_y/\lambda_s^2=160/3.8^2=11.1$$

$$\frac{(1+\psi)}{2}\left(\frac{\sigma_1}{\sigma_{u1}}\right)^2+\frac{(1-\psi)}{2}\left(\frac{\sigma_1}{\sigma_{u1}}\right)^2+\left(\frac{\tau}{\tau_u}\right)^2=\frac{1-1}{2}\times\left(\frac{\sigma_1}{\sigma_{u1}}\right)^2+\frac{1+1}{2}\times\left(\frac{100}{114.2}\right)^2+\left(\frac{50}{11.1}\right)^2=21.16\gg 1$$

因此不满足要求。

比较上述1)、2)计算结果，中欧标准虽然结论相同，但可以看出，中国标准明显比欧洲标准更为保守。

6.5 构件长细比限值

对轴心拉杆、轴心压杆、拉弯杆和压弯杆，应使其长细比不超过容许长细比，这不是承载能力的要求，而是正常使用极限状态的要求。

轴心拉杆和拉弯杆长细比太大时，会产生下列不利影响：

(1)在运输和安装过程中，可能因刚度小而造成弯曲。

(2)使用期间会因自重或横向荷载作用明显下垂。

(3)在动力影响下发生过大的振动。

对轴心压杆和压弯杆来说，除上述不利影响外，长细比太大会产生过大的初弯曲，由自重等产生的下垂挠度对其整体稳定带来很不利的影响。因此压杆的容许长细比的规定值应更为严格。

由于容许长细比的规定一般源于现有结构的调查分析和使用经验，所以各国标准的规定数值不一致。

1)压杆的容许长细比

压杆的容许长细比，苏联的规定最为细致，也较为严格，有120、150、180、200、220等级别。不过一般情况主要压杆(如柱、桁架上弦)为120，略为次要的压杆(桁架腹杆、缀条、墙架柱等)为150，支撑压杆为200。其他国家的规定较为笼统而且偏宽，例如，美国规定，主要和次要压杆均为200，柱的单系缀条为140。

中国标准的规定较为适中：一般压杆的容许长细比为150；支撑(柱间支撑除外)压杆和用以减小受压构件计算长度的压杆为200。根据调查，这些规定可以满足正常使用的要求，一般也不会因长细比限制过严而影响钢材消耗量。对桁架中受力很小、截面由长细比控制的腹杆长细比放宽为200。

对支撑压杆，若能像某些国家那样，将$[\lambda]$加大，是否能节约钢材？但根据使用经验，支撑杆件往往受有不明确的偶然力，不宜将$[\lambda]$放宽，仍维持$[\lambda]=200$。

2)拉杆的容许长细比

拉杆的容许长细比，中国和苏联标准的规定较为细致。中国标准规定：一般桁架拉杆为350；支撑拉杆为400(吊车梁以下的柱间支撑拉杆为300)；直接受动态荷载结构中的拉杆为250，有重级工作制吊车的厂房中，桁架拉杆为250，支撑拉杆为350(吊车梁以下的柱间支撑为200)。其他国家的规定较为笼统，例如美国标准规定，主要拉杆为240，次要拉杆为300。一般情况来说，国外要求比中国严格。

3)格构式构件分肢的长细比限制

对格构式轴心受压构件：当缀件为缀条时，其分肢的长细比λ不应大于构件两方向长细比(对虚轴取换算长细比)的较大值λ_{max}的0.7倍；当缀件为缀板时，λ不应大于40，并不应大于λ_{max}的0.5倍($\lambda_{max}<50$时，取$\lambda_{max}=50$)。

值得注意的是，EN 1993没有给出长细比限值。当然这其中的原因还有待进一步的分析研究。中国学者陈绍蕃在《钢构件容许长细比刍议》(2009.02)一文中指出：

(1)对于像框架柱一类构件，既没有自重下的弯曲问题，也不直接承受动力荷载，单纯从运输和安装角度考虑，没有理由把用于稳定计算的长细比纳入容许长细比范围内。

(2)基于美国钢结构设计标准的演变过程，认为容许长细比在设计标准中逐渐淡化。

(3)采用计算长细比往往导致设计的矛盾与困难。

(4)GB 50017—2017 从两个方面制约了框架柱的长细比:其一是稳定计算的要求,长细比过大则稳定计算通不过;其二是对框架水平位移的控制。前者属于承载力问题,后者则是刚度要求。标准对结构变形的规定由过去的硬性要求改为设计者可以适当灵活处理,只用框架水平位移控制其刚度似乎已经足够了。

(5)桁架受拉弦杆的长细比需要限制。GB 50017—2017 规定:承受静力荷载的结构中,受拉构件可仅计算其在竖向平面内的长细比。此项规定的依据是:承受静力荷载的结构不存在振动问题,而自重产生的弯曲只出现在竖向平面内,因此没有必要限制杆件在水平方向的长细比。然而桁架的受拉弦杆还有一项特殊任务,即对受压腹杆提供侧向支承点,以保证其稳定性。

基于上述分析,本书提出以下建议:

(1)非抗震的钢框架柱,建议取消长细比的限值。

(2)抗震设防的钢框架是否以限制柱的长细比作为大震不倒的构造措施,还需进一步研究。如果需要设定容许长细比,以几何长细比还是计算长细比为对象及如何取值,都需要以典型情况的弹塑性时程分析作为依据进一步计算确定。

(3)桁架的受拉弦杆需要满足对受压腹杆提供端部约束的任务。不仅应该设定它在桁架平面外长细比的限值,而且取值比平面内还要严格。

以上虽为一家之言,但从中也可体会到欧洲标准之所以取消长细比限值的部分原因,值得借鉴。

6.6 构件变形限值

钢结构工程正常使用的极限状态主要有:

(1)对结构的正常使用(包括对机器和设备正常工作的影响)和观感产生不良效果的变形和挠曲。

(2)振动或摇摆对使用者产生不适或破坏建筑内部设施。

(3)对装饰物和非结构构件带来损伤的变形挠曲、振动或摆动。

为避免出现上述现象,有必要限制结构的变形、挠曲和振动。一般结构的振动问题可以通过限制变形或杆件的长细比控制;对有特殊要求的应专门进行设计。在标准中一般只规定容许变形值$[v]$,使变形的计算值v不超过容许变形值$[v]$,即:

$$v \leqslant [v] \tag{6-8}$$

计算变形时应采用荷载的标准组合,不考虑荷载分项系数和动力系数。由于构件内部的孔洞等削弱对构件的变形影响不大,故习惯上构件截面的"惯性矩"均按毛截面计算。

GB 50017—2017 附录 A 给出如下限值:

1)受弯构件的挠度容许值

吊车梁、楼盖梁、屋盖梁、工作平台梁以及墙架构件的挠度不宜超过表 6-1 所列的容许值。

受弯构件挠度容许值　　表 6-1

项　次	构件类别	挠度容许值	
		$[v_T]$	$[v_Q]$
1	吊车梁和吊车桁架(按自重和起重量最大的一台吊车计算挠度): (1)手动吊车和单梁吊车(含悬挂吊车); (2)轻级工作制桥式吊车; (3)中级工作制吊车; (4)重级工作制桥式吊车	 $l/500$ $l/800$ $l/1000$ $l/1200$	
2	手动或电动葫芦的轨道梁	$l/400$	

续上表

项次	构件类别	挠度容许值	
		$[v_T]$	$[v_Q]$
3	有重轨(重量等于或大于38kg/m)轨道的工作平台梁 有轻轨(重量等于或小于24kg/m)轨道的工作平台梁	$l/600$ $l/400$	
4	楼(屋)盖梁或桁架、工作平台梁(第3项除外)和平台板: (1)主梁或桁架(包括设有悬挂起重设备的梁和桁架)。 (2)抹灰顶棚的次梁。 (3)除(1)、(2)款外的其他梁(包括楼梯梁)。 (4)屋盖檩条: ①支承无积灰的瓦楞铁和石棉瓦屋面者; ②支承压型金属板、有积灰的瓦楞铁和石棉瓦等屋面者; ③支承其他屋面材料者。 (5)平台板	 $l/400$ $l/250$ $l/250$ $l/150$ $l/200$ $l/200$ $l/150$	 $l/500$ $l/350$ $l/300$
5	墙架构件(风荷载不考虑阵风系数): (1)支柱; (2)抗风桁架(作为连续支柱的支承时); (3)砌体墙的横梁(水平方向); (4)支承压型金属板、瓦楞铁和石棉墙面的横梁(水平方向); (5)带有玻璃窗的横梁(竖直和水平方向)	 — — — — $l/200$	 $l/400$ $l/1000$ $l/300$ $l/200$ $l/200$

注:1. l 为受弯构件的跨度(对悬臂梁和伸臂梁为悬伸长度的2倍)。

2. $[v_T]$为永久和可变荷载标准值产生的挠度(如有起拱应减去拱度)的容许值;$[v_Q]$为可变荷载标准值产生的挠度容许值。

2)框架结构的水平位移容许值

(1)在风荷载标准值作用下,框架柱顶水平位移和层间相对位移不宜超过下列数值:

①无桥式吊车的单层框架柱顶位移:$H/150$。

②有桥式吊车的单层框架柱顶位移:$H/400$。

③多层框架柱顶位移:$H/500$。

④多层框架的层间相对位移:$H/400$。

其中,H 为自基础顶面至柱顶的总高度。

(2)在冶金工厂或类似车间中设有A7、A8级吊车的厂房柱和设有中级和重级工作制吊车的露天栈桥柱,在吊车梁或吊车桥架的顶面标高处,由一台最大吊车水平荷载所产生的计算变形值,不宜超过表6-2所列的容许值。

柱水平位移容许值 表6-2

项次	位移种类	按平面结构图形计算	按空间结构图形计算
1	厂房柱的横向位移	$H_c/1250$	$H_c/2000$
2	露天栈桥柱的横向位移	$H_c/2500$	
3	厂房和露天栈桥柱的纵向位移	$H_c/4000$	

注:1. H_c 为基础顶面至吊车梁或吊车桁架顶面的高度。

2. 计算厂房或露天栈桥柱的纵向位移时,可假定吊车的纵向水平制动力分配在温度区段内所有柱间支撑或纵向框架上。

3. 在设有A8级吊车的厂房中,厂房柱的水平位移容许值宜减小10%。

4. 在设有A6级吊车的厂房中,厂房柱的纵向位移宜符合表中的要求。

GB 50017—2017附录A中所列的容许变形值是根据中国的研究成果和国外标准的有关规定确定的,所规定的容许变形值是多年来实践经验的总结,是行之有效的,在一般情况下宜遵照执行。

但是,影响容许变形值的因素很多,有些很难准确定量,国内外各标准、规程对同类构件容许变形值的规定亦不尽相同。中国亦有少数车间柱子在吊车梁顶面的横向水平侧移的计算值超出标准的规定值而未影响正常使用。因此,标准规定:当有实践经验或有特殊要求时,可在不影响正常使用和观感的前提下对变形的容许值进行适当的调整。所谓特殊要求是指使用要求或者主管机关和业主的要求。

国内外标准都对受弯构件的容许挠度做了规定。其中中国标准和苏联标准的规定最为具体,数值也很相近;其他国家则相对较粗或只做原则性的规定。

例如,日本1970—1986年的标准规定,梁的容许挠度,一般情况[v] = $l/300$,悬臂梁[v] = $l/250$;但对檩条、墙架梁等在不影响屋面墙面正常使用的情况下可超过此限值。吊车梁的容许挠度:对于手动吊车等,[v] = $l/500$,对于电动吊车应根据实际情况取[v] = $l/1200$ ~ $l/800$。但日本1998年的标准中却将吊车梁的容许挠度删除了,其余未变。

英国1977年的标准规定:有抹灰的梁[v] = $l/360$,不抹灰的屋面梁[v] = $l/200$,悬臂梁[v] = $l/180$,吊车梁[v] = $l/700$,其他由工程师自行确定;当较大挠度不影响结构的强度和使用,或不导致装修损坏,则允许超过规定值;某些必要情况下宜规定更小的容许挠度。

EN 1993仅给出水平位移与挠度的计算方法:

(1)竖向和水平变形应按EN 1992 ~ EN 1993的规定计算,按照采用合适的作用组合,并考虑正常使用要求。特别要注意可逆和不可逆极限状态的区别。

(2)竖向挠度符号如图6-2所示。

(3)如果在考虑结构、面饰和非结构构件(如隔墙、覆盖层)的运行和破坏,挠度值的验算应考虑构件和有关涂层施工完成后产生的永久和可变作用的效应。

(4)如果考虑结构的外观,应采用准永久值组合[EN 1990式(6.16b)]。

(5)如果考虑行人舒适度或机械的功能,验算应考虑相关的可变作用效应。

(6)有关时应考虑由于收缩、松弛或蠕变产生的长期变形,并采用永久作用和可变作用的准永久值的效应计算。

(7)水平位移如图6-3所示。

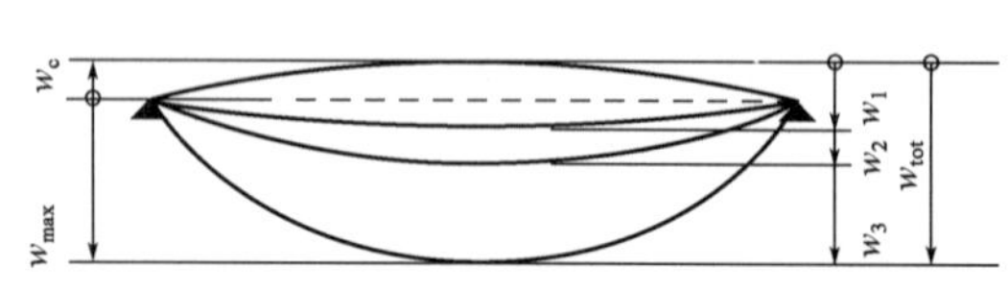

图6-2 竖向挠度的定义

w_c-未加载结构构件的预拱度;w_1-按EN 1990中式(6.14a)、(6.14b)定义的相关作用组合的永久荷载下的初始挠度;w_2-永久荷载作用下的长期挠度;w_3-按EN 1990中式(6.14a)、(6.14b)定义的相关作用组合的可变作用下的附加挠度;w_{tot}-w_1、w_2、w_3的总挠度;w_{max}-考虑预拱度的残余总挠度

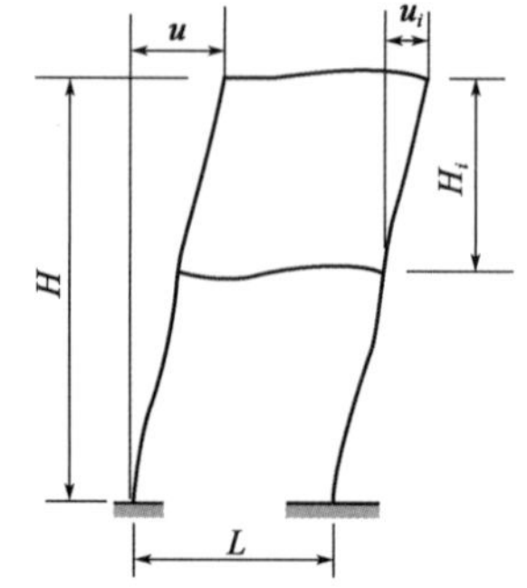

图6-3 水平位移的定义

u-建筑物高度H处的总水平位移;u_i-层高为H_i的水平位移

但具体限值由国家附件确定,EN 1993没有给出推荐值。

6.7 正常使用极限状态要求

EN 1993-2第7.5 ~ 7.12节给出了其他正常使用极限状态的要求。所覆盖的问题包括:

(1)桥上桥下不恰当的净空作为高侧墙板车辆安全通道。如果桥梁结构在一次高侧墙板车辆通过时发生撞击导致整体发生破坏,将变为承载能力极限状态。

(2)活载作用下过度变形可能破坏表面、防腐系统、防水层、排水系统以及可能引起动态问题。

(3)在空气动力或步行者引起振动作用下钢构件的共振导致使用者感觉不舒适。如果构件的过度振动发生疲劳破坏导致桥梁结构整体损害,可能变为承载能力极限状态。分叉风流引起运动,比如急流与摆动,可能导致坍塌。

(4)缺少构造入口,这类构造要求周期性检查、清扫与涂漆。

(5)排水不畅,可能因不合适的排水系统或现有的排水系统阻塞,可能产生腐蚀问题。

6.8 本章小结

正常使用极限状态主要是关注桥梁的正常使用功能、外观与桥梁使用者的舒适度。包括:弹性限制、挠度和曲率限制、固有频率限制、板长细比限值以及耐久性、方便维修与防护等。原则上讲,中欧标准关于正常使用极限状态计算,作用组合都采用标准组合、频遇组合和准永久组合,所考虑的因素与评价指标和技术要求基本相同,只是处理细节略有差异。

(1)弹性限制。中欧标准均采用此规定,由于桥梁结构的安全重要性与服务年限较长等,为安全计,不允许按塑性分析,以防止结构及构件过度屈服与过度变形。

(2)应力限值。主要控制构件正常使用时,标准荷载组合作用下,任何点位都不发生塑性屈服,包括单向正应力、剪应力和正应力与剪应力的组合作用屈服。GB 50017—2017 允许结构发生屈服,因此没有此限值,而 JTG D64—2015 虽然不允许发生塑性屈服,但没有对应条款加以限制。

(3)腹板屈曲。影响板件屈曲的因素很多,包括截面类型、受力性质、约束条件等。局部屈曲,既涉及承载能力极限状态验算,同时也涉及正常使用极限状态验算。对于板件的局部屈曲以宽厚比限值加以控制。本章主要针对钢桥梁腹板的局部屈曲,宽厚比限值条件为式(6-5),若不能满足宽厚比限值条件,EN 1993-2 要求用式(6-7)进行局部屈曲应力验算;JTG D64—2015 引用 EN 1993-2 的规定,因此宽厚比限值与式(6-5)相同,局部屈曲应力验算式为式(6-253a)。

(4)长细比限值。轴心拉杆和拉弯杆长细比太大时,会产生下列不利影响:

①在运输和安装过程中,可能因刚度小而造成弯曲。

②使用期间会因自重或横向荷载作用明显下垂。

③在动力影响下发生过大的振动。因此传统标准对轴心拉杆、轴心压杆、拉弯杆和压弯杆,规定其长细比不超过容许长细比,这不是承载能力要求,而是正常使用极限状态的要求。

GB 50017—2017 及其先前版本都是基于此认识,对各种受力特点的拉、压杆规定了长细比限值。但值得注意的是,欧洲标准 EN 1993 没有这种限值,从美国标准各版本的演变过程来看,也逐渐淡化长细比限值。虽然欧洲标准取消这种限值的原因有待进一步研究,但陈绍蕃在《钢构件容许长细比刍议》一文中提出的观点值得我们深思。

(5)变形限值。中国和苏联标准的规定较为具体,数值也很相近;其他国家则相对较粗或只做原则性的规定。GB 50017—2017 给出了建议的受弯构件挠度容许值(表 6-1)和立柱水平位移容许值(表 6-2)。

EN 1993 的早期版本将容许挠度值分为在全部荷载作用下的$[v]$(对起拱构件,在挠度中应减去起拱度)和仅在可变荷载作用下的$[v_Q]$两种情况,容许挠度的经验值为:屋面梁,$[v_T]=l/250\sim l/200$,$[v_Q]=l/300\sim l/250$,屋面上人时较严;楼板梁,$[v_T]=l/250$,$[v_Q]=l/350\sim l/300$(抹灰梁);主梁,$[v_T]=l/400$,$[v_Q]=l/500$,当$[v_T]>l/250$时将影响观感;对悬臂梁,限值中的

l 为悬臂长度的 2 倍。上述限值一般由业主、设计方和主管机构共同商定,可视具体情况进行调整。对吊车梁和行车梁,水平与竖向挠度的限值应根据吊车(或设备)的工作级别和使用情况确定。

考虑到变形限值与结构受力特点及使用要求有关,不同国家的限值变化较大,EN 1993 现行版本仅给出水平位移与挠度的计算方法与技术要求,但没有给出推荐值,具体限值由国家附件给出。

(6)其他技术要求。EN 1993-2 第 7.5 ~ 7.12 节中提出的综合正常使用极限状态要求,中欧标准都给出详细的规定与推荐,除共振之外,这些都不是钢桥特有的问题。因此,未做具体讨论。

第7章 紧固件、焊缝、连接与接缝

钢桥是由钢板、型钢等组合连接制成的基本构件,再由基本构件通过安装连接组成整体结构。连接在钢桥设计中占有重要的地位,连接设计应符合安全可靠、节省钢材、构造简单、制造安装方便等原则。

钢桥中部件的连接可采用焊接、螺栓连接和铆钉连接。板件间的连接应优先选用焊接,杆件或梁段之间的连接根据工程实际情况可选用完全焊接、完全螺栓连接或焊接与螺栓的混合连接;只有在焊接与螺栓连接难以实现的情况下才可采用铆钉连接。

7.1 螺栓、铆钉与销的连接

7.1.1 螺栓连接的分类

EN 1993-2 将连接分为以下五种主要类型:

(1)A 类:支承型。A 类为剪力连接,没有预应力,包含 4.6~10.9 级螺栓。因其具有较低的疲劳抗力和在重复振动作用下趋于松弛,建议 A 类连接不用于桥梁中永久结构。在承载能力极限状态时,螺栓剪力不应超过螺栓抗剪能力或设计支承抗力。

(2)B 类:正常使用极限状态时滑移约束。B 类为预应力 8.8 级或 10.9 级螺栓,预控张拉以防止正常使用极限状态时滑移。建议 B 类连接用于承载能力极限状态连接刚度的折减不重要时,桥梁结构的永久连接。一个典型例子是主梁接缝。承载能力极限状态时,螺栓剪力不应超过螺栓抗剪承载力或支承设计抗力。

(3)C 类:承载能力极限状态时滑移约束。C 类为预应力 8.8 级或 10.9 级,预控张拉以防止承载能力极限状态时滑移。推荐 C 类连接用于承载能力极限状态时连接刚度非常重要的情形及桥梁结构的永久连接。例如支撑构件连接,此时支撑刚度影响主梁翼缘承载能力极限状态时的屈服抗力。承载能力极限状态时,螺栓剪力不应超过螺栓抗剪承载力或设计支承抗力。要求支承抗力验算作为自动防故障装置,以防连接(比如螺栓安装)错误。

(4)D 类:与非预应力螺栓连接。D 类螺栓为 4.6~10.9 级,处无预应力受拉状态。不推荐 D 类螺栓用于桥梁结构的永久连接。

(5)E 类:具有预应力 8.8 级的或 10.9 级的螺栓连接。E 类螺栓为 8.8 级或 10.9 级螺栓,抗拉。

A、B 和 C 类为剪力连接,D 和 E 类为拉伸连接。

EN 1993 对螺栓连接的规定更细致,它结合外部约束、螺栓等级、预应力以及结构外部接触环境等方面对螺栓进行分类,详见表 7-1。

欧洲标准螺栓分类　　表 7-1

螺栓分类	外部约束	螺栓等级	是否有预应力和外部接触环境
支承型(A)		4.6~10.9 级	无
正常使用极限状态下的滑移约束(B)	剪力	8.8 级或者 10.9 级	有
承载能力极限状态下的滑移约束(C)		8.8 级或者 10.9 级	有
D	拉伸	4.6~10.9 级	无
E		8.8 级或者 10.9 级	有

JTG D64—2015 中的螺栓连接按材料强度分为:普通螺栓连接和高强度螺栓连接。对于主要受力结构,应采用高强度螺栓摩擦型连接;对于次要构件、结构构造性连接和临时连接,可以采用普通螺栓连接。

钢桥采用的普通螺栓形式为大六角头型普通螺栓,其代号用字母 M 与公称直径(mm)表示。根据螺栓的加工精度,普通螺栓分为 A、B、C 三级,各等级普通螺栓性能见表 7-2。

普通螺栓特性　　表 7-2

类别	钢材	强度等级	孔径类别	孔径差(mm)	加工精度	受力	使用范围
A 级和 B 级螺栓	优质碳素钢 35 号钢 45 号钢	5.6 级 8.8 级	Ⅰ类孔	0.3 左右	精度高, 尺寸精确	抗剪、 抗拉均好	主要应用于构件精度很高的结构
C 级螺栓	普通碳素钢 Q235	4.6 级 4.8 级	Ⅱ类孔	1.5~3.0	粗糙, 尺寸不准确	抗拉好, 抗剪差	承受拉力的安装连接; 次要结构的受剪连接; 可拆卸或临时连接

注:A 级、B 级区别在于,仅尺寸不同,A 级直径 $d \leq 24$mm,长度 $L \leq 150$mm;B 级螺栓直径 $d > 24$mm,长度 $L > 150$mm。

7.1.2 螺栓与铆钉的孔位

EN 1993-2 给出螺栓最大与最小允许间距和端部与边缘的允许距离的详细规则,见表 7-3。最小间距为保证相邻螺栓孔不致相互干扰;最大间距保证连接板之间不致分离。

最大、最小间距,端距和边缘距离　　表 7-3

距离与间距(图 7-1)	最小	最大(1)(2)(3)		
		由符合 EN 10025 标准的钢材组成的结构,除符合 EN 10025-5 的钢材之外		由符合 EN 10025-5 标准的钢材组成的结构
		暴露于自然或其他腐蚀影响的环境	不暴露于自然或其他腐蚀影响的环境	无防护使用
端距 e_1	$1.2d_0$	$4t+40$mm		$8t$ 或 125mm 中的较大者
端距 e_2	$1.2d_0$	$4t+40$mm		$8t$ 或 125mm 中的较大者
槽孔中距离 e_3	$1.5d_0$(4)			
槽孔中距离 e_4	$1.5d_0$(4)			
间距 p_1	$2.2d_0$	$14t$ 或 200mm 中的较小者	$14t$ 或 200mm 中的较小者	$14t_{min}$ 或 175mm 中的较小者
间距 $p_{1,0}$		$14t$ 或 200mm 中的较小者		
间距 $p_{1,i}$		$28t$ 或 400mm 中的较小者		
间距 p_2(5)	$2.4d_0$	$14t$ 或 200mm 中的较小者	$14t$ 或 200mm 中的较小者	$14t_{min}$ 或 175mm 中的较小者

(1)除下述情形外,间距、边缘和端距的最大值没有限定:
①避免局部屈服,并且设防护的暴露受压构件。
②设防护的暴露受拉构件。
(2)紧固件间受压平板的局部屈服抗力应按 EN 1993-1-1 计算,取屈服长度为 $0.6p_1$。若 $p_1/t < 9\varepsilon$,则不必检验紧固件间的局部屈服。边缘距离不应超过外凸受压构件的局部屈服要求,参见 EN 1993-1-1。端距不受此要求影响。
(3)t 为连接件外围较薄板的厚度。
(4)槽形孔的尺寸限制见参考标准:第 7 组。
(5)对于紧固件排间交错布置的情形,最小直线距离 $p_2 = 1.2d_0$,假设任何两紧固件间的最小距离 L 大于或等于 $2.4d_0$,参见图 7-1b)。

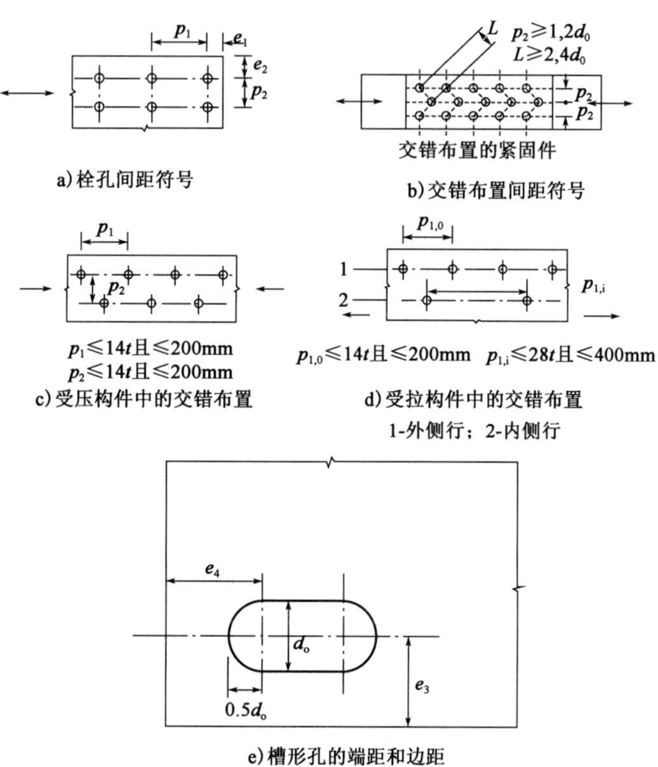

图7-1 端距、边缘距离和栓孔间距符号

JTG D64—2015 中关于螺栓或铆钉的布设与允许间距的规定如下：

(1)螺栓或铆钉的布置应使其与构件的轴线对称，避免偏心。高强度螺栓或铆钉的容许间距应符合表7-4的规定。

螺栓或铆钉的容许间距 表7-4

尺寸名称	方向		构件应力种类	容许间距	
				最大	最小
栓、钉中心间距	沿对角线方向		拉应力或压应力	—	$3.5d_0$
	靠边行列			$7d_0$ 和 $16t$ 之中的较小者	$3d_0$
	中间行列	垂直内力方向		$24t$	
		顺内力方向	拉应力	$24t$	
			压应力	$16t$	

注：1. d_0 为螺栓或铆钉的孔径，t 为栓(或铆)各部分中外层较薄钢板或型钢厚度。

2. 表中所列"靠边行列"系指沿板边一行的螺栓或铆钉线；对于角钢，距角钢背最近一行的螺栓或铆钉线也作为"靠边行列"。

3. 有角钢镶边的翼肢上交叉排列的螺栓或铆钉，其靠边行列最大中心间距可取 $14d_0$ 或 $32t$ 中的较小者。

4. 由两个角钢或两个槽钢中间夹以垫板(或垫圈)并用螺栓或铆钉连接组成的构件，顺内力方向的螺栓(或铆钉)之间的最大中距，对于受压或受压-拉构件规定为 $40r$，但不应大于 160mm；对于受拉构件规定为 $80r$，但不应大于 240mm。其中 r 为一个角钢或槽钢平行于垫板或垫圈所在平面轴线的回转半径。

(2)钉、栓中心顺内力方向或沿螺栓对角线方向至边缘的最大距离应不大于 8mm 或 120mm 中的较小者(t 是栓或铆各部分中外侧钢板或型钢厚度，mm)；顺内力方向或沿螺栓对角线方向至边缘的最小距离应不小于 $1.5d_0$，垂直内力方向则至少不小于 $1.3d_0$(d_0 为栓或钉孔的直径)。

(3)位于主要构件上的螺栓或铆钉直径，不应大于角钢肢宽的1/4。

(4)高强度螺栓孔应采用钻成孔，孔径 D 与高强度螺栓公称直径 d 的对应关系应符合表7-5的规定。

孔径 D 与高强度螺栓公称直径 d 的对应关系　　表 7-5

螺栓直径 d(mm)	18	20	22	24	27	30
螺栓孔径 D(mm)	20	22	24	27	30	33

(5)铆钉最大铆合的厚度不宜大于钉孔直径的 4.5 倍。如用双铆钉枪、冲击式风顶或马蹄形铆钉机铆合时,则铆合的厚度可增至钉孔直径的5.5 倍。超过上述厚度时,每加厚 2mm,铆钉数量增加 1%。

比较表 7-3 和表 7-4 可以看出,中国标准中的最大、最小间距都比欧洲标准中推荐的值大。

7.1.3 螺栓与铆钉的设计抗力

1)螺栓抗剪承载力

EN 1993-2 给出标准净孔距螺栓每一剪切面的抗剪承载力:

$$F_{v,Rd} \leqslant \frac{\alpha_v f_{ub} A}{\gamma_{M2}} \tag{7-1}$$

式中:α_v——转换螺栓材料的极限拉应力为最大允许剪应力时的系数,对于 4.6 级、5.6 级和 8.8 级螺栓,$\alpha_v=0.6$;对于 4.8 级、5.8 级、6.8 级和 10.9 级螺栓,$\alpha_v=0.5$;

f_{ub}——螺栓材料极限抗拉强度;

A——螺栓通过剪切破坏平面的拉伸面积,等于总面积(A)还是螺纹面积(A_s),取决于剪切平面是否跨越螺栓的有螺纹或无螺纹段,在未指定螺纹长度时,建议使用螺纹面积 A_s;

γ_{M2}——螺栓受剪时的分项系数,为国家定义参数,推荐值为 1.25。

2)支座中的螺栓

螺栓支座抗力:

$$F_{b,Rd} \leqslant \frac{k_1 \alpha_b f_u \mathrm{d}t}{\gamma_{M2}} \tag{7-2}$$

式中:f_u——板材料的极限抗拉强度;

α_b——折减系数,α_b 为 α_d f_{ub}/f_u 和 1.0 三者中的最小值,在荷载传递方向:端部螺栓:$\alpha_d=e_1/3d_0$,内螺栓:$\alpha_d=\frac{p_1}{3d_0}-\frac{1}{4}$;

k_1——考虑横向撕裂的系数,垂直于荷载传递方向,边缘螺栓:取 $2.8\frac{e_2}{d_0}-1.7$ 或 2.5 之间的较小值;内螺栓:取 $1.4\frac{p_2}{d_0}-1.7$ 或 2.5 之间的较小值;对于仅有一排螺栓的单搭接缝,抗力不应超过 $1.5f_u\mathrm{d}t/\gamma_{M2}$。

3)螺栓抗拉承载力

螺栓抗拉承载力:

$$F_{t,Rd} \leqslant \frac{k_2 f_{ub} A_s}{\gamma_{M2}} \tag{7-3}$$

式中:k_2——系数,对沉头螺栓取 0.63,其他取 0.9。

4)螺栓连接的抗冲切力

EN 1993-2 要求使用 $0.6f_u$ 的抗剪力对受拉螺栓母板进行抗冲切验算。母板冲切抗力为:

$$B_{P,Rd} = \frac{0.6\pi d_m t_p f_u}{\gamma_{M2}} \tag{7-4}$$

式中：$d_m=\frac{d_{points}+d_{flats}}{2}$，如图 7-2 所示；

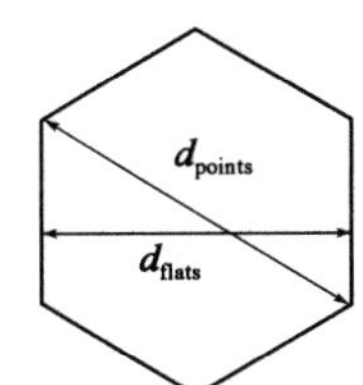

图 7-2 六边形螺栓栓头/螺母

t_p——母板厚；

f_u——母板极限抗拉强度。

5）拉剪组合

拉剪组合相互作用采用下列公式：

$$\frac{F_{v,Ed}}{F_{v,Rd}}+\frac{F_{t,Ed}}{1.4F_{t,Rd}}\leqslant 1.0 \tag{7-5}$$

式中：$F_{v,Ed}$——承载能力极限状态时每根螺栓的设计剪力；

$F_{v,Rd}$——每根螺栓的设计抗剪承载力；

$F_{t,Ed}$——承载能力极限状态时每根螺栓的设计拉力；

$F_{t,Rd}$——每根螺栓的设计抗拉承载力。

应注意的一点是，拉伸可能具有一定程度的调整，直至受剪螺栓张拉至发挥其全部抗剪承载力。

6）沉头螺栓与铆钉

EN 1993-2 也给出了沉头螺栓与铆钉的适用范围。因为很少使用，在此不予讨论。

JTG D64—2015 中要求普通螺栓、锚栓和铆钉连接应按下列规定计算：

（1）在普通螺栓或铆钉受剪的连接中，每个普通螺栓或铆钉的承载力设计值应取受剪和受压承载力设计值中的较小者。

①受剪承载力设计值：

普通螺栓
$$N_{vd}^{b}=n_v\frac{\pi d^2}{4}f_{vd}^{b} \tag{7-6}$$

铆钉
$$N_{vd}^{r}=n_v\frac{\pi d^2}{4}f_{vd}^{r} \tag{7-7}$$

②受压承载力设计值：

普通螺栓
$$N_{cd}^{b}=d\sum t\cdot f_{cd}^{b} \tag{7-8}$$

铆钉
$$N_{cd}^{r}=d_0\sum t\cdot f_{cd}^{r} \tag{7-9}$$

式中：n_v——受剪面数目；

d——螺栓杆直径；

d_0——铆钉孔直径；

$\sum t$——在不同受力方向中各个受力方向承压构件总厚度的较小值；

f_{vd}^{b}、f_{cd}^{b}——螺栓的抗剪和承压强度设计值；

f_{vd}^{r}、f_{cd}^{r}——铆钉的抗剪和承压强设计值。

（2）在普通螺栓、锚栓或铆钉杆轴方向受拉的连接中，每个普通螺栓、锚栓或铆钉的承载力设计值应按下列公式计算：

普通螺栓
$$N_{td}^{b}=n_v\frac{\pi d_e^2}{4}f_{td}^{b} \tag{7-10}$$

锚栓
$$N_{td}^{a}=n_v\frac{\pi d_e^2}{4}f_{td}^{a} \tag{7-11}$$

铆钉
$$N_{td}^{r}=n_v\frac{\pi d_0^2}{4}f_{td}^{r} \tag{7-12}$$

式中：d_e——螺栓或锚栓在螺纹处的有效直径；

f_{td}^{b}、f_{td}^{a}、f_{td}^{r}——普通螺栓、锚栓和铆钉的抗拉强度设计值。

（3）同时承受剪力和杆轴方向拉力的普通螺栓和铆钉，应分别符合下列公式的要求：

普通螺栓
$$\gamma_0\sqrt{\left(\frac{N_v}{N_{vd}^{b}}\right)^2+\left(\frac{N_t}{N_{td}^{b}}\right)^2}\leqslant 1 \tag{7-13}$$

$$\gamma_0 N_v \leqslant N_{cd}^b \tag{7-14}$$

铆钉

$$\gamma_0 \sqrt{\left(\frac{N_v}{N_{vd}^r}\right)^2 + \left(\frac{N_t}{N_{td}^r}\right)^2} \leqslant 1 \tag{7-15}$$

$$\gamma_0 N_v \leqslant N_{cd}^r \tag{7-16}$$

式中：N_v、N_t——普通螺栓或铆钉所承受的剪力和拉力；

N_{vd}^b、N_{td}^b、N_{cd}^b——普通螺栓的受剪、受拉和孔壁受压承载力设计值；

N_{vd}^r、N_{td}^r、N_{cd}^r——铆钉的受剪、受拉和孔壁受压承载力设计值。

对照中欧标准的规定，对于普通螺栓和铆钉的设计抗力的计算，两套标准主要差异在于：

(1)计算连接件承载力时，JTG D64—2015 公式中没有涉及折减系数，EN 1993-2 中对于承受不同荷载的连接件计算时需不同程度的折减。

(2)计算拉剪组合连接件承载力时，JTG D64—2015 计算公式是二次式，而 EN 1993-2 计算公式为一次式，连接件实际上主要承受剪切力，为了保证拉力在作用过程中得到调整，欧洲标准在计算公式中加入了折减系数，该折减系数的大小是抗拉力因子的 5/7。

(3)计算连接件抗剪承载力时，JTG D64—2015 公式使用的是抗剪强度设计值，而 EN 1993-2 的公式需考虑材料分项系数。

(4)计算连接件支承抗力时，JTG D64—2015 考虑抗压承载力，并取抗压承载力或抗剪承载力中的较小者作为计算依据；而 EN 1993-2 将连接件的破坏类比于板材孔壁破坏，将支承抗力作为计算依据。

7.1.4 螺栓组

EN 1993-2 允许设计人员通过计算每一扣件抗力之和得出成组扣件的抗力，假设每一扣件 $F_{v,Rd} > F_{b,Rd}$。因为支座破坏是延性的，允许连接器间的力重分布；螺栓剪切破坏具有较小的延性。如果不能满足上述要求，扣件组的抗力必须取扣件数与最弱扣件抗力的乘积。大多数情况下，扣件的支承抗力大于剪切抗力，因此后者必须满足条件。

螺栓与铆钉的抗力计算，中欧标准并不相同，主要差异表现在以下几点：

(1)材料分项系数，中国标准则直接使用抗剪强度设计值。

(2)支承抗力。欧洲标准中考虑孔壁支承抗力计算，而中国标准还同时考虑螺栓的受压承载力，这从破坏机理的认识方面就存在差异。欧洲标准认为板材支承壁破坏等于螺栓连接破坏，以板材的强度为控制因素，中国标准则取受剪承载力和受压承载力中的较小值。

(3)抗冲切计算。欧洲标准对受拉螺栓母板进行抗冲切计算，但中国标准没有考虑这种因素。

(4)拉剪组合承载力计算式也不同。欧洲标准用的是一次式，中国标准使用的是二次式。值得注意的是，欧洲标准中将抗拉力因子除以 1.4 的系数，这主要是考虑拉剪组合作用过程中拉力有所调整，以受剪承载力为主。

(5)各种承载力计算式中，欧洲标准均乘以不同程度的折减系数，中国标准却没有。

7.1.5 长缝

EN 1993-2 要求由螺栓排的长度 L_j 大于 $15d$ 导出的总抗力乘以折减系数 β_{Lf}。β_{Lf}的取值按下式计算：

$$\beta_{Lf} = 1 - \frac{L_j - 15d}{200d}, \text{要求 } 0.75 \leqslant \beta_{Lf} \leqslant 1.0 \tag{7-17}$$

这种折减适用于连接板中纵向应变的分布不同于长度分布的情形，也适用于板中全部力传递至另一板或跨过连接长度的板的情形。但不适用于腹板与装配式格梁翼缘之间的螺栓连接，这种格梁传递纵向剪力，不同的连接部分具有相同的纵向应变分布。

GB 50017—2017 考虑的折减系数 η 按下式计算：

$$\eta = 1.1 - \frac{l_1}{150d_0} \geqslant 0.7 \tag{7-18}$$

式中：l_1——连接长度；

d_0——螺栓孔公称直径。

7.1.6 使用8.8级和10.9级螺栓装配抗滑连接

7.1.6.1 抗滑力

EN 1993-2 给出预应力 8.8 级或 10.9 级螺栓设计抗滑力 $F_{s,Rd}$的计算式：

$$F_{s,Rd} = \frac{k_s n\mu}{\gamma_{M3}} F_{p,c} \tag{7-19}$$

式中：k_s——螺栓孔尺寸系数，对于标准尺寸的螺栓孔，系数为 1，对于更大尺寸的孔，系数值小于 1，见表 7-6；

n——摩擦界面数；

$F_{p,c}$——螺栓预应力，$F_{p,c}0.7f_{ub}A_s$；

μ——摩擦面的摩擦系数，取 0.5、0.4、0.3、0.2，取决于摩擦面是否分别为 A、B、C 或 D 类，EN 1090 中定义摩擦面的类型如下：

A 类：表面喷砂，除锈，无斑，已有证明表面喷砂与铝合金、表面喷砂与镀锌合金能提供不小于 0.5 的滑动系数；

B 类：表面喷砂，涂铝锌硅酸漆，以产生厚 50 ~ 80μm 的覆盖层；

C 类：表面用金属丝或火焰清理、除锈；

D 类：表面没有处理。

γ_{M3}——EN 1993-2 推荐的承载能力极限状态的分项系数，$\gamma_{M3} = 1.25$。正常使用时，推荐值为 1.1。螺栓滑移可能导致预应力损失，因此对未来的使用荷载工况抗滑力应折减。泊松比效应也可能导致受拉连接板厚度折减，反过来，缩短螺栓并且降低预应力。

k_s 的取值 表 7-6

描　　述	k_s
标准尺寸螺栓	1.0
垂直于荷载传递方向存在较短槽形孔或尺寸过大孔的螺栓	0.85
垂直于荷载传递方向存在较长槽形孔的螺栓	0.7
平行于荷载传递方向存在较短槽形孔的螺栓	0.76
平行于荷载传递方向存在较长槽形孔的螺栓	0.63

7.1.6.2 拉伸与剪切组合

当存在外部拉伸作用时，将导致连接板之间夹制力的折减，而不是螺栓自身强度的提高。这是因为穿过厚度方向板的刚度大于螺栓的刚度，模型如图 7-3 所示。螺栓拉力略有增加。折减后的抗滑力为：

$$F_{s,Rd} = \frac{k_s n\mu (F_{p,c} - 0.8F_{t,Ed})}{\gamma_{M3}} \tag{7-20}$$

式中：$F_{t,Ed}$——正常使用状态或承载能力极限状态 B 类或 C 类表面的作用拉力。

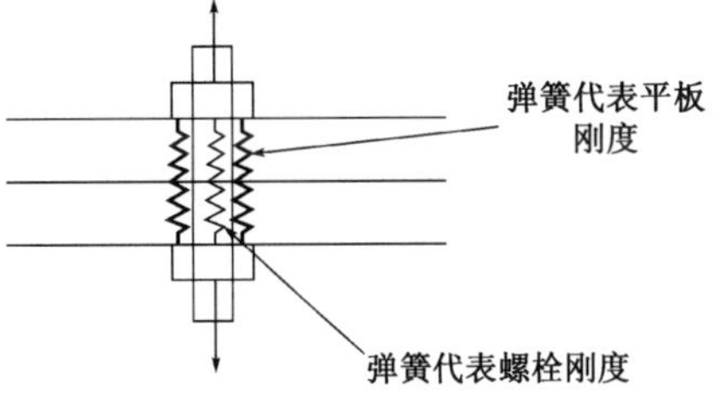

图 7-3 与外部拉伸连接的预应力刚度模型

0.8 的系数考虑外部拉力导致螺栓中力的增加，而不是整体降低跨越平板的夹制力。低于保守值1.0的系数,使用时应谨慎。

在应用上述结论时,一般不需考虑撬力,因为松开平板夹制作用的螺栓拉力的增加由远离螺栓夹制平板的大小相等、方向相反的压力平衡。然而,当抗滑考虑撬力时,存在两种情形:

(1)如果计算中假设的结合面没有延伸至整体端板的面积,在压缩撬动反力作用下发挥的摩擦力不可能平衡螺栓摩擦力的损失。在此情形中,计算 $F_{t,Ed}$ 时包含撬力是合理的,除非已确定相关折减系数。

(2)如果撬力作用导致螺栓力超过螺栓预应力(或近似等于外部拉力加超过预应力的撬力),可能因塑性产生预应力松弛。在此情形中,计算 $F_{t,Ed}$ 时包含撬力以考虑预应力损失是合理的。

JTG D64—2015 中要求,高强度螺栓摩擦型连接应按下列规定计算:

①在抗剪连接中,每个高强度螺栓的承载力设计值应按下式计算:

$$N_{vd}^{b}=0.9n_f\mu p_d \tag{7-21}$$

式中:n_f——传力摩擦面数目;

μ——摩擦面的抗滑移系数,除另有试验值外,μ 按表7-7取值;

p_d——高强度螺栓的预拉力。

摩擦面的抗滑移系数 表7-7

在连接处构件接触面的分类	μ
没有浮锈且经喷丸处理或喷铝的表面	0.45
涂抗滑型无机富锌漆的表面	0.45
没有轧钢氧化皮和浮锈的表面	0.45
喷锌的表面	0.40
涂硅酸锌漆的表面	0.35
仅涂防锈底漆的表面	0.25

②在螺栓杆轴方向受拉的连接中,每个高强度螺栓的承载力设计值取 $N_{td}^{b}=0.8p_d$。

③当高强度螺栓摩擦型连接同时承受摩擦面间的剪力和螺栓杆轴方向的外拉力时,其承载力应按下式计算:

$$\gamma_0\left(\frac{N_v}{N_{vd}^{b}}+\frac{N_t}{N_{td}^{b}}\right)\leqslant 1 \tag{7-22}$$

式中:N_v、N_t——高强度螺栓所承受的剪力和拉力;

N_{vd}^{b}、N_{td}^{b}——高强度螺栓的受剪、受拉承载力设计值。

比较式(7-19)与式(7-21)可以看出,中欧标准考虑的因素不同,欧洲标准考虑螺栓孔尺寸的折减系数,摩擦系数分A、B、C、D四类,分别取0.5、0.4、0.3、0.2;中国标准则统一取0.45。

拉伸与剪力组合作用下抗力计算式(7-20)与式(7-22)也不完全相同。中国早期《钢结构设计规范》(GBJ 17—1988)使用与式(7-20)形式相同的公式 $N_v{}^{b}=0.9n_f\mu(P-1.25N_t)$,后改为式(7-22)的形式,这两种形式没有本质区别,只是中欧标准各项的取值有较大差异。

7.1.6.3 复合连接

复合连接包括螺栓、焊接与其他构件连接。在此情形中,EN 1993-2 要求连接器具有更大的刚度以承担所有荷载。这意味着焊接缝刚度非常大,即使存在螺栓,焊接缝将承担整体荷载。然而,EN 1993-1-8 第3.9.3(1)条允许3类螺栓连接分担焊缝荷载(前提是螺栓在焊接完成后被拉紧),因为非滑移螺栓连接本身具有较大的刚度。

复合型连接分为摩擦型连接高强度螺栓与焊缝的混合连接和高强度螺栓与铆钉的混合连接两种类型。

(1)高强度螺栓与焊缝的混合连接(栓—焊连接),国内外已进行过较多的试验研究。如图7-4所示为试验结果之一,其中图a)为试件,图b)为承载力曲线。试验证明,高强度螺栓与侧面角焊缝混合连接的承载力近似等于焊缝承载力与螺栓抗滑移阻力之和。

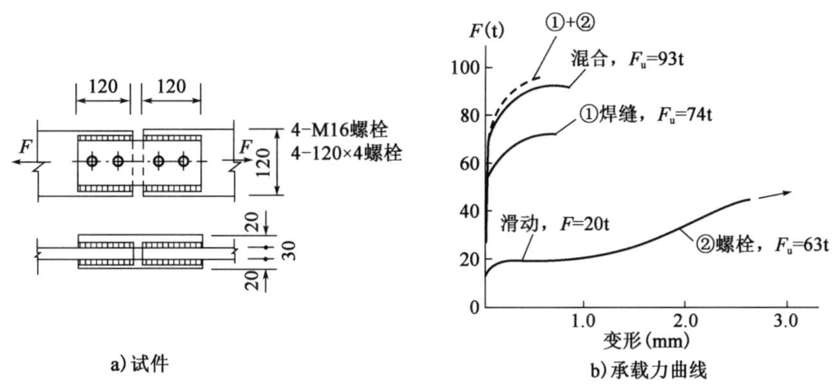

图7-4　栓-焊接头的试验结果(尺寸单位:mm)

为可靠计,高强度螺栓与侧面角焊缝的混合连接,其承载力可取下列承载力设计值中的较小者:

①0.9(焊缝+摩擦型连接高强度螺栓)。

②焊缝+0.62摩擦型连接高强度螺栓。

由于正面角焊缝的刚度较大,与高强度螺栓联合工作不够协调,所以混合连接中不宜采用正面角焊缝。如在加固工程中不得已采用时,则以焊缝承受全部内力。

栓-焊混合连接的承载力不可能达到焊缝承载力与承压型连接高强度螺栓承载力之和的程度。除非螺栓杆与孔眼直径基本相同,加载之初螺杆就与孔壁直接接触。但是此种接头很不经济,一般不用。

(2)高强度螺栓与铆钉的混合连接

在新设计的结构中,不会在同一接头采用高强度螺栓与铆钉的混合连接。但是在既有铆接结构的修复和加固中,常会遇到用高强度螺栓替换部分铆钉,使它们共同受力。

由于铆接和高强度螺栓连接的荷载-变形曲线很近似,试验证明,混合接头的极限强度接近于两者单独受力的极限强度之和(图7-5)。

研究表明,用高强度螺栓代替同一接头中的部分铆钉,不但能共同受力,疲劳强度也有所提高。如果在长接头中用高强度螺栓代替端部铆钉,疲劳强度提高得更为显著。因为长接头端部紧固件内力较大,采用高强度螺栓对疲劳更为有利。

考虑到混合连接的使用经验不足,计算方法也不够成熟,中国标准中没有反映,暂时不推荐用于新设计的结构中。在既有结构的补强和加固中使用时,可考虑原有连接只承受恒荷载,新加连接承受活荷载。

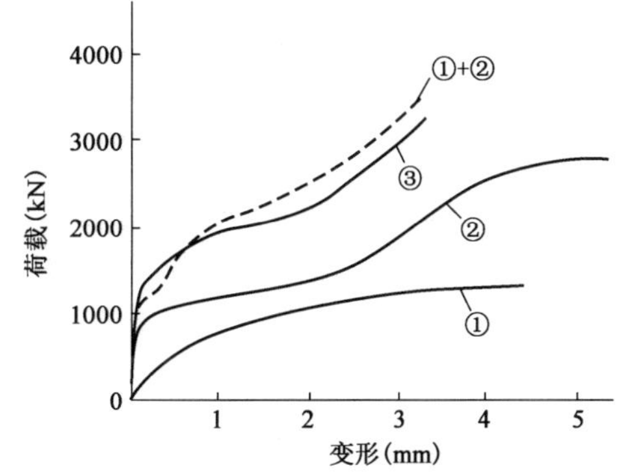

图7-5　栓-铆混合连接

①2×ϕ425铆钉;②2×4M24(10.9S)高强螺栓;③2×ϕ425铆钉+2×4M24(10.9S)高强螺栓

7.1.7　紧固件孔的折减

EN 1993-2要求钢构件设计中应扣除螺栓孔的面积。

7.1.7.1　抗块状撕裂设计

除前述构件净截面验算外,也可能在构件端部连接处发生“块状撕裂”破坏。这包括螺栓组的局部撕裂，包括剪切与拉伸破坏面。图7-6给出典型的情形。螺栓组占有连接构件相对较小面积的情形，这种破坏很可能起控制作用。

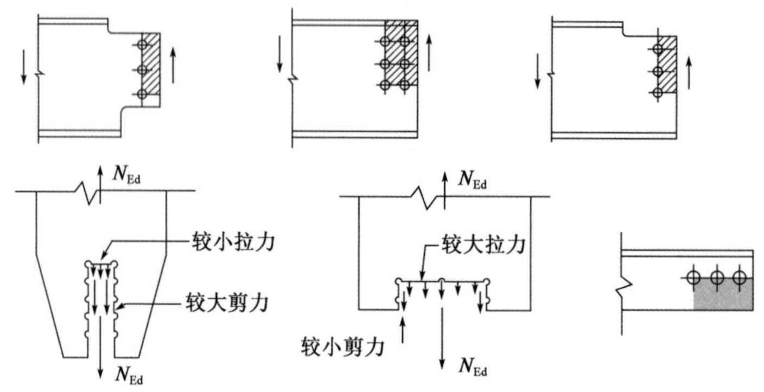

图7-6　块状撕裂

EN 1993-2 规定：

对于承受轴心荷载的对称螺栓组，块状撕裂抗力 $V_{eff,1,Rd}$ 由下式计算：

$$V_{eff,1,Rd} = f_u A_{nt}/\gamma_{M2} + (1/\sqrt{3}) f_y A_{nv}/\gamma_{M0} \tag{7-23}$$

式中：A_{nt}——承受拉力的净截面面积；

A_{nv}——承受剪力的净截面面积。

对于承受偏心荷载的螺栓组，块状撕裂抗力 $V_{eff,1,Rd}$ 由下式计算：

$$V_{eff,2,Rd} = 0.5 f_u A_{nt}/\gamma_{M2} + (1/\sqrt{3}) f_y A_{nv}/\gamma_{M0} \tag{7-24}$$

GB 50017—2017 将这部分内容归结为连接节点板件的计算。

连接节点处板件在拉、剪作用下的强度应按下式计算：

$$\frac{N}{\Sigma(\eta_i A_i)} \leqslant f \tag{7-25}$$

$$\eta_i = \frac{1}{\sqrt{1 + 2\cos^2\alpha_i}} \leqslant f \tag{7-26}$$

式中：N——作用于板的拉力；

A_i——第 i 段破坏面的截面积，$A_i = tl_i$；当为螺栓（或铆钉）连接时，应取净截面面积；

t——板件厚度；

l_i——第 i 破坏段的长度，应取板件中最危险的破坏线的长度（图7-7）；

η_i——第 i 段的拉剪折算系数；

α_i——第 i 段破坏线与拉力轴线的夹角。

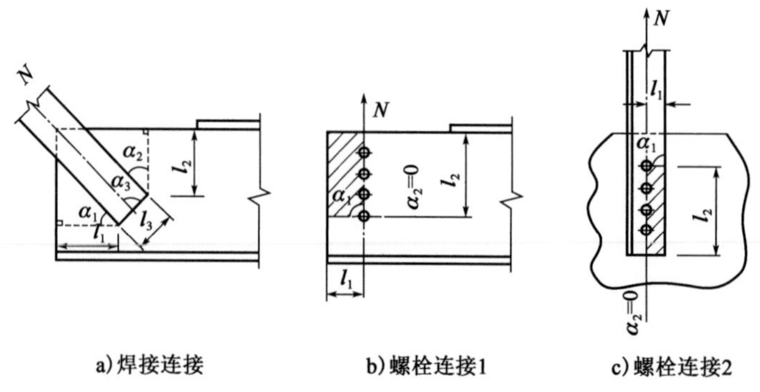

图7-7　板件的拉、剪撕裂

桁架节点板（杆件为轧制T形和双板焊接T形截面者除外）的强度除可按公式(7-25)计算外，也可用有效宽度法按下式计算：

$$\sigma = \frac{N}{b_e t} \leqslant f \tag{7-27}$$

式中：b_e——板件的有效宽度（图7-8），当用螺栓连接时，应减去孔径，孔径应取比螺栓（或铆钉）标称尺寸大4mm。

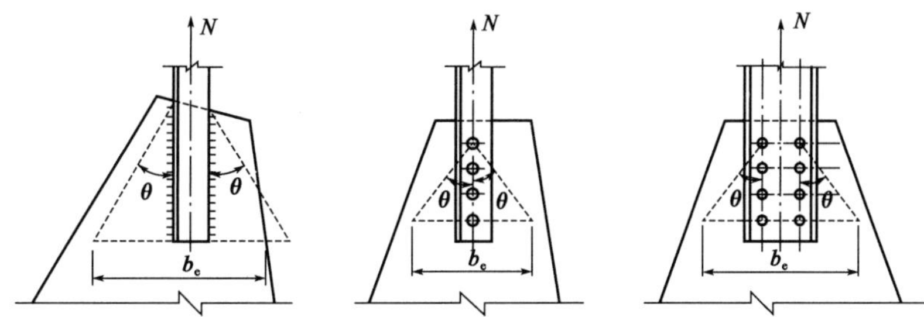

图7-8 板件的有效宽度

θ-应力扩散角，焊接及单排螺栓时可取30°，多排螺栓时可取22°

7.1.7.2 单肢角钢连接和其他非对称受拉连接构件

计算设计抗力时，应考虑节点、螺栓间距和边缘距离的偏心影响。比如：

（1）非对称构件。

（2）对称构件的非对称连接，如单肢角钢连接。

EN 1993-2 规定：

如图7-9所示，单肢单排单角钢受拉连接可视为整个有效净截面承受轴心荷载，极限抗力应按下式计算：

1根螺栓
$$N_{u,Rd} = \frac{2.0(e_2 - 0.5d_0)tf_u}{\gamma_{M2}} \tag{7-28}$$

2根螺栓
$$N_{u,Rd} = \frac{\beta_2 A_{net} f_u}{\gamma_{M2}} \tag{7-29}$$

3根螺栓
$$N_{u,Rd} = \frac{\beta_3 A_{net} f_u}{\gamma_{M2}} \tag{7-30}$$

式中：β_2、β_3——折减系数，取决于p_1，见表7-8，对应p_1的中间值，β可线性插值求得；

A_{net}——角钢净面积，对于不等边角钢，A_{net}应取等效净面积。

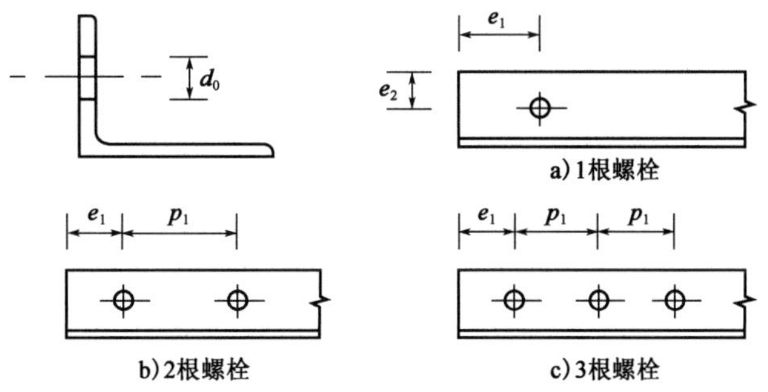

图7-9 单肢角钢连接

折减系数β_2和β_3 表7-8

间距p_1	$\leqslant 2.5d_0$	$\geqslant 5.0d_0$
2肢螺栓β_2	0.4	0.7
3肢及以上β_3	0.5	0.7

对应欧洲标准中的非对称受拉连接构件，GB 50017—2017没有专门指定计算抗力的方法，只是原则规定轴向受力构件的螺栓或铆钉连接接头，在下列情况下连接板上的栓（或钉）数量应按以下规定增大：

(1) 杆件的肢与节点板偏心连接,且这些肢在连接范围内无缀板相连或杆件的肢仅有一面有拼接板时,其栓(或钉)总数应增大10%。

(2)对于铆接杆件截面的个别部分不用连接板直接连接,其连接铆钉数应予增加,隔一层板增加10%;隔两层板或两层板以上时增加20%。

(3)当隔着填板连接时,连接铆钉数应增加10%;但如填板在顺受力方向伸出连接范围之外有一排铆钉时,则连接板上的铆钉可不予增加。

7.1.8 撬力

在用于承担拉力的端板连接(特别是未加强端板)中常出现撬力。这种连接在桥梁荷载作用下易产生疲劳破坏,因此,任何时候都应避免。本质上讲,有两种极端情形:

(1)翼缘板螺栓线上没有弯矩,通常为非常厚的翼缘板,这时没有撬力。

(2)翼缘板螺栓线上有完全塑性弯矩,通常为非常薄的翼缘板,这时给出最大撬力。

图7-10a)、b)显示了这两种极端情形。F_T 为外部拉力,$\Sigma F_T/2$ 为螺栓线上一组螺栓力之和,Q 为作用于所考虑螺栓上的总撬力。

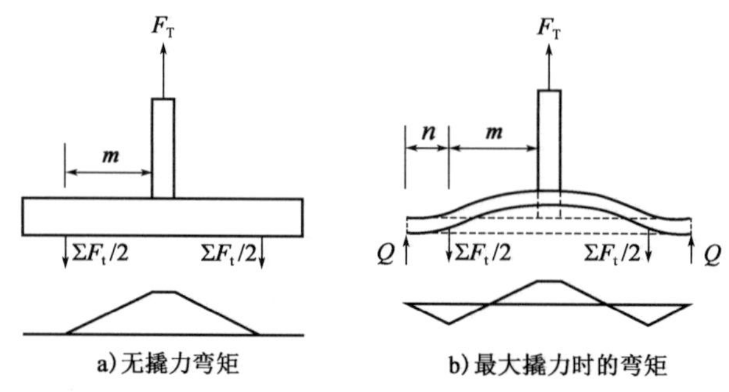

图7-10　有撬力和无撬力的翼缘连接

EN 1993-2 给出验算这种连接的极限抗拉力方法,这种连接隐含允许撬力的存在。端板构造抗力必须考虑螺栓组和单排螺栓破坏的最小抗力。因此,力 Q、F_T 与 $\Sigma F_T/2$ 可恰当作用于单排螺栓或螺栓组。然而,在其他方面的验算中,这种方法不允许确定拉力作用下的撬力。

1)禁止出现撬力

抗力为防止图7-10a)情形出现的翼缘破坏的最小值:

$$F_{T,Rd}=\frac{2M_{pl,Rd}}{m}\qquad(模式1、2)\tag{7-31}$$

式中:$M_{pl,Rd}$——翼缘整个有效长度的塑性抗力;

$F_{T,Rd}$——连接抗力。

或因螺栓破坏,给出:

$$F_{T,Rd}=\Sigma F_{t,Rd}\qquad(模式3)\tag{7-32}$$

式中:$\Sigma F_{t,Rd}$——连接有效长度范围内所有螺栓的抗拉力。

有效长度应按 EN 1993-1-8 的表6.4 ~ 表6.6 计算。连接抗力取决于螺栓组与单排螺栓破坏的最小值。图7-11 显示了典型屈服机制导出有效长度的方法。

2)允许出现撬力

抗力确定为翼缘在根部与螺栓线上破坏时的最小值,以防图7-11b)的情形出现:

$$F_{T,Rd}=\frac{4M_{pl,Rd}}{m}\qquad(模式1)\tag{7-33}$$

由螺栓破坏给出:

$$F_{T,Rd}=\Sigma F_{t,Rd}\qquad(模式3)\tag{7-34}$$

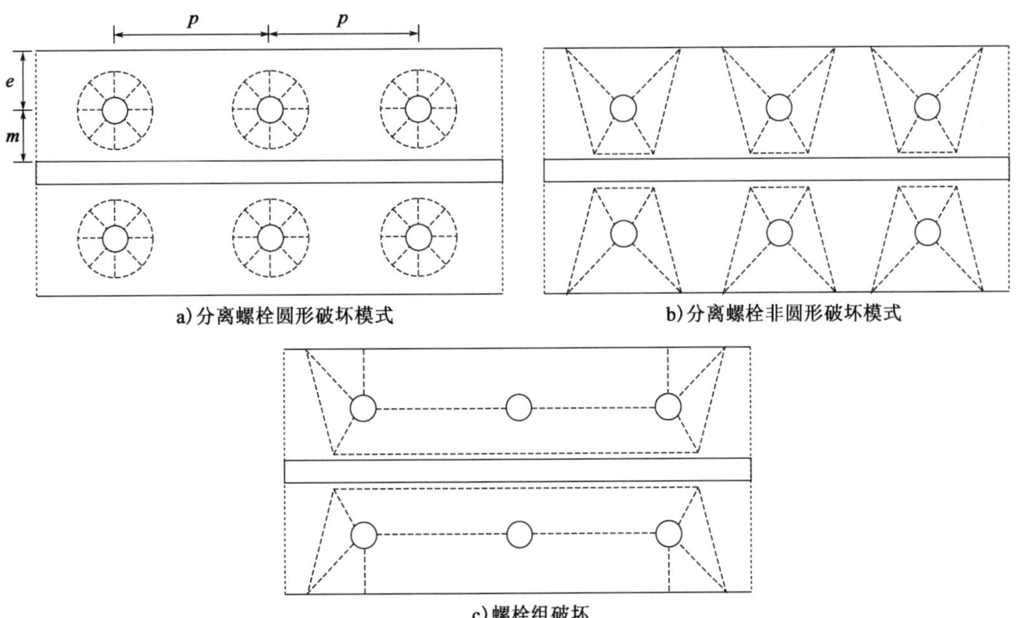

图 7-11 T形树桩有效长度推导时所用典型屈服线模式

或翼缘根部与螺栓(模式 2)同时破坏。在后一种情况下,撬力 $Q=0.5(\sum F_{t,Rd}-F_T)$,因此,根部弯矩为:

$$M_{pl}=\frac{F_{T,Rd}m}{2}-0.5(\sum F_{t,Rd}-F_{T,Rd})n \tag{7-35}$$

因此连接破坏荷载为:

$$F_{T,Rd}=\frac{2M_{pl}+n\sum F_{t,Rd}}{m+n} \tag{7-36}$$

式中:M_{pl}——翼缘整个长度的塑性抗力,其值必须计算。

桥梁不适宜使用具有撬力的构造连接,推荐连接应设计成 EN 1993-1-8 的表 6.2 中所列"无撬力"类型。某些撬力是难以避免的,因为翼缘的刚度不可能无限大。

中国标准没有定量计算撬力的方法,只是在螺栓抗拉强度的设计值中予以考虑,例如 4.6 级普通螺栓(Q235 钢制作),取抗拉强度设计值为 $f_t^b=0.8f=0.8\times215=170$(MPa),这相当于考虑撬力 $Q=0.25N$。一般来说,只要按构造要求取翼缘厚度 $t\geqslant20$mm,而且螺栓距离不要过大,这种简化处理是可靠的。

7.1.9 承载能力极限状态时连接件间力的分配

桥梁中弯矩作用下焊缝或螺栓不允许出现塑性变形。EN 1993-2 要求单个扣件弯矩连接中的力,按力与其旋转中心的距离呈线性分布的假设进行计算。因此,需按由格梁腹板承担的弹性弯矩,进行梁腹板接缝螺栓组设计,采用例 7-1 进行说明。C 类连接因滑移被约束不能满足塑性分析所要求的"延性"。A 类或 B 类连接抗力小于支座抗力,也不能使用塑性分析,因为螺栓剪切破坏同样不能提供足够的力重新分配所需的延性。EN 1993-1-8 对振动或荷载出现反号的情形也禁止塑性分析,大多数桥梁为这种情形。

JTG D64—2015 中规定:荷载在紧固件或焊缝的分布按弹性分析,内力分配采用以下假定确定:

(1)在承担设计轴向力方面,所有的紧固件、所有的焊缝均依其强度进行分配。

(2)在承担力矩方面,各紧固件或各条焊缝所分担的力正比于其距连接形心的距离。

比较而言,欧洲标准有条件允许塑性分析,但建议最好不要进行承载能力极限状态塑性分析,中国标准明确规定只允许进行弹性分析。内力分配原则都是按距连接中心的距离比例分配的。

7.1.10 销接

7.1.10.1 一般规定

EN 1993-2 规定：

(1)凡销可能变松的部位，应确保安全。

(2)不要求旋转的销接可设计成单栓连接，前提是销的长度小于 3 倍销的直径。

(3)在销接构件中，含销孔柔性构件的几何形状应满足表 7-9 中的尺寸要求。

(4)销接布置应避免偏心，并且应有足够的空间分担连接构件荷载。

销接构件的几何形状与尺寸要求 表 7-9

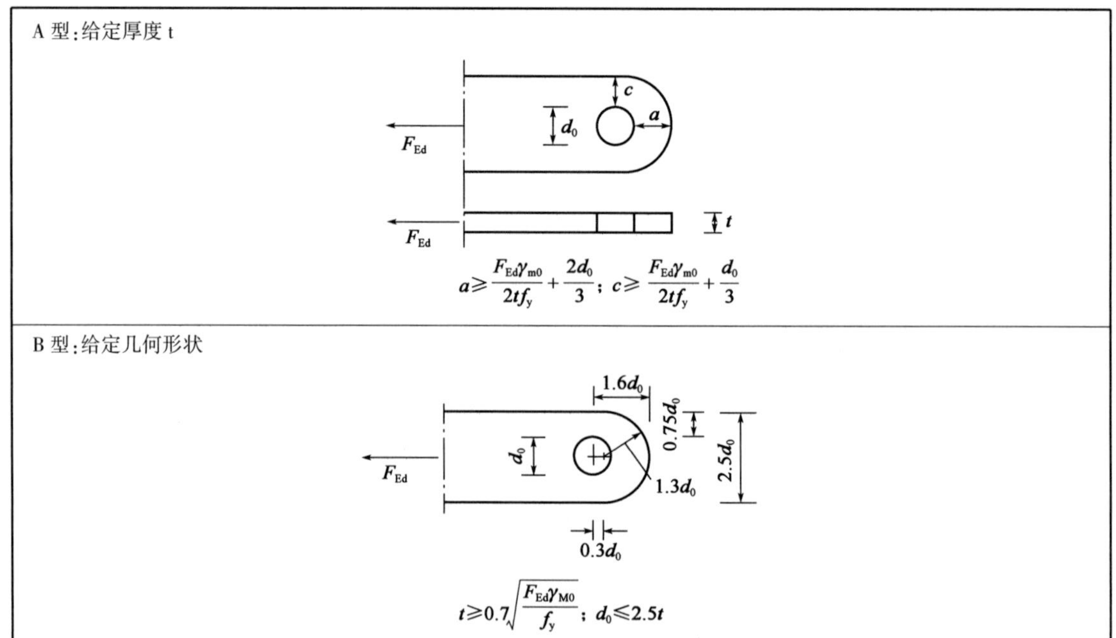

A 型：给定厚度 t

$$a \geqslant \frac{F_{Ed}\gamma_{m0}}{2tf_y} + \frac{2d_0}{3};\ c \geqslant \frac{F_{Ed}\gamma_{m0}}{2tf_y} + \frac{d_0}{3}$$

B 型：给定几何形状

$$t \geqslant 0.7\sqrt{\frac{F_{Ed}\gamma_{M0}}{f_y}};\ d_0 \leqslant 2.5t$$

7.1.10.2 销钉设计

EN 1993-2 规定：

(1)实心圆柱销的设计要求见表 7-10。

(2)销中弯矩应以被连接部件形成简支进行计算。通常假设销间和连接件之间的反力沿连接长度均匀分布，如图 7-12 所示。

(3)如果销设计成可替换的，接触面承载力应满足：

$$\sigma_{h,Ed} \leqslant f_{h,Rd} \tag{7-37}$$

$$\sigma_{h,Ed} = 0.591\sqrt{\frac{EF_{Ed,ser}(d_0 - d)}{d^2 t}} \tag{7-38}$$

$$F_{h,Ed} = 2.5f_y/\gamma_{M6,ser} \tag{7-39}$$

式中：d——销的直径；

d_0——销孔直径；

$F_{Ed,ser}$——正常使用极限状态标准荷载组合条件下，支承传递力的设计值。

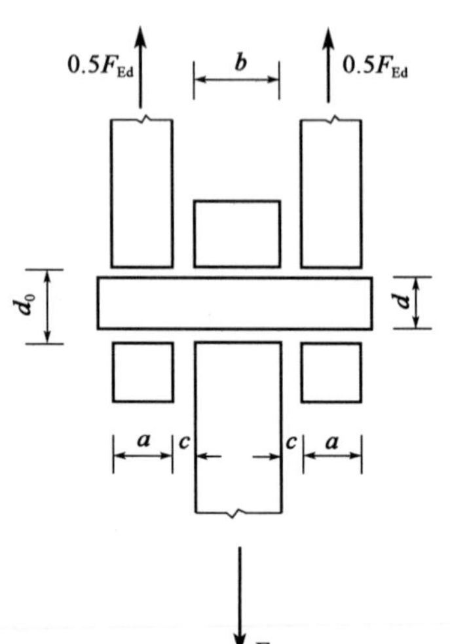

$$M_{Ed} = \frac{F_{Ed}}{8}(b+4c+2a)$$

图 7-12 销中弯矩

销连接设计准则　　表 7-10

破坏模式	设计要求
销的抗剪承载力	$F_{v,Rd}=0.6Af_{up}/\gamma_{M2}\geqslant F_{v,Ed}$
板与销的支承抗力 如果销设计成可替换的，这一要求也应满足	$F_{b,Rd}=1.5tdf_y/\gamma_{M0}\geqslant F_{b,Ed}$ $F_{b,Rd,ser}=0.6tdf_y/\gamma_{M6,ser}\geqslant F_{b,Ed,ser}$
销的抗弯承载力 如果销设计成可替换的，这一要求也应满足	$M_{Rd}=1.5W_{el}f_{yp}/\gamma_{M0}\geqslant M_{Ed}$ $M_{Rd,ser}=0.8W_{el}f_{yp}/\gamma_{M6,ser}\geqslant M_{Ed,ser}$
销的弯剪组合承载力	$\left(\frac{M_{Ed}}{M_{Rd}}\right)^2+\left(\frac{F_{v,Ed}}{F_{v,Rd}}\right)^2\leqslant 1$
d-销的直径； f_y-销与连接部件设计强度的下限值； f_{up}-销抗拉强度的极限值； f_{yp}-销的屈服强度； t-连接件的厚度； A-销的截面积	

JTG D64—2015 规定：

（1）销接的接头作用力按被连接杆件的实际内力计算。无论受压或受拉的销接构件，均应按扣除销孔的净截面计算。节点销子应计算孔壁承压应力、承受弯曲的销子可按简支梁近似计算，并假定各集中力作用在与销相接触的各板条的轴线上。当销的长度大于直径的 2 倍时，对承受挠曲的销可按简支梁进行近似计算，并假定各集中力作用在和销接触的各板条的轴向上。

（2）销接接头中，带销孔的受拉构件，其销孔各部尺寸应满足下列规定：

①垂直杆轴方向并通过销孔中心的净截面积应比构件计算所需的净截面大 40%。

②由杆端到销孔边的截面积不应小于构件计算的截面积。

③当销钉直径为 12mm 及以下时，销钉孔直径与销钉直径之差不得大于 0.5mm，当销钉直径大于 12mm 时，销钉孔直径与销钉直径之差不得超大 0.8mm。

销体精加工部分的长度，应比被连接的杆件两外侧面间的距离长 6mm 以上。销的两端必须使用帽形螺母或带垫圈的螺母。

例 7-1：平板格梁螺栓接缝设计

如图 7-13 所示为平板格梁螺栓接缝设计。所有板为 EN 10025 中 S355 级，装配者预期所有扣件使用总体 8.8 级 M24HSFG 螺栓。接缝处承载能力极限状态（ULS）与正常使用极限状态（SLS）的设计数据如下：

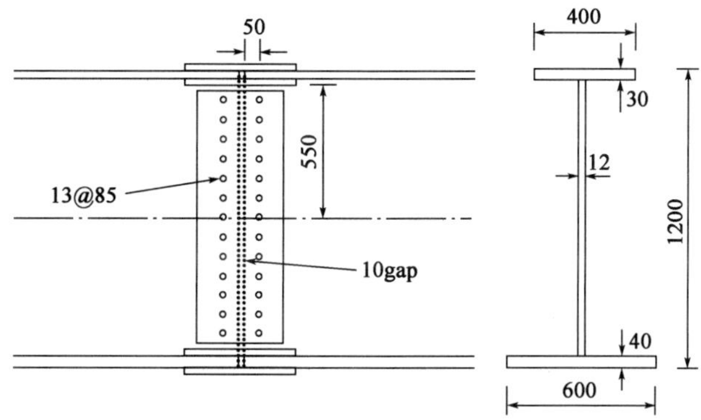

图 7-13　例 7-1 中的梁截面（尺寸单位：mm）

	ULS	SLS
弯矩(kN·m)	1222	870
剪力(kN)	1000	710
截面模量 W,相对顶部翼缘中心(mm^3)	1.755×10^7	1.755×10^7
截面模量 W,相对腹板顶端(mm^3)	1.792×10^7	1.792×10^7
截面模量 W,相对腹板底部(mm^3)	3.007×10^7	3.007×10^7
截面模量 W,相对底部翼缘中心(mm^3)	2.871×10^7	2.871×10^7

解:1)按 EN 1993-2 设计

(1)计算 ULS 与 SLS 时的螺栓抗力。

因为螺栓滑移暗示 ULS 时并不是问题的关键,螺栓可设计成 B 类。

(2)ULS 时螺栓摩擦抗力。

$$F_{s,Rd,ser}=\frac{k_s n\mu}{\gamma_{M3}}F_{p,c}$$

式中,$k_s=1.0$;$n=2$(处于双面剪力螺栓);$\mu=0.50$;$\gamma_{M3}=1.1$;$F_{p,c}$ 为预应力,$F_{p,c}=0.7f_{ub}A_s$。

使用预应力 8.8 级螺栓,$f_{ub}=800\text{MPa}$,M24 螺栓,$A_s=358\text{mm}$,有:

$$F_{p,c}=0.7\times800\times358\times10^{-3}=200.5(\text{kN})$$

因此:

$$F_{s,Rd,ser}=\frac{1.0\times2\times0.5\times200.5}{1.1}=182.3(\text{kN})$$,ULS 时双面剪

(3)每一剪切面的抗剪承载力。

ULS 时螺栓可能发生滑移的情形,必须进行 ULS 螺栓抗剪承载力验算。

$$F_{v,Rd}=\frac{\alpha_v f_{ub}A}{\gamma_{M2}}$$

式中,$\alpha_v=0.6$;$f_{ub}=800\text{MPa}$;A 为螺纹面积,$A=358\text{mm}^2$,M24 螺栓;$\gamma_{M2}=1.25$;$F_{v,Rd}=\frac{0.6\times800\times358}{1.25}=137.5(\text{kN})$,每一剪切面。

因螺栓处于双面受剪,剪切面为 2。螺栓抗剪承载力 $=2\times F_{v,Rd}=274.8\text{kN}$。

(4)最小螺栓间距。

边缘距离:

$e_1=e_2=1.2d_0=1.2\times26\text{mm}$,孔径 $=31.2\text{mm}$

使用最小边缘距离 40mm,最小端距离 50mm。

排距:

$p_1=2.2d_0=2.2\times26\text{mm}$,孔径 $=57.2\text{mm}$

$p_2=2.2d_0=2.4\times26\text{mm}$,孔径 $=62.4\text{mm}$

选用螺栓间距 75mm。

(5)螺栓孔壁支承抗力。

$$F_{b,Rd}\leqslant\frac{k_1\alpha_b f_u dt}{\gamma_{M2}}$$

式中,α_b 为 α_d f_{ub}/f_u 或 1.0 三者之中的最小值;f_{ub} 为螺栓极限强度,$f_{ub}=800\text{MPa}$;f_u 为平板极限强度,$f_u=490\text{MPa}$(EN 10025);d 为螺栓直径(24mm);t 为抵抗支承应力平板厚度,对于双面受剪螺栓,t 等于母板厚度的较小者或母板任意侧覆盖板的总厚度。$\frac{f_{ub}}{f_u}=\frac{800}{490}=1.63$。

对于端部螺栓 $\alpha_d = \frac{e_1}{3d_0} = \frac{50}{3 \times 26} = 0.64$。

对于内部螺栓 $\alpha_d = \frac{p_1}{3d_0} - \frac{1}{4} = \frac{75}{3 \times 26} - \frac{1}{4} = 0.71$。

k_1 为2.5或$2.8\frac{e_2}{d_0} - 1.7$二者中的较小值，对于边缘螺栓，$2.8 \times \frac{40}{26} - 1.7 = 2.61$，因此$k_1 = 2.5$。

k_1 为2.5或$1.4\frac{p_2}{d_0} - 1.7$二者中的较小值，对于内螺栓，$1.4 \times \frac{75}{26} - 1.7 = 2.34$，因此$k_1 = 2.34$。对于所有螺栓，保守性地取$\alpha_b$与$k_1$分别为0.64和2.34。

假设12mm厚覆盖板，腹板接缝的支承抗力受腹板厚度的控制：

$$F_{b,Rd} = \frac{2.34 \times 0.64 \times 490 \times 24 \times 12}{1.25} = 169(\text{kN})$$

因此，腹板中螺栓承载能力极限状态抗力 = 169kN（支承极限）。

可以看出，承载能力极限状态为腹板接缝的关键，因为承载能力极限状态支承抗力实际上小于正常使用极限状态抗滑力。通过提高端距达到SLS极限是可能的，但本例中没有这么做。通过检查，对于翼缘而言，支承并不是关键因素，因为母板更厚。然而，本例中，为简便计，翼缘螺栓数也由承载能力极限状态确定，使用与腹板相同的支承抗力。

（6）翼缘螺栓。

顶部翼缘中由螺栓传递的力 $= \frac{1222 \times 10^6 \times 12000}{1.755 \times 10^7} = 836(\text{kN})$

要求的螺栓数 = 836/169 = 4.7，顶部翼缘最少选用5根螺栓。

由底部翼缘传递的力 $= \frac{1222 \times 10^6 \times 24000}{2.871 \times 10^7} = 1022(\text{kN})$

要求的螺栓数 = 1022/169 = 6.04，底部翼缘中6根螺栓正好合适。

（7）腹板螺栓。

布设如图7-10所示螺栓（注意垂直间距略大于支承抗力计算中假设的值，但这并没改变ULS是问题关键的结论）。

外螺栓：$Z = \frac{\sum z^2}{z_{max}} = \frac{2 \times (85^2 + 170^2 + 255^2 + 340^2 + 425^2 + 510^2)}{510} = 2578(\text{mm})$

腹板顶部ULS应力 $= -\frac{1222 \times 10^6}{1.792 \times 10^7} = -68.2(\text{MPa})$

腹板底部ULS应力 $= -\frac{1222 \times 10^6}{3.007 \times 10^7} = 40.6(\text{MPa})$

腹板中的轴力：

$N_{web} = 0.5 \times (68.2 - 40.6) \times 1130 \times 2 = 187(\text{kN})$

腹板中的弯矩：

$$M_{web} = \frac{0.5 \times (68.2 + 40.6) \times 1130^2 \times 12}{6} = 139(\text{kN} \cdot \text{m})$$

外层腹板螺栓中最大水平力：

$$\frac{M_{腹板}}{Z_{螺栓}} + \frac{V_{腹板} \cdot e_{螺栓}}{Z_{螺栓}} + \frac{N_{腹板}}{N_{0,螺栓}} = \frac{139 \times 10^3}{2578} + \frac{1000 \times (50 + 5)}{2578} + \frac{187}{13} = 89.6(\text{kN})$$

腹板螺栓中垂直力 $= \frac{V_{腹板}}{N_{0,螺栓}} = \frac{1000}{13} = 76.9(\text{kN})$

最大螺栓合力等于垂直力与水平力的矢量合 $= \sqrt{89.6^2 + 76.9^2} = 118(\text{kN}) < 169\text{kN}$

腹板与拉伸翼缘中覆盖板与母板均应在螺栓孔处进行净截面检查、拉伸翼缘应进行净截面检查、块状撕裂检查。因此推荐对腹板与覆盖板进行净截面弯剪验算。如果保守性地完全扣除螺栓孔的面积，腹板净截面特性为：

$A=9540\text{mm}^2, W=1.790\times10^6\text{mm}^3$

$$腹板中最大 ULS 时的纵向应力=\frac{139\times10^6}{1.790\times10^6}+\frac{187\times10^3}{9504}=97(\text{MPa})$$

$$ULS 时的剪应力=\frac{1000\times10^3}{9504}=105(\text{MPa})$$

使用 EN 1993-1-1 第 6.1 节规定的 Von Mises 等效应力准则进行应力验算：

$$\left(\frac{\sigma_{x,Ed}}{f_y/\gamma_{M0}}\right)^2+3\left(\frac{\tau_{Ed}}{f_y/\gamma_{M0}}\right)^2=\left(\frac{97}{335/1.0}\right)^2+3\left(\frac{105}{355/1.0}\right)^2=0.34\leqslant1.0$$

因此，腹板是恰当的。覆盖板也应进行类似的验算。

2）按 GB 50017—2017 设计

结构中所有的板件拟采用 Q390 级钢，扣件总体使用 8.8 级 M24 螺栓。在承载力极限状态下承受的弯矩 1222kN · m，剪力 1000kN。

采用摩擦型高强螺栓时，单个螺栓的抗剪承载力设计值为：

两面摩擦传力，摩擦面抗滑移系数为 0.5，一个高强度螺栓的预拉力为 175kN。

$N_v^b=0.9n_f\mu P=0.9\times2\times0.5\times175=157.5(\text{kN})$

摩擦型高强螺栓连接是单纯靠被连接构件间接触面的摩擦阻力传递剪力，而完全不考虑栓杆的抗剪和孔壁承压传力，以剪力等于摩擦力为承载力的极限状态。

所以 $N_{min}^b=N_v^b=157.5\text{kN}$。

（1）翼缘螺栓。

顶部翼缘中由螺栓传递的力：

$$F_1=\frac{1222\times10^6\times12000}{1.755\times10^7}=836(\text{kN})$$

要求的螺栓数 $n=836/157.5=5.3$，顶部翼缘最少选用 6 根螺栓。

拼接板厚度取 8mm，在满足螺栓布置间距的条件下，螺栓沿翼缘宽度 400mm 布置一列共 6 根螺栓。

$$净截面验算：由于高强螺栓，N'=N\left(1-\frac{0.5n_1}{n}\right)=836\times\left(1-0.5\times\frac{6}{6}\right)=418(\text{kN})$$

上翼缘板宽 400mm，厚 30mm，两个面拼接板总厚度小于翼缘厚度。

净截面积：

$A_n=t(b-n_1d_0)=16\times(400-6\times25)=4000(\text{mm}^2)$

$$\sigma=\frac{N'}{A_n}=\frac{418\times10^3}{4000}=104.5(\text{N/mm}^2)<f=350\text{N/mm}^2$$

满足条件，顶部翼缘的拼接板和螺栓布置合理。

$$由底部翼缘传递的力：F_2=\frac{1222\times10^6\times24000}{2.871\times10^7}=1022(\text{kN})$$

要求的螺栓数 $n=1022/157.5=6.4$，底部翼缘中至少 7 根螺栓。

螺栓沿底部翼缘宽度 600mm 布置一列，共 8 根螺栓。底部翼缘采用的拼接板厚度也是 8mm。

$$净截面验算：由于高强螺栓，N'=N\left(1-\frac{0.5n_1}{n}\right)=1022\times\left(1-0.5\times\frac{8}{8}\right)=511(\text{kN})$$

净截面积：$A_n=t(b-n_1d_0)=16\times(600-8\times25)=6400(\text{mm}^2)$

$$\sigma=\frac{N'}{A_n}=\frac{511\times10^3}{6400}=79.8(\text{N/mm}^2)<f=350\text{N/mm}^2$$

底部翼缘的拼接板及螺栓的布置合理。

(2)腹板中的螺栓。

腹板在承载力极限状态下承受的剪力 $V=1000\text{kN}$。

腹板中每个螺栓承受的垂直力为：$N_{1y}^{v}=\dfrac{V_{腹板}}{n_1}=\dfrac{1000}{13}=76.9(\text{kN})$

每个螺栓承受的水平力计算如下。

腹板顶部的应力为：$\sigma=-\dfrac{1222\times10^6}{1.792\times10^7}=-68.2(\text{MPa})$(压应力)

腹板底部的应力为：$\sigma=-\dfrac{1222\times10^6}{3.007\times10^7}=40.6(\text{MPa})$(拉应力)

腹板中的轴力为：$N=0.5\times(68.2-40.6)\times1130\times12=187(\text{kN})$

每个螺栓承受的轴力为：$N_{1x}^{N}=\dfrac{187}{n}=\dfrac{187}{13}=14.4(\text{kN})$

腹板螺栓群形心处的弯矩为：$M=\dfrac{0.5\times(68.2+40.6)\times1130^2\times12}{6}=139(\text{kN}\cdot\text{m})$

在弯矩作用下需计算出最外侧单个螺栓所承担的弯矩。

$y_1=510\text{mm}>3x_1=165\text{mm}$，螺栓布置在狭长带上，$\sum x^2$ 可忽略不计。

$\sum r^2=\sum x^2+\sum y^2=0+2\times(85^2+170^2+255^2+340^2+425^2+510^2)=1314780(\text{mm}^2)$

在弯矩作用下，最外侧螺栓产生的水平力为：

$$N_{1x}^{M}=\frac{My_1}{\sum r^2}=\frac{139\times10^3\times510}{1314780}=53.9(\text{kN})$$

弯矩作用下的垂直力可以忽略不计。

以上各力对螺栓来说都是剪力，故受力最大的螺栓的合力为：

$$N_1^{M,V,N}=\sqrt{(N_{1x}^{M}+N_{1x}^{N})^2+(N_{1y}^{M}+N_{1x}^{v})^2}=\sqrt{(53.9+14.4)^2+(0+76.9)^2}=102.85(\text{kN})$$

$N_1^{M,V,N}=102.85\text{kN}<N_v^b=157.5\text{kN}$，满足条件。

验算钢板净截面强度，沿腹板高度螺栓所在的截面最危险。由于腹板两侧的拼接板总厚度大于腹板厚度，在此先考虑腹板沿螺栓布置截面破坏的可能进行验算。

$$N'=N\left(1-\frac{0.5n_1}{n}\right)=187\times\left(1-0.5\times\frac{13}{13}\right)=93.5(\text{kN})$$

截面的净截面面积：$A_n=t(b-n_1d_0)=12\times(1100-13\times25)=9300(\text{mm}^2)$

与覆盖板相应的厚度取1100mm，腹板净高1300mm，由于覆盖板不能完全吻合。

$$I_n=\frac{12\times1100^3}{12}-12\times25\times2\times(85^2+170^2+255^2+340^2+425^2+510^2)$$

$$=9.37\times10^8(\text{mm}^4)$$

$$W_n=\frac{9.6\times10^8}{550}=1.70\times10^6(\text{mm}^3)$$

$$S_n=\frac{12\times1100^2}{6}-12\times25\times(85+170+255+340+425+510)=1884500(\text{mm}^3)$$

正应力为：

$$\sigma_{max}=\frac{N'}{A_n}+\frac{M}{W_n}=\frac{93.5\times10^3}{9300}+\frac{139\times10^6}{1.70\times10^6}=10.1+81.8=91.8(\text{N/mm}^2)<f=350\text{N/mm}^2$$

剪应力：

$$\tau_{max}=\frac{VS}{It}=\frac{1000\times10^3\times1884500}{9.37\times10^8\times12}=167.6(\text{N/mm}^2)<180\text{N/mm}^2$$

因为 σ_{max} 出现在钢材边缘，τ_{max} 出现在钢板中间，不必求折算应力。

腹板螺栓连接验算满足要求。可知拼接板也是安全的,无须进行验算。

7.2 焊接连接

7.2.1 几何形状与尺寸

EN 1993-2 引用 EN 1993-1-8 第 4.3 节给出的角焊、对焊、塞焊与喇叭形坡口焊接的几何形状与尺寸的详细说明。本书不做进一步的介绍。

7.2.2 填料焊

EN 1993-2 规定:

(1)填料焊时,填料应沿焊接件边缘进行裁剪。

(2)由填料分隔的两焊接件的厚度小于传力所需的焊缝长度时,要求的焊缝长度应根据填料厚度增加。

(3)由填料分隔的两焊接件的厚度等于或大于传力所需的焊缝长度时,焊缝连接的两部件均具有传递设计力的能力。

7.2.3 角焊的设计抗力

7.2.3.1 焊缝的有效长度

EN 1993-2 规定角焊缝长度为焊缝全长。实践中,焊接在熔化开始与结束时通常尺寸不足,设计时可从熔化段扣除 $2a$(a 为厚度),以考虑这种尺寸不足。EN 1993-2 要求结构焊缝有效长度至少大于 $6a$ 并且大于 30mm。

7.2.3.2 有效焊缝厚度

EN 1993-2 定义有效厚度 a 为最大三角形高度(等边或不等边),可在熔融面与焊接面范围内内接三角形、垂直三角形外侧起算,如图 7-14 所示。EN 1993-2 要求角焊仅用于熔融面形成60° ~ 120°角度的情形。然而,熔融面形成小于 60°角的情形,也可能将角焊设计为部分熔透对焊,焊缝厚度由焊接试验确定。要求这一限值是因为保证焊缝完全熔入根部有一定困难。

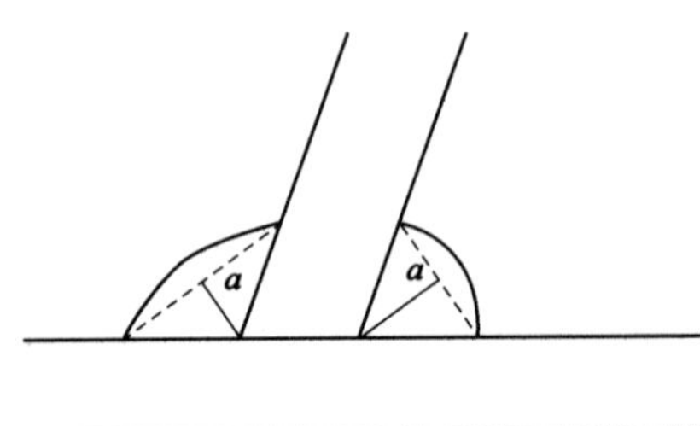

图 7-14　角焊的有效厚度

7.2.3.3 角焊抗力

任何受力情况的角焊缝,均可求得作用于其有效截面上的三种应力:垂直于有效截面的法向应力 $\sigma_{\perp}$,垂直于焊缝长度方向的剪应力$\tau_{\perp}$与沿焊缝长度方向的剪应力$\tau_{\parallel}$,见图 7-15。

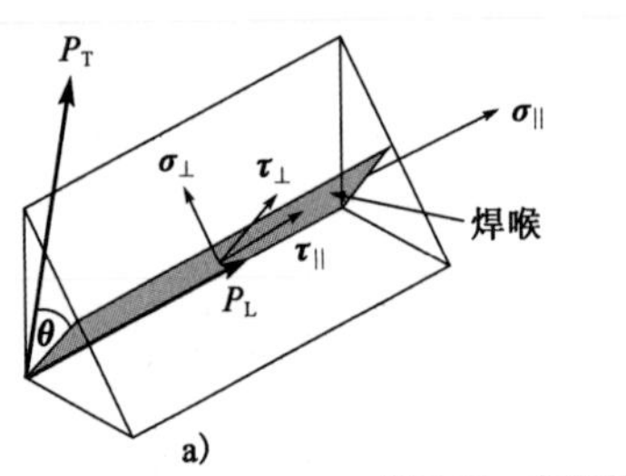

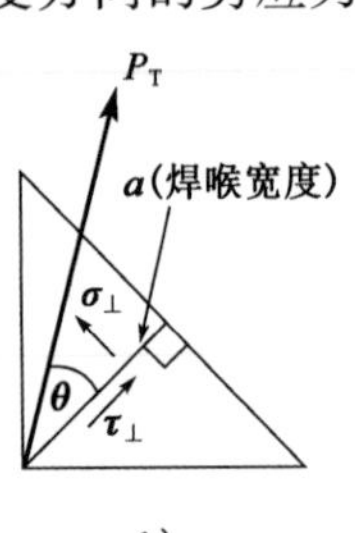

图 7-15　角焊符号

国际标准化组织(ISO)推荐,角焊缝的极限强度可用下式表达:

$$\frac{\sigma_{\perp}^2}{(f_u^w)^2}+\frac{\tau_{\perp}^2}{(0.75f_u^w)^2}+\frac{\tau_{\parallel}^2}{(0.75f_u^w)^2}\leqslant 1 \tag{7-40}$$

式中:f_u^w——焊缝熔敷金属的抗拉强度;

式(7-40)代表一个旋转椭球体,可改写为:

$$[\sigma_{\perp}^2+1.8(\tau_{\perp}^2+\tau_{\parallel}^2)]^{0.5}\leqslant f_u^w \tag{7-41}$$

式中的系数1.8是根据普通低碳钢的试验结果提出的。对其他钢种而言,这一系数比1.8更大,根据不同钢种的试验结果,此值在1.7~3.0之间。各国标准根据情况取不同的值。

EN 1993-2要求角焊应按下式计算:

$$[\sigma_{\perp}^2+3(\tau_{\perp}^2+\tau_{\parallel}^2)]^{0.5}\leqslant\frac{f_u}{\beta_w\gamma_{M2}},\text{且}\ \sigma_{\perp}\leqslant 0.9\frac{f_u}{\gamma_{M2}} \tag{7-42}$$

式中:$\sigma_{\perp}$——垂直焊缝厚度的正应力;

$\tau_{\perp}$——垂直于焊缝轴的剪应力(厚度平面内);

$\tau_{\parallel}$——平行于焊缝轴的剪应力(厚度平面内);

f_u——较弱结合部名义极限抗拉强度;

β_w——相关系数,由表7-11查得,焊接金属强度与母板强度相关。

角焊相关系数β_w 表7-11

标准与钢的等级			相关系数β_w
EN 10025	EN10210	EN10219	
S235 S235W	S235H	S235H	0.8
S275 S275N/NL S275M/ML	S275H S275NH/NL H	S275H S275NH/NLH S275NH/MLH	0.85
S355 S355N/NL S355M/ML S355W	S355H S355NH/NLH	S355H S355NH/NLH S355MH/MLH	0.9
S420N/NL S420M/ML		S420MH/MLH	1.0
S460N/NL S460M/ML S460 Q/QL/QL1	S460NH/NLH	S460NH/NLH S460MH/MLH	1.0

式(7-42)不适用于设计。首先假设焊缝尺寸,然后通过迭代计算验算。因此,由式(7-44)推导出一种替换焊缝设计公式,允许一步计算焊缝厚度。图7-15显示焊缝单位长度的合力。P_L为焊缝单位长度的纵向力,P_T为焊缝单位长度横向合力,θ为P_T与焊缝厚度面间的夹角。根据合应力矢量,厚度面上的应力为:

$$\sigma_{\perp}=\frac{P_T\sin\theta}{a}$$

$$\tau_{\perp}=\frac{P_T\cos\theta}{a}$$

$$\tau_{\parallel}=\frac{P_L}{a}$$

将上述各式代入式(7-36),得:

$$\left(\frac{P_{\mathrm{T}}^2\sin^2\theta}{\alpha^2}+\frac{3P_{\mathrm{T}}^2\cos^2\theta}{\alpha^2}+\frac{3P_{\mathrm{L}}^2}{\alpha^2}\right)^{0.5}\leqslant\frac{f_{\mathrm{u}}}{\beta_{\mathrm{w}}\gamma_{\mathrm{M2}}}$$

上式改写为:

$$\frac{1}{a}\left(\frac{P_{\mathrm{T}}^2}{K^2}+P_{\mathrm{L}}^2\right)^{0.5}=\frac{f_{\mathrm{u}}}{\sqrt{3}\beta_{\mathrm{w}}\gamma_{\mathrm{M2}}},\text{其中},K=\sqrt{\frac{3}{1+2\cos^2\theta}} \tag{7-43}$$

仍有必要验算:

$$\sigma_{\perp}=\frac{P_{\mathrm{T}}\sin\theta}{a}\leqslant\frac{f_{\mathrm{u}}}{\gamma_{\mathrm{M2}}} \tag{7-44}$$

对于加强肋的设计,可能指定支座装配以降低角焊要求的尺寸。

GB 50017—2017 要求角焊应按下式计算:

$$[\sigma_{\perp}^2+3(\tau_{\perp}^2+\tau_{||}^2)]^{0.5}=[\sigma_{\mathrm{f}}^2+3(\tau_{\mathrm{f}}^2)]^{0.5}\leqslant1.1f_{\mathrm{t}}^{\mathrm{w}} \tag{7-45}$$

式中:$f_{\mathrm{t}}^{\mathrm{w}}$——角焊缝强度设计值。

(1)直角角焊缝的强度计算。

①在通过焊缝形心的拉力、压力或剪力作用下:

正面角焊缝
$$\sigma_{\mathrm{f}}=\frac{N}{h_{\mathrm{e}}l_{\mathrm{w}}}\leqslant\beta_{\mathrm{f}}f_{\mathrm{t}}^{\mathrm{w}} \tag{7-46}$$

侧面角焊缝
$$\tau_{\mathrm{f}}=\frac{N}{h_{\mathrm{e}}l_{\mathrm{w}}}\leqslant f_{\mathrm{f}}^{\mathrm{w}} \tag{7-47}$$

②各种力综合作用下:

$$\sqrt{\left(\frac{\sigma_{\mathrm{f}}}{\beta_{\mathrm{f}}}\right)^2+\tau_{\mathrm{f}}^2}\leqslant f_{\mathrm{f}}^{\mathrm{w}} \tag{7-48}$$

式中:σ_{f}——按焊缝有效截面($h_{\mathrm{e}}l_{\mathrm{w}}$)计算,垂直于焊缝长度方向的应力;

τ_{f}——按焊缝有效截面($h_{\mathrm{e}}l_{\mathrm{w}}$)计算,沿焊缝长度方向的剪应力;

h_{e}——角焊缝的计算厚度,对直角角焊缝等于 $0.7h_{\mathrm{f}}$,h_{f} 为焊脚尺寸(图 7-16);

l_{w}——角焊缝的计算长度,对每条焊缝取其实际长度减 $2h_{\mathrm{f}}$;

$f_{\mathrm{f}}^{\mathrm{w}}$——角焊缝的强度设计值;

β_{f}——正面角焊缝的强度设计值增大系数,对承受静力荷载和间接承受动力荷载的结构,$\beta_{\mathrm{f}}=1.22$,对直接承受动力荷载的结构,$\beta_{\mathrm{f}}=1.0$。

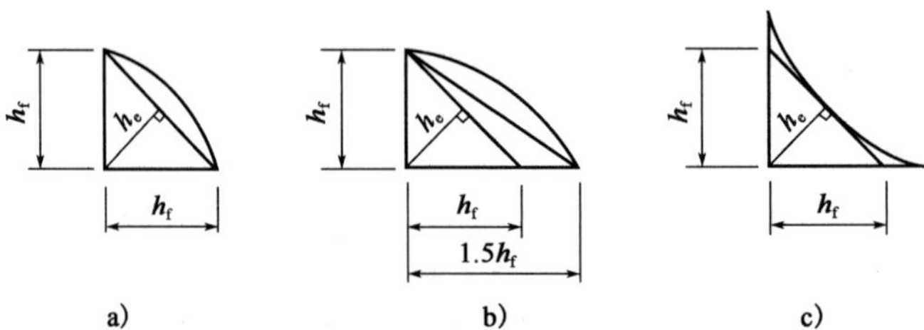

图 7-16 直角焊缝截面

(2)两焊脚边夹角 α 为 $60°\leqslant\alpha\leqslant135°$ 的 T 形接头,其斜角角焊缝的强度应按式(7-40)~式(7-42)计算,但取 $\beta_{\mathrm{f}}=1.0$,其计算厚度 h_{e} 应符合下列规定:

①当根部间隙 b、b_1 或 $b_2\leqslant1.5\mathrm{mm}$ 时,$h_{\mathrm{e}}=h_{\mathrm{f}}\cos(\alpha/2)$。

②当根部间隙 b、b_1 或 $b_2>1.5\mathrm{mm}$ 但 $\leqslant5\mathrm{mm}$ 时,$h_{\mathrm{e}}=\left[h_{\mathrm{f}}-\frac{b(\text{或 }b_1、b_2)}{\sin\alpha}\right]\cos\frac{\alpha}{2}$。

③当 $30°\leqslant\alpha\leqslant60°$ 或 $\alpha<30°$ 时,斜角角焊缝计算厚度 h_{e} 应按现行国家标准《钢结构焊接规

范》(GB 50661)的有关规定计算取值,参考图 7-17、图 7-18。

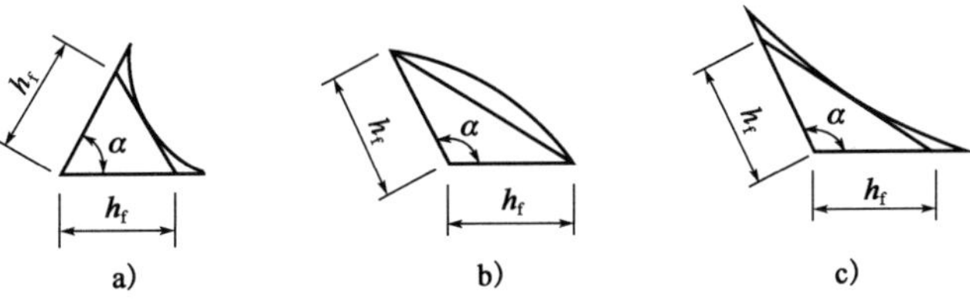

图 7-17　T 形接头的斜角角焊缝截面

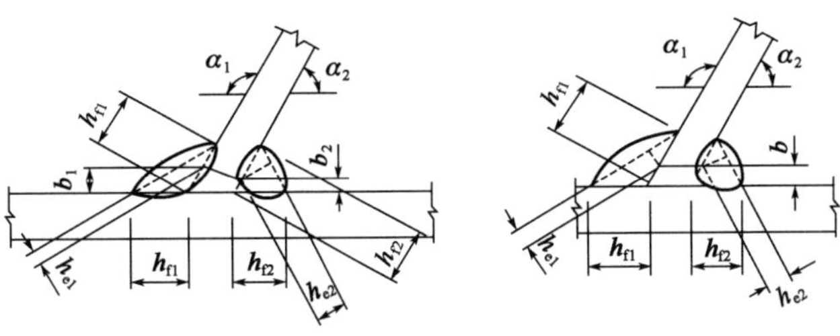

图 7-18　T 形接头的根部间隙和焊缝截面

例 7-2:角焊缝强度验算

如图 7-19 所示,角焊缝的参数值:采用 Q235 钢,焊缝采用 E43 型,焊脚 $h_f = 8\text{mm}$,焊缝的长度 $l_w = 160\text{mm}$,外部斜向力 N 大小为 200kN,夹角 $\theta = 60°$。

解:1)按 EN 1993-2 设计

$$F_{w,Ed} = \sqrt{P_T^2 + P_L^2} = \sqrt{(N\sin\theta)^2 + (N\cos\theta)^2} = 200\text{kN}$$

$$F_{w,Rd} = \frac{f_u}{\sqrt{3}\beta_w\gamma_{M2}} = \frac{360}{\sqrt{3} \times 0.8 \times 1.25} = 208(\text{kN})$$

$$F_{w,Ed} < F_{w,Rd}$$

安全。

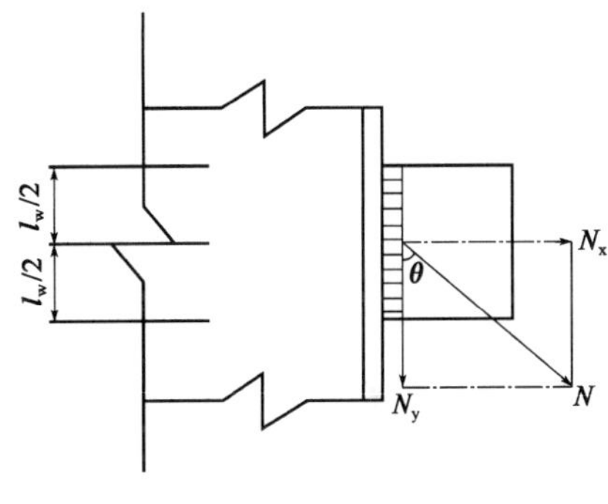

图 7-19　[例 7-2]角焊缝

2)按 JTG D64—2015 计算

$$\sigma_f = \frac{N_x}{h_e l_w} = \frac{N\sin\theta}{h_f \cdot \cos\frac{\theta}{2} \cdot l_w} = 156\text{MPa}$$

$$\tau_f = \frac{N_y}{h_e l_w} = \frac{N\cos\theta}{h_f \cdot \cos\frac{\theta}{2} \cdot l_w} = 90\text{MPa}$$

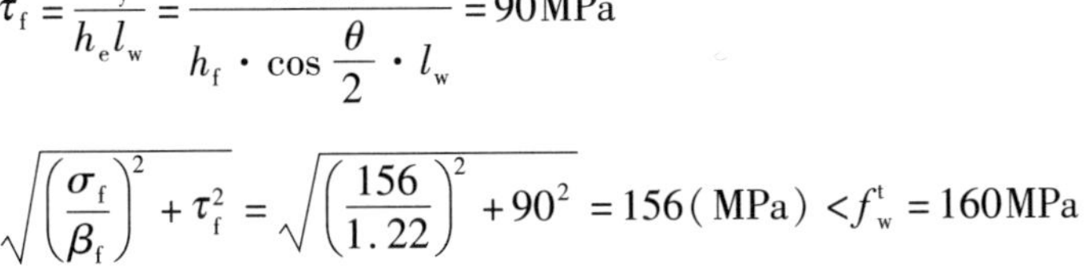

$$\sqrt{\left(\frac{\sigma_f}{\beta_f}\right)^2 + \tau_f^2} = \sqrt{\left(\frac{156}{1.22}\right)^2 + 90^2} = 156(\text{MPa}) < f_w^t = 160\text{MPa}$$

安全。

对比中欧两套标准焊缝设计原理和计算方法,两套标准关于角焊缝的计算基本一致。JTG D64—2015 参照 GB 50017—2017 采用焊缝抗剪强度,EN 1993 钢桥标准采用焊缝抗拉强度进行计算。

7.2.3.4　角焊抗力计算的简化方法

EN 1993-2 提供式(7-35)的替换方法。简化法要求设计人员计算焊缝面上单位长度的合力,然后与设计抗剪强度对比:

$$F_{w,Ed} \leqslant F_{w,Rd}$$

式中，$F_{w,Ed}$为单位长度焊接力设计值；$F_{w,Rd}$为单位长度焊接抗力设计值，$F_{w,Rd}=a\dfrac{f_u\sqrt{3}}{\beta_w\gamma_{M2}}$。

由图 7-15 可知，$F_{w,Ed}$为焊缝面上横向与纵向矢量和：

$F_{w,Ed}=(P_T^2+P_L^2)^{0.5}$

将上述关于 $F_{w,Ed}$和 $F_{w,Rd}$式组合，得：

$$\frac{1}{a}(P_T^2+P_L^2)^{0.5}=\frac{f_u}{\sqrt{3}\beta_w\gamma_{M2}} \tag{7-49}$$

由此可以看出，对于焊缝厚度仅受剪力作用的情形，EN 1993-2 的“简化法”给出相同的结果，对焊缝厚度正应力抗力给出保守的结果。

7.2.4 周边角焊的设计抗力

EN 1993-2 允许使用上述 7.2.3 节中的任一方法验算角焊周边的抗力。

中国标准中对角焊缝端部是否需要绕角焊未做出明确规定，比如 GB 50017—2017 仅在第 8.2.12 条中规定：当角焊缝的端部在构件转角处做长度为 $2h_f$ 的绕角焊时，转角处必须连续施焊，强调的是绕角焊必须连续施焊。而 EN 1993-1-8 中对绕角焊规定得很具体，角焊缝的端部构件转角处宜有长度不小于 $2h_f$ 的绕角焊。特别是在连接牛腿或梁支托等处的焊缝，其端部因弯矩作用而受拉时，绕角焊缝可显著降低焊缝端部的应力集中。ISO 标准和欧洲标准等容许将每条绕角焊缝的长度 $2h_f$ 在传递剪力 F 时计入焊缝的计算长度内。

7.2.5 对焊的设计抗力

7.2.5.1 熔透对焊

EN 1993-2 允许取熔透对焊的抗力为较弱结合部分的抗力，假设焊缝至少具有等于母板的极限抗拉强度和屈服强度。

7.2.5.2 部分熔透对焊

EN 1993-2 要求部分熔透对焊设计成深度熔透角焊。在缺乏焊接试验时，对于 V 形或斜角形熔透焊，当计算厚度时，要求从焊缝熔透深度中扣除 3mm。这是预防不完全熔透至预设的根部。

角焊缝的强度与熔深有很大的关系，尤其是埋弧自动焊的熔深较大，若考虑熔深，将有效厚度增大，可带来较大的经济效益。国际上考虑埋弧自动焊熔深效益的国家或地区较多，但也不尽然。比如上述 EN 1993-2 中对 V 形或斜角形熔透焊，需扣除 3mm。GB 50017—2017 不分手工焊和埋弧自动焊，均统一取有效厚度 $h_e=0.7h_f$，对自动焊来说偏于保守。

GB 50017—2017 要求当采用部分焊透的对接焊缝时，应在设计图中注明坡口的形式和尺寸，其计算厚度 h_e(mm)不得小于 $1.5\sqrt{t}$，t(mm)为焊件的较大厚度。

7.2.5.3 T 形对焊焊缝

EN 1993-2 允许确定两个部分熔透对焊抗力时假设是完全有效的熔透对焊。前提条件是焊缝厚度的组合厚度大于腹板厚度 t，并且未焊接缝隙小于 $t/5$ 或 3mm。

GB 50017—2017 中规定，垂直于轴心拉力或轴心压力的焊缝，其焊缝的强度应按下式计算：

$$\sigma=\frac{N}{l_w h_e}\leqslant f_t^w \quad 或 f_c^w \tag{7-50}$$

式中：N——轴心拉力或轴心压力；

l_w——焊缝长度；

h_e——连接件的较小厚度，在T形接头中为腹板厚度；

f_t^w、f_c^w——对接焊缝的抗拉、拉压设计强度。

7.2.6 塞焊设计抗力

EN 1993-2 规定：

塞焊的设计承载力应取：

$$F_{w,Rd} = f_{vw,d} A_w \tag{7-51}$$

式中：$f_{vw,d}$——焊缝设计抗剪强度；

A_w——设计厚度面积，应取孔的面积。

GB 50017—2017 规定：部分焊透的对接焊缝（图7-20）和T形对接与角接组合焊缝的强度，应按角焊缝的计算式（7-46）～式（7-48）计算，在垂直于焊缝长度方向的压力作用下，取 $\beta_f = 1.22$，其他受力情况下取 $\beta_f = 1.0$，计算厚度应采用：

V形坡口：当 $\alpha \geqslant 60°$ 时，$h_e = s$；当 $\alpha < 60°$ 时，$h_e = 0.75s$。

单边V形和K形坡口：当 $\alpha = 45° \pm 5°$，$h_e = s - 3$。

U形，J形坡口：$h_e = s$。

其中，s 为坡口深度；α 为V形、单边V形或K形坡口度。

当熔合线焊缝截面边长等于或接近于最短距离 s 时，抗剪强度设计值应按角焊缝的强度设计值乘以0.9。

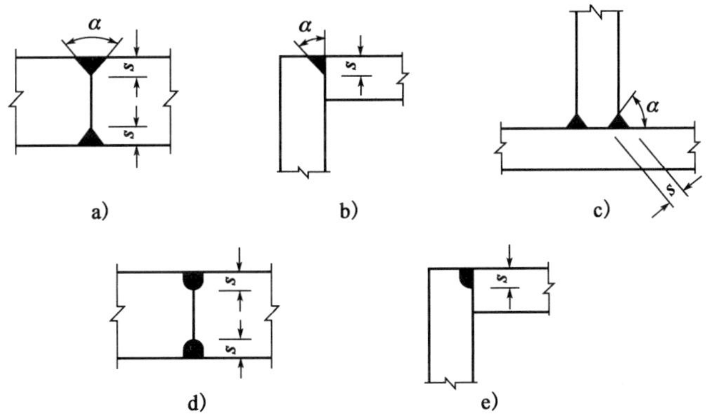

图7-20 部分焊透的对接焊缝和其与角焊缝的组合焊缝截面

7.2.7 力的分布

EN 1993-2 引用 EN 1993-1-8 给出计算焊缝组力的分配规则。焊缝组禁止塑性分析，但焊缝的变形能力已表明，假定力的分布是恰当的。

7.2.8 非加劲翼缘连接

EN 1993-2 引用 EN 1993-1-8 给出验算非加劲翼缘连接强度的详细规则。

（1）对于未加强I形或H形截面，有效宽度按下式计算（图7-21）：

$$b_{eff} = t_w + 2s + 7kt_f \tag{7-52}$$

式中：$k = (t_f/t_p)(f_{y,f}/f_{y,p})$，$k \leqslant 1$；

$f_{y,f}$——I形或H形翼缘屈服强度；

$f_{y,p}$——焊接板的屈服强度。

对于轧制 I 形或 H 形截面，$s=r$；对于焊接 I 形或 H 形截面，$s=2\sqrt{a}$。

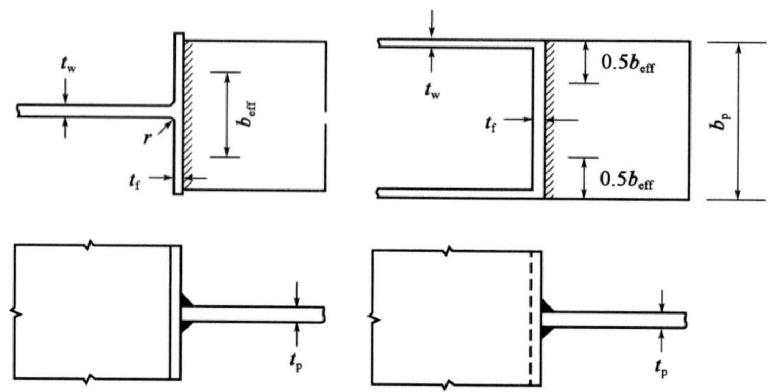

图 7-21　T 形节点未加强板的有效宽度

（2）对于未加强翼缘，应满足下述条件：

$$b_{eff} \geqslant (f_{y,p}/f_{u,p})\,b_p \tag{7-53}$$

式中：$f_{u,p}$——焊接板的极限强度；

b_p——焊接板的宽度。

（3）对于其他类型截面，比如说箱形，连接板宽度与翼缘板类似，有效宽度按下式计算：

$$b_{eff}=2t_w+5t_f,\ b_{eff}\leqslant 2t_w+5kt_f \tag{7-54}$$

（4）即使 $b_{eff}\leqslant b_p$，焊于翼缘上的板传递抗力为 $b_p t_p f_{y,p}/\gamma_{M0}$，假设应力均匀分布。

GB 50017—2017 将这部分内容归结为梁与柱的刚性连接，并给出如下规定：

当 I 字形梁翼缘采用焊透的 T 形对接焊缝与 H 形柱的翼缘相连，满足下列要求时，柱的腹板可不设置横向加劲肋。

（1）在梁的受压翼缘处，柱腹板厚度 t_w 应同时满足：

$$t_w \geqslant \frac{A_{fc} f_b}{b_e f_c} \tag{7-55}$$

$$t_w \geqslant \frac{h_c}{30}\frac{1}{\varepsilon_{k,c}} \tag{7-56}$$

$$b_e=t_f+5h_y \tag{7-57}$$

式中：A_{fc}——梁受压翼缘的截面积；

f_c——柱钢材抗拉、抗压强度设计值；

f_b——梁钢材抗拉、抗压强度设计值；

b_e——在垂直于柱翼缘的集中压力作用下，柱腹板计算高度边缘处压应力的假定分布长度；

t_f——梁受压翼缘厚度（mm）；

h_y——自柱顶面至腹板计算高度上边缘的距离（mm），对轧制型钢截面取柱翼缘边缘至内弧起点间的距离，对焊接截面取柱翼缘厚度；

h_c——柱腹板的宽度（mm）；

$\varepsilon_{k,c}$——柱的钢号修正系数。

（2）在梁的受拉翼缘处，柱翼缘板的厚度 t_c 应满足：

$$t_c \geqslant 0.4\sqrt{A_{ft} f_b/f_c} \tag{7-58}$$

式中：A_{ft}——梁受拉翼缘的截面积。

7.2.9　长焊缝

EN 1993-2 要求设计人员通过系数 $\beta_{Lw,1}$ 折减长焊缝的设计抗力，以考虑沿焊缝长度的不均匀应力分布。

(1)焊缝长度大于150a时,折减系数β_{Lw}按下式计算:

$$\beta_{Lw,1}=1.2-0.2L_j/(150a),\beta_{Lw,1}\leq1.0 \tag{7-59}$$

式中:L_j——传力方向焊缝长度;

a——焊缝有效厚度。

(2)填焊长度大于1.7m时,折减系数β_{Lw}按下式计算:

$$\beta_{Lw,2}=1.1-L_w/17,0.6\leq\beta_{Lw,2}\leq1.0 \tag{7-60}$$

式中:L_w——焊缝长度(m)。

同样的,这种规则不适用于腹板-翼缘焊接,此时焊缝中纵向应力状态与它所连接板的应力状态相同。

中国标准中没有考虑这种折减,但GB 5017—2017规定了焊缝的最大允许长度60h_f。如果内力沿侧面角焊缝全长均匀分布,计算长度可不受此限,包括焊接梁翼缘板与翼缘板、翼缘板与腹板的纵焊缝以及支承加劲肋与腹板的连接焊缝等。

7.2.10 偏心受力单面角焊与单侧部分熔透对焊

EN 1993-2给出单面角焊或单面部分熔透对焊的指导。这种焊缝应避免纵轴向弯矩,可能因缝的张开(比如抵抗变形的箱梁中的腹板-翼缘连接处)或结合部分的轴力(此轴力对焊缝存在偏心距)而产生弯矩。如果这种焊缝承受此类荷载,它们将承担跨焊缝厚度的应力,这种应力将严重降低疲劳生命期。

7.2.11 单肢角钢连接

EN 1993-2引用EN 1993-1-8建议对通过单肢连接的角钢进行强度验算。

7.2.12 冷成型带焊接

EN 1993-2引用EN 1993-1-8给出钢构件冷成型区焊接的指导。

7.2.13 结构缝与H形和I形截面连接分析

EN 1993-2引用EN 1993-1-8给出冗长的程序用于评估H形与I形截面之间连接的强度与刚度。要求设计人员在整体分析中包含连接的转动特性,这种特性比较显著。为便于弹性分析,将连接分为如下几类:

(1)简单—标准铰连接。

(2)连续—构件间完全刚接点。

(3)半连续—不完全刚接,以致连接点具有一定的转角特性。

绝大多数桥梁接点为连续的,简单与连续连接点都易模拟。然而,半连续连接点却不易模拟,因为它们必须包含弹簧单元。一般桥梁结构应避免半连续连接点。桥梁中一种可能出现半连续连接点的例子是在U形框架桥面板中,当十字梁通过非加劲端板连接至主梁时。

JTG D64—2015对焊接连接,没有欧洲标准那么详细的分类,主要是原则性规定与构造要求。

(1)焊接拼接的设计应能抵抗设计截面规定的设计弯矩、剪力或轴向力。受拉和受压构件的拼接可采用全熔透对接焊,避免拼接板。

对于等宽等厚的钢板,应采用埋弧自动焊焊接;定位焊接不得有裂缝、焊渣、焊瘤等缺陷;焊缝背面必须清除影响焊接的焊瘤、熔渣和焊根等缺陷;多层焊的每一层必须将焊渣、缺陷清除干净再焊下一层。

工地焊接拼接必须尽可能避免仰焊。

不同宽度的材料由对接焊接拼接时，应按图7-22所示设置对称的过渡段，不同厚度的材料由对接焊拼接时，板面的错台应磨成均匀坡度，该坡度不大于1:2.5。

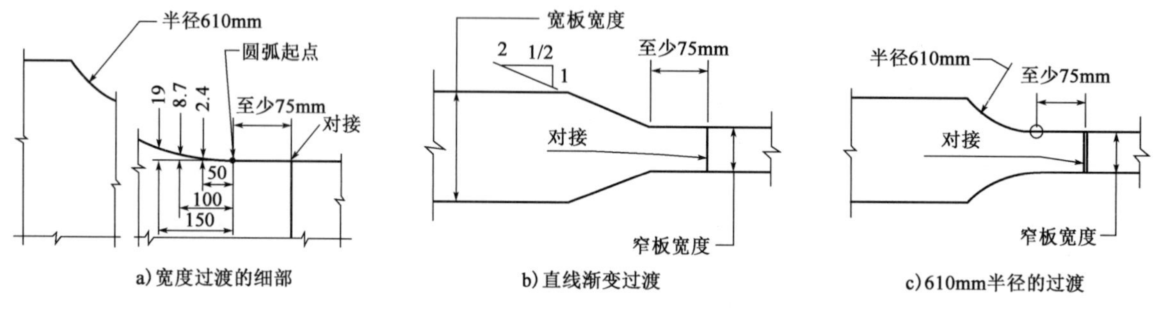

图7-22　不同宽度板的拼接

（2）焊缝金属应与主体金属相适应。当不同强度的钢材连接时，可采用与较低强度的牌号钢材相适应的焊接材料。

（3）在设计中不得任意加大焊缝，应避免焊缝立体交叉、重叠和过分集中，同时焊缝的布置应尽可能对称于杆件的重心线。

（4）焊件厚度大于20mm的角接接头焊缝，应采用收缩时不易引起层状撕裂的构造。

（5）焊接顺序的设计应尽量减小周边构件对焊件的约束。

（6）焊缝的分级。焊缝应根据结构的重要性、荷载特性、焊缝形式、工作环境以及应力状态等情况，按下述原则分别选用不同的质量等级：

①在需要进行疲劳计算的构件中，凡对接焊缝均应焊透，其质量等级为：

a.作用力垂直于焊缝长度方向的横向对接焊缝或T形对接与角接组合焊缝，受拉时应为一级，受压时为二级。

b.作用力平行于焊缝长度方向的纵向对接焊缝应为二级。

②不需要计算疲劳的构件中，凡要求与母材等强的对接焊缝应予焊透，其质量等级，当受拉时应不低于二级，受压时宜为二级。

③主梁的腹板与上翼缘之间以及桁架上弦杆与节点板之间的T形接头焊缝均要求焊透，焊缝形式一般为对接与角接的组合焊缝，其质量等级不应低于二级。

④不要求焊透的T形接头采用的角焊缝或部分焊透的对接与角接的组合焊缝，以及搭接连接采用的角焊缝，其质量等级为：

a.对直接承受动力荷载且需要验算疲劳的结构，焊缝的外观质量标准应符合二级。

b.对其他结构，焊缝的外观质量标准可为三级。

（7）焊缝尺寸。在连接设计中角焊缝尺寸应满足连接的承载能力极限状态和正常使用极限状态要求。沿着连接部件采用的角焊缝 h_f（图8-13）的最大尺寸应取为：

①对厚度小于8.0mm的材料：取材料的厚度。

②对厚度等于或大于8.0mm的材料取材料的厚度减去2mm。

角焊缝的最小尺寸按表7-12的规定取用，同时焊缝尺寸不应超过较薄连接部件厚度的1.2倍。

不开坡口角焊缝的焊角最小尺寸（单位：mm）　　表7-12

两焊接板中之较大厚度	不开坡口角焊的最小焊脚尺寸
≤20	6
>20	8

不开坡口的角焊缝的最小长度：自动焊及半自动焊不宜小于焊缝厚度的15倍，手工焊不宜

小于 80mm。

(8)用于受力连接的角焊缝两焊角边的夹角应为 60°～120°,一般宜尽量采用直角焊缝;小于 60°的夹角不宜用作受力角焊缝,但被视为部分焊透的对接和 T 形对接与角接组合的角焊缝可以除外。

(9)角焊缝的焊脚边比例一般为 1∶1。当焊件厚度不等时,允许采用不等的焊脚尺寸,与较厚焊件接触的最小焊脚尺寸和与较薄焊件接触的最大焊脚尺寸,应满足第(7)条的要求。

在承受动荷载的结构中,角焊缝焊脚边比例,对于正面角焊缝宜为 1∶1.5(长边顺内力方向);对侧面角焊缝可为 1∶1。角焊缝表面应做成凹形或直线形。

(10)在主要受力构件中,不得采用断续角焊缝。在次要构件或次要焊缝连接中,如需采用断续角焊缝时,其相邻两焊缝在端与端之间的净距均不得大于 200mm,也不得大于下列各值:

①当部件受压时,较薄部件厚度的 12 倍或 240mm。

②当部件受拉时,较薄部件厚度的 16 倍或 360mm。

③当焊缝用于连接加劲肋和受压或受剪的板或其他部件时,焊缝间的净距不得大于加劲肋间距的四分之一。

布置在同一直线上的间断焊缝,在其所连部件的每一端均应设置焊段。

在拼合构件中,板件用间断焊缝连接时,在其板件端部每一边所布置的焊缝长度均不应小于该处最窄板件厚度的四分之三。

(11)当角焊缝的端部在被焊件转角处时,可连续地绕转角加焊一段 $2h_f$ 的长度[图 7-23a)]。

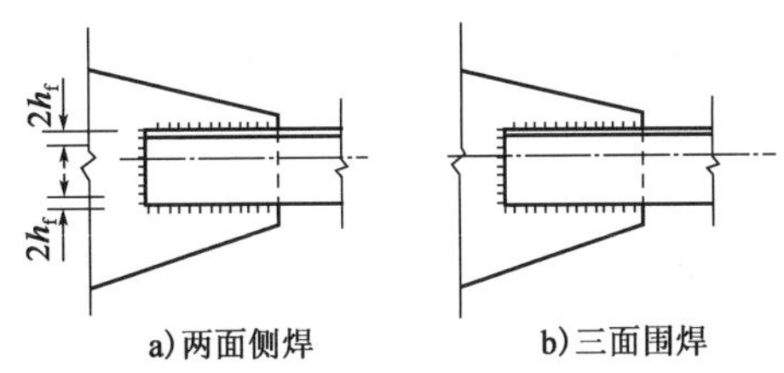

图 7-23　杆件与节点板的焊接

(12)杆件与节点板的连接焊缝(图 7-23)一般采用两面侧焊,也可用三面围焊。围焊的转角处必须连续施焊。

(13)被连接部件相互搭接长度不应小于最薄部件厚度的 5 倍,且各部件都应用两道横向焊缝相连。如果该两焊缝间距大于所连的最薄部件厚度的 16 倍,则应在中间采用孔焊或槽焊,以防止部件分离。

(14)靠焊接相连的两部件,若用厚度小于焊脚长度的填板隔开,则连接所用焊缝的焊脚尺寸应按填板厚度加大。填板边缘应与所连部件边缘齐平。若填板厚度不小于焊脚尺寸(需传力者),则在填板和各部件之间均应采用能传递设计荷载的焊缝相连。

(15)通常不使用孔焊传递荷载。圆孔或长圆孔内的孔焊可用于防止搭接部件的屈曲或分离,或用于连接拼接构件的部件。圆孔或长圆孔在其全面积内所应填充的焊材厚度,应按以下规定取值:

①若部件厚度不大于 16mm,焊材填充厚度应等于部件厚度。

②在其他情况下,所填充的焊材厚度不应小于下列各值:

a. 16mm。

b. 孔的直径或长圆孔宽度的 0.45 倍。

c. 长圆孔长度的十分之一。

但不需大于圆孔或长圆孔所在部件的厚度。

孔的直径或长圆孔的宽度,至少应比所在部件的厚度大 8mm。

圆孔中心距或长圆孔中心线的间距,都不应小于其直径或宽度的 4 倍。长圆孔沿其长度方向的中心距不应小于其长度的 2 倍。

长圆孔的两端均应为半圆形,但中止在部件边缘的孔可将空端取为方形。

(16)各种形式的焊缝,其有效计算厚度 h_e 按下列规定采用:

①T 形连接时,如竖板边缘加工有 K 形坡口(焊透),焊缝有效厚度采用竖板的厚度。

②直角焊缝的有效厚度 h_e 采用焊脚尺寸 h_f 的 0.7 倍。

③斜角焊缝的有效厚度取为(图 7-18):

$$h_e = h_f \cos \frac{\theta}{2} \qquad (\theta \geqslant 60°) \tag{7-61}$$

④不焊透的对接焊缝,其有效厚度取为(图 7-18):坡口角度 60°的 V 形坡口、U 形坡口、J 形坡口,$h_e = s$;坡口角度 $\alpha < 60$ 的 V 形坡口,$h_e = s - 3$ mm。此处 s 为坡口根部至焊缝表面(不考虑余高)的最短距离。

(17)各种形式的焊缝,其计算的有效长度 l_w 按下列规定采用:

①采用引弧板施焊的焊缝,其计算长度取焊缝的实际长度;未采用引弧板时,取实际长度减去 $2h_f$。

②侧面角焊缝的计算长度,当受动荷载时,不宜大于 $50h_f$;当受静荷载时,不宜大于 60 h_f。如采用大于上述的数值时,其超过部分在计算中不予考虑。焊缝在全长范围内均传递内力(例如梁翼缘与腹板连接焊缝),则其计算长度不受此限。

③侧面角焊缝或正面角焊缝的计算长度不得小于 $8h_f$。

④当钢板端部仅有两侧角焊缝连接时,每条侧面角焊缝长度不宜小于相邻两侧面角焊缝之间的距离;同时两侧角焊缝之间的距离不宜大于 $16t$($t \geqslant 12$mm)或 200mm($t < 12$mm),t 为较薄焊件的厚度。

(18)在承受动荷载的结构中,垂直于构件受力方向的对接焊缝必须焊透,其厚度应不小于被焊件的最小厚度。这种焊缝宜双面施焊,且应进行机械加工。

(19)在对接焊缝的拼接处,当焊件宽度不等或厚度相差 4mm 以上时,应分别在宽度方向或厚度方向将一侧或两侧做成坡度不大于 1∶5 的斜角,当厚度(或宽度)差不超过 4mm 时,则可采用焊缝表面斜度来过渡。

(20)桥梁结构中不得采用间断对接焊。不焊透对接焊不得用于传递拉力,也不得用于传递绕焊缝纵轴的弯矩。

(21)在对接连接和 T 形连接中,承受弯矩和剪力共同作用的对接焊缝,应分别计算其法向应力和剪应力。在同时受较大法向应力和剪应力处,还应按下式计算换算应力:

$$\gamma_0 \sqrt{\sigma^2 + 3\tau^2} \leqslant 1.1 f_{td}^w \tag{7-62}$$

式中:f_{td}^w——对接焊缝的抗拉强度设计值。

(22)斜角焊缝和不焊透的对接焊缝,采用直角焊缝的计算方法。在垂直于焊缝长度方向应力τ_1 和沿焊缝长度方向应力τ_2 共同作用处,应按下式计算应力:

$$\gamma_0 \sqrt{\sigma^2 + 3(\tau_1 + \tau_2)^2} \leqslant f_{td}^w \tag{7-63}$$

式中:f_{td}^w——角焊缝的抗剪强度设计值。

注:不焊透的对接焊透的 V 形坡口,当 $\alpha < 60°$时或熔合线处(焊缝与焊件表面接触处)焊缝截面边长等于最短距离 s 时,应计算熔合线处的剪应力。

7.2.14 空腹截面节点

EN 1993-2 引用 EN 1993-1-8 给出评估结构空腹截面之间连接强度的指导,由于钢桥结构中空腹截面焊接构件较少,在此不做详细讨论。

例 7-3:支座加强肋焊接设计

图 7-24 显示支座加强板(包括腹板—翼缘焊缝切割槽)支承区域的有效截面。依据 EN 19090-2,加强板安装至翼缘上以实现完全支撑接触,但翼缘没有安装至腹板上。支座加强板具

有如下截面特性：

面积 $=37040\text{mm}^2$

$I_{zz}=5.83\times10^8\text{mm}^4$

$I_{yy}=1.33\times10^9\text{mm}^4$

主梁中的力：

最大承载能力极限状态(ULS)支反力，$N_{Ed}=5000\text{kN}$

最大承载能力极限状态(ULS)剪力，$V_{Ed}=3000\text{kN}$

最大纵向偏心距 $=50\text{mm}$

最大横向偏心距 $=20\text{mm}$

底部翼缘至腹板的弹性剪力参数，$AZ/I=0.398\times10^{-3}\text{mm}^{-1}$。

设计加强板至翼缘及腹板至翼缘焊接连接。

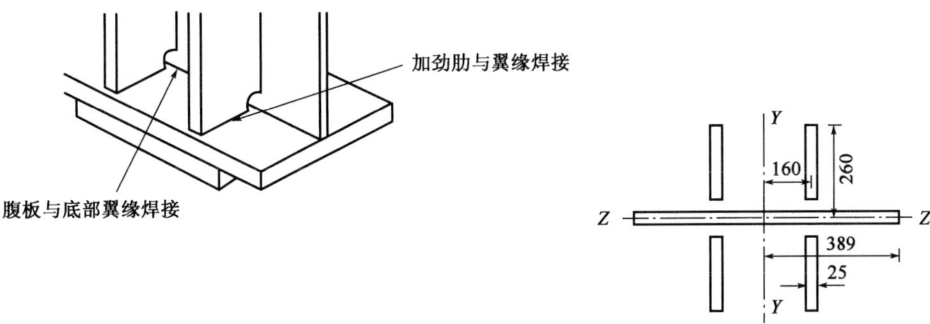

图 7-24 ［例 7-3］支座加强板(尺寸单位：mm)

解：1)按 EN 1993-2 设计

(1)加强板至翼缘焊接。

$$\text{加强板中的最大应力}=\frac{N_{Ed}}{A}+\frac{M_{Y,Ed}}{W_y}+\frac{M_{Z,Ed}}{W_z}$$

$$=\frac{5000\times10^3}{37040}+\frac{5000\times10^3\times160\times50}{1.33\times10^9}+\frac{5000\times10^3\times20\times260}{5.83\times10^8}=209.7(\text{MPa})$$

如果按 EN 1990-2 规定装配支座，让所有的压力通过支座是合理的。假设所有压力通过焊缝，没有一个通过支座。

如果角焊置于加强肋外侧，每一侧焊缝单位长度的力为：

$$P_T=\frac{209.7\times25}{2}=2620(\text{N/mm})$$

$$\frac{1}{a}\left(\frac{P_T^2}{K^2}+P_L^2\right)^{0.5}=\frac{f_u}{\sqrt{3}\beta_w\gamma_{M2}}$$

式中，$K=\sqrt{\dfrac{3}{1+2\cos^2\theta}}$，$f_u=490\text{MPa}$(EN 10025)，$\beta_w=0.9$，$\gamma_{M2}=1.25$，$P_T=2620\text{N/mm}$；$P_L=0$(焊缝上没有纵向应力)；$\theta=45°$($P_T$ 垂直作用)，因此 $K=1.225$；a 为要求的焊缝厚度。

$$\frac{1}{a}\left(\frac{2620^2}{1.225^2}+0\right)=\frac{490}{\sqrt{3}\times0.9\times1.25}$$

因此 $a=8.5\text{mm}$，从而选定焊缝有效宽度 8.5mm，即边长为 12mm。

(2)腹板至底部翼缘焊接。

每一焊缝的纵向剪力：

$$P_L=\frac{3000\times10^3}{2}\times0.398\times10^{-3}=597(\text{N/mm})$$

腹板中的横向应力 $=\dfrac{N_{\mathrm{Ed}}}{A}+\dfrac{M_{\mathrm{Y,Ed}}}{W_{\mathrm{y}}}+\dfrac{M_{\mathrm{Z,Ed}}}{W_{\mathrm{z}}}$

$$=\frac{5000\times10^3}{37040}+\frac{5000\times10^3\times389\times50}{1.33\times10^9}+0=208.1(\mathrm{MPa})$$

腹板厚为 20mm，因此每一焊缝 P_{T} 为：

$$P_{\mathrm{T}}=\frac{208.1\times20}{2}=2081(\mathrm{N/mm})$$

$$\frac{1}{a}\left(\frac{P_{\mathrm{T}}^2}{K^2}+P_{\mathrm{L}}^2\right)^{0.5}=\frac{f_{\mathrm{u}}}{\sqrt{3}\beta_{\mathrm{w}}\gamma_{\mathrm{M2}}}$$

$$\frac{1}{a}\left(\frac{2081^2}{1.225^2}+5972\right)=\frac{490}{\sqrt{3}\times0.9\times1.25}$$

$a=7.2\mathrm{mm}$，因此指定焊缝有效厚度宽度 7.2mm，即边长为 11mm。

2）按 GB 50017—2017 计算

板件材料采用 Q390 钢。

焊脚尺寸按如下方法确定：角焊缝的焊脚尺寸 h_{f} 不得小于 $1.5\sqrt{t}$（t 为较厚焊件的厚度），同时不宜大于较薄焊件厚度的 1.2 倍。

（1）加强板至翼缘的焊缝。

假设腹板为 20mm 厚，加强板至翼缘的焊缝尺寸为 $1.5\sqrt{20}=7(\mathrm{mm})\leqslant h_{\mathrm{f}}\leqslant1.2\times25=30(\mathrm{mm})$，加强肋与翼缘的焊接采用直角焊缝，角焊缝的计算厚度 $h_{\mathrm{e}}=0.7h_{\mathrm{f}}=0.7\times20=14(\mathrm{mm})$。

加强板的长度为 $260-10-h_{\mathrm{f}}=260-10-20=230(\mathrm{mm})$。

在承载能力极限状态时，承受的支反力 $N_{\mathrm{Ed}}=5000\mathrm{kN}$，剪力 $V_{\mathrm{Ed}}=3000\mathrm{kN}$。

加强板安装至翼缘上，以实现完全支撑接触，但翼缘没有安装至腹板上。

加强板中的最大应力：

$$\sigma=\frac{N_{\mathrm{Ed}}}{A}+\frac{M_{\mathrm{Y,Ed}}}{W_{\mathrm{y}}}+\frac{M_{\mathrm{Z,Ed}}}{W_{\mathrm{z}}}$$

$$=\frac{5000\times10^3}{37040}+\frac{5000\times10^3\times160\times50}{1.33\times10^9}+\frac{5000\times10^3\times20\times260}{5.83\times10^8}=209.7(\mathrm{MPa})$$

加强板承担的最大压力为 $N=209.7\times25\times230=1205.8(\mathrm{kN})$。

由直角焊缝的强度 $\sigma=N/(h_{\mathrm{e}}\sum l_{\mathrm{w}})$，得：

$\sum l_{\mathrm{w}}=N/(h_{\mathrm{e}}\sigma)=1205.8\times10^3/(14\times209.7)=411(\mathrm{mm})$。

$\sigma=N/(h_{\mathrm{e}}\sum l_{\mathrm{w}})=209.7\mathrm{Mpa}<1.22\times220=268.4(\mathrm{MPa})$，强度满足条件。

计算的焊缝长度为 411mm。

加强板至翼缘焊缝的进深为 14mm，计算所得的焊缝长度为 411mm。

（2）腹板至翼缘之间的焊缝。

腹板至翼缘之间的焊缝必须承担支座反力与腹板与翼缘间的纵向剪力。

腹板中的横向应力：

$$\sigma=\frac{N_{\mathrm{Ed}}}{A}+\frac{M_{\mathrm{Y,Ed}}}{W_{\mathrm{y}}}+\frac{M_{\mathrm{Z,Ed}}}{W_{\mathrm{z}}}=\frac{5000\times10^3}{37040}+\frac{5000\times10^3\times389\times50}{1.33\times10^9}+0=208.1(\mathrm{MPa})$$

假设加腹板至翼缘的焊缝尺寸为 $h_{\mathrm{f}}=20\mathrm{mm}$，加强肋与翼缘的焊接采用直角焊缝，角焊缝的计算厚度 $h_{\mathrm{e}}=0.7h_{\mathrm{f}}=0.7\times20=14(\mathrm{mm})$。

腹板承担横向应力时，所需的焊缝长度为：

腹板厚度为 20mm，支座处腹板承担力的有效面积为：$A=20\times2\times389=15560(\mathrm{mm}^2)$。

垂直于焊缝长度的力为 $N=3238\mathrm{kN}$。

由直角焊缝的强度 $\sigma = N/(h_e \sum l_w)$，得：

$\sum l_w = N/(h_e \sigma) = 3238 \times 10^3/(14 \times 208.1) = 1112(\text{mm})$

$\sigma = N/(h_e \sum l_w) = 208.1\text{MPa} < 1.22 \times 220 = 268.4(\text{MPa})$，满足条件。

腹板中所承担的纵向剪力为 $V_{Ed} = 3000\text{kN}$，此时的焊缝长度为 1112mm。

平行于焊缝长度的力产生的应力为：

$\tau = N/(h_e \sum l_w) = 3000 \times 10^3/(14 \times 1112) = 192.7(\text{MPa}) \leqslant f_f^w = 220\text{MPa}$，满足要求。

当腹板与翼缘之间的焊缝承担支座反力与腹板与翼缘间的纵向剪力时，验算焊缝的强度：

$$\sqrt{\left(\frac{\sigma}{\beta_f}\right)^2 + \tau^2} = \sqrt{\left(\frac{208.1}{1.22}\right)^2 + 192.7^2} = 257(\text{MPa}) > f_f^w = 220\text{MPa}$$

不满足要求。

当在纵向应力条件下焊缝强度满足要求时，焊缝的最大剪应力为 139MPa。最小焊缝尺寸为：

$\sum l_w = N/(h_e \sigma) = 3000 \times 10^3/(14 \times 139) = 1542(\text{mm}) < 1556\text{mm}$

腹板至翼缘之间焊缝的进深为 14mm，计算的最小焊缝长度为 1542mm。

7.3 本章小结

本章内容是钢构件组成钢结构特有的连接形式，在钢桥设计中占有重要的地位。由于公路钢桥在中国应用相对较少，对这方面的研究仍然落后于 GB 50017—2017，GB 50017—2017 与 EN 1993-2 相比虽然理论水平差异不大，但总体而言，EN 1993-2 的研究更为深入、更为全面。归纳起来，主要存在如下几方面的差异：

(1)螺栓分组。欧洲标准对螺栓连接节点就螺栓受力状态及其各种极限状态的破坏形式的要求进行了分类，通过该分类，对在某种特定分组要求下的螺栓强度及种类、预拉力的施加以及对连接面的界面处理都提出了要求。

①受剪连接。A 组，螺栓承载型；B 组，正常使用极限状态控制的摩擦型；C 组，承载能力极限状态控制的摩擦型。

②受拉连接。D 组，不施加螺栓预应力；E 组，施加螺栓预应力。

GB 50017—2017 中螺栓连接的分类方法为：

螺栓连接按材料强度分为普通螺栓连接和高强度螺栓连接。对于主要受力结构，应采用高强度螺栓连接；对于次要构件、结构构造性连接和临时连接，可以采用普通螺栓连接。

普通螺栓按制造条件分为 A、B、C 三级，A、B 级为精制螺栓，C 级为粗制螺栓。各种级别螺栓连接以及铆钉连接的计算方法相同，只是强度设计值各不相同。

受力高强螺栓连接按受力方式又分为摩擦式和承压式两种。受交变应力、较大冲击力、较大振动的连接，或者当由连接滑动而产生的应力和应变对结构的使用性能有不利影响时，应采用摩擦式连接。高强度螺栓的承压式连接主要用于受压构件。

(2)螺栓间距。紧固件最小距离的取值应考虑：

①应使构件毛截面屈服先于净截面破坏。这样可使构件在连接处破坏之前有较大的变形，给人以明显的预兆，达到安全可靠的目的。

②构件端部不被剪脱或挤压破坏。

③构件受力时避免孔洞周围产生过度的应力集中。

④施工方便，即便于拧紧螺栓或打铆。对铆钉连接还要考虑打铆时不致振松邻近已打好的铆钉。中国标准：边距 $1.5d_0$；端距 $1.5d_0$；中心距 $3.0d_0$；EN 1993-2 边距 $1.2d_0$；端距 $1.2d_0$；中心距 $(2.2 \sim 2.4)d_0$。

紧固件的最大边距、端距和中心距的规定，主要考虑了叠合板件的紧密贴合条件。在顺内力方向的受压构件，还考虑了板件在紧固件之间的稳定性。从表 7-3、表 7-4 可以看出，中国标准规定的最大间距也比 EN 1993-2 中推荐的值大。

(3)设计抗力。抗剪力公式中，欧洲标准使用的抗拉极限强度以折减系数 α_v 转换为抗剪强度，然后除以 1.25 的材料分项系数，中国标准则直接使用抗剪强度设计值；支承抗力，欧洲标准中考虑孔壁支承抗力计算，而中国标准还同时考虑螺栓的抗压承载力，这在破坏机理的认识方面就存在差异。欧洲标准认为板材支承壁破坏等于螺栓连接破坏，以板材的强度为控制因素，中国标准则取抗剪与抗支承压力的较小值；欧洲标准对受拉螺栓母板进行抗冲切计算，但中国标准没有考虑这种形式的破坏；拉剪组合承载力计算式也不同，欧洲标准采用的是一次式，中国标准使用的是二次式。值得注意的是，欧洲标准中将抗拉力因子除以 1.4 的系数，这主要是考虑拉剪组合作用过程中拉力有所调整，以剪切承载力为主。

(4)长缝。当连接具有一定长度时，连接内力分布将出现严重的不均匀现象，中欧标准均采用一定的折减系数，以考虑这种应力分布不均匀的影响；对于拴接，EN 1993-2 中的折减系数取值范围为 $0.75 \leqslant \beta_{Lf} \leqslant 1.0$，而中国标准中：$\eta$ 按式(7-18)计算，并且 $\eta > 0.7$；对于焊接，EN 1993-2：用式(7-59)和式(7-60)计算；中国标准则将有效长度限为 $60h_f$。

(5)抗滑连接。比较式(7-19)与式(7-21)可以看出，中欧标准考虑的因素不同，欧洲标准考虑螺栓孔尺寸的折减系数，摩擦系数分 A、B、C、D 四类，分别取 0.5、0.4、0.3、0.2。JTG D64—2015 则统一取 0.45。

拉伸与剪力组合作用下抗力计算式(7-20)与式(7-22)也不完全相同。中国早期钢结构标准 GBJ 17—1988 使用与式(7-21)形式相同的公式 $N_v^{\,b} = 0.9 n_f \mu (P - 1.25 N_t)$，后改为式(7-22)的形式，这两种形式没有本质区别，只是中欧标准各项的取值有较大差异。

(6)复合连接。复合连接包括螺栓、焊接与其他构件连接。EN 1993-2 要求焊缝承担整体荷载。然而，EN 1993-1-8 第 3.9.3(1)条允许 3 类螺栓连接分担焊缝荷载(前提是螺栓在焊接完成后被拉紧)，因为非滑移螺栓连接本身具有较大的刚度。考虑到混合连接的使用经验不足，计算方法也不够成熟，中国标准中没有反映，暂时不推荐用于新设计的结构中。在旧有结构的补强和加固中使用时，可考虑原有连接只承受恒荷载，新增加连接承受活荷载。

(7)抗块状撕裂设计。在构件端部连接中，“块状撕裂”破坏很可能起控制作用。EN 1993-2 将抗剪承载力与抗拉承载力叠加，得出块状撕裂抗力，分别给出对称与非对称螺栓两种情形的计算式(7-25)和式(7-26)。中国标准则用有效宽度法综合计算节点板抗力。

(8)撬力。EN 1993-2 认为桥梁构件使用具有撬力的构造连接是不合适的，因此推荐连接应设计成 EN 1993-1-8 的表 6.2 中所列“无撬力”类型。中国标准没有定量计算撬力的方法，只是在螺栓抗拉强度的设计值中予以考虑，例如 4.6 级普通螺栓(Q235 钢制作)，取抗拉强度设计值为：$f_t^{\,b} = 0.8f = 0.8 \times 215 = 170$(MPa)，这相当于考虑撬力 $Q = 0.25$N。一般来说，只要按构造要求取翼缘厚度 $t \geqslant 20$mm，而且螺栓距离不要过大，这样简化处理是可靠的。

(9)销连接。中欧标准对销连接都是原则性规定，强度计算方法基本相同。

(10)焊缝质量等级。为了避免在过去设计中对焊缝质量等级的选用存在不合理的现象，GB 50017—2017 第 7.1.1 条根据结构的重要性、荷载特性、焊缝形式、工作环境以及应力状态等情况对焊缝质量等级的选用做出了较具体的规定，以便设计人员执行。

需要说明的是，设计标准过去没有今后也不会规定焊缝的质量等级，因为这不是设计标准的职责范围。设计的任务仅是根据《钢结构工程施工质量验收规范》(GB 50205—2011)中规定的焊缝质量等级进行合理的选用而已。EN 1993-2 也是按《钢结构和铝结构施工　第 2 部分：钢结构用技术要求》选用制作等级。

(11)角焊缝设计抗力。角焊缝的受力状况比较复杂，因此精确计算比较困难。一般是根据试验结果,找出一个比较合理而又简单的设计方法供设计时采用。直角焊缝的计算方法主要有两种:一种是不考虑角焊缝受力方向的单一应力法;另一种是近年来国际标准化组织推荐采用的、考虑角焊缝承载能力影响的折算应力法。两种方法的主要区别在于对角焊缝有效截面上的应力状态采用的假定不同,因而分析和计算方法也不同。按单一应力法计算,虽然在轴向力作用下侧焊缝与端焊缝在有效截面上的应力状态不一样,但为了计算方便,假定有效截面上只按均布的单一剪应力控制;而按折算应力法分析,考虑了侧焊缝较端焊缝的承载能力高的影响。EN 1993-2 采用单一应力法的同时在附录 M 中给出了考虑角焊缝受力方向的折算应力法,并根据不同的材料采用不同的折减系数。GB 50017—2017 对于承受静载或间接活载,采用不考虑角焊缝受力方向的单一应力法,对直接承受动载的情况,则采用考虑角焊缝受力方向的折算应力法。

(12)角焊缝尺寸要求。

①最小焊脚尺寸的限值。当焊件较厚而焊脚尺寸又过小时,焊缝内部将因冷却过快而产生淬硬组织,降低塑性,容易形成裂纹,因此应对角焊缝的焊脚的尺寸规定其最小限值。EN 1993-2 对于角焊缝最小焊脚尺寸没有特殊的限制。GB 50017—2017 规定:$h_{fmin} \geqslant 1.5t_{max}$($t_{max}$为较厚焊件厚度);当 $t_{max} \leqslant 4$mm 时,取 $h_{fmin} = t_{max}$;对埋弧自动焊,h_{fmin}可减小 1mm;T 形连接的单面焊缝,h_{fmin}可增加 1mm。

②最大焊脚尺寸的限值。角焊缝的焊脚尺寸过大,易使焊件产生烧伤、烧穿的现象,且使焊件产生较大的残余应力和较大的焊接变形,所以,对角焊缝的焊脚还应规定其最大焊脚尺寸。EN 1993-2 对于角焊缝最大和最小焊脚尺寸都没有做特殊的限制,但是对最小焊喉尺寸提出了限值。EN 1993-2 规定:角焊缝的有效厚度(焊喉)h_e 为内切于坡口面和焊缝表面的最大三角形的高,不小于 3mm;自动埋弧焊的角焊缝,有效厚度可增加 20% 或 2mm 中的较小值,并且规定了可以不验算承载力的角焊缝条件。GB 50017—2017 规定:当 $t \leqslant 6$mm 时,$h_{fmax} \leqslant t$;当 $t > 6$mm 时,$h_{fmax} \leqslant t - (1 \sim 2)$mm。

第8章 疲劳评估

8.1 一般规定

8.1.1 疲劳评估要求

跨越桥梁生命期,恒定的公路或铁路交通量经过桥梁将在钢构件中产生大量的重复荷载循环。这类构件可能变成易产生疲劳破坏的构件。因此,EN 1993-2 要求除如下构件以外对所有的钢桥构件进行疲劳评估:

(1)步行桥,步行不易产生振动。

(2)沟渠桥。

(3)统计荷载为主的桥梁。

(4)部分公路或铁路桥,它们既不因交通荷载张紧,也不会被风荷载激励。

如果桥易被风荷载激励,仍要求进行疲劳评估。

8.1.2 公路桥抗疲劳设计

EN 1993-2 要求所有公路桥构件应进行疲劳验算,除非有成功的先例或通过试验证明不需进行疲劳验算。国家附件可给出不必进行疲劳验算的情形。

8.1.3 铁路桥抗疲劳设计

(1)应对所有结构件进行疲劳评估,包括在下述(2)中的构件。

(2)对于桥面,下列构件应进行评估:

①对于带有纵向加劲肋和横梁的桥面:

a. 桥面。

b. 加劲肋。

c. 横梁。

d. 横梁连接件的加强肋。

②对于仅带有横向加劲肋的桥面:

a. 桥面。

b. 加劲肋。

(3)对于关键区域的疲劳评估,参见图 8-1、图 8-2。

GB 50017—2017 和 JTG D64—2015 均有疲劳验算的相关规定。

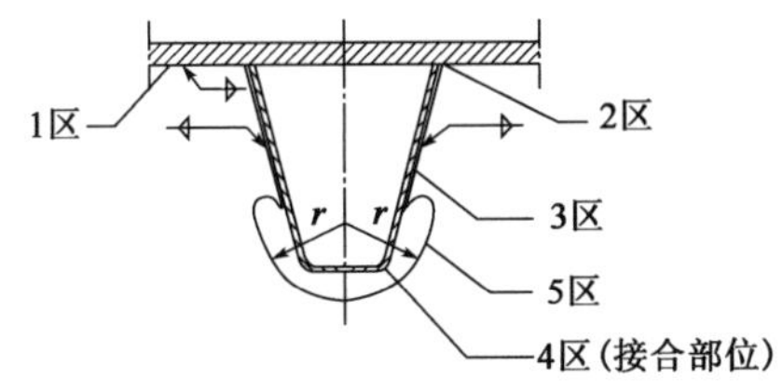

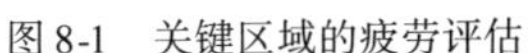

图 8-1 关键区域的疲劳评估

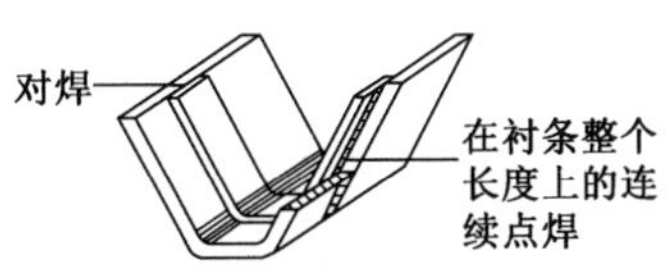

图 8-2 带接合板和金属衬条的加强肋

GB 50017—2017 要求：

(1)直接承受动力荷载重复作用的钢结构构件及其连接，当应力变化的循环次数 n 等于或大于 5×10^4 次时，应进行疲劳计算。

(2)本规定不适用于特殊条件(如构件表面温度大于 150℃，处于海水腐蚀环境，焊后经热处理消除残余应力以及低周高应变疲劳条件等)下的结构构件及其连接的疲劳计算。

(3)疲劳计算采用容许应力幅法，应力按弹性状态计算，容许应力幅按构件、连接类别、应力循环次数和计算部位的板件厚度确定。对非焊接的构件和连接，在应力循环中不出现拉应力的部位可不计算疲劳。

JTG D64—2015 规定：

承受汽车荷载的结构构件与连接，应按疲劳细节类别进行疲劳验算。

疲劳细节类别详见 JTG D64—2015 附录 C。

8.2 疲劳荷载

疲劳评估的基本原理为首先确定钢构件上特征应力幅循环次数，而后保证这些钢构件能抵抗应力循环次数。

EN 1993-2 规定：

(1)有关交通疲劳荷载，参见 EN 1991-2。

(2)有关由风力激励作用引起的细长构件疲劳荷载，参见 EN 1991-1-4。

对于公路桥的疲劳评估，应使用疲劳荷载模型 3，并且结合桥梁位置规定交通荷载。

对于铁路桥的疲劳评估，应使用荷载模型 71 的特征值，包括 EN 1991-2 中给出的动力系数 Φ_2。

JTG D64—2015 中定义了 3 种疲劳荷载模型：

1)疲劳荷载模型Ⅰ

(1)疲劳荷载模型Ⅰ用于桥梁结构中整体构件的疲劳验算。

(2)疲劳荷载模型Ⅰ为等效的车道荷载。集中荷载为 $0.7P_k$，均布荷载为 $0.3q_k$。P_k 和 q_k 按 JTG D60—2004 第 4.3.1 条取值。

2)疲劳荷载模型Ⅱ

(1)疲劳荷载模型Ⅱ用于构造的疲劳验算。

(2)疲劳荷载模型Ⅱ为双车模型，两辆模型车轴距与轴重相同，其单车的轴重、轴距与轮距的布置见图 8-3。加载时，两模型车的中心距不得小于 40m。

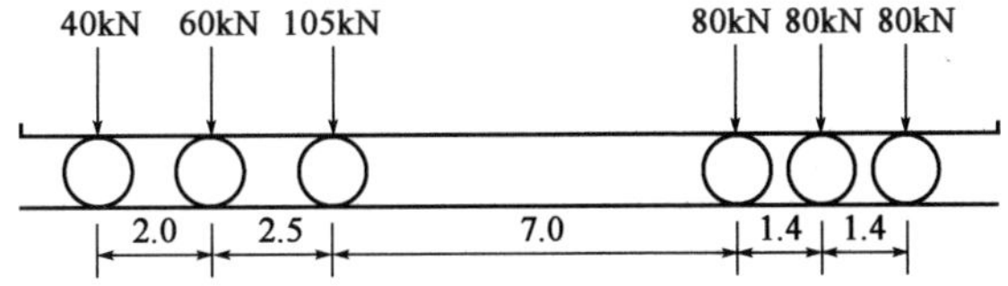

图 8-3 疲劳荷载计算模型Ⅱ(尺寸单位：m)

3)疲劳荷载模型Ⅲ

(1)疲劳荷载模型Ⅲ采用实桥交通调查数据作为制定疲劳荷载的依据。

(2)疲劳荷载模型Ⅲ采用单车模型,模型车轴载及分布规定如图8-4所示。

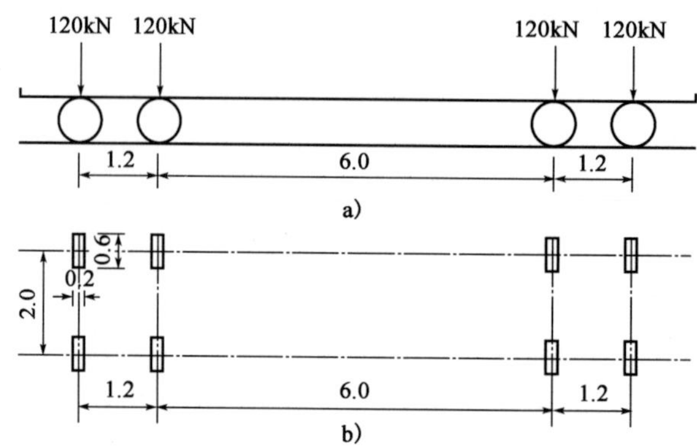

图8-4 疲劳荷载计算模型Ⅲ(尺寸单位:m)

8.3 疲劳验算分项系数

疲劳荷载必须乘以分项系数 γ_{Ff}。EN 1993-2 建议 γ_{Ff}的值取1.0,该值可在国家附件中修改。

疲劳强度必须除以分项系数 γ_{Mf},包含下列不确定因素:

(1)构造尺寸。

(2)尺寸、形状与不连续近似。

(3)因焊接不确定导致的局部应力集中。

(4)可变焊接过程与冶金学效应。

(5)设计生命期内检查范围。

(6)隐含的整体结构集成构造疲劳破坏。

γ_{Mf}的推荐值由表8-1查得。

γ_{Mf} 的推荐值　　表8-1

评估方法	破坏后果	
	较轻后果	严重后果
允许破坏	1.00	1.15
安全寿命	1.15	1.35

对于钢构件的疲劳检查,在其设计生命期应有规则的维护与检查程序,理论上讲,“允许破坏”的概念用于确定 γ_{Ff}的值。实际上这种详细检查对桥梁整个设计生命期内的成本将有显著的提高。

JTG D64—2015 中给出的分项系数与 EN 1993-2 略有不同:

荷载分项系数:$\gamma_{Ff}=1.0$。

强度分项系数:对于普通杆件,$\gamma_{Mf}=1.15$;对于关键杆件,$\gamma_{Mf}=1.35$。

8.4 疲劳应力幅

8.4.1 一般规定

EN 1993-2 使用下列程序确定设计应力幅:

(1)应通过评估影响面积确定最大应力值 $\sigma_{p,max}$ 和最小应力值 $\sigma_{p,min}$。

(2)应按照下列公式计算用于确定应力幅谱损伤效应的基准应力幅 $\Delta\sigma_p$：

$$\Delta\sigma_p = |\sigma_{p,max} - \sigma_{p,min}| \tag{8-1}$$

(3)可以使用与 2×10^6 次循环有关的损伤等效应力幅表示应力幅谱的损伤效应：

$$\Delta\sigma_{E2} = \lambda\Phi_2\Delta\sigma_p \tag{8-2}$$

式中：λ——损伤等效系数；

Φ_2——损伤等效冲击系数。

(4)对于铁路桥，Φ_2 值应从 EN 1991-2 中获得。对于公路桥，Φ_2 值可取为 1.0，疲劳荷载模型中包含 Φ_2 的效应。

(5)作为备选方法，通过评估 EN 1991-2 中规定的疲劳荷载车辆的应力记录确定疲劳应力谱。

对于焊缝，计算两种应力幅值：横切焊缝轴的正应力为 $\sigma_{wf} = \sqrt{\sigma_{\perp f}^2 + \tau_{\perp f}^2}$，焊缝纵轴向剪应力为$\tau_{wf} = \tau_{\|f}$。按式(8-2)中相同的方式计算破坏等价应力幅值。

8.4.2 疲劳分析

8.4.2.1 纵向加劲肋

应使用整体结构模型或简化将其看作弹性支撑件上的连续梁分析纵向加劲肋。

8.4.2.2 横梁

(1)在横梁分析中，应考虑到切断影响。

注：如果横梁存在切断现象(图 8-4)，则可以使用空腹模型确定作用效应(这种情况下，桥面和低于切断位置的横梁一部分为翼缘，切断位置之间的区域为支柱)。

(2)在横梁模型分析中，应考虑以下方面：

①横梁与主梁腹板横向加劲肋的连接件应形成一个连续的横向框架。

②承受弯矩、轴向力和剪力的空腹梁构件变形对整体变形有影响。

③桥面和横梁腹板之间的剪力对临界截面(图 8-5)法向应力和剪应力的影响。

④将加劲肋荷载局部转移至腹板的效应。

⑤如图 8-6 所示临界截面中水平和垂直剪力的剪应力。

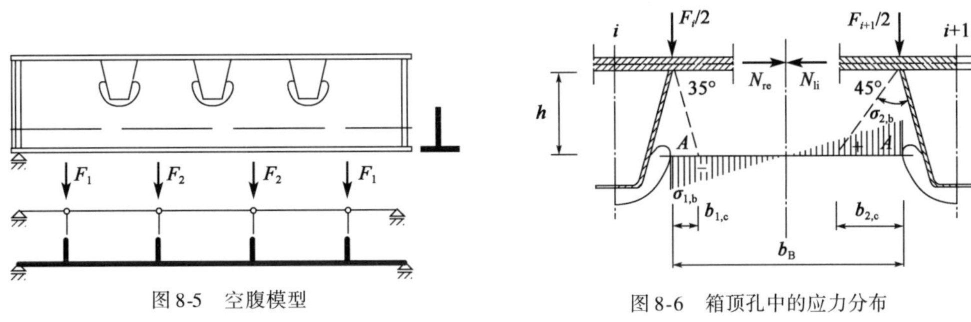

图 8-5　空腹模型

F_i-切断位置之间腹板上的作用力

图 8-6　箱顶孔中的应力分布

(3)可以按照下列公式确定图 8-6 所示临界截面中的法向应力：

$$\sigma_1 = \sigma_{1b} + \sigma_{1c} \tag{8-3}$$

$$\sigma_2 = \sigma_{2b} + \sigma_{2c} \tag{8-4}$$

式中：$-\sigma_{1b} = +\sigma_{2b} = \dfrac{M_{Ed}}{W}$，指由弯矩产生的应力；

$\sigma_{1c} = -\dfrac{F_i}{2A_{1c}}$和 $\sigma_{2c} = -\dfrac{F_{i+1}}{2A_{2c}}$，指加劲肋局部荷载产生的压应力；

$W = \dfrac{1}{6}tb_B^2$；

$A_{1c}=b_{1c}t$;

$A_{2c}=b_{2c}t$;

V_{Ed}——水平剪力;

M_{Ed}——临界截面中弯矩,$M_{Ed}=V_{Ed}h$;

F_i、F_{i+1}——由加劲肋转移的荷载;

t——腹板的板厚。

(4)如果没有箱顶孔,则可以通过加劲肋腹板的翼缘确定临界截面处的应力,等效宽度 $b_{eff}=5t_{w,st}$,其中 $t_{w,st}$ 是加劲肋的板厚。

JTG D64—2015 中给出疲劳应力的确定方法,针对三种荷载模型,略有差异:

疲劳荷载模型Ⅰ:最大应力 σ_{Fmax} 和最小应力 σ_{Fmin} 由集中荷载与均布荷载的最不利排列确定;计算 σ_{Fmax} 和 σ_{Fmin} 应考虑多车道折减的影响。

疲劳荷载模型Ⅱ:σ_{pmax} 和 σ_{pmin} 为双车加载得到的应力最大值和最小值。

疲劳荷载模型Ⅲ:计算时根据验算疲劳构造的应力影响线加载形成应力历程,用雨流法或泄水法计数形成应力谱。

①雨流法计算规则如图 8-7 所示。雨流始于一列谱的始点和每一峰值(谷值)的内侧;“雨流”止于其对面有较开始时更高的峰或更低的谷,也止于遇到上面屋顶流下的雨滴;每条“雨流”的水平长度是作为该荷载的半循环计数;荷载谱的每一部分必须确保计数,但只计数一次。

②泄水池法计算规则如图 8-8 所示。将同样的应力历程接在右侧再画一个,将两个最大峰值点用水平虚线相连,把该虚线以下部分图形,看作一个水池的横断面;选择最低的谷点泄水,如果有两个或更多相等的最低谷点,则可以选择任何一个谷点泄水,以水面到该谷点的泄水深度作为一次循环的应力幅;对泄不出去的剩余的水,重复上一步,直到水池的水全部泄完为止,并将每次泄水深度作为一次循环的应力幅。

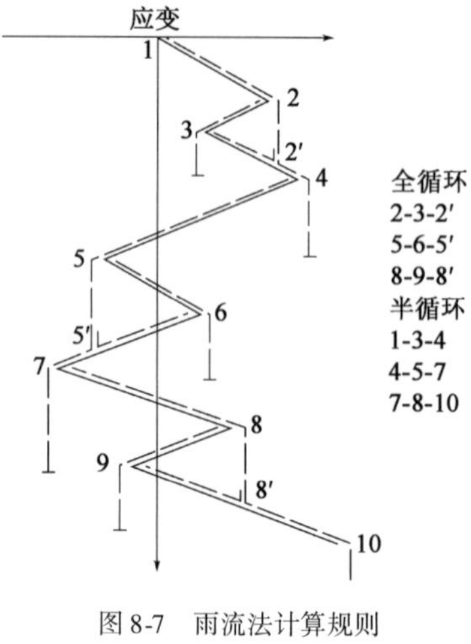

图 8-7 雨流法计算规则

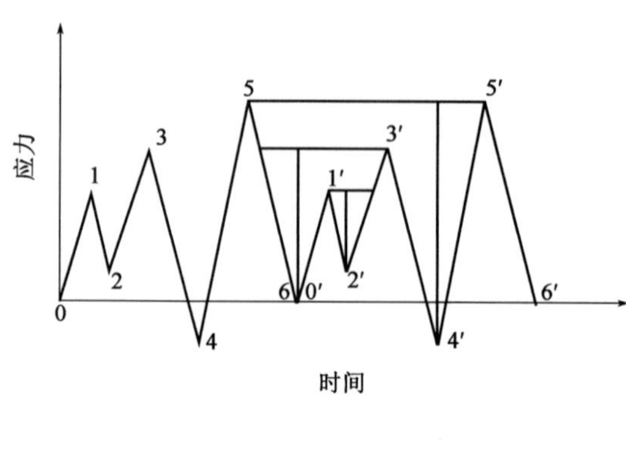

图 8-8 泄水池法计算规则

8.5 疲劳评估程序

8.5.1 疲劳评估

如果频遇荷载引起的正应力与剪应力分别小于 $1.5f_y$ 和 $1.5f_y/\sqrt{3}$,EN 1993-2 中的一般评估公式假设使用破坏等价法。

对于正应力:

$$\gamma_{Ff}\Delta\sigma_{E2}\leqslant\frac{\Delta\sigma_c}{\gamma_{Mf}} \tag{8-5}$$

对于剪应力：

$$\gamma_{\mathrm{Ef}}\Delta\tau_{\mathrm{E2}}\leqslant\frac{\Delta\tau_{\mathrm{c}}}{\gamma_{\mathrm{Mf}}}\tag{8-6}$$

式中：$\Delta\sigma_{\mathrm{E2}}$、$\Delta\tau_{\mathrm{E2}}$——$2\times10^6$ 次循环等价的疲劳正应力与剪应力；

$\Delta\sigma_{\mathrm{c}}$、$\Delta\tau_{\mathrm{c}}$——抵抗 2×10^6 次循环而不发生疲劳破坏的正应力与剪应力。

8.5.2 公路桥破坏等价系数

(1)应按照下列公式确定跨度达80m的公路桥的损伤等效系数 λ：

$$\lambda=\lambda_1\cdot\lambda_2\cdot\lambda_3\cdot\lambda_4,\text{但 }\lambda\leqslant\lambda_{\max}\tag{8-7}$$

式中：λ_1——交通损伤效应系数，该系数取决于临界影响线或影响面积的长度；

λ_2——交通量系数；

λ_3——桥梁设计使用寿命系数；

λ_4——其他车道上交通量系数；

$\lambda_{\max}$——考虑了疲劳限制的 λ 的最大值。

(2)确定 λ_1 时，可以按照以下原则计算影响线或影响面的临界长度：

①对于弯矩：

a. 对于简支跨，是指跨长 L_i。

b. 对于连续梁中跨截面，是指所考虑跨的跨长 L_i。

c. 对于连续梁支座截面，是指相邻跨长 L_i 和 L_j 的平均值。

d. 对于支撑纵梁的横梁，是指横梁支撑的加劲肋的两相邻跨长之和。

②对于简支跨和连续跨的剪力：

a. 对于支座截面，是指所考虑的跨长 L_i。

b. 对于中跨部分，是指所考虑的跨长 L_i 的0.4倍。

③对于反力：

a. 对于端部支撑，是指所考虑的跨长 L_i。

b. 对于中间支撑，是指相邻跨长 L_i 和 L_j 之和。

④对于拱桥：

a. 对于吊杆，是指吊杆长度的2倍。

b. 对于拱圈，是指拱跨的一半。

注：可以在国家附件中给出 λ_1 的值。推荐使用图8-9中的 λ_1 系数。

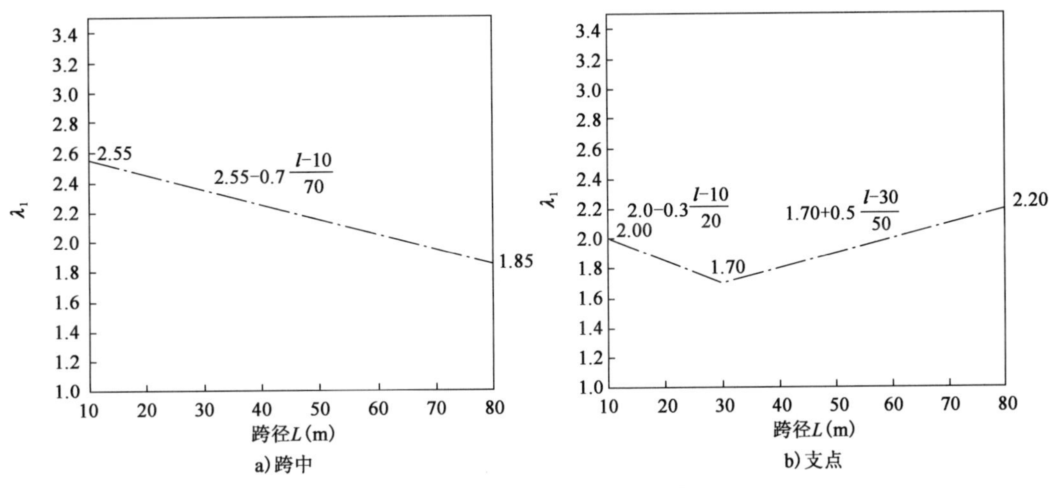

图8-9 公路桥弯矩的 λ_1 值

(3)应按照下式计算系数 λ_2：

$$\lambda_2 = \frac{Q_{m1}}{Q_0}\left(\frac{N_{obs}}{N_0}\right)^{1/5} \tag{8-8}$$

式中：$Q_0 = 480\text{kN}$；

$N_0 = 0.5 \times 10^6$；

Q_{m1}——慢车道货车的平均总重(kN)，$Q_{m1} = \left(\frac{\sum n_i Q_i^5}{\sum n_i}\right)^{1/5}$；

N_{obs}——慢车道年度货车总数；

Q_i——主管部门规定的慢车道上货车 i 的总重量(kN)；

n_i——主管部门规定的慢车道上总重为 Q_i 的货车数量。

(4)对于给定的 Q_{m1} 和 N_{obs}，可以从表 8-2 中获得 λ_2 值。

计算系数 λ_2 值　　表 8-2

Q_{m1}	N_{obs}							
	0.25×10^6	0.50×10^6	0.75×10^6	1.00×10^6	1.25×10^6	1.50×10^6	1.75×10^6	2.00×10^6
200	0.362	0.417	0.452	0.479	0.500	0.519	0.535	0.550
300	0.544	0.625	0.678	0.712	0.751	0.779	0.803	0.825
400	0.725	0.833	0.904	0.957	1.001	1.038	1.071	1.100
500	0.907	1.042	1.130	1.197	1.251	1.298	1.338	1.374
600	1.088	1.250	1.356	1.436	1.501	1.557	1.606	1.649

(5)应按照下列公式计算系数 λ_3：

$$\lambda_3 = \left(\frac{t_{Ld}}{100}\right)^{1/5} \tag{8-9}$$

式中：t_{Ld}——桥梁设计使用寿命(年)，可以从表 8-3 中获得 λ_3 值。

计算系数 λ_3 值　　表 8-3

设计使用寿命(年)	50	60	70	80	90	100	120
系数 λ_3	0.871	0.903	0.931	0.956	0.979	1.00	1.037

注：可以在国家附件中规定桥梁设计使用寿命 t_{Ld}，推荐 $t_{Ld} = 100$ 年。

(6)应按照下式计算系数 λ_4：

$$\lambda_4 = \left[1 + \frac{N_2}{N_1}\left(\frac{\eta_2 Q_{m2}}{\eta_1 Q_{m1}}\right)^5 + \frac{N_3}{N_1}\left(\frac{\eta_2 Q_{m2}}{\eta_1 Q_{m1}}\right)^5 + \cdots + \frac{N_k}{N_1}\left(\frac{\eta_k Q_{mk}}{\eta_1 Q_{m1}}\right)^5\right]^{1/5} \tag{8-10}$$

式中：k——重载车道数量；

N_k——车道 k 上每年的货车数量；

Q_{mk}——车道 k 上货车的平均毛重；

η_k——内力(该内力在车道 j 中间产生应力范围)影响线值，以正值代入公式(8-10)。

(7)应通过相关疲劳应力谱获得系数 λ_{max}。λ_{max} 为国家决定参数，推荐使用图 8-10 中的 λ_{max}。

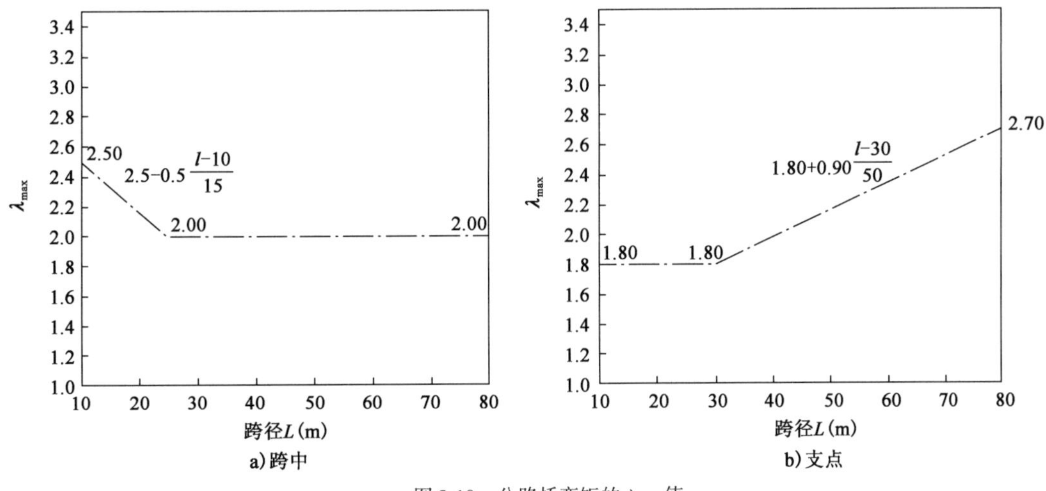

图 8-10 公路桥弯矩的 λ_{max} 值

8.5.3 铁路桥的损伤等效系数 λ

(1)应按照下式确定跨度达 100m 的铁路桥的损伤等效系数 λ：

$$\lambda = \lambda_1 \cdot \lambda_2 \cdot \lambda_3 \cdot \lambda_4, \lambda \leqslant \lambda_{max} \tag{8-11}$$

式中：λ_1——交通损伤效应系数，其取决于影响线(或面积)的长度；

λ_2——交通量系数；

λ_3——桥梁设计使用寿命系数；

λ_4——结构件由一条以上轨道承载时的系数；

λ_{max}——考虑了疲劳限制的 λ 最大值。

(2)可以从表 8-4 和表 8-5 中获得 λ_1 的值。

注 1：可以在国家附件中给出有关表 8-4 和表 8-5 的使用说明。

注 2：表 8-4 和表 8-5 给出的混合交通值对应于 EN 1991-2 附录 F 中给出的列车类型组合。

注 3：对于除所考虑线路以外的列车类型组合线路(例如专用线路)，可以在国家附件中规定 λ_1 值。

标准铁路交通的 λ_1 值 表 8-4

L	EC Mix	L	EC Mix
0.5	1.60	12.5	0.82
1.0	1.60	15.0	0.76
1.5	1.60	17.5	0.70
2.0	1.46	20.0	0.67
2.5	1.38	25.0	0.66
3.0	1.35	30.0	0.65
3.5	1.17	35.0	0.64
4.0	1.07	40.0	0.64
4.5	1.02	45.0	0.64
5.0	1.03	50.0	0.63
6.0	1.03	60.0	0.63
7.0	0.97	70.0	0.62
8.0	0.92	80.0	0.61
9.0	0.88	90.0	0.61
10.0	0.85	100.0	0.60

特快、地下列车、具有25t轴载列车的 λ_1 值　　表8-5

特快和地下列车			25t轴载列车
L	9类	10类	最大25t
0.5	0.97	1.00	1.65
1.0	0.97	1.00	1.65
1.5	0.97	1.00	1.65
2.0	0.97	0.99	1.64
2.5	0.95	0.97	1.55
3.0	0.85	0.94	1.51
3.5	0.76	0.85	1.31
4.0	0.65	0.71	1.16
4.5	0.59	0.65	1.08
5.0	0.55	0.62	1.07
6.0	0.58	0.63	1.04
7.0	0.58	0.60	1.02
8.0	0.56	0.60	0.99
9.0	0.56	0.55	0.96
10.0	0.56	0.51	0.93
12.5	0.55	0.47	0.90
15.0	0.50	0.44	0.92
17.5	0.46	0.44	0.73
20.0	0.44	0.43	0.68
25.0	0.40	0.41	0.65
30.0	0.37	0.42	0.64
35.0	0.36	0.44	0.65
40.0	0.35	0.46	0.65
45.0	0.35	0.47	0.65
50.0	0.36	0.48	0.66
60.0	0.39	0.48	0.66
70.0	0.40	0.49	0.66
80.0	0.39	0.49	0.66
90.0	0.39	0.48	0.66
100.0	0.40	0.48	0.66

(3)确定 λ_1 时,应如下所述确定影响线的长度:

①对于弯矩:

a. 对于简支跨,是指跨长 L_i。

b. 对于连续跨的中跨截面,是指所考虑的跨长 L_i。

c. 对于连续梁支座截面,是指相邻跨长 L_i 和 L_j 的平均值。

d. 对于横梁支撑的轨道梁(或纵梁),是指横梁邻近轨道梁(或纵梁)的两个相邻跨长之和。

e. 对于仅由横梁或横肋(无纵向构件)支撑的桥面及那些支撑横向构件的结构,是指挠曲影响线的长度(忽略表示向上挠曲的部分),在荷载分布中可适当考虑轨道的刚度。对于间距不超过 750mm 的横向构件,该值可取为 2×(横向构件间距)+3m。

②对于简支跨和连续跨受剪:

a. 对于支座截面,是指所考虑的跨长 L_i,如图 8-11 所示。

b. 对于中跨截面,是指所考虑跨长 L_i 的 0.4 倍。

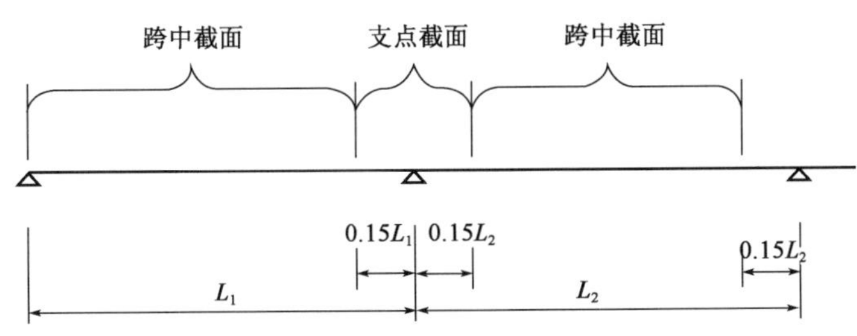

图 8-11 中跨截面或支座截面的位置

(4)应从表 8-6 中获得 λ_2 值。

计 算 系 数 λ_2值 表 8-6

年交通量(10^6t/轨)	5	10	15	20	25	30	35	40	50
λ_2	0.72	0.83	0.90	0.96	1.00	1.04	1.07	1.10	1.15

(5)应从表 8-7 中获得 λ_3 值。

计 算 系 数 λ_3值 表 8-7

设计使用寿命(年)	50	60	70	80	90	100	120
λ_3	0.87	0.90	0.93	0.96	0.98	1.00	1.04

(6)应从表 8-8 中获得 λ_4 值。

计 算 系 数 λ_4值 表 8-8

$\Delta\sigma_1/\Delta\sigma_{1+2}$	1.00	0.90	0.80	0.70	0.60	0.50
λ_4	1.00	0.91	0.84	0.77	0.72	0.71
$\Delta\sigma_1$ 指荷载模型 71 作用在单轨道时,所检查截面的应力范围; $\Delta\sigma_{1+2}$指根据 EN 1991-2 的荷载模型 71 作用在任意双轨道上时,同一检查截面上的应力范围。						

注:只有当 $\Delta\sigma_1$ 和 $\Delta\sigma_{1+2}$符号相同时,表 8-8 才有效。

(7)表 8-8 中的 λ_4 值假设总交通量的 12% 通过桥梁,并且在另一条轨道上没有交通。如果穿过该桥梁的交通百分比不是 12% ,则应按照下列公式计算 λ_4 值:

$$\lambda_4 = \sqrt[5]{n + [1-n][a^5 + (1-a)^5]} \tag{8-12}$$

式中:$a = \Delta\sigma_1/\Delta\sigma_{1+2}$;

n——交通百分比。

(8)λ 值不应超过按照下列公式计算的 λ_{max}:

$$\lambda_{max} = 1.4 \tag{8-13}$$

8.5.4 局部与整体应力

如果构件应力是由桥梁挠曲(整体效应)和内部构件挠曲(局部效应)的组合作用引起的,则应按照下列公式计算组合效应 $\Delta\sigma_{E2}$:

$$\Delta\sigma_{E2} = \lambda_{loc} \cdot \Phi_{loc} \cdot \Delta\sigma_{loc} + \lambda_{glo} \cdot \Phi_{glo} \cdot \Delta\sigma_{glo} \tag{8-14}$$

式中,下标"loc" 指局部效应,"glo" 指整体效应。

计算 $\Delta\sigma_{E2}$时应组合钢桥面板由局部车轮荷载引起的整体与局部效应。在十字梁与横隔板附近局部与整体荷载效应特别显著,此时,分别确定局部与整体的破坏等价应力幅值,然后求和给出总体破坏等价应力范围。

JTG D64—2015 中针对三种疲劳荷载模型的评估方法如下：

(1)疲劳荷载模型Ⅰ

疲劳寿命验算要求满足：

$$|\sigma_{Fmax}-\sigma_{Fmin}|\leqslant\Delta\sigma_D \tag{8-15}$$

式中：$\Delta\sigma_D$——常幅疲劳极限，如图 8-11 所示。

(2)疲劳荷载模型Ⅱ

疲劳寿命验算应满足公式(8-16)：

$$\left(\frac{\gamma_{Ff}\Delta\sigma_F}{\Delta\sigma_c/\gamma_{Mf}}\right)^3+\left(\frac{\gamma_{Ef}\Delta\tau_F}{\Delta\tau_c/\gamma_{Mf}}\right)^5\leqslant1.0 \tag{8-16}$$

式中：γ_{Ff}——疲劳荷载效应分项系数，$\gamma_{Ff}=1.0$；

γ_{Mf}——结构重要性系数，对于冗余杆件，$\gamma_{Mf}=1.0$；对于关键杆件，$\gamma_{Mf}=1.15$；

$\Delta\sigma_c$、$\Delta\tau_c$——疲劳抗力，对应于 200 万次疲劳抗力应力幅，根据表 8-12 ~ 表 8-18 所列的疲劳构造取值；

$\Delta\sigma_F$、$\Delta\tau_F$——等效应力幅，按公式(8-17)计算。

$$\Delta\sigma_F=\lambda|\sigma_{p,max}-\sigma_{p,min}| \tag{8-17}$$

式中：λ——损伤等效系数，$\lambda=\lambda_1\cdot\lambda_2\cdot\lambda_3\cdot\lambda_4$，且 $\lambda\leqslant\lambda_{max}$。

其中 λ_1、λ_2、λ_3、λ_4、λ_{max}分别按以下规定取值。

①λ_1 为不同跨径桥梁的损伤影响系数。

在跨中处：

$$\lambda_1=2.55-0.01\times(L-10)\quad 10\leqslant L<80 \tag{8-18}$$

在支承处：

$$\lambda_1=\begin{cases}2.0-0.3\times\dfrac{L-10}{20} & 10\leqslant L<30\\[2ex] 1.7+0.5\times\dfrac{L-30}{50} & 30\leqslant L<80\end{cases} \tag{8-19}$$

式中：L——计算跨径，根据表 8-9 的规定取值。

当 L 大于 80m 时，不计 λ_1 的影响。

L 的取值规定 表 8-9

验算项目	验算部位	L
弯矩验算	简支梁	设计跨径
	连续梁	按图 9-11 取值
	横梁上的加劲肋	横梁间距
剪力验算	支承截面	按图 9-11 取值
	跨中截面	0.4×设计跨径
其他情况		按弯矩验算的要求取值

②λ_2 为荷载修正系数，按公式(8-20)计算：

$$\lambda_2=\frac{Q_{m1}}{Q_0}\left(\frac{N_{obs}}{N_0}\right)^{1/5} \tag{8-20}$$

式中：Q_0——疲劳荷载车重量，公路Ⅰ级为 450kN，公路Ⅱ级为 340kN；

N_0——疲劳荷载模型Ⅱ年车道通车量，$N_0=0.5\times10^6$；

N_{obs}——每年慢车道上重车总量，按表 8-10 取值；

Q_{m1}——按式(8-21)计算。

$$Q_{m1}=\left(\frac{\sum n_iQ_i^5}{\sum n_i}\right)^{1/5} \tag{8-21}$$

式中：Q_i——在可靠统计数据基础上确认的慢车道上重车的毛重；

n_i——在可靠统计数据基础上确认的慢车道上重车的数量。

每年每慢车道指导性重车数量 表 8-10

交通等级	每年每慢车道 N_{obs}
高速公路或一级公路单车行方向上有至少两条车道的车流量里有高比率的重车	2.000×10^6
高速公路或一级公路车流量里有中等比率的重车	0.500×10^6
二级公路	0.125×10^6
三、四级公路	0.050×10^6

③λ_3 为交通量影响系数，按公式(8-22)计算：

$$\lambda_3=\left(\frac{t_{Ld}}{100}\right)^{1/5} \tag{8-22}$$

式中：t_{Ld}——桥梁设计使用年限。

④λ_4 为其他车道重车影响系数，按公式(8-23)计算：

$$\lambda_4=\left[1+\frac{N_2}{N_1}\left(\frac{\eta_2}{\eta_1}\right)^5+\frac{N_3}{N_1}\left(\frac{\eta_3}{\eta_1}\right)^5+\cdots+\frac{N_k}{N_1}\left(\frac{\eta_k}{\eta_1}\right)^5\right]^{1/5} \tag{8-23}$$

式中：k——重车车道数；

N_j——可靠统计数据基础上确认的每年 j 车道的车辆数；

η_j——车道 j 中心处的形成应力幅的内力影响线值。

⑤λ_{max} 为考虑疲劳极限的最大取值，按图 8-11 的规定取值。

(3)疲劳荷载模型Ⅲ。

$$\sum\frac{n_i}{N_i}=\frac{n_1}{N_1}+\frac{n_2}{N_2}+\frac{n_3}{N_3}+\cdots\leqslant\frac{1}{\gamma_{Ff}\gamma_{Mf}} \tag{8-24}$$

式中：γ_{Ff}——疲劳荷载效应分项系数，$\gamma_{Ff}=1.0$；

γ_{Mf}——结构重要性系数，对于冗余杆件，$\gamma_{Mf}=1.0$；对于关键杆件，$\gamma_{Mf}=1.15$；

n_i——疲劳应力谱中应力幅 $\Delta\sigma_i$ 的加载次数；

N_i——疲劳构造曲线中与应力幅 $\Delta\sigma_i$ 对应的疲劳寿命。

可见新修订的 JTG D64—2015 关于疲劳评估主体内容基本与 EN 1993-1-9 相同。

8.6 疲劳强度

EN 1993-2 规定：

(1)应根据 EN 1993-1-9 评估桥梁疲劳强度。

(2)对于钢桥面的临界区域，可以使用表 8-11 给出的疲劳分类。

用于疲劳评估的结构构造分类 表 8-11

临界区域	结构构造	EN 1993-1-9 中的结构构造	构造分类
1	在横向角焊缝处的纵向受力桥面，参见图 8-1	表 7.4 的构造 8	71
2	在纵梁桥面焊缝处的纵向受力桥面，参见图 8-1	表 7.2 的构造 6	100
		表 7.3 的构造 9	80
3	在纵梁-横梁连接处的中空截面加劲肋，参见图 8-1	表 7.8 的构造 1	80
4	带有接合板和金属衬条的加劲肋拼接，参见图 8-2	表 7.8 的构造 4	71
5	在加劲肋下端周围的横梁腹板中的顶箱孔自由边，参见图 8-5	表 7.8 的构造 6	112

EN 1993-2 给出疲劳强度计算方法。因为循环应力范围($\Delta\sigma$)与循环至疲劳(N)的次数呈

指数关系,这种关系通常以 $\Delta\sigma$-log$N$ 曲线表达,简写为"*S-N*"曲线,如图 8-12 所示。

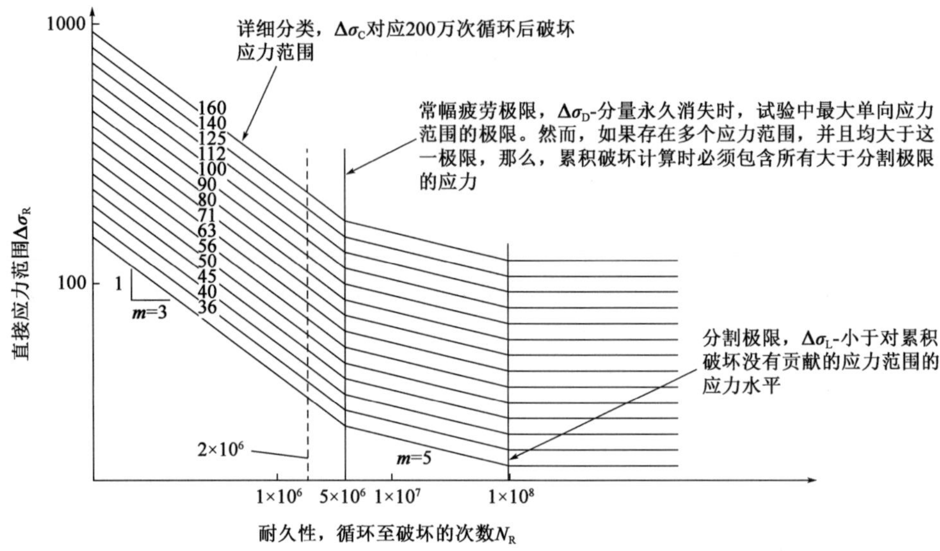

图 8-12 正应力幅疲劳强度曲线

JTG D64—2015 对疲劳抗力的规定也是参考欧洲标准制订的:

钢结构的疲劳抗力用如图 8-12、图 8-13 所示的对应于不同疲劳构造的 *S-N* 曲线表示。每个疲劳构造用其对应于 2.0×10^6 次疲劳寿命的应力幅标识。疲劳构造的常幅疲劳极限对应于曲线上疲劳寿命为 5.0×10^6 的应力幅,截止限对应于疲劳寿命为 1.0×10^8 的应力幅。在疲劳分析时,应力谱中所有低于截止限的应力循环可以忽略不计。

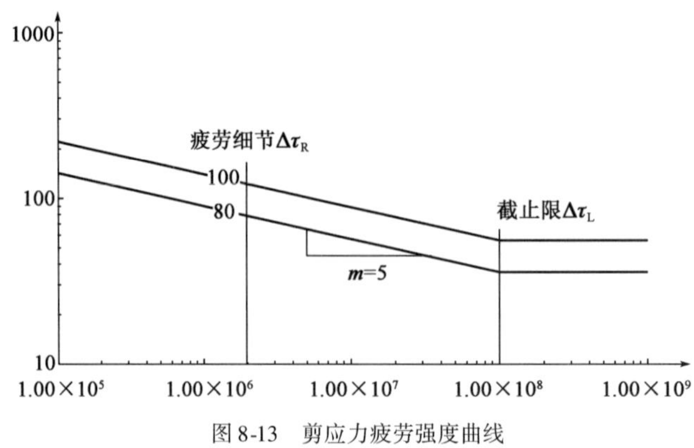

图 8-13 剪应力疲劳强度曲线

构件的疲劳抗力应根据表 8-12 ~ 表 8-20 中所列的疲劳构造,从图 8-12、图 8-13 中取值。

基材构件和机械紧固接头 表 8-12

细节类别	构造细节	说明	要求
160	① ② ③	轧制与冲压件: ①钢板与扁钢。 ②轧制型钢。 ③矩形或圆形截面的无缝钢管	①~③:打磨除去刃边、表面与轧制缺陷,使构件表面光滑平顺
140	④	切割或气割钢板: ④切割或机械气割后修整的材料。 ⑤边缘带有浅且规则线痕的机械气割材料或修整过边缘不连续的手工气割材料	④除去所有可见的边缘不连续。 通过机械加工或打磨切割区域、除去所有毛边; 仅允许存在平行受力方向的机械刮痕(例如打磨加工刮痕)。 ④和⑤:通过打磨改善凹角(坡度≤1/4)或计算时选用适当的应力集中系数。 无补焊修补
125	⑤		

续上表

细节类别	构造细节	说明	要求	
构造细节①～⑤如果由耐候钢制造，其细节类别应降低一个等级				
100 $m=5$	⑥ ⑦	⑥和⑦：构造细节同①、②、③的轧制与冲压件	⑥和⑦：剪应力按下式计算： $\tau=\frac{VS(t)}{It}$	
110	⑧	⑧采用摩擦型高强度螺栓的双面对称接头	⑧$\Delta\sigma$按毛截面计算	⑧～⑬螺栓间距应满足本规范第6.3.3条和第6.3.4条的规定
		⑧采用摩擦型注脂螺栓的双面对称接头	⑧$\Delta\sigma$按毛截面计算	
90	⑨	⑨采用A、B级螺栓的双面接头	⑨$\Delta\sigma$按净截面计算	
		⑨采用非摩擦型注脂螺栓的双面连接	⑨$\Delta\sigma$按净截面计算	
	⑩	⑩采用摩擦型高强度螺栓的单面连接	⑩$\Delta\sigma$按毛截面计算	
		⑩采用摩擦型注脂螺栓的单面连接	⑩$\Delta\sigma$按毛截面计算	
	⑪	⑪承受弯曲与轴力组合作用的带孔构件	⑪$\Delta\sigma$按净截面计算	⑧～⑬螺栓间距应满足本规范第6.3.3条和第6.3.4条的规定
80	⑫	⑫采用A、B级螺栓的单面连接	⑫$\Delta\sigma$按净截面计算	
		⑫采用非摩擦型注脂螺栓的单面连接	⑫$\Delta\sigma$按净截面计算	
50	⑬	⑬采用C级螺栓的单面成双面对称连接，栓孔为普通清孔方式，受力方向保持不变	⑬$\Delta\sigma$按净截面计算	
	当ϕ>30mm时，考虑尺寸效应，$k_s=\left(\frac{30}{\phi}\right)^{0.25}$ ϕ ⑭ ϕ	⑭轧制或带有螺纹的受拉螺栓和螺杆	⑭$\Delta\sigma$采用螺栓泊有效直径计算面积。 必须考虑由撬力和其他因素导致的拉力和弯矩。 对摩擦型螺栓，应考虑应力幅折减	
100 $m=5$	⑮	单剪或双剪螺栓： 螺纹不在剪切面内。 ⑮A、B级螺栓，单向受力的C级螺栓（螺栓等级5.6、8.8或10.9）	⑮$\Delta\tau$按螺杆毛面积计算	

焊接截面　　表8-13

细节类别	构造细节	说明	要求
125	① ②	连续纵向焊缝： ①双面自动对接焊。 ②自动角焊缝。盖板端部按表C.0.5细节⑥的⑦验算	①和②：除非对起焊/终焊位置进行焊后处理并用可靠方法验证修复效果，不适于起焊/终焊位置

续上表

细节类别	构造细节	说明	要求
110	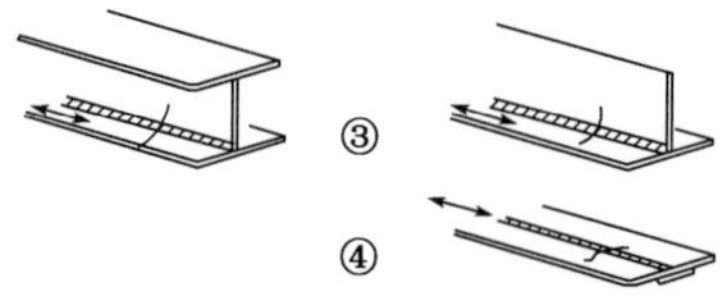 ③ ④	③自动双面对接焊缝或角焊缝，包含起焊/终焊位置。 ④带有垫片的单面自动对接焊缝，不含起焊/终焊位置	④如果包含起焊/终焊位置，细节类别采用100
100	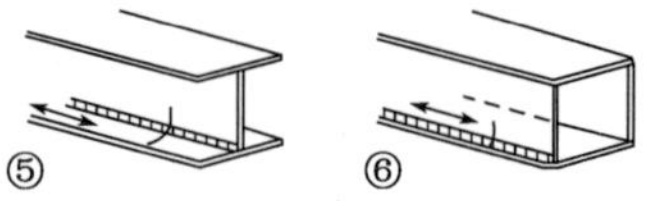 ⑤ ⑥	⑤手工焊 ⑥单侧对接焊缝，尤其对于箱梁	⑤～⑥腹板与翼缘板间必须密贴，腹板边缘根部熔透而无烧漏
100	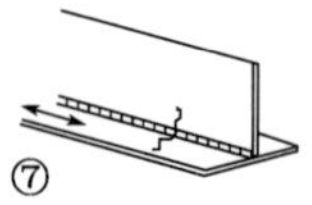 ⑦	⑦对细节①～⑥中焊缝修整后的状态	⑦当采用专业打磨除去所有明显的缺陷，并经过充分核查后，可以按原来细节类别验算
80	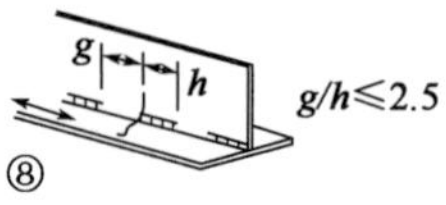 ⑧ g h $g/h \leqslant 2.5$	⑧间断的纵向角焊缝	⑧$\Delta\sigma$ 根据翼缘中的正应力计算
70	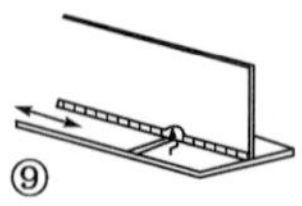 ⑨	⑨纵向对接焊缝、角焊缝或带有直径不超过60mm的过焊孔的间断焊缝。 过焊孔高度若大于60mm，见表(0.4细节①)	⑨$\Delta\sigma$ 根据翼缘中的正应力计算
125	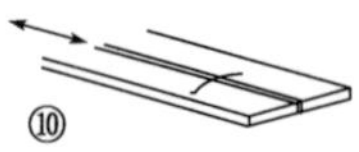 ⑩	⑩纵向对接焊缝，两侧沿受力方向打磨平齐，Ⅰ级焊缝	
110		⑩不打磨，且不包含起焊/终焊位置	
90		⑩包含起焊/终焊位置	
140	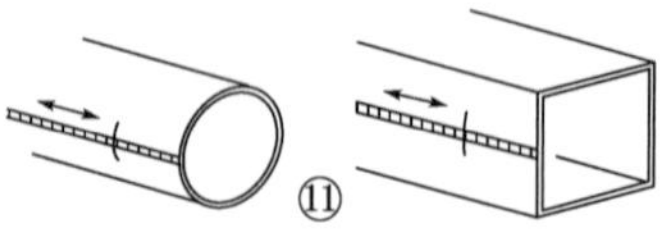 ⑪	⑪空心截面自动纵向密封焊缝	⑪壁厚 $t \leqslant 12.5$mm
125		⑪空心截面自动纵向密封焊缝，不包含起焊/终焊位置	⑪壁厚 $t \leqslant 12.5$mm
90		⑪包含起焊/终焊位置	

横向对接焊缝

表8-14

细节类别	构造细节		说明	要求
110	尺寸效应： $t > 25$mm $k_s = \left(\frac{25}{t}\right)^{0.2}$	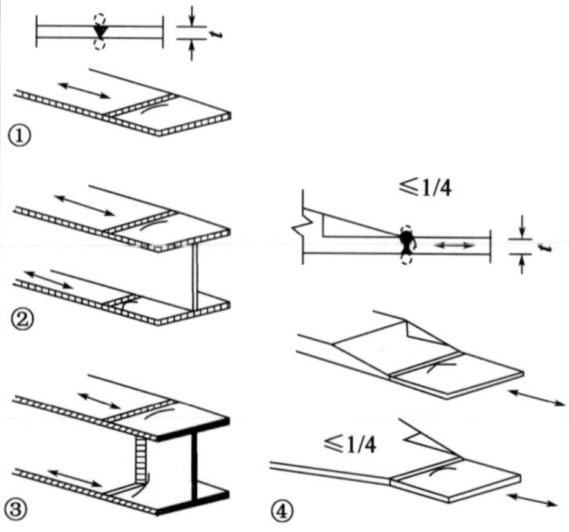 ① ② ③ ④ $\leqslant 1/4$	无垫板： ①钢板与扁钢的横向拼接。 ②板梁装配前翼缘板间或腹板间的横向拼接。 ③轧制截面横向全截面对接焊缝，不设过焊孔。 ④钢板或扁钢的横向拼接，宽度或厚度方向坡度≤1/4	所有焊缝沿箭头方向打磨平齐； 使用引强板，移除后板边沿受力方向打磨平齐； 两侧施焊，实施无损检测。 ③只适用于轧制截面接头，截面截断后再重新焊接

续上表

细节类别	构造细节		说明	要求
90	尺寸效应：$t>25\text{mm}$ $k_s=\left(\frac{25}{t}\right)^{0.2}$	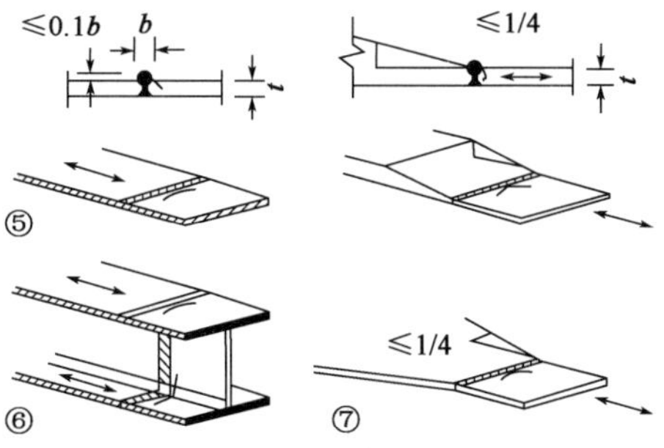	⑤钢板与扁钢的横向拼接。 ⑥未设过焊孔的轧制构件横向全截面对接焊缝。 ⑦钢板或扁钢的横向拼接，接坡≤1/4 焊缝过渡处不必考虑坡度	焊缝余高不超过焊缝宽度的10%，且表面平滑过渡； 使用引弧板，移除后板边沿受力方向打磨平齐； 两侧施焊，实施无损检测。 ⑤和⑦采用平放施焊
90	尺寸效应：$t>25\text{mm}$ $k_s=\left(\frac{25}{t}\right)^{0.2}$	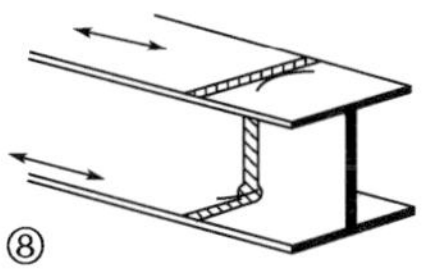	⑧同细节③，但设有过焊孔	所有焊缝沿箭头方向打磨平齐； 使用引弧板，移除后板边沿受力方向打磨平齐； 两侧施焊，实施无损检测。 型钢规格相同
80	尺寸效应：$t>25\text{mm}$ $k_s=\left(\frac{25}{t}\right)^{0.2}$	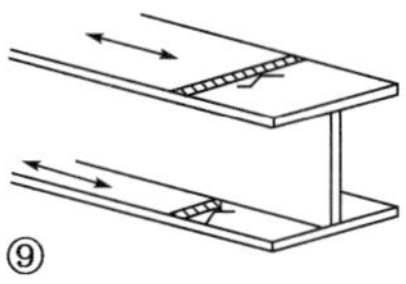 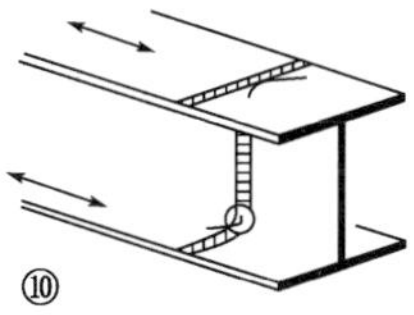	⑨无过焊孔的焊接板梁横向拼接。 ⑩设过焊孔的轧制型钢全截面横向对接焊缝	焊缝余高不超过焊缝宽度的20%，且表面平滑过渡； 焊缝不必磨平； 使用引弧板，移除后板边沿受力方向打磨平齐； 两侧施焊，实施无损检测。 ⑩焊缝余高不超过焊缝宽度的10%，且表面平滑过渡
80	尺寸效应：$t>25\text{mm}$ $k_s=\left(\frac{25}{t}\right)^{0.2}$	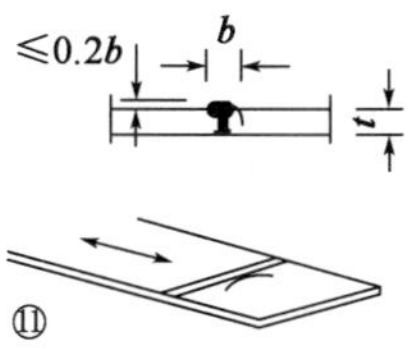	⑪钢板、扁钢、轧制型钢或板梁的横向拼接	焊缝余高不超过焊缝宽度的20%，且表面平滑过渡； 焊不必磨平； 使用引弧板，移除后板边沿受力方向打磨平齐； 两侧施焊，实施无损检测。 ⑩焊缝余高不超过焊缝宽度的10%，且表面平滑过渡
60	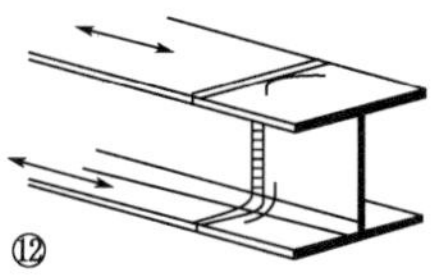		⑫不设过焊孔的轧制型钢全截面横向对接焊缝	使用引弧反，移除后板边沿受力方向打磨平齐； 两侧施焊

续上表

细节类别	构造细节		说明	要求
35		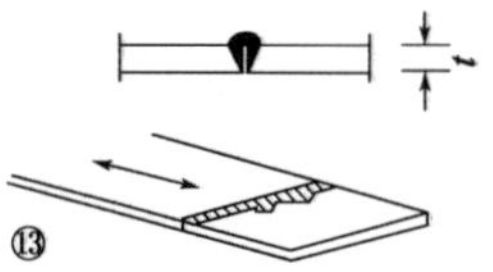 ⑬	⑬单侧对接焊缝	⑬无垫板
70	尺寸效应： $t>25\text{mm}$ $k_s=\left(\frac{25}{t}\right)^{0.2}$	⑬	⑬单侧全熔透对接焊缝，采用超声波探伤	
70		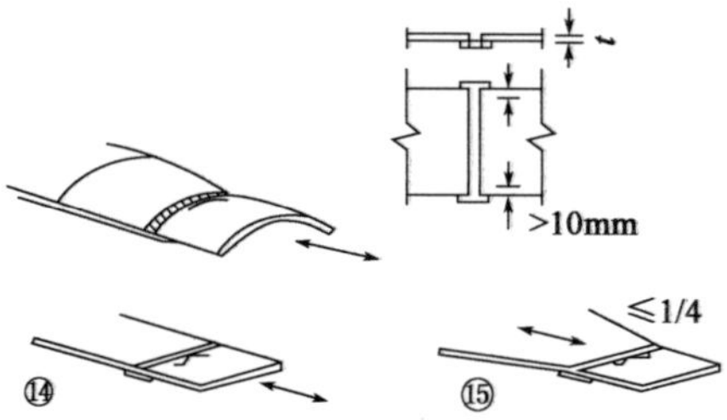 $>10\text{mm}$ $\leqslant 1/4$ ⑭ ⑮	带垫板： ⑭横向拼接。 ⑮横向对接焊缝，宽度或厚度方向坡度≤1/4。 同样适用于弯板	⑭和⑮焊缝到板边距离≥10mm。 定位焊包含在对接焊缝内部
50	尺寸效应： $t>25\text{mm}$ $k_s=\left(\frac{25}{t}\right)^{0.2}$	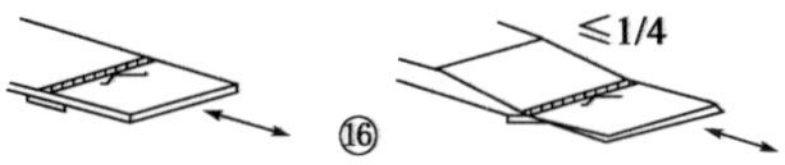 $\leqslant 1/4$ ⑯	⑯永久垫板上的横向对接焊缝，宽度和厚度方向坡度≤1/4。 同样适用于弯板	⑯焊缝端部距板边<10mm或无法保证焊缝与衬条间紧密贴合时
70		**尺寸效应：t>25mm和(或)普通偏心** **坡度≤1/2** 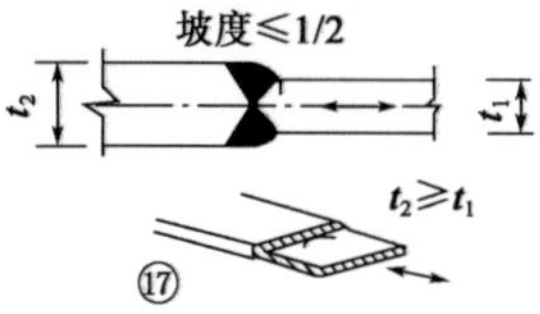 $t_2\geqslant t_1$ ⑰ $k_s=\left(\frac{25}{t_1}\right)^{0.2}\Big/\left(1+\frac{6e}{t_1}\frac{t_1^{1.5}}{t_1^{1.5}+t_2^{1.5}}\right)$ 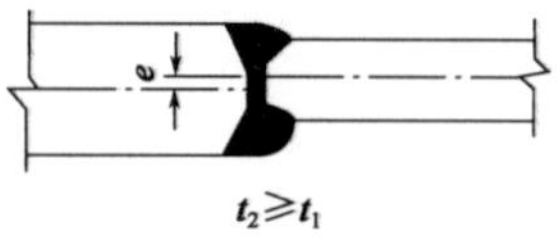 $t_2\geqslant t_1$	⑰不同厚度板横向对接焊缝，板间不设接坡，两板中心对齐	

焊接附连件与加劲肋　　表 8-15

细节类别	构造细节		说明	要求
80	$L\leqslant 50\text{mm}$	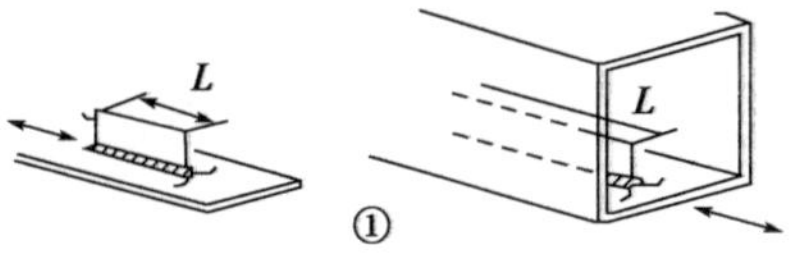 ①	纵向附连件： ①细节类别根据附连件长度进行变化	附连件的厚度必须小于其高度。否则参见表 C.0.5 的细节⑤或细节⑥
70	$50\text{mm}<L\leqslant 80\text{mm}$			
60	$80\text{mm}<L\leqslant 100\text{mm}$			
55	$L>100\text{mm}$			
70	$L>100\text{mm}$ $\alpha<45°$	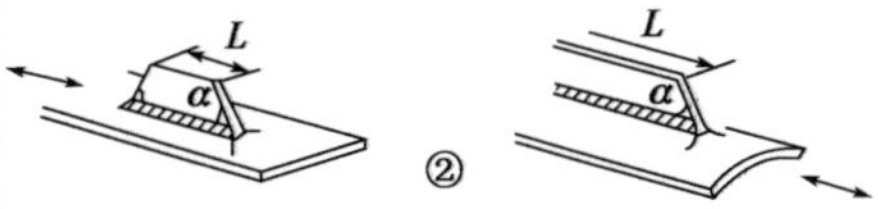 ②	②钢板或钢管的纵向附连件	
80	$r>150\text{mm}$	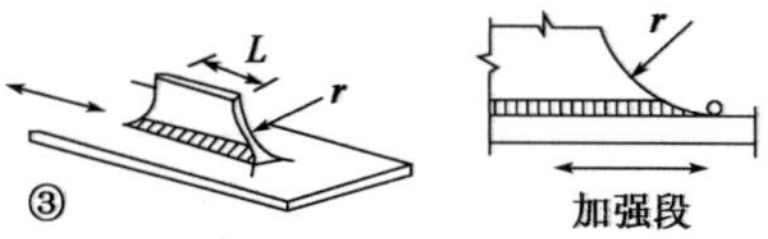 ③ 加强段	③附连件与钢板或钢管通过纵向角焊缝连接，采用圆弧过渡；角焊缝端部加强（全熔透），加强段的焊缝长度$>r$	③和④：过渡圆弧在焊前加工，焊后采用沿箭头方向的打磨，除去焊趾

续上表

细节类别	构造细节		说明	要求
90	$\frac{r}{L} \geq \frac{1}{3}$ 或 $r > 150$mm	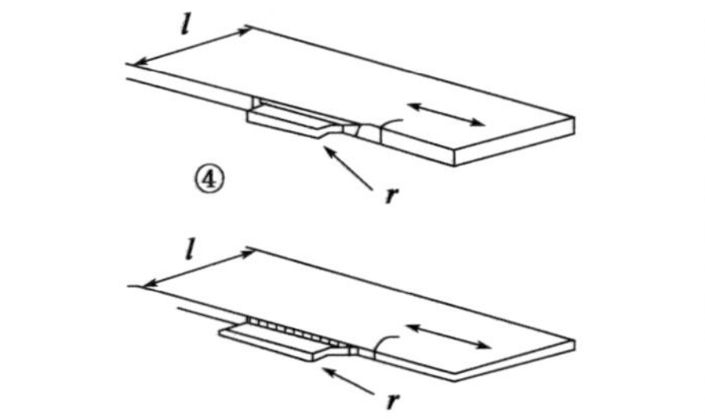 ④	④附连件与板或翼缘板的侧边焊接连接,有圆弧过渡	③和④:过渡圆弧在焊前加工,焊后采用沿箭头方向的打磨,除去焊趾
70	$\frac{1}{6} \leq \frac{r}{L} \leq \frac{1}{3}$			
50	$\frac{r}{L} < \frac{1}{6}$			
40	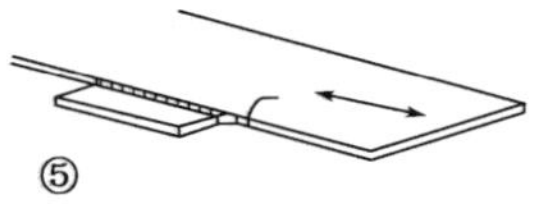 ⑤		⑤附连件与板或翼缘板的侧边焊接连接,无圆弧过渡	
80	$l \leq 50$mm	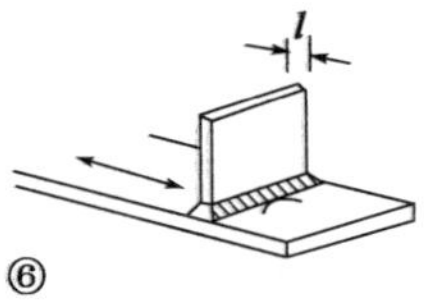 ⑥ 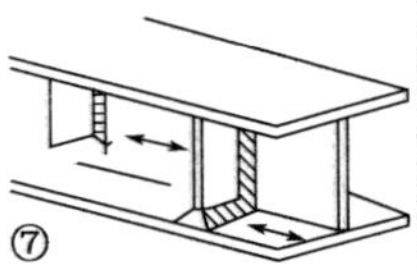 ⑦ 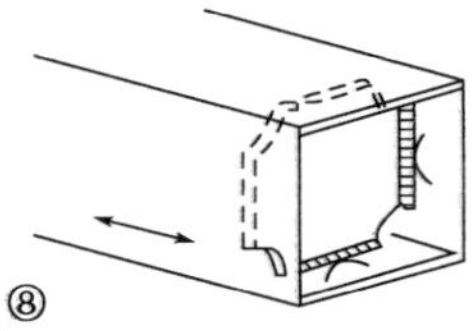 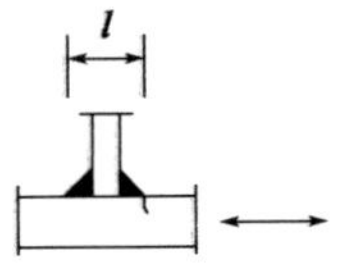	横向附连件: ⑥与板焊接。 ⑦梁或板梁上的竖向加劲肋。 ⑧与翼缘或腹板焊接的箱梁横隔板。可能不适用于较小空心截面。 此值同样适用于环状加劲	⑥和⑦:仔细打磨焊缝端部,除去所有咬边。 ⑦如加劲肋在腹板上终止,$\Delta\sigma$ 采用主应力计算,如图左焊缝所示
70	50mm $< l \leq$ 80mm	⑧		
80	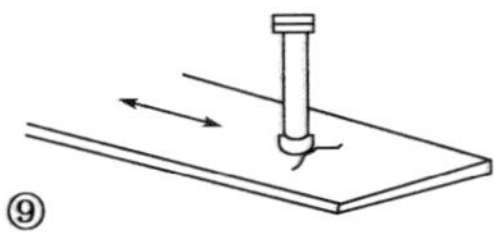 ⑨		⑨剪力钉在基材上的焊接	

承载焊接接头　　表 8-16

细节类别	构造细节		说明	要求
80	$l < 50$mm	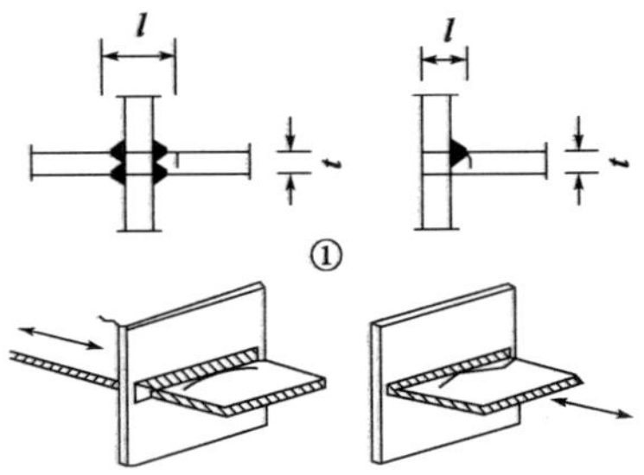 ①	十字形和T形接头; ①全熔透对接焊缝或部分熔透对接焊的焊趾	②计算时应考虑应力集中系数。 ③部分熔透接头要求两种疲劳评定: 第一,焊根按 $\Delta\sigma_w$ 和 Δt_w 对应细节等级验算; 第二,焊趾开裂通过确定承载钢板的 $\Delta\sigma$ 计算。 ①~③:承载钢板偏心不应超过中间板厚的15%
70	50mm $< l \leq$ 80mm			
60	80mm $< l \leq$ 100mm			
55	100mm $< l \leq$ 120mm $l > 120$mm $t \leq 20$mm			
50	120mm $< l \leq$ 200mm $t > 20$mm $l > 200$mm 20mm $< t \leq$ 30mm			
45	200mm $< l \leq$ 300mm $t > 30$mm $l > 300$mm 30mm $< t \leq$ 50mm			
40	$l > 300$mm $t > 50$mm			

续上表

<table>
<tr><th>细节类别</th><th colspan="3">构造细节</th><th>说　明</th><th>要　求</th></tr>
<tr><td>同表 C.0.5 细节 ①</td><td colspan="3"> 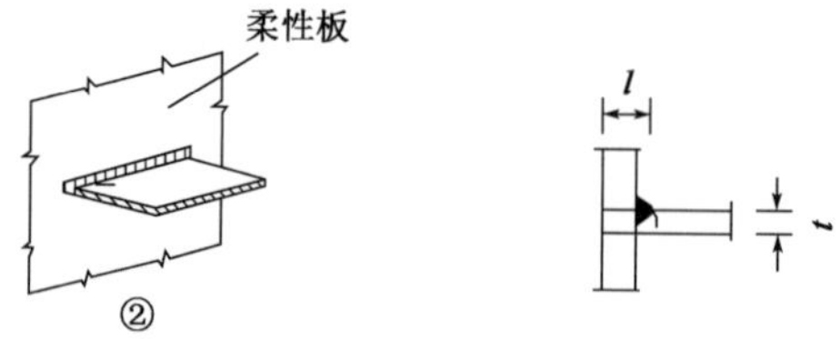柔性板
l
t
②</td><td>②钢板附连件端部的焊趾失效</td><td rowspan="2">②计算时应考虑应力集中系数。
③部分熔透接头要求两种疲劳评定：
第一，焊根按 $\Delta\sigma_w$ 和 $\Delta\tau_w$ 对应细节等级验算；
第二，焊趾开裂通过确定承载钢板的 $\Delta\sigma$ 计算。
①～③：承载钢板偏心不应超过中间板厚的 15%</td></tr>
<tr><td>35*</td><td colspan="3"> 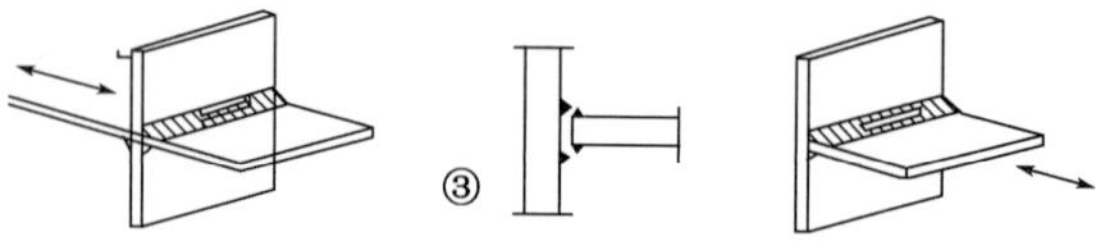③</td><td>③部分融透 T 形接头或角焊缝接头或有效全熔透 T 形对接接头的焊根失效</td></tr>
<tr><td>同表 C.0.5 细节 ①</td><td colspan="3"> 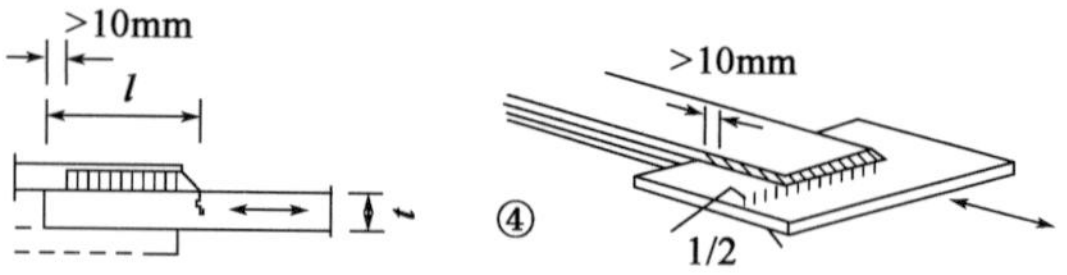>10mm
l
t
④
>10mm
1/2
主要板件受力区域：坡度=1/2</td><td>搭拉焊接接头：
④角焊缝围焊接头</td><td rowspan="2">④$\Delta\sigma$ 的有效面积按 1/2 的斜率计算（图中斜线）。
⑤计算搭接板中的 $\Delta\sigma$。
④和⑤：焊缝终点至板边距离大于 10mm；
焊缝剪切开裂应采用细节⑧验算</td></tr>
<tr><td>45*</td><td colspan="3"> 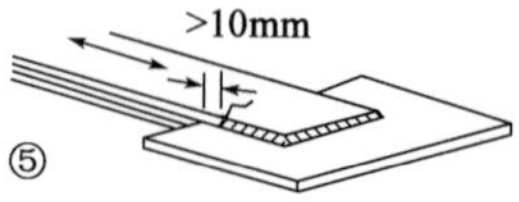>10mm
⑤</td><td>搭接：
⑤角焊缝围焊接头</td></tr>
<tr><td></td><td>$t_e<t$</td><td>$t_c\geqslant t$</td><td rowspan="6">t_c
t
⑥</td><td rowspan="6">梁或板梁的盖板；
⑥单缝或多缝焊接盖板末端</td><td rowspan="6">⑥如果盖板宽度超过翼缘板，需设置横向端焊缝，且焊缝应仔细打磨除去咬边；
盖板长度不得小于 300mm。对于更短附连件按细节①计算考虑尺寸效应</td></tr>
<tr><td>55*</td><td>$t\leqslant$20mm</td><td></td></tr>
<tr><td>50</td><td>20mm $<t\leqslant$ 30mm</td><td>$t\leqslant$20mm</td></tr>
<tr><td>45</td><td>30mm $<t\leqslant$ 50mm</td><td>20mm $<t\leqslant$ 30mm</td></tr>
<tr><td>40</td><td>$t>$50mm</td><td>30mm $<t\leqslant$ 50mm</td></tr>
<tr><td>35</td><td></td><td>$t>$50mm</td></tr>
<tr><td>55</td><td colspan="3">加强的横向端焊缝
≤1/4
t_c
t
$5t_c$
⑦</td><td>⑦梁或板梁的盖板。
加强焊缝最小长度为 $5t_c$</td><td>⑦横向端焊缝打磨平滑。另外，如果 $t_w>$ 20mm，板的前端打磨坡度 < 1/4</td></tr>
<tr><td>80
$m=5$</td><td colspan="3"> 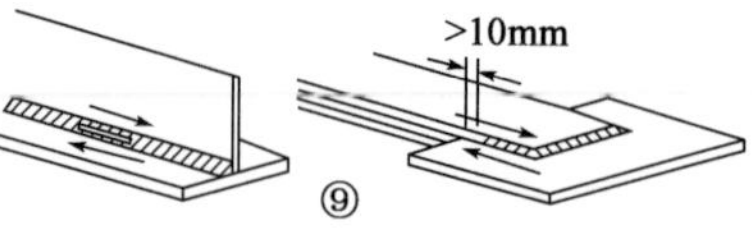>10mm
⑧
⑨</td><td>⑧传递剪力流的连续角焊缝，例如板梁中腹板和翼缘间的焊缝。
⑨角焊缝围焊接头</td><td>⑧$\Delta\tau$ 按焊喉面积计算。
⑨$\Delta\tau$ 按考虑焊缝总长的焊喉面积计算。焊缝端距板边超过 10mm，也可参见上述细节④和细节⑤</td></tr>
<tr><td>90
$m=8$</td><td colspan="3"> 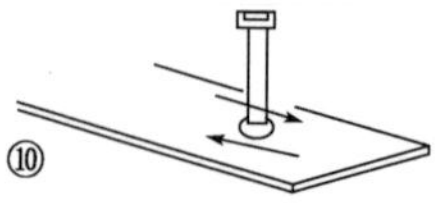⑩</td><td>焊接剪力钉：
⑩用于组合梁</td><td>⑩$\Delta\tau$ 按剪力钉的名义截面计算</td></tr>
</table>

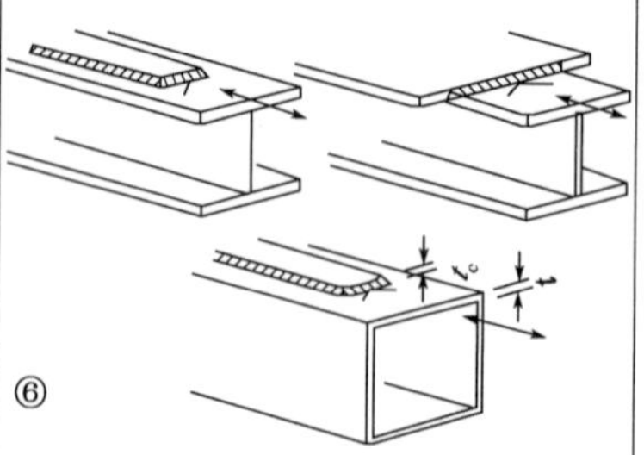

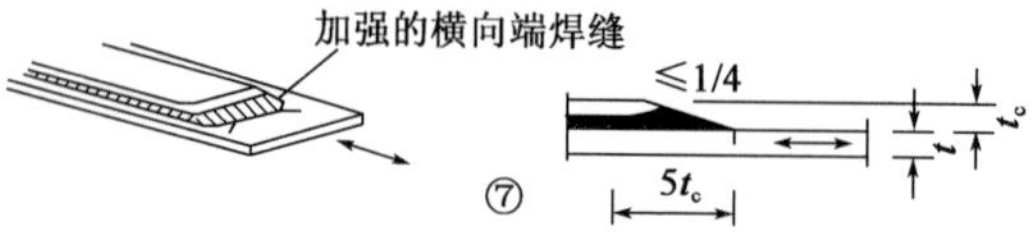

续上表

细节类别	构造细节	说　　明	要　　求
70	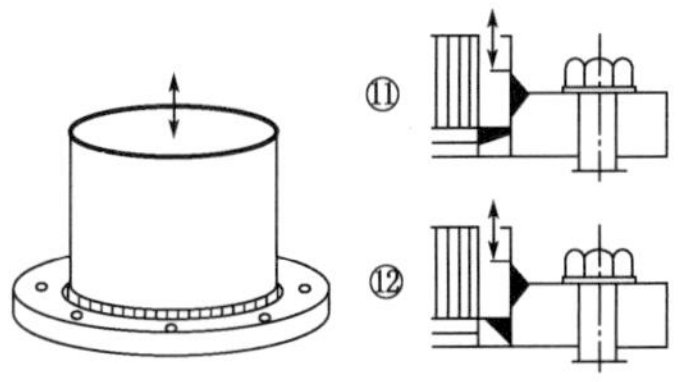	⑪采用 80% 全熔透对接焊缝的管座接头	⑪打磨焊趾。$\Delta\sigma$ 按管的应力幅计算
40		⑫采用角焊缝的管座接头	⑫$\Delta\sigma$ 按管的应力幅计算

空心构件接头（$t \leqslant 12.5$mm）　　表 8-17

细节类别	构造细节	说　　明	要　　求
70	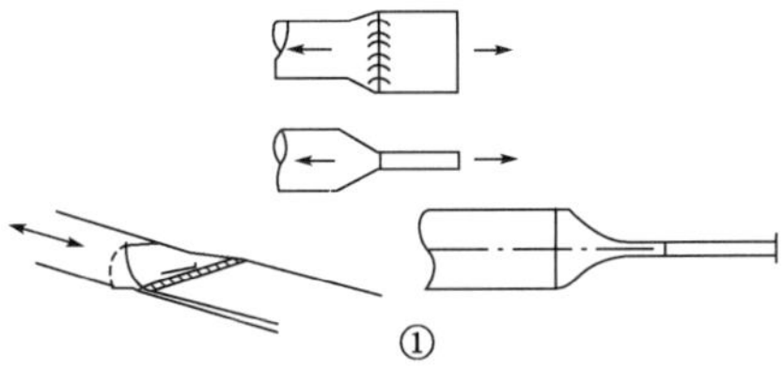	①管板接头，钢管压平端与钢板对接焊缝（X 形坡口）	①$\Delta\sigma$ 按管中应力幅计算； 仅当管径小于 200mm 时有效
70	$\alpha \leqslant 45°$ 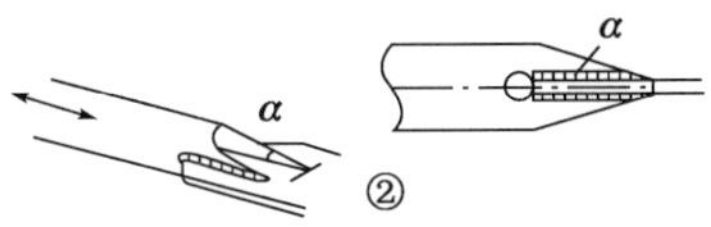	②管板接头，钢管切口端与钢板焊接，切口端部设圆孔	②$\Delta\sigma$ 按管中应力幅计算； 焊缝剪切开裂应使用表 C.0.5 细节⑧进行验算
60	$\alpha > 45°$		
70	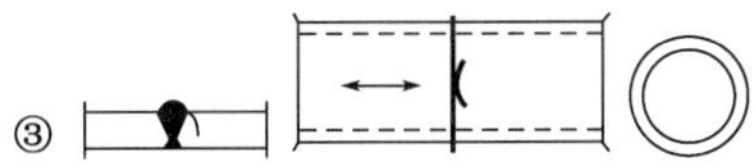	横向对接焊缝： ③圆形管间端对端对接焊缝连接	③和④：焊缝余高不大于焊缝宽度的 100，且平滑过渡； 构件放平焊接； 如果 $t > 8$mm，细节类别应提高 2 个等级
55	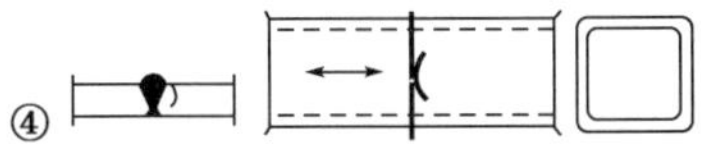	④方形管间端对端对接焊缝连接	
70	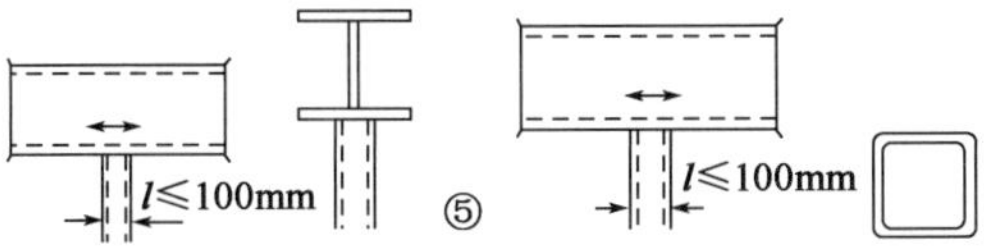	附连件焊接： ⑤圆形或矩形空心截面管与另一构件采用角焊缝连接	⑤非承载焊缝； 平行于应力方向的宽度 $l \leqslant 100$mm； 其他情形见表 C.0.4
50	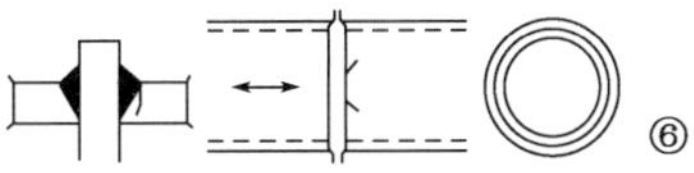	焊接拼接： ⑥圆管通过中间板端对端对接焊接	⑥和⑦： 承载焊缝； 如果 $t > 8$mm，细节类别应提高 1 个等级
45	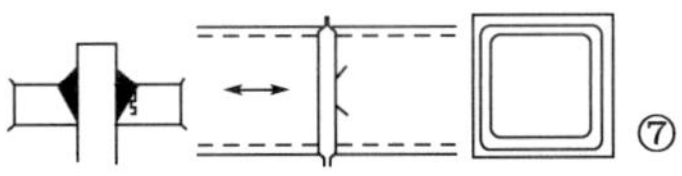	⑦矩形管通过中间板端对端对接焊接	
40	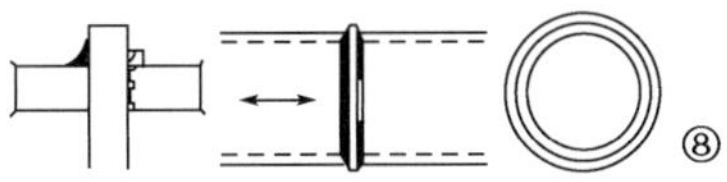	⑧圆形管通过中间板端对端角焊缝连接	⑧和⑨： 承载焊缝； 壁厚 $t \leqslant 8$mm
35	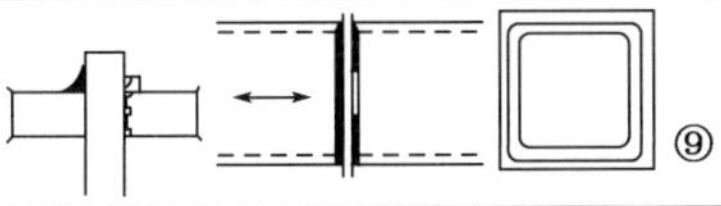	⑨矩形管通过中间板端对端角焊缝连接	

格构梁节点接头($t \leq 12.5$mm) 表 8-18

<table>
<tr><th>细节类别</th><th colspan="2">构造细节</th><th>要 求</th></tr>
<tr><td>90
$m=5$</td><td>$\frac{t_0}{t_i} \geq 2.0$</td><td rowspan="2">细节①(间隙接头)：圆形管的K形和N形接头 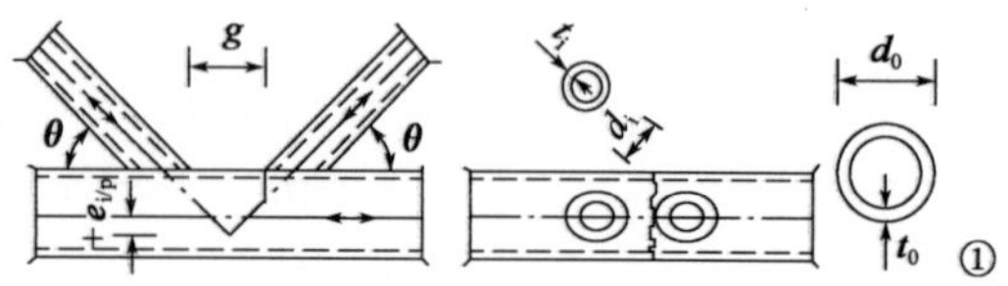</td><td rowspan="4">①和②：
对主管和支管分别评估；
t_0/t_i 的中间值按细节类别线性插值得到；
支管壁厚 $t \leq 8$mm 时允许采用角焊缝；
t_0、$t_i \leq 8$mm；
$35° \leq \theta \leq 50°$；
$b_0/t_0 \times t_0/t_i \leq 25$；
$d_0/t_0 \times t_0/t_i \leq 25$；
$0.4 \leq b_i/b_0 \leq 1.0$；
$0.25 \leq d_i/d_0 \leq 1.0$；
$b_0 \leq 200$mm；
$d_0 \leq 300$mm；
$-0.5h_0 \leq e_{i/p} \leq 0.25h_0$；
$-0.5d_0 \leq e_{i/p} \leq 0.25d_0$；
$e_{i/p} \leq 0.02b_0$ 或 $\leq 0.02d_0$。
($e_{i/p}$为面外偏心)
②：$0.5(b_0-b_i) \leq g \leq 1.1(b_0-b_i)$，$g \geq 2t_0$</td></tr>
<tr><td>45
$m=5$</td><td>$\frac{t_0}{t_i}=1.0$</td></tr>
<tr><td>70
$m=5$</td><td>$\frac{t_0}{t_i} \geq 2.0$</td><td rowspan="2">细节②(间隙接头)：矩形管的K形和N形接头 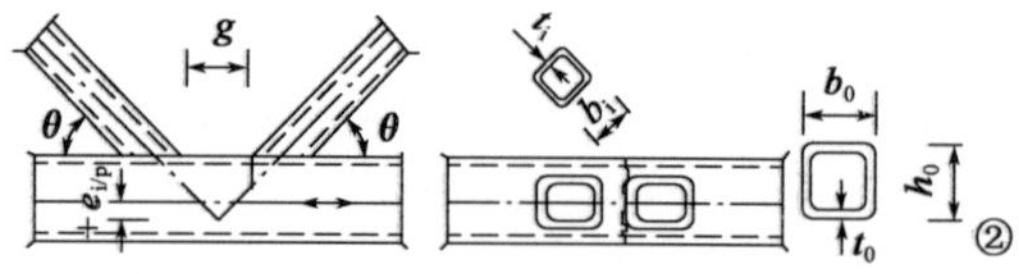</td></tr>
<tr><td>35
$m=5$</td><td>$\frac{t_0}{t_i}=1.0$</td></tr>
<tr><td>70
$m=5$</td><td>$\frac{t_0}{t_i} \geq 1.4$</td><td rowspan="2">细节③(搭接接头)：圆形或矩形管K形接头 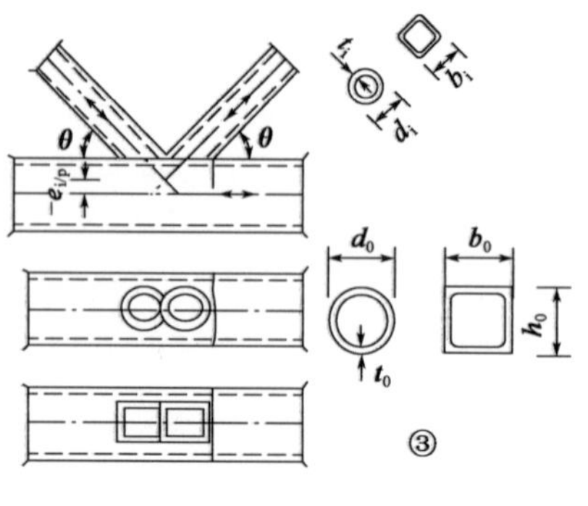</td><td rowspan="4">③和④：$30\% \leq (q/p) \times 100\% \leq 100\%$；
对主管和支管分别评估；
t_0/t_i 的中间值按细节类别线性插值得到；
支管壁厚 $t \leq 8$mm 时允许采用角焊缝；
t_0、$t_i \leq 8$mm；
$35° \leq \theta \leq 50°$；
$b_0/t_0 \times t_0/t_i \leq 25$；
$d_0/t_0 \times t_0/t_i \leq 25$；
$0.4 \leq b_i/b_0 \leq 1.0$；
$0.25 \leq d_i/d_0 \leq 1.0$；
$b_0 \leq 200$mm；
$d_0 \leq 300$mm；
$-0.5h_0 \leq e_i/p \leq 0.25h_0$；
$-0.5d_0 \leq e_{i/p} \leq 0.25d_0$；
$e_{i/p} \leq 0.02b_0$ 或 $\leq 0.02d_0$。
($e_{i/p}$为面外偏心)
p、q 示意如下： 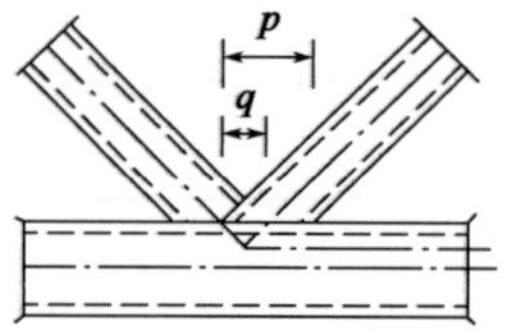</td></tr>
<tr><td>55
$m=5$</td><td>$\frac{t_0}{t_i}=1.0$</td></tr>
<tr><td>70
$m=5$</td><td>$\frac{t_0}{t_i} \geq 1.4$</td><td rowspan="2">细节④(搭接接头)：圆形或矩形管N形接头 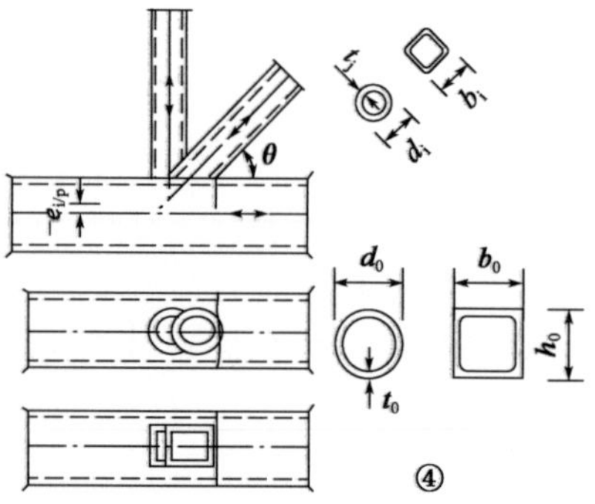</td></tr>
<tr><td>55
$m=5$</td><td>$\frac{t_0}{t_i}=1.0$</td></tr>
</table>

正交异性桥面板——闭口加劲肋　　表 8-19

细节类别	构造细节		说　明	要　求
80	$t \leqslant 12\text{mm}$		①纵肋通过横梁，纵肋下方挖孔	①$\Delta\sigma$ 按上焊缝最下端位置计算
70	$t > 12\text{mm}$			
80	$t \leqslant 12\text{mm}$		②纵肋通过横梁，纵肋下方不挖孔	②$\Delta\sigma$ 按纵肋底端位置计算
70	$t > 12\text{mm}$			
35			③在横梁处中断的纵肋	③$\Delta\sigma$ 按纵肋底端位置计算
70			④纵肋接头，带有垫板的全熔透对接焊缝	④$\Delta\sigma$ 按纵肋底端位置计算
110	打磨除去余高		⑤纵肋全熔透对接焊缝，双面焊缝，无垫板	⑤$\Delta\sigma$ 按纵肋底端位置计算；在对接焊缝内部定位焊
90	余高小于 0.1 倍缝宽			
80	余高小于 0.2 倍缝宽			
70			⑥横梁腹板开孔间最不利截面	⑥$\Delta\sigma$ 应考虑开孔的影响
70		$\Delta\sigma = \dfrac{\Delta M_w}{W_w}$	盖板与梯形或 V 形加劲肋的连接焊缝；⑦部分熔透焊缝，$a \geqslant t$	⑦根据板内弯曲引起的正应力幅 $\Delta\sigma$ 验算
50			⑧角焊缝或除细节⑦以外的其他类型部分熔透焊缝	⑧根据板内弯曲引起的正应力幅 $\Delta\sigma$ 验算

正交异性桥面板——开口加劲肋　　表 8-20

细节类别	构造细节		说　明	要　求
80	$t \leqslant 12$mm	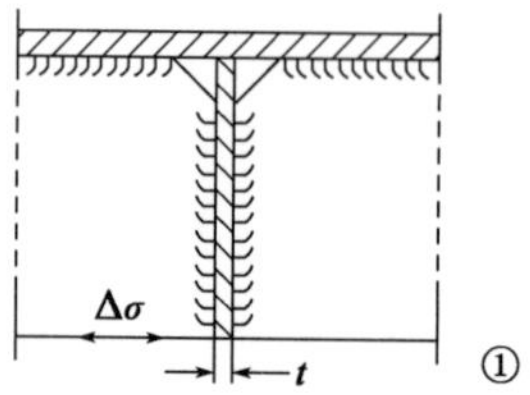 ①	①连续纵肋与横梁的连接	①根据纵肋中的正应力幅 $\Delta\sigma$ 评定
70	$t > 12$mm			
55	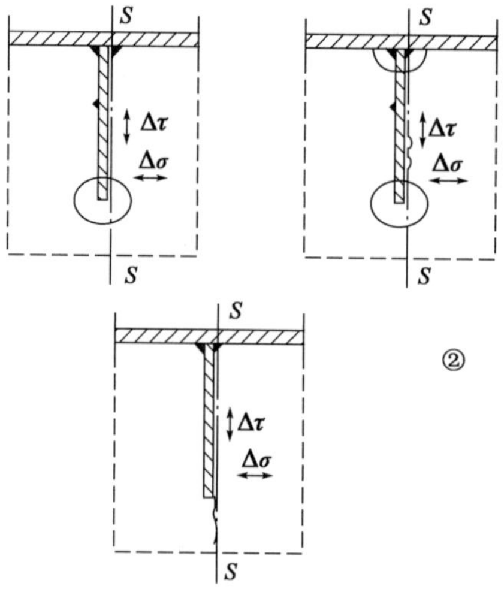 ②		②连续纵肋与横梁的连接。 $\Delta\sigma = \frac{\Delta M_{w}}{W_{net,s}}$ $\Delta\tau = \frac{\Delta V_{s}}{W_{w,net,s}}$	②根据等效应力幅 $\Delta\sigma_{ep}$ 评定。 $\Delta\sigma_{eq} = \frac{1}{2}(\Delta\sigma + \sqrt{\Delta\sigma^{2} + 4\Delta\tau^{2}})$

例 8-1：基本疲劳 *S-N* 曲线的使用

焊接钢梁翼缘属 EN 1993-1-9 中的“构造类型 125”，承受 200MPa 的应力幅值 500000 次循环的构件。试验算疲劳强度（$\gamma_{Mf} = 1.15$，$\gamma_{Ff} = 1.0$）。

解：1）按 EN 1993-2 计算

$$\gamma_{Ff}\Delta\sigma \leqslant \frac{\Delta\sigma_{R}}{\gamma_{Mf}}\text{，其中，}\Delta\sigma = 200\text{MPa}$$

$\Delta\sigma_{R}$ 需从 EN 1993-1-9 的构造类型 125 的 *S-N* 曲线中读取（图 8-14），或由下式计算：

$$\Delta\sigma_{R}^{3}N_{R} = \Delta\sigma_{C}^{3} \times 2 \times 10^{6}, \Delta\sigma_{R} = \sqrt[3]{\frac{125^{3} \times 2 \times 10^{6}}{500000}} = 198(\text{MPa})$$

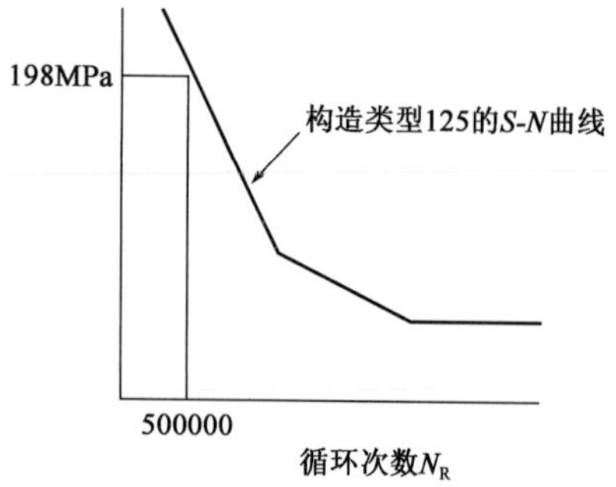

$$\frac{\Delta\sigma_{R}}{\gamma_{Mf}} = \frac{198}{1.15} = 172(\text{MPa}), \Delta\sigma_{R}^{3}N_{R} = 125^{3} \times 2 \times 10^{6},$$

$$N_{R} = 500000$$

$$\gamma_{Ff}\Delta\sigma = 200 \times 1.0 = 200(\text{MPa})$$

因此：

$$\gamma_{Ff}\Delta\sigma > \frac{\Delta\sigma_{R}}{\gamma_{Mf}}$$

疲劳强度不可接受。

翼缘需修改以降低每一循环的应力至 172MPa。

198MPa
构造类型125的*S-N*曲线
500000
循环次数N_R

图 8-14　构造类型为 125 的 *S-N* 曲线

2）按 JTG D64—2015 计算

疲劳荷载模型Ⅱ用于构造的疲劳验算，选取疲劳荷载模型Ⅱ进行计算。

查 JTG D64—2015 表,荷载分项系数:$\gamma_{Ff}=1.0$;强度分项系数:焊接翼缘为关键杆件,$\gamma_{Mf}=1.15$。

焊接钢翼缘承受 200MPa 的应力幅值 500000 次循环的疲劳寿命验算:

$$\left(\frac{\gamma_{Ff}\Delta\sigma_F}{\Delta\sigma_c/\gamma_{Mf}}\right)^3+\left(\frac{\gamma_{Ff}\Delta\tau_F}{\Delta\tau_c/\gamma_{Mf}}\right)^5\leqslant 1.0$$

$\Delta\sigma_R$ 对应于 200 万次疲劳抗力应力幅,构造类型 125,由图 8-12 知:

$\Delta\sigma_R^3 N_R=\Delta\sigma_C^3\times 2\times 10^6$,

$\Delta\sigma_R^3 N_R=125^3\times 2\times 10^6$,$N_R=500000$

式中,$\Delta\sigma_c$ 为抵抗 200 百万次不破坏的应力幅。

对应于 200 万次疲劳抗力应力幅:

$$\Delta\sigma_R=\sqrt[3]{\frac{125^3\times 2\times 10^6}{500000}}=198(\mathrm{MPa})$$

焊接钢梁翼缘承受的等效应力幅:

$\Delta\sigma_F=200\mathrm{MPa}$

$$\left(\frac{\gamma_{Ff}\Delta\sigma_F}{\Delta\sigma_c/\gamma_{Mf}}\right)^3+\left(\frac{\gamma_{Ff}\Delta\tau_F}{\Delta\tau_c/\gamma_{Mf}}\right)^5=\left(\frac{1.0\times 200}{198/1.15}\right)^3+0=1.6>1.0$$

式中:$\Delta\sigma_c$——对应 200 百万次疲劳抗力应力幅。

该疲劳强度不可接受。结果与欧洲标准相同。

例 8-2:使用 Palmgren-Miner 规则进行疲劳评估

铰跨钢结构中焊接构造的疲劳性能可构造类型 36 的 S-N 曲线表示(图 8-15)。铰跨承载典型重 1t、2t 和 5t 的车辆。在每种车辆荷载作用下焊缝构造中的应力幅值如下:

1t 车辆 =20MPa

2t 车辆 =40MPa

5t 车辆 =100MPa

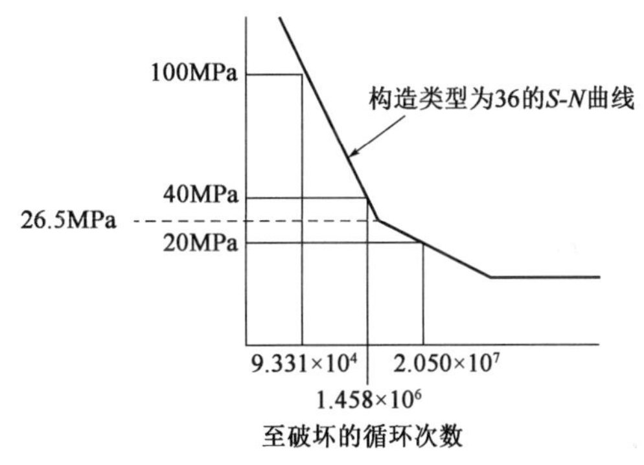

图 8-15 构造类型为 36 的 S-N 曲线

机车平均承载 50 辆车,1t、2t 与 5t 车辆的比例分别为 70%、28% 与 2%,每天使用铰跨 2 次。评估构造以确定它是否能抵抗 40 年的生命期。任何时间没有其他车辆占用这一链跨。取 $\gamma_{Ff}=1.0$,$\gamma_{Mf}=1.15$。

解:1)按 EN 1993-2 方法

根据 Palmgren-Miner 规则:

$$\sum_i^n\frac{n_{Ei}}{N_{Ri}}\leqslant 1.0$$

不变幅度疲劳极限 $\Delta\sigma_D$ 在 500 百万次循环时出现,有 $\Delta\sigma_D^3 N_R=\Delta\sigma_C^3\times 2\times 10^6$,$\Delta\sigma_D^3\times 5\times 10^6=36^3\times 2\times 10^6$,$\Delta\sigma_D=26.5\mathrm{MPa}$。因此,100MPa,40MPa 循环应力造成破坏大于按 $\Delta\sigma_R^3 N_R=36^3\times 2\times 10^6$ 计算不变幅值疲劳极限,而 20MPa 应力循环造成破坏小于按 $\Delta\sigma_R^5 N_R=26.5^3\times 5\times 10^6$ 计算的不变幅值疲劳极限。循环至破坏的次数为:

1t 车辆(20MPa)$=2.05\times 10^7$ 循环至破坏

2t 车辆(40MPa)$=1.458\times 10^6$ 循环至破坏

5t 车辆(100MPa)$=9.331\times 10^4$ 循环至破坏

下一步计算设计生命期内每种车辆荷载循环次数。

40 年内使用链跨的车辆数 = 2 次 ×50 辆 ×365 天 ×40 年 = 1.46×10^6 辆。

1t 车型数 = 70% × $1.46 \times 10^6 = 1.022 \times 10^6$(辆)

2t 车型数 = 28% × $1.46 \times 10^6 = 4.088 \times 10^5$(辆)

5t 车型数 = 2% × $1.46 \times 10^6 = 2.920 \times 10^4$(辆)

$$\sum_i^n \frac{n_{Ei}}{N_{Ri}} = \frac{n_{1tonne}\gamma_{Mf}\gamma_{Ff}}{N_{1tonne}} + \frac{n_{2tonne}\gamma_{Mf}\gamma_{Ff}}{N_{2tonne}} + \frac{n_{5tonne}\gamma_{Mf}\gamma_{Ff}}{N_{5tonne}}$$

$$= \frac{1.022 \times 10^6 \times 1.15 \times 1.0}{2.05 \times 10^7} + \frac{4.088 \times 10^5 \times 1.15 \times 1.0}{1.458 \times 10^6} + \frac{2.920 \times 10^4 \times 1.15 \times 1.0}{9.331 \times 10^4}$$

$$= 0.057 + 0.322 + 0.360 = 0.74 < 1.0$$

因此疲劳寿命是合适的。

2)JTG D64—2015 计算

疲劳荷载模型Ⅲ:疲劳荷载模型Ⅲ采用实桥交通调查数据作为制定疲劳荷载的依据。

铰跨承载典型重 1t、2t 和 5t 的车辆。在每种车辆荷载作用下焊缝构造中的应力幅值如下:

1t 车辆 = 20MPa,2t 车辆 = 40MPa,5t 车辆 = 100MPa。

铰跨钢结构中焊接疲劳可按构造类型 36 的 *S-N* 曲线表示。

由正应力疲劳强度曲线知,不变幅度疲劳极限 $\Delta\sigma_D$ 在 500 百万次循环时出现,由:$\Delta\sigma_D^3 N_R = \Delta\sigma_C^3 \times 2 \times 10^6$,$\Delta\sigma_D^3 \times 5 \times 10^6 = 36^3 \times 2 \times 10^6$,知 $\Delta\sigma_D = 26.5$MPa。

因此,100MPa,40MPa 循环应力造成破坏大于按 $\Delta\sigma_R^3 N_R = 36^3 \times 2 \times 10^6$ 计算不变幅值疲劳极限,而 20MPa 应力循环造成破坏小于按 $\Delta\sigma_R^5 N_R = 26.5^3 \times 5 \times 10^6$ 计算的不变幅值疲劳极限。

由 $\Delta\sigma_R^3 N_R = 36^3 \times 2 \times 10^6$ 知循环至破坏的次数为:

1t 车辆(20MPa)$N_R = 2.05 \times 10^7$ 次循环至破坏

2t 车辆(40MPa)$N_R = 1.458 \times 10^6$ 次循环至破坏

5t 车辆(100MPa)$N_R = 9.331 \times 10^4$ 次循环至破坏

假设能抵抗 40 年,计算命期内每种车辆荷载循环次数。

40 年内使用铰跨的车辆数 = 2 次 ×50 辆 ×365 天 ×40 年 = 1.46×10^6 辆。

1t 车型数 = 70% × $1.46 \times 10^6 = 1.022 \times 10^6$(辆)

2t 车型数 = 28% × $1.46 \times 10^6 = 4.088 \times 10^5$(辆)

5t 车型数 = 2% × $1.46 \times 10^6 = 2.920 \times 10^4$(辆)

$$\sum \frac{n_i}{N_i} = \frac{n_1}{N_1} + \frac{n_2}{N_2} + \frac{n_3}{N_3} = \frac{1.022 \times 10^6}{2.05 \times 10^7} + \frac{4.088 \times 10^5}{1.458 \times 10^6} + \frac{2.920 \times 10^4}{9.331 \times 10^4}$$

$$= 0.361 \leqslant \frac{1}{\gamma_{Ff}\gamma_{Mf}} = \frac{1}{1.0 \times 1.15} = 0.86$$

假设成立,能抵抗 40 年的生命期。

例 8-3:计算公路桥的 λ_2

使用 BS5400 定义的车辆交通谱计算公路桥 λ_2 的值。估计慢车道每年承载 500000 辆车,使用 EN 1991-2 表 4.5(表 8-21)。

例 8-3 表 表 8-21

车　辆	重量 Q_i(kN)	车辆数/百万车辆,n_i	$n_i Q_i^5$
18GTH	3680	10	6.749×10^{18}
18GTM	1520	30	2.434×10^{17}
9TT-H	1610	20	2.164×10^{17}

续上表

车 辆	重量 Q_i(kN)	车辆数/百万车辆,n_i	$n_i Q_i^5$
9TT-M	750	40	9.492×10^{15}
7GT-H	1310	30	1.157×10^{17}
7GT-M	680	70	1.018×10^{16}
7A-H	790	20	6.154×10^{15}
5A-H	630	280	2.779×10^{16}
5A-M	360	14500	8.768×10^{16}
5A-L	250	15000	1.465×10^{16}
4A-H	335	90000	3.797×10^{17}
4A-M	260	90000	1.069×10^{17}
4A-L	145	90000	5.769×10^{15}
4R-H	280	15000	2.582×10^{16}
4R-M	240	15000	1.194×10^{16}
4R-L	120	15000	3.732×10^{14}
3A-H	215	30000	1.378×10^{16}
3A-M	140	30000	1.613×10^{15}
3A-L	90	30000	1.771×10^{14}
3R-H	240	15000	1.194×10^{16}
3R-M	195	15000	4.229×10^{15}
3R-L	120	15000	3.732×10^{14}
2R-H	135	17000	7.623×10^{15}
2R-M	65	17000	1.972×10^{14}
2R-L	30	18000	4.374×10^{12}
总计	—	1.000×10^{6}	8.051×10^{18}

解:1)按 EN 1993-2 计算

由:$Q_{\text{ml}}=\left(\dfrac{\sum n_i Q_i^5}{\sum n_i}\right)^{\frac{1}{5}}=\left(\dfrac{8.051\times10^{18}}{1.000\times10^{6}}\right)^{\frac{1}{5}}=381.2(\text{kN})$

$N_{\text{obs}}=0.5\times10^{6}$

$N_0=0.5\times10^{6}$

$Q_0=480\text{kN}$(荷载模型 3 的重量)

因此:$\lambda_2=\dfrac{Q_{\text{ml}}}{Q_0}\left(\dfrac{N_{\text{obs}}}{N_0}\right)^{1/5}=\dfrac{381.2}{480}\left(\dfrac{0.5\times10^{6}}{0.5\times10^{6}}\right)^{1/5}=0.794$

应注意的是车型 18GTH 是主要的 λ_2 的贡献者,因其重量较大。但并不意味着这种车辆肯定造成破坏,因为轴重与轴间距可能更重要,特别是中等跨度的桥梁。

2)按 JTG D64—2015 计算

公路桥荷载修正系数 λ_2,按下式计算:

$$\lambda_2=\frac{Q_{\text{ml}}}{Q_0}\left(\frac{N_{\text{obs}}}{N_0}\right)^{1/5}$$

式中:Q_0——选取公路Ⅰ级疲劳荷载车重量 450kN;

N_0——疲劳荷载模型Ⅱ年车道通车量,$N_0=0.5\times10^{6}$,符合表 8-19 统计。

N_{obs}——每年慢车道上重车总量,按本书表 9-10 取值;

$$Q_{m1}=\left(\frac{\sum n_iQ_i^5}{\sum n_i}\right)^{1/5}=\left(\frac{8.051\times10^{18}}{1.000\times10^6}\right)^{1/5}=381.2(\mathrm{kN})$$

代入数据得 $\lambda_2=\frac{Q_{m1}}{Q_0}\left(\frac{N_{obs}}{N_0}\right)^{1/5}=\frac{381.2}{450}\left(\frac{0.5\times10^6}{0.5\times10^6}\right)^{1/5}=0.847$

公路桥荷载修正系数 $\lambda_2=0.847$。

例 8-4:对支座加强肋与焊缝进行疲劳验算

如图 8-16 所示,两车道公路桥。计算加强肋至底部翼缘和腹板至底部翼缘合适的抗疲劳焊缝尺寸。对腹板与翼缘进行疲劳验算。要求设计生命期 120 年,EN 1991-2 表 4.5 将这类桥划归为每年每一慢车道通行 500000 辆车。客户指定使用破坏允许误差法,因为将有规则性检查,包括疲劳裂缝检验。

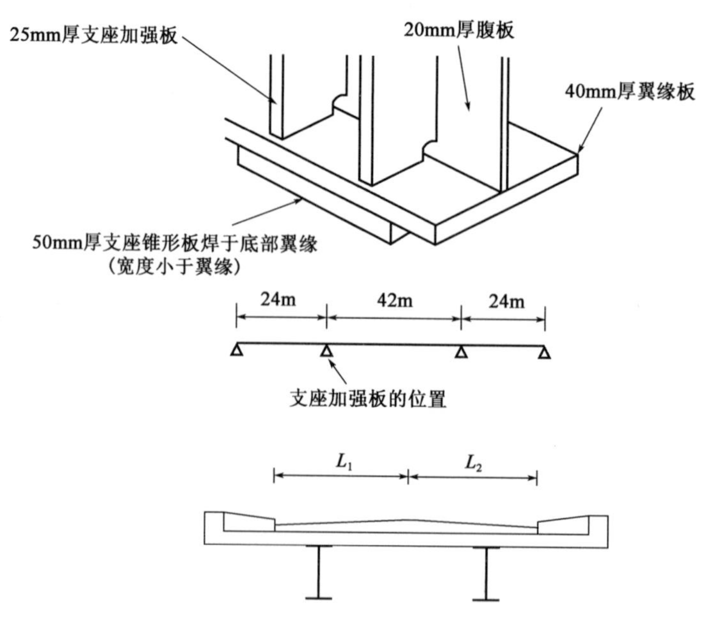

图 8-16 [例 8-4]桥梁截面,跨度与加强板的布置

解:1)按 EN 1993-2 计算

(1)验算 1:计算加强肋至底部翼缘焊缝的合适尺寸。

由桥梁荷载模型 3 的支反力:

$F_{max}=+401.1\mathrm{kN}$

$P_{min}=-113.6\mathrm{kN}$

疲劳反力幅值 $=401.1-(-1113.6)=514.7(\mathrm{kN})$

假设疲劳荷载作用下,纵横向平均支座偏心距 ±10mm,因此 $M_{Ed,z}=M_{Ed,y}=514.7\times0.01=5.1(\mathrm{kN\cdot m})$。

要求进行两种验算。其一是母板中主趾裂缝构造类型为 80,其二是根裂缝构造类型为 36*。后者明显是关键点。

加强肋外凸垂直应力范围 = 15.5MPa(基于加强肋有效截面,没有显示)。

焊缝中横向应力范围为:

$$\sigma_{wf}=\frac{15.5\times25}{2a}=194/年$$

式中:a——每面 25mm 加强肋的焊缝隙厚度。

现计算 2×10^6 次循环的应力 $\Delta\sigma_{E,2}$。

$$\lambda_1 = 1.7 + 0.5 \times \left(\frac{L - 30}{50}\right) = 1.7 + 0.5 \times \frac{66 - 30}{50} = 2.03$$

式中，L 为计算的相邻反力跨度之和，即 $L = 24 + 42 = 66(\text{m})$。

根据 $\lambda_2 = \frac{Q_{m1}}{Q_0}\left(\frac{N_{Obs}}{N_0}\right)^{1/5}$，$N_{Obs} = 0.5 \times 10^6$，取 $\lambda_2 = 0.794$。

$\lambda_3 = \left(\frac{t_{Ld}}{100}\right)^{1/5} = 1.037$，设计生命期 120 年。

$$\lambda_4 = \left[1 + \frac{N_2}{N_1}\left(\frac{\eta_2 Q_{m2}}{\eta_1 Q_{m1}}\right)^5 + \frac{N_3}{N_1}\left(\frac{\eta_3 Q_{m3}}{\eta_1 Q_{m1}}\right)^5 + \cdots + \frac{N_K}{N_1}\left(\frac{\eta_k Q_{mk}}{\eta_1 Q_{m1}}\right)^5\right]^{1/5}$$

车道 2 的影响系数保守地取车道 1 的 75%。因两车道均为慢车道，$N = 0.5 \times 10^6$/年：

$$\lambda_4 = \left[1 + \frac{N_2}{N_1}\left(\frac{\eta_2 Q_{m2}}{\eta_1 Q_{m1}}\right)^5\right]^{\frac{1}{5}} = \left[1 + \frac{0.5 \times 10^6}{0.5 \times 10^6}\left(\frac{0.75}{1.0}\right)^5\right]^{1/5} = 1.044$$

$$\lambda_{max} = 1.80 + 0.90\left(\frac{L - 30}{50}\right) = 1.80 + 0.90 \times \frac{66 - 30}{50} = 2.39$$

$$\lambda = \lambda_1 \cdot \lambda_2 \cdot \lambda_3 \cdot \lambda_4 \leqslant \lambda_{max} = 2.03 \times 0.794 \times 1.037 \times 1.044 = 1.745 < \lambda_{max}$$

对于母加强板，$\Delta\sigma_{E2} = \lambda \Phi_2 \Delta\sigma_p = 1.745 \times 1.0 \times 15.5 = 27.0(\text{MPa})$。

对于焊缝，$\Delta\sigma_{E2} = \lambda \Phi_2 \Delta\sigma_{wf} = 1.745 \times 1.0 \times 194/年 = 338/年(\text{MPa})$。

对于构造类型为 36^* 的焊缝 $\Delta\sigma_c = 40\text{MPa}$，如正文中讨论。焊缝在其设计生命期内应进行定期性检查。如果数焊缝破坏，通过加强肋与翼缘间直接接触提供备选车道，因此完全破坏不可能发生。因此，构造应划归为“破坏允许，较轻破坏后果”类，$\gamma_{Mf} = 1.0$。

根据 $\gamma_{Ff}\Delta\sigma_{E2} \leqslant \frac{\Delta\sigma_c}{\gamma_{Mf}}$ 可知，$\frac{1.0 \times 338}{a} \leqslant \frac{40}{1.00}$，$a = \frac{338}{40} = 8.5(\text{mm})$。

使用角焊，边长 $8.5 \times \sqrt{2} \approx 12(\text{mm})$。

(2)验算 2：腹板至支座区域范围内底部翼缘焊缝的合适尺寸。

焊缝必须承担支座反力与腹板与翼缘间的纵向剪力。由上述支反力与偏心距，腹板中最大横向应力为 15.4MPa。焊缝中横向应力幅值为：

$$\sigma_{wf} = \frac{15.4 \times 20}{2a} = 154/年$$

式中，a 为每侧 20mm 厚腹板焊缝的厚度。荷载模型 3 产生的最大剪力幅值为 329.3kN。

底部翼缘 $A\bar{z}/I = 0.394 \times 10^{-3}/\text{mm}$（具有开裂混凝土的 SLS 截面特性）。

焊缝中的纵向应力：

$$\tau_{wf} = \frac{329.3 \times 10^3 \times 0.394 \times 10^{-3}}{2a} = 64.9/年$$

①横向应力。

对于横向荷载，构造类型为 36^*，其 $\Delta\sigma_c = 40\text{MPa}$，如正文中讨论。焊缝在其设计生命期内定期检查，但如果焊缝破坏，对腹板—翼缘纵向剪力没有提供备选荷载路径。然而，裂缝在出现真实问题前肯定延伸一定长度。这类构造被保守地称为“破坏允许，破坏后果严重”的构造类型（“较轻后果”可能满足），$\gamma_{mf} = 1.15$。破坏等价参数为：

$$\Delta\sigma_{E2} = \lambda \Phi_2 \Delta\sigma_{wf} = 1.745 \times 1.0 \times 154/a = 268.7/年$$

$$\gamma_{Ff}\Delta\sigma_{E2} \leqslant \frac{\Delta\sigma_c}{\gamma_{Mf}}, \frac{1.0 \times 268.7}{a} \leqslant \frac{40}{1.15}, a = 7.7\text{mm}$$

边长 12mm 的焊缝满足要求，此时 $a = 8.49\text{mm}$。

②纵向应力。

构造类型为 80。计算 λ_1 的长度 L，再次保守地取相邻跨之和，因长度越大越保守，两跨中的荷载对最大剪力均有贡献。$L=42\text{m}$,作为近似值。

$$\Delta\tau_{E2}=\lambda\Phi_2\Delta\sigma_{wf}=1.745\times1.0\times64.9/\text{年}=113.3/\text{年}$$

$$\gamma_{Ff}\Delta\tau_{E2}\leqslant\frac{\Delta\tau_c}{\gamma_{Mf}},\ \frac{1.0\times113.3}{a}\leqslant\frac{80}{1.15}$$

因此 $a=1.6\text{mm}$,即比横向应力更小的极限。

③组合验算。

假设使用12mm边长。

$$\Delta\sigma_{E2}=268.7/8.49=31.7(\text{MPa})$$

$$\Delta\tau_{E2}=113.3/8.49=13.4(\text{MPa})$$

$$\left(\frac{\gamma_{MF}\gamma_{Ff}\Delta\sigma_{E2}}{\Delta\sigma_c}\right)^3+\left(\frac{\gamma_{MF}\gamma_{Ff}\Delta\tau_{E2}}{\Delta\tau_c}\right)^5\leqslant1.0$$

$$\left(\frac{1.15\times1.0\times31.7}{40}\right)^3+\left(\frac{1.15\times1.0\times13.4}{80}\right)^5=0.757+0.0003=0.757\leqslant1.0$$

纵向剪力非常小,因为构造类型相当高,$(\Delta\tau_{E2}/\Delta\tau_c)^5$ 项可忽略。对于角焊缝而言,这通常是纵横向应力组合的结论。

(3)验算3:腹板中由附加加强肋焊接产生的裂缝验算。

图8-17显示潜在开裂位置。构造类型为80(因为加强肋与腹板的组合小于50mm),要求 $\Delta\sigma$ 基于主应力,因为加强肋在腹板中终止。

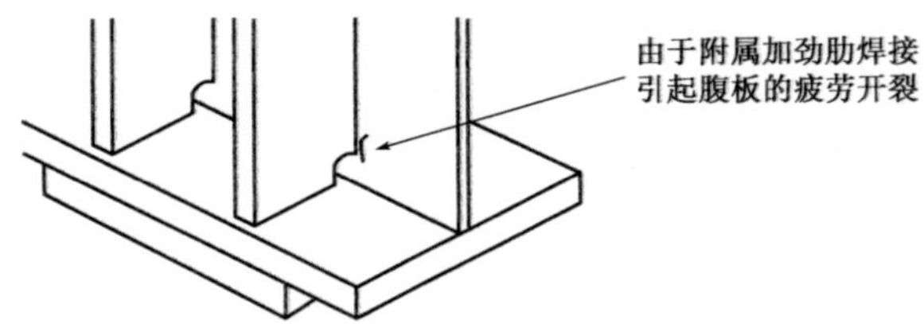

图8-17　腹板中加强板焊接处潜在裂缝

在此情形中,计算 λ_1 的长度 L 是不同的,因为应力由弯矩控制,对于 L 为基于相邻跨平均值的情形,$L=0.5\times(24+42)=33(\text{m})$。

$$\lambda_1=1.7+0.5\left(\frac{L-30}{50}\right)=1.7+0.5\times\frac{33-30}{50}=1.73$$

$$\lambda_{max}=1.80+0.90\left(\frac{L-30}{50}\right)=1.80+0.90\times\frac{33-30}{50}=1.85$$

其他参数同上。λ_4 保留弯曲保守性。

$$\lambda=\lambda_1\cdot\lambda_2\cdot\lambda_3\cdot\lambda_4\leqslant\lambda_{max}=1.73\times0.794\times1.037\times1.044=1.487<\lambda_{max}$$

格梁支座加强板处疲劳荷载模型3引起的弯矩幅值为1567kN·m。

$W_{(\text{底部腹板})}=72.9\times10^6\text{mm}^3$(SLS特性——保守性地取翼缘位置)

腹板底部纵向应力幅值,$\Delta\sigma_p$ 为:

$$\Delta\sigma_p=\frac{1567\times10^6}{72.9\times10^6}=21.5(\text{MPa})$$

由验算2知,底部翼缘/腹板 $A\bar{Z}/I=0.394\times10^{-3}/\text{mm}$,最大剪力为329.3kN。

因此腹板基础处剪应力幅值 $\Delta\tau_p$:$\Delta\tau_p=\dfrac{329.3\times10^3\times0.394\times10^{-3}}{20}=6.5(\text{MPa})$

腹板底部主应力幅值 $=\dfrac{\sigma}{2}+\dfrac{1}{2}\sqrt{\sigma^2+4\tau^2}=\dfrac{21.5}{2}+\dfrac{1}{2}\sqrt{21.5^2+4\times6.5^2}=23.3(\text{MPa})$

$$\Delta\sigma_{E2}=\lambda\Phi_2\Delta\sigma_P=1.487\times1.0\times23.3=34.7(\text{MPa})$$

$$\gamma_{Ff}\Delta\sigma_{E2} \leqslant \frac{\Delta\sigma_c}{\gamma_{Mf}}$$

$$\gamma_{Ff}\Delta\sigma_{E2} = 1.0 \times 34.7 = 34.7(\mathrm{MPa}) \leqslant \frac{\Delta\sigma_c}{\gamma_{Mf}} = \frac{80}{1.15} = 69.6(\mathrm{MPa})$$

(此处,腹板被划归“破坏允许,破坏后果严重”型。)因此,腹板的疲劳寿命是合适的。

(4)验算4:焊接附件引起翼缘开裂验算。

图8-18显示了潜在开裂位置。

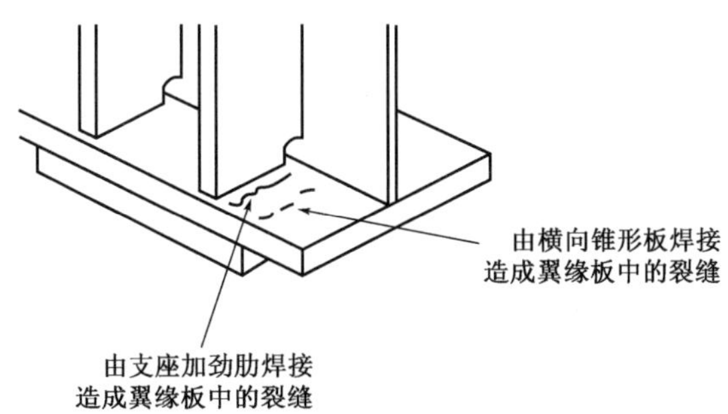

图8-18 底部翼缘中潜在裂缝

根据验算3可知,底部翼缘中疲劳荷载模型3产生的应力幅值$\Delta\sigma_p = 21.5\mathrm{MPa}$。参数$\lambda$与验算3相同。

$$\Delta\sigma_{E2} = \lambda\Phi_2\Delta\sigma_P = 1.487 \times 1.0 \times 21.5 = 32.0(\mathrm{MPa})$$

由横向锥形焊缝产生的翼缘裂缝为构造类型40对于40mm与50mm厚的锥形板(结构构造6)。比支座加强板表面的构造类型80更差。$\gamma_{Mf} = 1.15$,“破坏允许,破坏后果严重”型。

$$\frac{\Delta\sigma_c}{\gamma_{Mf}} = \frac{40}{1.15} = 34.8(\mathrm{MPa}) > \gamma_{Ff}\Delta\sigma_{webE2} = 32.0\mathrm{MPa}$$

翼缘的疲劳寿命满足要求。

2)按JTG D64—2015计算

(1)计算加强肋至底部翼缘焊缝的合适尺寸。

加强肋外凸垂直应力范围为15.5MPa(基于加强肋有效截面,没有显示)

对于构造类型为36*的焊缝,$\Delta\sigma_c = 40\mathrm{MPa}$,$\gamma_{mf} = 1.15$,$\gamma_{Ff} = 1.0$。

由 $\left(\frac{\gamma_{Ff}\Delta\sigma_F}{\Delta\sigma_c/\gamma_{Mf}}\right)^3 + \left(\frac{\gamma_{Ff}\Delta\tau_F}{\Delta\tau_c/\gamma_{Mf}}\right)^5 \leqslant 1.0$,得$\Delta\sigma_F = 34.8\mathrm{MPa}$,无剪应力。

$$\lambda_1 = 1.7 + 0.5\left(\frac{L-30}{50}\right) = 1.7 + 0.5 \times \frac{66-30}{50} = 2.03$$

式中:L——计算的相邻反力跨度之和,即$L = 24 + 42 = 66(\mathrm{m})$。

由 $\lambda_2 = \frac{Q_{m1}}{Q_0}\left(\frac{N_{obs}}{N_0}\right)^{\frac{1}{5}}$

$N_{obs} = 0.5 \times 10^6$,取$\lambda_2 = 0.847$

$\lambda_3 = \left(\frac{t_{Ld}}{100}\right)^{1/5} = 1.00$,设计生命期为100年

$$\lambda_4 = \left[1 + \frac{N_2}{N_1}\left(\frac{\eta_2 Q_{m2}}{\eta_1 Q_{m1}}\right)^5 + \frac{N_3}{N_1}\left(\frac{\eta_3 Q_{m3}}{\eta_1 Q_{m1}}\right)^5 + \cdots + \frac{N_K}{N_1}\left(\frac{\eta_k Q_{mk}}{\eta_1 Q_{m1}}\right)^5\right]^{\frac{1}{5}}$$

车道2的影响系数保守地取车道1的75%。因两车道均为慢车道,$N = 0.5 \times 10^6$/年:

$$\lambda_4 = \left[1 + \frac{N_2}{N_1}\left(\frac{\eta_2 Q_{m2}}{\eta_1 Q_{m1}}\right)^5\right]^{1/5} = \left[1 + \frac{0.5 \times 10^6}{0.5 \times 10^6}\left(\frac{0.75}{1.0}\right)^5\right]^{1/5} = 1.044$$

$\lambda_{max} = 1.80 + 0.90\left(\frac{L-30}{50}\right) = 1.80 + 0.90 \times \frac{66-30}{50} = 2.39$

损伤等效系数 $\lambda = \lambda_1 \cdot \lambda_2 \cdot \lambda_3 \cdot \lambda_4 \leqslant \lambda_{max} = 2.03 \times 0.847 \times 1.0 \times 1.044 = 1.861 < \lambda_{max}$

由等效应力幅 $\Delta\sigma_F = \lambda|\sigma_{p.max} - \sigma_{p.min}|$ 得，应力幅 $\Delta\sigma = |\sigma_{p.max} - \sigma_{p.min}| = 18.7\text{MPa} > 15.5\text{MPa}$。

可见，在 15.5MPa 垂直应力范围内计算的焊缝，在 200 百万次循环后未产生疲劳破坏，在此种状态下，计算焊缝尺寸：

加强板 25mm，翼缘板 40mm，加强板与翼缘的焊接采用直角焊缝。

$1.5\sqrt{t_1} \leqslant h_f \leqslant 1.2t_2$，即 $1.5\sqrt{t_1} = 1.5\sqrt{40} = 9.5(\text{mm}) \leqslant h_f \leqslant 1.2t_2 = 1.2 \times 25 = 30(\text{mm})$

所以取 $h_f = 20\text{mm}$，焊缝的净深为 $h_e = 0.7 \times 20 = 14(\text{mm})$。

假设加强板宽为 b，在 15.5MPa 垂直应力范围内加强板承担的最大力为 $387.5b$。

根据直角焊缝设计公式 $N/(h_e \sum l_w) \leqslant 1.22 f_f^w$，代入数据：$N/(h_e \sum l_w) = 387.5b/14 \times \sum l_w \leqslant 1.22 \times 160$，得 $\sum l_w = 0.14b$，因此当加强板宽为 b 时，对应计算的焊缝最小长度为 $0.14b$。

(2)腹板至支座区域范围内底部翼缘焊缝的合适尺寸。

焊缝必须承担支座反力与腹板与翼缘间的纵向剪力。

由上述支反力与偏心距可知，腹板中最大横向应力为 15.4MPa。对于横向荷载，构造类型为 36*，其 $\Delta\sigma_c = 40\text{MPa}$。

腹板 20mm，翼缘板 40mm，腹板与翼缘的焊接采用直角焊缝，按标准：

$1.5\sqrt{t_1} \leqslant h_f \leqslant 1.2t_2$，即 $1.5\sqrt{t_1} = 1.5\sqrt{40} = 9.5(\text{mm}) \leqslant h_f \leqslant 1.2t_2 = 1.2 \times 20 = 24(\text{mm})$

所以取 $h_f = 20\text{mm}$，焊缝的净深为 $h_e = 0.7 \times 20 = 14(\text{mm})$。

最大的支反力为 $F_{max} = +401.1\text{kN}$，只在最大的支座横向力的作用下出现。

根据直角焊缝设计公式 $N/(h_e \sum l_w) \leqslant 1.22 f_f^w$，代入数据：$N/(h_e \sum l_w) = 401.1 \times 10^3/14 \times \sum l_w \leqslant 1.22 \times 160$，得 $\sum l_w = 147\text{mm}$。

计算所得的腹板与翼缘之间的最小焊缝尺寸为 147mm。

当焊缝只承担纵向剪切应力，作用力平行于焊缝长度方向时，其幅值为 329.3kN，此时：$N/(h_e \sum l_w) \leqslant f_f^w$ 代入数据 $N/(h_e \sum l_w) = 329.3 \times 10^3/(14 \times \sum l_w) \leqslant 160$，得小的焊缝尺寸长度为 147mm。

当在这两种力的共同作用下时，用计算的焊缝最小尺寸验算时，强度满足条件。

(3)腹板中由附加加强肋焊接产生的裂缝验算。

构造类型为 80。

在此情形中，计算 λ_1 的长度 L 是不同的，因为应力由弯矩控制，对于 L 为基于相邻跨平均值的情形，$L = 0.5 \times (24 + 42) = 33(\text{m})$。

$\lambda_1 = 1.7 + 0.5\left(\frac{L-30}{50}\right) = 1.7 + 0.5 \times \frac{33-30}{50} = 1.73$

$\lambda_{max} = 1.80 + 0.90\left(\frac{L-30}{50}\right) = 1.80 + 0.90 \times \frac{33-30}{50} = 1.85$

$\lambda = \lambda_1 \cdot \lambda_2 \cdot \lambda_3 \cdot \lambda_4 \leqslant \lambda_{max} = 1.73 \times 0.847 \times 1.037 \times 1.044 = 1.586 < \lambda_{max}$

格梁支座加强板处疲劳荷载模型引起的弯矩幅值为 1567kN·m。$W_{(\text{底部腹板})} = 72.9 \times 10^6\text{mm}^3$。

腹板底部纵向应力幅值 $\Delta\sigma = \frac{1567 \times 10^6}{72.9 \times 10^6} = 21.5(\text{MPa})$

假设腹板基础处剪应力幅值 $\Delta\tau_p=6.5\text{MPa}$(借用 EN 1993 所用的切应力幅值)

腹板底部主应力幅值为:

$$\Delta\sigma_p = \frac{\sigma}{2}+\frac{1}{2}\sqrt{\sigma^2+4\tau^2} = \frac{21.5}{2}+\frac{1}{2}\sqrt{21.5^2+4\times6.5^2} = 23.3(\text{MPa})$$

$$\Delta\sigma_F = \lambda\left|\sigma_{p.max}-\sigma_{p.min}\right| = 1.586\times23.3 = 39.95(\text{MPa})$$

$$\left(\frac{\gamma_{Ff}\Delta\sigma_F}{\Delta\sigma_c/\gamma_{Mf}}\right)^3+\left(\frac{\gamma_{Ff}\Delta\tau_F}{\Delta\tau_c/\gamma_{Mf}}\right)^5 = \left(\frac{1.0\times39.95}{80/1.15}\right)^3+0 = 0.189 < 1.0$$

因此,腹板的疲劳寿命是合适的。

(4)焊接附件引起翼缘开裂验算。

根据腹板中由附加加强肋焊接产生的裂缝验算,底部翼缘中疲劳荷载模型的应力幅值 $\Delta\sigma=21.5\text{MPa}$。参数 λ 与附加加强肋焊接产生的裂缝验算相同。

$$\Delta\sigma_F = \lambda\left|\sigma_{p.max}-\sigma_{p.min}\right| = 1.586\times21.5 = 34.10(\text{MPa})$$

由横向锥形焊缝产生的翼缘裂缝为构造类型40。$\gamma_{Mf}=1.15$。

$$\left(\frac{\gamma_{Ff}\Delta\sigma_F}{\Delta\sigma_c/\gamma_{Mf}}\right)^3+\left(\frac{\gamma_{Ff}\Delta\tau_F}{\Delta\tau_c/\gamma_{Mf}}\right)^5 = \left(\frac{1.0\times34.10}{40/1.15}\right)^3+0 = 0.94 < 1.0$$

翼缘的疲劳寿命满足要求。

8.7 焊接后处理

为改善焊接构造的疲劳寿命,EN 1993-2 给设计人员留有发挥后处理技术的余地。角焊构造的疲劳强度可通过下列方法改善:

1)减小应力集中效应

比如焊缝趾磨碾技术,焊缝趾区 TIG(焊接)再熔和等离子再熔,试图使焊接趾剖面圆滑。这将降低角焊缝趾处的应力集中,从而改善疲劳寿命。

2)引入压缩残余应力

焊接构造较低疲劳强度背后的主要因素为较大的残余拉应力存在。因此,施加压应力仍然可导致应力循环,整体在拉应力范围内。如果引入压缩残余应力,那么所有应力将在受压条件下循环,这将导致更长的疲劳寿命。比如锤打与喷射硬化技术均基于此原理。角焊趾在受压环境中冷处理时引入压缩残余应力。这延迟焊缝疲劳开裂,从而导致更长的疲劳寿命。

关于如何估算由使用后处理技术获得的疲劳寿命延长,EN 1993-1-9 没有给出任何指导。作为一般性指南,引入压缩残余应力趋向于比降低应力集中效应更大地延长疲劳寿命。然而,强烈推荐设计人员在估算由后处理技术产生的疲劳寿命延长时咨询专家。另外,后处理技术需要细心说明与严格监督,因为处理的成功很大程度上取决于工艺质量。

8.8 本章小结

新修改的 JTG D64—2015,大部分内容引用 EN 1993-1-9,与欧洲标准整体差异不大。目前国内应用较为成熟的仍然是《钢结构设计标准》(GB 50017—2017)与《铁路桥梁钢结构设计规范》(TB 10091—2017),因此对比中大多数引用 GB 50017—2017。本章主要讨论了以下几方面的问题:

(1)目前 GB 50017—2017 仍采用疲劳强度计算容许应力幅法,而不是像 EN 1993-2 中采用"以概率理论为基础的极限状态设计法"。这是因为现阶段对不同类型构件连接的疲劳裂缝形成、扩展以致断裂这一全过程的极限状态,包括其严格的定义和影响的因素还研究不足,并且掌握的疲劳强度数据也不够全面。只是考虑了材料抗力一方面的不定性,而未考虑荷载效应的不确定性,所以目前只能按容许应力幅进行计算。

(2)疲劳荷载。EN 1993-2 使用疲劳荷载模型 3(单车荷载模型),并且结合桥梁位置规定交通荷载。JTG D64—2015 中定义了三种疲劳荷载模型:

①疲劳荷载模型Ⅰ。

a. 疲劳荷载模型Ⅰ用于桥梁结构中整体构件疲劳验算。

b. 模型Ⅱ为等效车道荷载。集中荷载为 $0.7P_k$,均布荷载为 $0.3q_k$。P_k 和 q_k 按 JTG D60—2004 第 4.3.1 条取值。

②疲劳荷载模型Ⅱ。

a. 疲劳荷载模型Ⅱ用于构造的疲劳验算。

b. 模型Ⅱ为四轴单车模型,轴重、轴距与轮距的布置见图 8-1。

③疲劳荷载模型Ⅲ。

a. 模型Ⅲ采用实桥交通调查数据作为制定疲劳荷载的依据。

b. 制定疲劳荷载模型应考虑行车方向、车道数量、车道类型、车辆间距、车辆类型、车辆轴重的影响。

(3)疲劳验算分项系数。EN 1993-2 建议 γ_{Ff} 的值取 1.0,该值可在国家附件中修改。EN 1993-2 给出了疲劳强度分项系数 γ_{Mf},如表 9-1 所示。JTG D64—2015 中给出:荷载分项系数 $\gamma_{Ff}=1.0$;强度分项系数:对于普通杆件,$\gamma_{Mf}=1.0$;对于关键杆件,$\gamma_{Mf}=1.15$。

(4)疲劳应力幅。EN 1993-2 使用与 2×10^6 次循环有关的损伤等效应力幅表示应力幅谱的损伤效应 $\Delta\sigma_{E2}$,见式(8-2)。JTG D64—2015 中规定了疲劳应力的确定方法:

①疲劳荷载模型Ⅰ:最大应力 σ_{Fmax} 和最小应力 σ_{Fmin} 由集中荷载与均布荷载的最不利排列确定;计算 σ_{Fmax} 和 σ_{Fmin},考虑多车道折减的影响。

②疲劳荷载模型Ⅱ:σ_{pmax} 和 σ_{pmin} 为单车加载时应力最大值和最小值。

③疲劳荷载模型Ⅲ:根据验算疲劳构造的应力影响线加载形成应力历程,用雨流法或泄水法计数形成应力谱。

(5)在影响公路桥梁构件疲劳强度的因素中,中国标准中考虑了钢种、活载及活载交通量、结构承受的动力效应和构件平均应力等因素的影响,但是缺少对活载疲劳谱、特殊疲劳构造(正交异性板、关键节点和斜拉桥锚拉板等)、复杂应力位置结构疲劳热点应力计算方法的详细说明。相比之下,欧洲标准在这些方面有了详细的研究,并且有一些可以为我们借鉴的成果。欧洲标准制定时间较长,在有丰富的实践基础上形成了较为完备的公路钢桥构件的疲劳评价体系。从结构分析和简化的基本假定、细节构造的分类,应力计算的方法、疲劳验算所使用的荷载(包括公路和铁路荷载谱)和构件疲劳损伤的计算等方面阐述了疲劳设计的步骤和方法。

(6)对于热点的应力计算,EN 1993-2 规定当构件属于标准中所规定的构造时,可以按照标准中给出的名义应力幅进行计算。对于特殊的结构构造,考虑结构的疲劳性能时必须考虑结构的正应力或者剪应力,必要时两者必须同时考虑,而中国标准仅考虑正应力疲劳效应。

名义剪应力幅的计算方法与计算名义正应力时相同,但是疲劳寿命曲线中曲线斜率取值为 5。如果名义剪应力幅小于等效名义正应力幅的 15%,则剪应力的效应可以忽略。在除焊接结构的构造外,由相同的荷载引起的正应力和剪应力或者在荷载应力历程中最大主应力平面变化不是太显著的情况下,最大主应力幅可以用于设计中。

在同一个位置,如果正应力和剪应力相互独立,正应力和剪应力的损伤累积可以用 Palmegren Miner 准则。

对于焊缝的疲劳损伤计算可以采用类似的方法。

(7)桥梁结构中很少遇到常幅疲劳的情况,所以计算时应预知设计应力谱。如果设计的是一种新结构,则很难找到类似结构测定应力谱。即使找到类似结构,为了疲劳计算去实测分析也可能得不偿失。因此,在缺乏可用资料的情况下,变幅疲劳也可偏于安全地近似按常幅疲劳计算。

(8)试验证明,钢材静力强度的不同,对大多数焊接连接部位的疲劳强度没有显著差别。只有少量的结构和连接形式类别,如轧制钢材的主体金属、经刨边或自动切割的钢板以及经严密检验和表面加工的对接焊缝处,其疲劳强度有随钢材强度提高而略有增加的趋势,但这些结构和连接形式类别的疲劳计算一般不起控制作用。因此,为简化表达式,可认为所有类别的容许应力幅与钢种无关。这样,由疲劳控制设计的构件采用较高强度的钢种是不经济的。

(9)在应力循环中不出现拉应力的部位,例如简支吊车梁的受压翼缘只承受周期性的名义压应力,在焊接部位的实际应力都是拉应力范围循环。所以按应力幅概念计算,承受压应力的循环与承受拉应力的循环是完全相同的。国内外试验资料中也有在压应力区发现疲劳开裂的现象。但研究指出,裂纹形成后,残余应力会自行释放,当裂纹进入相邻的实际压应力区时,就会停止,不继续开展。所以在名义应力全为压应力的部位不必进行疲劳计算。

从上述观点来看,对有反复内力的构件(即 σ_{max} 为拉应力,σ_{min} 为压应力),拉应力的绝对值大于压应力的绝对值,与压应力绝对值大于拉应力的绝对值相比,前者疲劳裂缝更容易开裂。但按 GB 50017—2017 中的计算方法,只要 $\Delta\sigma$ 相同,其疲劳强度就相同。这对后者来说未免偏于保守,有必要重新研究。

(10)本章所论及的疲劳问题都属于高周低应变疲劳,即总应变幅小,破坏前荷载循环次数多(EN 1993-2:$N \geqslant 10^6$ 次;GB 50017—2017:$N \geqslant 10^5$ 次)。对于总应变幅大,破坏前循环次数少的属低周高应变疲劳。有学者认为,低周疲劳破坏的循环次数可介于 10 ~ 10^6 次之间,但目前国内所积累起来的 σ-N 疲劳数据大部分适用于 10^5 次循环以下。低周疲劳的破坏机理和表达式均有其本身特点,有待进一步加强理论研究和经验数据的积累。

对于海水腐蚀环境的结构和连接,其疲劳强度的计算应属专门规定的范畴。另外,对于构件表面温度大于 150℃、焊后经热处理消除残余应力的结构构件及其连接,也有不同于本章规定的疲劳强度值,均应另行考虑。

第9章 耐久性设计

9.1 一般规定

桥梁必须具有足够的耐久性，以使其在设计使用年限内能保持正常服务功能。

钢构件应设计成整个设计工作年限内保持适当的功能，进行恰当的检查和设计要求的维护，或设计成可替换构件。为此，易于腐蚀、机械磨损或疲劳的构件应有检查与维护通道，与设计假定的情形一致。理想条件是所有构件应有检查入口，但如果某一部分不能检查腐蚀状况，应规定构件的允许腐蚀厚度，恰当的疲劳校验反映入口的欠缺。EN 1993-2 要求所有构件都要进行疲劳校验，不管是否有检查入口。

EN 1993-2 规定：

(1)满足 EN 1990 中规定对耐久性的基本要求。

(2)工地内外执行防护处理的手段应符合 EN 1090 的规定。

(3)易受腐蚀、机械磨损或疲劳的零件设计应确保可使检验、维护与改造工作顺利进行，并可在使用中进行检查与维修。

(4)对于无法进行检查的构件，应进行疲劳检测(见 EN 1993-1-9)，并且应提供适当的腐蚀裕量。

(5)应通过下列方法达到结构及其构件规定的疲劳寿命：

①按照上述(1)、(4)及 EN 1993-1-9 的规定进行细部结构疲劳设计，并按照要求进行适用性检查。

②正交各向异性钢桥面的结构细部设计。

③按照第 3 章的要求选定材料。

④按照 EN 1090 要求进行制作。

(6)设计有效可靠性不能达到桥梁的全部设计使用寿命的构件应是可更换的。包括：

①拉索、钢缆、主索。

②支座。

③伸缩缝。

④排水设施。

⑤防护墙、栏杆。

⑥沥青层和其他表面保护。

⑦挡风屏。

⑧防噪声板。

9.2 耐久性构造设计

为满足耐久性要求,EN 1993-2 给出如下指导原则:

(1)指定不要求涂漆的钢材。因大多数钢桥的耐久性问题涉及防护漆破损后钢材的腐蚀,"侵蚀钢"可能是普通涂漆钢的一种有效替代品。"侵蚀钢"是一种低合金钢,其侵蚀速率比标准等级钢慢。侵蚀产生一稳定的细粒铁锈薄层,这种薄层持久黏附于基质金属以减缓腐蚀速率,使钢材不用涂漆就能长期置于标准大气环境。

侵蚀钢有利于健康与安全,环境与降低成本。然而,它不宜用于海岸或侵蚀性化学环境或其他氯离子高度集中的区域,因为在这类环境中薄膜功能受抑制。

(2)构造设计中避免腐蚀陷阱。钢结构中的耐久性问题始于腐蚀缺陷。如果构造设计尽可能避免腐蚀缺陷,耐久性问题将得到较大改进。这对于非涂漆侵蚀钢尤其重要。另外,建议采取有效的安全防护排水系统,使分离结冰盐污染水远离钢构件。

(3)避免不易涂漆的构造设计。对于包含涂漆钢结构,确保不存在涂漆入口困难区域,多数耐久性问题可以避免。

(4)对没有入口的构件牺牲厚度与疲劳校验。如果在设计使用年限内整体没有入口的区域,其厚度应增加,以保证构件不致因腐蚀受损,而产生超限应力,但 EN 1993-2 没有具体指导。

(5)涂料体系的审慎规定。建议设计人员保证审慎而精确地指定防护涂料系统。尤其重要的是作为涂料体系基础的初始表面的规定。

(6)安装与架设工作的详细规定。有些耐久性问题可能由于不合理的安装与架设程序造成的。根据 EN 1993-2 设计的钢桥结构应按照 EN 1990-2 的规定进行安装,符合 EN 1990-2 中规定安装程序的设计能保证钢构件的耐久性。

(7)消除节点中滑移。为防止滑移与其相应的磨损及连接板间的潮湿入口,EN 1993-2 要求永久连接应按下列方式制作:

①B 类预应力螺栓。

②C 类预应力螺栓。

③适配螺栓。

④铆钉。

⑤焊接。

9.3 可替换性

EN 1993-2 要求,不能设计成在设计工作年限内具有足够可靠性的构件应可替换。典型的可替换构件如下:

(1)防腐蚀系统。保证防腐系统在设计服务年限末期可替换。

(2)斜拉索、缆索与吊索。进行设计校验,保证缆索被拆除时结构仍然保持稳定。保证缆索连接构造允许缆索可替换。

(3)支座。保证支座构造设计,便于将来从结构中简单拆除。提供张拉加强筋,以使结构能安全地升起,便于更换支座。

(4)伸缩缝。保证伸缩缝能在不损坏桥面板的条件下替换。

(5)沥青与防水层。保证结构能承受更换表面与防水。

(6)栏杆、扶手、防风罩与隔声设施。保证这些构件能容易从结构中拆除而没有损害主桥结构。构件,如栏杆及易受机车撞击的构件,应设计成基础(如悬臂桥面板)与锚固件比栏杆更牢固。这将保证修复,如果需要,仅需对栏杆进行修复,而不是桥面板。

(7)排水设施。在可进入的部位提供足够的检查孔,保证排水系统能定期进行清理。保证排水系统在必要时易于替换。

《钢结构设计标准》(GB 50017—2017)对耐久性也提出类似的要求:

所有钢结构都应进行防护及维护设计,防护及维护设计的主体和附属结构都要达到强度、刚度、稳定性和耐久性的要求。

1)钢结构防腐涂装设计

(1)钢结构的防腐涂装设计应符合国家现行标准《工业建筑防腐蚀设计规范》(GB 50046)、《冷弯型钢结构技术规范》(GB 50018)和协会标准《钢结构防腐蚀涂装技术规程》(CECS 343)的规定。应遵循预防为主、防护结合、安全可靠、经济合理的原则,并综合考虑介质环境的腐蚀性、建筑物的重要性和维护条件等因素,在建筑全寿命经济分析的基础上采取长效的防腐蚀涂装措施进行防护。

在强腐蚀介质环境中不宜采用钢结构,若需采用时,应对其必要性及技术经济合理性进行论证。

(2)结构的防腐设计应符合以下要求:

①应根据工作环境介质的腐蚀性级别与结构的重要性及技术经济要求,确定合理的防腐蚀设防标准与涂装方案。除有特殊要求外,不应因考虑锈蚀损伤而加大构件截面厚度。

②腐蚀性介质环境中钢结构的布置应符合材料集中使用的原则,框(排)架或桁架结构宜采用较大的柱距或跨度。

③构件截面宜选用实腹截面或闭口(钢管)截面;开口薄壁型钢或薄壁板件截面的构件宜仅用于微腐蚀或轻侵蚀环境中。

④钢材截面除锈等级不应低于 Sa2 $\frac{1}{2}$级,表面涂层应选用合理配套的复合涂层,即以与基层表面有较好的附着力和长效防腐性能的涂料为底漆,有优异屏蔽功能的涂料为中间漆,以耐候性能好的涂料为面漆组成复合涂层。对有特殊要求的环境条件并有技术经济论证依据时,可采用金属热喷涂与封闭层及涂层组合的长效复合涂层。

⑤构件及连接节点的构造应避免易于积尘、积潮,便于涂装作业与检查维护。

⑥设计文件中应提出结构在使用期间的检查、维护要求。

2)钢结构的隔热防护

(1)处于高温工作环境中的钢结构,应考虑高温作用对结构的影响。高温作用为可变荷载,其设计状况为持久状况,并应按承载力极限状态和正常使用极限状态进行设计。

(2)钢结构的环境温度超过 100℃时,其承载力和变形验算应考虑长期高温作用对结构和连接性能的影响,并根据不同情况采取以下防护措施:

①以耐热涂料(板)隔护。

②结构短时间内可能受到火焰直接作用或长时间受高温作用时,应采用有效的隔热降温措施(如加隔热层或水套等)。

(3)当钢结构可能受到炽热熔化金属或玻璃的侵害时,应采用厚重的耐热砌块围护加以保护。

(4)钢结构的隔热保护措施在相应的工作环境下应具有耐久性,并与钢结构的防腐、防火保护措施相兼容。

(5)高强度螺栓连接长期受辐射热(环境温度)达 150℃以上,或可能短时间受火焰作用时,应采取隔热降温措施予以保护。构件采用防火涂料进行防火保护时,其高强度螺栓连接处的涂层厚度不应小于相连接构件的涂料厚度。

3)钢结构的防火设计

(1)钢结构的防火设计应符合《钢结构设计标准》(GB 50017—2017)、《高层民用建筑钢结构技术规程》(JGJ 99)和《建筑钢结构防火技术规范》(GB 51249)及《钢结构防火涂料应用技术规范》(CECS 24)的规定,其防火保护措施及构造应根据建筑物的类别与使用条件,综合考虑结构类型、耐火极限要求、工作环境等条件,按照安全可靠、经济合理的原则确定。

(2)在钢结构设计文件中应有防火设计专项内容,应注明建筑结构的耐火等级、构件的设计耐火极限、所需防火保护材料的性能要求与防火措施及构造要求。

(3)需防火设防建筑中的压型钢板组合楼板结构,其下层的压型钢板不宜因兼作受力钢筋而进行防火涂层防护,仅适于作为施工阶段的模板使用。

(4)必要时对大跨度、大空间及超高层建筑结构,可采用性能化抗火设计方法,模拟实际火灾升温条件,验算分析结构的抗火性能,采取合理有效的防火保护措施。

(5)单、多层建筑和高层建筑中的各类钢构件,应根据防火设防要求,采取外包防火涂料或其他有效防火隔热措施,保证各类构件的耐火极限应符合现行国家规范《建筑设计防火规范》(GB 50016)的规定。

JTG D64—2015 也有类似规定:

所有公路钢结构桥梁都应进行防腐、防火和养护设计,钢结构防腐年限应不小于 15 年。

1)耐久性

(1)为保证结构的耐久性,钢结构桥梁设计应采取措施降低老化、腐蚀、疲劳和设计使用年限内发生的偶然作用导致的损伤。

(2)钢结构桥梁防腐和防火涂料的设计与施工应符合环境保护的要求。

2)防腐措施

(1)除锈后应采取涂装或喷镀等防腐措施。

(2)受侵蚀介质作用的结构以及在使用年限内不能重新涂装的结构部位应采取其他有效的防锈措施。

(3)构造设计应便于养护、检查,应减少能积留湿气和大量灰尘的死角或凹槽。闭口截面构件应沿全长和端部焊接封闭。

(4)封闭的箱、鞍座、锚碇和主缆内部宜做除湿设计。

3)维护设计

(1)桥面和主缆应设置检修道,特大桥、大桥应根据需要设置养护检查车。

(2)桥塔塔柱及横梁内应设计便于上下检查的设施以及照明系统。

(3)与桥面同高度处塔柱周边宜设检修平台。

(4)塔顶应设置避雷装置,必要时应根据航空、航运管理部门的要求设置航空障碍标志及导航信号设施。

(5)塔柱顶宜设置鞍罩或鞍室,其内应设置可靠的防水构造及除湿系统。

(6)桥塔塔柱及横梁内外应设置有效的防、排水系统。

(7)钢桥面外侧、塔内通道及横梁顶面两侧应设置保护检修人员的护栏系统。

9.4 本章小结

对比上述规定,工程结构的耐久性设计方面,欧洲标准比中国标准有更为详细的规定,更具有可操作性。如欧洲标准明确提出可替换性构件的条件、要求及适用范围,中国标准没有这方面的规定。

但耐久性设计是综合性系统工程,目前国内外都没有设计一套完整的程序或方法,仍需设计者自己把握,没有定量的评判标准,有待更进一步的研究。

第10章 试验辅助设计

10.1 一般规定

要求试验验算桥梁构件设计强度的情形，设计人员应参考 EN 1990 附件 D。因为 EN 1990 中的讨论超出本书范围，试验要求在此不做详细讨论，应直接参考 EN 1990。

10.2 试验类型

EN 1993-2 规定：

(1)下述情形应进行试验：

①确定结构的极限承载力或适用性能，例如建立标准化桥梁体系。

②获得特定材料性能，例如现场或实验室中的土工试验、新材料涂装试验。

③降低荷载或承载力模型中参数的不确定性，例如风洞试验、足尺原型试验、小尺寸模型试验。

④检查发货产品的质量或生产特性的一致性，例如钢索或套管试验。

⑤考虑施工时遇到的实际情况，例如频率或阻尼测量。

⑥检查完工后实际结构或结构件的特性，例如承载能力极限状态或正常使用极限状态下的标准荷载试验。

(2)对于①、②和③类试验，如果在设计时能够获得试验结果，则设计值应取自试验结果。

(3)对于④、⑤和⑥类试验或在设计时无法获得试验结果情况下，设计值应取为满足后期阶段验收标准的预计值。

EN 1993-2 将试验分为两类。第一类涉及确定设计计算中使用的设计强度或参数；第二类涉及验算设计计算中设计强度或参数值的安全性。

10.3 桥上的空气动力效应

EN 1993-2 规定：

(1)如果计算或使用既定的结果不足以在安装或使用过程中保证结构安全性，则可以通过试验检验风力作用下的桥梁设计。

(2)试验可以用来确定：

①桥址处以及当地风力记录站的整体风环境。

②在桥梁或其部件上由风气流通过产生的准静态阻力和升力以及扭矩。

③由来自气流(限幅响应)中桥梁或构件一侧的涡流发散引起的桥梁或其构件的振动幅度。

④风速,在该风速条件下,桥梁或其部件可能容易出现发散振幅响应(如驰振、失速颤振、典型颤振、风雨诱发的振动、非震荡发散等)。

⑤在自然风力条件下,桥梁或其部件对湍流的响应。

⑥结构固有的阻尼。

(3)应在风洞中进行上述①~⑤试验。如果桥梁正在进行风洞试验,则模型应精确模拟外部横截面细部结构,包括非结构性附件(例如栏杆)。还应模拟固有频率和阻尼的典型范围,该范围适用于桥梁的预计振动模式。应适当考虑桥梁所在地紊流影响以及向水平线倾斜的风力效应。

(4)试验时,应考虑横截面的任何可能变化(例如钢索上的冰或水流)。

注:可以通过桥梁激励作用确定结构阻尼(例如使用振动器、失稳转动器、振动台或类似装置)。可以通过生成特定振幅振动或在激励作用停止后减弱振动所需的能量确定所需的阻尼值。

桥梁的空气动力学性能不适用通过计算进行验算时,或通过类似结构进行比较时,应进行试验。EN 1993-2 提供关于风洞试验的指导,该试验用于评估钢桥的空气动力学性能在承载能力极限状态下或正常使用极限状态下是否可接受。

《钢结构设计标准》(GB 50017—2017)和《公路钢结构桥梁设计规范》(JTG D64—2015)中没有提供关于试验辅助设计的条款。但《工程结构可靠性设计统一标准》(GB 50153—2008)和《公路工程结构可靠度设计统一标准》(GB/T 50283—1999)中对试验辅助设计均提出原则性要求。

比如 GB 50153—2008 中规定:对某些没有适当分析模型的特殊情况,可进行试验辅助设计;采用试验辅助设计的结构,应达到相关设计状况采用的可靠度水平,并应考虑试验结果的数量对相关参数统计不定性的影响。

试验辅助设计应符合下列要求:

(1)在试验进行之前,应制定试验方案;试验方案应包括试验目的、试件的选取和制作,以及试验实施和评估等所有必要的说明。

(2)为制定试验方案,应预先进行定性分析,确定所考虑结构或结构构件性能的可能临界区域和相应极限状态标志。

(3)试件应采用与构件实际加工相同的工艺制作。

(4)按试验结果确定设计值时,应考虑试验数量的影响。

应通过适当的换算或修正系数考虑试验条件与结构实际条件的不同。换算系数 η 应通过试验或理论分析确定。影响换算系数 η 的主要因素包括尺寸效应、时间效应、试件的边界条件、环境条件、工艺条件等。

试验结果的统计评估原则:

(1)在评估试验结果时,应将试件的性能和失效模式与理论预测值进行对比,当偏离预测值过大时,应分析原因,并做补充试验。

(2)应根据已有的分布类型及参数信息,以统计方法为基础对试验结果进行评估。

(3)试验的评估结果仅对所考虑的试验条件有效,不宜将其外推应用。

材料性能、模型参数或抗力设计值的确定应符合下列基本原则:

(1)可采用经典统计方法或"贝叶斯法"推断材料性能、模型参数或抗力的设计值:先确定标准值,然后除以分项系数,必要时应考虑换算系数的影响。

(2)在进行材料性能、模型参数或抗力设计值评估时,应考虑试验数据的离散性、与试验数量相关的统计不定性和先验的统计知识。

10.4 本章小结

由于桥梁工程结构复杂,影响因素众多,采用试验辅助设计时,试验工程量大,成本高,中国标准都没有列入这方面的内容。尤其是空气动力效应试验,只有特大跨度桥梁,特殊结构才可能做风洞试验,多数情况下都是既有桥的评估测试试验,但这种条件收集的数据难有可比性。

附件
中欧标准工程应用实例对比分析

附 1.1 基础资料

某匝道桥上部结构为 38m + 30m + 2 × 33.5m = 135m 连续曲线钢箱梁桥。主梁高度1.77m，横桥向宽度 8.2m，汽车荷载等级为公路-Ⅰ级，按单向两车道设计。平曲线半径 r = 150m。匝道设计车速 45km/h，桥面距地面高度 6m，桥位处地势平坦，覆盖有低矮的植被，桥面宽度8.2m，基本风速 33m/s。墙式栏杆高度 1m。采用 Midas Civil 建模分析，如附图 1-1 所示。

附图 1-1　连续曲线钢箱梁桥建模示意图

附 1.2 计算模型

附 1.2.1 截面

全桥建模共定义了 1 个截面，如附图 1-2 所示，箱梁构造如附图 1-3 所示。

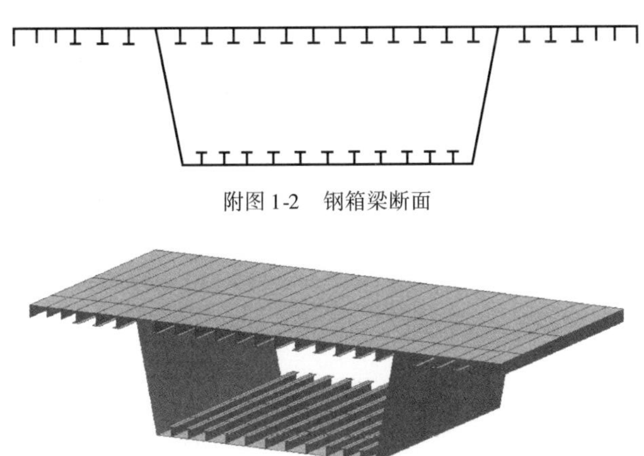

附图 1-2　钢箱梁断面

附图 1-3　钢箱梁断面构造示意图

钢箱梁截面几何参数,详见附表 1-1。

钢箱梁的截面几何参数　　附表 1-1

面积 (mm²)	I_{xx} (mm⁴)	I_{yy} (mm⁴)	I_{zz} (mm⁴)	C_{yp} (mm)	C_{ym} (mm)	C_{zp} (mm)	C_{zm} (mm)	Q_{yb} (mm²)	Q_{zb} (mm²)
359644	26598203	20223400	15441400	4105	4105	608	1191	4339654	7210386

附 1.2.2　节点单元

基于 Midas Civil 平台建模,整体结构的节点共 82 个,单元 71 个,如附图 1-1 所示。

附 1.2.3　荷载

本次计算主要考虑桥梁结构自重荷载、风荷载、离心力荷载、温度梯度荷载以及移动荷载。在 Midas Civil 中,按照中国标准施加静力荷载(包括自重、二期恒载、整体升温、整体降温、风荷载、离心力荷载)和移动荷载,定义 2 个车道[为分析左偏和右偏移动荷载工况,定义了两组车道,车道 1 和车道 2(右偏),车道 3 和车道 4(左偏)],1 个车辆荷载,详见附图 1-4。

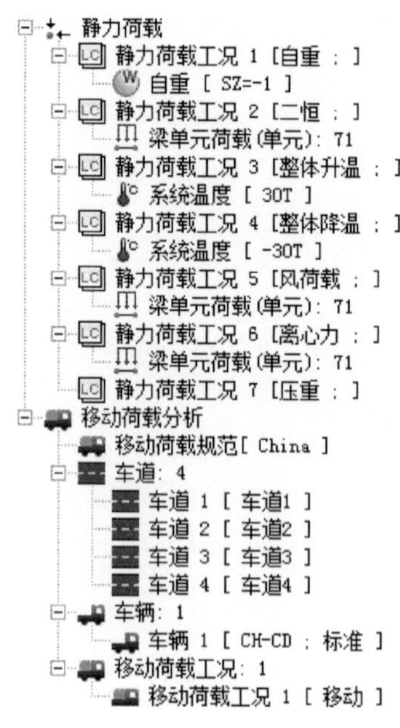

附图 1-4　荷载施加示意图

附 1.2.3.1　自重

中欧标准定义自重方法基本相同,在模型中施加自重荷载,如附图 1-5 所示。

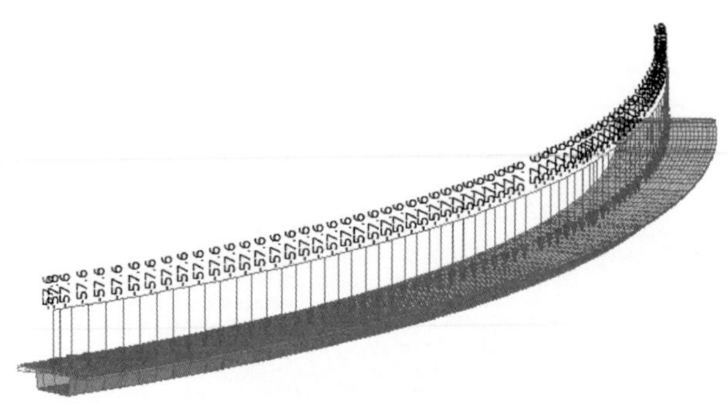

附图 1-5　钢箱梁自重荷载

附 1.2.3.2　温度作用

中欧标准中关于均温分量、温差分量的规定与确定方法基本相同。EN 1991-1-5 规定按照两种组合方式对均温分量和温差分量进行组合,取最不利效应。计算时,只考虑整体升温与整体降温,如附图 1-6、附图 1-7 所示。

附图 1-6　整体升温荷载

附图 1-7　整体降温荷载

附 1.2.3.3　离心力荷载

JTG D60—2015 规定:

$V = 45\text{km/h}, R = 150\text{m}$

$$C = \frac{V^2}{127R} = \frac{45^2}{127 \times 150} = 0.106$$

$$Q_{tk} = C \cdot G_k = 0.106 \times 550 \times 2 = 116.6(\text{kN})$$

$L = 135\text{m}$

$$q = \frac{Q_{tk}}{L} = \frac{116.6}{135} = 0.87(\text{kN})$$

EN 1993-2 规定:

离心力作用在行车道平面内,径向垂直于行车道的轴向作为集中力,离心力 Q_{tk} 可施加于行车道的任何位置。其计算公式见附表 1-2。

EN 1993-2 中离心力标准值　　附表 1-2

$Q_{tk} = 0.2Q_v$	$r < 200\text{m}$	Q_{tk} r
$Q_{tk} = 40\dfrac{Q_v}{r}$	$200\text{m} \leqslant r \leqslant 1500\text{m}$	
$Q_{tk} = 0$	$r > 1500\text{m}$	

注:$Q_v \sum_i = \alpha Q_i(2Q_{ik})$ 为荷载模型 LM1 中的 TS 系统的竖向分量,距车道中心线的半径(m)。

本例中 $r = 150\text{m} < 200\text{m}$

根据 LM1 中 TS 取值原则，有：

$Q_{tk}=0.2\times(300+200)\times2\times1.0=200(\text{kN})$

弯桥弧长 $L=135\text{m}$

$q_t=\dfrac{Q_{tk}}{L}=\dfrac{200}{135}=1.48(\text{kN/m})$

大于中国标准规定值。

附 1.2.3.4　风荷载

1）按 EN 1991-1-4 计算

EN 1991-1-4 规定作用于等截面板梁桥和单箱或多箱梁桥上的风荷载。其值由基本风速 V_b、地面粗糙系数 C_e、阻力系数 C_f 和参考面积 A_{ref} 等参数确定。

（1）横桥向风力 F_{wyk}。

当不需要考虑空气动力效应时，横桥向风力可由下式确定：

$$F_{wyk}=\frac{1}{2}\rho V_b^2 CA_{ref,y}(\text{kN}) \qquad (附\ 1\text{-}1)$$

式中：V_b——基本风速（m/s）；

ρ——空气密度；

C——风力系数，$C=C_e\cdot C_{f,y}$；

$C_{f,y}$——横向阻力系数，$C_{f,y}=C_{fy,0}$；

$A_{ref,y}$——横向参考面积（m^2）。

空气密度取 $\rho=1.25\text{kg/m}^3$，则式（附 1-1）可改写为：

$$F_{wyk}=\frac{1}{1600}V_b^2 CA_{ref,y}(\text{kN}) \qquad (附\ 1\text{-}2)$$

（2）基本风速 V_b。

基本风速由下式给出：

$$V_b=C_{dir}\cdot C_{season}\cdot V_{b0} \qquad (附\ 1\text{-}3)$$

式中：C_{dir}——方向系数；

C_{season}——季节系数，推荐值均取 1.0。

故通常基本风速 V_b 数值上等于原始基本风速 V_{b0}，后者按平坦空旷地带，离地 10m 高，10min 平均风速统计计算确定。

（3）地面粗糙系数 C_e。

地面粗糙系数 C_e（附图 1-8）用于描述以下内容：

①地表类别，共分为五类：0、1、2、3、4。描述地表的不同粗糙程度，见附表 1-3。

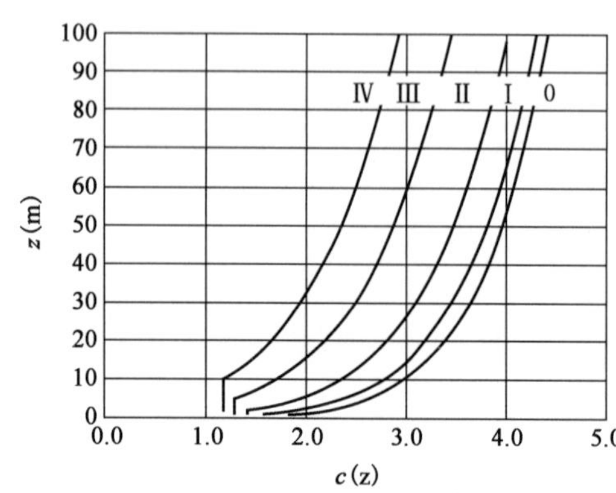

附图 1-8　地面粗糙系数 C_e

②结构在 Z 轴向的距离，桥梁主塔从地面起算的 1/2 桥高。

地表类型　　附表 1-3

地表类型
0. 开阔的海石或海崖地区
1. 平坦广阔的区域和湖石，无障碍物，植被稀少
2. 植被低矮的区域（如草地），个别障碍物（建筑、树林）间距至少超过高度 20 倍的地区
3. 覆盖规则植被的区域或障碍物间距大于 20 倍高度的区域，如村庄、森林、城郊
4. 至少 15% 的地表面积上有建筑物，建筑物的平均高度超过 15m 的地区

(4)阻力系数 $C_{fy,0}$。

对常规桥梁而言,阻力系数 $C_{fy,0}=1.3$。该值仅适用于 $b/d_{tot}\geq 4$ 的情况,b 为桥面宽度,d_{tot} 为桥面总高度,包括车辆—护栏及声屏障在内,当 $b/d_{tot}=0$ 时,$C_{fy,0}=2.4$,当 $0<b/d_{tot}<4$ 时,$C_{fy,0}$ 按线性内插求得。

(5)参考面积。

参考面积由式(附1-4)确定。

$$A_{ref,y}=L\cdot d_{ref} \tag{附1-4}$$

式中:L——桥梁总长(m);

d_{ref}——桥梁参考高度(m),视桥上有无车辆而定。

当桥上无车辆时,风力的参考高度见附表1-4。

桥上无车时风力的参考高度 d_{ref}　　附表1-4

公路护栏	单侧(m)	两侧(m)
格栅栏或波形梁护栏	$d+0.3$	$d+0.6$
墙式栏杆或护栏	$d+d_1$	$d+2d_1$
格栅栏和波形梁护栏	$d_1+0.6$	$d+1.2$

注:d_1-栏杆或护栏高度。

当桥上有车辆时,根据车辆所处位置,风力的参考高度取:公路桥 $d+2$m,铁路桥 $d+4$m。显然,对于桥上有车时的参考高度大于桥上无车的情况,设计时应取大者。

对于桥上有车辆的情况,风力应与交通荷载组合。

(6)竖桥向(Z 向)风力。

参考面积按式(附1-5)计算。

$$A_{ref,z}=L\cdot b \tag{附1-5}$$

竖向风力作用位置与桥梁轴线存在偏心,偏心距 $e=b/4$,当竖向力方向与自重一致时,可将其视为桥梁恒载的一部分。

(7)综合风荷载。

基本风速 $V_b=V_{b0}=20$m/s,桥梁中部至地面的高度 $Z=6-1.77/2=5.115$(m)。区域的地表类别为Ⅱ;地面粗糙系数 $C_e=1.7$,桥面宽度 $b=8.2$m。

①桥上无车辆时:

上部总高度 $d_{tot}=1.77+1.0=2.77$(m)

阻力系数 $\dfrac{b}{d_{tot}}=\dfrac{8.2}{2.77}=2.96<4.0$,$C_{fy,0}=1.3+(4-2.96)\times\dfrac{(2.4-1.3)}{4}=1.586$

两侧均未实体护栏,则参考高度 $d_{ref}=1.77+2\times1.0=3.77$(m)

参考面积 $A_{ref,y}=135\times3.77=508.95$(m^2)

风力系数 $C=C_e\cdot C_{fy,0}=1.7\times1.586=2.696$

则风力 $F_{wyk}=\dfrac{1}{1600}\times20^2\times2.696\times508.95=343$(kN)

换算线荷载 $q_{wyk}=F_{wyk}/135=2.54$kN/m

②桥上有车时:

上部总高度:$d_{tot}=1.77+2=3.77$(m)

阻力系数 $\dfrac{b}{d_{tot}}=\dfrac{8.2}{3.77}=2.175<4.0$

$C_{fy,0}=1.3+(4-2.175)\times\dfrac{(2.4-1.3)}{4}=1.80$

桥上有车时的参考高度 $d_{ref}=1.77+2=3.77(m)$

参考面积 $A_{ref,y}=135\times3.77=508.95(m^2)$

风力系数 $C=C_e\cdot C_{fy,0}=1.7\times1.8=3.06$

则风力 $F_{wyk}=\frac{1}{1600}\times20^2\times3.06\times508.95=389.3(kN)$

交通荷载组合值：$\psi_0 F_{wk}=0.6\times389.3=233.58(kN)$

组合值的最大容许值：$F_w^*=\frac{1}{1600}\times23^2\times3.06\times508.95=515(kN)>233.58kN$

因此，组合值取 233.58kN，线荷载 $q_{wyk}^*=1.73kN/m$

2）按 JTG/T 3360-01—2018 计算

《公路桥梁抗风设计规范》（JTG/T 3360-01—2018）对风荷载的计算与欧洲标准基本相同，如式（附 1-6）所示。

$$F_g=\frac{1}{2}\rho u_g^2 C_H D=\frac{1}{1600}u_g^2 C_H D \quad (附 1-6)$$

式中：F_g——作用在主梁单位长度上的顺风向等效静阵风荷载（N/m）；

ρ——空气密度（kg/m³），取 1.25kg/m³；

u_g——等效静阵风风速（m/s）；

C_H——主梁横向力系数；

D——主梁特征高度（m）。

在 Midas Civil 中建模按照中国标准施加风荷载，如附图 1-9 所示。

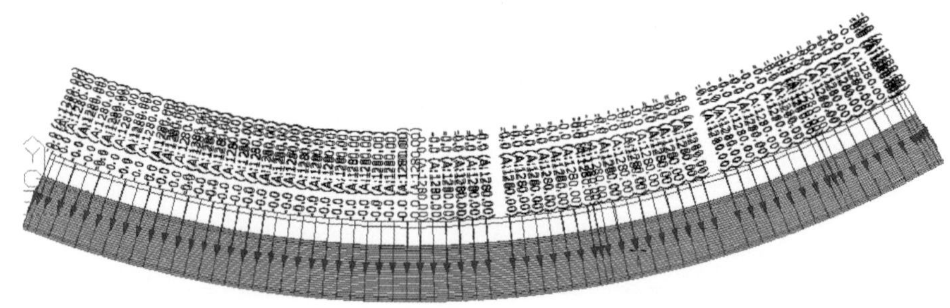

附图 1-9　JTG/T 3360-01—2018 施加风荷载布置图

（1）等效静阵风风速 u_g。

等效静阵风风速：

$$u_g=G_v u_d \quad (附 1-7)$$

式中：G_v——等效静阵风系数，按附表 1-5 取值；

u_d——设计基准风速（m/s）。

等效静阵风系数 G_v　　附表 1-5

地表类别	水平加载长度（m）												
	≤20	60	100	200	300	400	500	650	800	1000	1200	1500	≥2000
A	1.29	1.28	1.26	1.24	1.23	1.22	1.21	1.2	1.19	1.18	1.17	1.16	1.15
B	1.35	1.33	1.31	1.29	1.27	1.26	1.25	1.24	1.23	1.22	1.21	1.20	1.18
C	1.49	1.48	1.45	1.41	1.39	1.37	1.36	1.34	1.33	1.31	1.30	1.29	1.26
D	1.56	1.54	1.51	1.47	1.44	1.42	1.41	1.39	1.37	1.35	1.34	1.32	1.30

附表 1-5 中的地表类别参见附表 1-6 选取。

地 表 分 类 附表 1-6

地表类别	地 表 状 况	地表粗糙度系数 α_0	地表粗糙高度 z_0
A	海面、海岸、开阔水面、沙漠	0.12	0.01
B	田野、乡村、丛林、平坦开阔地及低层建筑物稀少地区	0.16	0.05
C	树木及低层建筑物等密集地区、中高层建筑物稀少地区、平缓的丘陵地	0.22	0.3
D	中高层建筑物密集地区、起伏较大的丘陵地	0.30	1.0

设计基准风速同样采用桥梁所在地区开阔平坦地貌条件下，地面以上 10m 高度，重现基本期 100 年，即 100 年超限概率 63.2%，10min 平均每年最大风速。

(2)横向力系数 C_H。

对于Ⅰ形、Ⅱ形或Ⅲ形截面主梁的横向力系数 C_H 可按式(附 1-8)计算：

$$C_H = \begin{cases} 2.1 - 0.1\left(\dfrac{B}{D}\right) & 1 \leq \dfrac{B}{D} < 8 \\ 1.3 & 8 \leq \dfrac{B}{D} \end{cases} \tag{附 1-8}$$

式中：B——主梁的特征宽度；

D——主梁梁体的投影高度，D 的确定方法如附图 1-10 所示。

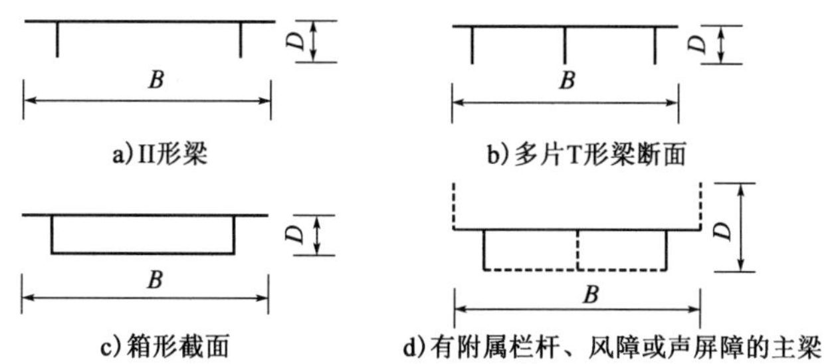

附图 1-10　主梁风荷载计算梁高确定示意图

(3)综合风荷载。

场地：B 类。

$u_d = 20\text{m/s}, G_v = 1.30$

得 $u_g = 20 \times 1.3 = 26(\text{m/s})$

因 $1 \leq \dfrac{B}{D} = \dfrac{8.2}{2.77} = 2.96 < 8$

得 $C_H = 2.1 - 0.1 \times 2.96 = 1.804$

$F_g = \dfrac{1}{1600} \times 26^2 \times 1.804 \times 2.77 = 2.11(\text{kN/m})$

对比可知：中国标准风荷载标准值略低于欧洲标准风荷载标准值。

附 1.2.3.5　移动荷载

1)按 JTG D64—2015 计算

JTG D64—2015 依据 JTG D60—2015，移动荷载取公路-Ⅰ级，标准规定公路-Ⅰ级车道荷载的均布荷载标准值为 $q_k = 10.5\text{kN/m}$，集中荷载标准值按以下规定选取：桥梁计算跨径小于等于 5m 时，$P_k = 270\text{kN}$，桥梁计算跨径大于等于 50mm 时，$P_k = 360\text{kN}$，桥梁计算跨径在 5～50m 时，$P_k = 2(L_0 + 130)$。计算剪力效应时，上述集中荷载标准值 P_k 应乘以 1.2 的系数。

计算跨度 38m，$P_k = 2 \times (38 + 130) = 336(\text{kN})$，$q_k = 10.5\text{kN/m}$，如附图 1-11 所示。

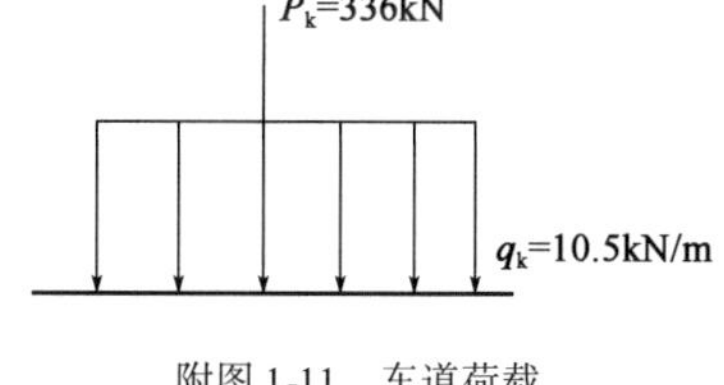

附图 1-11　车道荷载

基于 Midas Civil 模型,考虑右偏加载工况(偏危险),车道选取车道 1 和车道 2,汽车荷载等级选择公路Ⅰ级,冲击系数取 2.69,车道荷载计算设置如附图 1-12 ~ 附图 1-14 所示。

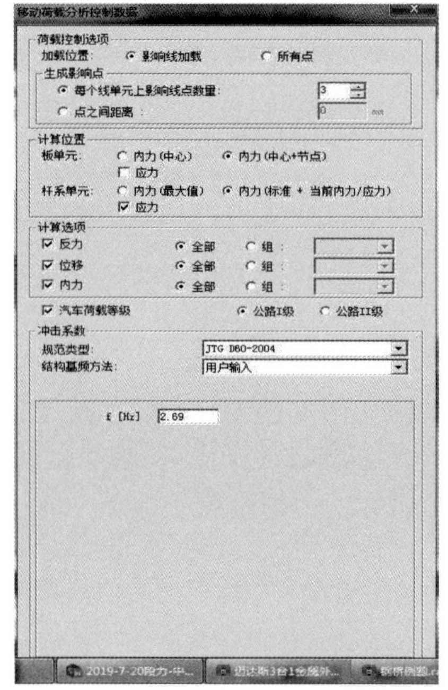

附图 1-12 JTG D64—2015 移动荷载分析控制数据

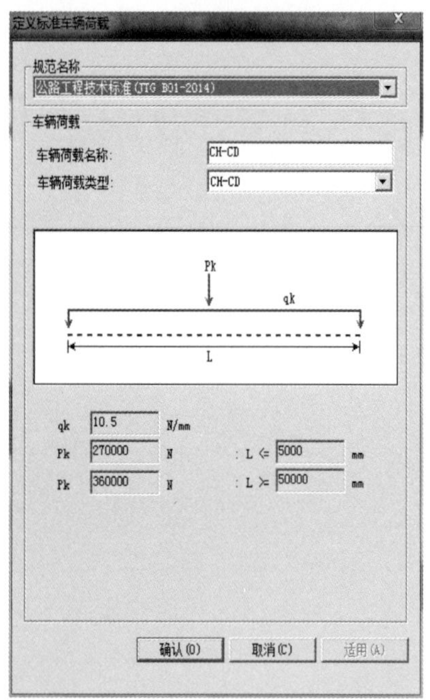

附图 1-13 JTG D64—2015 规范下车辆荷载

附图 1-14 JTG D64—2015 下车道荷载

2)按 EN 1993-2 计算

欧洲标准在确定公路桥上的交通荷载时,将车道宽度分为若干个名义车道。车道上的竖向荷载有 4 个模型。桥梁整体验算采用的是模型 1(LM1),荷载模型包含两个子系统:

(1)双轴集中荷载(TS),每个轴重为 $\alpha_{Qi}Q_{ik}$,α_{Qi} 为调整系数。

(2)均布荷载(UDL),重量为 $\alpha_{qi}q_{ik}$,α_{qi} 为调整系数。

LM1 标准值见附表 1-7。

LM1 标 准 值 附表 1-7

位　　置	TS 轴载 Q_{ik}(kN)	UDLq_{ik}(kN/m)
车道数 1	300	9
车道数 2	200	2.5
建议值	$\alpha_{Qi}=1.0$	$\alpha_{qi}=1.0$

移动荷载计算如附图 1-15 所示。

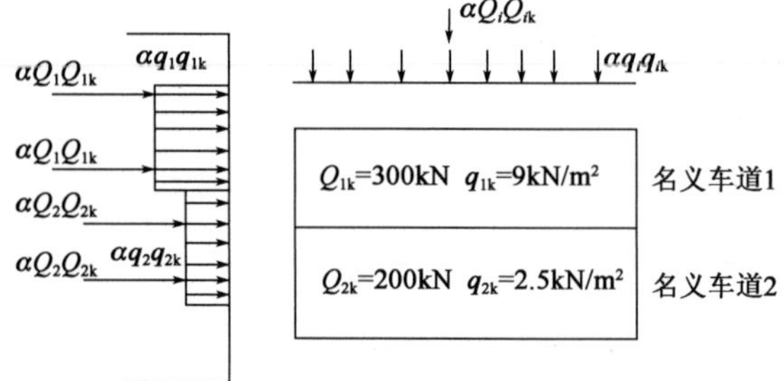

附图 1-15 EN 1993-2 移动荷载计算示意图

附 1.2.3.6 荷载组合

1)按 JTG D64—2015 计算

公路钢结构桥梁应按 JTG D60—2015 的要求,考虑设计状况并开展相应的极限状态设计。

桥梁的设计寿命一般为 100 年。在设计寿命内,桥梁需满足结构承载力、正常使用、耐久性等特定基本要求,这些要求需通过适宜的设计、制作、施工及使用来实现。就设计而言,需要考虑桥梁的持久、短暂和偶然设计状况,进行承载能力极限状态和正常使用极限状态验算。承载能力极限状态设计时,一般采用永久作用设计值与可变作用设计值的组合,正常使用极限状态设计时,一般采用永久作用标准值与可变作用准永久值的组合。

按 JTG D64—2015 确定的荷载组合如附表 1-8 所示。

作用效应组合计算汇总表　　　附表 1-8

序　号	作用种类				
作用效应标准值	永久作用效应	g_1(自重)			
		g_2(二期恒载)			
		$g=g\,\text{I}+g\,\text{II}(SG_K)$			
	可变作用效应	汽车荷载	车道荷载	计冲击力 Q_k	$SQ_{1k}=Q_k+C_k$
				不含冲击力 Q_k	$SQ_{1k}=Q_k+C_k$
			离心力	C_k	
		风荷载	$W_k(SQ_{jk})$		
		温度作用	Tk(SQ_{jk})		
承载能力极限状态	基本组合 S_{ud}	$S_{ud}=1.2SG_k+1.4SQ_{1k}+0.75\times(1.1\times W_k+1.4T_k)$			
正常使用极限状态	频遇组合 S_{fd}	$S_{fd}=SG_K+0.7SQ_{1k}+0.4W_k+0.4T_k$			
	准永久组合 S_{qd}	$S_{qd}=SG_K+0.4SQ_{1k}+0.4W_k+0.4T_k$			

2)按 EN 1993-2 计算

基于 EN 1993-2 的作用效应组合列于附表 1-9。

基于欧洲标准的作用效应组合　　　附表 1-9

		永久作用和徐变效应 G	交通荷载 Q	温度作用 T	风 荷 载 F_W
承载能力极限状态基本组合		1.35	1.35grla	0	1.5×0.6 或 1.5(无车)
		1.35	$1.35(0.75TS+0.4UDL+0.4q_{fk})$	1.5	0
		1.35	$1.35(0.75TS+0.4UDL+0.4q_{fk})$	0	1.5(有车)
正常使用极限状态	标准组合	1.0	grla	0.6	0.6
		1.0	$0.75TS+0.4UDL+0.4q_{fk}$	1.0	0
		1.0	$0.75TS+0.4UDL+0.4q_{fk}$	0	1.0
	频遇组合	1.0	$0.75TS+0.4UDL+0.4q_{fk}$	0.5	0
		1.0	0	0.6	0
		1.0	0	0	0.2

附 1.3 应力验算

将前述定义荷载代入模型,分别按 JTG D64—2015 和 EN 1993-2 进行计算,并对特征点的应力进行对比,如附表 1-10 所示。

中欧标准基本组合作用效应(ULS) 附表 1-10

单元	荷载	位置	$C_{b(min/max)}$ *	
			EN 1993-2	JTG D64—2015
9	基本组合 +T	J[9] *	1.74×10^2	1.49×10^2
13	基本组合 +T	1/2	1.44×10^2	1.22×10^2
58	基本组合 +T	3/4	1.13×10^2	9.59×10
40	基本组合 +T	I[39]	8.30×10	6.92×10
31	基本组合 +T	3/4	5.20×10	4.20×10
69	基本组合 +T	3/4	2.10×10	1.59×10
1	基本组合 +T	I[1]	0.00	0.00
33	基本组合 +T	1/2	-3.90×10	-3.73×10
19	基本组合 +T	I[18]	-6.90×10	-6.39×10
70	基本组合 +T	I[82]	-9.90×10	-9.06×10
20	基本组合 +T	1/2	-1.30×10^2	-1.17×10^2
21	基本组合 +T	I[20]	-1.61×10^2	-1.44×10^2

注:* 1. 特征点位置是按有限元节点与单元编号描述的,I 表示起点,J 表示终点。1/2、3/4 指最大跨的跨径为 1/2、3/4 处。

2. $C_{b(min/max)}$ 指定截面处应力绝对值最大的应力值。

从附表 1-10 可以看出,按 JTG D64—2015 计算,连续曲线钢箱梁在承载能力极限状态下,最大拉应力为 149.15MPa,最大压应力为 -143.87MPa;按 EN 1993-2 计算,在承载能力极限状态下,最大拉应力为 174.04MPa,最大压应力为 -160.67MPa。该桥采用 Q345,容许应力为 200MPa,按中欧标准设计,连续曲线钢箱梁组合应力均能满足要求,相对而言,欧洲标准考虑的因素更为详细,更偏于安全。

附 1.4 变形验算

分别按 JTG D64—2015 和 EN 1993-2 中准永久组合作用进行计算,并对特征点的挠度值进行对比,如附表 1-11 所示。

中欧标准主要节点挠度值 附表 1-11

单元节点	作用效应组合	节点竖向挠度值 D_z(mm)	
		EN 1993-2	JTG D64—2015
24	准永久组合值	5.81	1.99
74	准永久组合值	0	0
49	准永久组合值	-2.82	-11.29
47	准永久组合值	-7.13	-15.72
39	准永久组合值	-11.44	-20.15
55	准永久组合值	-15.75	-24.58
62	准永久组合值	-20.06	-29.01
60	准永久组合值	-24.37	-33.43
15	准永久组合值	-28.69	-37.86
6	准永久组合值	-32.99	-32.99
7	准永久组合值	-37.31	-42.29
10	准永久组合值	-41.62	-46.71

从附表 1-11 中可以看出,连续曲线钢箱梁在移动荷载作用下,竖向最大挠度,按 JTG D64—2015 计算为 41.62mm,按 EN 1993-2 计算为 46.71mm,钢箱梁容许挠度限制 $l/600=63.33$mm,竖向刚度均满足要求。在相同的条件下,中国标准得到的计算值更小,相对而言,更偏于不安全。

参 考 文 献

[1] EN 1990:CEN(European Committee for Standardization). Eurocode basis of structural design,2002.

[2] EN 1991-1-4:CEN(European Committee for Standardization). Actions on structures-Part 1-4: General actions-Wind actions,2005.

[3] EN 1991-1-5: CEN(European Committee for Standardization). Actions on structures-Part 1-5: General actions-Thermal action,2003.

[4] EN 1991-2: CEN(European Committee for Standardization). Actions on structures-Part 2: Traffic loads on bridges,2003.

[5] EN 1998-1: CEN(European Committee for Standardization). Design of structures for earthquake resistance-Part 1:General rules,seismic actions and rules for buildings,2004.

[6] EN 1998-2: CEN(European Committee for Standardization). Design of structures for earthquake resistance-Part 2:Bridges,2005.

[7] Ghali,A,Neville,A M,Brown,T. G:Structural Analysis. A Unified Classical and Matrix Approach 5th edn,177-184,Spon Press,Taylor Francis Group.

[8] I. Vayas:Verbundkonstruktionen auf der Grundlage von Eurocode 4,Ernst sohn,Berlin,Germany, 1999.

[9] Mangerig,I. ,Lichte,U. ,Beucher,S. :Validation of the Safety Coefficients for Thermal Load on Bridges. Stahlbau 79,167-180,Ernst sohn,Berlin,Germany,2010.

[10] Priestley,M. J. N. :Design of thermal gradients for concrete bridges. New Zealand Engineering, 31(9) ,213-219,September,1976.

[11] STANAG 2021. Military Standardization AGreements.

[12] Timm,G. ,Grosann,F. :Einwirkungen auf Brucken. In:Beton Kalender,Ernst Sohn,Berlin, Germany,2004.

[13] EN 1992-1-1:CEN(European Committee for Standardization). Design of concrete structures-Part 1-1:General rules and rules for buildings,2004.

[14] EN 1992-1-2:CEN(European Committee for Standardization). Design of concrete structures-Part 1-2:General rules-structural fire design,2004.

[15] EN 1992-2:CEN(European Committee for Standardization). Design of concrete structures. Part 2:Concrete bridges:Design and detailing rules,2004.

[16] EN 1993-2:CEN(European Committee for Standardization). Design of steel structures-Part 2: Steel bridges,2003.

[17] Calgaro,J. -A. ,Tschumi,M. ,Gulvanessian,H. :Designer's Guide to Eurode 1: Actions on Bridges Thomas Telford,London,U. K. ,2010.

[18] DIN 4227:Spannbeton,Teil 1,1979.

[19] EN 10025,CEN(European Committee for Standardization). Hot rolled products of structural steels,2004;Part 1:General technical delivery conditions;Part 2:Technical delivery conditions for non-alloy structural steels; Part 3: Technical delivery conditions for normalized rolled weldable fine grain structural steels;Part 4:Technical delivery conditions thermomechanical rolled weldable fine grain structural steels;Part 5:Technical delivery conditions for structural steels with improved atmospheric corrosions resistance;Part 6:Technical delivery conditions for

flat products of high yield strength structural steels in the quenched and tempered condition.

[20] EN 1992-1-1, CEN(European Committee for Standardization). Design of concrete structures, Part 1-1: General rules and rules for buildings, 2004.

[21] EN 1992-2: CEN(European Committee for Standardization). Design of concrete structures-Part 2: Concrete bridges-Design and detailing rules, 2005.

[22] EN 1993-1-8, CEN (European Committee for Standardization). Design of steel structures. Joints, 2008.

[23] EN 1993-2, CEN(European Committee for Standardization). Design of steel structures. Steel bridges, 2006.

[24] EN 1994-2, CEN (European Committee for Standardization). Design of composite steel and concrete structures. Part 2: Rules for bridges, 2005.

[25] EN 1993-1-10, CEN(European Committee for Standardization). Design of steel structures Material toughness and through thickness properties.

[26] EN 1993-1-11, CEN (European Committee for Standardization). Design of steel structures. Design of structures with tension components, 2006.

[27] EN 1990-2, CEN(European Committee for Standardization). Execution of steel structures and aluminium structures. Part 2: Technical requirements for steel structures, 2008.

[28] EN 10164, CEN(European Committee for Standardization). Steel products with improved deformation properties perpendicular to the surface of the product. Technical delivery conditions, 2004.

[29] EN 1011-2, CEN (European Committee for Standardization). Welding. Recommendations for welding of metallic materials. Are welding of ferritic steels, 2001.

[30] EN 10080, CEN(European Committee for Standardization). Steel for the reinforcement of concrete weldable, ribbed reinforcing steel, 2006.

[31] EN 10138, CEN(European Committee for Standardization). Prestressing steel, 2005.

[32] EN ISO 13918, CEN(European Committee for Standardization). Welding-Studs and ceramic ferrules for arc stud welding, 2008.

[33] EN 10045-1, CEN(European Committee for Standardization). Charpy impact test on metallic materials. Test method(V-and U-noteches), 1990.

[34] EN 10164, CEN(European Committee for Standardization). Steel products with improved deformation properties perpendicular to the surface of the product, 2004.

[35] EN 206-1, CEN(European Committee for Standardization). Concrete-Part 1: Specification, performance, production and conformity, 2000.

[36] Haensel, J.: Effects of creep and shrinkage in composite construction. Institute for structural engineering, Ruhr-Universitat Bochum, Report 75-12, Bochum, Germany, 1975.

[37] Hanswille, G.: Zur Behandlung der Einflusse aus dem Kriechen und Schwinden des Betons. Forschungsvorhaben: Eurocode 4 Teil 2-Verbundbrucken, Wuppertal, Germany, 1998.

[38] Hendy, C R, Iles, D C.: Steel bridge group: Guidance notes on best practice in steel bridge construction. Guidance note 3. 02, Through thickness properties. The Steel Construction Institute, 2010.

[39] Iliopoulos, A.: Zur rechnerischen Berucksichtigung des Kriechens and Schwindens des Betons bei Verbundtragern. Dissertataion, Shaker Verlag, Achen, Germany, 2005.

[40] ISO 148-1, CEN(European Committee for Standardization). Metallic materials-Charpy pendulum

impact test. Part 1:Test method,2009.

[41] Bazant,Z P,Cedolin,L:Stability of Structures. Elastic,Inelastic,Fracture and Damage Theories, Dover Publications,Mineola,NY,2003.

[42] Beg,D. :Plated and box girder stiffener design in view of Eurocode 3-Part 1-5,In:Sixth National Conference on Metal Structures,Ioannina,Greece,2008.

[43] Braun,B,Kuhlmann,U. :Reduced Stress Design of Plates under biaxial Loading. Steel Construction 5,No. 1,pp. 33-40,Ernst Sohn,Germany,2012.

[44] EN 1993-1-5,CEN(European Committee for Standardization). Design of steel structures,Part 1-5:Plated structural elements,2006.

[45] EN 1993-2,CEN(European Committee for Standardization). Design of steel structures,Part 2: Steel Bridges,2006.

[46] EBPlate Version 2. 01,Centre Technique Industriel de la Construction Metallique(CTICM). CTICM:www. cticm. com.

[47] Grote,H. :Zum Einfluss des Beculens auf die Tragfahihkeit von Walzprofilen aus hochfestem Stahl. Reihe 4,Nr. 195,Fortschritt-Berichte VDI-Dusseldorf,Germany,2003.

[48] Hanswille,G. :The New German Code for Composite Bridges. Institute for Steel and Composite Structures,University of Wuppertal,Wuppertal,Germany,2004.

[49] Hendy,C. R. ,Murphy,C. J. :Designer' Guide to EN 1993-2 Eurocode 3:Design of steel structures,Part 2:Steel bridges,Thomas Telford,London,U. K. ,2007.

[50] Johansson,B. ,Maquoi,R,Sedlacek,G. ,Muller,C,Schneider,R. :New Design Rules for Plated Structures in Eurocode 3. Stahlbau 68,Heft 11,pp. 857-879,Ernst und Sohn,Berlin,Germany, 1999.

[51] Kindmann,R. :Brucken und Kranbahntrager. Brucken,Plattenbeulen,Betriebsfestigkeit. Ruhr-Universitat Bochum,Lehrstuhl fur Stahl-und Verbundbau,2004.

[52] Kl. ppel,K. ,Sheer,J. :Buckling Coefficients of Stiffened Rectangular Plates,Ernst und Sohn, Berlin,Germany,1960.

[53] Kuhlmann,U. ,Seitz,M. :Longitudinally stiffened girder webs subjected to patch loading. In: Proceedinngs of the Steel-Bridge 2004 Conference,Millau,France,2004.

[54] Scheer,J. :Failed bridges. Case Studies,Causes and Consequences,Ernst Sohn,Berlin, Germany,2010.

[55] Scheer,J,Vayas,L. :Traglastversuche an langsgestauchten und schubbeanspruchten versteiften Platten. Der Stahlbau 52,pp. 207-213,Ernst und Sohn,Berlin,Germany,1983.

[56] Sedlacek,G. ,Eisel,H. ,Hensen,W. ,Kuhn,B. ,Paschen,M. :LeitfadenzumDINFachbericht 103-Stahlbrucken,Ernst und Sohn,Berlin,Germany,2003.

[57] Von Karman,T. :Festigkeitsproblem im Maschinenbau. Encyclopaedie der Mathematischen Wissencshaften,1910.

[58] Winter,G. :Stress distribution in and equivalent width of flanges of wide thin-wall steel beams, NACA Technical,Note 784,1940.

[59] Collin,P. ,Moller,M. ,Johansson,B. :Lateral torsional buckling of continuous bridge girders. Journal of Constructional Steel Research 45(2),217-235,1998.

[60] EN 1992-1-1,CEN(European Committee for Standardization). Design of concrete structures, Part 1-1:General rules and rules for buildings,2004.

[61] EN 1992-2,CEN(European Committee for Standardization). Design of concrete structures-Part

2:Concrete bridges-Design and detailing rules,2005.

[62] EN 1993-1-1,CEN(European Committee for Standardization). Design of steel structures, Part 1-1: General rules and rules for buildings,2005.

[63] EN 1993-1-5,CEN(European Committee for Standardization). Design of steel structures, Part 1-5:Plated structural elements,2006.

[64] EN 1993-2,CEN(European Committee for Standardization). Design of steel structures-Part 2: Steel bridges,2006.

[65] EN 1994-2,CEN(European Committee for Standardization). Design of composite steel and concrete structures. Part 2:Rules for bridges,2005.

[66] Eurocode 3 and 4. Guidance Book. Application to steel-concrete composite road bridges. Setra,2007.

[67] Hendy, C. R., Jones, R. P.: Lateral buckling of steel plate girders for bridges with flexible lateral restraints or torsional restraints. Workshop on Eurocode 4-2, Composite Bridges Stockholm, Sweden, 2011.

[68] Hendy, C. R., Murphy, C. J.: Designer' guide to EN 1993-2 Eurocode 3: Design of steel structures. Part 2:Steel bridge. Thomas Telford, London, U. K.,2007.

[69] Iliopoulos, A.: Creep factors for the computation of composite girders. Stahlbau 75(5),375-379,2006(in German).

[70] Calgaro, J. A., Tschurni, M., Gulvanessian, H.: Designer's Guide to Eurocode 1: Actions on Bridges, Thormas Telford, London, U. K.,2010.

[71] EN 1990,CEN(European Committee for Standardization). Basis of structural design Annexure 2:Application on bridges (normative), Brussels, Belgium,2004.

[72] EN 1992-1-1,CEN(European Committee for Standardization). Design of concrete structures, Part 1-1: General rules and rules for buildings, Brussels, Belgium,2004.

[73] EN 1992-2,CEN(European Committee for Standardization). Design of concrete structures-Part 2:Concrete bridges-Design and detailing rules, Brussels, Belgium,2005.

[74] EN 1993-1-1,CEN(European Committee for Standardization). Design of steel structures, Part 1-1: General rules and rules for buildings, Brussels, Belgium,2005.

[75] EN 1993-1-5,CEN(European Committee for Standardization). Design of steel structures, Part 1-5:Plated structural elements, Brussels, Belgium,2006.

[76] EN 1993-2,CEN(European Committee for Standardization). Design of steel structures-Part 2: Steel bridges, Brussels, Belgium,2006.

[77] EN 1994-2,CEN(European Committee for Standardization). Design of composite steel and concrete structures. Part 2:Rules for bridges, Brussels, Belgium,2005.

[78] Iliopoulos, A.: A proposal for the calculation of deformations in concrete-encased steel beams. Stahlbau,78(8),555-561,2009(in German).

[79] Svensson, H.: Schragkabelbrucken, Ernst und Sohn, Berlin, Germany,2011.

[80] Vayas, I.: Verbundkonstruktionen auf der Grundlage von Eurocode 4, Ernst Sohn, Berlin, Germany,1999.

[81] Composite Bridge Design for Small and Mediums Spans. Design Guide. ECSC Steel Programme, 2002.

[82] Hanswille, G. and Porsch, M.: Zur Festlegung der Tragfahigkeit von Kopfbolzendubeln in Vollbetonplatten in DIN 18800-5 und DIN EN 1994-1-1. Festschrift Rolf Kindmann, Ruhr-

Universitat Bochum, Schriftenreihe des Instituts fur Konstruktiven Ingenieurbau, Heft 2007-6, Shaker Verlag, Bochum, Germany, 2007.

[83] Korschner, K., Kuhlmann, U.: Structural and Fatigue Behavior of Horizontally Lying Shear Studs Against Vertical and Longitudinal Shear, Vol. 7, pp. 505-516, Stahlbau 73, Ernst and Sohn, Berlin, Germany, 2004.

[84] 中华人民共和国住房和城乡建设部. 钢结构设计标准:GB 50017—2017[S]. 北京:中国计划出版社,2017.

[85] 中华人民共和国交通运输部. 公路钢结构桥梁设计规范:JTG D64—2015[S]. 北京:人民交通出版社,2015.

[86] 国家铁路局. 铁路桥梁钢结构设计规范:TB 10091—2017[S]. 北京:中国铁道出版社,2017.

[87] 中华人民共和国交通运输部. 公路桥涵设计通用规范:JTG D60—2015[S]. 北京:人民交通出版社,2015.

[88] 中华人民共和国住房和城乡建设部. 工程结构可靠性设计统一标准:GB 50153—2008[S]. 北京:中国建筑工业出版社,2008.

[89] 中华人民共和国铁道部. 铁路桥梁钢结构设计规范:TB 10002. 2—2005[S]. 北京:中国铁道出版社,2005.

[90] 全国钢标准化技术委员会. 桥梁用结构钢:GB/T 714—2015[S]. 北京:中国标准出版社,2015.

[91] 中华人民共和国建设部. 钢结构工程施工质量验收规范:GB 50205—2001[S]. 北京:中国计划出版社,2001.

[92] 中华人民共和国交通运输部. 公路桥涵施工技术规范:JTG/T F50—2011[S]. 北京:人民交通出版社,2011.

[93] 沈健伟. 发展钢结构住宅遇到问题和对策及发展现状和前景分析[Z]. 昆明:2012,500-504.

[94] 胡德炘. 建筑结构概率极限状态设计法[J]. 建筑科学,1986(02):20-28.

[95] 陶洪辉. 欧洲规范最新体系的研究[J]. 红水河,2009,28(5):50-54,59.

[96] 陈振河. 欧洲规范体系下的桥梁规范选用[J]. 铁道工程学报,2013(11):51-56.

[97] 李峰侯,建国,安旭文,等. 国内外规范中目标可靠指标取值的比较研究[J]. 电力建设,2009(05):13-16.

[98] 陈亮. 结构可靠度理论在公路桥梁设计中的若干应用研究[D]. 合肥:合肥工业大学,2006.

[99] 史冀波. 结构可靠度的反问题在桥梁工程中的应用研究[D]. 武汉:武汉理工大学,2007.

[100] 金小川,周宗红,金小安,等. 中国桥梁设计使用年限的研究[J]. 公路与汽运,2012(02):162-165.

[101] 李海军. 钢-混凝土组合梁桥概率极限状态设计方法研究[D]. 西安:长安大学,2005.

[102] 章劲松. 基于可靠度的公路桥梁结构极限状态设计计算原则及应用[D]. 合肥:合肥工业大学,2007.

[103] 李昆. 基于可靠度理论的公路钢桥概率极限状态设计方法研究[D]. 上海:同济大学,2007.

[104] 唐曹明,郭浩,张军,等. 准确理解规范中关于建筑结构安全可靠性的规定[J]. 建筑科学,2004(01):26-29.

[105] 石永久,王萌,王元清. 循环荷载作用下结构钢材本构关系试验研究[J]. 建筑材料学报,

2012(03):293-300.

[106] 李洋. 中欧钢结构设计规范对比研究[D]. 武汉:武汉工程大学,2016.

[107] 杜宝军. 城际铁路常用跨度桥梁梁体竖向刚度限值研究[J]. 中国铁路,2017(03):68-74.

[108] 周建庭. 评定桥梁承载力强度和刚度指标间的互换关系[J]. 重庆交通学院学报,1997(04):53-56.

[109] 张凤保,魏亮. 中欧钢结构规范关于轴压构件的两个算例对比[J]. 山西建筑,2015(34):48-51.

[110] 李东水,田庆丰. 中欧钢结构规范受弯构件整体稳定性计算方法比较[J]. 水泥工程,2014(03):12-15.

[111] 金荣,王雪平,贾翔夫,等. 中欧钢结构设计规范受压构件稳定承载力设计方法的分析比较[J]. 钢结构,2014(09):43-48.

[112] 朱江. 公路桥梁设计荷载研究与分析[J]. 工程建设,2017(07):48-50.

[113] 吴元元,任光勇,颜潇潇,等. 欧洲与中国规范风荷载计算方法比较[J]. 低温建筑技术,2010(06):63-65.

[114] 李文杰. 公路桥梁车辆荷载研究[J]. 大连理工大学,2009.

[115] 李玉美. 基于欧洲规范的刚果(布)2 座钢结构桥梁的设计[J]. 世界桥梁,2016(03):6-10.

[116] 梁玉照. 公路桥梁汽车荷载标准值取值方法研究[D]. 西安:长安大学,2011.

[117] 潘君云. 浅析公路桥梁设计荷载及其组合[J]. 黑龙江交通科技,2015(02):140-142.

[118] 袁蔚. 中国铁路桥梁设计荷载取值规范与欧洲规范简明对比[J]. 低碳世界,2016(06):199-201.

[119] 曾令艳,黄家庆,王海芬. 浅析欧洲规范钢结构设计中的螺栓连接设计[J]. 河南建材,2011(03):107-108.

[120] 黄聪. 中美钢结构设计规范关于连接设计的对比研究[D]. 成都:西南石油大学,2012.

[121] 蔡志芳,王林. 中美钢结构规范高强螺栓连接设计比较[J]. 低温建筑技术,2008(06):95-96.

[122] 齐学军. 钢结构高强螺栓连接设计的探讨[J]. 甘肃科技,2010(06):124-126.

[123] 石永久,魏晨熙,王元清,等. 不同规范高强度钢材焊缝连接设计方法对比分析[J]. 工业建筑,2013(10):148-152.

[124] 李茂华,侯建国. 国内外钢结构设计规范关于角焊缝的限值及计算方法比较[J]. 钢结构,2005(01):65-67.

[125] 郁金星. 欧洲标准桥梁设计简介[J]. 四川建材,2014(01):141-144.

[126] 崔学宇,舒涛,孙晓彦. 中欧结构规范中作用和设计状态异同的辨析[J]. 山西建筑,2019,45(9):240-242.

[127] 林聪云. 低层钢框架结构二阶效应分析[J]. 福建建材,2011(2):5-7,60.

[128] 舒兴平,邹浩,卢倍嵘,等. 钢框架考虑二阶效应的层间侧移限值取值及可靠度分析[J]. 建筑结构学报,2011,32(8):113-119.

[129] 郭丰. 中国欧洲钢结构规范外伸式端板承载力设计方法研究[J]. 陕西建筑,2011(12):9-12.

[130] 耿旭阳,周东华. 中欧单层钢框架受压柱计算长度系数对比[J]. 低温建筑技术,2013,35(8):73-75.

[131] 张明. 竖向荷载对高层建筑结构侧向变形影响研究[D]. 长沙:湖南大学,2009.

[132] 张之峰. 钢框架的二阶效应分析[A]. 天津大学. 第六届全国现代结构工程学术研讨会论文集[C]. 天津大学:全国现代结构工程学术研讨会学术委员会,2006:6.

[133] 舒赣平,谢甫哲,刘伟. 钢结构二阶分析设计方法及其应用[J]. 建筑结构,2015,45(21):30-34.

[134] 周晶晶. 钢框架结构考虑 $P\text{-}\Delta$ 效应的稳定系数研究[D]. 长沙:湖南大学,2006.

[135] 宋阳,张晓雷,王颖. 浅析斜交建筑结构二阶分析的计算方法[J]. 四川建材,2011,37(1):23-24.

[136] CHEVRY Walter. 中、欧、美钢结构设计规范中关于构件抗剪承载力对比分析[A]. 天津大学、天津市钢结构学会. 第十八届全国现代结构工程学术研讨会论文集四:钢结构[C]. 天津大学、天津市钢结构学会:全国现代结构工程学术研讨会学术委员会,2018:3.

[137] 姚行友,李元齐,沈祖炎. 薄腹工字形截面轴压构件有效面积计算方法比较[J]. 建筑结构,2011,41(08):75-78.

[138] 徐克龙. 高强度钢材焊接工字形梁局部稳定性能及设计方法研究[D]. 北京:清华大学,2017.

[139] 熊晓莉,庞瑞. 剖分 T 型钢压杆整体失稳问题研究[J]. 建筑结构,2013,43(13):58-62.

[140] 施刚,林错错. 高强度钢材工字形截面轴心受压短柱局部稳定试验研究[J]. 建筑结构学报,2012,33(12):20-30.

[141] 任豪杰. Q690 高强钢焊接工字形轴压柱局部和整体稳定相关性研究[D]. 西安:西安建筑科技大学,2017.

[142] 陈丹阳. 中美欧钢结构规范受弯构件局部稳定性计算方法对比研究[D]. 成都:西南石油大学,2017.

[143] 施刚,徐克龙,林错错. 460MPa 级高强度钢材工字形截面轴心受压柱局部稳定有限元分析和设计方法研究[J]. 工业建筑,2016,46(07):22-31.

[144] 李双营. 发展轻钢结构住宅遇到问题和对策及发展现状和前景分析[J]. 四川建材,2012,38(4):1-5.

[145] 郁金星. 欧洲标准桥梁设计简介[J]. 四川建材. 2014(01): 141-144.

[146] 李元松,夏进,余顺新,等. 中欧规范关于基桩承载力确定方法的比较[J]. 武汉工程大学学报,2012,34(2):44-49.

[147] 赵国藩,贡金鑫,赵尚传. 中国土木工程结构可靠性研究的一些进展[J]. 大连理工大学学报,2000,40(3): 253-258.

[148] 周印. 高层建筑静力等效风荷载和响应的理论与试验研究[D]. 上海:同济大学,2001.

[149] 李学富. 欧洲钢号表示方法简介[J]. 冶金标准化与质量,1996,34(5): 60-64.

[150] 屈立军,李焕群,王跃琴,等. 国产钢结构用 Q345(16Mn)钢在恒载升温条件下的应变-温度-应力材料模型[J]. 土木工程学报,2008,41(7):41-47.

[151] 黄军飞. 碳素结构钢的全应力应变模型[D]. 长沙:中南大学,2011.

[152] 原华,吴卫华,李临庆. 公路、铁路与房建行业钢结构设计规范比较研究[J]. 高等建筑教育,2014,23(4): 80-83.

[153] 郭在田. 工字形截面偏心钢压杆的弹塑性弯扭屈曲[J]. 西安冶金建筑学报,1984,38(2): 13-28.

[154] 陈绍蕃. 钢压弯构件空间失稳的几个方面[J]. 西安冶金建筑学报,1990,22(1):1-10.

[155] 林道锦,张克. EN 1993 欧洲规范 3:钢结构设计[J]. 公路,2005,50(5):36-40.

[156] 王俊平,刘永芳,王阳明. 欧洲钢结构新规范 EN 1993-1-1 对压弯构件计算的新规定[J]. 建筑钢结构进展,2006,8(4):41-48.

[157] 于海峰,张耀春. 中美欧钢结构标准设计方法比较[J]. 低温建筑技术,2006,58(6):53-55.
[158] 夏飞,张春华. 欧洲规范拉-压杆模型设计分析[J]. 中外公路,2015,35(3):163-169.
[159] 杨永华. 中欧钢结构设计规范格构柱承载力比较[J]. 钢结构,2015,30(8):72-74.
[160] 蔡仁良. 欧洲螺栓法兰设计和垫片标准的新动向[J]. 化工设备与管道,2002,39(1):10-13.
[161] 刘秀丽,王燕. 中美欧高强度螺栓外伸端板连接设计方法比较[J]. 西安建筑科技大学学报,2012,44(1):41-49.
[162] 王敬烨,张海军,刘文武. 中欧钢结构规范螺栓连接承载力比较[J]. 钢结构,2013,28(2):50-58.
[163] 周慧芳. 铁路桥梁钢筋混凝土结构可靠度研究[D]. 大连:大连理工大学,2013.
[164] 陈威,刘钢,周流芳. 金属塑性接触变形和接触强度及其测定方法(一)[J]. 锻压技术,2004,46(5):40-45.
[165] 杜广来,韩子元,祖建江. 冷弯型钢中欧技术条件标准使用分析[J]. 天津冶金,2011,30(2):52-55.
[166] 唐曹明,郭浩,张军,等. 准确理解规范中关于建筑结构安全可靠性的规定[J]. 建筑科学,2004,20(1):26-29.
[167] 李慧. 中、美、欧、日建筑抗震规范地震作用对比研究[D]. 哈尔滨:哈尔滨工业大学,2011.